COMMENT LES BELGES RESISTENT A LA DOMINATION ALLEMANDE

Contribution au Livre des douleurs de la Belgique

par JEAN MASSART

Vice-Directeur de la Classe des Sciences de l'Académie Royale de Belgique

PAYOT & Cie
Paris

5 fr.

COMMENT
LES BELGES RÉSISTENT
A LA DOMINATION ALLEMANDE

Tous droits de traduction et de reproduction réservés pour tous pays.

Copyright, 1916, by Payot et Cⁱᵉ

COMMENT
LES
BELGES RÉSISTENT
A LA
DOMINATION ALLEMANDE

CONTRIBUTION AU LIVRE DES DOULEURS DE LA BELGIQUE

PAR

JEAN MASSART

VICE-DIRECTEUR DE LA CLASSE DES SCIENCES
DE L'ACADÉMIE ROYALE DE BELGIQUE

Ce livre est vendu au profit des œuvres de soutien des Belges

LIBRAIRIE PAYOT ET Cie

LAUSANNE	PARIS
1, RUE DE BOURG, 1	106, BOULEVARD ST-GERMAIN

1916

Tous droits réservés

PRÉFACE

Ces pages ont été écrites en Belgique entre le 4 août 1914 et le 15 août 1915.

Je n'ai disposé pour mon travail que des journaux et des livres qui entraient librement ou clandestinement chez nous, et que chacun peut donc se procurer.

Mais pour apporter la conviction dans l'esprit du lecteur j'ai opéré une sélection dans les documents ; je me sers exclusivement de ceux qui sont d'origine allemande ou qui sont censurés par les Allemands. Ce sont :

A) Les affiches allemandes placardées en Belgique.
B) Les journaux et les livres venant d'Allemagne.
C) Les journaux publiés en Belgique sous la censure allemande.
D) Nieuwe Rotterdamsche Courant, *le seul journal étranger qui soit autorisé en Belgique depuis le début de l'occupation.*

Quant aux Livres Gris Belges, *aux* Rapports de la Commission d'enquête, *et aux livres publiés par des Belges, je n'en utilise que ce qui nous était connu en Belgique avant le 15 août 1915.*

Bref, depuis que j'ai passé la frontière, je n'ai plus introduit une seule idée dans ce livre et je n'en ai pas supprimée ; il reflète donc exactement l'état d'âme d'un Belge qui a vécu une année sous la domination allemande.

Je me suis efforcé de rester aussi objectif que possible, afin de donner à mon travail la rigueur scientifique qui caractérise les

Rapports de la Commission d'enquête belge. J'ai simplement transporté dans un domaine, nouveau pour moi, les méthodes de mes occupations habituelles.

...

Voici l'indication des principales sources, avec les abréviations qui les désignent dans le texte.

N. R. C. *Nieuwe Rotterdamsche Courant*. Je n'ai pris dans ce journal (sauf aux p. 55 et 321) que des articles non arrêtés par la censure allemande.

K. Z. *Kölnische Zeitung*.
K. Vz. *Kölnische Volkszeitung*.
Düss. Gen.-Anz. *Düsseldorfer General-Anzeiger*.
F. Z. *Frankfurter Zeitung*.
N. A. Z. *Norddeutsche Allgemeine Zeitung*.
1ᵉʳ à 12ᵉ Rapport. *Rapports de la Commission d'enquête belge*.
Belg. All. *Davignon, La Belgique et l'Allemagne*.

Antibes (Villa Thuret), octobre 1915.

SOMMAIRE

	Pages
Préface	v
Introduction	1
La vie intellectuelle en Belgique	4
Censure littéraire, musicale, cinématographique, etc.	4
Journaux autorisés à Bruxelles	5
Interdiction des journaux et des communications verbales.	6
La censure allemande	8
Journaux allemands autorisés	9
Journaux hollandais autorisés	10
Affiches allemandes	11
Journaux introduits en fraude	12
Propagation clandestine de nouvelles	15
Journaux clandestins	15
Interdiction de la photographie	16
Règlements sur la correspondance	17
Heures de circulation	18
Voyages par voie ferrée	20
Circulation à bicyclette	21
Incohérence de la réglementation	23
Transport de lettres par pigeons, flèches, pain	24

CHAPITRE Iᵉʳ. — LA VIOLATION DE LA NEUTRALITÉ BELGE. 25

A. — Les Préliminaires. 25

La méfiance des Belges endormie par l'Allemagne	25
Duplicité allemande les 1ᵉʳ, 2, 3 août 1914	27
L'ultimatum	28
Le discours du Chancelier au Reichstag	29

B. — JUSTIFICATION DE L'ENTRÉE EN BELGIQUE . . 30

La duperie de la menace française 30

C. — LES ACCUSATIONS ALLEMANDES CONTRE LA BELGIQUE 32

Nécessité d'agir sur les Neutres 32
Inanité des premières accusations 33
Changement de tactique : les révélations de *Nordd. Allg. Zeit.* 34
Le rapport de M. le baron Greindl 35
Le rapport du général Ducarne 38
Le rapport du général Jungbluth 42
L'opinion des Neutres 43
Falsification de la lettre de l'Escaille 45
Nouveaux mensonges au sujet du rapport Ducarne 47

D. — LA DÉCLARATION DE GUERRE ET LES PREMIÈRES HOSTILITÉS 50

Les trois propositions successives de Guillaume II à la Belgique. 50
Les hostilités devançant la déclaration de guerre. 51
Le caractère pacifique de la Belgique 53
L'espionnage allemand en Belgique 54
La mentalité des soldats allemands au début de la guerre. . . 55
Mensonges allemands au sujet de la prise de Liége 58
Échec de l'attaque brusquée contre la France. 63
Le désintéressement de la Belgique 64

CHAPITRE II. — LES VIOLATIONS DE LA CONVENTION DE LA HAYE. 66

A. — LES « REPRÉSAILLES CONTRE LES FRANCS-TIREURS ». 66

Meurtres commis par les Allemands dès les premiers jours . . 66
Y a-t-il eu des « francs-tireurs » ? 67
L'obsession du « franc-tireur » dans l'armée allemande . . . 68
L'obsession du « franc-tireur » dans la littérature guerrière . . 70
L'obsession du « franc-tireur » dans la littérature d'art . . . 72
Responsabilité des chefs 73
Animosité contre le clergé. 75
Animosité contre les églises 76
Insuffisance voulue de l'enquête préalable 77

SOMMAIRE IX

Une enquête pour la réclame	81
Mentalité d'un officier chargé de la répression des « francs-tireurs ».	83
L'ivrognerie dans l'armée allemande	84
Cruautés nécessaires, d'après les théories allemandes	86
La terrorisation préventive par les « représailles »	87
Invraisemblance des agressions de « francs-tireurs »	88
Inscriptions protectrices	89
Le matériel incendiaire.	94
Les deux grandes périodes de massacres	95
Accusations contre le Gouvernement belge	96
Le traitement infligé aux prisonniers civils	99
Comment on se procure des prisonniers civils	104
Le retour des prisonniers civils	106
Aveu, par les Allemands, de l'innocence des prisonniers civils	109

B. — LES « ATROCITÉS BELGES » 110

Les prétendues cruautés des civils belges contre l'armée allemande	110
Quelques accusations	111
Extraits de *Die Belgischen Greueltaten*.	113
Extrait de *Belgische Kriegsgreuel*	114
Extraits de *Die Wahrheit ueber den Krieg*.	116
Extraits de *Lüttich*.	118
La fausseté de ces accusations.	118
Leur caractère ridicule .	119
La légende des yeux crevés	120
Comment les Belges ont traité les blessés et les prisonniers allemands	121
Quelques attestations de blessés	123
Quelques attestations des autorités allemandes	125
Les prétendus massacres de civils allemands	126
Extraits de *Die Belgischen Greueltaten*.	126
Extrait de *Lüttich*	129
Fausseté de ces allégations.	129
Mesures préventives et répressives prises par les autorités belges.	131
Témoignages allemands et neutres en faveur de l'attitude des Belges	132

C. — LES VIOLATIONS DU RÈGLEMENT ANNEXÉ A LA CONVENTION 134

Art. 4. — Les prisonniers de guerre 135
Humiliations infligées aux prisonniers de guerre 135
Art. 23. — La limitation des moyens d'attaque 135
Utilisation militaire des Belges par les Allemands 136
Mesures de coercition prises par les Allemands 138
Les boucliers vivants 141
Belges placés devant les troupes à Charleroi : aveu allemand . 141
Belges placés devant les troupes à Lebbeke, Tirlemont, Mons . 141
Femmes belges placées devant les troupes à Anseremme . . . 142
Belges retenus de force à Ostende et à Middelkerke 143
Bruxellois enfermés dans les greniers de la Kommandantur . . 144
Art. 25. — Bombardement de villes ouvertes 145
Art. 27. — Le respect des monuments 145
Bombardement de la cathédrale de Reims 146
Bombardement de la cathédrale de Malines 150
Le prétendu poste militaire belge sur l'église Notre-Dame d'Anvers 151
Postes militaires allemands avoués par les Allemands 152
Destructions d'édifices en Flandre occidentale 153
Art. 44. — L'obligation de servir de guide 153
Sévérités allemandes contre les guides 153
Art. 28, 47, 46. — Le pillage 155
Le pillage sous toutes ses formes 156
Vols de timbres-poste 158
L'organisation systématique du pillage 159
Art. 43, 48. — Le respect des lois du pays occupé 160
Impositions illégales 161
Nominations de bourgmestres par les Allemands 164
Art. 50. — Les peines collectives 164
Peines collectives iniques 164
Amendes collectives pour bris de fils télégraphiques 168
Amendes collectives pour attaques de « francs-tireurs » . . . 168
Prises inefficaces d'otages 169
Sort promis aux otages 170
Punition d'innocents à la place de coupables 172
Art. 49, 51, 52. — Les contributions et les réquisitions . . . 174
Fixation de la valeur du mark à 1 fr. 30, puis à 1 fr. 25 . . . 175
Saisie des pièces d'or 176

Contributions imposées aux villes 177
Amendes pour avoir obéi à des autorités allemandes 179
Amendes aux particuliers. 180
Exactions commises par un sous-officier 180
Réquisition de matières premières et de machines 181
Réquisition de chevaux reproducteurs 183
Réquisition d'articles de toilette, d'instruments de musique, etc. 185
Réquisitions excessives 186
Payement des réquisitions. 187
Art. 53. — *Saisies de fonds et de meubles* 188
Art. 55. — *Emploi abusif des monuments* 189
Art. 56. — *Destruction intentionnelle de monuments* . . . 190

CONCLUSION. — LA FAMINE EN BELGIQUE . . . 191

La fuite des Belges 192
Les causes de la famine 193
Création d'abris provisoires 195
Mesures administratives contre la famine 196
Le Comité national de Secours et d'Alimentation 198
The Commission for Relief in Belgium. 199
Duplicité des Allemands dans leurs rapports sur le Comité national 199
L'activité du Comité national. 201
La gratitude des Belges envers les États-Unis 204

CHAPITRE III. — LA MENTALITÉ ALLEMANDE PEINTE PAR ELLE-MÊME. 205

A. — L'ORGUEIL 205

Quelques manifestations de l'orgueil et de la vantardise . . . 205
Les Allemands se comparant à leurs alliés. 208

1. — *Le militarisme.* 209

La force prime le droit. 209

2. — *Le mépris des autres* 212

Quelques inepties affichées en Belgique 212
L'indignation des Allemands devant notre incrédulité 217
Mensonges relatifs à la situation en Belgique. 218

Mensonges relatifs aux « francs-tireurs » 218
Les prétendus mensonges répandus par l'armée belge 219
Mensonges au sujet de la bataille de la Marne 221
Mensonges au sujet de la bataille d'Ypres et de l'Yser . . . 222

3. — Le cynisme 224

Mépris de la Convention de La Haye 225
Photographies et cartes illustrées 227
A.-W. Heymel : La journée de Charleroi 228
W. Bloem : La campagne des atrocités 231
Assassinat d'un otage 237
Impudence dans le pillage 238
Les gaz suffocants 238
Punition de civils pour des opérations militaires conduites par l'armée 239
Deux poids et deux mesures 241
La pédanterie dans le cynisme 242

4. — L'abdication de l'esprit critique . . . 242

Refus d'examiner impartialement les accusations de cruautés . 242
La soumission des Allemands à la censure 244
L'abolition de la libre discussion en Allemagne 246
La crédulité allemande 247
L'aveuglement volontaire des dirigeants 248
L'aveuglement volontaire des intellectuels 251
Le manifeste des instituteurs 252
Le manifeste des 93 intellectuels 253
Le manifeste des 3.125 professeurs 254
Les pasteurs protestants 257
Les prêtres catholiques et les rabbins juifs 261

B. — LA FAUSSETÉ 262

1. — Quelques mensonges 263

Les Allemands sur la côte de la Manche 263
Le canon de 42 f. 264
Les uhlans devant Paris 264
L'occupation du Palais de Justice de Bruxelles 264
Les marins anglais en France 265
Le respect des Allemands pour les monuments de Louvain . . 266
Le respect des monuments à Huy, Dinant, Termonde et Malines 272

Les projets de reconstruction de nos villes par les Allemands . 273
L'entrée des marins allemands « à Anvers » 275
La générosité allemande 275
La sympathie des Belges pour les Allemands. 276
Quelques autres mensonges graphiques 276
Comment ils excitent leurs troupes contre les Belges 277

    Cruautés contre un couvent 278
    Le bourgmestre de Visé 283

« Un dirigeable français capturé par les Allemands » 285
Les transports de cadavres 286
Un mensonge par procuration 286
Quelques affiches mensongères 287
Le démenti de M. Max 288
Mensonges des officiers vis-à-vis des soldats 289

    2. — *La persévérance dans le mensonge* . . . 291

La continuité dans les accusations de cruauté contre les Belges. 291
La conduite des Allemands à l'égard de Mgr Mercier 293

    3. — *L'organisation de la propagande* . . . 301

    a) *Bureaux de propagande fonctionnant en Allemagne* . . 302

Journal de la Guerre 302
La Guerre 303
Quelques autres organismes de propagande 303
La propagande par feuillets détachés 307

    b) *Entreprises de librairie* 309

Brochures populaires à bon marché 309
Ouvrages pour intellectuels 310
Suppléments aux journaux 311
Album de la Grande Guerre 311

    c) *Bureaux de propagande fonctionnant à l'étranger* . . 312

Affiches et circulaires 312
Obligation de paraître imposée aux journaux 312
Articles imposés aux journaux 314
Suppression d'articles, de passages, de mots et de lettres . . . 315
Les journaux esclaves et mercenaires 317
La sincérité des journaux censurés 319
La chasse aux journaux non censurés 321
La censure appliquée à *N. R. C.* 321

SOMMAIRE

d) *Propagandes variées* 322

4. — *La violation des engagements* . . . 323

Le maintien de l'indépendance de la Belgique 324
La promesse de respecter le patriotisme des Belges. 326
Le retrait forcé des drapeaux 327
L'interdiction des couleurs belges en province 328
L'interdiction des couleurs belges à Bruxelles 330
Le *Te Deum* pour la fête nationale du Roi 331
Les portraits de la famille royale 332
L'anniversaire du Roi 333
L'obligation d'employer la langue allemande 334
L'armée belge est « l'ennemi » des Belges 335
L'interdiction de la Brabançonne 336
L'anniversaire national du 21 juillet 338
L'anniversaire du 4 août 342
L'inspection scolaire par les Allemands 345
Refus de passeports pour la Hollande 347
Le payement des réquisitions en bloc et l'impôt sur les absents . 347

5. — *Les excitations à la désunion* . . . 349

Excitations contre le Roi et la Reine 350
Excitations des Wallons contre les Flamands 352
Excitations contre le Gouvernement belge 357
Excitations contre les Alliés 362

6. — *Quelques points de l'administration de la Belgique* . 363

a) *La prospérité actuelle en Belgique* 363

Les assertions des autorités allemandes 363
L'aveu de l'exploitation parasitaire de la Belgique par l'Allemagne 365
La taxe décuple sur les absents 366
L'éloge du Gouverneur général par lui-même 367
Le mouvement des trains en Belgique 368
Les sévices contre les mécaniciens de Luttre 369
La suppression du roulage à Malines 372
La lettre ouverte du Gouverneur général 375

b) *Le talent d'organisation des Allemands* . . . 376

La concussion 376
Conflits entre les pouvoirs 377

La suppression du bureau gratuit d'expertises 377
La révocation au Comité directeur belge de la Croix-Rouge . . 378

      c) *L'attitude des Belges envers les Allemands.* . . . 382
      d) *Les procédés de l'Administration allemande* . . . 385

La fermeté morale des Belges. 385
L'appel à la délation 387
La dénonciation obligatoire des enfants par les parents . . . 389
L'espionnage allemand. 391
Les agents provocateurs 391
L'enquête sur les francs-tireurs 395
L'hypocrisie allemande. 395
Extorsions de signatures 396
L'administration d'Andenne pendant les dix jours qui suivirent
  le massacre. 401

      e) *Un monument* 409

F.-W. von Bissing : La Belgique sous l'administration allemande 409

      C. — LA MÉCHANCETÉ 422

Préméditation de la brutalité 422

      1. — Quelques vexations. 427

L'heure allemande 427
Traitement infligé aux femmes 428
Amusements orduriers 428
Quelques autres divertissements 429

      2. — Les tortures physiques 431

Une proposition du *Journal des officiers allemands* . . . 431
Le supplice de la famille Valckenaers 432
Autres actes de sauvagerie. 435
Les sévices allemands à Arlon, du 12 au 26 août 1914. . . . 437
Tortures de soldats belges 442

      3. — Les tortures morales 443

Tortures diverses précédant l'exécution. 443
Tortures infligées à des non-accusés 445

Tortures à distance 447
Torture des parents des soldats par la suppression de la correspondance 448
Un exemple numérique de la méchanceté allemande 450
INDEX ALPHABÉTIQUE 451

INTRODUCTION.

Nous pleurons ! Nous pleurons l'invasion de notre patrie, au mépris des conventions les plus solennelles, par l'un des signataires de ces traités ; nous pleurons nos villages rasés, nos villes incendiées, nos monuments troués par les obus, nos trésors artistiques et scientifiques détruits à jamais ; nous pleurons, en pensant aux centaines de milliers de nos concitoyens qui ont erré sans abri par les chemins de l'Europe ; à la Belgique, jadis si fière de sa prospérité, et qui maintenant rançonnée, pressurée, vidée par les réquisitions et les contributions de guerre, en est réduite à tendre la main à la bienfaisance publique.

Qui donc pourrait s'empêcher de pleurer quand, en Flandre, nos soldats défendent le tout dernier lopin de notre territoire ; quand, dans nos villages, des hommes, des vieillards, des femmes, des enfants ont été et sont encore fusillés sans pitié en représaille de crimes imaginaires ; quand des milliers de civils sont emprisonnés en Allemagne comme otages ; quand le bourgmestre de la capitale, pour avoir osé revendiquer les droits de ses commettants, est enfermé dans une prison de Silésie ; quand le clergé de nos campagnes est décimé, à tel point que le service divin a dû être suspendu dans des cantons entiers ; quand un savant comme Van Gehuchten meurt en exil après avoir vu disparaître dans les flammes de Louvain ses manuscrits et ses dessins, fruit d'un labeur de dix ans.

A nos sanglots se mêlent des larmes de reconnaissance pour a compatissante intervention de la Hollande, de l'Amérique, de l'Espagne, des Pays Scandinaves, de la Suisse, de l'Italie... sans oublier nos alliés. C'est cette générosité qui nous a empêchés de succomber à la faim et à la misère ; un million de nos réfugiés ont trouvé en Hollande une aide fraternelle qui ne s'est pas relâchée un instant ; les États-Unis, grâce à l'influence et à l'activité incomparable de leur Ministre à Bruxelles, M. Brand Whitlock, nous fournissent le pain quotidien.

La Belgique n'oubliera jamais, ni les exactions de ceux qui ont réduit à la famine l'un des pays les plus riches et les plus fertiles de la terre, ni la charité sans égale des nations qui nous ont permis de subsister jusqu'à ce jour et nous ont arrachés à la mort par inanition.

Nous pleurons ! Toutefois nous ne nous abandonnons pas au désespoir, car nous avons gardé intacte la foi en l'avenir, et la ferme volonté de tout mettre en œuvre pour que semblable épreuve nous soit à toujours épargnée. Et surtout, nous entendons ne pas courber la tête sous le joug. Les Allemands ont beau nous accabler d'exigences de plus en plus injustifiées et de plus en plus vexatoires, ils ne nous dompteront pas. Qu'ils proscrivent le drapeau belge comme emblème séditieux : nous n'avons pas besoin de l'arborer pour lui rester fidèle ; ils peuvent à leur aise interdire le *Te Deum* pour la fête patronale du Roi ; depuis que le Roi et la Reine partagent vaillamment sur l'Yser les efforts et les souffrances de nos frères et de nos fils, la royauté n'a pas chez nous de plus fermes soutiens que les dirigeants du socialisme. Non, certes, nous ne sommes pas prêts à nous abandonner au désespoir. Et rien ne peut nous soutenir davantage que les sympathies internationales dont nous nous sentons entourés dans notre infortune imméritée.

L'heure n'est pas venue de juger les événements qui ont mis l'Europe à feu et à sang. Pourtant nous estimons que tous ceux qui se croient en mesure d'intervenir utilement, ont le devoir de se faire entendre ; l'Allemagne, en effet, dispose d'une organisation si parfaite pour la diffusion de sa propagande à l'étranger, que peu à peu l'opinion publique des pays neutres, n'entendant qu'un seul son, finirait par croire nos ennemis.

Il serait inutile et inefficace d'accumuler, comme l'ont fait entre autres les 93 intellectuels allemands, les affirmations et les dénégations sans les appuyer d'un seul fait précis. Aussi ne voulons-nous rien avancer que nous ne puissions aussitôt appuyer de preuves aisément contrôlables. Cette règle que nous nous sommes imposée nous oblige à délimiter étroitement notre champ d'investigation. Nous entendons ne parler que des actes et des manifestations intellectuelles qui sont en relation immédiate avec la présente guerre ; et comme le domaine ainsi circonscrit serait encore beaucoup trop vaste, nous ne parlerons ni des opérations militaires proprement dites ni de tout ce qui se passe en dehors des frontières de la Belgique. Encore ne nous proposons-nous pas de faire œuvre d'historien. Nous laissons à de plus compétents le soin de démêler la vérité au sujet des événements actuels, nous contentant de prendre des documents indiscutables, qui sont presque toujours des coupures de journaux allemands, de livres allemands et d'affiches allemandes, et d'en dégager la mentalité ; puis de montrer de quelle manière les Belges ont réagi vis-à-vis de ces actes.

Dans les pages qui suivent, nous examinerons d'abord la *violation de la neutralité belge* par l'Allemagne, puis les *infractions à la Convention de La Haye* du 18 octobre 1907. Nous aurons soin de n'invoquer que des *faits précis et indiscutables* ; d'ailleurs, le nombre des infractions allemandes au droit des gens, en Belgique, est si énorme, que nous avons pu écarter provisoirement tous ceux qui ne sont pas établis de façon tout à fait certaine. Chemin faisant, nous essayerons de dégager des faits quelques indications sur la façon de penser de nos ennemis. Celle-ci sera étudiée plus en détail, dans un troisième chapitre : *La mentalité allemande peinte par elle-même.*

La vie intellectuelle en Belgique.

Quelques mots sur les documents utilisés.

A mesure que les Allemands occupaient notre pays, ils s'empressaient de nous isoler du reste du monde. Ils supprimèrent immédiatement tous nos journaux, puisque ceux-ci refusaient, naturellement, de se soumettre à la censure. Toutefois, les Allemands obligèrent certains journaux à reparaître, notamment *L'Ami de l'Ordre*, à Namur, et *Le Bien public*, à Gand. Le premier de ces journaux eut soin de déclarer franchement à ses lecteurs que l'autorité militaire le forçait à paraître (voir p. 313).

Quant aux journaux étrangers, leur introduction était frappée de peines sévères.

Censure littéraire, musicale, cinématographique, etc.

ARRÊTÉ

I. — Tous les produits d'imprimerie, ainsi que toutes autres reproductions d'écrits ou d'images, avec ou sans légende, et de compositions musicales avec texte ou commentaires (imprimés), obtenus par des procédés mécaniques ou chimiques et destinés à être distribués, sont soumis à la censure du Gouvernement Général Impérial allemand (administration civile).

Quiconque aura fabriqué ou distribué des imprimés indiqués à l'alinéa premier sans la permission du censeur sera puni conformément à la loi martiale. Les imprimés seront confisqués et les plaques et clichés destinés à la reproduction seront rendus inutilisables.

Est considéré également comme distribution d'un imprimé prohibé par le présent arrêté, l'affichage, l'exposition ou la mise à l'étalage en des endroits où le public est à même d'en prendre connaissance.

II. — Des représentations théâtrales, des récitations chantées ou parlées de toute espèce, ainsi que des projections lumineuses, cinématographiques ou autres, ne peuvent être organisées que lorsque les pièces théâtrales, les récitations ou les projections lumineuses en question auront été admises par le censeur.

Quiconque aura organisé des représentations théâtrales, des récitations ou des projections lumineuses sans la permission du censeur, ou quiconque aura pris part, d'une manière quelconque, à ces représentations, récitations ou projections, sera puni conformément à la loi martiale. Les plaques et films seront confisqués.

Cet arrêté entre immédiatement en vigueur.

Bruxelles, le 13 octobre 1914.

Le Gouverneur Général en Belgique,
Baron von der Goltz,
Feldmaréchal.

(Affiché à Bruxelles).

Journaux autorisés à Bruxelles.

CIRCULAIRE AUX COMMISSAIRES DE POLICE (BRUXELLES)

Ordre de Service.

Je viens d'apprendre que l'autorité allemande compte user de rigueur à l'égard des colporteurs et distributeurs de journaux et de placards contenant des nouvelles de la guerre.

Dans l'intérêt de ces colporteurs et distributeurs, il importe de couper court à leur trafic.

Les journaux et placards dont il s'agit, devront être saisis et les intéressés avertis des dangers auxquels ils s'exposent.

Aucun journal belge n'ayant accepté de se soumettre à la censure allemande, le gouverneur général fait mettre en vente à Bruxelles *Kölnische Zeitung, Kölnische Volkszeitung, Nieuwe Rotterdamsche Courant, Berliner Nachrichten* et *Düsseldorfer General-Anzeiger.*

Afin d'éviter les incidents, il conviendra de tolérer cette vente.

Bruxelles, le 8 septembre 1914.

Le Bourgmestre,
A. Max.

Comme suite à mon ordre de service en date d'hier et à ma note de ce jour, il y a lieu d'ajouter à la liste des journaux, dont la vente est autorisée, *Le Quotidien*, organe allemand imprimé en langue française.

Les vendeurs de ce journal, ainsi que des autres organes mentionnés dans mon ordre de service et ma note précités, seront munis d'un permis de l'autorité allemande.

Bruxelles, le 9 septembre 1914.

Le Bourgmestre,
A. Max.

Note rectificative

Contrairement à ma note de ce mois, la traduction flamande du placard intitulé *Dernières nouvelles*, dont la publication a été autorisée par l'autorité allemande, ne sera pas dénommée *Laatste Nieuws*, mais bien *Laatste Inlichtingen*, afin d'éviter toute confusion avec le journal bruxellois *Het Laatste Nieuws* qui a refusé de se soumettre à la censure allemande.

Bruxelles, le 13 septembre 1914.

Le Bourgmestre,
A. Max.

Interdiction des journaux et des communications verbales.

Communiqué officiel

Quoique le Commandant de Place fasse continuellement publier des nouvelles authentiques sur les opérations militaires, des journaux étrangers publient intentionnellement de fausses nouvelles.

Il est porté à la connaissance du public qu'il est donc formellement défendu, à qui que ce soit, d'introduire à Spa et dans les environs des journaux non allemands sans autorisation préalable du Commandant de Place.

Les contrevenants seront punis selon les lois de guerre.

Les mêmes peines seront appliquées à ceux qui auront verbalement répandu de fausses nouvelles.

Spa, le 22 septembre 1914.

Le Commandant de Place,
Aster, Colonel.

(Affiché à Spa).

Avis

J'attire l'attention de la population de la Belgique sur le fait que la vente et la propagation de journaux et de toutes nouvelles reproduites par impression et de toute autre manière, qui ne sont pas expressément autorisées par la censure allemande, est sévèrement défendue. Chaque contrevenant sera immédiatement arrêté et puni d'emprisonnement de longue durée.

Bruxelles, le 4 novembre 1914.

Le Gouverneur général en Belgique,
Baron von der GOLTZ,
Feldmaréchal.

(Affiché à Bruxelles).

Avis

A nouveau des bruits complètement faux circulent sur la situation de la guerre. Ils ne sont répandus que dans le but d'exciter la population et ne servent qu'à occasionner des inquiétudes parmi elle.

Dorénavant les colporteurs de ces nouvelles mensongères seront punis sévèrement.

Louvain, 23 novembre 1914.

Le Chef impérial de l'arrondissement,
v. THIEL.

(Affiché à Louvain).

Avis

Dernièrement, j'ai dû frapper différentes personnes des peines suivantes :

... De six mois de prison,
le sujet français Louis Prost, pour avoir répandu des copies de nouvelles menteuses de la guerre, reproduites par dactylographie...

La publication de ces condamnations doit servir d'avertissement à la population de Bruxelles. Si des délits semblables se répètent, les peines s'aggraveront.

Bruxelles, le 19 octobre 1914.

Le Gouverneur militaire de Bruxelles,
Baron von LÜTTWITZ,
Général.

(Affiché à Bruxelles).

COUR MILITAIRE

Selon le 18, 2 de l'arrêté impérial du 28 décembre 1899, ont été punis :

a) Le marchand de charbons Jules Pousseur, de Jambes, à 2 mois de prison et d'une amende de 100 marks, ou bien de 20 jours de prison subsidiaire.

b) Sa fille, Camille Pousseur, de 2 mois de prison, parce qu'ils se sont procuré souvent des journaux étrangers et des articles de journaux dont la vente est interdite; ensuite, parce que la fille a copié et collectionné, avec la connaissance et la permission de son père, des poésies et des articles hostiles aux Allemands, contenant pour la plupart des insultes communes et immondes à l'égard de l'empereur, des princes confédérés et de l'armée allemande; parce qu'elle a, en outre, comme on peut parfaitement le conclure de la manière soigneuse dont les nombreuses copies ont été faites, passé les originaux à d'autres, et parce que, finalement, Jules Pousseur avoue qu'il s'est assez longtemps occupé de transmettre des lettres, ce qui est défendu.

Les peines de prison sont comptées à partir du 1er jour de la détention. Les carnets saisis et les autres écrits seront gardés.

L'Ami de l'Ordre, 4 avril 1915.

La censure allemande.

Depuis le 20 août la moitié orientale de la Belgique fut donc privée de toute communication intellectuelle avec le dehors. Pendant une quinzaine de jours, on y resta absolument sans nouvelles. Puis, à partir du 5 septembre, le gouvernement allemand permit l'impression de feuilles soigneusement expurgées et falsifiées par une censure (1) rigoureuse: *Le Quotidien, Le Bruxellois, L'Écho de Bruxelles, Les Dernières nouvelles*; plus tard vinrent *Le Belge, La Belgique, La Patrie*, etc., à Bruxelles; l'*Avenir* à Anvers, et beaucoup d'autres. Quoique soumis à la censure, les journaux ne paraissent qu'à titre provisoire et précaire. *Le Bien Public*, le rappelle à ses lecteurs dans son numéro du 13 décembre 1914. Tous ces journaux furent, à l'occasion, frappés de suspension; par exemple, *Le Quotidien*, du 9 au 11 décembre 1914, sans raison connue; *L'Ami de l'Ordre*, du 2 au 7 décembre 1914, pour avoir imprimé un acrostiche considéré comme injurieux; *Le Bien Public*, pendant tout le mois de mai 1915.

Tout aussi censurés que les journaux ordinaires sont les illus-

(1) Nous donnons plus loin (p. 315) des exemples de censure.

trés. Les numéros 1 à 3 de *1914 Illustré*, publiés avant l'arrivée des Allemands, ne peuvent plus être exposés en vente : le n° 1 donnait les portraits du Roi Albert, de Nicolas II, de M. Poincaré et de Georges V ; le n° 2, celui du général Leman ; le n° 3 celui de M. Max ; à partir de novembre les numéros sont sévèrement émondés ; ainsi on n'y trouve plus guère de photographies représentant, par exemple, des villes incendiées par l'armée allemande. Les autres illustrés, *L'Actualité Illustrée, Le Temps Présent*, etc., ne donnent également que des images anodines, ainsi que les portraits de nos nouveaux maîtres, militaires et civils.

Pour remplacer jusqu'à un certain point les journaux, des imprimeurs s'étaient avisés d'éditer de petites brochures relatives à la guerre, mais ne donnant pourtant pas de nouvelles directes des opérations militaires. Ces publications sont naturellement soumises à la censure, et plusieurs de celles qui étaient antérieures à l'arrêté du 13 octobre 1914 sont prohibées ; il en est ainsi de la très intéressante brochure *M. Adolphe Max, bourgmestre de Bruxelles, son administration du 20 août au 26 septembre 1914*, et des numéros 1 à 10 des brochures éditées par M. Brian Hill. Les cartes postales illustrées sont également censurées ; les séries en cours de publication représentant les ruines de Louvain, de Dinant, de Charleroi, de Liége... ont dû être interrompues. La musique elle-même doit recevoir l'approbatur officiel (voir l'arrêté du 13 oct. 1914, p. 4).

Bref, on voit que notre vie publique se rapproche déjà très fort de l'idéal allemand : *Alles ist verboten*. Penser que la Belgique, si justement fière de ses libertés constitutionnelles, est maintenant écrasée, pantelante, sous la lourde botte prussienne !

Journaux allemands autorisés.

En compensation de ce qu'elle a cru devoir nous supprimer, l'administration allemande nous permit, vers le 10 septembre, de recevoir des journaux allemands : *Kölnische Zeitung, Kölnische Volkszeitung, Düsseldorfer Tageblatt, Düsseldorfer General-Anzeiger*, et aussi quelques illustrés, notamment : *Berliner Illustrierte Zeitung, Die Wochenschau, Kriegs-Echo*. Plus tard d'autres journaux furent tolérés : *Vossische Zeitung, Berliner Tageblatt, Frankfurter Zeitung, Berliner Zeitung am Mittag, L'Ami du*

Peuple (édition spéciale à la Belgique, en allemand et en français, de *Der Volksfreund*, d'*Aix-la-Chapelle*), et aussi quelques nouveaux illustrés, par exemple, *Kriegsbilder, Zeit im Bild*, et surtout *Illustrierter Kriegs-Kurier*, rédigé en allemand, flamand, français et anglais (1), dont les 16 pages, toutes couvertes d'illustrations, ne coûtent que 5 centimes ; c'est évidemment un organe de propagande, subsidié par l'administration centrale. Nous aurons l'occasion d'insister plus loin sur sa véracité, si l'on peut ainsi dire. Pendant longtemps aucun de ces journaux ne nous parvint d'une façon régulière.

Nous avions aussi à notre disposition deux journaux publiés par le gouvernement lui-même : 1° *Deutsche Soldatenpost* (*Herausgegeben von der Zivil-Verwaltung des General-Gouverneurs in Belgiën*), primitivement réservé aux soldats, mais qui fut aussi vendu aux civils — d'une façon fort intermittente, il est vrai — depuis le mois de septembre 1914 jusqu'au début de décembre 1914. 2° *Le Réveil* (*Écho de la Presse, Journal officiel du Bureau allemand à Dusseldorf pour la publication de nouvelles authentiques à l'étranger*), celui-ci rédigé à la fois en français et en allemand. Il publia 49 numéros. Il avait pour le mensonge un si insurmontable dégoût, qu'après avoir annoncé dans l'article d'introduction de son numéro 1 que la Belgique était entièrement entre les mains des Allemands, il parlait, dans une colonne voisine, des combats dans la Flandre occidentale entre les Allemands et les Alliés. Disons tout de suite qu'au point de vue de la sincérité et de la liberté des opinions, tous les journaux d'Outre-Rhin se valent : officiels ou non, ils ne publient que ce qui leur est permis, — ou mieux, inspiré, — par le gouvernement.

Journaux hollandais autorisés.

Un journal non soumis à la censure impériale, un seul, trouva grâce devant les autorités : *Nieuwe Rotterdamsche Courant*. Ses tendances nettement favorables à l'Allemagne lui ont valu de pouvoir pénétrer en Belgique ; mais pas également partout. A Gand, on peut s'y abonner, mais sa vente au numéro est défendue. A An-

(1) Le texte anglais a été bientôt supprimé.

vers, il a été proscrit pendant plusieurs mois à partir du 7 décembre.

A Louvain et à Bruxelles on peut le vendre dans la rue et aussi le servir aux abonnés. Qu'on ne suppose pas pourtant que le journal soit nulle part distribué régulièrement ; l'édition du matin du 10 novembre 1914, a été remise le 27 novembre à quelques abonnés particulièrement tenaces dans leurs réclamations ; il est vrai que ce numéro renferme l'article sur les lettres des prisonniers de guerre faits par les Belges (voir p. 55), et que ces lettres mettent à néant pas mal d'accusations des Allemands, tandis qu'elles éclairent singulièrement leurs mensonges et leurs pillages. Quant aux numéros du 6, 7 et 8 décembre 1914, ils n'ont jamais été distribués : un communiqué officiel, paru dans *L'Ami de l'Ordre* des 9 et 10 décembre, dit que ces numéros donnent « des communications non admissibles sur les dislocations de troupes ». Les numéros du 24, 25 et 26 décembre ont aussi été arrêtés. Depuis janvier 1915 une dizaine de numéros sont prohibés chaque mois.

Dans *Nieuwe Rotterdamsche Courant*, nous avons copié uniquement des articles de rédacteurs et de correspondants du journal lui-même ; il nous a semblé qu'y reprendre des articles extraits de journaux belges était un procédé qui, tout en étant courant chez les Allemands, n'est pas tout à fait honnête. Quand nous sommes obligés de citer un article belge, à travers *N. R. C.*, nous avons soin de le dire d'une façon expresse : cela n'arrive d'ailleurs que lorsque nous n'avons pas pu consulter la feuille belge elle-même.

Un autre journal néerlandais, *Algemeen Handelsblad* d'Amsterdam, arriva à Bruxelles au début de novembre ; mais la licence lui fut retirée au bout d'une huitaine de jours.

A partir de février 1915 sa vente fut de nouveau autorisée en Belgique. En même temps on permettait l'introduction de quelques autres journaux hollandais dont le caractère pro-allemand n'était pas douteux : *Het Vaderland*, *De Maasbode*, *De Nieuwe Courant*.

Affiches allemandes.

Notre pâture intellectuelle comprend aussi les affiches. D'abord les *Avis*, les *Arrêtés*, les *Proclamations* de tout genre. Puis les

Nouvelles publiées par le Gouvernement allemand qui sont affichées, généralement en trois langues, dans les villes principales. A Bruxelles, où on les appelle les *Lustige Blaetter*, elles sont particulièrement nombreuses. A Louvain, à Vilvorde, à Mons... elles sont manuscrites et le plus souvent rédigées en allemand seul.

Les affiches placardées à Bruxelles ont été presque toutes republiées dans l'une ou l'autre des quatre séries de brochures suivantes :

Proclamations allemandes à Bruxelles pendant l'occupation. Éditeur : H. Becquaert, 198, chaussée de Louvain, Bruxelles.

Bruxelles et ses affiches de guerre. Éditeur : L. Hochetin, 20, rue Marie-Henriette, Bruxelles.

Épisodes de guerre. Recueil complet des proclamations, arrêtés, communications et avis publiés par l'autorité allemande à Bruxelles. Éditeur : A. Ballieu, chaussée de Louvain, 13, Bruxelles.

Les avis, proclamations et nouvelles de guerre allemandes, affichées à Bruxelles pendant l'occupation. Éditeur : Brian Hill, 106 b, rue de l'Arbre bénit, Bruxelles.

Les affiches de Liége ont aussi été réimprimées par M. Brian Hill.

Journaux introduits en fraude.

Disons tout de suite que malgré toutes les interdictions et toutes les condamnations, des journaux prohibés continuent à s'infiltrer dans la partie occupée du pays. Ces journaux étaient d'abord ceux qui paraissaient normalement dans les villes non encore soumises à l'autorité allemande. Ainsi *La Métropole* et *Le Matin* d'Anvers, *Le Bien Public* et *La Flandre Libérale* de Gand furent bientôt apportés en contrebande et vendus en cachette à Bruxelles. On imprimait également, dans les régions non encore envahies, certains journaux des villes déjà occupées : ainsi *L'Indépendance Belge*, de Bruxelles, parut à Ostende jusqu'à l'arrivée des Allemands dans cette ville.

Les colporteurs qui vendaient ces gazettes avaient aussi des journaux étrangers, surtout français et anglais. Plus tard, quand toute la Belgique, sauf un coin de la Flandre, fut soumise aux Allemands, plusieurs journaux belges s'imprimèrent à l'étranger :

La Métropole et *L'Indépendance Belge* à Londres, *Le XX° Siècle* au Havre.

Nous recevions aussi de temps en temps les journaux occasionnels publiés par des Belges réfugiés à l'étranger. Citons : *L'Écho Belge* à Amsterdam, *La Belgique* à Rotterdam, *L'Écho d'Anvers* à Bergen-op-Zoom, *Les Nouvelles* et *Le Courrier de la Meuse* à Maestricht. En Angleterre il y a : *De Stem uit België* à Londres, *Le Franco-Belge* à Folkestone, *Le Courrier Belge* à Derby. A Paris paraît *La Patrie Belge*.

On comprend que les journaux prohibés sont rares. Certains jours où la chasse aux vendeurs est particulièrement fructueuse, on offre cinquante francs et même deux cents pour un numéro du *Times*. Comme c'est principalement par la frontière hollandaise que s'opère la contrebande des quotidiens anglais, les autorités ont édicté des mesures de plus en plus draconiennes pour la circulation par cette frontière. A la fin de l'année 1914, il était devenu pratiquement impossible d'entrer de Hollande en Belgique par la voie régulière (voir *Düsseldorfer General-Anzeiger*, du 20 décembre 1915). Les fraudeurs de journaux doivent donc se faufiler en cachette et leur métier n'est pas sans danger ; rien qu'aux environs de Putte (province d'Anvers), les sentinelles allemandes en ont tué deux en décembre 1914.

Les passeports

Cette question, à en juger par le nombre des demandes de renseignements qui nous sont adressées, intéresse plus de monde encore que nous ne l'imaginions. Il s'agit évidemment ici des passeports pour les pays étrangers, et non des permis, que l'on se procure aisément, nécessaires à l'heure actuelle pour circuler en Belgique.

Donc, nombre de lecteurs qui désirent, pour une raison ou pour une autre, quitter le territoire belge, nous demandent : « Qu'y a-t-il à faire ? »

Après avoir fait les démarches nécessaires pour être renseignés de façon précise et officielle, nous sommes dans la triste obligation de leur répondre... qu'il n'y a rien à faire. On ne sort plus de Belgique.

Vers l'Allemagne il n'est délivré de passeports qu'aux sujets allemands ou aux sujets neutres dont le pays d'origine n'est pas en guerre avec l'Allemagne : encore est-il exigé des « impétrants » qu'ils motivent très exactement et très suffisamment le but de leur voyage.

Vers la Hollande on n'accorde plus du tout de permis, sauf aux Hollandais qui, surpris en Belgique par la nouvelle ordonnance, veulent rentrer chez eux. Ils n'obtiennent d'ailleurs l'autorisation de partir qu'en prenant par écrit l'engagement de ne revenir en Belgique sous aucun prétexte, pendant la durée de la guerre et aussi longtemps que la Hollande restera neutre.

A ces règles il n'est admis que deux exceptions. D'abord en faveur des personnes qui, avec l'assentiment des autorités allemandes, s'occupent de ravitaillement, soit pour l'armée d'occupation, soit pour la population civile belge. Ces personnes sont obligées, pour obtenir un passeport, de prouver qu'elles sont « de la partie », c'est-à-dire que les questions de ravitaillement intéressent directement la profession ou le métier dont elles vivent en temps ordinaire.

Des permis peuvent également être accordés à des industriels, à la condition qu'ils prouvent que leurs voyages à l'étranger sont absolument nécessaires à leurs affaires et indispensables pour assurer les moyens de subsistance aux besoins de leurs employés et ouvriers.

Les frontières sont donc virtuellement fermées et une surveillance très active est exercée. Certaines routes sont réservées aux rares privilégiés pour entrer en Belgique ou en sortir, et quiconque tenterait de passer par une autre voie que celles officiellement désignées risquerait d'être fusillé sans autre forme de procès.

Les Belges ne doivent donc plus quitter leur pays. Les femmes belges qui ont leur mari, les mères qui ont leurs fils prisonniers en Allemagne, doivent renoncer à aller leur rendre visite.

Disons enfin pour terminer que ni les sujets des États en guerre avec l'Allemagne, ni les Allemands qui voudraient se rendre en pays ennemi, ne peuvent obtenir de passeports d'aucune sorte.

La Belgique, 25 décembre 1914.

Depuis que la frontière est garnie de fils de fer barbelés, et de fils parcourus par un courant électrique à haute tension, le passage est naturellement devenu encore plus difficile. Mais difficile ne signifie pas impossible.

Quant aux quotidiens français, ils entrèrent longtemps par le Hainaut. Des mesures très sévères furent aussitôt affichées de ce côté ; les contrevenants s'exposent à y être abattus à coups de fusil tout comme sur la frontière septentrionale.

Propagation clandestine de nouvelles.

Pour qu'un plus grand nombre de lecteurs puissent profiter des journaux introduits en fraude, les passages importants, surtout ceux qui relatent les opérations militaires, sont copiés à la machine à écrire. Ces extraits sont tout aussi pourchassés que les originaux, ce qui n'empêche qu'on continue à les confectionner et à les répandre en secret. Rien qu'à Bruxelles, il y a une quinzaine de ces feuilles clandestines, dont chacune a son public d'abonnés, souvent gratuits. De temps en temps nos oppresseurs dépistent un de ces ateliers de dactylographie ; mais tout aussitôt quelqu'autre personne dévouée reprend sa succession.

Dans certains établissements connus on put, pendant un certain temps, obtenir un journal en communication pendant dix minutes pour un ou deux francs ; mais le secret finit par être trahi, grâce à l'un ou à l'autre des innombrables espions qu'entretient le gouvernement.

Journaux clandestins.

Enfin, pas mal de personnes, disposant soit d'une machine à écrire, soit d'un autre moyen de reproduction de l'écriture, copient et vendent clandestinement au profit de quelqu'œuvre charitable des articles de journaux et de revues étrangères, qui se rapportent à la situation politique actuelle. Beaucoup de documents nous sont parvenus sous cette forme.

L'une de ces œuvres a été fondée aussitôt après la suppression des journaux. Il fallait, en effet, fournir à nos concitoyens, non seulement des nouvelles directes de la guerre, mais aussi des aperçus généraux, correspondant à ceux qu'on a l'habitude de lire dans les revues. A côté des petites feuilles quotidiennes citées plus haut, permettant aux Belges de suivre les opérations militaires, on créa donc une sorte de magazine hebdomadaire, donnant en une cinquantaine de feuillets dactylographiés, des extraits de revues, de livres et de grands journaux étrangers, des discours importants, etc. Une large place est faite aux articles traduits de l'anglais, du hollandais et surtout de l'allemand : le bureau de traduction fonctionne dans un local où les Allemands ne peuvent certainement pas soupçonner sa présence. La revue elle-même est élaborée dans un endroit pas suspect non plus. Pour assurer davantage le secret, les principaux fournisseurs d'articles ne se connaissent pas entre eux ; combien de fois n'est-il pas arrivé à l'auteur de ces lignes, pendant qu'il poursuivait quelque enquête sur l'occupation allemande, de découvrir tout à coup qu'il se trouvait en présence d'un de ses collaborateurs. Ajoutons que parmi les centaines de lecteurs de ce périodique, personne ne connaît son origine.

Enfin, des Belges courageux s'occupent d'imprimer en plein territoire occupé, et malgré toutes les prohibitions allemandes, des journaux qui sont répandus à des milliers d'exemplaires. Les deux plus importants sont *La Libre Belgique* et *La Vérité*. Nos persécuteurs ont beau promettre les primes les plus alléchantes à ceux qui dénonceront les auteurs de ces feuilles, celles-ci continuent à paraître imperturbablement. Ce qui prouve, soit dit en passant, que les Allemands mentent effrontément lorsqu'ils assurent que tant de Belges leur envoient des délations anonymes. Non : le seul effet des mesures vexatoires, édictées par les Allemands, a été de transformer la Belgique en un vaste nid de conspirateurs.

*
* *

Deux importantes sources de documentation nous sont complètement fermées : la photographie et la correspondance par lettres.

La prise et la reproduction de photographies sont formellement interdites, surtout dans les villes ruinées par les Allemands.

Interdiction de la photographie.

ARRÊTÉ

Il n'est permis qu'en vertu d'une autorisation, délivrée par les autorités militaires locales, de prendre des photographies dans les rues, places et autres endroits publics, dans les régions de la Belgique occupées par les troupes allemandes.

Toute contravention sera punie de peines de prison ou d'amendes jusqu'à concurrence de 3.000 marks et de la saisie des appareils, plaques et épreuves.

Bruxelles, le 19 septembre 1914.

Le Gouverneur Général en Belgique
Baron von der GOLTZ,
Général-Feldmaréchal.

(Affiché à Bruxelles).

Avis

Quiconque produit, sans autorisation, des représentations de destructions causées par la guerre ou qui étale, offre en vente, vend ou répand d'une autre manière, au moyen de cartes postales, revues illustrées, journaux ou autres périodiques contenant de pareilles représentations, surtout d'édifices ou de lieux brûlés ou dévastés par la guerre, sera puni d'une amende jusqu'à 5.000 marks ou d'emprisonnement jusqu'à une année.

La saisie des formes et plaques qui auraient servi à la reproduction de ces représentations, de même que leur destruction, peuvent également être ordonnées.

Anvers, le 1er décembre 1914.

Le Gouverneur Impérial,
Freiherr von HUENE,
Général d'infanterie.

(Affiché à Anvers).

Règlements sur la correspondance.

Aucune lettre fermée ne peut circuler en Belgique. Jusque vers la mi-décembre, les correspondances étaient portées d'une ville à l'autre par les camionneurs qui font le service des messageries depuis la suppression des chemins de fer : on pouvait donc encore se procurer assez facilement des renseignements. Mais, comme don de joyeuse entrée, M. le baron von Bissing, qui a succédé en qualité de Gouverneur-Général en Belgique à M. le baron von der Goltz, supprima le petit gagne-pain supplémentaire des courriers. Ainsi, M. le sénateur Speyer a été condamné à une amende de mille marks et à un emprisonnement de 10 jours, pour avoir transporté des lettres.

Avis

Il est interdit de transporter des correspondances en Belgique et au delà des frontières belges sans passer par la poste allemande.

Bruxelles, le 15 décembre 1914.

Le Gouverneur Général en Belgique,
Baron von Bissing,
Général de Cavalerie.

(Affiché à Bruxelles).

Depuis lors il est devenu très difficile de se procurer une précision sur un fait qui s'est passé dans une autre localité, car on ne peut évidemment pas confier une missive de ce genre à la poste allemande, qui n'accepte que les lettres ouvertes et les fait passer par un cabinet noir ; encore n'assure-t-elle pas les communications avec tous les points.

On n'a plus d'autre ressource que d'aller chercher le renseignement soi-même, après s'être informé des heures, très variables, où la circulation est autorisée dans les localités qu'on doit traverser.

Heures de circulation.

A LA POPULATION

Le bourgmestre croit devoir recommander à ses concitoyens l'observation stricte des mesures qui ont été prises pour garantir l'ordre et cela afin d'éviter que les otages en subissent les plus graves conséquences.

Les habitants doivent tous être rentrés dès la tombée de la nuit.

Dès 8 heures du soir (heure allemande) les postes ne pourront plus être dépassés.

A partir de 9 heures du soir, il est strictement défendu de se trouver dans les rues de la ville.

(Affiché à Spa, en août 1914).

Ville de Liége.

LE BOURGMESTRE A LA POPULATION

Les portes d'entrée des maisons doivent rester ouvertes toute la nuit. Les fenêtres de la façade vers la rue doivent être éclairées ; les volets, les persiennes, resteront relevés. La circulation dans les rues cessera à partir de 7 heures (heure allemande) (6 h. belge). Les cafés seront fermés à la même heure.

Liége, le 21 août 1914.

Le Bourgmestre,
Kleyer.

(Affiché à Liége).

Avis

La circulation dans les rues est interdite à partir de 6 heures du soir (heure belge).

Il est défendu d'avoir de la lumière dans les maisons après 7 heures du soir.

Malines, 7 octobre 1914.

Le Commandant de place.

(Affiché à Malines en allemand, flamand et français).

Par ordre de l'autorité allemande

A partir de 8 heures du soir (7 h. belge) il ne peut plus y avoir de lumière aux fenêtres des maisons de la ville de Herve.

La patrouille a ordre de tirer dans toute fenêtre éclairée, donnant sur la rue.

Ad. Cajot, échevin,
F. de Francquen, juge.

(Affiché à Herve).

Ville de Mons.

Avis

L'autorité allemande fait savoir à la population qu'à partir de 8 h. 1/2 du soir jusque 4 heures du matin, toute circulation dans les rues sera strictement interdite.

Seuls les médecins, vétérinaires, sages-femmes munis d'un passeport, signé par leur municipalité, auront la permission de circuler.

Toute contravention à cet ordre sera sévèrement punie.

31 octobre 1914.

Garnison commandanture Mons.

(Affiché à Mons).

Il faudra savoir aussi quelles sont les démarches administratives qu'on doit faire pour obtenir un logement. Ainsi, depuis le 23 janvier 1915, on ne peut loger à Gand, soit dans un hôtel, soit dans une pension, soit dans un appartement, qu'après en avoir obtenu l'autorisation à la Kommandantur.

Voyages par voie ferrée.

Munis d'un passeport convenable, il n'y a plus qu'à se mettre en route. En combinant convenablement son itinéraire, on pourra souvent profiter des tramways vicinaux. Tous les autres moyens de communication sont fort précaires. L'automobile est interdite. Les chevaux ont été réquisitionnés par les autorités militaires. En chemin de fer, il est dangereux d'avoir avec soi des papiers compromettants : ainsi, tout voyageur qui arrive à Anvers ou qui quitte cette ville, est fouillé jusqu'à la peau ; les dames sont déshabillées dans les salles d'attente. Sur les autres lignes on subit souvent une visite corporelle pendant le trajet.

De plus, le prix du voyage est exorbitant (0 fr. 10 par kilomètre). Voici quelques autres prescriptions, extraites de l'indicateur officiel, qui montrent combien les voyages en chemin de fer sont agréables et commodes.

Novembre 1914.

Indicateur officiel des chemins de fer

circulant actuellement en Belgique sous l'administration du Gouvernement allemand.

Avec renseignements sur les voyages. Prix : 0 fr. 10.

Dispositions générales

Un certain nombre de trains viennent, depuis quelques jours, d'être mis en circulation sur les chemins de fer belges par le Gouvernement allemand.

Ce sont (1) :

(1) Il y a un train par jour dans chaque sens. Souvent ces trains circulent à des heures où ils sont inutilisables par les civils. Ainsi le train de Bruxelles à Mons arrive à Mons à 9 heures du soir. Celui de Mons à Bruxelles quitte Mons à minuit 14. Or, la circulation est interdite dans les rues de Mons entre 8 h. 1/2 du soir et 4 heures du matin. (Voir p. 19). (Note de J. M.).

1° Bruxelles-Aix-la-Chapelle ;
2° Bruxelles-Lille ;
3° Bruxelles-Namur ;
4° Bruxelles-Charleroi ;
5° Louvain-Charleroi ;
6° Bruxelles-Anvers ;
7° Bruxelles-Courtrai.

Vu l'état défectueux des lignes et des appareils d'aiguillage et de signalisation, ces trains ne peuvent encore circuler qu'à une allure modérée, et la durée du trajet n'est pas garantie. C'est pourquoi il est prudent de se munir au départ des vivres nécessaires pour la route.

Tickets de voyage.

Les tickets sont délivrés aux stations de départ pour toutes les destinations que nous venons d'indiquer.

Le prix des tickets est calculé à raison de 0 fr. 10 le kilomètre.

Actuellement les tickets donnent droit au voyage dans les wagons de n'importe quelle classe sans distinction de prix.

D'ici quelques jours cependant il est probable que le prix de 0 fr. 10 par kilomètre s'entendra pour les voyages en 2° classe, le trajet en 3° classe ne coûtant plus que 0 fr. 05 par kilomètre (1).

Passeports.

L'administration allemande n'exige pas officiellement de passeports des personnes voyageant en chemin de fer.

Nous croyons toutefois, en prévision des éventualités qui peuvent toujours se produire actuellement, qu'il est préférable d'être porteur de papiers parfaitement en règle.

C'est une bonne précaution.

Les passeports sont actuellement délivrés, rue de la Loi, n° 17.

Circulation à bicyclette.

La bicyclette est pratiquement prohibée.

Avis

1. — La circulation des automobiles privées, motocyclettes et vélos est interdite, tant pour la ville de Bruxelles que pour les faubourgs, sauf à

(1) Cette diminution de prix n'a jamais été appliquée (Note de J. M.).

des personnes munies d'un permis spécial du commandant allemand (rue de la Loi, 6).

Ces permis ne seront délivrés qu'en cas d'urgence.

Toute contravention sera punie par la saisie des véhicules.

L'ordre formel a été donné aux troupes allemandes opérant à l'entour de Bruxelles de tirer sur chaque cycliste en civil.

Cette mesure s'impose parce qu'on a des preuves que la garnison d'Anvers a été informée continuellement des mouvements de nos troupes par l'intermédiaire des cyclistes.

II. — Les personnes qui, après le 15 septembre, seront encore en possession de pigeons voyageurs, ainsi que d'autres personnes qui, par des signaux ou n'importe quels autres moyens, essayeront de nuire aux intérêts militaires allemands, seront jugées d'après les lois de la guerre.

Bruxelles, le 15 septembre 1914.

Le Gouverneur militaire allemand de Bruxelles,

Baron von LÜTTWITZ,

Général.

(Affiché à Bruxelles).

La circulation a bicyclette

Avis. — A l'extérieur de la banlieue des villes et villages, à partir du 26 juin 1915, en vertu de l'arrêté du gouvernement général du 20 juin, la circulation sur vélo est soumise au contrôle de passeports (laisser-passer).

Les bornes de la banlieue des endroits seront communiquées par les journaux.

Les passeports ne seront délivrés que pour la circulation dans l'arrondissement même où la personne qui désire le passeport habite. Le passeport n'est donné que pour certaines routes fixes aux ouvriers, écoliers, etc., afin de pouvoir se rendre et retourner de la demeure au lieu de travail, aux médecins, prêtres, etc., pour l'étendue de leur domaine (*Communiqué*).

L'Ami de l'Ordre, 24-25 juin 1915.

Il est nécessaire d'étudier les derniers règlements sur la circulation, car ils changent souvent. Comparer, par exemple, les avis du 30 août 1914 et du 2 septembre 1914, et ceux du 18 avril 1915 et du 29 avril 1915.

Incohérence de la réglementation.

Avis

Les habitants de Bruxelles sont informés qu'il est défendu à tout le monde de circuler, soit à pied, soit en voiture, dans toutes les parties des environs de Bruxelles qui sont occupées par des troupes allemandes, exception seule faite pour ceux qui sont porteurs de sauf-conduits du soussigné Gouverneur...

Bruxelles, le 30 août 1914.

Le Gouverneur allemand.

(Affiché à Bruxelles).

Avis

Bruxelles, 2 septembre 1914. — La ville de Bruxelles n'est pas cernée; chacun est libre de sortir de la ville à pied, excepté dans la direction des avant-postes allemands; c'est-à-dire vers Anvers et Ostende. Les personnes qui doivent circuler en dehors de Bruxelles avec une auto, voiture, camion ou tout autre véhicule ont à se munir d'un laisser-passer délivré par la ville de Bruxelles et contresigné par le commandant militaire allemand.

Ce laisser-passer est délivré à l'Hôtel de Ville de Bruxelles.

Le commandant de Bruxelles
BAYER, Major.

(Affiché à Bruxelles).

Arrêté concernant la circulation des bicyclettes

La circulation des bicyclettes, autorisée par mon avis du 18 février 1915, est, par suite d'abus, interdite dans tout le pays à partir du 21 avril 1915.

Il ne sera délivré de permis de circulation que pour aller et revenir en vélo de sa demeure habituelle à l'endroit où l'on travaille toujours.

Bruxelles, le 18 avril 1915.

Le Gouverneur général en Belgique,
Baron von BISSING,
Général-Colonel.

(Affiché à Bruxelles).

Avis

A partir d'aujourd'hui, il est de nouveau permis de circuler en bicyclette.

Bruxelles, le 29 avril 1915.
Le Gouverneur de Bruxelles
von KRAKWEL,
Général-lieutenant.

(Affiché à Bruxelles).

Transport de lettres par pigeons, flèches, pain.

Naturellement les difficultés sont encore accrues quand il s'agit d'obtenir un renseignement de l'étranger, disons de Hollande. Le transport des lettres par pigeon voyageur est pratiquement impossible, tant sont sévères les mesures édictées contre ces animaux.

Pour faire passer la frontière aux lettres, on se servait couramment d'arcs et de flèches. Aussi les Allemands réquisitionnèrent-ils ces armes (voir *N. R. C.*, 1er janvier 1915, matin, — et p. 387). Toutefois les Belges n'ont pas renoncé pour cela à lancer des lettres en Hollande et inversement : avec une branche coupée à un arbre on improvise un arc, et les roseaux croissant dans un fossé fournissent d'excellentes flèches creuses.

Pendant longtemps on enferma les lettres dans des pains qui étaient cuits en Hollande, et vendus en Belgique ; actuellement aucun pain ne peut plus être livré aux Belges sans avoir été découpé par un soldat allemand.

Mais toutes ces mesures n'empêchent pas que chaque jour des centaines de lettres entrent en Belgique par la frontière hollandaise.

*
* *

On voit à quelle extrémité la population belge en est réduite. Eh bien ! malgré toutes ces difficultés, nous nous sommes procurés des documents très importants. Nous ne pouvons, par malheur, les publier tous en ce moment ; car ils feraient reconnaître ceux qui nous les ont communiqués et les exposeraient à des représailles ; or, nous avons appris, à notre détriment, tout ce que ce terme recèle dans la pensée de nos gouvernants actuels.

CHAPITRE PREMIER

LA VIOLATION DE LA NEUTRALITÉ BELGE

A. Les Préliminaires.

Nous étions trop confiants.

A l'exception des militaires et de quelques hommes d'État, les Belges étaient convaincus que les nations, tout comme les individus, sont liées par leurs engagements, et qu'aussi longtemps que nous resterions fidèles à nos devoirs internationaux, les signataires du traité de Londres, du 19 avril 1839, traçant les conditions de la neutralité, ou plutôt de la neutralisation de la Belgique (*Belg. All.*, p. 3), observeraient également leurs obligations envers nous.

Ainsi, le plus répandu de nos journaux catholiques, *Le Patriote*, n'a pas ralenti un seul jour sa campagne contre ceux qui osaient suspecter l'Allemagne, garante de notre nationalité, de se préparer à l'invasion de la Belgique. Pourtant, en 1911, pendant la crise d'Agadir, notre quiétude avait été un peu secouée par un autre journal à grand tirage, *Le Soir*. Dans une série d'articles intitulés *Sommes-nous prêts?* il disait inévitable, d'après tous les auteurs militaires allemands, l'invasion de la Belgique sur sa frontière orientale, dès les premiers jours d'une guerre entre la France et l'Allemagne.

La méfiance des Belges endormie par l'Allemagne.

Mais notre foi, quelque peu naïve, dans les conventions internationales, reprit bientôt son influence lénifiante. Guillaume II, « l'Empereur de la Paix », ne venait-il pas d'assurer à la mission belge, chargée d'aller le saluer à Aix-la-Chapelle, que la Belgique n'avait rien à craindre de la part de l'Allemagne (voir *L'Étoile Belge*, 19 octobre 1911). En septembre 1912, nouvelle déclaration tranquillisante de l'Empereur. Assistant aux manœuvres suisses, il félicitait M. Forster, Président de la Confédération Helvétique, et lui disait combien il était heureux de constater que l'armée suisse défendrait efficacement l'intégrité du territoire contre une attaque française. « Quel dommage, ajoutait-il, que l'armée belge ne soit pas aussi bien préparée et se trouve incapable de résister à une agression française. » Cela signifiait évidemment que la Belgique ne courait aucun risque du côté de la Prusse.

Ce n'était pas seulement l'Empereur qui nous garantissait son profond respect pour les actes internationaux. Les ministres allemands faisaient au Reichstag des déclarations analogues (*Belg. All.*, p. 7).

En Belgique même, les Allemands profitaient de toutes les occasions pour célébrer leur amitié pour nous et leur respect des traités. En 1905, lors du 75ᵉ anniversaire de l'indépendance belge, M. le comte von Wallwitz disait à une réunion officielle : « Pour nous autres Allemands, le maintien du traité de garantie conclu à la naissance de la Belgique actuelle est une espèce d'axiome politique, auquel, d'après nos idées, nul ne pourrait toucher sans commettre la plus grave des fautes (voir page 185 des *Annales parlementaires belges*, Sénat, de 1906).

En 1913, lors de la Joyeuse Entrée du Roi et de la Reine à Liége, le général von Emmich, celui-là même qui fut chargé de bombarder la ville en août 1914, venait saluer nos souverains au nom de l'Empereur. Il ne cessait de parler des sympathies allemandes pour les Belges et la Belgique.

En août 1913, M. Erzberger donnait sa parole d'honneur, comme député catholique au Reichstag, que jamais il n'avait été question d'envahir la Belgique, et que celle-ci pouvait toujours compter sur le parti du Centre pour faire respecter les engagements internationaux. C'est le même qui accumule maintenant des contres-vérités manifestes pour justifier l'agression de l'Allemagne.

Duplicité allemande les 1ᵉʳ, 2, 3 août 1914.

Arrivons aux jours qui précédèrent immédiatement la guerre. Les journaux allemands annonçaient que les troupes occupant en temps normal les camps voisins de la frontière belge avaient été dirigées vers l'Alsace et la Lorraine ; ces articles, reproduits chez nous, avaient réussi à endormir définitivement notre méfiance. De son côté, le gouvernement belge faisait l'impossible pour rassurer l'opinion publique et pour arrêter les manifestations anti-allemandes. Pour ne citer qu'un exemple, le numéro du 2 août du *Petit Bleu* fut saisi par la police pour un article hostile à l'Allemagne.

En même temps, les journaux publiaient les nouvelles les plus contradictoires au sujet des négociations diplomatiques qui se poursuivaient entre les gouvernements, négociations dont le texte complet ne nous est parvenu que longtemps après.

En somme, dans les courants d'idées qui se heurtaient en Belgique, c'était la confiance qui l'emportait. Plusieurs d'entre nous, assistant le 1ᵉʳ août à une séance de l'Académie royale de Belgique, causaient, avant l'ouverture de la séance, des graves événements qui se préparaient, de la guerre déjà déclarée entre l'Autriche et la Serbie, du conflit qui paraissait imminent entre l'Allemagne, la France, la Russie et l'Angleterre. Mais personne ne supposait que la Belgique pouvait être entraînée dans la conflagration. Le matin même, racontait-on, la France avait fait renouveler officiellement, par son Ministre à Bruxelles, l'assurance qu'elle s'abstiendrait fidèlement de violer la neutralité de la Belgique (*1ᵉʳ Livre Gris*, n° 15) ; il n'y avait aucune raison de douter de ses paroles. Quelques jours auparavant, le Ministre d'Allemagne à Bruxelles avait affirmé que son pays respectait trop les conventions internationales pour se permettre de les transgresser ; celui-là aussi, nous l'avions cru ! Oh naïveté ! nous l'avons encore cru le lendemain quand il refit la même déclaration (*1ᵉʳ Livre Gris*, n° 19 ; *Belg. All.*, p. 7). Et le soir de ce dimanche, 2 août, il remettait à notre gouvernement l'ultimatum de l'Allemagne (*1ᵉʳ Livre Gris*, n° 20).

L'ultimatum.

Le télégramme du 2 août, par lequel M. von Jagow mande l'ultimatum au Ministre d'Allemagne à Bruxelles, dit : « Veuillez remettre cette note au gouvernement belge, en une communication strictement officielle, ce soir à 8 heures, et lui demander une réponse nette endéans les 12 heures, soit pour demain matin à 8 heures » (*Lüttich*, p. 4). Jamais, depuis que la Belgique est née, un problème aussi palpitant ne s'était posé devant son gouvernement. Or, l'Allemagne lui laissait 12 heures pour le résoudre, 12 heures de nuit ! Elle ne voulait pas que notre gouvernement eût le temps de réfléchir à l'aise ; elle espérait que dans une crise d'affolement, la Belgique, désemparée, oubliant sa dignité, accepterait l'inacceptable.

.·.

Ce fut de la stupeur quand les journaux, le 3 août, annoncèrent l'arrivée de l'ultimatum. Qui donc aurait osé concevoir qu'un État, garant de notre neutralité, foulerait aux pieds ses engagements solennels, qu'il déchirerait de propos délibéré un pacte international signé par lui-même ; qu'en plein xxe siècle, un peuple civilisé, ayant la prétention de montrer la voie au progrès, allait se parjurer bassement ? Nous portions trop haut dans notre cœur le sentiment de la justice et de la fidélité aux engagements, pour faire à notre voisin de l'Est l'affront de supposer qu'il faillirait à sa signature ; pis que cela, qu'il chercherait à nous entraîner dans son déshonneur. Bref, la Belgique refusait de croire à la duplicité de l'Allemagne.

Renseignements pris, il fallut se rendre à l'évidence. L'Allemagne nous proposait tout bonnement de sacrifier notre dignité, — de rompre à son avantage, à elle seule, nos obligations internationales, — de nous faire, en un mot, ses complices.

Comme récompense de notre appui, l'Allemagne nous aurait accordé, dit M. Bettex (*Der Krieg*), une somme de quatre millions de marks (voir p. 259).

Cependant, le Ministre d'Allemagne à Bruxelles continuait à nous donner des explications aussi perfides qu'embrouillées et à nous assurer des dispositions amicales de son gouvernement (v. p. 351). L'Allemagne façonnée par Bismarck n'a décidément plus rien qui rappelle l'Allemagne de Goethe et de Fichte. On aurait dû s'en douter, du reste, en voyant les Allemands glorifier l'homme qui s'est *vanté* d'avoir falsifié la dépêche d'Ems afin de rendre inévitable la guerre de 1870, et qui a réussi à faire accepter par ses compatriotes, comme un principe directeur, que « la force prime le droit ».

Le discours du Chancelier au Reichstag.

Pourtant on peut présumer que de légers scrupules persistaient dans les replis de la conscience allemande, puisque le jour même où le Chancelier de l'Empire disait à l'Ambassadeur anglais, à Berlin, qu'une convention internationale n'est qu'un « chiffon de papier » (1) et que la neutralité n'est qu'un mot, il reconnaissait, dans son discours au Reichstag, que l'envahissement de la Belgique constitue une injustice : mais il excusait aussitôt cette violation du droit des gens par les nécessités stratégiques.

Un mot sur ce discours. Le passage qui traite de la neutralité belge est pour nous le plus intéressant de tous. Il faut croire que les Allemands sont du même avis, puisque c'est celui qu'ils citent comme décisif quand ils en donnent seulement un extrait, par exemple dans Schurmann, *Die Vorgeschichte* (p. 12), et dans

(1) Le Chancelier a essayé de rattraper son imprudente parole « chiffon de papier ». Dans un interview avec un correspondant de l'*Associated Press*, il donne des explications, pas du tout claires, sur l'emploi de ce terme (voir *N. R. C.*, 27 février 1915, matin et soir ; *Le Bien Public*, 30 janvier 1915 ; *Düsseldorfer General-Anzeiger*, 28 janvier 1915).

Les Allemands n'aiment pas qu'on cite ces paroles de M. von Bethman-Hollweg. Une série de brochures, *Histoire de la guerre de 1914*, qui paraît à Bruxelles pendant l'occupation, rapporte la dernière conversation du Chancelier avec l'Ambassadeur anglais, le 4 août 1914 (page 206) ; mais le « chiffon de papier » n'y figure pas : la censure a supprimé ce passage trop compromettant.

Helmolt, *Die geheime Vorgeschichte* (p. 298). Il y a un point qui est reproduit de deux façons différentes : celui qui est relatif à la réparation du dommage causé par l'Allemagne. L'une des versions dit : « l'injustice que nous commettons, nous la réparerons dès que notre but militaire sera atteint ». C'est celle de Schurmann et celle de Helmolt ; c'est aussi celle qui a été publiée par le *Livre Gris Belge*, tout de suite après le début de la guerre. L'autre version est celle-ci : « l'injustice que nous commettons ; — je suis franc, — l'injustice que nous commettons, nous essayerons de la réparer dès que notre but militaire sera atteint ». C'est celle de *Die Wahrheit* (mais ceci n'est pas un argument en faveur de son authenticité), de *Dokumente zur Geschichte des Krieges 1914*, — de *Der Kriegsausbruch 1914*, — de Helmolt, *Der Weltkrieg* (p. 84). A première vue il semble qu'il serait très important pour nous de savoir laquelle de ces deux versions est la bonne, puisque l'une nous promet réparation des dommages, tandis que l'autre promet seulement qu'on tâchera de les réparer. Mais au fond l'expérience que nous avons acquise de l'honnêteté avec laquelle l'Allemagne respecte ses engagements, nous permet d'affirmer que les deux versions se valent ; aussi croyons-nous inutile de faire des recherches pour vérifier ce point d'histoire.

B. Justification de l'entrée en Belgique.

La duperie de la « menace française ».

Ainsi donc, on savait (? !) en Allemagne que la France était décidée à violer notre neutralité, et cela suffisait, d'après les théories germaniques, pour que l'Allemagne prît les devants. « En effet, dit M. le général von Blume, dans un article de *Düsseldorfer General-Anzeiger* du 2 décembre 1914, intitulé : « Le Roi Albert, valet de l'Angleterre », l'homme politique ou le chef d'armée ne peut pas attendre, pour prendre une décision et pour agir, d'avoir en main les preuves de ce qu'il soupçonne, car alors rien ne serait plus aisé que d'être homme d'État ou généralissime : il doit se laisser guider par les présomptions dès que celles-ci sont suffisantes ».

Demandons-nous à présent si l'Allemagne avait contre la France des présomptions telles qu'elles équivalaient à une quasi-certitude ? En d'autres termes, était-elle sincère quand elle déclarait savoir que la France était sur le point d'envahir la Belgique ? Eh bien ! nous n'hésitons pas à dire que non ; car si elle avait cru réellement que la France s'apprêtait à violer notre neutralité, elle aurait eu le plus grand profit à attendre que cette violation fût perpétrée. En effet, la Belgique a toujours affirmé qu'en cas de guerre entre la France et l'Allemagne, elle résisterait par les armes au premier envahisseur et se joindrait aussitôt à l'autre puissance. Or, l'Allemagne n'avait aucune raison de suspecter la sincérité de la Belgique ; elle savait donc — car cette fois-ci elle *savait* — qu'en laissant les Français entrer chez nous, elle s'assurerait le concours de notre armée contre son ennemi. Et si piètre que fût son estime pour les soldats belges — peut-être a-t-elle eu depuis lors l'occasion de changer d'avis — elle avait tout de même un intérêt évident à ne pas les avoir pour adversaires.

Nous disons par conséquent que l'imminence d'une attaque française contre la Belgique, n'était qu'un prétexte et un épouvantail : un prétexte pour justifier la violation de la Belgique aux yeux des autres nations ; un épouvantail pour entraîner le vote des crédits au Reichstag sans discussion préalable : « Nous n'avons pas pu attendre cette séance pour commencer les hostilités et pour envahir le Luxembourg, peut-être même la Belgique », déclare le Chancelier. Remarquez combien ce « peut-être » est louche ; les troupes allemandes ont pénétré en Belgique dans la nuit du 3 au 4 août (*1ᵉʳ Livre Gris*, n° 35), et l'après-midi du 4 août, à la séance du Reichstag, le Chancelier n'en était pas prévenu ! Nous pensions que le service officiel de la télégraphie fonctionnait mieux que cela en Allemagne.

..

Quelles étaient alors les raisons réelles de l'invasion de notre pays ? C'était des raisons stratégiques, il est vrai, mais ce n'étaient pas celles que le Chancelier indiquait dans son discours. Elles étaient connues depuis longtemps : l'état-major allemand a toujours envisagé l'attaque brusquée contre la France comme une inéluctable nécessité ; et pour cela il fallait à tout prix traverser la Belgique. D'ailleurs, le jour même où le Chancelier invoquait encore au Reichstag les préparatifs français, M. le Secrétaire d'État von Jagow avouait ouvertement le vrai motif de la violation de la Belgique. La brochure de propagande *Die Wahrheit ueber den Krieg* (1), après avoir invoqué, sans y insister, le danger d'une attaque française, décrit longuement le plan de campagne des Allemands ; attaque brusquée contre la France en passant par la Belgique : puis aussitôt après la victoire, changement de front et écrasement de l'armée russe. La même idée est exposée dans une infinité d'articles et de brochures.

C. Les accusations allemandes contre la Belgique.

Il y a une circonstance aggravante à la mauvaise action qui souille le nom allemand. C'est l'insistance avec laquelle la presse et les politiciens d'outre-Rhin cherchent à rejeter la faute sur la Belgique elle-même. Car, à les en croire, c'est la Belgique qui a commencé.

Nécessité d'agir sur les Neutres.

Quand les dirigeants de l'Allemagne constatèrent à leur grande stupéfaction, réelle ou feinte, que l'Amérique et les autres Neutres

---

(1) *Die Wahrheit ueber den Krieg* (*La vérité au sujet de la guerre*), 2ᵉ édition, publiée le 20 septembre 1914 (Berlin. E. S. Mittler et fils).
Cette brochure est rédigée par :
Paul Dehn, publiciste à Berlin ;
Dʳ Drechsler, Directeur de l'Amerika-Institut, Berlin ;
Matthias Erzberger, membre du Reichstag, Berlin ;
Prof. Dʳ Francke, Berlin ;
Dʳ Ernest Jäckh, Berlin ;
Dʳ Nauman, membre du Reichstag, Berlin ;
Comte von Oppersdorff, membre de la Chambre des Seigneurs de Prusse, membre du Reichstag, Berlin ;
Comte zu Reventlow, publiciste, Charlottenburg ;
Dʳ Paul Rohrbach, professeur à l'École supérieure du Commerce, Berlin ;
Dʳ Schacht, Directeur de la Dresdner Bank, Berlin.

n'acceptaient pas bénévolement l'excuse stratégique pour la violation de la neutralité belge, leur attitude se modifia soudain. Puisque le monde entier, dans un mouvement spontané d'indignation, flétrissait la conduite de l'Allemagne, traître et parjure, assaillant une nation qu'elle avait, au contraire, le devoir de protéger, le gouvernement allemand adopta le procédé classique des malfaiteurs, qui consiste à renverser les rôles et à se poser en victime innocente, acculée par un adversaire déloyal à de légitimes mesures de défense. Que fallait-il pour cela ? Faire semblant de croire, puis d'avoir prouvé, que la Belgique avait déjà violé sa neutralité avant l'invasion allemande : alors, n'est-ce pas, on ne pouvait plus faire grief à l'Allemagne de son attitude.

Inanité des premières accusations.

Nous sortirions du cadre que nous nous sommes imposés si nous nous donnions la peine de réfuter une à une toutes les prétendues violations du territoire belge accomplies par les Français et les Anglais. D'ailleurs, la plupart de ces accusations ont été démolies par M. Waxweiler : *La Belgique neutre et loyale*, p. 143 à 175. De ces allégations nous ne voulons retenir qu'un point : c'est que toutes ces soi-disant infractions à la neutralité sont antérieures au 4 août. Si elles avaient été commises réellement, les innombrables espions dont la Belgique était parsemée en auraient prévenu le Ministre d'Allemagne à Bruxelles, qui aurait télégraphié au Chancelier, et celui-ci se serait empressé d'en faire un grief sérieux contre la Belgique dans son discours au Reichstag. De quel poids ces révélations n'eussent-elles pas été pour son argumentation ! S'il n'en a pas fait état, c'est qu'il n'était pas averti, et s'il n'était pas averti, c'est que les faits étaient inexistants. Ils ont été inventés — très maladroitement d'ailleurs — après coup.

Un mot sur les persécutions contre les Allemands en Belgique. L'article de fond de *Kölnische Volkszeitung* du 26 septembre 1914, matin, nous accuse formellement d'avoir violé notre propre neutralité, puisque, dit-il, « depuis de longues années le gouvernement belge autorisait les excitations les plus violentes contre l'Allemagne, contre sa culture et contre tout ce qui est allemand ». Quel dommage que cette imputation-là soit inexacte, et qu'au lieu de tenir les Allemands à l'écart nous les ayons accueillis par milliers, et que nous les ayons laissés prendre partout les meilleures places, ce qui leur a permis d'espionner à fond notre organisation militaire. Nous les revoyons aujourd'hui en Belgique sous l'uniforme d'officiers de réserve.

Quand c'est un journaliste habitant l'Allemagne qui accuse le gouvernement belge d'avoir fermé les yeux sur les excitations anti-allemandes en Belgique, on peut alléguer comme circonstance atténuante que sa bonne foi a pu être surprise. Mais que faut-il penser quand ces mensonges sont produits par un homme considérable, professeur d'archéologie à l'Université de Munich; et habitué par conséquent à appliquer la critique à la recherche de la vérité historique, un homme résidant en Belgique depuis plusieurs mois et pouvant y puiser à toutes les sources de documentations ? Quand il s'agit, en un mot, de M. le baron Friedrich Wilhelm von Bissing, fils du Gouverneur-général en Belgique. (Voir p. 411).

Changement de tactique : les révélations de N. A. Z.

Chaque semaine les journaux allemands ajoutent un numéro au réquisitoire dressé contre la Belgique. On dirait que leur raisonnement est le suivant : « Puisque nous ne pouvons pas apporter une seule preuve convaincante, accumulons-en le plus possible de valeur quelconque ; nous finirons bien par écraser la Belgique sous le poids des témoignages ». Pour que nous puissions juger de l'efficacité de cette procédure, l'Allemagne devrait bien nous dire combien, à son sens, il faut de mauvais arguments pour en valoir un bon.

Il y a des motifs de supposer que l'Allemagne sentait elle-même l'insuffisance de ces imputations. De là le changement de tactique que nous constatons à partir du mois d'octobre 1914.

Le gouvernement lui-même entre dans la lice en faisant commenter par son journal officieux, *Norddeutsche Allgemeine Zeitung*, des documents découverts dans les ministères de Bruxelles.

Pour juger de la pertinence de ce déballage de pièces, il importe de garder présents à l'esprit les deux points suivants : 1° le rôle protecteur de l'Angleterre vis-à-vis de la neutralité belge ; 2° la probabilité d'une invasion allemande en cas de guerre entre la France et l'Allemagne. Un mot seulement.

1° *L'Angleterre comme garante de la neutralité de la Belgique.* Tout le monde sait que depuis des siècles l'Angleterre est intéressée, plus que tout autre pays, à ce que la Belgique ne soit pas annexée à la France ou à la Prusse.

2° *Le danger d'une invasion allemande.* Depuis plusieurs années les généraux allemands étaient d'accord pour admettre la nécessité du passage de l'armée allemande à travers la Belgique en cas de guerre avec la France. C'était devenu, dans les milieux militaires, un secret de polichinelle, comme dit *N. R. C.* du 22 décembre 1914 (soir).

La Belgique avait donc des raisons sérieuses de s'attendre à une attaque allemande. Il n'y avait évidemment pour elle qu'une chose à faire : demander aide au pays qui s'est constitué le protecteur de sa neutralité, et sur lequel elle s'était accoutumée, depuis toujours, à compter avec une confiance inébranlable.

I. Le rapport de M. le baron Greindl, ancien ministre de Belgique à Berlin

Falsification du rapport Greindl.

Le 14 octobre 1914, le gouvernement allemand faisait coller sur les murs de Bruxelles une affiche intitulée : *L'Angleterre et la Belgique* (*Documents trouvés à l'état-major belge*). Une reproduction de cette affiche fut distribuée gratuitement à des milliers d'exemplaires le même jour. Cette pièce résume d'abord rapidement un rapport sur les entretiens qui eurent lieu en 1906 entre le chef de l'état-major belge et l'attaché militaire anglais. Abandonnons provisoirement cette partie de l'affiche, puisque nous y reviendrons plus loin. Ensuite l'affiche reproduit « textuellement » une partie d'un rapport de M. le baron Greindl, daté du 23 décembre 1911. Dans ce rapport, M. Greindl met le gouvernement belge en garde contre la possibilité d'une attaque française.

Le Ministre développe alors textuellement ce qui suit :
« Du côté français, le danger n'existe pas seulement au sud du Luxembourg. Il nous menace sur toute l'étendue de la frontière commune.

Pour l'affirmer, nous n'en sommes pas réduits aux conjectures, nous avons des données positives.

L'idée d'un mouvement tournant par le nord est certainement entrée dans les combinaisons de l'Entente Cordiale. S'il en était autrement, le projet de fortifier Flessingue n'aurait pas soulevé de telles clameurs à Paris, et à Londres. On n'y a pas fait mystère de la raison pour laquelle on voulut que l'Escaut restât sans défense. C'était dans le but d'avoir toute facilité pour amener une garnison anglaise à Anvers, donc dans le but de se procurer chez nous une base d'opérations pour une offensive dans la direction du bas Rhin et de la Westphalie et de nous entraîner à la suite, ce qui n'eût pas été difficile ; nous étant dessaisis du réduit national, nous nous serions privés de notre propre mouvement de tout moyen de résister aux injonctions des protecteurs douteux que nous aurions eu l'imprudence d'y admettre.

Les ouvertures à la fois perfides et naïves du colonel Barnardiston, lors de la conclusion de l'Entente Cordiale, nous ont clairement fait voir de quoi il s'agissait. Quand il a été évident que nous ne nous laisserions pas émouvoir par le prétendu danger de la fermeture de l'Escaut, le plan n'a pas été abandonné, mais modifié en ce sens que l'armée de secours anglaise ne sera pas débarquée sur la côte belge, mais dans les ports français les plus voisins : c'est ce dont témoignent les révélations du capitaine Faber, qui n'ont pas été démenties, pas plus que ne l'ont été les informations de journaux qui les ont confirmées ou complétées sur certains points. Cette armée anglaise débarquée à Calais et à Dunkerque ne longerait pas notre frontière jusqu'à Longwy pour atteindre l'Allemagne. Elle entrerait tout de suite chez nous par le nord-ouest, ce qui lui donnerait l'avantage d'entrer immédiatement en action, de rencontrer l'armée belge, si nous risquions une bataille dans une région où nous ne pouvons nous appuyer sur aucune forteresse ; de s'emparer de provinces riches en ressources de toute espèce ; en tout cas, d'entraver notre mobilisation ou de ne la permettre qu'après avoir obtenu de nous des engagements formels donnant l'assurance que cette mobilisation se fera au profit de l'Angleterre et de son alliée.

Il est absolument indispensable d'arrêter à l'avance le plan de campagne que suivrait l'armée belge dans cette hypothèse, aussi bien dans l'intérêt de notre défense militaire que pour la direction de notre politique extérieure, dans le cas où la guerre éclaterait entre l'Allemagne et la France.

Quiconque voudra bien relire attentivement la partie affichée de ce rapport, remarquera d'emblée que les phrases y manquent.

d'enchaînement et de suite logique. Ainsi, il y a certainement un hiatus entre les premières phrases et celles qui commencent par : « Quand il a été évident que nous ne nous laisserions pas émouvoir par le prétendu danger de la fermeture de l'Escaut, le plan n'a pas été abandonné, mais modifié en ce sens que l'armée de secours anglaise ne serait pas débarquée sur la côte belge, mais dans les ports français les plus voisins ». En effet, que signifie ce « prétendu danger » ? Prétendu, par qui ? Et puis « nous ne nous laisserions pas émouvoir » : qui est « nous » ? Remarquez que quelques lignes plus bas, le rapport envisage l'éventualité d'une bataille entre l'armée belge et l'armée anglaise : la Belgique qui était tantôt l'alliée des Anglais, est à présent leur adversaire, sans que rien n'indique comment elle a passé de la première attitude à la seconde. Dans la même phrase, il est parlé de la fermeture de l'Escaut et du débarquement anglais sur la *côte belge* : pourtant on n'imagine pas M. le baron Greindl situant Anvers sur la côte belge. Peut-on douter après cela que des phrases ont été supprimées dans cette partie du document ? Non, évidemment ; car il est radicalement impossible de reconnaître la portée et la signification du rapport par la lecture de la partie affichée. Personne n'admettra, toutefois, que M. Greindl rédige des notes diplomatiques incompréhensibles ; les Allemands pas plus que nous ne voudraient faire cette supposition, puisque dans ce cas ses opinions perdraient toute autorité. Quelle est alors la conclusion qui s'impose ? C'est que le gouvernement allemand a tripoté le texte, omettant de copier certains passages qui ne cadraient pas avec les déductions qu'il désirait tirer, et que peut-être même il a quelque peu torturé certaines phrases.

La publication intégrale du rapport a été demandée par le gouvernement belge (voir *K. Z.*, 24 octobre, première édition du matin). Mais l'Allemagne a refusé : le rapport est trop long, a-t-elle répondu, par l'organe de *N. A. Z.*, du 25 novembre 1914. Tout ce qu'on a pu obtenir, c'est qu'elle donne en fac-simile, dans le même numéro de *N. A. Z.*, l'entête et les deux premières lignes. Puisque le gouvernement allemand ne publie pas le reste, nous sommes en droit de supposer que c'est parce qu'il a fait subir à ce document les mêmes falsifications qu'à celui dont nous allons maintenant nous occuper. En tout cas, tel qu'il est affiché, le rapport de M. Greindl ne signifie rien. On a l'impression qu'il a été rendu volontairement confus. Par qui ?

2. LE RAPPORT DU GÉNÉRAL DUCARNE

Dans son numéro du 25 novembre 1914, *N. A. Z.* publia le fac-similé du rapport dont il est question dans la pièce précédente, c'est-à-dire celui où le général Ducarne, chef de l'état-major général de Belgique, relate ses entretiens avec le lieutenant-colonel Barnardiston, attaché militaire anglais à Bruxelles. Au fac-similé étaient jointe la traduction d'un extrait du rapport ainsi qu'un commentaire. *N. A. Z.* n'entre pas en Belgique et nous n'avons pas eu en main le numéro en question. Mais dans sa deuxième édition du matin du 25 novembre, *K. Z.* donne aussi l'article de *N. A. Z.* — toutefois sans le fac-simile. Les phrases extraites du rapport sont imprimées les unes à la suite des autres sans que rien n'indique en quels endroits des parties avaient été sautées. Alors que le rapport est subdivisé en huit paragraphes dont les six premiers correspondent chacun à un ou plusieurs entretiens, le texte de *K. Z.* est disposé en un seul alinéa. Enfin, après l'extrait du rapport, l'organe rhénan dit : « Le document porte en marge la note suivante : *L'entrée des Anglais en Belgique ne se ferait qu'après la violation de notre neutralité par l'Allemagne* ». Alors que tout le reste est traduit en allemand, cette phrase est donnée en français, de façon à faire naître l'idée qu'elle ne fait pas corps avec le rapport.

Le gouvernement belge a répondu le 3 décembre à l'article de *K. Z.* (*L'Indépendance belge*, 7 décembre 1914). Il fait remarquer que le rapport relate simplement des conversations qui ont eu lieu entre l'attaché militaire anglais et le chef de l'état-major belge, en vue d'examiner la façon la plus efficace dont l'Angleterre viendrait à notre secours dans le cas d'une invasion allemande. A deux reprises le rapport marque que l'envoi de secours anglais ne se ferait qu'*après* violation du territoire par l'armée allemande. Quant à la soi-disant note marginale en français, notre gouvernement a accepté pour argent comptant ce que dit le *Journal de Cologne*. Les Ministres belges au Havre, où ils sont exilés, ne reçoivent évidemment pas *N. A. Z.* et ils n'ont pas non plus sous les yeux le document Ducarne ; ils ont donc admis que la note marginale a été ajoutée après coup. Or, cela est certainement inexact : un coup d'œil au fac-similé, tel que nous l'avons vu dans un supplément de *Frankfurter Zeitung*, du 8 décembre, montre que cette prétendue note marginale n'est qu'un renvoi, une correction, qui fait partie intégrante du texte, qui a été écrite de la même main et au même moment ; il n'y avait donc aucune raison, absolument aucune, pour la détacher du rapport, ainsi que les Allemands l'ont fait en l'imprimant à la suite et en français. Rien de surprenant d'ailleurs à ce qu'il y ait des renvois dans ce document, car ce n'est qu'un simple brouillon, ainsi que l'attestent ses nombreuses ratures et renvois.

Pourquoi alors les Allemands l'ont-ils falsifié ? Dans le but de glisser insidieusement dans l'esprit des lecteurs, — dont la plupart se contentent de parcourir l'article proprement dit sans se livrer à une critique du fac-similé, — l'idée que le rapport Ducarne scellait une convention définitive pour la coopération des armées anglaise et belge. Ils n'ont pas osé supprimer entièrement la phrase essentielle, celle qui est contenue dans le renvoi, la phrase établissant que les Anglais n'entreraient en Belgique qu'après l'invasion allemande, mais ils la donnent comme quelque chose d'accessoire, quelque chose qui n'est pas dans le texte, et qui a été ajouté après coup sous forme de note marginale. Il leur a suffi pour cela de déplacer la phrase et de la donner dans la langue originelle. Le piège, quoique très simple, était excellent, comme on le voit, ▬▬▬▬▬▬▬▬▬▬▬▬▬▬▬▬▬▬▬▬▬▬▬▬ Mais quelle étrange mentalité que celle de *K. Z.* qui, grisée du succès de la ruse, ne trouve rien de mieux que de se gausser de la victime dans son numéro du midi du 11 décembre 1914. *N. R. C.* malgré toutes ses sympathies pour l'Allemagne, — n'oublions pas que c'est le seul journal non-allemand qui était autorisé en Belgique par nos maîtres — ne peut s'empêcher, dans son numéro du soir, du 22 décembre 1914, de faire remarquer à *K. Z.* sa fausseté.

Un mot maintenant sur deux autres falsifications du document Ducarne.

A. En supprimant la subdivision en paragraphes, on donne

l'impression que tout le rapport est le résultat d'entretiens qui se sont suivis de près et entre lesquels il y a continuité de temps. Or, une phrase qui a été oubliée à dessein par les journaux allemands dit que la première conversation a eu lieu à la mi-janvier ; comme le rapport est daté du 12 avril, les conversations sont donc échelonnées sur un espace d'environ trois mois. Le post-scriptum (qu'il ne faut pas confondre avec le renvoi), est même de la fin septembre 1906 : ce dernier détail est aussi passé sous silence dans l'article de *K. Z.*

B. Parmi les autres passages « oubliés » le troisième alinéa dit : « M. Barnardiston me répondit que son Ministre à Bruxelles en parlerait à notre Ministre des Affaires étrangères ». Peut-on déclarer plus nettement que dans ces entretiens on se contente de poser des jalons sans rien faire de définitif, puisque les interlocuteurs ne doivent pas seulement en référer à leur propre Ministre mais aussi au Ministre des Affaires étrangères ?

Le rapport Ducarne ne nous fut d'abord connu que par *K. Z.* du 25 novembre 1914. Malgré les preuves de fausseté que les Allemands nous avaient déjà prodiguées, nous n'étions pas encore suffisamment immunisés contre leurs façons d'agir et nous fûmes un instant ébranlés : nous nous demandions si vraiment le gouvernement belge avait trahi ses devoirs. Heureusement, nos ennemis prirent eux-mêmes soin de nous prouver le contraire : en effet, *F. Z.* du 8 décembre arriva à point pour nous démontrer leur mauvaise foi.

* *

Dans son inconscience, le gouvernement allemand a donné une large publicité à ses talents de faussaire. A la fin de décembre 1914 et en janvier 1915, il a fait distribuer en Belgique, par centaines de milliers d'exemplaires, un fascicule contenant plusieurs documents, parmi lesquels la traduction en flamand et en français de l'article de *N. A. Z.* et le fac-similé du document Ducarne. Cette fois le texte est reproduit au complet, sans qu'il y ait pourtant l'indication de la subdivision en paragraphes. Quant à la fameuse phrase du renvoi, elle est replacée dans sa position naturelle, au milieu du

4ᵉ alinéa (1). Mais, découverte tout à fait imprévue, on la trouve aussi à la même place que dans les articles de *N. A. Z*, de *K. Z.* et de *F. Z.* En effet, après la copie du texte on lit : Le document porte en marge : « L'entrée des Anglais en Belgique ne se ferait qu'après la violation de notre neutralité par l'Allemagne ».

En jonglant avec une seule phrase, les diplomates allemands, en dignes successeurs du faussaire d'Ems, réussissent à adultérer un texte de quatre façons différentes : par suppression, par transposition, par refus de traduction, par superfétation. Et tout cela pour cacher le point capital du document, à savoir que les Belges et les Anglais, sachant ce que vaut la loyauté allemande, ont cru devoir prendre des mesures pour le moment où l'Allemagne aura trahi ses engagements.

Récapitulons. Quand on lit sans parti pris une copie non truquée du rapport Ducarne, on a l'impression que des personnes compétentes se sont réunies pour discuter les meilleurs moyens de remédier à l'insuffisance notoire de l'armée belge en cas d'une irruption allemande en Belgique ; mais qu'il ne s'agit là que de conversations préliminaires dont les résultats doivent être soumis aux Ministres. Or, en supprimant, en condensant, en déplaçant certains passages essentiels, les Allemands ont réussi à dénaturer complètement le sens du rapport.

L'attitude des Belges devant les jongleries allemandes.

On comprend l'importance considérable attachée par eux au document Ducarne, puisqu'il doit, à leur avis, prouver que la Belgique a eu des torts graves envers l'Allemagne ? Il est essentiel de convaincre non seulement l'étranger afin qu'il nous abandonne à notre sort, mais aussi les Belges : car du jour où ceux-ci n'auront plus confiance dans leur gouvernement, il sera beaucoup plus facile de leur imposer les volontés allemandes. Ont-ils réussi à retourner l'opinion publique ? En ce qui concerne l'étranger, nous ne le savons pas, mais nous en doutons ; en Belgique, cer-

---

(1) Il faut croire qu'une honnêteté aussi inaccoutumée ne peut se maintenir longtemps dans l'esprit d'un diplomate allemand. En effet, la phrase est à sa place normale dans le texte français, mais elle manque dans le texte flamand, imprimé en regard.

tainement pas, bien que non contents de nous fournir leur version du document Ducarne dans *K. Z.* et *F. Z.*, ils aient encore pris soin de la republier, en flamand et en français, sur le papier et avec les caractères habituels du *Moniteur belge.* C'est donc en définitive le public belge qui a payé les frais d'impression de ce faux en écritures publiques. Eh bien ! ils se sont mépris sur notre psychologie, car malgré ces « révélations », notre conviction n'est pas ébranlée. Pas un Belge n'a critiqué les actes de son gouvernement à propos de l'accord défensif avec l'Angleterre. C'est d'ailleurs comme si on reprochait à celui dont la maison a été détruite par un incendie d'avoir contracté une assurance auprès d'une compagnie sérieuse.

3. Le rapport du général Jungbluth

En extrayant une phrase du rapport Ducarne pour l'isoler du texte, nos ennemis avaient encore un autre motif : il s'agissait de relier le document Ducarne avec le document Jungbluth, afin d'établir clairement les manigances belges.

Qu'est-ce que le document Jungbluth ? C'est une note datée du 23 avril (probablement de l'année 1912, disent les Allemands) qui relate un entretien entre le lieutenant-colonel Bridges (successeur du lieutenant-colonel Barnardiston comme attaché militaire anglais à Bruxelles), et le général Jungbluth (successeur du général Ducarne à la tête de l'état-major général belge). Cet entretien, qui eut lieu à la suite de l'affaire d'Agadir, montre qu'aucune convention n'avait été conclue après les conversations de 1906, résumées dans le document Ducarne. Dans la conversation de 1912, il fut de nouveau question de l'armée que l'Angleterre enverrait à notre secours après violation de notre neutralité par l'Allemagne. Les interlocuteurs n'étaient pas d'accord sur le moment où l'intervention anglaise devait se produire : l'officier anglais était d'avis qu'il fallait envoyer le secours tout de suite après l'invasion, tandis que le général Jungbluth objectait qu'il faudrait pour cela notre consentement.

Première question : ce document est-il de bonne foi ? Non, car les Allemands n'en publient que le début et ont soin d'escamoter la fin de la discussion. Mais cette pièce-ci est truquée moins habilement que la précédente. En effet, un falsificateur adroit aurait fait sauter aussi la dernière phrase publiée : « Le général a ajouté que nous étions, d'ailleurs, parfaitement à même d'empêcher les Allemands de passer », puisqu'il lui suffisait de supprimer cet alinéa pour faire croire que le général belge s'était rendu aux arguments de son interlocuteur. Mais voilà ! on ne s'avise pas de tout : un malfaiteur commet toujours quelque bévue par laquelle il se fait prendre.

Bref, le document Jungbluth montre qu'il y avait une notable divergence de vues entre les parties, quant au moment de l'arrivée des Anglais, et que le général belge maintenait avec force sa façon de penser. Comment la discussion se termina-t-elle? Les Allemands ne croient pas devoir nous le confier. Pourquoi? On le conçoit sans peine : la partie publiée montre en effet, une fois de plus, qu'il s'agit ici d'un échange d'idées et non d'une convention formelle, ainsi que nos ennemis voudraient le faire croire.

.·.

De quelque côté qu'on retourne la question de la neutralité belge, on en revient toujours à ceci : l'Allemagne a violé cette neutralité le 4 août, sans que la Belgique lui en eût donné aucun motif plausible. Depuis, les Allemands se sont mis en campagne pour essayer de justifier leur « injustice », comme disait le Chancelier. Mais aucune des accusations inventées après coup ne peut atténuer en quoi que ce soit cette injustice ; et elles n'ont eu d'autre effet que de rendre plus exécrable la trahison du protecteur parjure.

L'opinion des Neutres.

Il nous est agréable à cet égard de citer ici l'avis de quatre écrivains appartenant à des pays qui n'ont pas pris part à la guerre.

Un Hollandais a publié dans *De Amsterdammer* un intéressant article qui a été traduit en français, mais dont la vente a été aussitôt interdite en Belgique par les Allemands. En voici quelques phrases :

« Vous êtes nos amis, disent les Allemands aux Hollandais, parce que vous êtes neutres ». Et tout aussitôt ils invectivent les Belges parce que ceux-ci combattent l'Allemagne. — Je voudrais m'arrêter brièvement à cette situation entre l'Allemagne et la Belgique. Car il est remarquable que les Allemands nous comptent comme vertu, ce qui, de la part des Belges, est un crime à leurs yeux : le maintien de la neutralité.

Dans une conférence qui a eu un très grand retentissement, M. Karl Spitteler, littérateur bien connu de la Suisse allemande, a pris aussi le parti de la Belgique. Nous ne connaissons cette conférence que par l'éreintement que lui consacre *K. Z.*, 30 décembre, 1re édition du matin.

Voici un passage sur lequel l'organe rhénan s'acharne plus particulièrement :

« Je considère que prendre des documents dans les poches de la victime pantelante (la Belgique), est, quant à l'esprit qui a inspiré cet acte, une grossière faute de goût. Il était bien suffisant d'étrangler la victime ; la salir ensuite, c'est trop. Quant au Suisse qui s'associerait aux calomnies contre la Belgique, il commettrait non seulement une infamie, mais une faute : car le jour où l'on en voudra à notre existence nationale, les mêmes accusations pourraient être employées contre nous : n'oublions pas que le venin compte maintenant parmi les munitions de guerre. »

Un autre écrivain suisse, M. Philippe Godet, ne dit pas moins énergiquement sa façon de penser (dans *Journal de Genève*, 8 sept. 1914).

« Tous nous sommes d'accord sur ce principe : la Suisse doit être neutre. Cela ne veut pas dire que chaque Suisse, pour être vraiment neutre, doive se conduire en pleutre. Et c'est à quoi nous aboutirons fatalement si nous observons l'attitude que M. Dubois nous prescrit sous le nom de neutralité morale.

« Il n'y a pas pour les honnêtes gens de neutralité morale. Il n'y aurait plus de morale sur la terre si la neutralité était permise en face du mal ou du bien. Celui qui demeure passif et indifférent devant certains faits n'est plus digne du nom d'homme, ni surtout du nom de citoyen suisse.

« C'est comme citoyen de la Suisse neutre, et c'est en qualité d'homme libre, que je déclare, par exemple — et pour m'en tenir à ces deux seuls faits — que la violation de la neutralité belge a été un crime et que le sac de Louvain est un acte sauvage.

« Je qualifie ces faits comme ma conscience d'homme et de Suisse me les montre. Peu m'importe qui a commis ces horreurs et à quelle nation elles sont imputables. Là n'est pas la question. Je ne sais qu'une chose : que le mal est le mal. »

En Amérique, l'opinion publique est également très montée contre l'Allemagne. Qu'on se rappelle, par exemple, le manifeste de M. Church en réponse à celui des 93 intellectuels allemands.

La falsification de la lettre de l'Escaille.

Dans les pages qui précèdent nous n'avons envisagé que ce qui est relatif à la Belgique. Qu'on ne se méprenne pas sur notre attitude : nous n'avons nullement l'outrecuidance de croire que la Belgique ait jamais occupé le premier plan dans les négociations ; nous nous rendons au contraire parfaitement compte de l'insignifiance diplomatique de notre pays dans le discordant « concert européen » qui a abouti à la présente guerre. Notre unique but est de montrer que la Belgique n'a pas joué le rôle inavouable que les Allemands lui prêtent. Quant à l'origine même de cette guerre et à la responsabilité que les dirigeants d'outre-Rhin cherchent à endosser à la Grande-Bretagne, afin d'en décharger leur propre pays et surtout leur alliée, l'Autriche, c'est une discussion dans laquelle nous ne voulons pas entrer, car elle sort du programme que nous nous sommes tracé. Nous devons pourtant en dire un mot, à cause d'affiches que les autorités allemandes ont fait coller en Belgique pendant le mois de septembre 1914. La première date du 16 septembre ; elle donne le résumé d'une lettre écrite par M. B. de l'Escaille au Ministre des Affaires étrangères de Belgique.

Nouvelles publiées par le Gouvernement allemand.

Bruxelles, 16 septembre. — Le 31 juillet est tombé entre des mains allemandes un rapport du chargé d'affaires belge à Saint-Pétersbourg au ministre des Affaires étrangères belge, M. Davignon ; ce rapport avait été envoyé le 30 juillet sous une fausse adresse. Dans ce rapport il est dit entre autres :

« Il reste incontestable ceci seulement : Que l'Allemagne s'est, autant ici qu'à Vienne, efforcée de trouver un moyen pour éviter un conflit général, mais qu'elle a rencontré, en cela, la ferme résolution du cabinet autrichien de ne pas faire un pas en arrière, ainsi que la défiance du cabinet de Saint-Pétersbourg à l'égard des assurances de l'Autriche-Hongrie disant qu'elle ne songe qu'au châtiment et non pas à une prise de possession de la Serbie. Aujourd'hui, un communiqué officiel, transmis ce matin aux journaux, annonce que les réservistes ont été, en un nombre déterminé, rappelés sous les drapeaux. Quiconque connaît la grande réserve des communiqués officiels russes dira avec certitude que la mobilisation est générale. Aujourd'hui on est à Saint-Pétersbourg fermement convaincu et **on possède même l'assurance formelle que l'Angleterre viendra au secours de la France.** Ce secours pèse énormément dans la balance et n'a pas peu contribué à donner gain de cause au parti de la guerre. Tout espoir d'une solution pacifique semble être perdu. »

Par ce rapport du représentant diplomatique du royaume de Belgique près la Cour de Saint-Pétersbourg il est prouvé :

1° Que l'Allemagne était animée d'intentions pacifiques et cherchait par toutes les voies à éviter la guerre ; et

2° Que l'Angleterre n'est pas intervenue dans la guerre à cause de la Belgique, mais parce qu'elle avait promis à la France de lui prêter son secours.

Le Gouvernement Militaire Allemand

Une dizaine de jours après, nouvelle affiche : cette fois-ci, on donne le texte complet de la lettre et on explique comment elle est tombée aux mains des Allemands.

Laissons ce dernier point ; il relève du droit pénal, non de la diplomatie. Examinons seulement le résumé qu'ils ont publié et les conclusions qu'ils en tirent.

Le résumé est-il de bonne foi ? Pour le savoir, prenons la phrase essentielle, imprimée en caractères gras : « On possède même l'assurance formelle que l'Angleterre viendra au secours de la France » ; et confrontons-là avec le passage correspondant du texte : « Aujourd'hui on est fortement convaincu à Saint-Pétersbourg, on en a même l'assurance, que l'Angleterre soutiendra la France ». Le terme « secours » du résumé ne peut s'appliquer qu'à un secours militaire, tandis que le texte ne parle que de « soutien », c'est-à-dire d'une action diplomatique. Fausse est donc aussi la conclusion n° 2 : « l'Angleterre n'est pas intervenue dans la guerre à cause de la Belgique, mais parce qu'elle avait promis à la France de lui prêter son secours ».

Voyons maintenant la première conclusion. Elle porte « que l'Allemagne était animée d'intentions pacifiques et cherchait par toutes les voies à éviter la guerre ». En réalité, le texte tout comme le résumé, disent seulement que l'Allemagne cherchait à éviter un conflit général, ce qui signifie qu'elle voulait localiser la guerre entre l'Autriche et la Serbie ; en d'autres termes, l'Allemagne voulait que l'Europe donnât carte blanche à l'Autriche pour écraser la Serbie. Nulle part le texte ne dit que l'Allemagne ait rien fait pour éviter « la guerre », la seule qui fut déclarée le 30 juillet, celle de l'Autriche contre la Serbie. Bref, cette conclusion est falsifiée.

Reste la phrase qui introduit les deux conclusions : « Par ce rapport du représentant diplomatique du royaume de Belgique près la Cour de Saint-Pétersbourg, il est prouvé : » Est-ce que vraiment M. B. de l'Escaille est le représentant diplomatique belge à Saint-Pétersbourg. Qu'on ouvre un annuaire administratif et l'on verra que « le » représentant est M. le comte Conrad de Buisseret-Steenbecque de Blarenghien. Quant à M. de l'Escaille, il est secrétaire de légation.

Les conclusions s'arrêtant là, il n'y a pas eu place pour d'autres falsifications.

Nouveaux mensonges au sujet du rapport Ducarne.

Il faut croire que la falsification de pièces diplomatiques ne suffit pas à contenter la sincérité allemande. Voici en effet le texte d'une affiche placardée à Bruxelles, le 12 mars 1915.

Nouvelles publiées par le Gouvernement général allemand.

Berlin, 10 mars (*Communiqué officiel*). — Trois mois après la publication des documents bien connus, trouvés à Bruxelles et établissant la preuve de la violation, par les Belges, de leur propre neutralité, les hommes d'état belges viennent enfin de faire paraître dans les journaux français une contre-déclaration qui se distingue moins par l'excellence de ses arguments que par le ton injurieux dans lequel elle a été rédigée. Avec la phraséologie abondante propre au français, cette déclaration dénonce les mensonges systématiques du gouvernement allemand et elle y oppose l'honnêteté à toute épreuve du gouvernement belge. Il est aisé de comprendre que les hommes d'état belges manquant d'arguments, recourent à des paroles ronflantes, car leur désappointement a dû être grand, en vérité, de voir ces documents pénibles et embarrassants livrés à la publicité d'une manière qui excluait tous les doutes au sujet de leur authenticité. Que le gouvernement belge croie maintenant pouvoir détruire la portée des documents, en donnant quelques coups d'épingle au traducteur, c'est là une façon de faire qu'on a peine à prendre au sérieux. C'est ainsi qu'on reproche d'avoir traduit, à un endroit du texte publié, le mot « conversation » par « Abkommen » ; on en conclut évidemment qu'on ait eu l'intention de tromper. Il a été maintenant établi, qu'en effet, par suite de l'écriture peu lisible du texte original du rapport du général Ducarne, le mot « convention » a été lu une fois au lieu de « conversation », et a été traduit en conséquence. Ce qu'il y a d'insensé à vouloir exploiter une faute de traduction toute anodine pour en conclure à une tromperie intentionnelle et systématique, ressort clairement de ce fait que les fac-similes des originaux ont été publiés en même temps que la traduction, permettant ainsi à chacun de prendre connaissance du texte authentique. L'importance politique qu'on attachait, du côté belge, aux documents ressort de façon indéniable du libellé de leur couverture qui a été reproduite également en fac-simile et qui porte clairement et distinctement le titre de « Conventions anglo-belges ».

Le second reproche qui, dans la déclaration belge, est adressé à la traduction, est aussi dépourvu de sens que le premier ; on prétend que nous aurions éliminé la phrase du rapport du général Ducarne, d'après laquelle « l'entrée des troupes anglaises en Belgique n'aurait lieu qu'après que la neutralité aurait été violée ». Or, dans notre traduction, nous le faisons remarquer ici, il est dit expressément : « Dans l'original se trouve encore la remarque marginale suivante : l'entrée des Anglais en Belgique ne se ferait qu'après la violation de notre neutralité par l'Allemagne ! » Comment peut-on, dans ces conditions, parler d'une suppression de cette phrase ? Le gouvernement belge voudrait maintenant faire considérer comme inexistants ces documents compromettants, en recourant à la déclaration, faite d'ailleurs « sur l'honneur », dans laquelle il nie qu'aucun des gouvernements intéressés ait jamais conclu une convention et que même des pourparlers ou des conversations n'ont jamais eu lieu. Pareille déclaration, bien que faite « sur l'honneur », est par trop naïve pour qu'il se trouve jamais personne qui puisse y croire en présence des preuves écrasantes qui se dressent contre elles.

Le Gouvernement général en Belgique.

Le début est un mensonge flagrant. Est-il vrai que le gouvernement belge a attendu trois mois pour répondre aux accusations allemandes ? En aucune façon, puisqu'il a communiqué aux journaux, le 3 décembre 1914, la déclaration dont nous parlons plus haut (p. 38) ; nous l'avons connue à Bruxelles par *L'Indépendance belge* du 7 décembre 1914, introduite clandestinement (voir aussi *2ᵉ Livre Gris*, n° 99). Peut-on au moins faire à l'Allemagne la générosité de croire qu'elle ignorait ces explications belges ? Nullement, car après la déclaration du 3 décembre 1914, notre gouvernement publia encore la dépêche ministérielle du 13 janvier (voir *2ᵉ Livre Gris*, n° 101).

Ceux qui ont rédigé l'affiche du 10 mars savaient donc pertinemment qu'ils mentaient. — Nous croyons superflu de discuter le reste de l'affiche : ses prétendues explications sont si évidemment empreintes de fausseté qu'il suffit de les lire pour se faire une conviction. Ils auront beau faire, leurs jongleries avec la fameuse phrase du rapport Ducarne sont par trop contraires à l'équité ; quant à avoir lu « convention » pour « conversation », un coup d'œil au fac-simile montre qu'une telle confusion ne peut être que volontaire.

..

Notre intention n'est pas d'examiner à fond les documents diplomatiques relatifs à la guerre, d'autant plus que cette étude a été faite de main de maître par MM. Dürckheim et Denis, par M. Waxweiler, et par l'auteur de *J'Accuse*. Il nous suffisait de prouver que l'Allemagne avait intentionnellement falsifié les pièces, puisque cette simple démonstration mettait à néant toutes ses tentatives de salir la Belgique : celui qui dispose d'un bon argument ne commet pas la sottise de le gâter et de lui enlever toute valeur probante par des adultérations.

E. La déclaration de guerre et les premières hostilités.

Les trois propositions successives de Guillaume II à la Belgique.

Sous la sécheresse et la froideur diplomatique de ses phrases, la réponse à l'ultimatum (*1er Livre Gris*, n° 22) voile à peine l'indignation dont le cœur de la Belgique a frémi lorsque Guillaume II lui offrit de s'associer à son crime de lèse-loyauté. Mais cette indignation, le gouvernement allemand ne l'a pas comprise, pas plus qu'il n'a eu conscience de sa propre infamie. Sinon, comment aurait-il refait, quelques jours plus tard, la même offre, à la fois méprisante et méprisable, comme le disait si bien M. Jules Destrée, à l'assemblée de la Fédération des Avocats, le 5 août 1914.

Faisons deux remarques au sujet de cette nouvelle proposition (*1er Livre Gris*, n° 60). D'abord, le Ministre des États-Unis en Belgique, qui s'est chargé des intérêts allemands, a refusé de la transmettre ; quant au Ministre des Affaires étrangères des Pays-Bas, il a accepté cette mission « sans enthousiasme ». En second lieu, lorsque l'Empereur affirme, le 9 août, que la forteresse de Liége a été prise d'assaut, il devait savoir pourtant que la forteresse résistait toujours ; car si la *ville* de Liége était occupée par les Allemands depuis le 7, les *forts* étaient intacts. Rappelons en effet que le premier fort qui tomba fut celui de Barchon, le 8 août 1914 ; celui d'Évegnée tomba le 11 août, celui de Fléron, le 14 ; celui de Loncin, commandé par le général Leman, ne sauta que le 15 à 17 heures ; plusieurs forts résistaient encore en ce moment.

La diplomatie allemande essuya, naturellement, un nouveau refus indigné (*1er Livre Gris*, n° 65).

Même alors, l'Allemagne officielle, éblouie par l'éclat de sa Kultur, ne saisit pas encore toute la bassesse de sa félonie, puisque, le 10 septembre, elle faisait afficher à Bruxelles la nouvelle proposition et la réponse de la Belgique.

Peut-on pousser plus loin la candeur dans la perfidie !

Oui ! car le gouvernement allemand a fait faire une troisième fois à la Belgique, pendant le siège d'Anvers, des propositions de paix. Cette tentative-ci était clandestine. Les termes n'en ont pas été publiés ; même, la presse d'outre-Rhin voulut nier qu'elle eût été faite, mais l'aveu s'en trouve dans un journal viennois, *Neue Freie Presse*, et c'est par un *communiqué officiel* allemand aux journaux paraissant à Bruxelles que nous avons appris son existence. Le journal *Le Belge* refusa d'insérer le communiqué, qui renferme les pires calomnies contre l'Angleterre, et il fut suspendu ; mais d'autres feuilles s'exécutèrent, par exemple, *La Belgique* du 13 janvier 1915.

Les hostilités devançant la déclaration de guerre.

L'Empereur Guillaume II n'avait donc pas réussi à faire de nous ses complices. Inutile de dire que nous ne tremblions pas devant les deux épouvantails qui tiennent une si large place dans ses harangues : sa provision de poudre sèche et son sabre fraîchement aiguisé.

Et voilà le souverain du formidable empire allemand qui déclare la guerre à la minuscule Belgique : « il se verra, à son plus vif regret, forcé d'exécuter, au besoin par la force des armes, les mesures de sécurité exposées comme indispensables », ainsi que le dit la déclaration de guerre (*1er Livre Gris*, n° 27). Celle-ci arriva à Bruxelles le 4 août à 7 heures du matin. Mais, à l'insu du Kaiser apparemment, les troupes allemandes, avant que le télégramme ne fût parvenu en Belgique, avaient franchi la frontière pendant la nuit du 3 au 4 août.

La déclaration de guerre de l'Allemagne à la Belgique arriva à Bruxelles le 4 août à 7 heures du matin. Voilà au moins ce qui résulte des documents officiels publiés par la Belgique. Que dit l'Allemagne officielle sur ce point ? Rien. Nulle part il n'est fait mention de la déclaration de guerre, et c'est cette imprécision voulue qui permet à ses dirigeants de déclarer, sans rougir, que les troupes allemandes ont pénétré en Belgique dans la nuit du 3 au 4 août : ils laissaient croire que l'état de guerre existait depuis le moment où la Belgique avait refusé, le 3, l'ultimatum allemand. Ainsi, *Chronik des Deutschen Krieges* donne (p. 33) le texte de l'ultimatum, puis en deux lignes le résumé de la réponse. La première pièce suivante qui soit relative à la Belgique est la proclamation du général en chef de l'armée de la Meuse (Voir *figure 7*). Celle-ci est très vague quant aux relations politiques entre les deux pays : sont-ils en guerre ou ne le sont-ils pas ? Nul ne saurait le dire. De la déclaration de guerre, qui aurait dû trouver place ici, pas un mot : il n'est plus question de la Belgique avant les télégrammes du 7 août (p. 84).

Lorsque nous disons que la déclaration de guerre n'est mentionnée dans aucune publication allemande, nous allons trop loin. *Die Wahrheit über den Krieg* (« die Wahrheit ! ») parle de la déclaration de guerre ; mais c'est pour dire que c'est la Belgique qui a déclaré la guerre (p. 40) : *Belgiën antwortete darauf mit der Kriegserklärung* (1)...

Ce qui s'est passé en Belgique est honteux au delà de toute description. L'Allemagne se serait exposée elle-même au risque d'une défaite militaire, si elle avait continué à respecter la neutralité belge après qu'elle avait appris que d'importantes forces françaises étaient prêtes à s'avancer, à travers la Belgique, contre l'armée allemande en marche. On promit scrupuleusement à la Belgique tous les dédommagements possibles, si elle accordait le libre passage ; *la Belgique répondit par la déclaration de guerre.* Cette réponse n'était peut-être pas fort sensée, mais elle était sans contredit fondée en droit. Ce qui, par contre, n'était pas justifié, mais vraiment ignominieux, c'est qu'en Belgique, on creva les yeux des blessés allemands, on assassina perfidement les soldats dans leurs logements, on tira des maisons sur les transports de médecins et de blessés. Sur tous ces faits on possède des rapports fidèles de la part de témoins oculaires, gens paisibles et dignes de confiance. Et c'est avec la plus profonde indignation que nous le constatons : les atrocités congolaises ont été dépassées dans la mère-patrie.

Die Wahrheit über den Krieg (p. 40).

La même publication donne en annexe des documents : le n° 41 (page 160) reproduit l'ultimatum. On s'attendrait naturellement à ce que le n° 42 soit la réponse de la Belgique, ou la déclaration de guerre. Nullement : ces deux pièces n'y figurent pas. Celui qui lit le texte et croit apprendre ainsi « die Wahrheit », ne sera

(1) Le même mensonge figure dans *Lüttich*, p. 5.

donc pas mieux renseigné par les documents. Signalons en passant que le gouvernement allemand, dans le *Livre Blanc* publié pour la séance du Reichstag du 4 août, a, lui aussi, de son propre aveu, opéré une sélection entre les documents qu'il soumet aux membres du Parlement.

Le caractère pacifique de la Belgique.

Presque tous les peuples d'Europe nourrissent des animosités nationales, des haines de race léguées de siècle en siècle, héritage de conflits jamais apaisés et qu'un rien suffit à ranimer, ou bien survivance d'oppressions et de spoliations subies jadis par les ancêtres, et dont la mémoire abhorrée se transmet comme un dépôt sacré à travers les générations. Aussi y a-t-il, dans tous ces pays, un parti « chauvin » qui pousse « à la guerre de revanche contre l'ennemi héréditaire ». En Belgique, comme le disait M. Asquith dans son discours de Dublin, rien de pareil. Nous n'avions de rancune contre personne, et notre peuple, laborieux et paisible, ne demandait qu'à vivre en bonne amitié avec tous ses voisins. Jamais il n'y eut chez nous de manifestation contre une nation étrangère ; jamais un parti politique n'a inscrit à son programme une hostilité quelconque contre un autre peuple. A qui alors fera-t-on accroire que « le gouvernement belge a préparé cette guerre soigneusement depuis longtemps » (1), ainsi que l'assure l'Empereur Guillaume II dans le télégramme au Président des États-Unis. Non, il n'y a aucun doute possible sur ce point ; seule de toutes les nations qui participent à la guerre mondiale, la Belgique n'apporte dans le conflit aucune inimitié de race (2) ; et si elle s'est trouvée jetée dans la fournaise, malgré son amour constant de la paix, c'est uniquement parce que son orgueilleux voisin l'a placée devant ce dilemme : ou la paix avec le déshonneur, ou l'honneur avec la guerre. Le choix n'était pas douteux.

(1) Le texte français que nous donnons est celui qui a été affiché. Le texte allemand, également affiché, dit que la Belgique avait armé depuis longtemps et soigneusement la population civile.
(2) Un article sur « Flamands et Wallons », dans *K. Z.* du 13 mars (édition de midi) déclare aussi que la Belgique ne connaissait pas le chauvinisme, pas même, ajoute-t-il, le nationalisme.

L'espionnage allemand en Belgique.

Inutile d'insister sur l'accusation de préméditation, car il est malheureusement trop certain que la Belgique n'était nullement prête à la guerre. Mais ce qui n'est pas contestable non plus, c'est que c'est l'Allemagne qui avait « préparé soigneusement depuis longtemps » l'invasion de la Belgique. Nous ne pouvons pas encore exposer en ce moment le détail de l'espionnage allemand, souvent agrémenté de procédés odieux ; car, dans la plupart des cas, ces révélations exposeraient aux représailles ceux qui nous ont renseignés. Nous restons donc volontairement dans le vague, nous réservant de préciser plus tard.

Nous expliquerons en détail, quand l'occupation aura pris fin, le cas d'un ingénieur allemand qui, revenu chez nous en qualité d'officier, a présidé à l'incendie systématique de l'usine qu'il avait dirigée ; et celui de cet autre ingénieur qui commandait l'équipe chargée de mettre le feu à un quartier voisin de la fabrique où il avait été employé ; grâce à sa connaissance des lieux, il a pu faire flamber en peu d'instants les rues les plus riches de la localité. Nous pourrons repérer sur une carte les fondations en béton armé, pour gros canons allemands, construites longtemps à l'avance, aux endroits les plus propices pour le bombardement ; nous y indiquerons également le dépôt de bois, devant servir à la construction d'un pont sur l'Escaut, qui se trouvait dans une fabrique établie par les Allemands au bord du fleuve. Quant au dépôt de fusils Mauser qui a été découvert à Liége, nos journaux en ont parlé en son temps.

Voici un fait qui peut être raconté sans danger. Un officier allemand a laissé tomber de sa poche, nous dirons plus tard dans quelle localité, un plan détaillé de la ville de Soignies (*fig.* 25), où ses troupes avaient logé quelques jours auparavant. Ce plan donne, outre le détail des rues et même des maisons, des renseignements sur les occupants de certains immeubles : les pharmacies, les brasseries, les tanneries, le receveur communal, la banque, et les autres établissements où l'armée pouvait avoir besoin de faire des « réquisitions ». Les bâtiments de grande dimension sont teintés en bleu. C'est là que les troupes ont logé. Le plan, dessiné à l'encre de Chine et colorié, date d'une quinzaine d'années, d'après les indications qu'il porte. Mais il avait été tout récemment remanié et complété, car les dernières modifications apportées à la ville y avaient été ajoutées au crayon : rectification de la Senne, création d'une place publique, etc.

Le cas que raconte *N. R. C.* du 19 août (soir) est particulièrement instructif. Lorsque les Allemands occupèrent Liége et Seraing, l'usine Cockerill refusa naturellement de travailler pour eux, puisque c'étaient des munitions qu'ils voulaient lui faire fabriquer. Le colonel allemand Keppel prit alors la direction de l'usine et promit aux ouvriers une augmentation de salaire de 50 0/0. Et ce colonel ne rougit pas de signer sa proclamation : « Attaché du Gouvernement allemand à l'Exposition de Liége ». Il avait par conséquent profité de sa situation privilégiée en Belgique pour se mettre au courant de l'organisation des établissements Cockerill. Mais il faut croire que c'était décidément trop difficile pour lui, car MM. Koester et Noske (*Kriegsfahrten*, p. 21) affirment qu'il a dû abandonner la place.

La mentalité des soldats allemands au début de la campagne.

Jusqu'au tout dernier moment nos ennemis se sont fait des illusions sur la loyauté des Belges ; ils espéraient toujours que ceux-ci ne résisteraient que pour la forme. Cette idée est exprimée ouvertement dans le discours du Chancelier du 2 décembre, elle est aussi contenue implicitement dans la proclamation du général von Emmich (voir *figure* 7). Les officiers et les soldats qui franchirent la frontière au début de la guerre sont tout désorientés de la résistance imprévue de l'armée belge ; c'est ce que racontent à leurs parents les prisonniers allemands internés à Bruges ; ils vont jusqu'à déplorer d'avoir dû combattre un pays neutre.

Lettres de prisonniers de guerre allemands.

On nous écrit de Belgique :
La correspondance des prisonniers de guerre allemands (au nombre de 2.000 environ) qui, au début de la guerre, étaient internés dans la caserne des lanciers de Bruges, a presque entièrement passé par nos mains...

En général, les lettres sont écrites sur le même modèle, contiennent les mêmes pensées, voire les mêmes phrases qui reviennent des centaines de fois. Le censeur les connaît par cœur : « Je vous annonce que je suis prisonnier en Belgique. Je me porte sans cela très bien, je ne suis pas blessé et nous sommes très bien soignés. Nous avons suffisamment à boire et à manger. Espérons que la guerre ne durera pas longtemps et que nous nous reverrons bientôt en bonne santé »..... Tous disent qu'ils sont bien traités. Certains espèrent même que les prisonniers belges en Allemagne seront aussi bien traités qu'eux. Un blessé de l'hôpital de Bruges raconte que les Belges traitent les blessés allemands en frères ; un autre ne parle que « de ses camarades belges ». La bonne nourriture qu'on leur sert semble faire beaucoup d'impression. La plupart disent « nous avons assez à manger », ou bien « nous avons de la nourriture en abondance ». Un seul se plaint de « bière sans saveur et de mauvais vin », mais un autre dit avec beaucoup de naïveté : « Les gens sont ici très aimables avec nous, *car* nous avons suffisamment à boire et à manger ». Le mot *car* est amusant.....

Les lettres d'officiers sont tout autres. Ici plus de joie parce que la vie est sauve. La guerre les prend tout entiers. Ils sont guerriers dans l'âme et la lutte les intéresse passionnément. Ils ignorent les événements, plutôt on ne leur dit pas ce qui se passe et ils veulent savoir..... savoir, et il est pénible d'entendre dans chaque lettre la même question : quelles nouvelles ? L'inactivité forcée devient un supplice. L'ennui leur pèse, ils sont découragés et très désillusionnés : ils avaient espéré passer très rapidement à travers la Belgique ! (que l'on se rappelle qu'à ce moment la guerre ne faisait que commencer, que Bruxelles n'était pas encore occupé et que les lettres datent de cette époque.)

L'attaque de la Belgique semble ne pas plaire à beaucoup d'entre eux. « Nous avons attaqué un pays neutre, dit un officier de santé, et nous devons maintenant en subir les conséquences éventuelles.

« Quand nous descendîmes du train, dit un autre, nous reçûmes l'ordre de combattre la Belgique, chose qui m'est à moi et qui est à tous très antipathique. Mais ce qui est commandé doit être exécuté.

« L'attaque de la Belgique a été de prime abord une chose honteuse.

« Nous violions déjà la Belgique avant qu'aucune déclaration de guerre ne fût faite ».

Toutes les lettres montrent combien peu on s'attendait à la résistance de Liége. Beaucoup disent : « De toute notre compagnie, de notre bataillon, de notre régiment il ne reste plus que autant ou autant d'hommes. » L'un d'eux raconte qu'en quelques minutes son colonel, son major, 3 capitaines et presque tous les lieutenants furent fauchés par les balles. « Nous nous sommes fortement trompés », reconnaît un autre, nous étions trop confiants, nous croyions que les Belges étaient découragés ! » « Les Belges se battent comme des lions », dit-on ailleurs.

D'autres se plaignent de la fatigue après de longues journées de marche, de ne pas avoir eu assez à manger et d'avoir manqué de soins. Le jeune lieutenant du Hanovre dont j'ai parlé tantôt écrit textuellement ce qui suit : « Voilà ce que j'ai gagné de m'élancer en avant dans l'attaque. De toute ma compagnie, trois sous-officiers seulement m'ont suivi. Et les autres ?... me demanderez-vous ?... Oui, les autres... Les autres étaient morts aux trois quarts et sans force par suite de leurs efforts surhumains. Quand nous fûmes surpris, tous tirèrent aveuglément autour d'eux et je ne pus mettre un peu d'ordre dans la compagnie qu'en menaçant mes hommes avec mon revolver : « Qui tirerait un seul coup sans mon ordre serait fusillé, à l'instant. »

« L'ordre fut un peu rétabli, mais je ne pus obtenir davantage de mes hommes. Oui, oui, voilà ce qui arrive quand on doit servir de chair à canon, car nous n'étions pas beaucoup plus. Les officiers belges admirèrent notre attaque presque insensée.

« Et à quoi tout cela a-t-il servi ?..... A me faire prendre misérablement comme prisonnier »....

La plupart des officiers semblent être des gens cultivés. Nulle part il n'y a des expressions témoignant de la haine de l'ennemi. Ce n'est que plus tard que l'on trouve une espèce d'animosité contre l'Angleterre, que l'on accuse d'être la cause de cette guerre. Une seule lettre nous montre un esprit tout différent. C'est la lettre d'une femme d'officier. Après avoir copieusement insulté chacune des nations alliées : ces épouvantables Belges, ces répugnants Jaunes (Japonais) à qui l'Allemagne a même appris à se battre, ces cochons d'Anglais qui sont cause de tout le mal, qui font que son « Lieber Mann » sera absent pendant tant de jours, la lettre dit : « Je les écorcherais et grifferais avec plaisir et leur donnerais volontiers un coup de pied dans le ventre... et as-tu au moins ta part du vin que vous avez pris comme butin ? » Oui, le vin pris a dû quelquefois jouer un vilain rôle dans cette guerre....

N. R. C., 10 novembre 1914, matin (1).

(1) Ce numéro de *N. R. C.* n'a pas été distribué en Belgique.

Mensonges allemands au sujet de la prise de Liége.

Il est exact, quoique la nouvelle soit en partie de source allemande, que les Allemands sont entrés en Belgique dans la nuit du 3 au 4 août ; ils ont passé la frontière près de Gemmenich, à 2 heures du matin, et la nuit suivante (du 4 au 5), ils tentaient déjà une attaque contre Liége. Mais les dépêches officielles de Berlin n'ont jamais mentionné cette date. Pour faire croire que la prise de Liége a été extrêmement rapide et que l'armée allemande n'a pas rencontré de résistance sérieuse, l'état-major a rogné le siège de Liége par les deux bouts : il l'a fait débuter le 5 août au lieu du 4 et l'a déjà déclaré fini le 7 août.

Il peut être intéressant de montrer que d'après les Allemands eux-mêmes, le siège de Liége a commencé le 4 août. La brochure *Lüttich*, oubliant qu'elle a donné à la page 12 la dépêche officielle d'après laquelle l'avant-garde allemande a pénétré en Belgique le 5 août, reproduit à la page 15 la lettre d'un soldat allemand, où celui-ci raconte qu'il logeait le 4 au soir à Theux et qu'il entendait tonner le canon contre les forts de Liége.

Nous ne pourrions pas donner une idée plus précise de la façon dont le gouvernement et sa presse reptilienne faussent l'esprit public qu'en reproduisant, d'après des publications allemandes les dépêches relatives à la prise de Liége. Ces livres sont : *Chronik des Deutschen Krieges*, — *Kriegs-Depeschen der Kölnische Zeitung* — *der Lügenfeldzug unserer Feinde* — *der Weltkrieg in Dokumenten und Bildern* — *Lüttich (Krieg und Sieg. 1914)* — *Die Wahrheit über den Krieg*. Les nouvelles se suivent dans l'ordre où elles sont données dans les ouvrages renseignés ci-dessus. Nous traduisons pour chaque dépêche le texte le plus complet que nous ayons trouvé dans l'un de ces ouvrages.

Les premières nouvelles officielles relatives à Liége datent du 7 août.

Berlin, 7 août. — Nos avant-gardes sont entrées avant-hier en Belgique le long de toute la frontière. Une division insignifiante a tenté avec la plus grande vaillance un coup de main contre Liége. Quelques cavaliers ont pénétré jusqu'en ville et ont essayé de s'emparer du commandant, qui n'a pu se sauver que par la fuite. Le coup de main contre la forteresse construite d'après les données modernes n'a pas réussi. Nos troupes sont devant la forteresse en contact avec l'adversaire. Naturellement, toute la presse ennemie va qualifier de défaite cette entreprise, qui n'a aucune influence sur les grandes opérations ; pour nous, elle n'est qu'un fait isolé dans l'histoire de la guerre et une preuve du courage agressif de nos troupes.

(*Kr. D.*, p. 9. — Jusqu'à « Naturellement » dans *Chr.*, p. 85.)

Berlin, 7 août. Officiel (*Agence Wolff*). — La forteresse de Liége est prise. Après que les divisions, qui avaient tenté un coup de main contre Liége, eussent été renforcées, l'attaque fut menée à bonne fin. Ce matin, à 8 heures, la forteresse était au pouvoir de l'Allemagne.

(*Lügen.*, p. 19 ; — *Kr. D.*, p. 11 ; — *Lütt.*, p. 30 ; — *Chr.*, p. 85. *Chr.* ajoute encore ici en petit texte) :

L'Empereur, après avoir reçu le chef de l'état-major, envoya immédiatement un de ses aides de camp au Lustgarten, et fit communiquer au public la chute de Liége ; le public éclata en applaudissements.

L'Empereur a décoré le général d'infanterie von Emmich, qui a conduit personnellement l'assaut de Liége, de l'ordre « Pour le Mérite ».

7 août. — Liége pris d'assaut par six brigades du X° corps d'armée, sous le général Otto von Emmich (*Weltkr.*, p. 13).

*
* *

Des communiqués de l'*Agence Havas*, à Bruxelles, prétendent que l'attaque allemande, à Liége, a complètement échoué. Le corps d'armée allemand serait en fuite.

« *Bruxelles*, 6 août. Officiel (*Havas*). — Le général Leman, commandant des forces belges devant Liége, a repoussé toutes les attaques allemandes. Les troupes belges, pour se mettre à l'abri des forts, ont livré bataille en rase campagne et ont combattu longuement sur un front étendu. La forte marche en avant des Allemands entre la Vesdre et la Meuse a été repoussée avec plein succès par les troupes belges. Le corps d'armée allemand a pris la fuite. Une partie des troupes allemandes en fuite a été refoulée sur le territoire hollandais. »

« *Bruxelles*, 6 août (*Havas*). — Les troupes défendant Liége ont repoussé toutes les attaques des Allemands entre la Vesdre et la Meuse. Les Belges ont entrepris alors une contre-attaque. Les Allemands sont en retraite. »

Comparez le *communiqué officiel* allemand du 7 août sur la prise de Liége, p. 19.

(*Lügen.*, p. 20).

8 août. — Ordre du jour du roi Albert aux troupes « victorieuses » de Liége.

(*Lügen.*, donne la traduction allemande de l'ordre du jour, p. 22.)

Octroi, à grand orchestre, de la médaille militaire française au Roi des Belges et de la Croix de la Légion d'Honneur à la ville de Liége.

(*Lügen.*, donne les traductions allemandes des arrêtés, p. 23, 24 et 25.)

*
* *

Berlin, 9 août. — Liége est solidement entre nos mains. Les pertes de l'ennemi ont été grandes. Nos pertes seront publiées aussitôt qu'elles seront connues. Le transport de 3.000 à 4.000 prisonniers belges en Allemagne a déjà commencé. D'après les communiqués, nous avions contre nous, à Liége, un quart de toute l'armée belge.

(*Kr. D.*, p. 11 ; — *Chr.*, p. 89 ; — *Lügen.*, p. 39 ; — *Lütt.*, p. 30.)

*
* *

7 août. — Proposition de paix de l'Allemagne à la Belgique.
(*Chr.*, p. 85 ; — *Kr. D.*, p. 18.)

*
* *

« Liége est imprenable »... d'après les communiqués du bureau officiel français de renseignements.

Quoique Liége fût entre les mains des Allemands depuis le 7 août, l'*Agence Havas* publie encore le 10 août le télégramme suivant :

« *Paris*, 10 août (*Havas*). — A Liége, tous les forts tiennent encore malgré un bombardement de 48 heures. Depuis deux jours, 53.000 ouvriers travaillent aux retranchements qui peuvent être considérés maintenant comme imprenables. »

« *Bruxelles*, 10 août (*Havas*). — A midi, les forts de Liége tiennent toujours. Le bombardement diminue, car les Allemands manquent de munitions. De source officielle on annonce l'investissement de Liége, qui était attendu. Mais tous les forts sont encore entre les mains des Belges, qui continuent à occuper la ville avec des forces considérables. »

« *Paris*, 10 août (*Officiel*). — Les Allemands ont conservé aujourd'hui une attitude expectante en dehors de la portée des forts de Liége. Cette attente a peut-être pour but d'attendre des renforts, à l'aide desquels ils espèrent contourner les forts dans la direction de Huy. Les tentatives de l'agresseur de réduire au silence les forts de Liége ont été jusqu'ici sans résultat.

Le Tsar a télégraphié au Roi des Belges son admiration pour la vaillante armée belge. »

Ces affirmations françaises et belges sont contraires à la vérité ; nous leur opposons nos communiqués du 7 août (p. 19), ainsi que les suivants du 9, 10 et 17 août.

Berlin, 9 août (Voir plus haut).

Berlin, 10 août (*Officiel*). — Des communiqués français ont troublé le public allemand ; ils prétendent que 20.000 Allemands seraient tombés devant Liége et que la place ne serait pas même en notre pouvoir. En octroyant à grand orchestre la Croix de la Légion d'Honneur à la ville de Liége, on a renforcé ces affirmations. Notre peuple peut être convaincu que nous voulons ni taire un insuccès, ni enfler un avantage ; nous dirons la vérité, et nous sommes pleinement convaincus que notre peuple nous croira de préférence à nos ennemis, qui ne cherchent qu'à se poser avantageusement devant le monde. Pourtant nous devons retarder nos communiqués aussi longtemps qu'ils pourraient dévoiler nos projets. A présent nous pouvons sans danger parler de Liége ; chacun pourra ainsi se faire une opinion personnelle au sujet de la perte de 20.000 hommes que les Français ont annoncée à grand fracas. Pendant ces quatre premiers jours, nous n'avions à Liége que des forces peu importantes, car une entreprise aussi hardie ne pouvait pas être annoncée à l'avance par des accumulations superflues de troupes. Si nous avons, malgré cela, obtenu le succès, nous le devons à notre bonne préparation, à la bravoure de nos soldats, à l'énergie des chefs et à l'aide de Dieu. L'ardeur de l'adversaire a été brisée ; ses troupes se sont piètrement battues. Pour nous, les principales difficultés étaient le pays de montagnes et de bois, très défavorable, et aussi la perfide participation au combat de toute la population, même des femmes ; ils se mettaient en embuscade dans les localités et dans les bois pour tirer sur nos troupes. Ils tiraient même sur les médecins qui soignaient les blessés, et sur les blessés eux-mêmes. Ce furent des combats rudes et exaspérés ; des villages entiers durent être rasés pour briser la résistance de la population, jusqu'à ce que notre brave armée se fût créé un passage à travers la ceinture des forts' et fût en possession de la ville. Il est vrai qu'une partie des forts tenait encore, mais ils ne tiraient plus. S. M. ne voulait pas faire verser inutilement une seule goutte de sang, pour l'assaut des forts, puisqu'ils n'empêchaient plus l'exécution de nos projets. On pouvait donc attendre l'arrivée de l'artillerie lourde et abattre alors tranquillement les forts les uns après les autres, s'ils ne voulaient pas se rendre. Seulement, un chef d'armée consciencieux ne pouvait pas dire un mot sur ce point, avant que nous n'eussions devant Liége des forces telles que le diable lui-même n'aurait plus pu nous arracher la place. Nous sommes maintenant dans cette situation. Pour défendre la forteresse, les Belges, d'après ce que nous croyons savoir, avaient à leur disposition plus de troupes que nous n'en avions pour l'attaque. Tout homme compétent peut mesurer la grandeur de l'effort que nous avons fourni ; cet effort est unique. Si jamais notre peuple s'impatientait encore dans l'attente de nouvelles, qu'il veuille bien se souvenir de Liége. La nation tout entière s'est rangée autour de son Empereur pour le défendre contre ses multiples ennemis, et les chefs militaires osent espérer que l'on n'attend d'eux aucune communication qui puisse dévoiler prématurément leurs projets et permettre à l'ennemi de déjouer la solution de problèmes souvent difficiles.

Le général quartier-maître,
(signé) von STEIN.

(*Lügen.*, p. 39, 40 ; — *Lütt.*, p. 30 ; — *Wahrh.*, p. 90.)

18 août. — Le secret de Liége peut être dévoilé (Proclamation de v. Stein).

(*Chr.*, p. 109 ; — *Lügen.*, p. 40 ; — *Wahrh.*, p. 91.)

Le 7 août, après avoir indiqué l'entrée des troupes en Belgique l'avant-veille, les dépêches annoncent la prise de la forteresse de Liége ; vous remarquez bien : la prise de la forteresse (*Festung*). Or, les Allemands avaient occupé uniquement la ville de Liége, ville absolument ouverte, sans remparts, ni défenses d'aucune sorte (voir plus haut p. 50). D'ailleurs, ils ont bien été obligés eux-mêmes d'avouer le 10 août que les forts n'étaient pas pris ; mais ils ajoutent que les forts ne tiraient plus, ce qui est faux.

Cependant, il fallait prévenir le mauvais effet que produiraient sur la population les communiqués étrangers annonçant que l'armée allemande continue à assiéger Liége après l'avoir pris. Après le succès complet affiché le 7, la tâche était en effet assez ardue. Comment faire ?

a) Jeter le discrédit sur les nouvelles venant de l'étranger, par exemple, en « démontrant » leur fausseté. *Der Lügenfeldzug* donne à la page 19 l'annonce de la prise de Liége, et à la page *suivante* la dépêche Havas disant que Liége n'est pas pris. Que conclura le lecteur superficiel qui ne se donne pas la peine de disséquer les télégrammes ? Que les alliés mentent effrontément, au point de nier l'évidence même. Mais regardez les dates : la prise de Liége s'est faite, d'après les Allemands, le 7 août, à 8 heures du matin ; et c'est le 6 août que les Alliés déclarent que Liége n'est pas pris. Nouvel exemple de falsification par transposition à ajouter à celui du rapport Ducarne (p. 39). Et dire que le livre qui opère ce truquage s'appelle *Der Lügenfeldzug unserer Feinde* (la campagne des mensonges de nos ennemis), et qu'il se donne la mission de mettre en lumière, pour les redresser, les mensonges et les calomnies des adversaires !

Une autre manière de mettre le public en garde contre les nouvelles étrangères consiste à annoncer que les communiqués allemands doivent souvent être retardés, de crainte de dévoiler le plan de campagne (voir la dépêche du 10 août). Grâce à cette malice, les communiqués belges et français ne seront acceptés par le public allemand que sous bénéfice d'inventaire, jusqu'à ce que leur « inexactitude » ait pu être mise en évidence.

b) Établir la confusion entre la ville et la forteresse. Dès le 7 août, les lanceurs de fausses nouvelles jubilent pour la prise de la forteresse, confondant intentionnellement la ville et la place fortifiée, si bien que celui qui lit les communiqués ne sait plus à quoi s'en tenir et accepte tout naturellement les nouvelles officielles de son propre pays.

L'exemple de Liége fait voir en quelle méfiance il faut tenir les communiqués de Berlin, malgré le certificat de sincérité que le général von Stein se décerne à lui-même (dépêche du 10 août).

Échec de l'agression brusquée contre la France.

Pour comprendre tout l'intérêt qu'il y avait pour l'Allemagne à faire croire que Liége a été pris en deux jours par une petite fraction de troupes, il faut se rappeler que l'objectif des Allemands était de traverser le plus rapidement possible la Belgique pour aller écraser les Français et pour prendre Paris. L'auteur de *J'accuse* relate le mot du vieux maréchal von Haeseler qui se proposait de fêter à Paris l'anniversaire de Sedan, le 2 septembre 1914. Nous avons copié nous-mêmes une inscription faite au charbon de bois sur la façade d'une maison incendiée à Battice, et donnant rendez-vous à Paris, le 2 septembre 1914, à un certain bataillon d'artillerie.

Or, cette marche brusquée a complètement raté et le plan de campagne allemand a été déjoué, par suite de la résistance inopinée des Belges, d'abord à Liége, puis en Hesbaye. Cette perte de quelques jours a été fatale à l'Allemagne, et celle-ci nous en garde rancune.

Le désintéressement de la Belgique.

Un dernier point relatif à la violation de notre neutralité.

Les Allemands affectent maintenant de prendre en pitié les pauvres Belges qui se sont laissés leurrer par l'Angleterre, autant que par leur gouvernement et par leur Roi, et qui, par leur crédulité, ont attiré sur eux la guerre ; que dis-je, le gouvernement allemand assure que nous avons nous-mêmes voulu la guerre. L'Allemagne officielle est devenue inapte à concevoir qu'un peuple reste fidèle à ses obligations internationales et se sacrifie pour elles s'il le faut.

« Pourquoi donc, nous disent nos adversaires, n'avez-vous pas accepté les propositions de l'Allemagne ? Vous y auriez eu profit ». Est-il bien vrai que tel était notre intérêt ? Si nous avions laissé entrer l'armée allemande, les Français et les Anglais nous auraient immédiatement attaqués, et les batailles se seraient tout de même livrées sur notre territoire, avec cette différence qu'au lieu d'être les alliés des nations qui sont restées fidèles à leurs engagements, nous avions la honte d'être complices de celles qui les violaient. L'Allemagne, à la vérité, nous offrait pour prix de cette infamie 4 millions de marks (p. 259) ; car c'est à cette somme que notre voisine estime l'honneur national de la Belgique. Il serait fort curieux, n'est-ce pas, de savoir d'après quelles bases l'Allemagne calcule le prix d'un honneur national ; on peut en tout cas lui certifier que personne au monde n'aurait la naïveté d'offrir une aussi forte somme pour le sien.

« Si vous aviez été habiles, disent-ils encore, vous auriez fait comme les Luxembourgeois ; ceux-ci se trouvent fort bien maintenant d'avoir livré passage à l'armée allemande ». En réalité, les

Luxembourgeois n'avaient absolument aucun moyen d'empêcher la violation de leur territoire ; mais c'est leur faire une injure imméritée que d'insinuer qu'ils sont satisfaits du mal qu'on leur a infligé, et surtout de la façon brutale dont l'Allemagne s'est comportée envers eux. D'ailleurs les journaux allemands non-officieux sont de notre avis, ainsi que le montre le résumé d'un article du journaliste italien Renda dans *Düsseldorfer General-Anzeiger* du 25 décembre 1914.

Si les Luxembourgeois étaient si contents de vivre sous le joug allemand, des milliers de jeunes gens du Grand-Duché ne seraient pas allés s'engager à l'armée française.

.˙.

Du reste, pour nous Belges, l'intérêt n'est jamais entré en ligne de compte. Ce n'est pas pour en tirer profit que nous avons résisté à l'Allemagne, c'est parce que nous avons jugé que tel était notre devoir d'honnête nation. Et pourtant, comme le disait M. le Ministre Carton de Wiart à l'Hôtel de Ville de Paris le 20 décembre 1914, nous avons eu alors la vision de notre patrie saccagée par les hordes prussiennes ; mais même aujourd'hui, après tant d'atrocités subies, pas un Belge « ne voudrait changer sa misère contre les profits du bandit ».

CHAPITRE II

LES VIOLATIONS DE LA CONVENTION DE LA HAYE

A. Les « représailles contre les francs-tireurs ».

Sous prétexte que la France se préparait à l'attaquer, l'Allemagne se dépêcha d'envahir la Belgique et le Luxembourg. Cette prétendue menace d'agression n'était qu'une feinte, destinée à faire trembler le Parlement et à obtenir un vote approuvant les actes du ministère et lui donnant carte blanche. La manœuvre eut un succès complet, puisque le gouvernement emporta un vote unanime, malgré l'aveu du Chancelier : « Nous commettons une injustice et nous violons le droit des gens ; mais quand on est acculé comme nous le sommes, tous les moyens sont bons ».

Ce que ces mots signifiaient, nous l'avons, hélas ! vu tout de suite. A peine les soldats allemands avaient-ils franchi la frontière qu'ils ont commencé à massacrer et à incendier.

Meurtres commis par les Allemands dès les premiers jours.

Le jour même de l'invasion, le 4 août, une auto montée par quatre officiers allemands arrive à Herve, et s'y arrête. Un des officiers demande un renseignement à un jeune homme de seize ans, nommé Dechêne ; celui-ci ne comprend-il pas, ou bien refuse-t-il de répondre (ce qui était son droit, et même son devoir envers sa patrie) ; on ne sait ; en tout cas l'officier l'abat d'un coup de revolver.

Dans le Luxembourg, le procédé est identique : les villages de la frontière sont décimés. Motif, toujours le même : des « francs-tireurs » les ont attaqués.

Lorsque les uhlans venant du Grand-Duché de Luxembourg entrèrent à Arlon par la route de Mersch, ils tuèrent d'un coup de lance une vieille pensionnaire du Café Turc, un cabaret mal famé situé à droite de la route ; ils prétextaient qu'elle avait tiré sur eux. En outre, les notables de la ville d'Arlon durent se rendre à Eischen (Grand-Duché de Luxembourg) pour présenter des excuses aux Allemands ; elles furent agréées, mais la maison incriminée fut détruite.

On voit manifestement par ces quelques exemples quel est le but de nos ennemis : a) Ils veulent jeter l'épouvante dans les populations, afin de les rendre plus dociles devant les réquisitions et les exigences de toute espèce ; — b) ils font croire à leurs propres troupes, qu'en combattant les Belges, ce qui leur déplaisait fort au début (voir p. 56), elles ne font que se défendre contre des attaques déloyales ; — c) en outre, on leur procure l'occasion de piller ; — d) enfin peut-être escomptaient-ils qu'en étalant devant le gouvernement belge les horreurs auxquelles son premier refus avait exposé le pays, ils l'amèneraient à résipiscence et obtiendraient de lui le libre passage.

Y a-t-il eu des « francs-tireurs » ?

Il serait impossible de vérifier en ce moment si en aucun point de la frontière les Belges n'ont lâché des coups de fusil contre les envahisseurs. Disons d'ailleurs, qu'au point de vue purement humain, ils seraient parfaitement excusables. Comment ! voilà l'Allemagne qui, se prétendant en état de légitime défense, tombe à l'improviste sur un tiers inoffensif. Et ce tiers n'aurait pas le droit d'opposer la force à la violence ! En toute logique, n'est-ce pas lui qui est en état de légitime défense ; n'est-ce pas pour lui que tous les moyens sont bons ? Et remarquez que ce n'est pas contre une menace imaginaire, et imaginée, que nous nous défendions, nous : les Allemands avaient bel et bien envahi la Belgique et ils distribuaient déjà leurs proclamations aigre-douces (*fig.* 7). Faudrait-il s'étonner si des Belges, exaspérés par l'inqualifiable agression, avaient saisi leur fusil ? En saine justice, on ne pourrait pas leur en faire un grief, — au contraire, dit M. Church. Est-ce à dire que nous croyons aux attaques des civils contre l'armée allemande ? Non, certes ; puisque nous savons de source sûre que dans *tous* les cas où une enquête a pu être faite, elle a démontré que les « francs-tireurs » n'ont été que le prétexte, et que le véritable motif de la dévastation et du massacre a été le désir de terroriser les populations. C'est donc d'une façon tout à fait théorique, et en faisant les réserves les plus expresses que nous admettons, faute de pouvoir contrôler partout les affirmations de nos adversaires, que dans des cas, certainement fort rares, des civils isolés ou en petit nombre ont pu être pris les armes à la main. Mais nos ennemis voudront bien admettre aussi que l'attitude de ces civils aurait été amplement excusée par la façon plus que brutale dont les Allemands se sont conduits dès les tout premiers moments de la guerre. Ajoutons que lorsqu'on érige la terreur en système, comme le font les Allemands, on doit comprendre les réflexes défensifs des victimes.

Quels étaient les droits de nos ennemis en présence de ces cas exceptionnels ? Ils pouvaient, ainsi qu'ils le proclament eux-mêmes, passer individuellement les coupables par les armes, et à la rigueur brûler leur habitation. Mais rien au monde ne peut justifier les exécutions en masse et les incendies généralisés auxquels les Allemands se sont livrés.

L'obsession du « franc-tireur » dans l'armée allemande.

Un point restait obscur pour nous dans les « représailles » : comment les officiers allemands amenaient-ils leurs hommes à exécuter ces horribles carnages ? Très simplement : on leur avait d'avance modelé l'esprit ; on leur serinait des histoires de francs-tireurs datant de la guerre de 1870-71, et on leur faisait accroire que la population belge est d'une révoltante bestialité. Aussi, dès qu'ils mirent le pied sur notre territoire, s'attendaient-ils à être attaqués par des civils, et, tout naturellement, ils se préparaient à vendre chèrement leur vie.

Rien n'est plus typique à cet égard que la collection de lettres de soldats publiées pour l'édification de la nation allemande, dans *Der Deutsche Krieg in Feldpostbriefen. — I. Lüttich, Namur, Antwerpen.* Dans plus de la moitié il est question de « francs-tireurs » ; mais presque jamais l'auteur ne dit avoir vu ceux-ci par lui-même. Pour donner une idée du ton de cette littérature, publions le début de la première lettre (c'est-à-dire celle qui porte le n° 2 dans le volume, car le n° 1 n'est pas une lettre de soldat). L'écrivain, un officier, affirme que pendant l'attaque des forts de Liége, dans la nuit du 6 au 7 août 1914, la nuit était tellement noire qu'on ne distinguait pas les amis des ennemis, et que les Allemands se canardaient entre eux. Néanmoins, comme on leur tirait dessus et qu'ils voyaient fuir trois hommes, ils les fusillèrent aussitôt comme « francs-tireurs ». Pendant cette même nuit, leur colonne de bagages ayant été surprise (il ne dit pas par qui), on brûle un village et on fusille les habitants.

De la frontière allemande vers Liége.

Notre voyage jusqu'à la frontière belge se fit en 27 heures, semblable à une marche triomphale. Marche à travers l'Ardenne — les villages comme dévorés (ausgefressen) — la nuit, coups de feu, alarme ; pas de repos. A 5 heures du matin (6 août) marche par la vallée de l'Ourthe, lentement, partout des obstacles. Arbres abattus, rochers effondrés, finalement par-dessus des restes de ponts à travers des restes de rues ; marche forcée. Après-midi, cantonnement à Comblain-au-Pont : vite maisons ouvertes. Compliments, pas de paille, rien à manger ! A la gare, je découvre une auberge : des fèves, du vin : magnifique ! Enfin voici le repos. Mais, hélas ! ce trou paraît bien méchant, — resserré devant nous entre deux hautes murailles de schiste à pic : le pont sur l'Ourthe est à demi détruit. A 7 heures du soir, alerte. Le capitaine se précipite : « Assaut 'sur Liége ». Impossible, les hommes ne peuvent pas marcher, les forts sont à 35 kilomètres ; à peine une demi-heure après on nous tire dessus des hauteurs ; maintenant c'est juste à côté de nous. Revolver au poing et en avant ! trois individus fuient, toute une horde. « Levez les mains ». Loi martiale ! Continuons — cela fourmille de soldats de toutes armes. Terrible pluie, orage, nuit noire. Toujours plus loin ! Les hommes tombent en masse.

A minuit, clair de lune, le temps est meilleur, le canon tonne. Tout à coup une nouvelle : notre colonne de bagages surprise, une compagnie revient ; le village brûlé, les gens fusillés ! Atrocités de francs-tireurs ! Cependant nous nous précipitons plus loin, près de Liége. Nous nous replions derrière un bois, quatre régiments déposent le sac — la provision de cartouches — une dernière exhortation : A l'assaut ! les obus sifflent, mais sans atteindre le but. Chemin creux ; notre artillerie reste impuissante, dans la boue jusqu'au ventre, et ne peut plus avancer — nous passons — ce n'est pas une marche — un galop ! Tout à coup une pluie de balles près de nous : nos propres hommes tirent sur nous. La reconnaissance réussit quand même.....

Toute la mentalité du militaire allemand à l'égard des civils se reflète dans cette lettre : il fait si noir que les Allemands tirent les uns sur les autres, mais cela ne les empêche pas de reconnaître que ceux qui les attaquent sont des francs-tireurs, alors même que leurs hommes « tombent en masse », ce qui exclut toute idée de francs-tireurs.

L'obsession du « franc-tireur » dans la littérature guerrière.

Les francs-tireurs ! Dès les tous premiers jours de la guerre, c'est une idée fixe, une obsession, engendrée par les lectures et les conversations antérieures, et que les chefs entretiennent avec soin.

Les francs-tireurs ! cette idée envahit toute leur littérature actuelle. Tous les livres sur la campagne de Belgique et de France, fourmillent de récits de ce genre. Ajoutons que les auteurs n'affirment pas avoir vu eux-mêmes les attaques des « francs-tireurs ». Mais on les leur a racontées et ils s'empressent de les répéter sans le moindre contrôle.

Ainsi, dans *Kriegsfahrten* de MM. Koester et Noske, il est question de « francs-tireurs » aux pages 10, 12, 13, 20, 22 ; dans le dernier chapitre ils y reviennent (p. 115).

Voici le début de la préface. On y voit quel sera le ton du livre : aucun esprit critique. Ils admettent par exemple, que les Allemands entrent en Belgique le 6 août et prennent la place forte de Liége le lendemain, — et que la guerre des « francs-tireurs » sévit partout.

Il sera agréable au lecteur de lire tout d'abord un aperçu sommaire des événements relatifs à la Belgique.

Comme point de départ il y a la déclaration faite par le Chancelier allemand en séance du 4 août au Reichstag, reconnaissant que l'occupation du Luxembourg déjà achevée et la violation du territoire belge peut-être déjà consommée dans l'entretemps, étaient contraires au droit des gens sans doute, mais devaient être considérées comme une précaution indispensable contre une attaque de flanc des Français. Les troupes allemandes entrèrent en Belgique le 6 août. Dès le lendemain on annonçait que la place forte de Liége avait été prise d'assaut. La demande réitérée faite par l'Allemagne à la Belgique, d'autoriser le passage pacifique des troupes allemandes moyennant indemnité correspondante, fut repoussée. La population civile belge prit part à la lutte contre les Allemands. Les troupes allemandes continuèrent leur marche en avant. Le gouvernement belge, dans lequel entra le député socialiste Vandervelde, quitta Bruxelles à la mi-août, et se rendit à Anvers. Le 20 août, les troupes allemandes entrèrent à Bruxelles, sans rencontrer de résistance. La Belgique passa sous l'administration allemande.

Avant la fin du premier mois de guerre la place forte de Namur était également tombée. L'armée belge s'était repliée sur Anvers. Une sortie de ces troupes hors d'Anvers fut appuyée, à la fin d'août, par la population de Louvain qui se jeta sur les troupes allemandes logées dans la ville ; les combats de Louvain amenèrent la destruction d'une partie de la ville ; la vieille Université et la bibliothèque furent détruites...

Adolphe Koester et Gustave Noske.

Voyages de guerre à travers la Belgique et le nord de la France, en 1914 (Kriegsfahrten durch Belgiën und Nordfrankreich, 1914).

M. Fedor von Zobeltitz, dans *Kriegsfahrten eines Johanniters*, entend aussi parler à chaque instant d'attaques par les civils belges : à Tirlemont (p. 39), à Louvain (p. 39, 53, 54, 91), à Malines (p. 49), à Eppeghem (p. 86), à Anvers (p. 154).

Le volume intitulé : *Die Eroberung Belgiëns* est tout plein de récits du même genre ; c'est ainsi que, sur 38 illustrations qui ne sont ni des portraits ni des cartes, 10 sont consacrées aux attaques des civils belges.

Il est intéressant de comparer aux récits de gens qui n'ont pas assisté aux combats livrés en Belgique et ne parlent que par ouï-dire, la relation faite par M. Otto von Gottberg, *Als Adjutant durch Frankreich und Belgiën*. Celui-ci a pris part en septembre aux combats qui accompagnèrent le siège d'Anvers. Nulle part il n'a vu de francs-tireurs. Pourtant il n'aime pas du tout les civils belges, et il aurait certainement eu beaucoup de plaisir à en abattre quelques-uns ; lire, par exemple, ce qu'il dit de l'attitude provocatrice des Bruxellois, et surtout des Bruxelloises (p. 55), et de son passage à travers les rues de Lebbeke (près de Termonde), où ses soldats proposaient de faire un mauvais parti aux habitants qui les regardaient de travers (p. 65) ; pourtant, dit-il, il n'incendia pas une seule maison (p. 67). Faisons remarquer que des collègues de M. von Gottberg se montrèrent moins doux, ou moins équitables, que lui, car les « représailles » contre Lebbeke ont été particulièrement atroces (voir *9ᵉ Rapport*). Il est pourtant hautement invraisemblable que les habitants se seraient privés de tirer sur la petite patrouille conduite par M. von Gottberg, pour prendre ensuite les armes contre des troupes beaucoup plus nombreuses. Quoi qu'il en soit, la légende des francs-tireurs de Lebbeke a été acceptée bénévolement par MM. Koester et Noske (*Kriegsfahrten*).

L'obsession du « franc-tireur » dans la littérature d'art.

L'obsession du « franc-tireur » se retrouve aussi en dehors de la littérature militaire proprement dite. M. Bredt vient de publier un livre sur *Le caractère du peuple belge révélé par l'art belge* ; les attaques illégales de la population belge contre les troupes régulières allemandes, dit-il, n'ont rien de surprenant pour qui connaît les productions de l'art belge. Voici les premières phrases du livre :

> Près de Liége et de Namur, à Charleroi et à Louvain, près de Malines et d'Anvers, et partout ailleurs sur le sol belge, nos guerriers intrépides, incomparablement braves, et marchant le visage découvert, ont éprouvé combien les masses populaires belges sont indiciblement enragées et sauvages, diaboliquement cruelles, et combien les individus se sont montrés fanatiques et inventifs dans la recherche des embûches les plus inconcevables.
>
> Il est impossible d'imaginer rien de plus terrible que les combats de rues à Charleroi et dans les autres villes de la Belgique actuelle. Les plus méprisables drôles tiraient des fenêtres et des soupiraux, des toits et des tas de fumier, et transformaient les rues en un enfer où coulait littéralement à flots le sang des héros allemands et des lâches belges, à la honte éternelle de ceux que Tacite appelait, il y a longtemps, très longtemps, les plus braves des Germains (1).

(1) Nouvelle conquête de la science allemande ! Les peuples moins cultivés continuaient, — et continuent encore, — à croire que c'est Jules César qui a dit : *Horum (Gallorum) omnium fortissimi sunt Belgæ* (*de Bello Gallico*, I, 1). (Les Belges sont les plus braves des Gaulois). (Note de J.M.).

A la vérité celui, qui connaît quelque peu le peuple belge et l'histoire de son pays, ne s'étonnera pas de cette rage sauvage, que nous attribuerons plus volontiers à la populace qu'à la population...
C. W. Bredt. *Belgiëns Volkscharakter.* — *Belgiëns Kunst.*

Toutefois, il serait difficile de dépasser, dans ce genre, un article paru dans le n° de janvier 1915 de *Kunst und Künstler*. Il donne la reproduction d'une gravure de Callot (*fig.* 21) · Un camp dans lequel des arquebusiers passent par les armes des condamnés liés à des piquets. « Exécution de francs-tireurs », dit la légende en allemand. Qu'il fût question de francs-tireurs du temps de Callot, mort en 1635, cela paraît déjà étrange. Mais le dessinateur a pris soin d'inscrire sous son œuvre ce qu'elle représente :

> Ceux qui, pour obéir à leur mauvais génie,
> Manquent à leur devoir, usent de tyrannie,
> Ne se plaisent qu'au mal, violent la raison ;
> Et dont les actions, pleines de trahison
> Produisent dans le camp mil sanglans vacarmes,
> Sont ainsi chastiez, et passez par les armes.

Ce sont, comme on le voit, des traîtres qu'on punit ; mais l'esprit allemand d'aujourd'hui est tellement imprégné de l'idée du « franc-tireur », que les artistes ne comprennent plus ce qu'ont écrit leurs prédécesseurs, et, tout comme les soldats, ils voient des francs-tireurs partout.

Responsabilité des chefs.

Ce sont surtout les grandes tueries d'Andenne, de Tamines, de Dinant, de Termonde, d'Aerschot, de Louvain, du Luxembourg... qui sont à jamais inexcusables et resteront, comme une honte éternelle, accrochées au drapeau allemand. Mis en appétit par les atrocités commises les premiers jours de l'invasion, les soldats inventent ou simulent eux-mêmes des attaques de « francs-tireurs », pour avoir le plaisir de les réprimer ensuite, tuant, pillant, brûlant des villes entières. Disons, pour être justes, que ce ne sont pas les soldats, mais les chefs, qui porteront devant l'histoire la responsabilité de ces monstruosités renouvelées des barbares. N'est-il pas évident que dans une armée aussi disciplinée, où les officiers ramènent leurs hommes au combat sous la menace du revolver (p. 57, 231), et où les soldats obéissent à de pareilles injonctions, des mises en scène comme celle de Louvain ne sont possibles qu'avec la complicité des officiers, ou plutôt sur leur ordre ? Comment imaginer sans cela que des soldats aillent se poster dans un jardin et tirent de là des coups de fusils dans la rue (*N. R. C.* 10 sept. 1914, soir) ? Et ce n'est pas aux officiers subalternes qu'il faut demander compte de ces boucheries, mais aux généraux, tels que le baron von Bissing, devenu depuis Gouverneur général de la Belgique, qui conseille aux soldats de se montrer impitoyables et de ne se laisser fléchir par aucune considération humanitaire, car la compassion serait une trahison (*Belg. All.* p. 99). Les soldats sont prévenus qu'il leur est permis de faire souffrir les innocents avec les coupables (p. 327) ; qu'ils peuvent pendre sans autre forme de procès ceux qui ont commis le crime de se trouver, pour quelque raison que ce soit, dans une maison où l'on a rencontré des munitions ou des armes (p. 388) ; pendus également ceux qui ont essayé de fuir alors qu'ils étaient retenus comme otages (p. 171). Le précédent Gouverneur-général de la Belgique annonce qu'il n'a pas à savoir si on est complice ou non (p. 240). « Si on leur manifeste une hostilité quelconque, ils peuvent mettre une ville à ras du sol » ; tel est le sort que le général von Bülow promettait à la ville de Bruxelles. Le même général croit devoir informer officiellement les Bruxellois, les Liégeois et les Namurois que c'est avec son consentement que la ville d'Andenne a été brûlée, et que cent personnes environ y ont été fusillées (*6ᵉ Rapport, IV*).

Par ces proclamations, et par d'autres tout aussi sanguinaires, les autorités militaires voulaient agir à la fois sur les Belges et sur les Allemands. Ceux-ci étaient absous d'avance des horreurs qu'ils commettaient, et on leur assurait l'impunité pour toutes les « représailles » dont il leur plairait de se charger. De plus, ils étaient entretenus dans la terreur perpétuelle du « franc-tireur ». Sont-ils assaillis à l'improviste par des soldats de l'armée ennemie : ils se replient sans s'assurer de ce qui s'est passé en réalité, et ils reviennent avec le gros de l'armée pour sévir contre les « francs-tireurs ». C'est de ce qui a eu lieu à Tamines où plus de quatre cents bourgeois ont été mitraillés et fusillés, et aussi dans une douzaine de villages du Bas-Luxembourg qui ont été rasés et où un millier d'habitants ont été fusillés. A certains moments, les soldats sont tellement affolés par l'obsession d'attaques émanant de la population civile (*N. R. C.*, 9 sept. 1914, matin), qu'à la moindre alerte ils sautent sur leurs armes et se canardent entre eux, par exemple à Louvain.

Animosité contre le clergé.

Les chefs militaires en voulaient surtout au clergé. Dans les manifestes contre les « francs-tireurs » les prêtres sont cités à part, ce qui les signale tout spécialement à la sauvagerie des soldats. Ceux-ci ont la conviction que les prêtres excitent leurs ouailles du haut de la chaire et qu'ils placent des mitrailleuses dans les clochers. Aussi, dans le sac d'un village, le pire traitement est-il toujours réservé aux prêtres et aux églises.

La lettre pastorale de S. E. le cardinal Mercier donne une liste de quarante-trois prêtres fusillés (1).

Il n'est ignominie que les sodats n'aient infligée aux ecclésiastiques. Quelques exemples entre cent.

Ils ont forcé des membres du clergé de Louvain à coucher tout nus dans le fumier d'une porcherie.

Le curé de Pont-Brûlé fut battu, sur l'ordre des soldats allemands, par ses propres paroissiens.

Le numéro de janvier de *Kunst und Künstler* donne un dessin représentant un curé pendu à un arbre (*fig.* 22).

A Cortemarck ce sont des prêtres qu'on punit parce qu'un habitant avait des intelligences avec l'ennemi (lisez : les Belges) (p. 174).

Voici un cas particulièrement intéressant. Le 30 août 1914 les Allemands arrêtent le doyen et le vicaire d'un village du Brabant, sous prétexte qu'ils avaient fait des signaux lumineux sur la tour de l'église. Or, les prêtres étaient prisonniers depuis 14 heures de l'après-midi ; comment seraient-ils montés sur la tour à 17 h. 1/2 ? Malgré leurs protestations ils sont menés à Louvain, d'où un semblant de conseil de guerre les expédie en Allemagne. Arrivés dans

---

(1) Les Allemands ont essayé de faire croire à Rome que ces prêtres ont été, non pas assassinés, mais tués pendant le combat (p. 300).

un camp de prisonniers, ils sont logés dans le lieu d'aisance qui consistait en un fossé et une planche perforée de trous. Chaque fois qu'un soldat allemand doit satisfaire un besoin, il en profite pour outrager les prêtres de la façon la plus ordurière. Un major allemand les fait comparaître et leur dit qu'ils vont être fusillés. Le vicaire demande à pouvoir se confesser. « Non, lui dit-on, l'enfer est assez bon pour vous ». Ils sont menés au supplice..... mais on les envoie dans un séminaire où ils restent prisonniers jusqu'en janvier 1915.

Animosité contre les églises.

Contre les églises leur furie s'est déchaînée avec tout autant d'acharnement : songez que dans la partie du Brabant qui est au nord de Vilvorde il ne reste presque pas un clocher debout : Beyghem, Capelle-au-Bois, Haecht, Humbeek, Pont-Brûlé, Sempst, Eppeghem, Houtem, Weerde, Hofstade, Elewijt, Werchter, Boortmeerbeek, etc., tous brûlés (*fig.* 29).

A Termonde toutes les églises ont été soit brûlées, soit profanées. Mais au milieu de cette ville, où douze cents maisons ont été incendiées sur quatorze cents, le béguinage était resté intact, oasis de calme isolée dans les ruines calcinées. Sur la plaine herbeuse qu'entourent les petites maisons claires des béguines se dressait la chapelle ; celle-ci n'a pas trouvé grâce devant les Allemands, et ses murs noircis attestent que la Kultur a passé par là. Les béguines étaient-elles peut-être des « francs-tireurs » ?

Nous disions plus haut que l'irritation particulière des Allemands contre le clergé et les sanctuaires tenait à ce qu'ils considéraient les curés comme les chefs des « francs-tireurs ». La fausseté de cette allégation a été reconnue par M. le Dr Julius Bachem, le directeur de *Kölnische Volkszeitung*, l'un des journaux catholiques les plus considérables de l'Allemagne. M. Bachem a donné dans le n° d'avril 1915 de *Süddeutsche Monatshefte*, consacré en majeure partie à la Belgique, un article sur le problème religieux en Belgique. Il appuie sa démonstration sur l'autorité de M. le baron von Bissing, commandant le 7e corps d'armée, actuellement Gouverneur général en Belgique, et aussi sur l'enquête spéciale menée par l'Union des prêtres catholiques rhénans, *Pax*. Cette enquête, faite surtout auprès des autorités militaires actuelles en Belgique, a prouvé que le clergé est absolument innocent, et que tous les reproches qu'on lui a adressés sont purement imaginaires (1).

L'Empereur n'avait pas attendu la confirmation des crimes attribués aux prêtres pour lancer contre eux, dans son télégramme au Président des États-Unis, des accusations retentissantes (voir p. 249). Il ne s'est pas rétracté.

Insuffisance voulue de l'enquête préalable.

Et jamais la moindre justification des représailles. Relisez les Rapports de la Commission d'enquête et les récits faits par les témoins oculaires, et vous constaterez que les plus horribles traitements ont toujours été appliqués, sans qu'on se soit donné la peine de vérifier les faits. Des soldats avides de pillage viennent dire sans aucune raison : « Die Civilisten haben geschossen » ; cela suffit : ordre est donné de tuer les hommes et de réduire en cendres la localité. Ou bien, des coups de feu ont été réellement tirés sur les Allemands ; on accuse tout de suite les civils et, sans entendre les malheureux qui offrent de prouver que les tireurs étaient des soldats belges ou alliés, on procède à l'exécution.

Un cas très typique est celui de Charleroi. On sait que des troupes françaises occupaient encore la ville quand les Allemands y sont entrés. Mais ces derniers ont aussitôt incriminé les civils, puisque, disent-ils, des coups de feu partaient de l'intérieur des maisons, comme si leurs adversaires n'avaient pas le droit, tout autant qu'eux, de se retrancher dans les bâtiments. Bien plus, quand ils rencontrèrent plus tard la preuve que des Français étaient là, ils dirent simplement que ceux-ci n'avaient pour mission que d'organiser et de discipliner les gardes civiques et les « francs-tireurs » (voir l'article de Heymel, p. 231). Pourrait-on imaginer un plus bel exemple de parti-pris ?

Ailleurs, des Allemands ivres, surexcités ou surmenés, en tout cas suggestionnés par la peur du « franc-tireur », tirent les uns sur les autres, comme à Louvain. Même il y a des cas, comme celui de Cortenberg, où ils mettent le feu aux maisons sans daigner

---

(1) Pour donner une idée de ces accusations, disons qu'on aurait trouvé, dans les caves d'un couvent de Louvain, les cadavres de cinquante soldats allemands assassinés par les religieux.

fournir le moindre prétexte : ils sont ivres et ont envie d'incendier, voilà tout. C'était une colonne de bagages qui passait à Erps-Querbs et à Cortenberg, le 27 août 1914, après avoir coopéré à l'incendie de Louvain. Les hommes avaient tant bu que les cavaliers perdaient leur sabre et les couvertures de leurs chevaux, et que la route était parsemée de hachettes, de bêches et d'autres outils, tombés des chariots. A chaque instant ceux-ci glissaient dans le fossé. Pour se divertir, les soldats criblèrent de balles une maison d'Erps-Querbs dont les habitants, déjà couchés, se sauvèrent en chemise ; puis ils mirent le feu à onze maisons de Cortenberg, parmi lesquelles un grand château.

Le plus léger indice suffit pour que les Allemands décident le massacre de la population et l'incendie du village ; parfois aussi un motif insignifiant suffit pour qu'ils renoncent à cette fantaisie. Plusieurs localités ont été épargnées parce que les troupes y ont rencontré quelqu'un qui parlait allemand : une conversation d'une minute et le village était reconnu innocent.

M. Waxweiler insiste beaucoup sur la légèreté inqualifiable avec laquelle les Allemands exercent des représailles. Il cite notamment le cas de Linsmeau (p. 256) et celui de Francorchamps (p. 270). Comme il s'agit ici d'un point essentiel, qu'il me soit permis de relater encore quelques autres cas.

En entrant à Wépion, le 23 août, les Allemands prétendirent que les bourgeois avaient tiré sur eux, et ils en fusillèrent séance tenante six, dont les deux fils Bouchat. Or, ceux qui avaient tiré étaient des soldats belges armés de mitrailleuses, qui couvraient la retraite de leurs troupes. Un instant de réflexion aurait permis aux Allemands de se rendre compte de leur erreur, puisque des civils ne disposent évidemment pas de mitrailleuses. Pendant qu'on le menait au supplice, l'un des fils Bouchat demanda à sa mère un verre d'eau. Mais les Allemands refusèrent de le lui laisser donner : « ce n'est plus la peine », disaient-ils.

Le surlendemain ils se préparaient à recommencer leur carnage à Wépion. Une dizaine de soldats belges, réfugiés dans une grotte des rochers de Neviau, en face du village, de l'autre côté de la Meuse, tiraient de là sur les troupes allemandes qui passaient par la route de Wépion à Saint-Gérard. Le cheval d'un officier allemand fut tué ; immédiatement l'officier donna ordre de capturer quelques civils à Wépion pour les fusiller, quoique les coups fussent venus manifestement de l'autre rive. Mais on put lui faire constater que c'étaient bien réellement des soldats qui combattaient contre lui. Il se radoucit donc, mais déclara tout de même : « Si c'était moi tué ou blessé, au lieu de mon cheval, brûler tout le village ».

Encore un autre exemple d'exécution sommaire. En août 1914, une patrouille française et une patrouille allemande se rencontrèrent à Sibret (Luxembourg belge) et échangèrent des coups de feu ; puis les deux patrouilles se retirèrent, laissant sur le terrain un Allemand blessé. Deux habitants de Sibret transportèrent le blessé vers une ambulance ; le greffier de la Justice de Paix de Bouillon, M. Rozier, les accompagnait ; il portait en bandoulière le fusil et, à la main, le sac du soldat. Survint une patrouille allemande, qui interpella M. Rozier, lui disant sans doute de lever les mains ou de jeter le fusil. Comme M. Rozier ni aucun de ses compagnons ne comprenait l'allemand, et qu'ils ne purent donc pas obtempérer à l'ordre donné, les Allemands tirèrent sur M. Rozier et l'abattirent.

Chaque fois qu'on a pu obtenir d'eux une enquête quelconque elle a tourné à leur confusion : A Huy, les balles trouvées dans les cadavres d'Allemands étaient des balles allemandes ; le général a été forcé d'arrêter l'incendie de la ville ; même, il a avoué qu'on avait fait erreur.

Un intéressant non-lieu est relaté dans *N. R. C.* du 24 août (matin et soir), 25 août (matin et soir), 29 août (matin) et 2 septembre (matin). Résumons brièvement les faits. Une patrouille allemande en automobile, puis des cyclistes, sont attaqués à Bree (Limbourg belge) par des gendarmes belges en uniforme, le 21 août. Des uhlans passent le même jour dans le village et trouvent un cycliste mort et un autre très grièvement blessé. Celui-ci dit avoir été frappé par un civil. Aussitôt le doyen et le bourgmestre sont saisis comme otages, et Bree est condamné à être incendié. Heureusement que la peine n'est pas exécutée sur l'heure, car on parvient à démontrer que les civils de Bree avaient tous déposé leurs armes à la maison communale et que les coups de feu avaient été tirés par des gendarmes belges. Mais cette preuve ne put être fournie que le 24 août. En attendant, les habitants avaient fui en toute hâte leur village et s'étaient réfugiés, les uns dans les bois, les autres sur territoire hollandais, à Budel. Imaginez quelles furent leurs angoisses quand on vint leur annoncer, à tort, que Bree était en feu. Le doyen resta prisonnier jusqu'à ce qu'il fut bien et dûment démontré que les gendarmes belges sont des soldats. Faisons remarquer que cela ne faisait pourtant pas de doute, puisque dans la petite brochure *Belgiën* (dans *Die Kriegstaschenbücher*), la gravure « Belgische Militär » représente précisément des gendarmes. C'est à l'intervention du ministre hollandais, M. Loudon, que Bree doit de n'avoir pas été brûlé.

Un exemple d'un autre genre, emprunté également à *N. R. C.*, est tout aussi caractéristique. Pendant la nuit un soldat allemand tire, on ne sait pourquoi, un coup de fusil, dans un village de la Flandre occidentale, Aussitôt, grand émoi. « On va brûler le village! » Mais avant qu'on ait eu le temps de passer à l'action, une importante pièce à conviction, la douille de la cartouche, vient démontrer que c'était réellement un soldat allemand qui avait tiré. Pourtant, si on n'avait pas eu la chance de mettre la main sur cette bienheureuse douille, le village flambait. Trop souvent, hélas ! l'armée allemande ne prend pas le temps de retarder un peu les représailles....., et les maisons sont déjà en cendres avant que la fausseté des accusations ait pu être prouvée. On remarque, en effet, que ce ne sont jamais les Allemands qui prouvent l'exactitude de leurs allégations, mais les Belges qui doivent prouver l'erreur des Allemands : c'est la justice renversée.

Montrons que dans un cas tout au moins l'Allemagne a dû avouer publiquement son erreur.

Le soir du 20 août 1914, les Allemands installés dans Liége depuis le 9 août, accusèrent tout à coup les civils d'avoir tiré sur les troupes. Immédiatement les représailles eurent lieu : tout un côté de la place de l'Université fut incendié et 18 habitants furent fusillés séance tenante. Parmi les maisons brûlées était un magasin de fruits, *Aux Jardins de Valence*, tenu par un Espagnol, M. Oliver. Celui-ci et quatre de ses commis furent passés par les armes. Le gouvernement espagnol protesta ; et en juin 1915 nous avons lu dans les journaux de Bruxelles que l'Allemagne avait payé une somme de 227.562 francs pour réparer cet incident. On ne nous disait pas si cette somme a été prélevée sur les vingt millions que la ville de Liége dut payer à titre d'amende pour cette « agression de francs-tireurs ».

On comprend aisément qu'un non-lieu déplaît aux autorités militaires. En effet, leur but n'est pas de rendre la justice, mais de terroriser les populations ; et s'il fallait examiner le bien-fondé des préventions on n'aurait plus jamais l'occasion d'exercer des « représailles », ce qui ne ferait pas le compte !

Si les exécutions avaient été vraiment justifiées par des attaques de « francs-tireurs », les Allemands auraient eu soin d'établir celles-ci d'une façon irréfutable. Car n'oublions pas que, d'après l'article 3 de la Convention de La Haye, ils devront nous indemniser de tous les incendies et de tous les massacres commandés par eux.

Une enquête pour la réclame.

Ils savent, pourtant, combien ces exécutions sommaires sont contraires à l'esprit de justice et ils tentent parfois de donner le change. Lisez par exemple le chapitre consacré par M. Sven Hedin aux « francs-tireurs ». Le grand géographe suédois, dont tout le monde connaît les admirables explorations en Asie, a fait une tournée sur le front occidental. Il a donc visité la partie occupée de la France et de la Belgique et il a écrit un livre enthousiaste sur l'armée allemande. *Ein Volk in Waffen*. Dans le résumé de son ouvrage, il raconte la façon dont on fait l'enquête sur une attaque de « francs-tireurs ». Tout se passe le plus régulièrement du monde et l'affaire se termine par un acquittement. Ce tribunal était-il authentique, ou n'était-il qu'une parodie (1) ? Peu importe : l'essentiel pour nous est qu'on ait voulu montrer à M. Hedin que les Allemands ne sont pas des barbares, et qu'ils observent les formes de la justice, même en campagne.

(1) On verra plus loin (p. 270) qu'à Louvain, M. Hedin a été indignement trompé par les militaires qui le guidaient à travers la ville. C'est ce qui nous fait craindre qu'il ait pu y avoir fraude également dans le cas des villageois poursuivis comme « francs-tireurs ».

Justice « barbare ».

Lorsque je rentrai « à la maison », le capitaine de cavalerie von Behr et ses amis, le comte Eichstaett et le baron von Tschammer, se trouvaient encore réunis, causant, et je me joignis à eux. Nous parlions précisément des événements du jour, lorsqu'un capitaine de cavalerie entra et annonça que des habitants de deux villages éloignés d'environ douze kilomètres, déjà entre les mains des Allemands depuis un mois et demi, avaient tiré sur des soldats. C'est pourquoi, de l'un de ces villages on devait amener à la ville tous les hommes, et de l'autre, tous les hommes, femmes et enfants. La différence paraissait résider en ceci, que dans l'un des villages on avait tiré sur des aviateurs, dans l'autre sur des troupes. Cent hommes de Landsturm et un escadron de Landsturm monté devaient se rendre la nuit, à 1 heure, dans les deux villages. Pendant que les cavaliers prenaient position à tous les coins de rue et empêchaient toute tentative de fuite, l'infanterie devait perquisitionner de maison en maison et faire prisonniers tous les habitants. A la ville, ils devaient ensuite passer en conseil de guerre et les coupables seraient fusillés. Les sévères lois de la guerre l'exigent ainsi. Il n'y a pas de grâce, pas de salut. Les pauvres gens me faisaient énormément de peine. Que pouvaient-ils bien occasionner à toute une armée avec quelques malheureux coups de fusil. Croyaient-ils peut-être les sottes rumeurs d'après lesquelles les ponts des pionniers n'étaient construits que pour préparer la retraite des armées allemandes et que la fortune de la guerre avait, dans les derniers temps, subi un revirement complet. Et d'où tenaient-ils ces nouvelles ? Naturellement, rien que de la population civile elle-même. Mais celui qui répandait de telles nouvelles, endossait une énorme responsabilité quant à la vie de ses compatriotes et n'y gagnait rien.

Mais qu'arriva-t-il donc aux malheureux ? demandera-t-on. Déjà le lendemain, j'eus l'occasion de les voir sur le banc d'accusation ; tous de vieilles gens, paysans et leurs femmes ; ces dernières pleuraient et regardaient, étonnées ; les hommes avaient un air tout à fait indifférent. La guerre leur avait déjà tout pris, la vie n'avait plus pour eux de valeur particulière. Pendant le peu de jours que dura l'interrogatoire, ils ne souffrirent pas de privations. Je les vis un jour assis à une grande table, occupés à dîner. Le cœur me poussait à intercéder en leur faveur et à en appeler à la miséricorde. La raison cependant me disait que l'on ne peut ni ne doit se mêler des décisions de l'autorité militaire commandées par les lois de la guerre. C'est pourquoi il faut laisser son cœur se durcir et se refroidir comme de la glace. Mais qu'advint-il enfin d'eux ? Furent ils vraiment attachés à un arbre et fusillés ? Après quelques jours, je m'informai de leur sort auprès d'un de mes amis. Ils ont été tous acquittés, dit-il, faute de preuves. Les coupables avaient manifestement déjà fui lorsqu'arriva notre Landsturm ; les prévenus furent tous ramenés dans leurs maisons et fermes.

Que l'on ne se figure pas que les conseils de guerre allemands liquident de tels cas à la légère et en un tour de main, comme si une vie humaine en pays conquis n'avait pas de valeur. Non, les conseils de guerre des « Barbares » sont des plus consciencieux, impartiaux et humains.

Mentalité d'un officier chargé de la répression des « francs-tireurs ».

Comparons maintenant avec le récit de M. Hedin, celui d'un officier allemand chargé de la répression des « francs-tireurs ». Le capitaine Paul Oskar Höcker donne quelques détails curieux dans son intéressant livre : *An der Spitze meiner Kompagnie*. Il devait purger de « francs-tireurs » une partie du territoire compris entre la frontière allemande et la Meuse. Sa mission consistait en ceci : se présenter dans les maisons, demander s'il y avait des armes, et en cas de réponse négative fouiller la maison ; si des armes étaient découvertes, le propriétaire était fusillé sur place ; en cas de résistance, la maison était brûlée (p. 23). La première ferme qu'il visite est Jungbusch, près de Moresnet ; les habitants assurent n'avoir pas d'armes ; on leur fait remarquer que s'ils cachent un fusil, ils seront punis de mort ; ils répètent qu'ils n'en possèdent pas. Et voilà que les soldats ramènent un garçon de quinze ans qui s'était blotti sous la paille avec un fusil belge et 5 cartouches. On le fusille sans autre enquête (p. 26). Il est permis de se demander s'il n'eut pas été plus humain et plus juste d'instruire un peu mieux cette affaire. La suite du livre nous renseigne sur la psychologie du capitaine Höcker. Chez le vicaire de Thimister, où il passe la première nuit en Belgique, sa chambre à coucher ne ferme pas à clef : et cela suffit pour le faire frémir de peur (p. 29). Le lendemain matin, il fait abattre un pigeon qu'il soupçonne d'être un transporteur de dépêches aux « francs-tireurs » ; en effet, dit-il, le pigeon portait un cachet sur l'aile gauche (p. 30). Cette preuve est peut-être un peu mince dans un pays où tous les pigeons qui prennent part aux concours ont un cachet de ce genre. Il enlève les armes et les pièces d'armes chez tous les innombrables armuriers de la région et il brise tout dans leur atelier. A cette occasion il brûle une maison dont le propriétaire ne s'était pas prêté de bonne grâce à la destruction de ses outils (p. 30). Le même jour, il constate que toutes les maisons d'où les coups de feu étaient partis ont été incendiées; dans sa satisfaction, il ne se demande même pas si c'étaient des civils ou des soldats qui avaient tiré (p. 31). Il n'a pas non plus un mot de réprobation pour la fureur des Allemands contre la Belgique, jetée dans le parti des alliés lors de la violation de son territoire par l'Allemagne. Il arrive à Visé au moment de l'incendie ; il accepte tout de suite la légende d'après laquelle le pont a été détruit par les « francs-tireurs » (p. 34). Pour lui, les Belges de la bonne société ne deviennent pas soldats ; il est convaincu que le remplacement fonctionne encore chez nous, et que pour seize cents francs on se soustrait à ses obligations militaires (p. 39). Tous les civils lui apparaissent donc comme des lâches et il ne s'étonne plus de les voir devenir de sournois « francs-tireurs ». Quand il passe à travers les rues de Louvain, il se laisse conter qu'on vient le jour même de tirer sur les Allemands (p. 47). Plus loin il admet sans hésitation que les soldats allemands, faits prisonniers devant Liége, devaient s'attendre à être fusillés par les Belges (p. 71).

Nous ne mettons pas en doute la sincérité de M. Höcker. Mais pour qu'on ait choisi quelqu'un d'aussi crédule et d'aussi suggestionnable pour rechercher et punir les « francs-tireurs », il fallait assurément qu'on désirât que les représailles fussent exercées sans discussion préalable, et par quelqu'un dont la conscience resterait néanmoins en repos.

L'ivrognerie dans l'armée allemande.

On vient de voir que très souvent les massacres ont eu lieu sans qu'aucun prétexte ait été produit pour les excuser. Dans presque tous ces cas, c'est l'alcoolisme qui est en cause, car les soldats allemands, et surtout les officiers, s'adonnent scandaleusement à l'ivrognerie.

La première chose réquisitionnée par les officiers est toujours le vin, par centaines de bouteilles.

Feuilletez une collection d'illustrés allemands : chaque fois qu'une réunion d'officiers est photographiée, il y a sur la table des bouteilles et des verres. — A l'ambulance installée au Palais de Justice de Bruxelles, les médecins militaires n'ont pas eu honte de voler le vin des blessés, vin offert par la bourgeoisie de Bruxelles. — Le général et l'état-major qui s'installèrent le 21 août 1914 au Palais Royal de Laeken, mirent si largement à contribution les caves du palais, que le lendemain matin, on trouva un officier, en tenue d'Adam, ivre-mort devant une baignoire pleine où il n'avait pas eu la force d'entrer. Quand ils quittèrent le Palais ils emportèrent de multiples paniers de vin, et quelques jours plus tard ils firent chercher de nouveaux paniers des marques qui avaient leur préférence. La cave fut bientôt vide.

Ce sont des soldats ivres qui provoquèrent l'incendie de Huy, celui de Cortenberg (p. 78), les assassinats de Canne (*N. R. C.*, 23 août 1914, matin), en partie au moins les massacres de Louvain. Quand ils occupèrent Gand, la police les ramassa ivres-morts dès le premier soir ; ils avaient déjà commencé à tirer des coups de revolver.

De la prudence.

Des soldats allemands qui avaient bu un peu trop de notre bière triple — une bière traîtresse pour eux — se promenaient hier soir dans la rue des Champs.

Nous ne saurions dire comment c'est arrivé, mais à un moment donné un coup de revolver partit et la balle s'introduisit dans le mur d'un magasin.

Bientôt l'alarme fut grande et les promeneurs ayant perdu la tête, prirent la fuite dans toutes les directions.

Il est arrivé qu'à la suite de pareils incidents des ordres sévères furent donnés par les chefs allemands, que même des attaques furent commandées, avec les conséquences qu'on connaît.

Les civils qui ne font rien n'ont rien à craindre, et c'est par leur attitude calme que nos concitoyens doivent se faire respecter.

Les mesures annoncées par le général Jung préviendront, nous en avons l'assurance, le retour de pareils incidents. Nous ne saurions trop engager nos concitoyens, cependant, à la circonspection, Nous avons d'ailleurs constaté avec satisfaction, mercredi soir, que les flâneurs stationnant devant la gare, rendez-vous des désœuvrés, étaient très clairsemés.

Le Bien public, 15 octobre 1914.

C'est après une rixe de cabaret, entre soldats ivres, que fut décidé l'incendie d'un quartier de Tongres (*N. R. C.*, 22 août 1914, matin). A Bruxelles, le 28 septembre 1914, des soldats ivres, dans un cabaret allemand de la rue de la Grande Ile, tiraient des coups de fusil pour s'amuser : des balles se logèrent dans les façades d'en face. L'officier qu'on était allé quérir pour constater les méfaits crut à une attaque de « francs-tireurs », et, tremblant comme la feuille, refusa d'y aller voir — *N. R. C.* du 28 janvier 1915 (matin) raconte qu'une jeune fille d'Eelen fut arrêtée comme « franc-tireur », parce que des coups de fusil avaient été tirés par des soldats ivres.

Les soldats allemands connaissent parfaitement les habitudes d'intempérance de leurs chefs, mais quand ils ont à noter le fait dans leur carnet de route, ils le font en sténographie (voir J. Bédier, *Comment l'Allemagne essaye de justifier ses crimes*, p. 19).

Ajoutons que l'ivrognerie aurait des suites bénignes si les autorités ne s'étaient pas appliquées à faire croire aux soldats que tout coup de feu insolite émane nécessairement d'un « franc-tireur », et qu'un crime aussi noir ne peut être payé que par un massacre général accompagné de l'incendie du village.

.·.

Il n'y a qu'une manière d'expliquer les horreurs commises par les Allemands, c'est d'admettre qu'elles sont machinées d'avance d'après un système d'intimidation soigneusement étudié : l'inhumanité sytématique vis-à-vis de la population ennemie ayant pour objet de faciliter les autres opérations militaires.

Les cruautés nécessaires d'après les théories allemandes.

Comparez, par exemple, *Les Lois de la Guerre d'après le Grand État-Major allemand*, avec les stipulations de la Convention de

La Haye. Autant la dernière s'inspire de considérations humanitaires et s'efforce d'adoucir le fléau de la guerre pour les non-combattants, autant les Allemands refusent systématiquement de rendre la guerre moins cruelle ; au contraire, ils partent de ce principe que plus la guerre est effroyable, plus vite et plus sûrement son objet sera atteint. Lisez le chapitre « Le but de la guerre » et vous serez édifiés. Même, des juristes tels que M. Boer, aveuglés par la passion guerrière, osent soutenir que devant les nécessités militaires tout doit céder, y compris — quel blasphème! — le droit des gens. L'idée que la guerre doit absolument être barbare est aussi celle du manifeste déjà cité, du général von Bissig (p. 74). En moins de mots le général von Hindenburg dit la même chose (p. 211); afin que la Belgique sache le sort qui l'attend, l'autorité allemande s'est hâtée de faire placarder son avis. Il est vrai qu'on a affiché depuis lors des phrases doucereuses sur les sentiments humanitaires de l'armée allemande (p. 211). Nos bourreaux auraient-il renoncé aux tentatives de terrorisation ?

La terrorisation préventive par les « représailles ».

Il semble donc bien que les grandes opérations de « représailles » du début de la guerre devaient servir d'exemples : les Allemands voulaient nous terroriser jusqu'aux moelles pour pouvoir ensuite nous maîtriser avec une faible garnison de Landsturm. Songez, par exemple, que Bruxelles, une agglomération de 700.000 âmes, n'a jamais eu plus que 5.000 hommes de garnison, et qu'il n'y en a souvent qu'un millier.

Un pareil calcul est si abominable, et si foncièrement inhumain, que nous reculions devant la hardiesse de cette supposition et que nous ne l'acceptions qu'avec toutes sortes de réserves. Eh bien ! nos hésitations étaient vaines. Dans un article d'une franchise à faire dresser les cheveux sur la tête, le capitaine Walter Bloem, adjudant du Gouverneur général, publie dans l'officieuse *Kölnische Zeitung* du 10 février 1915 la confirmation de ce que nous osions à peine concevoir. Voici textuellement ce qu'il dit :

Le principe d'après lequel toute la communauté doit être châtiée pour la faute d'un seul individu, se justifie par la *théorie de la terrori-*

sation. Les innocents doivent pâtir avec les coupables ; même, si ceux-ci ne sont pas connus, les innocents doivent être punis à leur place ; et, remarquez-le, le châtiment est appliqué non pas *parce* qu'un méfait a été commis, mais *afin* qu'on n'en commette plus. Incendier une localité, fusiller des otages, décimer une population qui a pris les armes contre l'armée, tout cela est bien moins une représaille que la sonnerie d'un *signal d'alarme* pour le pays non encore occupé. N'en doutez pas : c'est comme signal d'alarme qu'on a fait flamber Battice, Herve, Louvain, Dinant. Les incendies et les carnages du début de la guerre ont montré, aux grandes villes de Belgique, combien il était périlleux pour elles d'attaquer les faibles garnisons que nous pouvions y laisser. On ne ferait accroire à personne que Bruxelles, où nous sommes aujourd'hui comme chez nous, nous aurait laissé agir à notre guise si les habitants n'avaient pas tremblé devant notre vengeance et ne continuaient pas à trembler. La guerre n'est pas un jeu de société.

Tout commentaire affaiblirait la portée de ces déclarations.

Invraisemblance des agressions des « francs-tireurs ».

Un fait intéressant que montre une liste chronologique, c'est que souvent les soi-disant attaques de « francs-tireurs » ne coïncident pas avec l'entrée des Allemands dans une localité, mais éclatent quelques jours plus tard. A la rigueur on comprendrait que des braconniers ou des impulsifs lâchent un coup de fusil contre une patrouille ; mais il est tout à fait invraisemblable qu'ils commettent leur attentat à un moment où ils sont déjà sous l'impression du formidable appareil guerrier de nos ennemis. Cela est tellement contraire au bon sens que les Allemands cherchent à se tirer d'affaire par des mensonges. Citons un cas. Ils assurent que le mardi 25 août 1914, il n'y avait dans Louvain qu'une faible garnison de Landsturm, et que la population civile profita de cette circonstance pour tenter une attaque qui ne put être réprimée que par l'incendie et le massacre. Or les Louvanistes avaient été prévenus le matin même que dix mille hommes allaient arriver dans la journée, et que beaucoup de maisons qui n'avaient pas encore logé de soldats, en auraient la nuit suivante. Et effectivement, dans l'après-midi, on vit entrer plusieurs régiments nouveaux, notamment le 53ᵉ, le 72ᵉ et le 7ᵉ hussards.

Quand, par exception, les Allemands affirment que les « francs-tireurs » ont attaqué une colonne pendant la marche, on peut remarquer presque toujours les trois points suivants : 1° l'agression a lieu pendant la traversée d'un village ; 2° elle se produit lorsqu'une partie importante de la colonne est déjà passée, et que les « francs-tireurs » seront donc pris entre deux feux ; 3° les « francs-tireurs » se tiennent dans les maisons. — Il suffit d'y réfléchir un instant pour constater que ce sont précisément les circonstances les plus défavorables que les civils puissent choisir pour leur attaque.

Les inscriptions protectrices.

Tout ceci montre que nous n'avons pas affaire à des actes d'indiscipline, qui sont, mon Dieu, l'accompagnement fatal de toute guerre, et partant presque excusables, mais qu'il s'agit d'un système mûrement réfléchi préparé au Grand Quartier Général, et ensuite froidement appliqué. En d'autres termes, les représailles contre les francs-tireurs » font partie du plan de campagne de l'armée allemande. Et s'il fallait une preuve de plus que ce sont des cruautés disciplinées, comme dit M. le Ministre d'État Émile Vandervelde, on les trouverait dans les inscriptions et les affiches placées sur les immeubles à respecter.

Inscriptions copiées à Louvain.

A. Affichettes imprimées

TRADUCTION

Dieses Haus ist zu schützen. Es ist streng verboten, ohne Genehmigung der Kommandantur, Haüser zu betreten oder in Brand su setzen. — Kaiserliches Garnison = Kommando (Timbre humide : Kaiserl. Kreischef. Löwen). (Voir *fig.* 24).

Cette maison doit être protégée. Il est sévèrement défendu d'entrer dans les maisons ou d'y mettre le feu, sans l'autorisation de la Kommandantur.

Dieses Haus steht unter dem Schutz der Garnison. (Timbre humide : Etappen-Kommandantur.)

Cette maison est placée sous la protection de la garnison.

B. *Affichettes manuscrites.*

Dieses Haus darf nicht betreten werden. Die Kommandantur. (Signé) v. Manteüffel. (Timbre humide : Etappen-Kommandantur.)

Le seuil de cette maison ne peut pas être franchi.

Dieses Haus darf von Unbefügten nicht betreten werden.

Les personnes non autorisées ne peuvent pas entrer dans cette maison.

Dieses Haus ist bewohnt und Unbefügten is der Zutritt verboten. (Timbre humide : Etappen-Kommandantur.)

Cette maison est habitée et l'entrée en est interdite aux personnes non autorisées.

Dieses Haus ist zu schützen. (Signé) Dr Berghausen, Königliche Oberarzt, Landsturm Bataillon 27/8. (Timbre humide : Etappen-Kommandantur.)

Cette maison doit être protégée.

Auf Grund persönlicher Erkundigung empfehle ich das Haus Blijde Eintrittstrasse, 17, der Wittwe Dewit, dem deutschen Schutze. 3. Komp. Landsturm Batl. 30. (signature illisible.)

A raison de renseignements personnels, je recommande à la protection allemande la maison de Mme Veuve Dewit, rue des Joyeuses Entrées, 17.

Dieses Haus ist bewohnt durch Ober-Aufseher Strübbe, des Gefängnisse von Löwen. Er soll Tag und Nacht auf seinem Dienst bleiben. Darum stellt er seine Familie unter dem Schutz der Soldaten dieser Garnison. (Timbre humide de la prison.)

Cette maison est habitée par l'inspecteur principal Strübbe, de la prison de Louvain. Il doit être nuit et jour à son poste. C'est pourquoi il met sa famille sous la protection des soldats de la garnison.

C. Inscriptions à la craie.

Bitte um Schonung. Sehr' gute Leute. Inf. 53.	Prière d'épargner. Très braves gens.
Nicht brennen. Stab Landsturm.	Ne pas incendier.
Deutschfreundlich.	Sympathiques aux Allemands.
(un mot illisible) zur deutscher Legation empfohlen.	.... recommandé à la légation allemande.
Bitte dieses Haus zu schonen. Gute leute. 12/53 28/8	Prière d'épargner cette maison. Braves gens.
In deze straat mag niets gedaan worden. Alle vrouwen in huis. Alle mannen naar het stadhuis om te helpen blusschen (1).	Aucun mal ne peut être fait dans cette rue. Toutes les femmes doivent rester dans leurs maisons. Les hommes doivent aller à l'hôtel de ville pour aider à éteindre.

Inscriptions à la craie, copiées à Aerschot.

Nicht plündern. Schonen.	Ne pas piller. Respecter.
Eintritt verboten. Bewohnt.	Entrée interdite. Habité.
Bewohnt. Eintritt streng verboten.	Habité. Entrée sévèrement interdite.

---

(1) Cette inscription est en flamand. Les hommes qui se rendirent à l'invitation furent faits prisonniers et parqués dans le square devant la gare (voir p. 105).

Dieses Haus darf nicht mehr betreten werden. Ist wieder bewohnt.	Le seuil de cette maison ne peut plus être franchi. Elle est de nouveau habitée.

Gute Leute. Schonen.	Braves gens. Respecter.

Inscriptions à la craie, copiées à Pont-Brûlé.

Sehr gute. Leute. Unbedingt schonen.	Très braves gens. A respecter dans tous les cas.

Befehl v. Major v. Ziehlberg. R. III, 26. Leute sollen wohnen bleiben.	Ordre du major von Ziehlberg. Les gens peuvent continuer à demeurer dans leur maison.

Schonen.	A respecter.

Gute Leute. Hier darf nicht geplündert werden.	Braves gens. On ne peut pas piller ici.

Gute Leute. Haben schon alles abgegeben.	Braves gens. Ont déjà tout donné.

Inscription manuscrite copiée à Bruxelles.

Dieses Haus, Boulevard Clovis, 77, steht unter dem Schutze der Deutschen Kommandantur. Brüssel, den 4 September 1914. ..... (Signature illisible). Lt u. Adjutant.	Cette maison, Boulevard Clovis, 77, est sous la protection de la Kommandantur allemande. Bruxelles, le 4 septembre 1914. ..... (Signature illisible). Lieutenant et adjudant.

Inscriptions à la craie, copiées à Termonde.

Diese Leute schonen.	Respecter ces gens.
Nicht aufbrechen.	Ne pas fracturer.
Die Leute sind schon.....	Les gens sont déjà.....
(Illisible).	
Dieses Haus ist bewohnt.	Cette maison est habitée.
Betreten verboten.	Défense d'y entrer.
Gute Lute.	Braves gens.
Nicht brennen.	Ne pas incendier.
Bewohnt.	Habité.
Nicht betreten.	Ne pas y entrer.
Schonen.	Respecter.
Hier wohnt eine alte Frau	Ici demeure une vieille femme.
Unbedingt zu schonen.	A respecter en tous cas.
(gez) von..... (illisible).	(signé) von.....
Oberst.	Colonel.
In diesem Haus ist ein 80-jahrige Greis. Diese und die Nebenhaüser dürfen *nicht* angezündet werden.	Dans cette maison vit un vieillard de 80 ans. Cette maison et les maisons attenantes ne peuvent pas être allumées.
Breitfuss,	Voir *fig.* 23.
Leutnant.	
1. Garde Res. Pion. Comp.	

Inscriptions à la craie, copiées à Dinant.

Nicht plündern.	Ne pas piller.
Nicht mehr plündern.	Ne plus piller.
Deutsches Haus.	Maison allemande.

Freundliche Einwohner.	Habitants aimables.
Alles durchsucht.	Tout a été visité.
Gute Leute.	Braves gens.
In Ruhe lassen.	A laisser en paix.
Dieses Haus ist bewohnt.	Cette maison est habitée.
Wein.	Vin.

A côté de l'inscription qui dit simplement que la maison ne peut être brûlée qu'avec l'autorisation de la Kommandantur (à Louvain, après le grand incendie du 25 au 27 août, presque toutes les maisons épargnées ont reçu une de ces affichettes), il en est d'autres qui donnent les motifs de la protection accordée au bâtiment. Voici quelques-uns de ces motifs : les habitants sont de braves gens ; ils ont des sympathies allemandes ; ils ont déjà donné aux soldats tout ce qu'ils possédaient ; ils sont protégés par la légation ; un officier les connaît personnellement..... Le fait qu'à très peu d'exceptions près, ces maisons ont échappé au désastre, montre bien la force de la discipline allemande. Rien d'étonnant donc à ce que dans des localités encore intactes, les habitants aient pris leurs précautions : ainsi, il y a eu à Bruxelles des maisons qui étaient pourvues d'une inscription protectrice. D'autres bâtiments se sont fait repérer sur un plan (*N. R. C,*) 14 septembre 1914, soir). A comparer avec la dixième plaie d'Égypte et avec le signe que les Juifs devaient mettre sur la porte de leur demeure pour la faire reconnaître par l'Ange Exterminateur. Quand celui-ci passa, il épargna les maisons marquées (*Exode*, ch. VII, 72). Dans la plaie allemande qui s'est appesantie sur notre pauvre pays, l'Ange de la Mort a l'aspect d'un officier à monocle.

Le matériel incendiaire.

Nous ne sommes pas dans le secret de l'état-major allemand et ne pouvons faire que des hypothèses sur sa mentalité. Mais voici deux faits, faciles à contrôler et à interpréter, qui montrent que les atrocités sont commises avec préméditation.

D'abord l'existence de leur matériel incendiaire. Quand une ville est condamnée à être brûlée, l'exécution est confiée à une compagnie spéciale du génie. (Le carnet d'un officier de la « compagnie incendiaire » a été ramassé dans une commune du Hainaut.) Généralement une première équipe brise les fenêtres et les volets ; une deuxième lance du naphte dans les maisons à l'aide de pompes spéciales, des « pompes à incendier » ; puis passe la troisième équipe qui jette les « bombes à incendier ». Celles-ci sont très diverses. Les plus communément employées dans le Brabant et le Hainaut renferment des disques de nitro-cellulose gélatinée qui sautent dans toutes les directions ; grâce aux vapeurs inflammables qui remplissent les maisons, celles-ci prennent feu à tous les étages à la fois. Il n'a pas fallu plus d'une demi-heure pour faire flamber le boulevard Audent, à Charleroi.

Personne ne peut imaginer qu'une organisation aussi parfaite ait été improvisée pendant la campagne ; d'ailleurs où et comment se serait-on procuré les disques de fulmi-coton ? Ces disques étaient déjà utilisés pour allumer les incendies de Battice et de Herve dans les tout premiers jours de la guerre, le 6 et le 8 août, ce qui montre que tout le matériel incendiaire était prêt lors de l'entrée en campagne.

D'autres procédés encore étaient appliqués. Ainsi un correspondant de guerre de *N. R. C.* décrit, dans le numéro du 17 octobre (soir), un appareil incendiaire trouvé aux environs de Termonde et consistant essentiellement en un petit cylindre qui renferme du naphte sous pression.

A Termonde ils se sont servis probablement de cylindres à naphte. En tout cas on voit encore maintenant, dans des maisons qui n'ont pas flambé, des trous faits au plafond des chambres, trous dans lesquels sont introduites des mèches en longues lanières de linge. Les Allemands aspergeaient celles-ci de naphte, et il leur suffisait d'y mettre une allumette pour enflammer le plancher de l'étage au-dessus. A Termonde, douze cents maisons furent brûlées en une seule journée.

Les deux grandes périodes de massacres.

Constatons ensuite que les grandes opérations destructives sont conduites d'après un plan d'ensemble. Mettons dans l'ordre chronologique les massacres et les incendies les plus importants, c'est-à-dire ceux qui n'ont pu être exécutés que sur l'ordre des officiers, en laissant par conséquent de côté les tueries de détail et les incendies de fermes et de maison isolées, attribuables sans doute à des soldats agissant pour leur propre compte, ou à de petites troupes, avides de pillage. Que voyons-nous ? C'est qu'en dehors des atrocités qui ont marqué l'entrée en campagne, la plupart des grandes exécutions, aussi bien en France qu'en Belgique, ont été commandées en deux périodes : l'une qui va du 19 au 27 août, l'autre du 2 au 12 septembre 1914. Or, il est bien certain que dans un pays déjà occupé, et privé de communications, les « francs-tireurs » n'auraient jamais pu se mettre d'accord sur le moment de leurs attaques. Les seuls qui pouvaient faire passer un mot d'ordre étaient les Allemands ; et la conclusion légitime qui se dégage de cette liste funèbre, c'est que ces prétendues agressions de « francs-tireurs » étaient élaborées à Berlin, d'où on les faisait, par télégraphe, éclater à date fixe.

Accusations contre le Gouvernement belge.

Ce qui rend particulièrement graves les accusations allemandes contre les « francs-tireurs », c'est d'abord la nature terrifiante, infernale, des châtiments qui en sont la conséquence, et aussi le fait qu'elles mettent en cause nos autorités constituées (1) : « Le Gouvernement belge a encouragé ouvertement la population civile à prendre part à cette guerre », dit quelqu'un dont la parole a du poids en Allemagne, car ce n'est autre que l'Empereur en personne. Et il ne s'est pas contenté de le télégraphier en Amérique ; il a étalé cette impudente affirmation sur les murs de nos cités (p. 249). Avait-il au moins l'excuse de croire à ce qu'il disait ? Certes non, car depuis des années il était renseigné par ses espions sur les détails de notre organisation militaire ; il savait donc parfaitement ce que la Belgique faisait ou ne faisait pas.

Dès les premières accusations de ce genre, tout au début des hostilités, les autorités belges avaient fait savoir à l'Allemagne que, conformément aux lois de la guerre, elles ne combattaient qu'avec

(1) Les Allemands accusent même le Gouvernement belge de payer ses « francs-tireurs » à la pièce, c'est-à-dire par Allemand abattu (voir p. 114).

des troupes régulières (*2ᵉ Livre Gris*, nᵒˢ 68, 69, 71). Et elles faisaient afficher partout des proclamations recommandant le calme, défendant aux civils de prendre part au combat, et conseillant aux bourgeois de remettre leurs armes aux administrations communales (*2ᵉ Livre Gris*, nᵒ 71). En même temps les principaux quotidiens répétaient journellement, en première page et en grands caractères, le texte de ces affiches.

Ces appels furent entendus et nos compatriotes, possesseurs de fusils, portèrent aussitôt leurs armes dans les maisons communales. Eh bien! le croirait-on, cette mesure de précaution fut exploitée contre nous. Car, lorsque les Allemands occupèrent plus tard nos hôtels de ville, et constatèrent la présence de fusils, étiquetés chacun au nom de son propriétaire, ils feignirent d'avoir mis la main sur une preuve de préméditation (*N. R. C.*, 4 septembre 1914, soir) : « Voyez-vous, dirent les officiers, avec quel soin les autorités belges avaient préparé la « guerilla » : chaque bourgeois a son fusil tout prêt à l'hôtel de ville ». Fallait-il tout de même que les soldats eussent l'idée fixe du « franc-tireur » pour ne pas se rendre compte de la niaiserie de pareils racontars !

Mais les Allemands affirment des choses encore bien plus extravagantes. En Belgique, les réparations aux immeubles se font à l'aide d'échafaudages suspendus à la façade ; lors de la construction on ménage, immédiatement sous la corniche, des ouvertures dans lesquelles seront fixées en temps opportun les traverses soutenant l'échafaudage. Ces trous d'hourdage sont fermés en dehors par un motif d'ornementation quelconque. Or, un capitaine allemand donne une description détaillée de ces dispositifs, et arrive à la conclusion que ce sont des meurtrières pour les « francs-tireurs ».

Les *Hamburger Nachrichten* publient, au commencement de septembre, des renseignements, extraits de la lettre d'un capitaine, sur les actes systématiques des francs-tireurs belges.

« Un peuple cultivé comme le peuple allemand ne peut se faire une idée de la conduite des habitants. Je crois avoir des preuves que les Belges ont été provoqués officiellement par les Français à cette guerre inouïe de francs-tireurs.

« Il doit en être ainsi, car toutes les maisons que j'ai inspectées ici (environ dix) sont préparées de longue date pour ces actes. Sous les toits des maisons il y a des meurtrières exécutées par des mains expertes. Ce sont en partie des tuyaux de fer traversant le mur, avec un clapet d'acier qui s'ouvre à l'extérieur ; quand ils introduisent le fusil pour tirer, le clapet s'ouvre. Après le coup ils retirent le fusil et le clapet se referme. A plusieurs maisons (je les ai toutes inspectées personnellement avec mon conducteur de train) ces choses sont arrangées de telle façon qu'elles ont l'air, à l'extérieur, de pierres servant à la décoration. La pièce médiane est un clapet de fer cimenté à l'intérieur ; elle a donc dû *être faite avant la guerre*, et mon avis est que la Belgique s'est préparée systématiquement à la lutte. Les clapets d'acier portent le n° 3350 à la maison (une villa de personnes très riches) où nous avons pénétré. Ces choses paraissent donc avoir été faites dans une *fabrique* et être numérotées d'après les maisons pour lesquelles elles sont livrées.

« Du reste, presque tous les clochers étaient pourvus de mitrailleuses, que nous avons trouvées en partie avec beaucoup de cartouches. Maintenant presque toute la population masculine a été faite prisonnière ».

Die Wahrheit über den krieg.

Quelle mentalité, pour un officier ! Une explication aussi fantaisiste ne résiste évidemment pas à une minute de réflexion ; mais cela ne fait rien, elle est néanmoins reprise par l'ouvrage *Die Wahrheit über den Krieg*, pour être servie aux Allemands restés au pays. Les auteurs du factum savent que leurs compatriotes ont perdu le sens critique et qu'ils sont prêts à accepter, les yeux fermés, et le cerveau fermé, tout ce qu'on leur raconte.

Cet exemple montre que tout en agissant sur les soldats pour les amener au degré voulu d'irritation contre les civils belges, les dirigeants de l'Allemagne se préoccupaient également de créer dans leur pays un violent courant de haine. Il fallait bien, en effet, puisqu'on n'avait rien à reprocher à la nation belge, et qu'on lui faisait néanmoins la guerre, inventer quelques sérieux motifs d'animosité.

* *

Dans un chapitre précédent, nous avons vu les misérables griefs diplomatiques que les Allemands ont forgés pour essayer de compromettre notre monde politique. Nous allons rencontrer bientôt d'abominables accusations de cruauté mises à la charge des Belges.

Contentons-nous ici de citer encore un fait qui se rapporte aux « francs-tireurs ».

Quand la population civile d'une localité était accusée — les bourreaux disaient : convaincue — d'avoir porté les armes contre les troupes allemandes, on procédait en général comme ceci. Le feu était mis aux maisons, et on chassait les habitants vers une place publique ou dans l'église. On les séparait en deux groupes : l'un d'hommes, — l'autre de femmes, d'enfants et de vieillards. Puis on fusillait un certain nombre d'hommes, souvent aussi quelques femmes, enfants et vieillards. Après l'exécution, qui se faisait en présence de tout le village, on rendait la liberté aux femmes, aux enfants et aux vieillards pour les voir errer au milieu des ruines fumantes. Les officiers se faisaient un devoir d'assister aux opérations, tant pour encourager et aider au besoin les exécuteurs, que pour jouir du spectacle. A Tamines ils étaient attablés sur la place et buvaient du champagne pendant l'enterrement des victimes. Les Allemands eux-mêmes ont compris combien une pareille attitude soulève le dégoût, et ils ont essayé de nier : mais les faits sont absolument prouvés.

Le traitement infligé aux prisonniers civils.

Que faisait-on des hommes non tués ? On les envoyait en Allemagne, pour montrer des « francs-tireurs » aux populations de là-bas (*10° Rapport*). Ce qu'était le voyage, dans des wagons à bestiaux où ils restaient empilés pendant plusieurs jours sans même avoir la place de s'asseoir, torturés par la faim et la soif, au point d'en perdre la raison, ce qui leur valait d'être fusillés sur l'heure ; ce qu'étaient les arrêts dans les gares, quand la population venait les injurier et faisait le geste de leur couper la gorge... on l'imagine aisément. Puis on peut se représenter aussi la vie au camp, où ils sont encore moins bien traités que les soldats, car au moins ceux-ci sont considérés comme prisonniers de guerre, et, en cette qualité, protégés, jusqu'à un certain point, par la Convention de La Haye, tandis que les « francs-tireurs » sont des criminels de droit commun, auxquels on ne donne guère comme nourriture que de la soupe faite avec des betteraves, des têtes de poissons et des dépouilles d'abattoir.

Il est extrêmement difficile d'obtenir des renseignements sur le séjour en Allemagne, de la part de ceux qui sont rentrés. Avant de les relâcher on leur a fait prendre l'engagement, paraît-il, de ne rien révéler, sous peine d'être renvoyés en Allemagne. Nous savons pourtant que certains de ces prisonniers, provenant d'une région agricole, ont dû descendre dans les houillères d'Essen (*N. R. C.*, 10 novembre 1914, soir), tandis que d'autres ont fait la moisson en Westphalie. Quand ils refusaient d'aller au travail, on les battait à coups de trique : un jeune homme de la banlieue de Bruxelles porte encore la trace de ce traitement.

Ceci est renouvelé des Anciens. Eux aussi réduisaient en esclavage les habitants valides des pays conquis, pour les employer à l'agriculture et aux travaux de mine. Il ne manque plus aux Allemands que de nous vendre à l'encan, comme Jules César le fit pour les 53.000 Belges pris à Atuatuca (*De Bello Gallico*, livre II, ch. XXXIII).

Les déportations de civils sont l'une des choses les plus abominables que les Allemands aient commises pendant cette guerre. Aussi croyons-nous devoir reproduire intégralement le récit d'un prisonnier rapatrié, qui nous est personnellement connu et dont nous pouvons attester la sincérité.

Pendant le siège d'Anvers, les Allemands avaient installé des canons derrière ma maison. Je devais de temps en temps faire taire mon chien qui s'effrayait de la canonnade.

Le dimanche 27 septembre, vers 8 heures, j'étais sorti pour la même raison, lorsque les Allemands vinrent me prévenir que j'avais à les suivre. Ils ne donnèrent aucune raison et ne m'accusèrent d'aucun méfait de quelque nature que ce fût. On me permit toutefois de rentrer chez moi pour m'habiller et prendre un peu de pain ; puis je fus joint à un groupe d'une soixantaine d'autres villageois, arrêtés tout comme moi, sans aucun motif. De bonnes relations s'étaient maintenues entre nous et les soldats allemands, et jamais un coup de feu n'avait été tiré par un habitant.

Nous voilà conduits, sous bonne escorte, à Eversem (sous Meysse) ; on nous parque dans un verger, où nous restons deux heures. Puis on nous mène à Rhode Saint-Brice, et à Impde (sous Wolverthem), où nous restons jusqu'à 21 heures. Nous partons alors vers Wolverthem, puis vers Merchtem, où nous arrivons à minuit. Dans la cour de l'école, il y avait de la paille ; chacun de nous put en prendre un peu, pour aller passer le restant de la nuit dans un grenier.

Le lundi 28 septembre, à 6 heures, on nous mit en liberté : nous pouvons, tout joyeux, rentrer chez nous... Hélas ! à Wolverthem nous sommes de nouveau appréhendés sans aucun prétexte par les soldats allemands et amenés par Meysse et Strombeek-Bever, jusque dans le parc du Palais Royal de Laeken, où nous attendons que les officiers aient statué sur notre sort.

Vers midi, leur décision est prise. On nous force à marcher, entre des uhlans, musique en tête. A quatre reprises, les musiciens jouent des marches funèbres. Nous conduit-on à la mort?

On nous fait avancer à coups de lance. Nous voici traversant les rues d'un faubourg de Bruxelles. Les habitants remarquant sans doute notre faiblesse — notez que nous n'avions plus rien mangé depuis la veille au matin, absolument rien — nous jettent des morceaux de pain. Heureux les prisonniers qui réussissent à les saisir au vol, car nos gardiens nous obligent à marcher si vite qu'il ne faut pas songer à ramasser les morceaux qui tombent.

C'est à la gare de l'Ouest (à Molenbeek-Bruxelles) que nous débouchons. Des soldats, baïonnette au canon, prennent livraison des prisonniers et nous poussent brutalement dans une écurie.

Le premier soin de nos nouveaux gardiens est de nous fouiller à fond et de nous enlever tous] les objets de quelque valeur que nous portons sur nous : montres, porte-monnaie, tabac, pipes, portefeuilles, etc. Un voisin de captivité avait pris avec lui son livret de caisse d'épargne. Le pauvre, il croyait l'avoir mis en sûreté. Un soldat le lui enlève, et constatant qu'il n'en peut rien faire, le déchire. Malgré la visite très méticuleuse à laquelle on soumet mes poches, je réussis à sauver 9 francs, en pièces d'argent. D'armes, on ne trouve pas de traces.

Nous restons enfermés dans l'écurie, sous une surveillance extraordinairement sévère : défense absolue de causer entre nous ; on ne peut pas échanger une parole, ni même se regarder les uns les autres.

A 17 heures les Allemands nous donnent un peu de café et un tout petit morceau de pain blanc. C'est le premier repas — repas ! — depuis 33 heures.

A 18 heures, il nous est permis de nous coucher, dans le fumier. Des sentinelles se promènent le long des dormeurs. Interdiction du moindre bruit, du moindre mouvement : nous ne pouvons pas même agiter les mains pour chasser les nuées de mouches qui s'abattent sur notre visage. La nuit se passe sans beaucoup de sommeil. Nous ignorons toujours ce qu'il adviendra de nous.

Le mardi 29 septembre, à 6 heures, lever. A 10 heures, un peu de café et un petit morceau de pain. Nous restons enfermés, sans autre nourriture, jusqu'au lendemain à midi. Ceux qui ont à satisfaire un besoin, doivent demander l'autorisation aux sentinelles ; quand elle est accordée, ce qui n'arrive pas toujours, on est accompagné d'un soldat, baïonnette au canon.

Le mercredi 30 septembre, à midi, on nous charge dans des wagons à bestiaux, dont le sol est recouvert d'une très maigre couche de paille. Les portes sont hermétiquement closes, mais heureusement les vasistas restent ouverts. Avec nous, il y a des sentinelles. Le train se met en mouvement.

Jusqu'au vendredi 2 octobre, nous recevons, pour toute nourriture, les quelques bribes de pain que les soldats ont la générosité de nous remettre sur leur propre ration.

Le vendredi soir, 2 octobre, notre train s'arrête longuement. Nos sentinelles nous quittent. D'autres soldats montent dans les wagons, et nous traitent de Schwein ; ils nous distribuent force coups de poing et de pied, et de crosse de fusil ; puis ils s'en vont, après avoir fermé à la fois les portes et les vasistas. Nous restons donc sans surveillance, sans air et sans lumière ; et le train se remet en route.

Les wagons ne sont ouverts de nouveau que le samedi soir, 3 octobre. Nous sommes à Zossen.

On nous conduit dans un camp de prisonniers, où il y a surtout des soldats français et des civils français. Les Allemands imaginent sans doute que les sept jours que nous venons de passer dans un jeûne presque absolu, ne nous ont pas encore suffisamment creusés, puisqu'ils ne se préoccupent nullement de nous fournir à manger. Ce sont les Français qui partagent avec nous leur pitance.

Les sacs à paille nous attendent.

Le dimanche 4 octobre, le matin, on nous donne du café, seul, sans pain. Grâce au petit pécule que j'avais réussi à mettre en sûreté, je puis m'acheter du pain. A midi, soupe au chou blanc, sans plus. Le soir, du thé, sans pain ni aucune autre nourriture.

Le lundi 5 octobre, le matin, du café accompagné de mauvais pain. A midi, le plus succulent et le plus substantiel des repas faits à Zossen : une soupe aux pois. Le soir, une soupe aux choux.

Les repas n'ont guère varié, pendant tout notre séjour à Zossen, c'est-à-dire jusqu'au samedi précédent la Noël, le 19 décembre : toujours soupe ou café, et un petit pain par personne, pour trois ou quatre jours.

Les vieillards comme moi, et les malades, n'étaient astreints à aucun travail ; mais les plus jeunes étaient employés à la construction et à la réfection de routes.

Le 19 décembre, on nous charge de nouveau dans des wagons à bestiaux, et nous arrivons à *minuit* à Chemnitz. Nous recevons immédiatement du bouillon et du pain, mais trop peu. Le *régime* est un peu meilleur ici qu'à Zossen : matin et soir nous recevons du café et du pain ; à midi, de la soupe ; parfois notre menu se corse même d'un morceau de fromage ou de saucisson.

En revanche, les poux ! A Zossen il y en avait relativement peu, mais ici ! Il faut un nettoyage journalier, sinon, pas moyen de fermer l'œil de la nuit. Chaque soir nous faisons la chasse, les uns sur les autres.

Nous avons quitté Chemnitz, le jeudi 28 janvier 1915, à 11 heures, dans des wagons pour soldats, chauffés à la vapeur. Un jour et demi après, le vendredi à minuit, nous sommes à Liége. Logement dans des baraques, où nous recevons du bouillon et du pain, *à discrétion*.

Le samedi 30, après deux distributions de pain et de soupe, nous partons, à 14 heures, pour être à Schaerbeek à 20 heures. Nous y recevons du café et du pain.

A minuit, départ pour la gare du Nord, à Bruxelles. Nous ne sommes autorisés à quitter les wagons que le dimanche 31 janvier, à 10 heures. Par groupes de six, on nous met dehors. Des sentinelles postées à la sortie de la gare, s'informent si nous avons eu à manger ce jour ; sur notre réponse négative, ils nous font apporter du café ; un officier nous octroie à chacun un petit pain au lait (pistolet).

L'après-midi j'étais à la maison. Jugez de ma joie : tout le monde était en bonne santé. Pas une fois je n'avais reçu de nouvelles. Et pourtant on m'avait écrit souvent ; on m'avait envoyé des effets, de l'argent aussi. Rien ne m'était parvenu, et je suis rentré en Belgique avec mes vêtements de l'été dernier. Quant à l'argent, il a été remboursé par la *Deutsche Bank* de Bruxelles. A la maison, ils n'avaient reçu aucune de mes lettres. C'est seulement en novembre, après m'avoir cru mort, qu'ils ont été informés de mon existence, par un papier officiel allemand.

Somme toute, je n'ai pas trop à me plaindre. J'ai perdu quelques kilos ; — je grisonnais ; je suis tout à fait blanc ; — j'ai dû faire venir un médecin pour soigner ma toux. Mais je vis, et j'ai conservé ma raison. Tant d'autres sont morts, soit en Allemagne, soit depuis leur retour ; ou bien ils sont devenus fous.

Il nous est défendu, comme chacun sait, de raconter nos aventures, et surtout de nous plaindre. Mais je suis si vieux et si cassé que les Allemands ne voudraient tout de même pas me renvoyer en Allemagne, ainsi qu'ils l'ont fait, paraît-il, pour d'autres rapatriés qui avaient eu la langue trop longue. Aussi vais-je de temps en temps dans les villages voisins, pour causer avec d'autres prisonniers revenus d'Allemagne. Il n'en manque pas : chaque localité a les siens : rien qu'à Lebbeke, où j'ai des cousins, il en est rentré 317 à la fin de janvier. Au début de septembre, ils avaient dû marcher toute une journée devant les troupes allemandes, pour empêcher les Belges de tirer sur les Allemands ; ceux qui n'avaient pas été tués par les balles belges, partaient le même soir pour l'Allemagne, comme francs-tireurs, encore bien ! Depuis leur retour, il en est déjà mort une demi-douzaine, notamment un de mes vieux camarades qui était devenu fou, à Londerzeel. Ils ont tous maigris d'une quinzaine de kilos et beaucoup ne se remettront jamais. Mais aussi, bon nombre de gens de Lebbeke avaient passé par le camp de Soltau. Là, on fait la soupe avec des betteraves, ou des têtes de poisson. La nourriture est souvent si répugnante, que les estomacs un peu faibles ne la supportent pas ; un homme de Termonde, revenu en mars 1915, m'a assuré que certains gardiens, à cheval sur les règlements, ont obligé les prisonniers à avaler ce qu'ils venaient de rendre.

Notre retour a été exceptionnellement commode et rapide. Ceux de Tervueren avaient quitté leur camp le dimanche 21 janvier 1915, et ils ne sont arrivés à Schaerbeek que le samedi 30 janvier ; on a dû les aider à marcher jusqu'à un tram ou à une carriole ; pendant ces six jours ils n'avaient mangé que quelques croûtes de pain, et occasionnellement une betterave ou un navet.

Vous voyez donc bien que je ne puis pas me plaindre. Mais c'est égal, nous nous en souviendrons, des nuits passées sur le fumier, des trois journées dans un wagon à bestiaux, des soupes, du pain moisi, et surtout de la vermine. Et remarquez, je vous prie, que nous avons été libérés parce qu'aucun fait quelconque n'avait pu être relevé contre nous ; mais comment nous aurait-on traités si notre innocence n'avait pas été aussi flagrante ?

Comment on se procure des prisonniers civils.

Ils n'expédièrent pas seulement chez eux des « francs-tireurs ». Ils prirent aussi des otages dans des endroits où rien ne s'était passé. Ainsi, ils emmenèrent tous les membres de la garde civique non-active de Tervueren. La liste portait 121 noms ; comme beaucoup d'hommes avaient quitté la commune, les Allemands complétèrent le nombre par les premiers civils venus, car il leur fallait 121 prisonniers de Tervueren à exposer en Allemagne.

A Tervueren, les prisonniers civils étaient donc pris au hasard. Mais il n'en était pas toujours ainsi. A Louvain, par exemple, on procéda d'après d'autres principes. Des centaines de civils avaient été amenés devant la gare, le 26 août 1914 (voir p. 91). Pendant la nuit on en fusilla et on en pendit quelques-uns. Le matin du 27 août, un officier vint déclarer que ceux qui fourniraient une rançon seraient immédiatement mis en liberté. « On vit arriver alors, me raconte un professeur de Louvain qui faisait partie du groupe, les femmes, les mères, les sœurs, les filles des captifs, avec des pigeons, des lapins, des poules, des bouteilles de vin, des viandes, même avec un porc. Pour chaque don, quelqu'il fut, un prisonnier était relâché. Enfin mon tour vint et je pus rentrer chez moi. Ceux qui n'avaient pas été rachetés furent expédiés en Allemagne. Singulière façon de distinguer les coupables des innocents ! »

Il est arrivé à diverses reprises pendant la période des grandes exécutions, du 20 au 27 août, que des troupeaux de prisonniers civils, convoyés en Allemagne, n'y étaient pas acceptés, et se voyaient renvoyés en Belgique. Tel fut le cas pour de nombreux prisonniers de Louvain qui furent ramenés à Bruxelles, puis conduits près de Malines et lâchés là en pleine campagne ; il en fut de même pour plusieurs centaines d'hommes, de femmes, d'enfants et de vieillards à Rotselaer, Wesemael et Gelrode, dont voici en peu de mots l'odyssée. On commença par les expulser de leurs maisons pour y mettre le feu, le 25 et le 26 août. Puis ils furent chassés par les soldats jusqu'à Louvain, et entassés de force dans des wagons à bestiaux, qui en deux jours les conduisirent en Allemagne. Là, ils assistèrent à une violente dispute dont ils étaient l'objet, et finalement, après qu'on leur eut donné dans la gare même un peu de nourriture, on les rembarqua dans leurs wagons. Ils arrivèrent le 31 août à Bruxelles-Nord, où on leur rendit la liberté, ce qui signifie qu'on leur dit : « Sortez d'ici et allez-vous-en ». Et voilà ces malheureux jetés à la porte de la gare, accablés, hébétés, presque morts de fatigue et de sommeil, le regard vague, les hommes soutenant les vieillards, les femmes portant les enfants. Les Bruxellois qui ont vu passer ce lamentable cortège n'oublieront de leur vie l'impression de misère qui s'en dégageait. Aussitôt des secours s'organisèrent, et nos pauvres compatriotes furent hébergés dans divers établissements publics de Saint-Josseten-Noode. Ils y restèrent plusieurs semaines avant d'oser retourner chez eux.

Combien y eut-il de prisonniers civils dans les divers camps d'Allemagne : Celle, Gutersloh, Magdebourg, Münster, Salzwedel, Cassel, Senne, Soltau, etc. ? Les listes qui ont été publiées, dans *Le Bruxellois*, sont fort incomplètes. D'autre part, des personnes qu'on croyait prisonnières en Allemagne sont en réalité fusillées. Ainsi, dans le jardinet en face de la gare de Louvain on a ouvert, le 14 et le 15 janvier 1915, une fosse où l'on a trouvé un soldat belge du 6ᵉ de ligne et vingt-six civils de Louvain qu'on croyait pour la plupart en Allemagne ; il y avait entre autres deux femmes et le curé de Herent.

Beaucoup de gens de Tintigny, de Rossignol et d'autres localités du Luxembourg, qui avaient été emmenés comme prisonniers civils, ont été fusillés en cours de route. Ceux de Musson n'ont été sauvés que parce que l'ordre était venu d'Allemagne de ne plus tuer les prisonniers ; en juillet 1915 ils n'étaient pas encore rapatriés.

Le retour des prisonniers civils.

En novembre et décembre 1914 sont rentrés chez eux (nous entendons dans leurs villes, non pas dans leurs maisons, qui sont brûlées) environ 450 habitants de Dinant, plus de 400 habitants d'Aerschot, et plusieurs centaines de Louvanistes, sur les 1.200 qui avaient été emmenés.

Beaucoup portaient, peints à l'huile en couleur blanche, sur le dos de leur veste, les mots : *Kriegsgefangene-Münsterlager*. Jusqu'en mars 1915, ceux de Dinant durent se présenter régulièrement aux autorités militaires. Ils étaient prévenus, du reste, que leur libération constituait un « acte de bienveillance » mais, qu'à la moindre incartade ils pouvaient être renvoyés à Cassel. Voici quelques affiches, placardées à Dinant sur l'ordre des autorités allemandes, qui en disent long sur la mentalité de nos oppresseurs.

Ville de Dinant.

A l'occasion du retour d'une partie de nos prisonniers civils, je crois devoir inviter la population entière au calme le plus absolu. Toute manifestation pourrait être sévèrement réprimée.

Le renvoi d'une partie de nos concitoyens, retenus en captivité pendant près de trois mois, constitue un acte de bienveillance, un acte de généreuse humanité des autorités militaires, auxquelles nous offrons les remerciements de l'administration communale et ceux de la population dinantaise. Par son calme, celle-ci voudra manifester sa reconnaissance.

J'engage, en outre, les prisonniers rentrés à reprendre immédiatement leur travail. Cette mesure est nécessaire tant dans l'intérêt des familles que dans l'intérêt de la société.

Dinant, le 18 novembre 1914.

Pour le Bourgmestre absent,
E. TAZIAUX,
Conseiller communal.

AVIS AUX PRISONNIERS CIVILS

MM. les prisonniers civils sont invités, *aussitôt leur rentrée en ville*, à se présenter à la Commandature, quai de Meuse (maison de M. Georges Henry), pour s'y faire inscrire sur les listes y déposées.

Toute contravention à l'ordre ci-dessus (n° 728 de la Commandature) sera sévèrement punie.

A Dinant, le 16 novembre 1914.

Le Bourgmestre ff.
F. BRIBOSIA.

Ville de Dinant.

A mes concitoyens,

Il m'a été signalé par M. le Commandant de Place qu'une tombe de militaire allemand (sur Gemmechenne) a été piétinée, foulée aux pieds.

Je veux croire que cet acte, pour le moins indécent, n'a pas été commis par un Dinantais.

La mort est quelque chose de sacré, surtout lorsqu'elle est le couronnement du devoir accompli et qu'elle est conquise comme dans le cas présent au champ d'honneur. La nationalité importe peu et je crois de mon devoir de réprouver publiquement pareil acte de lâcheté.

Il n'est pas sans utilité non plus de rappeler que les communes, comme le disait mon affiche du 10 de ce mois, sont responsables des déprédations de l'espèce.

Une nouvelle atteinte aux tombes funèbres allemandes pourrait avoir pour conséquence le renvoi des prisonniers à Cassel.

J'engage donc à nouveau la population à respecter religieusement la **mort**.

Dinant, 15 décembre 1914.

                        Le Bourgmestre,
                        A. Defoin.

Ville de Dinant.

Contrôle des prisonniers civils

Suppression.

J'ai l'honneur de porter à la connaissance des intéressés que, à partir d'aujourd'hui, le contrôle des prisonniers civils rentrés de Cassel est supprimé.

Seulement les hommes de 18 à 25 ans devront se présenter au contrôle des personnes astreintes au service militaire.

Ce contrôle a lieu pour Dinant, place de Meuse, chaque dimanche, à 9 heures allemandes (8 heures belges).

Dans les autres localités, aux lieux et heures ordinaires.

Dinant, 27 janvier 1915.

                        Le Bourgmestre,
                        A. Defoin.

A la fin de janvier 1915, environ 2.500 habitants du Brabant sont revenus en une fois. Ils avaient quitté les camps le dimanche 24 janvier et sont arrivés à Louvain le vendredi 29, à Bruxelles et à Vilvorde le samedi 30. Pendant ce trajet de 5 jours, ils n'ont pas pu sortir des wagons où ils étaient entassés ; ils reçurent pour toute nourriture du pain noir et de l'eau, et à l'occasion un navet ou une betterave. Ceux de Louvain ont eu toutes les peines du monde à marcher jusqu'auprès des ruines de leur maison. Ceux d'au delà d'Assche ont été débarqués à la gare du Nord, à Bruxelles ; il a fallu les porter jusqu'au tram de Berchem ; leurs pieds enflés leur refusaient tout service ; ces malheureux avaient encore leurs légers vêtements du mois d'août, quand on les avait emmenés de leur village, et depuis lors ils n'avaient jamais eu de feu. Ceux de Tervueren furent extraits des wagons à Schaerbeek ; on les transporta chez eux dans des charrettes.

Le 15 février 1915, environ 200 prisonniers civils flamands ont été débarqués à la gare du Nord, à Bruxelles, et poussés dans la rue. Les Bruxellois remarquaient surtout, avec une compassion qu'ils ne cherchaient pas à cacher, un vieux prêtre dont les cheveux gris pendaient sur les épaules et dont la barbe hirsute avait été, non rasée, mais simplement taillée aux ciseaux ; on voyait qu'il n'avait pas changé de vêtements depuis sa capture ; sa soutane roussie, déchirée, effilochée, traînait en loques derrière lui ; son tricorne avait perdu sa forme ; ses regards de bête traquée révélaient les humiliations subies pendant un martyre de cinq mois.

Aveu, par les Allemands, de l'innocence des prisonniers civils.

Quel crime avaient donc commis ces malheureux pour être traités d'une façon aussi épouvantable ? Aucun ; les Allemands l'avouent eux-mêmes, aucun (*2° Livre Gris*, n° 87). Les autorités allemandes ont communiqué aux journaux belges la petite note suivante, que nous copions dans l'*Écho de la presse internationale* du 30 janvier 1915 :

Le commandant en chef de l'armée allemande a autorisé la rentrée en Belgique des prisonniers civils belges, contre lesquels : 1° aucune instruction du tribunal militaire n'est en cours ; 2° qui n'ont pas à purger une peine quelconque. Par conséquent, toutes les femmes (17) et 2.577 hommes pourront rentrer au pays.

Le commandant en chef de l'armée allemande est l'Empereur. C'est donc lui qui reconnaît l'innocence des prisonniers civils. On peut regretter que son esprit de justice ne l'ait pas engagé à rétracter, par la même occasion, ce qu'il dit des civils dans son télégramme au président Wilson.

Tel maître, tel valet. Dans une interview accordée à un correspondant de *N. A. Z.* (voir *N. R. C.*, 20 février 1915, matin), M. le baron von Bissing, Gouverneur général en Belgique, disait qu'il avait laissé rentrer en Belgique, le plus rapidement possible, les prisonniers civils internés en Allemagne, tout au moins ceux dont l'innocence avait été reconnue. Il est bon d'ajouter que ne sont guère revenus jusqu'ici que les prisonniers flamands (sauf la plupart de ceux des Flandres) et ceux de Dinant. Quant à ceux des provinces wallonnes, ils n'étaient pas rapatriés en juillet 1915.

Les autorités allemandes savaient sans doute depuis longtemps que la déportation de ces civils était une erreur judiciaire, ou plutôt qu'on les avait envoyés en Allemagne pour donner aux populations de là-bas l'occasion de tourmenter et d'injurier des « francs-tireurs capturés vivants ». Et pourtant on ne les a rapatriés qu'au moment où la crainte de la famine a forcé l'Allemagne à opérer la saisie des aliments et à rationner sa population. Ce n'est donc pas du tout par esprit de justice qu'on a renvoyé chez eux les prisonniers civils de Belgique (et aussi en partie ceux de France) ; ce n'est qu'une mesure d'économie : on voulait simplement éviter qu'ils mangeassent le pain allemand, devenu trop précieux ; on aimait mieux les mettre à la charge de la charité américaine.

Et quand enfin on les réexpédie dans leur pays, comment les traite-t-on ? A-t-on au moins pour eux les égards que les marchands d'esclaves avaient pour leur cargaison noire ? Pas même, car les négriers avaient un intérêt pécuniaire à préserver la valeur marchande de leur troupeau, tandis que pour le militarisme allemand les civils belges ne comptent pas : *Es ist Krieg !*

B. Les « atrocités belges ».

Les prétendues cruautés des civils belges contre l'armée allemande.

Pour opérer les carnages à l'aide desquels il comptait terroriser notre pays, le Grand État-Major devait avoir à sa dévotion des troupes sur lesquelles il pouvait compter sans réserve, qui ne rechigneraient pas devant la besogne la plus sanglante, et pour qui aucune répression ne semblerait dépasser la mesure. Il fallait être sûr qu'on serait obéi sans hésitation lorsqu'on ordonnerait, comme à Dinant, la mort de 700 hommes, femmes et enfants. Pour obtenir des soldats qu'ils se chargent d'opérations aussi barbares, et aussi contraires à l'esprit militaire, l'obsession du « franc-tireur » ne suffirait peut-être pas ; car il en est tout de même parmi eux qui sont braves et que des histoires de loup-garou ne font pas trembler ; il pourrait y en avoir d'honnêtes, auquel le vol répugne, de quelque nom qu'on le décore, et qui ne se laisseraient pas tenter par l'appât du pillage ; tous ne sont pas aussi imbus de Kultur que cet officier qui a proposé de ne pas tuer du coup les francs-tireurs, mais de les blesser à mort, pour les laisser ensuite agoniser lentement sans soins (p. 431).

Non, mais ces soldats, même les plus doux, considéreront comme un devoir sacré de venger des crimes commis contre des innocents. Qu'on les amène à croire que les Belges ont torturé de paisibles commerçants allemands, qu'ils ont mutilé des soldats blessés, incapables de se défendre, ou qu'ils emploient des balles dum-dum, produisant des blessures affreuses dont la guérison est quasi impossible... et tout aussitôt ces soldats n'auront plus qu'une idée : faire expier au premier Belge venu les forfaits dont ses compatriotes se sont rendus coupables. Devant leur soif de vengeance, toute distinction tombe ; enfant, vieillard, homme, femme, tous méritent également d'être punis. A partir de ce moment il deviendra inutile d'ordonner des représailles ; car l'armée ne sera que trop disposée à se montrer impitoyable, et à rendre dent pour dent, œil pour œil, afin de faire payer par tous les Belges indifféremment l'offense faite à d'inoffensifs Allemands.

Quelques accusations.

C'est précisément cette psychologie que les dirigeants de l'Allemagne ont exploitée. Tout de suite après l'entrée en campagne, leurs journaux se sont mis à publier des articles relatant les horreurs commises par les Belges, des articles qui donnent la chair de poule. Des femmes belges répandent du pétrole sur les blessés et y mettent le feu ; elles jettent par les fenêtres les blessés confiés à leurs soins dans des ambulances ; elles versent de l'huile bouillante sur les soldats et en mettent deux mille hors de combat ; elles manient le fusil et le revolver aussi bien que les hommes ; elles égorgent les soldats et les lapident ; elles leur coupent les oreilles et leur crèvent les yeux ; elles leur offrent des cigarettes contenant de la poudre, dont l'explosion les rendra aveugles. Même les petites filles de dix ans s'adonnent à ces horreurs. Les hommes ne valent pas mieux : d'abord ils sont tous des « francs-tireurs », même quand ils se donnent l'air d'honnêtes instituteurs ; en outre, ils se glissent sous les automobiles pour tuer les chauffeurs ; ils tuent, d'un coup de couteau dans le ventre, des buveurs paisibles ; ils fusillent lâchement un officier qui leur lit une proclamation ; ils scient les jambes des soldats ; ils achèvent les blessés sur les champs de bataille ; ils leur coupent les doigts pour voler leurs bagues ; ils enferment dans les lettres des narcotiques pour empoisonner ceux qui ouvriront ces correspondances ; ils font tomber les soldats dans des trappes pour les martyriser à l'aise ; même l'insigne humanitaire de la Croix-Rouge n'arrête pas leur bras homicide : ils tirent sur les médecins, sur les infirmiers, sur les autos transportant les blessés.

Qu'on ait fait croire aux soldats partant vers la Belgique, que leurs adversaires sont d'horribles barbares et qu'on leur ait inspiré un ardent désir de venger les innocentes victimes des Belges, tous les récits du début de la guerre le montrent à suffisance. Voyez, par exemple, dans la narration de *La journée de Charleroi* (p. 229), l'impatience avec laquelle l'auteur attend le moment de pénétrer en Belgique pour prendre sa part des représailles, et sa joie de voir, enfin, des maisons mises en cendres et un curé pendu à un arbre (*fig.* 22).

Faisons remarquer en passant que les Autrichiens, désirant nous déclarer la guerre, ont aussi inventé des « atrocités belges ». Dans sa réponse à la déclaration de guerre austro-hongroise, notre gouvernement a protesté contre ces diffamations. (*1ᵉʳ Livre Gris*, nᵒˢ 77, 78).

*
* *

Toutes ces histoires ont paru d'abord dans les journaux. Soit ; il ne faut pas s'étonner si, en temps de guerre, quand les esprits sont surexcités, les journalistes publient volontiers des articles tendancieux sans se donner la peine de contrôler leur authenticité. Mais ce qui est inadmissible, c'est qu'on les ait réimprimés de sang-froid, alors que leur fausseté était devenue si évidente qu'elle devait frapper même les plus prévenus. Nous connaissons deux brochures consacrées uniquement aux atrocités commises par les Belges : *Die Belgischen Greueltaten* et *Belgische Kriegsgreuel*.

L'ouvrage déjà cité, *Die Wahrheit ueber den Krieg*, s'occupe aussi très longuement de ces atrocités. Enfin il y a pas mal de renseignements dans les brochures *Lüttich* et *Die Eroberung Belgiëns*.

Nous donnons la traduction littérale de quelques articles choisis parmi les plus horribles ; car nous estimons que la meilleure propagande à faire contre les Allemands consiste à propager leurs propres brochures de propagande.

Voici d'abord quelques extraits de *Die Belgischen Greueltaten*.

Extrait de la lettre de campagne d'un guerrier allemand.

« Près de... nous entrâmes en Belgique ; nous sommes aujourd'hui à... Ici tout est dévasté : les rues sont barricadées, les fils téléphoniques et télégraphiques détruits ; on a fait sauter les ponts. Les habitants sont traités très sévèrement. Certains ont été fusillés, d'autres pendus et leurs maisons ont été brûlées.

« Mais aussi ils avaient commis des atrocités effrayantes, telles que : crever les yeux aux enfants de parents allemands, couper la langue, les oreilles, le nez, suspendre la tête en bas des soldats allemands prisonniers (surtout la cavalerie), les jeter dans le four à cuire le pain, etc.

« Quand ces faits se produisent on rassemble tout le village ; on passe les habitants par les armes et on met le feu aux maisons. Plusieurs sources sont empoisonnées ».

Récits de témoins oculaires dignes de foi.

Gottfried Traub, le célèbre pasteur et député du Landtag, parle de la fureur populaire à Liége.

Traub a écrit un article publié dans la revue *Die Hilfe* et intitulé : « Une journée à Liége ». Un médecin d'Aix-la-Chapelle l'avait conduit à Liége dans son auto de service :

« Des soldats allemands logeaient dans une école ; le lieutenant leur avait bien recommandé de se conduire convenablement ; il avait dit qu'ils pouvaient être sans craintes, car tous ces maîtres étaient des gens convenables. Ils étaient donc tranquilles. Mais peu à peu ils ne se sentent plus en sûreté ; ils voient des mouvements suspects ; ils remarquent qu'on les divise ; ils constatent qu'on tire par derrière sur un major, puis ils aperçoivent des fusils braqués sur eux et ils se rendent compte que tous ces instituteurs sont des francs-tireurs. La fureur les prend. Les maisons détruites expliquent ce qu'ils firent et ce qui arriva ensuite ; un des soldats raconte comme un fait tout simple qu'il mit 7 hommes contre le mur et les abattit d'un coup. Voilà l'aspect de la guerre. Non, ce n'est pas une guerre, c'est une boucherie ; et le peuple belge en est seul responsable. C'est la population brutale qui nous force à une pareille violence. Nous savons aujourd'hui que tout ce qui se trouvait dans les journaux au sujet des mutilations est vrai !...

Un de nos soldats nous a raconté comment il avait vu un des instituteurs jeter un fusil après l'autre, pour en reprendre un fraîchement chargé, et viser ceux qui étaient entrés sans crainte dans la maison. Il y avait une douzaine de fusils préparés pour assassiner lâchement. C'est ainsi qu'a agi la population, systématiquement préparée. Ce serait une criante injustice de ne pas protéger le sang allemand, l'esprit allemand, et le vrai courage viril des Allemands.

Les ruines des villages ne sont pas une accusation contre l'Allemagne ; elles sont un signe ineffaçable de la honte dont s'est couvert le peuple belge. Qui aurait cru que la barbarie existât aussi près de la frontière ! S'ils étaient arrivés jusqu'à Aix-la-Chapelle, Eupen, Juliers... on n'ose y penser ! On est secoué d'un frisson quand on songe que ces gens-là, qui viennent de soulever leur casquette, tireront sur nos voitures et nous dresseront des embuscades ; peut-être encore ce soir. Le soleil couchant dorait le pays. Soleil, pourquoi es-tu si cruel ?

Paiement officiel des francs-tireurs, en Belgique et en France.

Dans une carte écrite par un soldat à un parent de Pössneck, un soldat dit avoir appris que le gouvernement belge avait promis 50 francs à la population civile indigène pour chaque soldat allemand tué par elle. Cette nouvelle est confirmée et complétée par ce que dit un lieutenant de réserve à ses parents à Leutenberg. Il écrit qu'on a trouvé sur un franc-tireur fusillé un billet par lequel le gouvernement français le reconnaissait comme franc-tireur et lui allouait un salaire de 50 francs par mois.

Le récit suivant est pris dans *Belgische Kriegsgreuel*. Nous n'en reproduisons que les passages essentiels.

Une nuit d'horreur sur le champ de bataille.

C'est à Bressoux, dans les combats devant Liége, qu'il fut atteint. Un coup de shrapnell lui avait fracassé le bras et occasionné une blessure profonde dans la région de la hanche...

Le canonnier si grièvement blessé était étendu, sans secours, sur un talus qui, heureusement, était couvert de buissons...

Il pensait avec terreur aux hyènes du champ de bataille, car ses camarades lui en avaient parlé et lui-même avait déjà vu des choses effrayantes. Dans son imagination il se les représentait encore plus terribles...

Il entendit soudain un cri effrayant, désespéré, suivi du plus complet silence.

Les efforts qu'il fit pour voir furent tellement grands que ses yeux en souffrirent ; mais il lui fut impossible de percer l'obscurité qui était déjà tombée sur la campagne.

Encore un cri guttural à moitié étouffé, et puis encore un. Maintenant il savait : la bête humaine venait chercher une proie. Une peur folle le prit, et cette peur lui donna la force, à lui abandonné là sans aucune aide, de quitter la place qu'il occupait depuis des heures et de ramper, malgré d'indicibles souffrances, sous les buissons où il se cacha...

Le spectre s'était rapproché et il put distinguer clairement deux formes qui se penchaient sur un objet à une vingtaine de mètres de lui. Elles vinrent plus près encore. Il vit maintenant très distinctement que l'une d'elles était une femme qui portait un sac ; dans la main de l'autre il vit un objet brillant. Il en savait assez.

Il eut de nouveau une faiblesse. Il se tourna sur l'autre côté, afin que la douleur éprouvée lui conservât sa connaissance. Les formes s'approchèrent de lui et alors arriva la chose la plus épouvantable qu'il eût jamais vue de sa vie.

Les hyènes du champ de bataille s'arrêtèrent à dix pas de lui ; il vit qu'elles se penchaient sur le blessé étendu là ; il entendit un grincement, puis un long gémissement ; il vit alors, plein d'épouvante, qu'on enfonçait l'acier brillant dans les yeux du soldat évanoui. Puis, par suite de la terrible douleur, le blessé reprit ses sens un moment et poussa un gémissement lamentable. Puis le même son guttural qui fit se figer son sang dans les veines. Il vit alors que les deux monstres fouillaient les poches du blessé, et mettaient dans un sac ce qu'ils y avaient trouvé.

La femme dénaturée donna un coup de pied au corps inanimé, puis le couple se dirigea vers d'autres victimes. Ils cherchèrent prudemment de tous côtés et aperçurent le cadavre de l'officier auquel notre canonnier avait pris le pistolet.

Ils firent encore trois pas, un coup de feu éclata, et la femme s'écroula en poussant un cri.

Le monstre qui n'avait certainement pas pensé à une résistance quelconque de la part de ses victimes, fut un instant comme paralysé ; puis, poussé par ses instincts criminels, il se pencha pour saisir le sac qui avait glissé des mains de la femme. Mais au même moment le second coup éclata et le monstre tomba, atteint à la tête.

Mais alors les forces de notre héros l'abandonnèrent. L'arme glissa de ses mains, et le martyr fut pris d'une syncope bienfaisante...

Les récits suivants sont empruntés au chapitre « Louvain et les atrocités belges » dans *Die Wahrheit ueber den Krieg*.

A Aix-la-Chapelle on a amené à l'ambulance un soldat allemand grièvement blessé, victime de la population belge fanatique. On l'avait porté dans une maison d'une localité belge, sur laquelle flottait le drapeau de la Croix-Rouge. Au lieu de venir en aide au soldat, les habitants de la dite maison le jetèrent du premier étage dans la rue, puis prirent la fuite. Le soldat en réchappera difficilement. Dans un village belge un officier allemand demande à boire. Le cabaretier introduit l'officier dans la salle, lui offre un verre de vin, et, pendant qu'il boit, lui enfonce un couteau dans les bas-ventre.

A Liége, les femmes ont versé de l'huile bouillante par les fenêtres sur les soldats. La presse française confirme cet acte héroïque et dit que des ouvrières belges ont, de cette façon, mis 2.000 soldats allemands hors de combat.

Un officier entre dans une maison et demande à boire. Il n'y avait là que des femmes. Au moment où l'officier lève le verre un coup part du groupe des femmes et l'atteint dans le dos.

Un gamin offre des cigarettes à un soldat et en même temps lui envoie une balle. Un drapeau blanc flotte sur la tour d'une église. Respectez la maison de Dieu ! Et voilà les coups de feu qui partent des lucarnes.

Les vaillants qui font le service de chauffeur et s'avancent presque jusqu'à la ligne de feu, subissent le même sort. Partout où ils traversent la Belgique ils passent par une pluie de balles et sont attaqués sournoisement.

J'ai parlé à un chauffeur qui avait eu une éraflure à la figure et un doigt écrasé. Son lieutenant avait eu une balle dans la jambe. On les avait épiés à Gemmenich dans les buissons...

Un soldat blessé raconte :

« Mon compagnon tombe à côté de moi d'une balle à la jambe ; il ne peut se traîner plus loin. Peu après une bande de la plus basse populace se jette sur lui et — il me répugne de le raconter quoique ce soit pourtant la pure vérité — un des individus lui coupe les deux jambes avec une grande scie. Je le vis encore quand nous nous retournâmes ».

Deux dames suédoises, Mme Dagmar Waldner et sa fille, qui étaient à Bad Büsbach, près d'Aix-la-Chapelle, et avaient vu beaucoup de trains de blessés, écrivirent au commencement de septembre, au journal suédois : *Vagens Nyheter*, ce qui suit : « Les Allemands ont presque tous été blessés dans la guerre des francs-tireurs. Parmi les blessés il y avait aussi des membres de la « Jungdeutschland » (les boy-scouts) auxquels des femmes belges avaient coupé les oreilles. Dans la ville belge de Demenis les Allemands avaient rassemblé douze compatriotes grièvement blessés sur une place. Quand les ambulanciers eurent quitté les blessés pendant quelques instants pour ramener des automobiles à roulement doux, permettant de les transporter, plusieurs femmes belges arrivèrent avec leurs enfants. Elles versèrent du pétrole sur les vêtements et les figures des blessés. A beaucoup de maisons les Belges avaient eux-mêmes arboré le drapeau de la Croix-Rouge. Les Allemands, pleins de confiance, y conduisirent leurs blessés. Mais quand les hommes du transport se furent éloignés, les femmes belges jetèrent les Allemands blessés et sans défense par les fenêtres. Mme Waldner assura qu'elle pourrait raconter un grand nombre de pareils épisodes. »

Extrait par *Berliner Tageblatt* du 14 septembre, d'une lettre de la poste militaire du commencement d'août :

« Après le passage du Luxembourg où nous reçûmes du pain et de l'eau en abondance, nous bivouaquions dans le village de Tavigny. C'est ici que nous reçûmes le baptême du feu. La nuit, à une heure, nous couchions dans une grange ; un feu meurtrier fut subitement ouvert sur nous. Un camarade qui arrachait la porte de la grange tomba à côté de moi, frappé d'une balle au cœur. Je ne puis décrire les terribles instants qui suivirent. Nous avions deux morts et six blessés. Nous nous précipitâmes immédiatement hors de la grange et alors commença un formidable combat dans la rue. Les francs-tireurs et des habitants belges voulaient nous anéantir. Il y avait même des femmes et des jeunes filles. Quand le matin arriva nous avions tué 38 Belges et fait 40 prisonniers. Ceux-ci durent enterrer les morts et puis creuser eux-mêmes leurs propres tombes. Car ils furent fusillés d'après la loi martiale. De tels cas arrivèrent souvent. Les habitants venaient à nous paisibles en apparence, puis ils tiraient sur nous par derrière ».

Enfin, quelques extraits de *Lüttich*.

Poison.

Le correspondant militaire de *Berliner Tageblatt* rapporte ceci : A la poste centrale à Liége, se trouvent des milliers de lettres et d'imprimés qui entrèrent avant l'arrivée des Allemands. Il a été constaté qu'un nombre incalculable de ces lettres contenaient une poudre narcotique. L'officier préposé a fait fermer la poste, car le séjour dans les bureaux était devenu impossible. Les Belges ont ainsi employé des moyens que rien ne dépasse en infamie.

Hyènes du champ de bataille.

Aujourd'hui, nous avons arrêté un jeune homme, qui avait dans ses poches 14 doigts coupés, avec des bagues... On a crevé les yeux à des blessés, et coupé les artères des poignets...

Yeux crevés, etc.

... Encore aujourd'hui se déchaînent les combats de rue avec les habitants. Nous n'avons pas affaire à de francs ennemis, mais à des bêtes traîtresses. Quelques petits exemples : environ 30 officiers et soldats sont soignés à Aix-la-Chapelle dans des ambulances. Ils ont les yeux crevés. Des officiers ont été logés dans des familles de comtes et de princes : on les invitait à dîner le soir ; ils furent subitement attaqués à table et tués.

C'est simplement horrible, plus abominable qu'à l'époque de la Guerre de Trente ans.

(Extrait de la lettre d'un commandant de compagnie).

La fausseté de ces accusations.

Une remarque s'impose tout de suite. Les récits sont faits d'après des témoins « dignes de foi » ; or, toute vérification est impossible ; car on ne donne jamais l'indication de la date ; en outre, la localité n'est que très rarement renseignée : dans *Die Wahrheit* il y a seulement quatre noms de lieux : Liége, Gemmenich, Tavigny et Demenis.

Demenis (p. 117) n'existe pas, et nous nous sommes demandés en vain de quel endroit on a voulu parler. Que s'est-il passé en réalité dans les trois autres communes citées? A Tavigny (p. 117), les Allemands n'ont jamais eu à commettre de représailles ; pas un homme n'a été tué, pas une maison brûlée ; on a simplement procédé au pillage méthodique de la localité. Rien non plus dans aucune commune voisine, avec laquelle le narrateur aurait pu confondre Tavigny. Il ne s'agit pas davantage d'une confusion de noms avec Tintigny ; dans ce dernier village, les Allemands ont sévi de la façon la plus atroce, mais le mode opératoire a été tout différent. Quant à Gemmenich (p. 117), nous n'avons pas de renseignements sur ce qui s'y est passé. Toutefois, nous pouvons affirmer que pas une seule maison n'y a été incendiée. Or, il est bien certain que si les Belges y avaient commis les cruautés que racontent les Allemands, ceux-ci auraient mis le feu au village ; il est donc fort vraisemblable qu'il n'y a rien eu à Gemmenich. On peut en dire autant de Liége, ou plutôt de Herstal, car c'est là que les femmes auraient versé de l'huile bouillante sur les envahisseurs. Pas une maison n'y a été incendiée ; pas une femme n'y a été fusillée.

Bref, sur les quatre seuls noms de localités belges, il y a quatre faux.

En juin 1915 nous sont parvenus *Le Livre blanc sur la guerre des francs-tireurs en Belgique* (*Die völkerrechtswidrige Führung des belgischen Volkskrieges*) et le livre de M. Grasshof sur la culpabilité de la Belgique (*Belgiëns Schuld*). Nous n'avons pas eu le temps de les examiner, car l'étude des documents allemands est toujours longue et compliquée. En effet, l'exemple de Liége, Demenis, Tavigny et Gemmenich ne vient-il pas de nous montrer qu'avant de soumettre à l'examen les détails signalés dans les récits, on doit rechercher tout d'abord si le fait lui-même a quelque fondement réel ?

Leur caractère ridicule.

On n'attend pas de nous la réfutation de toutes les allégations contenues dans les brochures de propagande. Beaucoup sont tout à fait ridicules, par exemple l'histoire des narcotiques dans le bureau des postes à Liége ; celle des doigts coupés aux morts et aux blessés et ensuite soigneusement conservés dans un sac (on se demande bien pourquoi). Celle de l'huile bouillante ne vaut pas mieux : essayez d'imaginer quelle invraisemblable provision d'huile auraient dû posséder les femmes qui ont tué et blessé ainsi 2.000 Allemands : et puis, l'armée allemande ne marche-t-elle pas au milieu de la rue, ou bien les femmes avaient-elles des appareils spéciaux pour lancer au loin, sans danger pour elles, des jets de liquide bouillant !

La légende des yeux crevés.

Bornons-nous à examiner la légende des yeux crevés ; c'est celle qui revient le plus souvent sous la plume des publicistes allemands, tant elle est propre à soulever l'horreur et l'indignation des lecteurs. Eh bien! sa fausseté résulte d'enquêtes faites par les Allemands eux-mêmes. Non seulement leurs journaux, surtout *Kölnische Volkszeitung* et *Vorwaerts*, ont à diverses reprises fait justice de ce mensonge, mais une commission officielle, instituée par le Gouvernement allemand, a reconnu aussi qu'il n'y a *pas un seul cas* où un soldat blessé ait été aveuglé intentionnellement (2e *Livre Gris*, nos 107 et 108).

Les Allemands avouent donc eux-mêmes que l'accusation n'est pas fondée. Leur presse va-t-elle cesser pour cela de s'en servir ? *Kölnische Zeitung* du 15 février (édition de 4 heures), à propos d'un article de M. Étienne Giran, pasteur de la communauté wallonne d'Amsterdam, déclare une fois de plus que les Belges ont maltraité les blessés allemands. C'est à se demander si les Belges n'auraient pas aveuglé — au moral — tous les intellectuels de l'Allemagne.

Autre exemple. En février 1915, c'est-à-dire quand plus aucun Allemand honnête ne pouvait continuer à croire à la légende des yeux crevés, *Vorwaerts* proteste contre un opuscule, tiré à cent cinquante mille exemplaires, et vendu 8 pf. aux écoliers, dans lequel on continue à reprocher aux Belges d'avoir aveuglé leurs prisonniers (*N. R. C.*, 12 février 1915, matin, et 19 février 1915, matin).

Comment les Belges ont traité les blessés et les prisonniers allemands.

Le gouvernement de Berlin agit, lui aussi, comme s'il ignorait les conclusions de ses propres Commissions d'enquête. Pour refuser au général Leman, prisonnier en Allemagne, la faveur de recevoir la visite de sa fille, on se base sur les atrocités dont les soldats allemands ont été victimes en Belgique et sur la façon inhumaine dont les Belges ont traité les prisonniers et les blessés. Le second reproche est tout aussi mal fondé que le premier. Les prisonniers allemands faits par les Belges étaient internés à Bruges : ils ne se plaignent pas, loin de là ; nous l'avons déjà vu par un article de *N. R. C.* (p. 55). Le même journal, — le seul journal qui soit assez germanophile pour avoir été toléré en Belgique depuis le début de l'occupation allemande — avait publié un autre article sur le traitement que les autorités belges font subir à leurs prisonniers. En voici quelques extraits.

Comment les Belges traitent les prisonniers allemands.

Un correspondant particulier nous écrit d'Anvers :
Le fait de savoir que les prisonniers de guerre des États belligérants sont traités aussi bien que possible doit aussi toucher le cœur des Hollandais. La justice militaire est sévère, mais le pouvoir du conseil de guerre n'est pas illimité. Qu'il s'agisse de prisonniers de guerre désarmés ou de civils captifs, la haine du vainqueur doit s'évanouir lorsque les exigences de la guerre sont satisfaites. Le vainqueur doit surtout se garder de faire souffrir ses prisonniers, sinon il se déshonore et fait plus de mal à son âme qu'à son ennemi.

On devrait de temps en temps rappeler cette loi d'humanité aux nations belligérantes. La presse et les organes politiques des pays neutres font œuvre d'humanité lorsqu'ils avertissent à temps les belligérants qui méconnaissent les droits de l'homme.

Pour ce qui concerne la Belgique, qu'on n'ait aucune crainte au sujet des prisonniers de guerre et des blessés qu'on y retient. Je ne désire pas le démontrer moi-même. Je laisse la parole aux Allemands intéressés qui vous le prouveront dans les cartes et les lettres qu'ils envoient, aussi souvent qu'il leur plaît, à leurs amis et familles d'Allemagne.

Je vous donne ici quelques extraits de lettres de blessés soignés dans les hôpitaux d'Anvers :

Tous en général sont ici très aimables pour moi, depuis le médecin et les sœurs catholiques jusqu'au dernier des infirmiers. Les jours passent sans changement. Un aimable prêtre m'a heureusement prêté un volume de Schiller ; je puis ainsi lire quelque peu.

(Signé) Erich Haring.
(Hôpital militaire), Anvers.

On nous traite très bien chez les Belges. Ce que les journaux allemands ont écrit, en été, sur les Belges, est tout à fait faux. Les Allemands ne pourraient pas mieux nous soigner. De plus, le peuple est très développé.

(S.) Franz Crauwerski.

Une quantité de camarades sont ici. Nous sommes extraordinairement bien soignés. Tout le monde est aimable envers nous.

(S.) Richard Kustermann.

Plusieurs camarades de ma compagnie sont ici. Je suis très bien soigné. On ne pourrait pas nous soigner mieux en Allemagne.

(S.) Peters.

Nous ne pourrions souhaiter de meilleurs soins.

(S.) Walter Schumann.

Les soins médicaux sont très bons. Nous sommes auscultés chaque jour et nos blessures sont pansées journellement. Les médecins sont très capables ici. Nous avons de la nourriture en abondance, tout est excellent.

(S.) Hossbach.
Sölligen (Braunschweig).

On est toujours aimable envers nous.

(S.) Gustav von Schultz.
Menow b. Vürstenberg,
Mecklemburg-Strelitz.

Les prisonniers guéris et les prisonniers indemnes ne parlent pas autrement :

Je n'ai pas le droit de me plaindre, car les fonctionnaires se comportent à notre égard aussi bien qu'on peut le souhaiter de la part d'ennemis. Si je reviens de la guerre, je le ferai connaître aux autorités compétentes.

(S.) Oberleutnant Hillmann.

Je me porte bien et on est très aimable pour nous.
(S.) Leutnant Gustav von Schultz.

Nous sommes ici (Anvers-prison) avec 8 messieurs ; nous pouvons nous réunir pendant 3 heures le matin et l'après-midi. L'après-midi nous jouons une bonne partie de « Skat ».
(S.) Erich von Ulrici.
Wiesbaden.

Je ne sais où ont été conduits les autres prisonniers, mais le traitement des prisonniers sera sans doute aussi bon là qu'ici.
(S.) Commandant Otto Menne.

Et qu'on n'oublie pas que la plupart de ces prisonniers sont tombés aux mains des Belges à Aerschot où les Allemands avaient emprisonné quelques centaines de civils dans l'église, au moment de l'investissement de la ville.

Je puis parler par expérience. Les prisonniers allemands sont traités avec tout autant de bienveillance dans les autres parties du pays. Je les ai visités à l'hôpital et à la caserne de Bruges dans le courant du mois d'août.

Chez le commandant du service de garde, je vis tout un assortiment de livres allemands et de jeux de cartes qui y avaient été envoyés par Mme É. Vandervelde. Elle avait visité les prisonniers quelques jours auparavant en compagnie de son mari, Ministre d'État de Belgique et leader socialiste. Celui-ci désirait s'assurer que rien ne manquait aux prisonniers.

Nous pouvons le dire : la Belgique ne cherche pas à venger ses souffrances inouïes en maltraitant les victimes allemandes de la guerre. La souffrance appelle la pitié, dans une âme saine. Je puis seulement exprimer le souhait de voir tomber ces pièces à conviction sous les yeux de lecteurs allemands.

Puissent-elles mettre un peu de baume sur les blessures de corps et d'âme provoquées par un malentendu épouvantable et dont tant d'hommes distingués et raffinés, tant de femmes belges sans défense et tant d'enfants ont eu à souffrir en terre étrangère.

N. R. C., 8 octobre 1914 (matin).

Quelques attestations de blessés.

Mais nous avons encore mieux que des appréciations d'un journaliste neutre et des passages de lettres écrites par les intéressés eux-mêmes : à diverses reprises des militaires allemands ont donné spontanément des attestations très flatteuses pour les services hospitaliers belges.

Un officier, qui avait été en traitement dans l'ambulance du Palais de Justice de Bruxelles, a jugé qu'il était de son devoir de donner un témoignage de sa gratitude.

Comité judiciaire de la Croix-Rouge
Ambulance n° 132
Palais de Justice de Bruxelles.

7 septembre 1914.

Aux Dames et Messieurs de la Croix-Rouge
au Palais de Justice
en mains du médecin en chef, M. le D^r De Rechter.

Avant de nous séparer de vous, c'est le besoin de mon cœur d'exprimer, tant au nom de mes camarades qu'au mien propre, aux Dames et Messieurs de la Croix-Rouge placés sous votre direction éclairée, mes remerciments profondément sincères pour les soins si attentifs et si dévoués dont nous, qui étions blessés et malades, avons ici, au Palais de Justice, joui jour et nuit.

Autant nous sommes heureux de retourner en Allemagne dans notre patrie, autant nous éprouvons de peine à prendre congé des Dames et des Messieurs qui se sont consacrés à nous avec tant de dévouement et avec une bienveillance si captivante.

Je reste dans toute la gratitude de mon cœur.

Votre dévoué,
Otto Fürsen,
Oberleutnant du 86° régiment
d'infanterie de réserve.

De même, trente-quatre soldats soignés dans une autre ambulance de Bruxelles, ont chargé l'un des leurs, un peintre de lettres, de faire une grande affiche que tous ont signée.

Traduction d'une affiche faite par des soldats allemands.

Dans cette maison, nous, soldats allemands blessés, avons été très bien traités et avons reçu les meilleurs soins médicaux.

Nous exprimerons notre reconnaissance en répandant ces éloges à travers notre patrie.

(Suivent 34 signatures.)

Quelques attestations des autorités allemandes.

Les autorités allemandes elles-mêmes ont donné leur avis sur la façon dont les Belges ont soigné leurs ennemis blessés. Voici deux de ces témoignages.

Spa, le 12 août 1914.

Au bourgmestre de Spa.

Le Commandant-Général du Xe Corps d'armée remercie le Bourgmestre de Spa pour la bonne réception accordée à ses troupes par la Ville de Spa les 11 et 12 août 1914 ; grâce à ses peines et à ses efforts, il reconnaît que dans les hôpitaux spadois on soigne particulièrement bien les blessés.

FRÉDÉRIC-AUGUST,
Grand-duc d'Oldenbourg.
HOFFMANN,
Lieutenant-Général.

Les Nouvelles (publié sous le contrôle de l'Autorité militaire allemande), 22 septembre 1914.

Bruxelles, le 31 août 1914.

Gouvernement allemand

Direction du service médical.

A Messieurs les Président et Membres
de la Croix-Rouge de Belgique,
rue de l'Association, 24.

Messieurs,

Le Gouvernement allemand vous adresse l'expression de ses sentiments reconnaissants pour les soins dévoués que vous avez donnés à tous les blessés recueillis dans la capitale.

Des ambulances se sont organisées en grand nombre et la nécessité d'une concentration désormais indispensable nous engage à prendre immédiatement les mesures suivantes...

En portant ces mesures à votre connaissance et en vous priant de nous aider à les réaliser promptement, nous vous réitérons les remerciments que nous adressons à tous les membres de votre association et spécialement aux dames de la Croix-Rouge dont nous avons apprécié tout le dévouement.

Veuillez agréer, Messieurs, l'assurance de ma haute considération.

Prof. Dr STUBRTZ,
Oberstabarzt.

Il n'est pas inutile de faire remarquer que ces déclarations-ci ont été faites spontanément par nos ennemis, puisque nous ne pouvons évidemment pas exercer de pression sur eux ; elles n'ont donc rien de commun avec celles que les Allemands ont fait signer aux Belges, blessés ou prisonniers.

Les prétendus massacres de civils allemands.

Restent les fameux massacres d'Allemands à Bruxelles, à Anvers, à Liége, etc. D'après des témoins « dignes de foi », des Allemands inoffensifs, même des femmes et des enfants, auraient été martyrisés et tués dans diverses villes de Belgique.

Reproduisons, ici également, quelques-uns des récits publiés par les brochures allemandes de propagande. Les premiers sont traduits de *Die Belgischen Greueltaten*.

Jours de terreur à Anvers.

Allemands immolés à Anvers. — Un témoin oculaire a fait paraître dans les *Leipziger Neueste Nachrichten* un article par lequel nous apprenons comment on a tué de paisibles sujets allemands dans les rues d'Anvers, comment les hyènes d'Anvers ont assassiné des femmes et des enfants sans défense :

« Dans la nuit de mardi à mercredi (4/5 août), vers 3 h. 1/2, je fus réveillé par un bruit formidable. Je regardai par la fenêtre et vis dans la rue une grande foule qui attaquait, en criant et en hurlant, tout ce qui était allemand, avec des cannes et des revolvers. Quelques voyous pénétrèrent dans les maisons des Allemands en faisant sauter les portes, et se précipitèrent dans les escaliers. Ils enfoncèrent également les portes des appartements. Ces monstres furieux se conduisirent comme des animaux féroces. Des femmes, des enfants, des accouchées même, furent tirées par les cheveux hors du lit et battues de la manière la plus cruelle avec des bâtons ; puis on les fit dégringoler des escaliers.

« Je m'enfuis en hâte pour avoir au moins la vie sauve. Je dus abandonner un coffre renfermant 400 florins d'économie. Dans la rue, je vis un homme, sa femme et ses deux enfants dans l'appareil le plus sommaire, qui essayaient de fuir. Une masse de Belges les entoura aussitôt, les menaçant de bâtons, de couteaux, de revolvers. Je courus au secours de l'homme et lui pris les deux enfants. J'avais à peine ceux-ci dans les bras, que je vis un Belge se précipiter sur la pauvre femme, déjà à moitié évanouie dans les bras de son mari, et la tuer d'un coup de couteau ; la foule hurlait et applaudissait. Je lâchai un moment les enfants pour venir en aide au malheureux homme, dont le sang coulait en plusieurs endroits. Mais celui-ci avait déjà disparu dans la foule. Quand je me retournai vers les enfants, je vis qu'eux aussi avaient succombé à des coups de couteau. Je cherchai maintenant à sauver ma propre existence. Arrivé à environ cinquante pas plus loin, je vis jeter du quatrième étage d'une maison deux enfants de 3 et 6 ans qui restèrent étendus les membres fracassés. Entre temps les Belges pourchassaient, en les maltraitant de la pire manière, 3.000 à 4.000 Allemands d'après mes estimations. Des coups de revolver se mêlaient aux hurlements sauvages.

« Je ne sais ce qui est advenu de mes compatriotes. Je vis seulement que la foule déchaînée attaquait aussi les magasins des Allemands pour les brûler en partie. A beaucoup de vitrines je vis les flammes s'échapper dans la rue. La foule criait : « A bas les Zeppelins », « A bas les chiens d'Allemands », « Mort aux vauriens allemands ».

« Certains arrachaient les pavés et les jetaient sur les Allemands, d'autres détachaient des barreaux de fer et les en frappaient.

« Une grande maison de commerce allemande fut complètement dévalisée. Beaucoup de femmes prirent une part active aux pillages. Et la police restait tout à fait passive. Tout près de moi il y avait un agent de police, tournant le dos à ces actes et montrant une mine réjouie au moment de l'attaque. Après avoir été maltraité et battu, j'arrivai enfin au port où j'aperçus au rivage un canot à voiles sans équipage. Je sautai dedans avec trois autres Allemands poursuivis. C'est grâce à cet heureux hasard que nous avons eu la vie sauve, sans blessures graves. Arrivés hors du port nous fûmes recueillis par un bateau portant le pavillon hollandais. Nous débarquâmes à Rotterdam, d'où un bateau à charbon hollandais nous conduisit en remontant le Rhin jusqu'à Wesel. Là je me présentai comme volontaire dans les rangs de nos guerriers allemands, pour venger en combat honorable, les armes à la main, le sang innocent versé par nos compatriotes allemands.

« Je n'oublierai de ma vie les lamentations des femmes et des enfants maltraités. C'était épouvantable ! »

Assassinat de l'Allemand Weber à Anvers.

L'article suivant, paru dans une feuille allemande, montre comment les Belges ont exercé leur rage contre nos compatriotes : Le propriétaire d'un café, le nommé Weber, avait fui devant ses persécuteurs et s'était caché dans une cave de sa maison où il resta longtemps caché. Comme la foule en délire ne le trouvait pas, elle enfuma sa maison au moyen de soufre, et Weber, suffoqué, fut pris d'un violent accès de toux ; c'est ainsi qu'il trahit sa cachette ; on le tira de la cave et il fut tué.

Crimes et violences des Belges.
Assassinat de femmes et d'enfants sans défense à Bruxelles.

Un Allemand qui se tint caché à Bruxelles jusqu'au lundi 10 août, et qui parvint alors à s'échapper par la frontière hollandaise, fait part à la *Kölnische Zeitung* des atrocités dont il a été le témoin oculaire entre le 6 et le 8 août :

« 1° Le jeudi 6 août, entre 8 et 9 heures du soir, je vis la populace traîner par les cheveux dans la rue, hors d'un hôtel allemand déjà en ruines au boulevard Anspach, une femme d'environ 55 ans ; elle fut battue, jetée par terre, piétinée jusqu'à ce qu'elle restât étendue sans mouvement.

2° Le vendredi 7 août, vers 3 heures après-midi, je vis dans une autre rue, qu'on jetait du second étage d'une maison un enfant de 3 à 5 ans que la populace battit alors jusqu'à ce qu'il fût mort.

3° Le jour suivant, vers 5 heures après-midi, je vis la populace extraire de sa maison le droguiste allemand Frankenberg, qui habite dans mon quartier et qui s'était caché jusqu'alors ; pendant 20 minutes environ, il fut affreusement maltraité dans la rue. La populace le battit, le piétina, le souleva, puis le rejeta sur les pavés comme un sac ; on lui creva un œil, puis on le porta au poste de police où il resta sans aucun soin jusqu'au lendemain matin à 6 heures. J'ai établi par la suite, par des renseignements authentiques, qu'il fut transporté du poste à l'hôpital, où il mourut. Sa propre épouse, une Belge, avait vendu son mari à la populace. »

Horribles mutilations faites à des Allemands à Bruxelles.

Un négociant bavarois revenant de Belgique raconte qu'à Bruxelles plusieurs Allemands ont eu les yeux crevés et les oreilles coupées. Un boucher allemand fut éventré.

Allemands assassinés à Liége par la populace.

On nous annonce de Liége que plusieurs centaines d'habitants ont été arrêtés, inculpés d'avoir pris part aux atrocités bestiales commises contre des Allemands sans défense. D'après les calculs provisoires il résulte que plus de 150 Allemands, dont les 3/4 sont des femmes et des enfants, ont été assassinés à Liége.

Les malheureuses victimes de la furie populaire ont été tellement mutilées que leur identité n'a pu être établie qu'après les plus grandes difficultés (*Leipziger Tageblatt*).

Voici un extrait de *Lüttich*.

Atrocités à Anvers.

L'avocat-conseil d'une grande firme d'Anvers, dépeint dans *K. Z.* les événements de sa fuite en Allemagne.

Très tôt le matin, nous nous préparâmes à gagner le port. Quel serrement de cœur lorsque nous arrivâmes au grand cimetière ! De nombreux monuments, élevés par les Allemands en souvenir de leurs parents morts en terre étrangère, étaient complètement détruits. Les fleurs qui couvraient les tombes n'existaient plus. Des Huns semblaient avoir passé par là. Au quai Ortelius, les hordes accomplissaient leur honteuse besogne. Ces scènes étaient abominables ! Des filles flamandes et françaises faisaient la chasse à de pauvres serveuses de bar allemandes. Une haine éclatait, longtemps comprimée. Nous vîmes comment ces hyènes arrachaient leurs vêtements à ces pauvres filles et les traînaient nues par les cheveux dans la rue. Personne n'avait pitié ; on applaudissait bruyamment la foule brutale. Et la police, la garde bourgeoise qui est préposée à la protection des gens ? Elle prenait part aux pillages. Un matelot vit comment la populace arracha leurs vêtements à des femmes allemandes, badigeonna de noir leur corps entier, et les renvoya ainsi, complètement nues. D'autres matelots disent avoir vu trois moines, qui eux aussi furent déshabillés et subirent les pires traitements.

Fausseté de ces allégations.

Que faut-il croire de cette Saint-Barthélemy, comme dit M. Max Bewer ? Examinons les faits.

Pour Liége nous nous sommes renseignés auprès de Liégeois, dont plusieurs touchent de près à la justice : personne n'a eu connaissance de faits de ce genre. Ceux-ci ont été inventés de toutes pièces par les témoins « dignes de foi » ; et nous mettons les

Allemands au défi de citer le nom d'un seul des cent cinquante tués.

A Anvers nous pouvons opposer aux témoignages de ceux qui ont « assisté » aux meurtres et aux sévices graves contre des femmes allemandes, le rapport officiel (*N. R. C.*, 6 sept. 1914, matin) qui admet que des magasins ont été défoncés par la populace, mais atteste en même temps qu'aucun Allemand n'a été blessé. D'ailleurs, relisez avec attention le premier témoignage (p. 126) et vous serez frappé de l'accent de non-sincérité qui s'en dégage ; que penser, par exemple, de ce canot à voile sans équipage qui attendait justement dans le port pour permettre aux Allemands de rejoindre un navire hollandais ? Ajoutons que l'Allemand Weber n'a jamais été assassiné et qu'il a vécu à Rotterdam, jusqu'à ce qu'il revint à Anvers où il rouvrit son hôtel de l'avenue De Keyzer. Mais il faut croire que les Allemands n'étaient pas satisfaits de ses services, car ils l'ont condamné à deux ans de prison, qu'il subit à la forteresse de Hammerstein.

Arrivons aux événements de Bruxelles, et prenons dans *Greueltaten* les faits les plus graves qui y sont signalés. Nous avons un petit récit qui rapporte des on-dit et qui parle naturellement d'yeux crevés, ainsi que trois rapports de témoins oculaires. Le premier que nous avons reproduit (p. 128) est fait par un observateur « digne de foi » qui a vu jeter un enfant par la fenêtre, traîner une femme par les cheveux jusqu'à ce qu'elle fût inanimée, et massacrer un droguiste, trahi par sa propre femme, une Belge. Le deuxième témoin est le correspondant de l'agence Wolff. Celui-là n'a vu que ce que les Bruxellois ont vu eux-mêmes, c'est-à-dire que la populace a saccagé le 4 et le 5 août les magasins et les cafés allemands. Mais il n'a constaté aucun acte de violence contre les personnes ; ceux qu'il signale, en deux mots et sans y insister, lui ont été racontés ; il n'ajoute même pas que ses interlocuteurs sont « dignes de foi ». Enfin vient un prêtre, qui se plaint d'avoir été arrêté comme espion et battu par les gendarmes. Peut-être n'était-il pas un espion, lui. En tout cas, pas mal d'espions allemands déguisés en prêtres ont été découverts en Belgique.

Dans tous ces récits, il n'y a que deux noms d'Allemands tués : Weber et Frankenberg. Nous avons dit plus haut que Weber n'est pas mort, mais prisonnier des Allemands. Quant à Frankenberg, il est en parfaite santé à Anderlecht, un faubourg de Bruxelles. Ainsi donc, les deux seuls morts qui soient indiqués nominativement ne sont pas morts du tout. Nous avons là un pendant aux quatre noms de localités cités dans *Die Wahrheit* (p. 119). Décidément, quand les Allemands se mettent à préciser leurs affirmations, ils n'ont pas de chance avec les noms qu'ils choisissent.

Mesures préventives et répressives prises par les autorités belges.

La vérité est que dans diverses villes de Belgique, il y eut tout au début des hostilités une effervescence populaire intense, dont les malfaiteurs ont profité pour mettre à sac des magasins allemands. Ces troubles étaient si imprévus et prirent rapidement une si grande extension, que la police fut d'abord impuissante à les contenir. Il faut d'ailleurs tenir compte de la réduction que la police venait de subir, une proportion notable des agents de police et tous les gendarmes étant partis pour le front. Mais des mesures furent bientôt édictées, et dès le 7 août il n'y eut plus nulle part le moindre désordre de ce genre. Quant à l'espionomanie, il sévissait en Belgique comme dans tous les pays atteints par la guerre (1). Mais les journaux et les mesures officielles eurent raison de cette nouvelle cause de surexcitation.

Les journaux des pays neutres, par exemple *Nieuwe Rotterdamsche Courant*, signalent aussi des dommages matériels ; mais pour aucune localité de la Belgique, ils ne relatent de faits plus sérieux.

Nous pouvons par conséquent affirmer, de la façon la plus catégorique, qu'aucun sévice grave n'a été constaté contre les personnes ni à Bruxelles ni ailleurs, et que tout s'est borné à des dégâts matériels. Est-ce à dire que nous excusons les pêcheurs en eau trouble qui ont saccagé les magasins allemands ? Évidemment non ; mais il faut bien avouer qu'il y a de mauvais éléments dans toutes les agglomérations, et que la populace de Berlin ne s'est pas

---

(1) Ainsi, *Der Grosse Krieg*, pages 51 et 52, publie une dépêche Wolff du 3 août 1914, disant que beaucoup d'espions ont déjà été fusillés en Allemagne, mais que le public doit néanmoins être attentif à signaler les suspects, en particulier ceux qui parlent une langue étrangère.

mieux comportée que celle de Bruxelles : relisez ce que dit l'Ambassadeur d'Angleterre à Berlin et les excuses que les autorités allemandes lui ont présentées pour les carreaux cassés chez lui à la suite d'un article du *Berliner Tageblatt* (*1er Livre Bleu Anglais*, n° 78). Notez qu'ici apparaît tout de suite la différence des mentalités : les journaux allemands excitent leurs lecteurs contre les étrangers ; les nôtres, au contraire, font tout leur possible pour apaiser les manifestations populaires.

Ce que nous considérons comme symptomatique, et comme particulièrement révoltant, dans les publications allemandes, c'est que dans ces cas-ci, tout comme dans l'affaire des « francs-tireurs », nos ennemis mettent en cause l'administration légale de notre pays. Or, non seulement nos autorités sont immédiatement intervenues pour réprimer les troubles, et pour faire garder militairement la *Deutsche Bank* et le *Deutscher Verein*, à Bruxelles, mais elles ont fait plus que leur devoir strict pour protéger les familles allemandes et pour leur faciliter le retour au pays. Rien n'est plus caractéristique à cet égard que ce qui s'est passé à Bruxelles, dans les nuits du 8 au 10 août, lors du départ des Allemands. Ceux-ci se rassemblaient le soir dans un local appartenant à la ville. Dans les trams qui les y conduisaient, chacun s'empressait de leur rendre tous les services imaginables ; au local même, les gardes civiques leur faisaient préparer des boissons chaudes ; puis pendant le trajet d'ici à la gare du Nord, ces mêmes gardes civiques les aidaient à porter les enfants et les bagages.

Témoignages allemands et neutres en faveur de l'attitude des Belges.

Il n'est pas sans intérêt de faire remarquer qu'un journal allemand, *K. Vz.* du 10 oct. 1914, a relaté ces actes de bienveillance des Bruxellois envers les civils allemands. Seulement il a été suspendu à la suite de cet article (1). Pendant deux jours le journal ne parut pas. Le 13 septembre on sut pourquoi :

(1) Celui-ci est reproduit dans Waxweiler, *La Belgique neutre et loyale*, p. 233.

Par ordre du gouvernement, *Kölnische Volkszeitung* n'a pas pu paraître le vendredi 11 septembre et le samedi 12 septembre 1914.
Köln. Volkszeitung, 13 septembre 1914, première feuille.

MM. Koester et Noske eux-mêmes, tout crédules qu'ils sont (p. 70), ont dû constater que les sévices contre les civils allemands ont été fortement exagérés.

Bien des inexactitudes ont été répandues, relativement à ce qui s'est passé à Bruxelles et en Belgique. C'est le cas aussi des récits de persécutions terribles exercées sur les Allemands, immédiatement avant que la guerre n'éclatât. Le gouvernement civil fait faire actuellement des constats de tous les excès commis contre des Allemands ; il fait rechercher les absents et vérifier les démolitions. Déjà il est démontré que les journaux ont publié bien des exagérations. Certes, il y a eu des dégâts commis dans des brasseries et locaux de société, mais le chef du gouvernement civil ne peut qu'attribuer à la peur et au désir de se rendre important bien des récits qui ont fait le tour de l'Allemagne et de la Belgique. Il est vrai que le court délai imparti aux Allemands expulsés pour quitter le pays, les a durement éprouvés. L'absence de sang-froid et la crainte qui s'y ajoutèrent firent aussi beaucoup de tort. Mais on constate déjà que graduellement se produit le retour des expulsés.

Koester und Noske, *Kriegsfahrten*.

M. Brand Whitlock, Ministre des États-Unis à Bruxelles, qui s'était chargé des intérêts de l'Allemagne, assista en cette qualité au départ des familles allemandes ; par une lettre rendue publique, il exprima ses remercîments aux Belges.

Un hommage du Ministre des États-Unis à l'héroïsme et à la bonté des Belges.

Le Ministre d'Allemagne, avant de quitter Bruxelles, avait demandé au Ministre des États-Unis, S. Exc. M. Brand Whitlock de vouloir prendre en main les intérêts de l'Allemagne en Belgique.

Le Ministre des États-Unis consentit à conserver les archives de la légation allemande.

C'est à ce titre que M. Brand Whitlock fut témoin, il y a deux jours, de la bonté des Bruxellois, venant — Mme Carton de Wiart, femme du ministre de la justice, et nos braves chasseurs de la garde civique à cheval, en tête, — apporter des boissons chaudes et des aliments aux quatre mille Allemands quittant la Belgique, et qui se trouvaient réunis au Cirque Royal.

Le spectacle émut profondément l'éminent diplomate. Remerciant le gouvernement belge, S. Exc. M. Brand Whitlock a écrit au ministre de la justice :

« Les Belges savent mourir avec autant d'héroïsme dans la bataille qu'ils savent montrer d'humanité vis-à-vis des non-combattants ».

Le Soir, 11 août 1914.

En Allemagne, l'Ambassadeur des États-Unis, M. Gerard, est intervenu aussi ; mais c'était pour protéger l'Ambassadeur anglais contre la fureur populaire (*1er Livre Bleu Anglais*, n° 78).

Les faits que nous avons rapportés suffiront, pensons-nous, pour montrer que les Belges ont été aussi prévenants envers leurs adversaires non-combattants, que les Allemands se sont montrés grossiers et brutaux. Et quelle fut la conséquence de notre courtoisie ? C'est que nos ennemis nous ont cherché une querelle d'allemands, on peut le dire, pour monter l'esprit de leurs soldats contre nous.

C. Les violations du Règlement annexé à la Convention de La Haye.

Jusqu'ici nous ne nous sommes occupés que des « représailles contre les francs-tireurs », c'est-à-dire des violations des 3 premiers articles du règlement. Examinons maintenant les articles suivants.

Notre intention n'est pas de dresser un bilan complet et systématique de toutes les infractions commises par les Allemands. Dix volumes comme celui-ci n'y suffiraient pas. Nous nous contenterons de citer quelques cas typiques, dans lesquels la mentalité allemande se reflète nettement. Encore ne reprendrons-nous pas les faits déjà relevés par la Commission d'enquête belge. C'est ainsi, par exemple, que dans les paragraphes du Règlement relatifs aux prisonniers et aux blessés, nous négligerons complètement les innombrables sévices des armées allemandes contre les blessés et les prisonniers belges.

Article 4

Les prisonniers de guerre sont au pouvoir du gouvernement ennemi, mais non des individus ou des corps qui les ont capturés. Ils doivent être traités avec humanité.

Tout ce qui leur appartient personnellement, excepté les armes, les chevaux et les papiers militaires, reste leur propriété.

Humiliations infligées aux prisonniers de guerre.

Les Allemands affectionnent de faire passer de petits groupes de prisonniers belges par les rues des villes, à des moments où celles-ci sont aussi animées que possible, par exemple le dimanche 27 septembre, après-midi, à Bruxelles. On imagine l'humiliation des pauvres soldats exposés à la curiosité de la foule ; mais cela remplit d'aise leurs gardiens. C'est évidemment le désir de jouir à la fois de la douleur des prisonniers et de la colère impuissante des spectateurs, qui a engagé les Allemands, lors de leur entrée à Louvain le 19 août, et à Bruxelles le 20 août, à mettre en tête de leurs colonnes quelques soldats de cavalerie belge, les mains liées derrière le dos. A Rome aussi, des captifs marchaient devant le char du triomphateur. Les Allemands ne sentent-ils pas tout ce que cette pratique a de contraire aux principes d'humanité qu'édicte l'article 4 ? Il faut croire que non, puisque non seulement nos tyrans continuent à promener leurs victimes à travers les villes, mais qu'ils en profitent même pour battre monnaie ; témoin le fait suivant.

Condamnation de la Ville de Roulers.

Amsterdam, 29 mai (*Havas*). — La ville de Roulers a été imposée d'une nouvelle peine de 1 million et demi, parce que la population avait ovationné des prisonniers traversant la ville.

L'Ami de l'Ordre, 1ᵉʳ et 2 juin 1915.

Article 23

Outre les prohibitions établies par des conventions spéciales, il est notamment interdit :

a) D'employer du poison ou des armes empoisonnées ;

b) De tuer ou de blesser par trahison des individus appartenant à la nation ou à l'armée ennemie ;

c) De tuer ou de blesser un ennemi qui, ayant mis bas les armes ou n'ayant plus les moyens de se défendre, s'est rendu à discrétion ;

d) De déclarer qu'il ne sera pas fait de quartier ;

e) D'employer des armes, des projectiles ou des matières propres à causer des maux superflus ;

f) D'user indûment du pavillon parlementaire, du pavillon national ou des insignes militaires et de l'uniforme de l'ennemi ; ainsi que des signes distinctifs de la Convention de Genève ;

g) De détruire ou de saisir des propriétés ennemies, sauf les cas où ces destructions ou ces saisies seraient impérieusement commandées par les nécessités de la guerre ;

h) De déclarer éteints, suspendus ou non recevables en justice, les droits et actions des nationaux de la partie adverse.

Il est également interdit à un belligérant de forcer les nationaux de la partie adverse à prendre part aux opérations de guerre dirigées contre leur pays, même dans le cas où ils auraient été à son service avant le commencement de la guerre.

Les Allemands eux-mêmes ne peuvent contester que l'emploi de vapeurs toxiques, comme celles qui ont servi à l'attaque du 22 avril contre Ypres, tombe sous l'application de l'alinéa a. Nous aurons l'occasion d'y revenir plus loin (p. 238).

Pour le littéras b à f, nous renvoyons aux Rapports de la Commission d'enquête.

Nous reviendrons (p. 156) sur le littéra g.

Utilisation militaire des Belges par les Allemands.

Le dernier paragraphe de l'article 23 défend aux belligérants de forcer les adversaires à prendre part aux opérations de guerre contre leur propre pays. Voyons comment les Allemands respectent ce principe. A Liége (*N. R. C.*, 23 août 1914, soir), à Vilvorde (*N. R. C.*, 27 août 1914, matin), à Anderlecht (*N. R. C.*, 28 août 1914, soir), à Dilbeek (*N. R. C.*, 31 août 1914, soir), à Eppeghem (voir photographie dans *1914 Illustré*, n°5), à Soignies, à Neder-Over-Heembeek... les habitants ont été obligés de creuser des tranchées pour les Allemands. Un Hollandais, pourtant très germanophile, a vu des paysans des environs de Spa (*N. R. C.*, 22 août 1914, soir), contraints, sous la menace du fusil, d'accomplir la même besogne.

Copions dans *N. R. C.* deux passages relatifs à ces violations.

... Je ne veux pas terminer ma lettre sans vous parler des tristes spectacles dont Bruxelles a été le témoin au début de la semaine.

A Dilbeek, derrière le plateau de Koekelberg, les Allemands forcèrent les civils à creuser des tranchées pour l'armée ennemie et voulurent dans ce but s'assurer des personnes du sexe mâle. Cette mesure détermina un exode général. Les hommes, les femmes, les enfants, s'enfuirent à moitié vêtus à Bruxelles, laissant derrière eux tout ce qu'ils possédaient. Le boulevard Léopold II offrait un spectacle qu'on ne peut décrire. Beaucoup de gens pleuraient...

N. R. C., 31 août 1914, soir.

Spa, le 15 août 1914.

... L'homme, qui devait rentrer chez lui (il était environ midi), nous accompagnait et, tout en conversant, il nous montra la route de Creppe, parallèle à celle que nous suivions et distante de celle-ci d'une dizaine de minutes. On y travaillait ferme à des travaux de retranchements, à un quart d'heure de la ville environ. Il y avait là quelque 150 ouvriers belges creusant la terre, sous la menace du feu de soldats allemands placés derrière eux. C'est ainsi que ces retranchements sont déjà garnis de canons...

N. R. C., 22 août 1914, soir.

A Bagimont, le 24 août 1914, les habitants ont dû préparer le terrain pour l'atterrissage des aéroplanes allemands ; les mêmes villageois furent réquisitionnés pour construire des baraquements pour leurs ennemis.

Nous tenons à la disposition d'une commission d'enquête les noms de 29 habitants d'un village du Brabant qui ont dû, avec chevaux et voitures, suivre les troupes allemandes pendant plusieurs semaines pour transporter des munitions et des bagages. Les Allemands avaient le droit de réquisitionner les chevaux et les voitures, mais non de contraindre nos compatriotes à conduire leurs attelages.

Remarquons, au sujet de toutes ces violations de l'article 23 de la Convention de La Haye, que l'Allemagne a signé cette convention. Mais ce n'était de sa part qu'une comédie, car il est de règle pour ses gouvernants de ne pas suivre ses prescriptions dès qu'elles sont en opposition avec les *Lois de la Guerre d'après le Grand État-Major allemand*. Or précisément, parmi les charges qu'il est permis à l'occupant d'imposer aux habitants, d'après l'Allemagne, figurent la prestation de charroi et le creusement de tranchées. En d'autres termes, l'Allemagne, quoiqu'ayant librement adhéré à la Conférence de La Haye, conduit la guerre d'après ses propres principes, qui sont beaucoup moins humains ; elle exige toutefois que ses adversaires suivent les règles de la Convention de La Haye.

Mesures de coercition prises par les Allemands.

A diverses reprises nos ennemis ont voulu forcer la population belge à fabriquer pour eux des explosifs et des munitions. Mais les Belges ont toujours refusé, même quand leur résistance les condamnait fatalement à la famine. Les ouvriers de la fabrique d'explosifs de Caulille, dans le nord du Limbourg, ne reprirent leur besogne que sous les menaces les plus terribles (*K. Z.*, 21 décembre, édition du matin).

Le cas de Caulille, annoncé à ses lecteurs par un journal allemand, montre le cynisme avec lequel nos ennemis violent la Convention de La Haye, qui est en partie leur œuvre.

La même effronterie se retrouve dans l'affiche du 19 novembre 1914 : celle-ci commine des peines sévères contre les Belges qui dissuadent leurs compatriotes de travailler pour l'Allemagne. On comprendrait — et encore — que les Allemands punissent ceux qui usent de contrainte ou de menace pour empêcher quelqu'un de travailler pour eux ; mais ceux qui « tentent » d'agir par simple persuasion !

Arrêté.

...Art. 2. — Sera puni d'emprisonnement quiconque aura tenté de retenir par la contrainte, par la menace, par la persuasion ou par d'autres moyens, de l'exécution d'un travail destiné aux autorités allemandes, des personnes disposées à fournir ce travail ou des entrepreneurs chargés par les autorités allemandes de l'exécution de ce travail.

Art. 3. — Les tribunaux militaires sont exclusivement compétents pour connaître des délits commis en cette matière.

Art. 4. — Le présent arrêté entre en vigueur à partir du jour de sa publication.

Bruxelles, le 19 novembre 1914.

Le Gouverneur général en Belgique,
Baron von der Goltz,
Feldmaréchal.

Ceci n'était qu'un timide début. Le 19 juin 1915, nos ennemis placardèrent à Gand une affiche disant que des mesures de rigueur allaient être appliquées aux usines qui, s'appuyant sur la Convention de La Haye, ont refusé de travailler pour l'armée allemande.

Avis.

Par ordre de Son Excellence M. l'Inspecteur de l'Étape, je porte à la connaissance des communes ce qui suit :

« L'attitude de quelques fabriques qui, sous prétexte de patriotisme et en s'appuyant sur la Convention de La Haye, ont refusé de travailler pour l'armée allemande, prouve que, parmi la population, il y a des tendances ayant pour but de susciter des difficultés à l'administration de l'armée allemande.

« A ce propos je fais savoir que je réprimerai, par tous les moyens à ma disposition, de pareilles menées, qui ne peuvent que troubler le bon accord existant jusqu'ici entre l'administration de l'armée allemande et la population.

« Je rends responsables, en premier lieu, les autorités communales de l'extension de pareilles tendances, et je fais remarquer que la population elle-même sera cause que les libertés accordées jusqu'ici de la façon la plus large lui seront enlevées et remplacées par des mesures restrictives rendues nécessaires par sa propre faute. »

Gand, le 10 juin 1915.

Lieutenant-général
(s) Graf von Westarp.
Le Commandant de l'Étape.

Le Bien public, 18 juin 1915.

Ils déclarent donc qu'ils vont violer sciemment la Convention de La Haye. (Voir aussi p. 225).

Quelques articles parus dans *Het Volk*, un journal démocratique-chrétien de Gand, les 15, 17, 19 et 22 juin 1915, nous disent en quoi consistent ces mesures. Remarquons que ce journal est soumis à la censure.

Les ouvriers de la fabrique Bekaert, à Sweveghem, ayant refusé de fabriquer du fil de fer barbelé pour les Allemands, ceux-ci commencèrent par arrêter trois notables, dont deux furent bientôt relâchés. Puis, pour forcer les ouvriers à reprendre le travail, ils décidèrent que la commune serait mise en interdit : on ne pourrait plus y circuler avec un véhicule ni avec une bicyclette, et l'introduction d'aliments serait prohibée. Toutefois les ouvriers s'obstinant à ne pas fabriquer les engins auxquels leurs frères et leurs fils devaient rester accrochés dans les combats sur l'Yser, soixante et un hommes furent mis en prison. Les autres se hâtèrent de quitter le village. Que firent alors les Allemands ? Ils s'emparèrent des femmes des fugitifs, les enfermèrent dans deux grandes charrettes et les conduisirent à Courtrai ; en même temps ils affichaient les noms de ceux qui s'étaient enfuis et leur enjoignaient de rentrer. Devant la menace de voir les femmes rester en prison pendant que les enfants succomberaient dans la maison déserte, les ouvriers, la mort dans l'âme, durent reprendre leur besogne fratricide. Décidément, la Kultur est une belle chose.

Dans le Brabant ils s'y prirent autrement. Ils avaient demandé à M. Cousin de fabriquer pour eux du fil de fer barbelé dans son usine de Ruysbroeck (au sud de Bruxelles). Il refusa. Ils réquisitionnèrent les ateliers. Il dut se soumettre. Ils s'installèrent dans la fabrique et voulurent commencer à faire du fil de fer. Seulement les machines sont mues par l'électricité, et celle-ci provient d'une centrale située à Oisquercq. Naturellement l'usine de Oisquercq refusa de fournir le courant. Les Allemands arrêtèrent M. Lucien Beckers, l'administrateur délégué, et le tinrent en prison pendant plusieurs semaines.

Nous remettons à un autre chapitre (p. 369) les mesures de coercition appliquées par les Allemands contre les ouvriers des chemins de fer.

Les boucliers vivants.

Il nous reste à examiner une dernière violation de l'article 23, violation tellement révoltante que ni les participants à la Conférence de La Haye, ni les Allemands eux-mêmes dans leurs *Lois de la Guerre*, n'avaient voulu l'envisager. Il s'agit des boucliers vivants.

Belges placés devant les troupes à Charleroi : aveu allemand.

Nos ennemis ont conscience de l'abomination qu'ils commettent en plaçant devant leurs troupes des Belges qui doivent leur servir de boucliers. Aussi s'empressent-ils de nier. Malheureusement pour eux, l'un de leurs propres officiers a décrit une opération de ce genre (p. 229). Son premier soin en arrivant dans les faubourgs de Charleroi fut de capturer des bourgeois pour les faire marcher devant et entre les cavaliers. Il s'indigne des lamentations que poussent les femmes de ces malheureux : « S'il ne nous arrive rien, leur dit-il, il n'arrivera rien non plus aux civils ». Peut-on exprimer plus cyniquement l'idée que les Allemands se servent de ces otages pour empêcher leurs adversaires de tirer sur leurs troupes ? A la première salve que tirèrent les Français postés derrière une barricade, les otages furent tués, mais les Allemands les remplacèrent bientôt par d'autres, notamment par des prêtres (p. 230).

Belges placés devant les troupes à Lebbeke, Tirlemont, Mons.

Plus significative encore fut leur conduite à Lebbeke, près de Termonde, le 4 septembre 1914. A peine entrés au village, de grand matin, ils saisissent le plus de civils possible, plus de 300, et les font marcher devant eux. En passant à Saint-Gilles-lez-Termonde, ils y réquisitionnent également les hommes pour servir de boucliers. Lorsque les Belges attaquèrent les troupes allemandes, une dizaine de civils furent tués ; plusieurs furent blessés, notamment un médecin de Saint-Gilles. Le même soir les survivants furent expédiés en Allemagne comme « francs-tireurs ». 317 prisonniers civils de Lebbeke sont rentrés chez eux à la fin de janvier 1915. Ils étaient tous dans un état épouvantable de misère physique. A la mi-février quatre avaient déjà succombé.

Des faits du même genre se sont passés dans une foule d'endroits (voir les Rapports de la Commission d'enquête). Citons deux autres cas.

A Tirlemont, pendant leur marche sur Louvain, les Allemands s'étaient emparés le 18 août de quelques notables, comprenant le bourgmestre, M. Donny, et ils les poussèrent devant eux pour se mettre à l'abri des balles belges. Ils ne les relâchèrent que le lendemain 19, à Cumptich.

A Mons, le bourgmestre, M. Lescart, a également servi de bouclier vivant contre les troupes anglaises.

Femmes belges placées devant les troupes à Anseremme.

A Anseremme, c'était derrière des femmes qu'ils se réfugiaient. Ils avaient commis la maladresse d'envoyer tous les hommes comme prisonniers civils en Allemagne, le 23 et le 24 août 1914. Il ne leur restait donc que des femmes. Ils placèrent celles-ci en ligne le long du parapet de la Meuse, et cachés prudemment derrière leurs jupes, ils appuyaient le fusil sur leur épaule, pour tirer contre les Français occupant la rive opposée. Les Français cessèrent le feu dès qu'ils virent qu'ils tiraient sur des femmes. Le soir les Allemands parquèrent les femmes et les enfants dans une prairie ; mais le lendemain matin ils les extrayèrent de là pour s'en servir de nouveau comme écran protecteur le long du fleuve.

Parmi les malheureuses ainsi exposées au feu des Alliés, plusieurs avaient été blessées pendant les massacres du 23 août, à Dinant. Naturellement les Allemands ne se préoccupaient pas de les panser ; aussi pas mal d'entre elles succombèrent-elles à leurs blessures pendant qu'elles servaient de bouclier vivant. D'autres réussirent à sortir vivantes de ce double enfer ; l'une d'entre elles a été soignée dans un hôpital où nous l'avons vue. La photographie (*fig.* 28) montre dans quel état les Allemands l'avaient mise avant de l'utiliser comme écran pendant quatre jours. C'est seulement le 27 qu'elle reçut des soins sommaires.

Le voilà, l'héroïsme allemand. Comme on saisit à présent le sens réel des mots : *Den Heldentod gestorben* (mort en héros) qu'ils inscrivent sur leurs tombes. Cela signifie que ces intrépides guerriers n'ont pas pu éviter les balles, quoiqu'ils se fussent héroïquement cachés derrière des femmes belges.

A notre connaissance il faut reculer jusqu'à Cambyse, au vi⁰ siècle avant J.-C., pour trouver un autre exemple de boucliers vivants. Lors de son expédition d'Égypte, ce prince, célèbre par sa cruauté, disent les historiens, eut l'idée de placer devant ses troupes des chats, animaux adorés par les Égyptiens. Grâce à ce stratagème, il empêcha ceux-ci d'attaquer ses soldats. Ni Attila, ni Gengis-Kahn, ni Tamerlan, n'utilisèrent ce procédé ; il était réservé aux Allemands du xx⁰ siècle de le remettre en pratique, avec le surcroît de férocité que suggère leur mentalité.

Belges retenus de force à Ostende et à Middelkerke.

En d'autres circonstances encore, les Allemands se sont fait un rempart de Belges. Ils occupent, depuis la mi-octobre 1914, la partie de la côte belge comprise entre Lombartzyde et la frontière zélandaise. De temps en temps les navires et les avions anglais bombardent le littoral ; ils le feraient sans doute davantage si les Allemands n'avaient pas pris soin de garder de force de nombreux Belges dans ces localités. D'après *N. R. C.* du 1ᵉʳ novembre, matin, ils défendaient aux gens de Middelkerke et d'Ostende de quitter ces villes (p. 144). A la fin de décembre ils expulsèrent pourtant tous les hommes de Middelkerke, sauf quatre. Mais les moyens de transport mis à la disposition des habitants chassés étaient insuffisants pour leur permettre d'emmener également leur famille, de sorte qu'ils durent abandonner là-bas beaucoup de femmes et d'enfants. Chaque fois que les Anglais lancent des obus sur le littoral, les Allemands se hâtent de l'afficher à Bruxelles, et ils ajoutent que le bombardement a été fatal aux Belges. Voici quelques passages de ces affiches :

Nouvelles publiées par le Gouvernement général allemand.

Berlin, 24 *novembre* 1914 (*officiel d'aujourd'hui midi*). — Des navires anglais sont arrivés hier à la côte française et ont bombardé Lombartzyde et Zeebrugge. Chez nos troupes, ils n'ont causé que très peu de dommage. Un certain nombre de citoyens belges, par contre, ont été tués et blessés.

Berlin, 28 décembre (*communication officielle d'aujourd'hui midi*). — Près de Nieuport, l'ennemi a renouvelé ses tentatives d'attaques sans aucun succès. Il fut en cela appuyé par le feu venant de la mer qui cependant ne nous fit aucun mal, mais tua ou blessa quelques habitants.

Berlin, 26 janvier 1915 (*communication officielle d'aujourd'hui midi*). — L'ennemi a pris hier, comme d'ordinaire, Middelkerke et Westende sous son feu. Un assez grand nombre d'habitants ont été tués ou blessés par ce feu, parmi eux le bourgmestre de Middelkerke.

Berlin, 13 février (*communiqué officiel*). — Le long de la côte, des aviateurs ennemis ont lancé hier, à nouveau, des bombes qui ont causé des dommages très sensibles à la population civile, alors que nous n'avons subi aucun dommage appréciable au point de vue militaire.

Berlin, 8 mars (*communiqué officiel d'aujourd'hui midi*). — Des aviateurs ennemis ont lancé sur Ostende des bombes qui ont tué trois Belges.

Le Gouvernement militaire allemand.

Le passage suivant d'une correspondance d'Ostende, publiée par *N. R. C.*, montre que les Allemands apprécient pleinement tout l'avantage qu'ils se sont assurés en conservant sur le littoral un bouclier de Belges vivants. (N'oublions pas, en lisant *N. R. C.*, que c'est le seul journal étranger qui a pu pénétrer en Belgique jusqu'en février 1915, et que, de plus, les Allemands ne laissent entrer les numéros qu'après les avoir censurés.)

Visiblement, les Anglais épargnaient autant que possible Ostende et Middelkerke, et dirigeaient de préférence leur feu sur la route de jonction entre ces deux localités et sur celle qui relie Middelkerke à Westende. Les Allemands comprenaient fort bien cela et avaient précisément, pour cette raison, défendu à tout Belge de quitter Ostende et Middelkerke. Un officier de la Commandature, de qui notre interlocuteur essayait d'obtenir quelque faveur pour une couple de Belges, lui fit cette réponse : « Si nous laissions la population quitter ces localités, les Anglais s'empresseraient de bombarder les deux villes, et c'est nous qui serions les dupes ».

N. R. C., 1er novembre 1914, matin.

Bruxellois enfermés dans les greniers de la Kommandantur.

A Bruxelles ils s'y prennent d'une façon analogue pour empêcher les aviateurs alliés de bombarder les locaux qu'ils occupent dans les ministères. Sous les prétextes les plus invraisemblables, les Bruxellois sont envoyés à la Kommandantur. Ils restent d'abord quelques jours enfermés dans les greniers des ministères, puis après jugement, — et condamnation, évidemment, — ils sont de nouveau mis dans les greniers jusqu'à ce qu'il y ait place pour eux dans une prison régulière. Chacun sait cela à Bruxelles, et certainement les aviateurs alliés le savent aussi.

Article 25

Il est interdit d'attaquer ou de bombarder, par quelque moyen que ce soit, des villes, villages, habitations ou bâtiments qui ne sont pas défendus.

Bombardement de villes ouvertes.

De multiples violations de cet article ont été relevées par la Commission d'enquête. Ici encore apparaît nettement la contradiction entre la façon dont les Allemands font la guerre et celle qu'ils exigent de leurs ennemis. Lorsque leurs dirigeables lancent des bombes sur des localités ouvertes, sans aucune défense, — comme ils le firent dans la nuit du 26 au 27 septembre 1914, à Deynze, où ils blessèrent un vieillard dans l'hôpital des Sœurs de Saint-Vincent de Paul, — leurs journaux exultent (*Düsseldorfer Tageblatt*, 29 septembre, *Düsseldorfer Zeitung*, 29 septembre).

Article 27

Dans les sièges et bombardements, toutes les mesures nécessaires doivent être prises pour épargner, autant que possible, les édifices consacrés au culte, aux arts, aux sciences et à la bienfaisance, les monuments historiques, les hôpitaux et les lieux de rassemblement de malades et de blessés, à condition qu'ils ne soient pas employés en même temps à un but militaire...

Non contents de mettre le feu à nos monuments, comme à Louvain, à Dinant, à Termonde et dans une foule de villages, les Allemands n'hésitent jamais à bombarder ceux qu'ils ne peuvent pas atteindre autrement,

Bombardement de la cathédrale de Reims.

L'exemple le plus caractéristique est celui de la cathédrale de Reims (1). C'est le mardi 23 septembre 1914 que nous avons appris, par une affiche, le bombardement. Le télégramme, daté du lundi 21, affirmait que le monument serait, autant que possible, épargné ; cela suffisait : nous savions donc qu'il était détruit. Effectivement, des journaux français arrivés en contrebande le lendemain mercredi annonçaient que la cathédrale brûlait depuis le samedi 19.

Nouvelles publiées par le Gouvernement général allemand.

Berlin, 21 septembre (*officiel, arrivé dimanche soir*). — Au cours de l'attaque contre l'armée franco-anglaise, nous avons fait des progrès en certains endroits. Reims se trouve dans le front des combats, de sorte que nous sommes forcés par les Français de riposter à leur feu. A notre regret, la ville sera donc endommagée, mais des ordres ont été donnés pour que la cathédrale soit, autant que possible, épargnée.

Le Gouvernement militaire allemand.

Petit à petit les renseignements devinrent plus précis. Les Français certifiaient n'avoir pas mis de poste d'observation militaire sur les tours ; il n'y avait pas non plus de batteries près de la cathédrale. En outre ils déclaraient que celle-ci aurait dû être doublement respectée, puisqu'une ambulance y avait trouvé asile, ce qui, soit dit en passant, a été dénoncé comme une infamie par les journaux allemands (*K. Z.*, 4 janvier 1915, matin ; *Niederrheinische Volkszeitung*, 4 janvier 1915).

L'agence Wolff avait communiqué le bombardement de la cathédrale de Reims comme une chose toute naturelle, un fait-divers banal. Alors *N. R. C.* lui-même fut saisi de dégoût.

---

(1) Si nous parlons de Reims, c'est parce que à huit reprises les Allemands ont affiché chez nous des déclarations relatives à ce crime de lèse-civilisation.

La Cathédrale de Reims.

Lors de la destruction de Louvain, les Allemands ont intentionnellement protégé et épargné l'hôtel de ville, nous disent les communiqués allemands.

Depuis lors, d'autres œuvres d'art ont été détruites en Belgique. La France semblait être privilégiée jusqu'à présent à ce point de vue. On disait que les troupes s'y comportaient autrement qu'en Belgique.

Nous apprenons maintenant la terrifiante nouvelle de la destruction de la cathédrale de Reims, cette merveille architecturale vieille de 600 ans, l'une des plus belles cathédrales de France.

Nous ne savons pas encore quelles sont les causes de cette punition effroyable, punition qui émeut tout cœur épris d'art et de civilisation. Celui qui regarde la photographie de la ville et y admire la cathédrale qui se dresse au milieu du panorama, ne peut croire à la destruction de cette merveille ; il croit être le jouet de mauvais rêves. Les canons modernes sont si perfectionnés et leur tir est si précis qu'on peut épargner tout chef-d'œuvre qu'on veut sauver de la destruction ; les canonniers allemands sont d'habiles tireurs ; ils ont fait leurs preuves ; ils savent viser. Leurs ennemis l'ont reconnu.

Doit-on supposer que la cathédrale a été détruite à dessein dans un but militaire ?

Nous n'osons répondre à la question. Un télégramme de l'agence Wolff parle de la destruction comme de la chose la plus naturelle du monde : c'est une conséquence inévitable de la guerre, et des excuses ne sont pas nécessaires. Notre correspondant parisien, qui a assisté à une partie du bombardement qui détruisit la cathédrale, ne nous dit encore rien des faits auxquels on fait allusion dans le télégramme de Berlin.

Nous ne décidons pas. Mais ce qui nous émeut, c'est de voir que rien, que pas un mot, pas une syllabe du froid télégramme Wolff, n'indique que l'Allemagne déplore la destruction de monuments, souvenirs de civilisation séculaire. Elle aurait pu au moins déplorer la destruction de la cathédrale, même si selon la version allemande elle avait le droit de la détruire.

Après l'incendie de Louvain, nous avons écrit que la punition infligée à la ville s'étendait à toute la Belgique éprouvée et même au delà. Quiconque aimait la culture occidentale était ému. Il en est de même de la cathédrale de Reims. Cet événement atteindra douloureusement l'Ancien et le Nouveau Monde.

Nous ne dépassons pas les limites de la neutralité si nous déclarons qu'un abattement profond s'est de nouveau emparé de nous.

N. R. C., 22 septembre 1914, soir.

Devant l'indignation du monde civilisé, les Allemands sont bien obligés d'étaler une douleur de commande et de justifier leur agression.

Trois communiqués officiels du 23 septembre sont affichés le même jour : deux reflètent l'opinion allemande, le troisième exprime prétendûment l'avis d'un Français qui a fait ses confidences au *Times*. La conclusion est naturellement que les Allemands n'ont rien à se reprocher, que leur conscience est pure comme au premier jour, que c'est contraints et forcés qu'ils ont bombardé la cathédrale de Reims, malgré l'admiration qu'ils ressentent pour cette merveille de l'architecture gothique... mais que la présence d'un poste d'observation militaire sur les tours ne leur avait pas laissé d'autre alternative.

Trois semaines plus tard, nouveau bombardement ; puis, après deux semaines de calme, ils recommencent à lancer des obus sur ce qui est encore debout. Le lendemain ils annoncent qu'ils ont protesté auprès de la Curie romaine.

Nouvelles publiées par le Gouvernement allemand.

Rome, 1ᵉʳ novembre. — Les troupes françaises ayant de nouveau installé une batterie devant la cathédrale de Reims et un poste d'observation sur la cathédrale, le ministre de Prusse près le Vatican a adressé à la Curie, par ordre du Chancelier de l'Empire, une protestation formelle contre l'abus barbare d'édifices sacrés. Les Français seuls auront à supporter la responsabilité en cas de dommages ; s'ils essaient d'en charger les Allemands, ils commettent un acte d'hypocrisie.

Le Gouvernement militaire allemand.

Quelques jours plus tard, c'est la cathédrale de Soissons qu'ils s'appliquent à détruire ; mais encore une fois c'est parce que les Français les y obligent.

Quel respect pour la Convention de La Haye ! Combien touchante est la sollicitude qu'ils vouent aux monuments de l'art et de la religion. Ce n'est qu'à la toute dernière extrémité que les guerriers germains se résolvent à les mettre en pièces ; encore protestent-ils, bien entendu, contre la violence qui est faite à leur sentiment esthétique ! Plus touchante encore est leur sincérité ! Le 10 novembre ils annoncent que le Vicaire général de Reims a reconnu que les tours ont servi à des opérations militaires, et ils ajoutent que le Chancelier a communiqué cet aveu au Vatican (*Le Réveil*, 11 novembre 1914) ; le 17 novembre ils sont obligés de noter le démenti du vicaire général, mais ils maintiennent leurs accusations.

Déclaration du Vicaire général.

Berlin, 17 novembre. — M. Landrieux, vicaire général de la cathédrale de Reims, écrit ce qui suit dans le *Figaro* : « Au nom de Son Éminence le Cardinal Archevêque de Reims et en mon propre nom, je déclare que jamais une batterie n'a été installée sur la place de la cathédrale, ni un poste d'observation sur les tours. De même, aucune troupe n'a pris position à proximité de la cathédrale ».

Le bureau télégraphique Wolff a reçu mission officielle de déclarer que la présence d'artillerie à proximité de la cathédrale et des postes d'observation sur une tour ont été constatés plusieurs fois, et qu'aucune dénégation intéressée ne peut changer la réalité de ces faits.

La Belgique, 17 novembre 1915.

Le 7 juillet 1915, les Allemands placardèrent une nouvelle affiche dans laquelle ils font étalage de leur sens artistique.

Nouvelles publiées par le Gouvernement allemand.

Le peuple allemand eut de tout temps le culte des œuvres d'art et des monuments du passé, sans faire de différence entre ceux qui se trouvaient en terre allemande et ceux de l'étranger. Et voici que ses adversaires reprochent cependant à ses armées d'avoir brutalement anéanti, au cours de cette guerre, des trésors d'art que rien ne pourra faire revivre et cela pour le seul plaisir de détruire. La nation allemande sait qu'elle est pure de tels crimes. Ce n'est que sous la pression des inéluctables nécessités de la guerre, que les soldats allemands, bien à contre-cœur, ont pointé leurs canons sur les clochers élancés des églises et les châteaux dressés sur l'horizon. Leurs adversaires ont d'ailleurs fait exactement la même chose, et si nous tenons à l'établir, ce n'est point pour leur renvoyer le reproche insensé d'avoir agi avec une aveugle barbarie, mais pour montrer quelles terribles nécessités la guerre entraîne avec elle.

Ce sont des obus anglais et français qui ont changé en un amas de ruines la ville de Dixmude si florissante autrefois. La majestueuse église Saint-Nicolas s'est lamentablement écroulée, son précieux jubé, de tous les jubés de Belgique le plus intéressant et le plus magnifique, n'est plus qu'un tas informe de débris méconnaissables. Détruits aussi tous les autres monuments de Dixmude, et ce Béguinage qui bordait le canal de l'Yser, et la masse imposante de l'Hôtel de ville...

... Dans tous les cas que nous venons de citer, ce sont les Français et leurs Alliés qui ont détruit, qui ont été obligés de détruire, ces trésors artistiques qui étaient les leurs, ces monuments qui leur appartenaient. Pour qui considère cette tragique nécessité, que nous n'avons voulu souligner que par souci de justice, sans que cette constatation nous fasse le moindre plaisir, les accusations lancées contre nous, Allemands, trouvent en elles-mêmes leur condamnation ou retombent sur ceux qui les profèrent.

Bruxelles, le 5 juillet 1915.

Le Gouvernement général en Belgique.

Nous nous demandions quel nouveau crime ils venaient de commettre. Dès le lendemain, notre curiosité était satisfaite : les journaux nous apprenaient que l'armée allemande avait mis le feu à la cathédrale d'Arras.

Bombardement de la cathédrale de Malines.

Voyons maintenant comment ils se sont comportés en Belgique. Le commandant de l'armée assiégeant Anvers bombarda trois fois Malines, sans aucune excuse stratégique, puisque la ville était absolument vide de troupes belges. Toutefois il avait fait savoir aux autorités belges que ses troupes ne tireraient pas sur les monuments, aussi longtemps que ceux-ci ne serviraient pas aux opérations militaires ; bien mieux, il publia dans les journaux d'outre-Rhin qu'il ne ferait pas bombarder Malines, dans la crainte de toucher la cathédrale de Saint-Rombaut, mais que les Belges n'avaientpas les mêmes scrupules (*K. Z.*, 30 septembre 1914, 2ᵉ édition du matin). Qu'y a-t-il de vrai dans cette dernière affirmation ? Rien, naturellement : si les Belges ont lancé des obus sur la banlieue de la ville, c'est pendant que les troupes allemandes y étaient, chose que nos ennemis reconnaissent eux-mêmes. Du reste, il est facile de savoir si les dévastations de l'église Saint-Rombaut sont dues aux Allemands ou aux Belges : les Belges étaient au nord et à l'ouest de la ville ; les Allemands, au sud et à l'est. Or toutes les blessures de l'édifice, sans exception, sont sur les faces S. et E. Concluez. On voit réapparaître ici le système habituel, qui consiste à rejeter la faute sur autrui : à Dinant également, ils ont prétendu que la Collégiale a été détruite par les Français et non par eux (Voir p. 272).

Le prétendu poste militaire belge sur l'église N.-D. d'Anvers.

Naturellement ils reprochent aux Belges de s'être servis des clochers comme observatoires militaires, par exemple à Malines (*N. R. C.*, 25 novembre soir) et à Courcelles (*Die Wochenschau,* n° 46 de 1914). Le cas le plus typique est celui d'Anvers. Ils ont reproduit dans leurs journaux illustrés (*Die Wochenschau*, n° 48 de 1914, p. 1509 ; *Ill. Kriegs-Kurier*, n° 7), une photographie, — ou à proprement parler un dessin, — publié par un journal américain (*New-York Tribune*, du 22 octobre 1914) et représentant un poste d'observation militaire sur la tour de Notre-Dame d'Anvers.

Même en accordant à la figure une valeur documentaire qu'elle ne possède pas, elle ne prouverait encore rien, car d'après le journaliste américain (*N. R. C.*, 15 novembre, soir) le poste militaire existait sur la tour à une époque où Anvers n'était pas assiégé, ni même en danger de l'être ; la ville n'avait alors à se défendre que des dirigeables, qui, par deux fois, lui avaient fait des visites nocturnes avec accompagnement de bombes. On comprend que ce n'est pas cela que dit *Die Wochenschau* ; ce journal prétend que les militaires étaient sur la tour pour observer les armées allemandes et leur artillerie lourde pendant le siège.

Postes militaires allemands avoués par les Allemands.

Voyons maintenant si nos ennemis se sont abstenus d'employer nos monuments pour les opérations militaires. L'*Algemeen Handelsblad* (d'Amsterdam), du 3 janvier, dit que des mitrailleuses sont placées sur le beffroi de Bruges et sur d'autres tours de la ville. Ce fait est confirmé par M. Domela Nieuwenhuys Nyegaard, pasteur hollandais à Gand, un germanophile convaincu, qui a assisté à une attaque d'avion anglais, contre lequel les mitrailleuses installées sur la tour des Halles ouvrirent un feu violent, mais inefficace (*Uit mijn Oorlogsdagboek*, p. 319, dans *De Tijdspiegel*, 1ᵉʳ avril 1915).

Peut-être les Allemands contesteront-ils ce cas. En voici donc un autre. Eux, qui exigent de leurs adversaires une si scrupuleuse observance des prescriptions de l'article 27, ont placé un poste d'observation militaire sur la tour Saint-Rombaut, de Malines, pendant le siège d'Anvers, pour contrôler leur tir contre le fort de Waelhem. Et ceci au moins est indiscutable, car dans leur cynisme ou dans leur inconscience, ils ont publié une photographie de cet « abus barbare d'un édifice sacré » (p. 148), voir *Berliner Illustrierte Zeitung*, n° 44 de 1914, page 752.

Ce n'est pas le seul cas avoué par eux. *Zeit im Bild*, dans son numéro 43 de 1914, reproduit sur sa couverture une photographie d'un « poste militaire sur la tour d'un hôtel de ville ». On y voit des soldats allemands armés de fusils et visant un ennemi imaginaire. Cette photographie est faite au Palais de Justice de Bruxelles, ainsi que le prouve, sans erreur possible, l'église de la Chapelle dont la tour si caractéristique se profile dans le lointain. Les Allemands sont tellement enchantés de cette violation de la Convention de La Haye qu'ils ont reproduit la photographie dans le supplément illustré de *Hamburger Fremdenblatt*. Et ce qu'il y a de plus curieux dans cette affaire, c'est qu'ils se vantent d'un délit qu'ils savent n'avoir pas commis. En effet : 1° ce n'est pas sur un hôtel de ville que se trouvent postés les soldats ; 2° ce n'est pas même *sur* le Palais de Justice de Bruxelles, mais à côté de lui, ainsi qu'on peut facilement s'en assurer sur place ; 3° à aucun moment les soldats allemands n'ont été amenés à viser ici un ennemi.

Destructions d'édifices en Flandre occidentale.

Depuis la mi-octobre 1914, c'est en Flandre occidentale que se livrent les combats. Est-ce que devant la réprobation universelle qui a accueilli leurs agissements à Louvain, à Reims, etc., les Allemands se sont enfin décidés à respecter un accord international auquel ils ont collaboré. N'en croyez rien ; ils sont par trop rebelles au respect des conventions, à preuve les photographies de monuments bombardés dans la région de l'Yser qui sont publiées dans les illustrés, notamment dans *Panorama*, un illustré hollandais qui pénètre chez nous de temps en temps.

Ypres : *Panorama*, 23 b, 25 a.

Dixmude : *Panorama*, 23 a, 23 b. *Berl. Illustr. Zeit.*, n°s 2 et 3 de 1915. *Kriegs-Echo*, n°s 22 et 24 ; *Zeit im Bild*, n° 3 de 1915.

Pervyse : *Panorama*, 21 a, 21 b, 23 a.

Nieuport : *Panorama*, 22 a.

Ramscapelle : *Panorama*, 23 b.

Parmi les monuments détruits, les artistes déplorent surtout les merveilleuses Halles d'Ypres, les églises de Nieuport, d'Ypres et de Dixmude.

Contrairement à ce qu'affirme l'affiche du 5 juillet 1915 (p. 150), cette dernière ville, tout comme les deux autres, a été démolie par les Allemands, non par les Alliés. Son église renfermait un jubé gothique extrêmement remarquable, dont M. Stübben, l'un des principaux architectes actuels de l'Allemagne, disait que sa perte serait irréparable (*Die Bauwelt*, 14 janvier 1915) ; il avait échappé aux obus, mais il ne résista pas aux soldats allemands qui le détruisirent, à coups de crosse de fusil, après la prise de la ville.

ARTICLE 44

Il est interdit à un belligérant de forcer la population d'un territoire occupé à donner des renseignements sur l'armée de l'autre belligérant ou sur ses moyens de défense.

Sévérités allemandes contre les guides.

Cet article n'a pas été accepté par l'Allemagne ; celle-ci reste fidèle à ses *Lois de la Guerre* : art. 53, 2°, 3° et 4° alinéa. Elle applique leurs principes avec une rigueur extrême.

Rien ne dénote mieux la sévérité avec laquelle agissent les Allemands que la lecture du petit manuel de conversation qui termine le *Tornister-Wörterbuch* édité par la maison « Mentor » de Schöneberg-Berlin. C'est un dictionnaire de petit format, coûtant 60 pf. et destiné, ainsi que l'indique le titre, à être mis dans le sac du soldat. L'édition française et l'édition anglaise sont conçues d'après la même méthode : après les renseignements sur le pays en question, ils donnent un extrait des règles de grammaire ; puis vient le dictionnaire proprement dit, avec la prononciation figurée ; enfin, quelques phrases usuelles qui sont pour nous la partie la plus intéressante, puisque leur choix reflète naturellement les besoins de ceux qui doivent s'en servir. Voici quelques passages du paragraphe 4 ; *Service des Avant-postes et des Patrouilles*. Dans chaque passage nous copions toutes les phrases sans exception, de façon à ne pas fausser l'esprit de l'ouvrage, et cet esprit, comme on peut le voir, est féroce.

P. 175. Vous me semblez suspect.
Où est votre portefeuille ?
Il faut que je vous fouille.
Restez ici pour le moment.
A la première tentative de fuite, vous serez fusillé.
Monsieur, où donc conduit ce chemin ?

P. 176. Ce village est-il occupé par les Français ?
Quand les troupes y sont-elles arrivées ?
Quelle est à peu près leur composition ?
A peu près ? Deux ou trois compagnies ?
Combien d'officiers à peu près ?
Ont-elles de l'artillerie ?
Combien de pièces ?
Avez-vous vu aussi de la cavalerie ?
Dites-nous la vérité. Le moindre mensonge pourrait vous coûter la vie.
Le village est-il mis en état de défense ?

P. 177. N'y a-t-il pas de chemins de traverse menant au moulin ?
Restez auprès de mon cheval.

A la première tentative de fuite, ou si vous essayez de m'égarer, je vous envoie une balle.
Restez ici ! J'appellerai moi-même le meunier.
Hé ! Meunier !
Des troupes françaises sont-elles passées par ici ?
Vous mentez ! Voici des traces visibles et toutes fraîches.

Le volume n'est pas daté ; mais la 42° édition, à laquelle nous empruntons ces lignes, décrit (page 44) l'uniforme de campagne français de 1912. Ces phrases ont donc été imprimées au moins cinq ans après la deuxième conférence de La Haye (18 octobre 1907). Elles montrent clairement que les cruautés commises par les patrouilles contre ceux qui refusent de trahir leur patrie, ne sont pas improvisées par les cavaliers faisant partie de ces reconnaissances, mais qu'elles sont systématiquement préméditées.

Un petit manuel de conversation à 20 pf., *Deutsch-französischer Soldaten-Sprachführer*, par M. le capitaine S.Th. Haasmann, est conçu d'après les mêmes principes. Voici quelques exemples. Le soldat en reconnaissance déclare : « Dites la vérité ou vous serez tué ». Dans le chapitre *Postes et Télégraphes* figure la phrase : « Il est défendu (sous peine de mort) d'expédier des télégrammes ». Celui qui est en sentinelle doit pouvoir dire : Si vous mentez, vous serez fusillé ». Etc...

ARTICLE 28

Il est interdit de livrer au pillage une ville ou localité, même prise d'assaut.

ARTICLE 47

Le pillage est formellement interdit.

ARTICLE 46

L'honneur et les droits de la famille, la vie des individus et la propriété privée, ainsi que les convictions religieuses et l'exercice des cultes, doivent être respectés.
La propriété privée ne peut pas être confisquée.

« L'honneur et les droits de la famille ! » Les viols sont là pour prouver le respect de l'armée allemande pour ces prescriptions.

« La vie des individus ! » Au 15 septembre 1914, les Allemands nous avaient tué plus de civils (environ 6.000) que de soldats. Cette simple constatation en dit plus que de longs développements.

« La propriété privée ! » Le vol et le pillage sont un phénomène tellement banal que les habitants n'y insistent même plus ; ou s'ils les mentionnent, c'est pour dire : « les Allemands se sont bien conduits ici ; ils ont seulement pris tout ce que nous avions ». Aussi nous contenterons-nous de citer quelques cas particulièrement typiques au point de vue de la mentalité allemande.

Le pillage sous toutes ses formes.

Il est incontestable que très souvent les incendies allumés prétendûment pour châtier les « francs-tireurs » avaient pour objet de cacher les pillages commis par l'armée ; il en fut certainement ainsi à Aerschot. Les officiers qui commandaient les incendies se faisaient donc les complices des pillards. Comment d'ailleurs auraient-ils pu désavouer les vols de leurs soldats, puisque eux-mêmes prenaient largement part à la curée. Des trains entiers quittèrent Bruxelles, Louvain, Malines, Verviers à destination de l'Allemagne, avec du « butin de guerre pour officiers ». Pendant leur voyage vers la Belgique, MM. Koester et Noske virent passer le 23 septembre, à Herbestal, de nombreux trains chargés de butin de guerre (*Kriegsfahrten*, page 8). Or il ne se livrait alors de combats ni en Belgique ni en France, et on ne faisait donc pas de butin de guerre, dans le sens occidental du terme. Les trains que virent les auteurs socialistes ne pouvaient donc emporter que le fruit du pillage. Ils venaient probablement de Malines, que les Allemands s'appliquaient vers cette époque à vider scrupuleusement, ainsi que les nombreux châteaux des environs.

Pas un endroit visité par les Allemands qui n'ait été totalement dépouillé. Naturellement l'argenterie était enlevée en premier lieu. Un officier, après avoir fait main basse sur toute celle d'une villa de Francorchamps, confia à un voisin qu'il allait la faire fondre en Allemagne, sauf une cuiller qu'il conserverait « comme souvenir ». N'est-il pas typique, et délicieux aussi, ce culte allemand du souvenir, ce vernis de sentimentalité étalé sur le fonds de rapacité. Autre « réquisition » d'argenterie. Dans la gare de Mons, vers la mi-février 1915, un négociant déchargeant un wagon de marchandises, eut son attention attirée par un cercueil qu'on retirait d'un wagon voisin ; tout à coup il entendit un bruit métallique : le fond du cercueil avait cédé et il en dégringolait une avalanche de cuillers, fourchettes, anneaux de serviettes, et autres objets en argent.

Rien n'est sacré pour eux. Ils fracturent aussi bien les tabernacles, les trésors et les troncs des églises, que les coffres-forts des Maisons du Peuple. A Auvelais ils se sont emparés dans la Maison du Peuple de 43.000 francs, tout l'avoir de la Jeune Garde socialiste, de la Libre Pensée, du journal *En Avant*, du Syndicat des Mineurs et de diverses mutualités.

A Beyghem, près de Grimberghen, avant de mettre le feu à l'église, ils fracturèrent le coffre-fort placé dans la sacristie. Ne réussissant pas à le percer, ils démolirent le mur séparant la sacristie de l'église, dans lequel il était encastré, et l'atteignirent ainsi par derrière.

Dans la plupart des églises qui ont été incendiées dans le nord du Brabant, (voir p. 76 et *fig.* 29), le coffre-fort et le tabernacle ont été fracturés. De même dans les églises de la province de Namur.

Dès que l'approche des Allemands était signalée, beaucoup de gens se hâtaient d'emballer leurs meubles et leurs objets de valeur, pour pouvoir les emporter plus facilement en cas d'évacuation. Presque toujours ce calcul fut mis en défaut, à cause de l'impossibilité de trouver au moment du départ une charrette et un cheval. Devant ces coffres et ces paniers tout ficelés, la tentation était vraiment insurmontable ; aussi les officiers n'y ont-ils jamais résisté : les colis prenaient directement le chemin de la gare.

On assure que dans les débuts de l'occupation, les officiers se trompaient fréquemment sur la valeur réelle des objets qu'ils emportaient, et qu'ils expédiaient à leur famille de la camelote *Made in Germany*. Pour éviter ces méprises désagréables, ils se font maintenant accompagner dans leurs tournées par des experts qui guident leur choix.

Faut-il ajouter que les caves à vin sont toujours exploitées d'une façon méthodique ? Les bouteilles qu'on ne peut boire sur place sont emballées pour la consommation ultérieure ou pour l'expédition en Allemagne. Dans un château près de Charleroi, les officiers firent démonter les portes intérieures des appartements, — en très belle menuiserie, — puis ils en firent confectionner les caisses nécessaires au transport des bouteilles (1).

Ils ne se sont pas contentés de faire place nette dans les maisons particulières et les châteaux ; ils ont aussi dégarni de tous leurs meubles les bureaux gouvernementaux qu'ils occupent à Bruxelles. Au ministère des Travaux Publics, une partie des plans des ponts, des bâtiments, etc., a été brûlée ; une autre, envoyée en Allemagne.

Vols de timbres-poste.

Nous faisons à ceux qui ont dépouillé les ministères la politesse de croire qu'ils agissaient par ordre et au profit du Gouvernement allemand. Mais il nous est impossible d'apprécier de la même façon la conduite de cet officier qui, s'étant emparé, on ne sait où, de timbres belges, voulait, dans une papeterie, solder pour quatre-vingts francs de marchandises au moyen de ces timbres. Devant le refus du commerçant il dut se contenter d'acquitter de la sorte une partie seulement de ses acquisitions. Dans une horlogerie voisine, il fit meilleure affaire, puisqu'il put y écouler une centaine de francs de timbres ; au rabais, bien entendu. Il y raconta qu'il possédait pour quatre mille francs de timbres belges. L'horloger ne poussa pas l'indiscrétion jusqu'à lui demander comment il se les était procurés.

Mieux que cela. Ils ne se cachent pas d'être des voleurs. Le *Matin* (de Paris) du 9 juin 1915 reproduit la *photographie* d'une annonce publiée par un journal suisse. « Elle nous apprend qu'un voleur de l'armée allemande, désireux de réaliser le « butin de guerre » qu'il a fait à Anvers, met en vente des timbres n'ayant pas servi, valant de 10 centimes à 10 francs. Il y a, paraît-il, dans ce stock, 19 figurines différentes d'une valeur totale de 29 fr. 70... »

---

(1) Nous avons déjà fait remarquer (p. 84) que l'ivrognerie a joué un rôle important dans les atrocités commises par l'armée allemande.

L'organisation systématique du pillage.

A Tamines, après avoir brûlé environ 250 maisons, le 21 et le 22 août 1914, et après avoir fait enterrer par les habitants encore vivants les 416 malheureux fusillés le soir du 22, ils envoyèrent tout le monde à Velaines-sur-Sambre. Là ils leur rendirent la liberté et leur dirent qu'ils pouvaient aller... à Namur ou à Dusseldorf, mais pas à Tamines. Pourquoi pas à Tamines? On l'a su quelques jours plus tard quand on se fut enhardi à y rentrer malgré la prohibition : les Allemands avaient vidé complètement tous les magasins et toutes les maisons particulières de la localité. Il est évident que cette opération se fait d'une manière plus méthodique et plus commode quand il n'y a pas d'enfants qui vous courent dans les jambes, ou des femmes qui viennent vous supplier de leur laisser quelque souvenir auquel elles tiennent tout particulièrement.

A Louvain ils ont agi de même : ils n'ont procédé au grand pillage qu'après le 27 août, lorsqu'ils eurent renvoyé tous les habitants sous prétexte que la ville allait être bombardée.

Parfois le goût du pillage l'emporte sur la discipline. A Jumet, sur la route de Bruxelles à Charleroi, le 22 août 1914, ils avaient ordre de brûler toutes les maisons, parce que les Français du 112ᵉ d'infanterie s'étaient permis de les attaquer à l'aide de mitrailleuses. Mais des soldats entrés dans un magasin de tabac s'amusèrent si bien à voler des cigares et des cigarettes qu'ils oublièrent d'incendier la maison, et celle-ci est restée intacte au milieu d'une longue rangée de bâtiments brûlés.

Ce qui nous révolte le plus dans ces pillages, ce n'est pas que les troupes allemandes aient mis en coupe réglée notre malheureux pays ; c'est la complicité indiscutable du haut commandement. Rien ne prouve mieux l'intervention bienveillante des autorités militaires et civiles dans les opérations de brigandage, que le transport régulier du « butin de guerre » en Allemagne. Ce n'est pas en cachette que les officiers envoient chez eux des cristaux, des pianos, des tableaux, des bijoux, des meubles... c'est ouvertement, et avec la participation évidente des fonctionnaires du chemin de fer. Ceux-ci sont chargés de coordonner l'exportation rapide vers la mère-patrie, des montagnes de caisses où sont enfermés les produits de l'exploitation méthodique de nos maisons, de nos châteaux, de nos magasins. C'est une vaste organisation de banditisme, hiérarchiquement réglée, où chacun vole sans avoir à se cacher de ses compères. Qui sait si le cercueil rempli d'argenterie dans la gare de Mons n'appartenait pas à un officier qui avait frustré ses co-intéressés ? Bref nous assistons en Belgique au fonctionnement régulier d'une « Coopérative de Brigandage, sous la Haute Protection des Autorités ».

Notons, en terminant, que le pillage et le vol sont formellement interdits par les *Lois de la Guerre* allemandes. Les articles 57, 58, 60, 61, 62, prohibent en effet tout dommage à la propriété privée. Mais il faut croire que leurs *Lois de la Guerre* ne sont applicables qu'en temps de paix, puisque dès les tout premiers jours des hostilités, l'armée allemande s'est mise à piller les régions qu'elle occupait.

Article 43

L'autorité du pouvoir légal ayant passé de fait entre les mains de l'occupant, celui-ci prendra toutes les mesures qui dépendent de lui en vue de rétablir et d'assurer, autant qu'il est possible, l'ordre et la vie publics en respectant, sauf empêchement absolu, les lois en vigueur dans le pays.

Article 48

Si l'occupant prélève, dans le territoire occupé, les impôts, droits et péages établis au profit de l'État, il le fera autant que possible d'après les règles de l'assiette et de la répartition en vigueur, et il en résultera pour lui l'obligation de pourvoir aux frais de l'administration du territoire occupé, dans la mesure où le gouvernement légal y était tenu.

Impositions illégales.

Deux affiches placardées à Bruxelles le soir du samedi 12 décembre 1914 retenaient l'attention générale.

La première convoquait les conseils provinciaux pour le 19 décembre, et leur imposait non pas simplement un ordre du jour, mais le mandat impératif de voter un impôt de guerre. La deuxième donnait des détails sur cet impôt : quatre cent quatre vingt millions de francs à payer par mensualités de quarante millions.

Arrêté
concernant la convocation des Conseils provinciaux en session extraordinaire.

ARTICLE 1er. — Les conseils provinciaux des provinces belges sont convoqués, par les présentes, en session extraordinaire, pour samedi 19 décembre, à midi (heure allemande), aux chefs-lieux de provinces.

ART. 2. — Ces sessions extraordinaires ne seront annoncées que par le *Gesetz-und Verordnungsblatt* du gouvernement allemand (*Bulletin officiel des Lois et Arrêtés pour le territoire belge occupé*).

ART. 3. — Les convocations des membres des conseils sont faites par les députations permanentes.

La présence du gouverneur n'est pas obligatoire. La députation permanente nommera celui des membres de la députation par qui la session du conseil sera ouverte et close. La session sera ouverte et close au nom du gouverneur général allemand impérial.

ART. 4. — La durée de la session ne dépassera pas un jour. La séance se fait en comité secret.

L'objet unique de la délibération dont l'assemblée est tenue de s'occuper exclusivement est : « le mode visant l'accomplissement de l'imposition de guerre mise à la charge de la population belge ».

ART. 5. — La délibération se fait en toute validité, sans égard au nombre des membres présents.

Bruxelles, le 8 décembre 1914.

Le Gouverneur général en Belgique,
Baron von BISSING,
Général de cavalerie.

Ordre.

Il est imposé à la population de Belgique une contribution de guerre s'élevant à 40 millions de francs à payer mensuellement pendant la durée d'une année.

Le paiement de ces montants est à la charge des neuf provinces qui en sont tenues comme débitrices solidaires.

Les deux premières mensualités sont à réaliser au plus tard le 15 janvier 1915, les mensualités suivantes au plus tard le 10 de chaque mois suivant, à la caisse de l'armée en campagne du gouvernement général impérial de Bruxelles.

Dans le cas où les provinces devraient recourir à l'émission d'obligations à l'effet de se procurer les fonds nécessaires, la forme et la teneur de ces titres seront déterminées par le commissaire général impérial pour les banques en Belgique.

Bruxelles, 10 décembre 1914.

Le Gouverneur général en Belgique,

Baron von Bissing,
Général de cavalerie.

M. le baron von Bissing affichait donc 7 jours à l'avance la décision à prendre par les conseils provinciaux ! On réussit sans doute à lui faire comprendre que le procédé était un peu vif, et contraire à la fois aux lois et au bon sens. Le lendemain matin la deuxième affiche était recouverte d'un papier blanc. Mieux encore : le *Bulletin officiel des Lois et Arrêtés pour le territoire belge occupé* donnait dans son numéro 19, du 11 décembre 1914, le texte des deux arrêtés ; ce numéro fut supprimé, et à sa place on distribua un autre numéro 19, ne portant que le premier arrêté. Quant au deuxième il ne fut publié définitivement que dans le n° 27 (*Belg. All.*, p. 120).

Voilà nos neuf conseils provinciaux réunis le 19 décembre. Ils ne pouvaient faire autrement que de voter l'écrasante imposition de 480 millions ; mais dans plusieurs d'entre eux s'élevèrent des protestations éloquentes contre l'illégalité du procédé.

Discours prononcé par M. François André à la séance du conseil provincial du Hainaut, le 19 décembre 1914, en présence du Gouverneur allemand et du docteur Daniest, président.

... Nous sommes réunis par ordre de l'autorité allemande, pour voter un impôt de guerre ; en un mot comme en mille, nous sommes réunis pour fournir des armes au formidable envahisseur de notre pays, contre notre héroïque petite armée belge.

Eh bien ! tout d'abord, je pense qu'il convient que nous adressions au Roi Albert — je n'abdique pas pour cela mes convictions républicaines — et à nos soldats, le salut de reconnaissance et d'admiration.

Inclinons-nous respectueusement devant ceux qui sont morts pour n'avoir point désespéré de la patrie, et adressons à ceux qui s'apprêtent à vaincre ou à mourir, le baiser fraternel de nos cœurs pleins d'affection, certes, mais à cause d'eux, pleins de légitime orgueil.

Nous sommes donc réunis pour voter *par ordre* un impôt de guerre. Je veux protester quant à la forme et quant au fond...

(L'orateur démontre l'illégalité de l'impôt.)

... Allons-nous voter cette formidable imposition de guerre ?

Certes, si nous n'écoutions que notre cœur, nous répondrions : non, non, 480.000.000 de fois non.

Car notre cœur nous dirait :

Nous étions un petit pays, heureux de vivre dans son travail ; nous étions un honnête petit pays, qui avait foi aux traités et qui croyait à l'honneur ; nous étions une petite nation confiante et désarmée ; quand soudain, brusquement, l'Allemagne a jeté sur notre frontière deux millions d'hommes, la plus grande armée que le monde vit jamais, et elle nous dit : « Trahissez la parole donnée, laissez passer nos armées, pour que j'écrase la France, et je vous donnerai de l'or ». Mais la Belgique a répondu : « Gardez votre or, j'aime mieux mourir que de vivre sans honneur ».

L'histoire montrera un jour la grandeur du geste qui, à jamais, nous magnifie devant l'avenir. Car rien, dans les fastes du passé, n'égale l'abnégation de ce peuple, qui n'ayant rien à gagner et tout à perdre, a préféré tout perdre pour que l'honneur fut sauf, et délibérément, s'est précipité dans un abîme de détresse, mais aussi de gloire.

L'armée allemande a donc envahi la patrie en violation de traités solennels.

« C'est un abus, a dit le Chancelier de l'Empire, les destins de l'Allemagne nous ont obligé à le commettre, mais nous réparerons le tort qu'a causé à la Belgique le passage de nos armées... »

Ce tort, voici donc comme on entend le réparer :

L'Allemagne paiera ?

— Non, la Belgique paiera à l'Allemagne 480.000.000 de francs ; votez !.....

Vive à jamais la Patrie, libre quand même !

Nominations de bourgmestres par les Allemands.

Autre cas typique de méconnaissance de nos lois. A Aerschot les Allemands chargèrent provisoirement des fonctions de bourgmestre un Allemand, M. Ronnewinkel, qui avait habité la localité pendant plusieurs années. Le 6 novembre 1914 ils le proclamèrent bourgmestre définitif.

Voilà donc un Allemand nommé bourgmestre de par la volonté d'un chef d'arrondissement, alors qu'aux termes de la loi, seul un Belge, nommé par le gouvernement, peut être bourgmestre. Ils firent d'ailleurs de même à Andenne (voir p. 402). L'autonomie communale dont la Belgique était si fière est ainsi délibérément foulée aux pieds.

On voit que, malgré les articles 43 et 48 de la Convention de La Haye, et malgré l'article 67 de leurs propres *Lois de la Guerre*, les Allemands n'ont aucunement respecté la législation en vigueur.

ARTICLE 50

Aucune peine collective, pécuniaire ou autre, ne pourra être édictée contre les populations à raison de faits individuels dont elles ne pourraient être considérées comme solidairement responsables.

Peines collectives iniques.

Cet article proclame le principe qu'en aucun cas les innocents ne doivent souffrir avec les coupables ou à leur place. Nous avons déjà vu que nos ennemis combattent cette idée : ils soutiennent que les innocents doivent pâtir avec les coupables, et même que si on ne peut pas atteindre les coupables, on doit punir à leur place les innocents (p. 88). C'est du reste par application de ce principe allemand des répressions collectives qu'on a brûlé Louvain, Dinant, Termonde....

Non seulement les communes sont rendues solidairement responsables, mais les autorités allemandes déclarent même ne pas vouloir s'inquiéter de savoir si les habitants de ces communes sont coupables ou non.

Avis officiel.

... Les localités dans le voisinage desquelles les lignes télégraphiques ou téléphoniques sont détruites seront frappées d'une contribution de guerre, peu importe que les habitants en soient coupables ou non.

Cette ordonnance entre en vigueur à partir du 20 de ce mois.

Bruxelles, le 17 septembre 1914.

Le Gouverneur général en Belgique,
Baron von der GOLTZ,
Général-Feldmaréchal.

L'affiche du 1er octobre (p. 240) met tout aussi nettement en relief la mentalité allemande : elle dit que des villages seront punis sans miséricorde, qu'ils soient complices ou non. Des affiches collées dans beaucoup de villages où a passé l'armée allemande ne peuvent non plus laisser de doutes sur leurs sentiments.

Proclamation en allemand, français, russe et polonais, entourée d'une bande aux couleurs allemandes.

Avis.

Quiconque aura endommagé un télégraphe ou un téléphone militaire sera fusillé.

Sera également puni des peines les plus rigoureuses celui qui enlèvera cet avis. Si le coupable n'est pas saisi, les mesures les plus sévères seront prises contre la commune où le dommage a été causé, et où le présent avis a été enlevé.

Le Général commandant le corps d'armée.

(Copie faite à Dieghem le 23 octobre 1914.)

Affiche en allemand, flamand, français, entourée d'un cadre aux couleurs allemandes.

Avis.

Tout dommage causé aux Télégraphes, Téléphones ou Chemins de fer, sera puni par le Tribunal de guerre. Selon le cas, le coupable sera condamné à mort.

Si le coupable n'est pas saisi, les mesures les plus sévères seront prises contre la commune où le dommage a été causé.

Le Gouvernement Général.

Druck von H. A. Heymann, Berlin. S. W.

(Copie faite à Tervueren le 15 avril 1915.)

L'interdiction du téléphone à Bruxelles fut la conséquence du bris d'un fil du télégraphe militaire (Affiche bruxelloise du 25 août 1914). En cas de récidive on annonçait des représailles beaucoup plus graves, qui seraient exercées contre un quartier tout entier. Un fil avait-il été réellement rompu? Si oui, l'avait-il été par des Bruxellois, par des Allemands ou par le vent? Ne discutons pas, puisque en tout état de cause, il est contraire à la Convention de La Haye de punir collectivement l'agglomération bruxelloise. Les Allemands diront peut-être que la suppression du téléphone avait été ordonnée parce que la police, institution communale, n'avait pas fait son devoir. Cette affirmation ne justifierait aucunement leur procédé, puisque d'après les lois la commune n'aurait à supporter que la réparation du dommage, mais nullement la responsabilité pénale. On peut faire exactement les mêmes remarques à propos de l'amende de 5 millions imposée à Bruxelles (voir p. 178), — et de l'interdiction de circuler après 19 heures du soir, dont on frappa les Liégeois à la suite de l'altération d'affiches allemandes (*N. R. C.*, 25 février 1915, soir); cette interdiction ne fut levée que le 13 mars 1915.

Citons encore deux curieux cas d'amendes collectives.

Les Allemands avaient insisté auprès des autorités communales de Charleroi pour que celles-ci suppriment les ruines du boulevard

Audent, ruines faites par eux-mêmes, le 22 août 1914, quand ils incendièrent 180 maisons dans les plus belles artères de la ville. Comme l'administration communale ne se pressait pas de donner suite aux injonctions, on lui fit savoir que, si le déblaiement n'était pas terminé le 15 mai 1915, la ville serait condamnée à une amende de 200 marks par jour de retard, et que si l'amende n'était pas payée, les magistrats communaux seraient frappés de « privation de liberté », ce qui signifie qu'ils seraient enfermés dans un bâtiment public (église, école, etc.), où ils devaient se procurer à leurs frais la nourriture. Le tarif fixé était de 24 heures de privation de liberté par fraction de 10 marks. La valeur d'une journée de liberté d'un bourgmestre n'est pas cotée très haut, comme on le voit.

Un balayeur de la gare de Mons a fait condamner la ville à 1.000 marks d'amende pour avoir volé un bifteck pendant son service.

On remarquera qu'un bifteck, à Mons, a une bien autre valeur qu'une journée de bourgmestre, à Charleroi.

Voici encore quelques menaces de répression collective. Elles visent les communes où des sépultures de soldats seraient violées (affiche du 23 décembre 1914), ou celles dont un habitant abuserait de son passeport (*Journal de Gand*, 25 novembre 1914), ou bien conserverait des douilles, des cartouches, etc. (affiche de Thuin du 7 décembre 1914.) Dans ces deux derniers cas il est évident que le coupable étant connu et déjà puni, la répression atteindrait uniquement des innocents.

Ce sont aussi des innocents qui seront punis si les Allemands exécutent la menace, plutôt grotesque, qu'ils firent aux Anversois en février 1915. Les enfants de la ville chantaient une adaptation flamande du chant allemand : *Duitschland over alles, maar over den Yser niet* (L'Allemagne par-dessus tout, mais non par-dessus l'Yser). Ils avaient aussi remplacé *Wacht am Rhein*, par *Wacht am Schijn*. (Le Schijn est un affreux égout malodorant du côté de Merxem.) Les Allemands s'émurent, et annoncèrent aux autorités communales que si ces « provocations » continuaient, on déporterait en Allemagne l'échevin de l'instruction publique, les directeurs d'écoles, et les parents des élèves.

D'habitude les peines dont les collectivités seront frappées ne sont pas précisées par les affiches. Il est permis de supposer qu'elles consisteront en une amende : c'est la punition la plus fréquemment appliquée, sans doute parce qu'elle est la plus productive.

Effectivement, c'est partout de l'argent qu'on exige. 5.000 francs de la commune de Grembergen parce qu'un habitant a laissé voler ses pigeons. Cinq millions de Bruxelles parce qu'un agent de police a maltraité un espion allemand (voir p. 178), — et *Belg. All.*, p. 86). C'est de peines pécuniaires que sont menacées la ville de Mons si un Anglais est trouvé sur son territoire (affiché à Mons, le 16 novembre 1914) ; la ville de Mons et la province du Hainaut, si un habitant conserve pour lui de la benzine ou un pneu (affiché à Mons, le 6 octobre 1914).

Amendes pour bris de fils télégraphiques.

Pour bris de fils télégraphiques, diverses localités de la Flandre ont été frappées d'amendes en décembre 1914.

La caisse militaire est aussi remplie par les amendes que l'on fait payer parce que le télégraphe et le téléphone ne marchent pas convenablement. Or il est arrivé maintes fois, pendant les 6 dernières semaines, que les communications étaient peu claires en Flandre. Les plus petites communes ont été imposées. Voici une liste de ces amendes :

Gand	100.000 marks.
Ledeberg	5.000 »
Destelbergen	30.000 »
Schellebelle	50.000 »
Sweveghem	4.000 »
Winkel Sainte-Croix	3.000 »
Wachtebeke	3.000 »

Vous pensez bien que dans de telles conditions la vie normale n'est pas possible à Gand.

N. R. C., 30 janvier 1915, soir.

Amendes collectives pour attaques de « francs-tireurs ».

Remarquons qu'en septembre 1914 la même accusation, — nous disons : accusation, non délit — entraîna à Bruxelles un arrêt de la communication téléphonique (p. 166) ; mais en décembre les

Allemands aimaient mieux remplir leur caisse. Même observation pour Bilsen et pour Mons : l'accusation de « francs-tireurs », qui aurait valu en août ou septembre 1914 le massacre des habitants et l'incendie de la ville, est taxée en octobre à 100.000 francs. En ce moment il n'apparaît plus nécessaire de terroriser : ce n'est plus de sang qu'on a besoin, mais d'argent.

La commune de Bilsen, dans le Limbourg, est frappée d'une amende de cent mille francs en espèces. Cette somme doit être payée parce que, d'après les autorités allemandes, des bourgeois auraient tiré des coups de fusil le jour où une patrouille belge détruisit la ligne du tram. Les habitants nient : ils assurent que si des coups de feu ont été tirés, c'est uniquement par les uhlans. M. le docteur Jan Van Best, membre de la 2ᵉ Chambre néerlandaise, et beau-frère de M. Gielen, de Bilsen, a fait une enquête, et a obtenu un grand nombre de témoignages en faveur de l'innocence des gens de Bilsen...

Antwerpsche Tijdingen, 26 octobre 1914.

DE LA PART DE L'AUTORITÉ MILITAIRE ALLEMANDE

Avertissement.

La ville de Mons a dû payer une contribution de cent mille francs parce qu'un particulier a tiré sur un soldat allemand.

(Affiché à Louvain).

Prises inefficaces d'otages.

A Seraing, en février 1915, c'est aussi de l'argent qu'on réclame, parce qu'une bombe aurait éclaté dans la commune. Pour l'obtenir plus sûrement on emprisonne quelques otages, avec promesse de les envoyer dans une forteresse en Allemagne si la caisse communale ne paie pas leur rançon ; mais les otages eux-mêmes conseillent à la commune de résister. Les Allemands, craignant de rester bredouilles, réduisent leurs exigences de moitié. Finalement, n'ayant rien obtenu, ils relâchent les otages.

Singulière justice, qui règle ses peines, non sur la gravité du délit, mais sur l'humeur des victimes. Nous attendons des tribunaux allemands qu'ils publient l'échelle des peines en rapport avec la souplesse des justiciables et avec la saison.

L'aventure d'Eppeghem mérite également d'être racontée en peu de mots.

En novembre 1914, un soldat allemand, se promenant dans les campagnes, tire un coup de fusil sur un lièvre ou sur un pigeon. Un officier survient bientôt et s'informe auprès du soldat. Comme la chasse est réservée aux officiers, le soldat, pour éviter une punition, rejette la faute sur les paysans. Aussitôt, rapport à Bruxelles. Le lendemain arrivent des officiers accompagnés d'une quarantaine de uhlans : « Une amende de 10.000 francs est imposée à la commune ». Des femmes, vivant dans une maison restée par hasard debout, près du champ où le soldat avait tiré, assurent qu'aucun habitant n'a lâché un coup de fusil, et qu'elles ont vu tirer le soldat ; on ne les écoute pas : « Il faut 10.000 francs, et tout de suite ». Mais dans ce village incendié de fond en comble, où presque pas une maison n'est habitable, d'où tous les hommes sont déportés en Allemagne, il n'y a pas moyen de réunir une aussi grosse somme. « Puisqu'il en est ainsi, on prendra des otages. » Les uhlans organisent une battue et saisissent le curé et trois laïcs, les seuls qu'on ait trouvés ; encore, l'un de ceux-ci est-il un habitant de Vilvorde qui venait bénévolement s'occuper de la police bourgeoise à Eppeghem. On les emmène à Bruxelles, mais en passant à Vilvorde, le Vilvordois est relâché, devant les protestations de ses concitoyens. Après les avoir tenus dix jours en prison, M. le baron von der Goltz, constatant qu'il n'y a plus moyen de rien extraire de la caisse communale d'Eppeghem, et qu'on nourrit en pure perte le curé et ses deux paroissiens, les remet en liberté.

Sort promis aux otages.

La prise d'otages est également en opposition flagrante avec l'article 50, mais conforme aux *Lois de la Guerre* allemandes (art. 53, 7°). En effet l'otage garantit sur sa tête que des concitoyens, sur lesquels il n'a aucune action, exécuteront fidèlement les ordres de l'autorité allemande. Le premier soin des troupes ennemies, en arrivant dans une localité, est toujours d'exiger la constitution d'otages ; ce sont d'ordinaire le curé, le bourgmestre, le notaire, l'instituteur, et quelques autres notables. Citons Liége et Tournai où ils ont retenu comme otages les évêques, Spa, Louvain, Gand, Mons, etc, etc. A Bruxelles ils avaient exigé la livraison de cent otages, mais ils y renoncèrent.

Quant au sort qui attend les otages si on attaque l'armée allemande, il est stipulé en toutes lettres dans les proclamations : ils seront fusillés sans aucune formalité préalable ou pendus. S'ils essaient de s'enfuir, ils seront pendus et leur ville sera brûlée.

Avertissement.

Attendu que de nouvelles tentatives d'assassinat ont eu lieu à l'égard de personnes faisant partie de l'armée allemande, j'ai fait arrêter comme otages des personnes de beaucoup d'endroits. Celles-ci me garantiront avec leur vie de ce qu'aucun habitant ose encore entreprendre une action malveillante à l'encontre de soldats allemands, ou d'essayer de faire des détériorations aux chemins de fer, télégraphes et téléphones ou à d'autres objets servant aux intentions de notre armée.

Les personnes n'appartenant pas à l'armée qui seront surprises d'avoir entrepris pareilles actions seront fusillées ou pendues. Les otages des endroits environnants subiront le même sort. Je ferai ensuite brûler jusqu'à la dernière maison, même s'il s'agit de villes importantes. Si les otages essaient de fuir, l'endroit auquel ils appartiennent sera brûlé et, en cas de reprise des otages, ceux-ci seront pendus.

Tous les habitants, qui feront preuve de bonne volonté à l'égard de nos troupes, sont assurés de la protection de leur vie et de leur propriété.

Le Commandant chargé de la protection des chemins de fer.

Freiherr von Malzahn.

(A été affiché à Spa, à Aywaille, à Châtelineau.., en août 1914.)

GOUVERNEMENT GÉNÉRAL EN BELGIQUE

A la population de Forest.

Malgré mes avertissements répétés, des attaques ont à nouveau eu lieu en ces derniers jours, par la population civile des environs, contre les troupes allemandes ainsi que contre la ligne de chemins de fer de Bruxelles-Mons.

Sur l'ordre du Gouvernement Général Militaire de Bruxelles, chaque localité doit conséquemment livrer des otages.

Ainsi sont arrêtés à Forest :

1° M. Vanderkindere, conseiller communal ;
2° M. le curé François.

Je fais connaître que ces otages seront immédiatement fusillés sans formalité judiciaire préalable, si une attaque de la population se produit contre nos troupes ou contre les lignes du chemin de fer occupées par nous et, qu'en outre, les plus sévères représailles seront exercées contre la commune de Forest.

J'invite la population à se tenir calme et à s'abstenir de toute violence ; dans ce cas, il ne lui sera pas fait le moindre mal.

Forest, le 26 septembre 1914.

Le Commandant de la Landsturm
Bataillon Halberstadt,
von Lessel.

Nous ne savons pas s'il y eut en Belgique des otages fusillés ou pendus. Mais dans le nord de la France, d'après un correspondant militaire de *K. Z.*, un otage au moins a été tué ; cet assassinat était d'autant plus criminel qu'il punissait, non un acte hostile de la part des habitants, mais un fait de guerre tout à fait normal et régulier : un bombardement (p. 238).

Les Allemands ont imaginé un intéressant perfectionnement du système des otages : ceux-ci sont responsables les uns des autres. *L'Ami de l'Ordre* donne chaque jour, du 1ᵉʳ septembre au 29 septembre 1914, la liste des otages, et ajoute : « Si l'un ou l'autre de ces otages ne se présentait pas, les autres seraient retenus pendant 24 heures, sans préjudice des peines à infliger au manquant ». Cela revient à dire que chaque otage doit aller pendant la journée s'assurer que ses compagnons d'infortune de la nuit suivante se tiennent prêts.

Punition d'innocents à la place de coupables.

Un cas fort curieux de punition d'innocents à la place des « coupables » est celui-ci. Le 7 octobre 1914 les Allemands affichèrent que les miliciens des régions occupées ne pouvaient pas rejoindre l'armée belge, et qu'en cas de désobéissance les jeunes gens s'exposaient à être envoyés en Allemagne comme prisonniers de guerre. Jusqu'ici, rien d'illégal. Mais l'affiche déclare ensuite qu'en cas de départ du milicien, sa famille sera rendue responsable. Or en quoi les parents sont-ils coupables si leur fils veut à toute force accomplir son devoir envers sa patrie ?

Le 30 décembre, aggravation de la mesure : les bourgmestres aussi seront punis.

Le 28 janvier 1915, nouvelle affiche : sont considérés comme aptes au service militaire tous les Belges de seize à quarante ans. Ainsi donc, lorsqu'un homme de quarante ans va s'engager dans l'armée belge, les membres de sa famille seront frappés. Vraiment l'affiche aurait dû indiquer si ce sont les enfants en bas âge qui seront punis pour n'avoir pas empêché leur père de partir.

A Hasselt les Allemands ont effectivement arrêté les pères et les mères de jeunes gens qui s'étaient échappés.

De Tijd apprend de Ruremonde :

A Hasselt et aux environs, les Allemands ont donné la chasse aux pères des jeunes gens qui, susceptibles d'être appelés sous les drapeaux, ont pu, malgré la stricte défense et la surveillance active, passer en Hollande pour se rendre par l'Angleterre en France, dans l'intention de s'y faire éventuellement incorporer dans l'armée.

Toutefois, dès qu'on apprit que des pères étaient arrêtés, ceux-ci passèrent également la frontière et les Allemands trouvèrent que beaucoup d'oiseaux s'étaient envolés.

On ne se borna pas là : les mères furent arrêtées à leur place.

En même temps les Allemands firent savoir que tout ce monde serait transféré au camp de Münster, bien connu, et donnèrent avis que les femmes eussent à se munir du plus de linge de corps possible. Toute la petite ville était consternée. Plus tard arriva un télégramme du général von Bissing, pour annoncer la remise à huitaine du départ pour Münster ; et les détenus furent emmenés à Tongres.

N. R. C., 3 février 1915, soir.

L'incarcération des mères est d'ailleurs conforme aux prescriptions de l'affiche du 4 avril 1915, dont nous parlerons plus loin (p. 389).

Un dernier exemple de châtiment infligé à des innocents, alors que le « coupable » avait déjà subi sa peine : un Belge ayant fait des signaux à l'ennemi (c'est-à-dire à l'armée belge) est tué pendant qu'on l'arrêtait. Aussitôt le curé et le vicaire sont expédiés en Allemagne, comme responsables des membres de leur paroisse.

Avis important.

Alidor Vandamme, habitant de Cortemarck, s'est livré à l'espionnage en donnant des signaux à l'ennemi. S'opposant à son arrestation, il a été tué par un coup de fusil.

L'autorité allemande a pris par suite du crime commis par Vandamme les mesures coercitives suivantes :

1° Le curé Blancke et le vicaire Barra, responsables des membres de leur paroisse, seront déportés comme prisonniers de guerre en Allemagne.

2° La commune de Cortemarck a à payer une amende de cinq mille M. (5.000 M.).

Il n'a pas suffi à l'autorité allemande de commettre cette iniquité ; elle l'a fait afficher à travers toute la Flandre (nous l'avons copiée à Thielt et à Termonde), et elle a obligé *Le Bien public* à lui donner de la publicité.

Article 49

Si, en dehors des impôts visés à l'article 48, l'occupant prélève d'autres contributions en argent dans le territoire occupé, ce ne pourra être que pour les besoins de l'armée ou de l'administration de ce territoire.

Article 51

Aucune contribution ne sera perçue qu'en vertu d'un ordre écrit et sous la responsabilité d'un général en chef.

Il ne sera procédé, autant que possible, à cette perception que d'après les règles de l'assiette et de la répartition des impôts en vigueur.

Pour toute contribution, un reçu sera délivré aux contribuables.

Article 52

Des réquisitions en nature et des services ne pourront être réclamés des communes ou des habitants, que pour les besoins de l'armée d'occupation. Ils seront en rapport avec les ressources du pays, et de telle nature qu'ils n'impliquent pas pour les populations l'obligation de prendre part aux opérations de la guerre contre leur patrie.

Ces réquisitions et ces services ne seront réclamés qu'avec l'autorisation du commandant dans la localité occupée.

Les prestations en nature seront, autant que possible, payées au comptant ; sinon, elles seront constatées par des reçus, et le paiement des sommes dues sera effectué le plus tôt possible.

Fixation de la valeur du mark à 1 fr. 30, puis à 1 fr. 25.

Parmi les contributions visées par l'article 49, il faut citer en première ligne celle qui fixe la valeur du mark. *Düsseldorfer Zeitung* du 4 septembre 1914 annonce que le commandant général militaire pour la partie occupée de la Belgique et de la France fixe à 130 francs la valeur de 100 marks. Effectivement des affiches placardées à Charleroi, à Saint-Trond, à Namur, et dans la province de Liége, obligent les Belges à accepter les marks allemands à ce taux exagéré, ce qui a fait perdre à certains négociants des sommes considérables.

Proclamation.

La circulation de la monnaie allemande ayant donné lieu à des doutes, il a été fixé le *cours du mark allemand à 130 centimes.*

Il est porté à la connaissance du public que tout papier-monnaie allemand doit être accepté dans les transactions financières au même cours que l'argent allemand.

Le 25 août 1914.

(Affiché à Liége.)

Le Gouverneur.

Toutefois l'intention frauduleuse était par trop évidente. Le 3 octobre, M. le baron von der Goltz fait savoir que jusqu'à nouvel ordre le mark vaut *au moins* 1 fr. 25. Puisque le mark ne valait en réalité que 1 fr. 08 à 1 fr. 15, les Belges cherchaient naturellement à refuser les billets allemands (*K. Z.*, 16 novembre 1914, matin). Aussi de nouvelles affiches, du 4 et du 15 novembre, mettent-elles les commerçants en demeure de les accepter. Signalons une phrase malheureuse d'une affiche de Mons : elle rappelle que le mark doit être accepté pour *la valeur réelle de cette monnaie*, et plus loin elle fixe cette valeur à 1 fr. 25, ce qui est manifestement faux. Pour l'édification du lecteur, donnons un petit graphique montrant les variations du cours du mark en Hollande. (*Fig.* 30).

Saisie des pièces d'or.

Une autre contribution forcée consiste dans l'accaparement de notre or. A Tournai, les Allemands font une perquisition dans toutes les banques : ils enlèvent l'or en laissant à la place des billets allemands. A Wavre, ils exigent que les paiements se fassent en or ; ainsi, en janvier 1915, ils n'acceptent pour les passeports que des pièces d'or sur lesquelles ils remettent des billets allemands. Voici encore un autre procédé de spoliation. Les Belges qui reviennent de l'étranger ont avantage à rapporter de l'or. Mais à la frontière, celui-ci leur est enlevé et les Allemands donnent à la place des billets allemands, dont le cours est fort déprimé, comme nous venons de le voir. Pour n'être pas dépouillés, les Belges se faisaient confectionner avant de rentrer des boutons en pièces d'or recouvertes d'étoffe. Mais les Allemands ayant eu vent de la ruse, la démasquaient par un coup de canif dans l'étoffe. Depuis les voyageurs ont soin de cacher les louis sous une mince rondelle de fer-blanc.

Dans la caserne des hussards à Stendal, étaient retenus prisonniers, — contrairement à l'article 9 de la Convention de Genève du 6 juillet 1906, — une soixantaine de médecins anglais, belges, français et russes. Un beau jour on vint leur dire : « Vous avez de l'or, remettez-le nous en échange de billets ». Ils refusèrent. Le lendemain on leur dit : « Ceux qui n'échangeront pas leur or contre des billets, iront en cellule ». Devant la contrainte il fallut céder, et le dépôt d'or de l'Allemagne s'accrut de quelques pièces.

Contributions imposées aux villes.

Voyons maintenant les obligations pécuniaires imposées aux villes. Les plus importantes sont : Liége (20 millions de francs), Namur (32 millions), Anvers (40 millions), Bruxelles (45 millions). Les discussions relatives à cette dernière contribution sont des plus instructives ; elles ont été racontées par *N. R. C.* On y voit comment les Allemands violent successivement les divers accords faits avec la ville ; finalement ils frappent celle-ci d'une amende de 5 millions, ce qui leur permet de compléter malgré tout la somme de 50 millions qu'ils s'étaient promis d'extorquer à la capitale :

Contribution imposée à Bruxelles.

(D'un de nos correspondants de guerre.)

... Au cours de ce voyage, j'ai encore entendu parler des motifs qui ont valu à la ville de Bruxelles d'être frappée de l'amende de cinquante millions de francs que chacun sait. Ce que j'avance, je le tiens d'une des plus hautes personnalités de la magistrature :

Lors de leur entrée ici, les Allemands demandèrent cinquante millions à la ville et — que cela ne vous fasse pas jeter les hauts cris — quatre cent cinquante millions à la province de Brabant. Le conseil communal de Bruxelles tâcha de démontrer que la ville ne pouvait payer sa contribution et fit savoir que celle de la province était tout à fait exorbitante, attendu que le Brabant, qui émarge au budget pour une somme annuelle de cinq à six millions, employait celle-ci avant qu'elle lui fût versée, qu'il ne pouvait donc pas payer d'amende puisqu'il avait à pourvoir à des dépenses sans qu'il y eût d'autres rentrées de fonds. Après avoir longtemps discuté, les Allemands ont fini par décharger le Brabant de cette taxe de guerre et donnèrent en même temps au conseil communal, pour réunir les cinquante millions, huit jours pendant lesquels ils suspendraient toute réquisition.

Le bourgmestre Max fit alors placarder la proclamation bien connue annonçant que, pendant huit jours, il ne serait fait aucune réquisition par l'autorité militaire allemande.

Mais dès le lendemain, le bourgmestre fut appelé pour se justifier, et bien qu'il produisit la convention écrite, devant le nouveau gouverneur de la ville, celui-ci lui fit entendre que son prédécesseur avait bien pu accorder cela, mais que lui, étant d'un grade supérieur, ne reconnaissait pas cette clause. De nouvelles négociations s'ouvrirent et on arrêta finalement que vingt millions seraient payés en cinq échéances de quatre millions chacune. Quatre de ces termes furent versés régulièrement et le cinquième devait l'être précisément, lorsque Max fut convoqué chez le gouverneur qui lui demanda quelles étaient ses dispositions concernant les trente millions restants.

Max ne cacha pas son extrême surprise, disant qu'il croyait bien qu'on avait fait remise du reste de la taxe et que les vingt millions en constituaient tout le montant.

Le gouverneur allemand ne se montra du tout de cet avis et exigea les trente millions restants. Là-dessus Max donna immédiatement ordre à la Banque de suspendre le paiement des quatre derniers millions qui étaient déjà préparés, jusqu'à ce qu'il fût certain que ceux-ci constitueraient pour les Allemands le dernier versement. Ce fut alors de part et d'autre un égal entêtement. Le gouverneur soutenait que Max rompait ses engagements ; Max, en revanche, que c'étaient les Allemands qui manquaient à leur parole. En conséquence on arrêta le bourgmestre, qui en ce moment est emprisonné dans un fort, à Glatz en Silésie.

On avertit alors le conseil communal qu'on le déchargerait de ses fonctions et que les Allemands prendraient l'administration de la ville, si la contribution de guerre n'était pas acquittée.

Ce furent de nouvelles négociations interminables, et l'on conclut qu'on donnerait en tout quarante-cinq millions.

La somme fut versée. Toutefois les Allemands voulaient toujours obtenir les cinq millions restants, et un agent de police, qui avait manqué de respect à un officier, se vit condamner à cinq ans d'emprisonnement et occasionna à Bruxelles une amende de cinq millions.

On peut se demander si, les Allemands continuant à agir de la sorte, la ville de Bruxelles devra payer une amende chaque fois qu'un de ses fonctionnaires commettra une faute, alors qu'il est impossible qu'elle contrôle tous ses agents.

Dans l'occurence, l'officier allemand qui a été injurié était en civil. Or, sur une plainte du Conseil communal, le gouverneur avait répondu, il y a quelque temps, qu'il n'y a pas d'agents secrets travaillant en civil. L'agent de police ne pouvait donc pas savoir qu'il avait affaire à un officier, puisque celui-ci n'était pas en uniforme.

On comprend que de vives protestations se soient élevées, mais, encore une fois, les Allemands menacèrent, si la somme n'était pas payée le 10 novembre au plus tard, de prendre la direction de la commune. Aussi, bien que le Conseil communal ait présenté un mémoire sur l'affaire, il sera pourtant forcé de payer, pour pouvoir poursuivre sa mission en paix.

N. R. C., 9 novembre 1914, matin.

Amendes pour avoir écouté des autorités allemandes.

Les amendes pleuvent. Nous avons cité plus haut les punitions pécuniaires infligées à des communes pour les motifs les plus variés.

Ajoutons celle-ci. La ville de Bruxelles a été frappée d'une peine de 500.000 francs parce qu'elle a désobéi à un ordre de l'autorité militaire allemande, ordre que l'autorité civile allemande avait reconnu injuste.

Une nouvelle amende infligée à Bruxelles.

Le Bureau belge d'informations apprend de Bruxelles :

L'autorité militaire allemande a fait savoir récemment à l'Administration communale de Bruxelles que celle-ci avait à pourvoir à la réfection de la grand'route qui va de Bruxelles à Malines, ce qui impliquait que la route devait être complètement repavée. L'administration communale fit savoir que cette voie était une route royale et n'appartenait donc pas au réseau des routes dont Bruxelles assure l'entretien, et cela d'autant plus qu'il n'y a pas un mètre de cette chaussée qui soit sur le territoire de la ville.

Comme l'autorité militaire allemande insistait, l'administration communale, invoquant la Convention de La Haye, montra que ces travaux et les frais qu'ils entraînaient, incombaient exclusivement au gouvernement allemand, ajoutant qu'il serait aussi injuste d'y astreindre la ville de Bruxelles que d'exiger d'elle la mise en état de la route qui va de Königsberg à Berlin.

Comme l'autorité militaire ne tenait pas compte de ces arguments, la commune en appela à l'autorité civile allemande, qui, après examen de l'affaire, donna gain de cause à l'administration communale de Bruxelles. Toutefois, immédiatement après cette sentence, l'autorité militaire fit valoir auprès de l'autorité civile son pouvoir souverain, et condamna la ville de Bruxelles à une amende de 500.000 francs pour avoir refusé d'obéir à ses ordres, et la força de plus à commencer les travaux sans délai.

N. R. C., 8 avril 1914, matin.

A rapprocher de cette amende celle de 10.000.000 à laquelle fut condamnée la ville de Courtrai pour avoir déposé des armes dans le Broel, conformément aux ordres de deux commandants allemands. On croit rêver ! (*2e Livre Gris*, n° 775.)

Amendes aux particuliers.

Les particuliers sont tout aussi exposés. Bornons-nous à citer trois cas : à Mons celui qui n'éclaire pas sa maison pendant la nuit et qui ne met pas un seau d'eau devant la porte, a une amende d'au moins 50 francs (affiche du 26 septembre 1914). Le bourgmestre de Thielt peut choisir entre l'internement en Allemagne et une amende de 75.000 francs ; motif : injures à l'armée allemande. A Liége, ceux qui sont dans les rues après l'heure officielle de circulation (19 heures en mars 1915) sont arrêtés par une patrouille composée d'un soldat allemand, d'un agent de police liégeois et d'un garde civique. A la Kommandantur on leur inflige une amende qui varie d'après leur aspect extérieur et le contenu de leur porte-monnaie, de 5 à 20 marks.

Les injures pour lesquelles le bourgmestre de Thielt eut l'amende signalée plus haut, consistaient à avoir dit que les Allemands faisaient des réquisitions exagérées. Voici un autre cas d'amende pour injures. Le vicaire d'une localité de la province d'Anvers, dont les Allemands avaient saccagé la maison en octobre 1914, fut condamné en mars 1915 à une amende de 5.000 marks, parce que, roulant à bicyclette sans passeport, il avait allégué pour sa défense qu'il n'avait plus les moyens de s'acheter un passeport, les Allemands lui ayant tout enlevé.

Exactions commises par un sous-officier.

Les amendes sans rime ni raison et les contributions de guerre exorbitantes sont devenues une chose si normale et si régulière

que des Allemands ont fini par exploiter cette situation. *N. R. C*
du 21 mai 1914 (soir) rapporte que le conseil de guerre de Coblence
a condamné à 1 an 1/2 de prison le sous-officier Garternich qui
avait exigé, de diverses communes belges occupées, une contribution
de guerre de 3 francs par personne, et qui avait ainsi encaissé, à
son profit personnel, une somme de 27.393 francs. Ce simple fait
ne met-il pas en évidence le pressurage habituel auquel est soumis
notre pauvre pays? 18 mois de prison pour avoir vidé jusqu'au
fond des caisses communales déjà dépouillées officiellement par les
autorités, ce n'est vraiment pas cher ; surtout si on compare cette
condamnation à celles qui s'abattent sur les communes quand un
fil télégraphique se brise : menace d'incendie de tout un quartier
(p. 166), ou amende formidable (p. 168), — ou quand un balayeur
s'empare d'un morceau de viande (p. 167).

Réquisitions de matières premières et de machines.

Les réquisitions ne peuvent être réclamées, dit l'art. 52, *que
pour les besoins de l'armée d'occupation*. Or nos ennemis ont
enlevé à la Belgique d'énormes quantités de matières premières
et de machines, qui ne doivent évidemment pas servir à l'armée
d'occupation (*Belg. All.*, p. 119.) Qu'est-ce que celle-ci peut faire
de cotons bruts, de laines, de filés de coton, de nickel, de jute ?
Tout cela n'est utile qu'à l'industrie d'outre-Rhin, paralysée par
la suppression de la marine marchande. Parmi les réquisitions
figurent des machines-outils pour la confection d'obus (notamment celles qu'on a enlevées à la *Fabrique Nationale d'armes de
guerre*, à Herstal et à la *Fonderie royale de canons*, à Liège), et des
métaux, tels que le cuivre, qui sont également indispensables à la
fabrication de munitions ; les objets qui nous ont été pris, contrairement à l'article 52, souscrit par l'Allemagne, sont donc employés directement à nous combattre.

Les Allemands ne pourront pas prétendre que ces réquisitions
de machines ont été faites par des officiers trop zélés, ignorant les
lois, puisque M. le baron von Bissing, agissant en qualité de
Gouverneur général, a signé l'affiche du 17 février réglementant
l'expédition de nos machines-outils vers l'Allemagne (*Belg. All.*,
p. 116, 117). Du reste, à Berlin même, on est parfaitement au
courant de ces réquisitions, et on sait quelle est leur destination,

ainsi qu'il résulte d'une conférence de M. P. Rohrbach, résumée dans *N. R. C.*, 22 février 1915, matin.

Un autre exemple est celui des noyers. En décembre 1914 et en janvier 1915, nos oppresseurs ont fait abattre d'énormes quantités de ces arbres, pour employer leur bois à la confection de crosses de fusils. Outre ceux qui garnissaient les rives de l'Escaut, et qui sont propriété de l'État, les Allemands ont pris aussi ceux des jardins et des vergers.

Les réquisitions continuent. L'autorité allemande a commencé à dépouiller nos fabriques de tout le cuivre des machines, ce qui les réduira sans exception à l'impuissance. Il est piquant de constater que cette mesure nous a été annoncée par une feuille de propagande, adressée à des Belges (p. 308).

L'approvisionnement en cuivre de l'Allemagne.

Le docteur Schroedter a traité ensuite la question de l'approvisionnement en cuivre de l'Allemagne. Il a rappelé l'expression employée par l'Angleterre en réponse à la note américaine, pour déclarer comme « nécessaire à la sûreté du pays » la politique de contrebande pratiquée. L'Allemagne, se plaçant au même point de vue, a le droit de tirer des territoires belge et français occupés, tout le cuivre, les fils électriques, les dépôts des fabriques, les parties en cuivre des hauts fourneaux, les chaudières des fabriques de sucre, les installations des maisons, jusqu'au dernier loquet de porte. On se procurera ainsi des quantités de cuivre suffisantes pour les besoins d'une guerre de 30 ans, sans être obligé de porter la main sur les monuments en bronze ni sur les toitures des églises...

Kriegs-Ausschuss der Deutschen Industrie, Berlin, n° 10.

Il importe d'insister sur le fait que les matières premières pour l'industrie, les machines, les noyers..... ne sont pas achetées, mais réquisitionnées. Il ne s'agit pas ici d'une transaction commerciale ni même d'une expropriation, puisque nous n'avons aucun recours contre les décisions prises à Berlin quant aux prix qui seront payés après la guerre.

Réquisition de chevaux reproducteurs.

La spoliation qui causera à notre patrie la perte la plus sensible et la plus difficile à réparer a été signalée par *Kölnische Zeitung* du 21 février. Le journal donne le résumé des discussions qui eurent lieu le 20 février 1915 à la Commission du budget de la Chambre prussienne. A l'occasion du budget de l'agriculture, « un député du parti conservateur se plaignit de ce que les reproducteurs de provenance belge, destinés à l'élevage chevalin, avaient été répartis uniquement entre la Prusse Rhénane et la Westphalie. Le gouvernement promit que d'autres provinces recevraient également satisfaction ». La lecture de ce passage nous a engagés à questionner des vétérinaires ; et voici ce que nous avons appris.

Depuis de longues années, un groupe d'éleveurs, appliquant empiriquement les principes découverts par Mendel et par Hugo de Vries, s'occupaient d'améliorer notre cheval de trait. Le résultat fut si heureux que de nombreux marchands étrangers, notamment des Américains et des Allemands, visitent régulièrement nos foires aux chevaux, et achètent, à des prix fort élevés, des bêtes qu'ils importent chez eux comme reproducteurs.

Les Allemands firent chez nous des réquisitions de chevaux pour les besoins de leur artillerie, de leur train de bagages et de leur cavalerie. Rien à redire à cela. Mais ils ont exigé aussi des quantités de chevaux de choix, notamment des juments prêtes à pouliner, et par conséquent inaptes à faire service à l'armée de campagne. Quand on leur faisait remarquer que les troupes ne pouvaient pas utiliser ces bêtes, ils répondaient cyniquement : « Nous le savons bien, aussi allons-nous les envoyer en Allemagne ».

Dans une seule écurie d'élevage, celle du Fosteau, dont la réputation est universelle, on enleva 16 juments, dont 4 ont été champions, d'une valeur totale de près de 100.000 francs ; dans une autre ferme, on prit une trentaine de juments et une huitaine de poulains ; dans une troisième, 20 juments ; une foule d'autres fermes perdirent ainsi toutes leurs bêtes de concours. Les cas que nous citons sont relatifs à la seule province de Hainaut ; le Brabant, les provinces de Namur et de Liége, ont été tout aussi éprouvés.

Souvent les officiers arrivaient dans la ferme, exigeant qu'on leur montrât les chevaux ; puis, malgré les protestations du propriétaire, ils emmenaient à la fois les bêtes destinées au service de l'armée et celles qui seraient expédiées en Allemagne. En échange ils remettaient des bons, qui tantôt ne portaient aucune indication de valeur, tantôt portaient une estimation fantaisiste, faite par les Allemands seuls. Si on récriminait, ils disaient : « C'est la guerre », parole qui résume toute leur mentalité.

A Soignies, une affiche enjoint aux éleveurs d'amener leurs bêtes sur une place. Des officiers et un civil allemands inspectent les chevaux, et fixent leur valeur sans écouter les propriétaires ; puis, au lieu de les payer tous au comptant comme l'annonçait l'affiche, ils en payent une cinquantaine, et pour les autres ils remettent aux fermiers des bons de réquisition.

Ailleurs l'opération est encore simplifiée. Ils envahissent la ferme, arrêtent, sans même donner de prétexte, le fermier, sa famille et ses domestiques, et les emprisonnent dans une maison du voisinage ; après libération, le fermier constate que tous ses plus beaux chevaux ont disparu, et qu'on ne lui a pas même laissé un semblant de bon. Il peut s'estimer heureux si les bâtiments d'exploitation n'ont pas été incendiés, et si ses meubles sont intacts.

Après avoir pris tout ce qui leur convenait en fait de chevaux adultes, les autorités allemandes ont décidé de renoncer à de nouvelles réquisitions, et à instituer des marchés de poulains. Pour comprendre l'exploitation à laquelle s'exposent les naïfs qui enverraient leurs produits à ces marchés, il faut lire le 4° alinéa de l'affiche. « Ce sont les marchands de la Prusse Rhénane et de la Westphalie qui seuls ont le droit d'acheter à ces foires. » M. le baron von Bissing est de connivence avec les maquignons ! Savourez aussi l'hypocrisie de cette phrase-ci : « Le gouverneur général autorise la création de marchés », comme si jamais un Belge avait songé à demander une chose qui ne profiterait qu'à nos ennemis, et qui aurait pour résultat de ruiner notre élevage chevalin à leur profit.

L'insuccès des premiers de ces marchés fut complet. Ceux qui furent édictés pour le 8 février à Wavre, Gembloux, Éghezée, Huy,

Waremme, ne furent pas non plus fréquentés par les producteurs de chevaux. *La Belgique* du 18 mars constate que la foire aux poulains à Namur, le 13 mars, n'a pas mieux réussi. Il fallait d'ailleurs être foncièrement allemand, c'est-à-dire convaincu de l'infériorité mentale des autres, pour supposer que les Belges se laisseraient aussi dépouiller bénévolement par leurs ennemis.

Les protestations du 20 février à la Commission du budget de Prusse furent sans doute prises en considération, puisque l'affiche du 23 février 1915, créant des marchés de poulains, le 18 mars, à Gembloux, Manage et Binche, et le 20 mars à Ath et Mons, ne dit plus que les achats se font avec le concours de représentants des Chambres agricoles de la Prusse Rhénane et de la Westphalie, mais avec le concours de représentants des Chambres d'agriculture allemandes. Il en est de même pour l'affiche du 23 mars 1915, fixant des marchés de poulains le 8 avril à Enghien et à Ath, le 12 avril à Manage, Thuin et Fleurus, le 15 avril à Waremme et à Huy, le 22 avril à Hasselt, Tongres et Liége.

Réquisition d'articles de toilette, instruments de musique, etc.

Enfin, nouvel exemple de réquisition illégale. Il nous paraît fort difficile de soutenir la légitimité de réquisitions comme celles qui se font à Gand, où les Allemands exigent des cigares que la ville paie un franc la pièce, des paires de gants à 18 francs, des instruments de musique... (*N.R.C.*, 22 décembre 1914, soir.)

On peut en dire autant des cravates réquisitionnées à Anvers. Il est vrai que les officiers, auteurs de ces « réquisitions », se rendaient compte de l'escroquerie qu'ils commettaient et donnaient en payement des bons sans valeur :

On nous écrit de Roosendaal :

... Pendant que nous bavardions dans l'hôtel de ville, les dames qui nous attendaient firent une petite promenade. Elles entrèrent dans un magasin d'articles de toilette pour hommes, — car il est absolument impossible à des femmes de se promener dans une ville, même bombardée, sans s'intéresser aux magasins, — et là elles entendirent le récit d'un petit drame. Le propriétaire de la maison avait fui avec sa famille, tandis qu'une des demoiselles de magasin était restée courageusement à son poste pour veiller à tout. Ce matin, comme un officier allemand avait frappé à la porte, elle était allée ouvrir et avait vendu, sur les instances pressantes du client, pour une centaine de francs de cravates et d'autres articles. Mais il s'était acquitté à l'aide d'un bon, et la jeune fille, inquiète à cause de sa responsabilité vis-à-vis du patron, était allée, après avoir fermé soigneusement la porte, à l'hôtel de ville, afin de se faire payer en espèces le montant du bon. Là elle rencontra plusieurs commerçants porteurs de ces papiers. On leur répondit à tous, de la part de la commandature, que les bons non estampillés étaient sans valeur et on les engagea à ne plus rien vendre contre de pareils reçus. La demoiselle de magasin, à l'idée de ce déficit, se mit à pleurer en songeant à son patron absent. Et sa confiance était si ébranlée que c'est en hésitant qu'elle se décida à servir les dames hollandaises.

N. R. C., 20 octobre 1914 (matin).

La carte postale (fig. 17) qui montre le soldat « réquisitionnant avec succès » des jouets d'enfants, ne dit pas avec quels bons ce guerrier soldait ses réquisitions.

Réquisitions excessives.

Les réquisitions en nature seront en rapport avec les ressources du pays, dit l'article 52 ; ce qui signifie évidemment que les réquisitions ne peuvent pas épuiser le pays au point de mettre en danger l'existence des habitants. Si cette stipulation avait été respectée, nous n'aurions pas à déplorer la famine qui ravage notre pays ; nous y reviendrons plus loin.

Contentons-nous, pour donner une idée de la façon excessive, inhumaine, dont les réquisitions sont opérées, de renvoyer à quelques articles de témoins oculaires, particulièrement de ceux qui ont vu ce qui se passe près de la frontière. (*N. R. C.*, 10 janvier 1915, matin, — 12 janvier 1915, matin, — 16 janvier 1915, matin, — 23 janvier 1915, matin), et à Gand (22 décembre 1914, soir, — 30 janvier 1915, soir). On constate aussitôt que les réquisitions dépassent ce que les habitants peuvent raisonnablement fournir.

Les Allemands ont toujours grand soin d'exiger du vin. Ils en réclament d'énormes quantités dans de petits villages de la Campine limbourgeoise (*N.R.C.*, 15 janvier 1915). Ailleurs ils prennent pour eux toute la cave des marchands et des habitants sans permettre à ceux-ci d'en user (*Belg. All.*, p. 118).

Il leur arrive aussi d'employer des moyens détournés pour faire des réquisitions sans en avoir l'air. Ainsi, aux environs de Saint-Trond, ils commencent par envoyer en Allemagne la majeure partie de la population masculine, puis ils déclarent que si la moisson n'est pas terminée dans les huit jours, ils s'empareront des céréales non rentrées (affiché à Saint-Trond, le 8 septembre 1914).

Payement des réquisitions.

Un dernier point relatif aux réquisitions : *Elles seront payées au comptant, sinon elles seront constatées par des reçus...*

Souvent aucun reçu n'a été remis aux propriétaires. Ailleurs les reçus sont fantaisistes et sans valeur :

La misère à Louvain.

...On se méfie des bons allemands. Beaucoup de gens les refusent quand on les leur présente en paiement. Les soldats paient avec des bons les objets et les provisions qu'ils réquisitionnent ; ils y inscrivent toutes espèces de sottises. J'ai vu des bons sur lesquels on avait écrit : « Le porteur de ce bon n'est qu'une tête de mouton ». — « Bon pour un baiser. » — « Le Roi Albert paiera tout », etc... etc...

N. R. C., 25 novembre 1914, matin.

D'autres ne correspondent pas à la réalité ; quand ils ont pris deux charrettes de paille, ils remettent un « bon pour une botte de paille » ; un paysan à qui on avait enlevé deux vaches, a reçu un « bon pour une poule ». Tous ces exemples sont relatifs au Brabant. Nous avons vu personnellement de ces bons, mais il nous a été impossible de les photographier, puisque la photographie à la campagne est interdite (p. 16) et que les propriétaires n'ont pas pu s'en dessaisir ; en effet, ils ne savaient pas d'avance quand aurait lieu la vérification, et les Allemands s'arrangent pour n'effectuer celle-ci que pendant peu de jours.

Il est à la vérité spécifié que ceux qui reçoivent des bons sont tenus de s'assurer de leur exactitude, mais cette prescription reste évidemment lettre morte. Songez qu'il y a en présence, d'un côté un paysan flamand ou wallon, terrorisé à l'extrême et incapable de lire un bon griffonné en allemand, et de l'autre côté, des soldats dont les arguments habituels sont la fusillade et l'incendie.

Il faut faire une mention spéciale pour le paiement des réquisitions de vins. Les officiers et les soldats en consomment de telles masses qu'ils doivent s'en cacher aux yeux de leurs supérieurs ; aussi les bons de vins sont-ils régulièrement falsifiés. On sait qu'il y avait en Belgique des caves célèbres, dont les bouteilles valent en moyenne une dizaine de francs. Les Allemands les ont vidées complètement, mais en les payant au prix de vins ordinaires, en général un franc la bouteille. Un seul exemple suffira. Dans un château du Brabant ils ont pris, entre autres vins, 400 bouteilles d'un vieux Bordeaux valant douze à quinze francs, et ils ont donné un bon de 200 bouteilles à un franc. Quand le propriétaire osa réclamer, ils le menacèrent tout bonnement de saccager son habitation. Lors d'une autre réquisition de vins dans le même château, le jardinier, en l'absence du maître, se permit aussi de protester : « Allez dire à Monsieur, lui répondit-on, que s'il n'est pas content, il peut nous le faire savoir : nous brûlerons tout ».

Article 53

L'armée qui occupe un territoire ne pourra saisir que le numéraire, les fonds et les valeurs exigibles appartenant en propre à l'État, les dépôts d'armes, moyens de transport, magasins et approvisionnements, et, en général, toute propriété mobilière de l'État de nature à servir aux opérations de la guerre.....

Saisies illégales de fonds et de meubles.

Dès les premiers jours de l'occupation, les Allemands s'emparèrent contre toute justice des caisses communales et des fonds déposés dans les succursales de la Banque nationale, dans les Postes, etc. (*2ᵉ Livre Gris*, nº 72.) Ils furent obligés de reconnaître le bien fondé des protestations du Gouvernement belge ; mais leur esprit de pillage est incorrigible : en entrant à Gand, le lundi

12 octobre, leur premier soin a été de faire main basse sur les 1.800.000 francs que renfermait la caisse communale.

L'article 53 montre aussi que les Allemands n'ont pas le droit d'enlever les meubles des ministères à Bruxelles (p, 158), puisque ce mobilier n'est pas de nature à servir aux opérations de la guerre.

Article 55

L'État occupant ne se considérera que comme administrateur et usufruitier des édifices publics, immeubles, forêts et exploitations agricoles appartenant à l'État ennemi, et se trouvant dans le pays occupé. Il devra sauvegarder le fonds de ces propriétés et les administrer conformément aux règles de l'usufruit.

Emploi abusif des monuments.

Le respect des Allemands pour la légalité a pu se donner libre carrière vis-à-vis de cet article. Dès les tout premiers jours ils emploient comme écuries les églises qu'ils consentent à laisser debout. Arrivés à Liége, ils prennent possession du Palais de Justice et en font une caserne. Pourquoi expulsent-ils la Justice? MM. Koester et Noske (*Kriegsfahrten*, p. 30) nous le disent : c'est simplement parce que la position est centrale et facile à défendre (voir une photographie en face de la page 32). Ils ne se rendent donc pas compte qu'une telle utilisation est doublement contraire à la Convention de La Haye, puisqu'elle ne respecte pas la destination du monument et qu'en outre elle l'expose au bombardement par un avion allié, visant la garnison allemande.

De même pour le Palais de Justice de Bruxelles, qui lui aussi sert de caserne (*Belg. All.*, p. 112, 113). Pour l'adapter à sa nouvelle destination, les soldats ont démoli en grande partie le magnifique mobilier qui garnissait les salles ; ses alentours immédiats ont été fortifiés (1) ; sa coupole sert la nuit à faire des signaux aux dirigeables. Bref, tout est préparé pour que l'œuvre de Poelaert soit bombardée par les Alliés.

C'est évidemment dans la pensée d'empêcher leurs adversaires de les attaquer qu'ils se logent dans les monuments, ceux-ci de-

(1) Voir photographie dans *Panorama*, 16 A (9 octobre 1914).

vant leur servir de boucliers artistiques, tout comme nos compatriotes ont été si souvent employés comme boucliers vivants.

Innombrables sont les violations de l'article 55. Contentons-nous de mentionner quelques cas à Bruxelles, pour donner une idée de la diversité des transformations auxquelles les Allemands ont soumis nos immeubles. Les bureaux des ministères sont transformés en chambres à coucher pour officiers. Le Palais des Académies est devenu un hôpital militaire. Dieu sait dans quel état nous y reverrons les bibliothèques. Dans le Parc royal de Bruxelles, en pleine ville, ils ont installé un dépôt d'automobiles, une piste d'entraînement, un stand de tir : le 28 octobre 1914, un coup de feu tiré à ce stand a blessé une dame à travers la vitrine du magasin Schlobach, dans la rue Royale.

Article 56

Les biens des communes, ceux des établissements consacrés aux cultes, à la charité et à l'instruction, aux arts et aux sciences, même appartenant à l'État, seront traités comme la propriété privée.

Toute saisie, destruction ou dégradation intentionnelle de semblables établissements, de monuments historiques, d'œuvres d'art et de science, est interdite et doit être poursuivie.

Destruction intentionnelle de monuments.

Le premier paragraphe a été scrupuleusement appliqué. Les biens des communes, etc., ont été, en effet, traités comme la propriété privée : celle-ci ayant été partout saccagée et pillée, les Allemands ont fait le même sort aux propriétés collectives.

Quant au caractère intentionnel de ces actes de vandalisme, il n'est pas douteux. Comment expliquer autrement, que dans de nombreux villages l'église soit devenue la proie des flammes, souvent même quand les maisons voisines sont restées intactes. Quelques exemples suffiront. Le village de Haecht fut occupé le 19 et le 20 août. Le 24, les Belges d'Anvers font une sortie qui est repoussée. Les Allemands furieux fusillent 17 bourgeois et pillent toutes les maisons, en s'appliquant particulièrement à nepas oublier le vin dans les caves. Puis les habitants sont expulsés. Nouvelle sortie des Belges du 9 au 13 septembre ; à midi, ce dernier jour, nos troupes se retirent ; l'après-midi les Allemands mettent le feu à l'église et à 41 maisons. Le coffre-fort de l'église est fracturé après l'incendie. La destruction du monument ne leur paraissant pas suffisante, ils dynamitent la tour le 16 (ou le 17) septembre. Dans le village voisin de Werchter, après le combat des 24 et 25 août, ils fusillent 6 civils et incendient 267 maisons sur les 429 que comptait le village. Après le second combat, le 15 septembre, ils brûlent l'église. Dans l'un et dans l'autre village, la plupart des maisons entourant les églises ont été épargnées ; il sera donc difficile aux Allemands de prétendre, comme à Louvain, que l'incendie de ces églises est un accident (Brandunglück) dû à des flammèches transportées par la tempête (p. 268). Nous avons déjà signalé (p. 76) un autre cas encore plus probant : celui de la chapelle du Béguinage à Termonde, incendiée toute seule, au milieu du Béguinage dont pas une maison n'a souffert.

Autre genre de vandalisme. A Éthe, dans le Luxembourg, les Allemands, après avoir incendié l'église, ont décapité tous les personnages d'un Chemin de la Croix (*fig.* 11).

CONCLUSIONS. — LA FAMINE EN BELGIQUE

L'Allemagne avait besoin, contre la France, de tous les hommes qui passaient par la Belgique ; aussi ne pouvait-elle laisser chez nous que de faibles garnisons de Landsturm. Pour les mettre à l'abri d'attaques éventuelles de la part de la population belge, il fallait terroriser celle-ci au point qu'elle n'osât plus bouger. Tel fut l'objet des carnages et des incendies qui marquèrent le début de la campagne, ainsi que l'avoue tout franchement M. Walter Bloem, adjudant du Gouverneur général en Belgique (p. 87). Sans doute les massacres de Louvain, d'Andenne, de Tamines, de Dinant... ordonnés entre le 19 et le 26 août, parurent-ils insuffisants, puisqu'une nouvelle série fut organisée du 4 au 13 septembre.

A la nouvelle de ces tueries, un vibrant cri d'indignation et d'horreur s'éleva dans tous les pays du monde. Que sur le champ de bataille, l'armée belge payât largement son tribut à la guerre déchainée sur nous par l'Allemagne, — on s'y attendait ; seulement personne n'aurait osé supposer qu'après avoir participé à la deuxième Conférence de La Haye, l'Allemagne déploierait contre notre population civile une cruauté implacable, une fureur d'extermination, dont l'histoire n'avait plus enregistré d'exemples depuis la Guerre de Trente ans. Mais les faits sont là. Il faut se rendre à l'évidence : l'armée allemande a détruit nos trésors d'art et de science ; elle a fait abattre de sang-froid, souvent à coups de mitrailleuse, des foules d'hommes, de femmes, de vieillards et d'enfants ; elle a ordonné l'incendie de milliers de maisons ; elle a tranformé en déserts des cantons entiers.

Encore fallait-il un semblant de motif : avec une régularité mathématique, on prétexte les attaques de « francs-tireurs ». *Man hat geschossen*, cela suffit pour qu'aussitôt la localité soit livrée au massacre, au pillage et à l'incendie. Jamais on ne fait une enquête, si sommaire soit-elle. Pourtant quand on veut montrer à un étranger de marque, par exemple à M. Sven Hedin, comment on procède à la punition des « francs-tireurs », un conseil de guerre régulier est constitué... qui conclut à un non-lieu (p. 82). Nous mettons les Allemands au défi de citer un seul cas où un tribunal de ce genre ait fonctionné *avant* les représailles. Dans les quelques rares circonstances où l'on a interrogé des témoins, cet examen eut lieu *après* que les maisons eurent été allumées et les habitants fusillés. C'est pourquoi nous déclarons sans la moindre restriction que *pas une seule* attaque de civils n'a été établie sur une preuve quelconque.

La fuite des Belges.

Bientôt les habitants de nos villes et de nos campagnes surent à quoi ils s'exposaient s'ils attendaient chez eux l'arrivée des Allemands. Aussi à mesure que ceux-ci avançaient, le vide se faisait-il devant eux. Après la prise d'Anvers, la plupart des paysans de la Campine anversoise s'enfuirent en toute hâte vers la Hollande. Si l'on ajoute à ceux-ci les Anversois qui avaient été chassés par le bombardement, et surtout les innombrables villageois du Brabant, du Limbourg et des provinces de Liége et d'Anvers, dont les demeures avaient été pillées et réduites en cendres, on ne s'étonnera plus qu'il y ait eu en octobre 1914 plus d'un million de réfugiés belges en Hollande. Nous vouons à nos voisins du Nord une reconnaissance profonde pour la façon fraternelle dont ils ont accueilli nos malheureux compatriotes.

Les causes de la famine.

L'horreur provoquée par les tueries de Dinant, d'Aerschot, etc., a relégué à l'arrière-plan les délits purement matériels. Ceux-ci, — le pillage méthodiquement conduit de nos villes, de nos villages, de nos fermes, de nos châteaux, — les réquisitions outrées de vivres et de matières premières pour l'industrie, — les contributions formidables qui ont drainé notre numéraire, — les amendes qui tombent en averse sur les administrations communales et sur les particuliers, — et tant d'autres infractions à la Convention de La Haye, — ont exercé sur notre vie économique une action extrêmement déprimante, mais elles sont restées sans écho à l'étranger ; sans doute parce que ceux-là seuls peuvent comprendre toute l'étendue de notre misère, qui coudoient journellement les milliers de chômeurs faméliques, traînant d'un bout à l'autre de la ville en quête d'un introuvable travail, ou qui se mêlent aux interminables files de femmes, allant chercher les rations de soupe et de pain pour leur famille.

Résumons brièvement les causes principales de la famine qui règne en Belgique :

1° Réquisitions exagérées, et hors de toute proportion avec les ressources du pays. Elles sont de deux sortes :

D'abord celles qui ont vidé le pays en fait de grains, bétail, fourrages, et autres aliments.

Puis les réquisitions de matières brutes destinées aux fabriques (p. 181), qui ont complètement paralysé l'industrie, surtout dans les Flandres. Un exemple suffira. Tous les ateliers de Termonde avaient été incendiés, sauf un : l'établissement Escaut-Dendre, qui fabrique des chaussures. Mais les Allemands ont expédié chez eux à la fois les cuirs et les chaussures en magasin. La fabrique est donc condamnée au chômage, faute de matières premières, et aussi faute de fonds. Les industries dont on a enlevé les machines sont naturellement tout aussi immobilisées (p. 181).

2° Après avoir raflé la majeure partie de ce qui nous était indispensable, les Allemands ont soin de prendre aussi notre argent. Sous tous les prétextes imaginables, et le plus souvent sans prétexte, ils nous imposent des contributions écrasantes (p. 177). Le paiement régulier de ces impôts indiquant que les caisses publiques ne sont pas encore tout à fait vides, les Allemands se hâtèrent de nous frapper d'amendes variées, allant de 5 francs à 5 millions (p. 167, 168, 178, 179, 180). Les banques privées sont également menacées à chaque instant de se voir enlever une partie de leur encaisse.

3° Inutile d'insister sur une troisième cause qui réduit nos familles ouvrières au chômage et à la misère : la destruction d'un nombre énorme d'usines, quelques-unes bombardées, la plupart brûlées intentionnellement.

4° Nous avons déjà vu que beaucoup de fabriques restées intactes sont condamnées à l'inactivité par manque de matières premières, ou bien parce qu'on leur a ravi leurs machines. Les autres sont tout aussi paralysées.

L'arrêt du trafic des chemins de fer, les entraves de tout genre mises à la navigation intérieure, l'absence de navigation maritime, en voilà plus qu'assez pour empêcher l'importation des matières brutes et l'exportation des produits manufacturés. De tous ces obstacles, le plus important est assurément la suppression du transport par chemin de fer. « Pourquoi, disent les Allemands, les employés belges ne se remettent-ils pas à la besogne, puisque nos trains militaires seraient en tout cas conduits par nos propres hommes ? » Les bons apôtres ! La lenteur et l'irrégularité des trains gênent beaucoup l'armée allemande et elle aimerait bien leur voir reprendre une allure normale : mais pour cela il faudrait l'intervention du personnel belge. Si nos employés reprenaient leur service, ne faciliteraient-ils pas du même coup le transport des troupes et des munitions allemandes ?

Citons encore l'interdiction de la circulation entre 19 ou 20 h. et 6 heures, ce qui met obstacle au travail de nuit, tout à fait indispensable à la grande industrie ; — et la suppression des trains spéciaux par lesquels les ouvriers se rendaient au travail.

5° Le commerce n'est pas moins atteint que l'industrie. Ni téléphone, ni télégraphe, ni poste par lettres fermées, c'est-à-dire nul moyen de recevoir ni de faire des commandes. Ni chemin de fer, ni attelages, ni automobiles, pour faire arriver les marchandises et pour servir les clients. Et, par-dessus tout, les frais exagérés qu'occasionne le moindre voyage : acquisition du passeport, trajet en train à raison de 10 centimes le kilomètre, frais d'hôtel, etc. Les débours seraient peut-être accessoires, mais que dire de la perte de temps. Avant le 1er juillet 1915, celui qui doit se rendre de Liége à Bruxelles, pour un rendez-vous d'affaires, perd d'abord un ou deux jours pour se procurer son passeport; puis il lui faut une demi-journée au moins pour faire le trajet ; mais après avoir vu son client, il n'a plus de train pour regagner Liége le jour même. Bref il faut compter quatre jours pour un déplacement qui, en temps ordinaire, prenait une demi-journée.

**

Rareté et renchérissement des vivres ;
Difficultés financières où se débattent les pouvoirs publics ;
Marasme de l'industrie et du commerce entraînant le chômage, c'est-à-dire la suppression des salaires.
Bref, diminution des ressources allant de pair avec l'augmentation des dépenses, alors que les caisses publiques sont à peu près impuissantes à venir en aide aux particuliers ;
Voilà où nous en sommes en Belgique.
Nous n'avons pas l'intention de dépeindre la détresse poignante qui s'est abattue sur notre pays. Contentons-nous de dire rapidement comment on s'efforce de la combattre ; cela suffira pour en donner une idée.

Création d'abris provisoires.

Voyons d'abord les campagnes. Même lorsque quelques maisons seulement d'un village ont échappé à l'incendie, les habitants y sont revenus et ont repris leur besogne coutumière : ne doit-on pas labourer et ensemencer sous peine de se préparer une nouvelle année de misère ? Là où les maisons n'existent plus, on se loge dans la cave, ou dans un hangar sur lequel on a improvisé un toit de fortune ; des familles ont passé l'hiver dans un silo à pommes de terre, sous la protection de quelques paillassons. Dans les villages sinistrés, la première préoccupation des pouvoirs publics et des comités de secours fut donc d'aménager des abris provisoires.

Mesures administratives contre la famine.

Dans les villes et dans les agglomérations industrielles, les nécessités les plus urgentes sont d'un autre ordre. Ce qui manque surtout c'est le travail. Aussi les administrations se sont-elles appliquées à fournir aux chômeurs des occupations rétribuées et n'exigeant pas d'apprentissage : déblaiement des ruines, terrassements, creusement de bassins, etc.

La caisse communale étant vide, on crée des bons communaux. *L'Evénement illustré*, dans son numéro 4, figure quelques-uns de ces bons qui sont, dit-il, au nombre de plus de 500. Dans des communes près de Louvain, où la misère est particulièrement poignante, on a dû faire des bons de 2 centimes (à Wilsele), et de 5 centimes (à Herent).

Dès le début on prit des mesures sévères pour parer à l'insuffisance des vivres, et pour empêcher les spéculateurs de s'emparer des stocks existants. Les principales de ces réglementations sont les suivantes :

a) Fixation de prix maximum.

b) Interdiction d'exporter des vivres en dehors de la commune.

c) Exploitation collective. Beaucoup de communes se sont faites boulanger, boucher, restaurateur, marchand de charbon, négociant en denrées coloniales, etc. Elles préparent journellement le pain et la soupe, qui sont ensuite remis gratuitement aux plus pauvres, ou bien vendus à bas prix à ceux qui possèdent encore quelques économies. Dans l'agglomération bruxelloise il avait été distribué au 31 janvier 1915, aux adultes 30.060.608 rations comprenant à la fois de la soupe et du pain, et aux enfants 932.838 rations, constituées surtout de lait, de phosphatine, et de farine lactée.

En outre, certaines communes vendent de la viande ; d'autres ont installé des magasins communaux pour le débit de vivres de tout genre, spécialement des conserves, des légumes secs, du sel et des pommes de terre ; presque partout on vend au détail le charbon ; on a également débité le pétrole, aussi longtemps qu'il fut possible de s'en procurer.

En outre, les collectivités distribuent d'énormes quantités de vêtements : dans l'agglomération bruxelloise seule il avait été donné aux nécessiteux, au 31 janvier, pour 660.865 fr. 38 de vêtements et de chaussures.

On a paré dans la mesure du possible aux abus : 1° par la « carte de ménage » qui indique le nombre de personnes composant chaque famille ; 2° par la limitation de la quantité de chaque denrée que le ménage peut obtenir par semaine. Voici, à titre d'exemple, une liste affichée à Aerschot en février 1915.

Comité National de Secours et d'Alimentation.

Magasin Communal.

Les vivres ci-après seront débités seulement dans les quantités et aux prix suivants, et uniquement sur présentation des fiches.

Ration par personne pour 7 jours

Sel.	50 grammes
Farine blanche pour cuisine	50 »
Pois, haricots ou lentilles.	150 »
Riz.	125 »
Pommes séchées.	100 »
Café moulu en boîtes	100 »
Café torréfié.	100 »
Café non torréfié.	100 »
Lard.	200 »
Saindoux.	200 »
Corned-beef (pour 4 personnes).	500 »
Poisson séché.	100 »
Sucre.	100 »
Pommes de terre séchées.	300 »
Oignons.	200 »
Oats-farine, par enfant (réservé aux enfants).	200 »
Lait concentré, par enfant (réservé aux enfants).	1.000 »

Orge	200 grammes.
Fromage	200 »
Biscuits	50 »
Pêches ou prunes séchées	100 »
Pork and beans	250 »

Pour le pain, base de l'alimentation, on a élaboré des règles particulièrement draconiennes ; la ration journalière est fixée à 250 grammes.

Le Comité National de Secours et d'Alimentation.

De nombreux problèmes se sont posés à la fois, et avec une urgence extrême. Dans toutes les communes ont été institués des comités locaux, chargés de la répartition équitable des vivres entre tous les habitants. Nous disons « tous les habitants », car il ne faut pas se faire d'illusions sur notre situation : il n'y a pas une seule famille belge qui, livrée à elle-même, obtiendrait son pain quotidien ; le rationnement général auquel est soumise toute la population fait que riches et pauvres dépendent également du Comité National de Secours et d'Alimentation.

Organiser l'alimentation publique eût été au-dessus de nos forces si la Belgique, dans sa détresse actuelle, avait été abandonnée à elle-même. Mais les malheurs qui nous ont frappés parce que nous n'avons pas consenti à plier devant les ordres d'un voisin puissant et parjure, — la misère qui nous accable chaque jour davantage à mesure que les réquisitions, le pillage, les contributions et les amendes nous privent de nos dernières ressources, — les massacres et les incendies qui ont changé en déserts les territoires les plus fertiles et les plus peuplés de l'Europe, — les vexations de tout genre qui réduisent au chômage une population ouvrière dont l'activité est proverbiale, — bref l'infortune imméritée que l'Allemagne nous inflige, — ont fait naître dans toutes les nations civilisées un courant de sympathie et de solidarité pour la pauvre Belgique.

Notre pays était condamné par l'Allemagne à périr de faim. Le miracle qui seul pouvait nous sauver a été réalisé par la charité de l'Espagne, des Pays Scandinaves, de la Hollande, de l'Italie, de la Suisse, de la Nouvelle-Zélande, de l'Australie, du Canada, du Brésil, de la République Argentine, et surtout des États-Unis d'Amérique. Dès le mois de novembre 1914, des navires chargés de provisions quittent régulièrement l'Amérique pour Rotterdam. De là les vivres sont dirigés, par chalands, vers la Belgique, et distribués jusque dans les moindres villages, par les soins du Comité National de Secours et d'Alimentation. Ce Comité est une extension au pays entier d'une commission qui s'était formée au début de septembre pour secourir l'agglomération bruxelloise ; il est placé sous le patronage de LL. EE. MM. le marquis de Villalobar, Ministre d'Espagne, et Brand Whitlock, Ministre des États-Unis. En janvier et février 1915, le Comité National a été amené à s'occuper aussi des environs de Maubeuge et de la région de Givet-Fumay-Sedan.

The Commission for Relief in Belgium.

Le Comité National a pour mission de répartir équitablement les vivres et les secours. Mais ce n'est pas lui qui réunit les ressources. Comme celles-ci viennent surtout des États-Unis, c'est un comité américain *The Commission for Relief in Belgium,* qui se charge de recueillir et d'administrer les fonds. C'est lui aussi qui expédie, des ports américains sur Rotterdam, les vapeurs transportant les vivres et les vêtements. Dans chaque province la Commission Américaine a un délégué qui contrôle la distribution des vivres et des secours ; il s'assure que rien n'est distrait par l'armée allemande. *The Commission for Relief in Belgium* a son siège à Londres ; elle est présidée par M. Herbert Hoover.

Duplicité des Allemands dans leurs rapports avec le Comité National.

Une grosse difficulté se présentait tout de suite. La bienfaisance étrangère voulait bien venir en aide aux Belges, mais évidemment pas aux bourreaux qui occupent notre pays. Il fallait donc empêcher à tout prix que l'armée allemande s'emparât des vivres et des subsides expédiés par l'Amérique.

En octobre 1914 les autorités allemandes s'engageaient à exempter de toute réquisition les vivres importés par le Comité National.

Gouvernement Général en Belgique.

Bruxelles, le 16 octobre 1914.

Comme suite à l'estimée lettre de ce jour, j'ai l'honneur de confirmer que j'approuve avec une vive satisfaction l'œuvre du Comité Central de Secours et d'Alimentation, et que je n'hésite pas à donner formellement et expressément par la présente, l'assurance que les vivres de tous genres importés par le Comité pour l'alimentation de la population civile, sont réservés exclusivement pour les besoins de la population de la Belgique, que par conséquent ces vivres sont exempts de réquisition de la part des autorités militaires et qu'ils restent à la disposition exclusive du Comité.

(s) Baron von der Goltz,
Général Feld-Maréchal.

Au Comité de Secours et d'Alimentation, Bruxelles.

Mais cette promesse fut vite violée. Les Allemands à la vérité ne réquisitionnaient pas le blé, mais bien le pain fait avec ce blé. De plus, ils prétendaient que leur engagement du 16 octobre 1914, tout général qu'il fut, ne concernait pas les Flandres, territoire d'étape non soumis au Gouverneur général ; c'est ce qui ressort de leur lettre du 21 novembre 1914.

Bruxelles, le 21 novembre 1914.

Le Gouverneur Général de Belgique, auquel j'ai remis votre honorée lettre du 10 courant avec son annexe du 11 courant, a pris connaissance avec intérêt de l'heureux résultat des efforts méritoires que vous avez faits, et se déclare d'accord sur les points suivants :

1° Jusqu'à ce que l'inventaire des subsistances en denrées alimentaires et en fourrages disponibles actuellement en Belgique ait été établi, toute réquisition militaire de farine et de blé, destinés à faire du pain, cessera dans le territoire du Gouvernement Général. Les postes militaires recevront un avis en conséquence. Le délai pendant lequel cette défense sera observée est fixé au 10 décembre 1914.

J'ai l'honneur d'être, etc.

(s) von Sandt.

A Son Excellence le Ministre royal d'Espagne,
Monsieur le Marquis de Villalobar.

E/V

Jusqu'à présent il a été impossible d'obtenir qu'ils gardent les engagements souscrits le 16 octobre. En effet, s'ils ont étendu aux aliments pour le bétail la promesse de ne pas laisser réquisitionner par les troupes placées sous les ordres du Gouverneur général, — donc non compris celle du territoire d'étape, — ils ont par contre obligé les communes des Flandres à instituer des marchés de grains où ils font des achats. Ils continuent donc à appauvrir le pays en vivres.

Alors qu'ils excluent les Flandres de la région exemptée de réquisitions, ils se gardent bien dans leurs journaux de souffler mot de cette exception. *K. Z.* du 4 janvier et *Der Volksfreund* du 5 janvier déclarent que les réquisitions de vivres sont suspendues dans toute la Belgique.

Réquisitions de vivres en Belgique.

De la frontière hollandaise, le 3 janvier. Le *Korrespondenz-Bureau* de La Haye communique ceci : De source compétente nous apprenons que le Ministre néerlandais à Berlin, de commun accord avec les Ministres des États-Unis et d'Espagne, s'est adressé au gouvernement allemand pour se renseigner au sujet des réquisitions de vivres en Belgique. Le Gouvernement allemand a aussitôt donné l'assurance qu'aussi longtemps que la population belge devait être secourue par l'étranger en ce qui concerne les vivres, aucune réquisition ne serait faite, ni d'aliments importés, ni de ceux qui existaient dans le pays. L'activité si utile de la commission internationale de secours est ainsi pleinement garantie.

K. Z., 4 janvier 1915, matin.

L'activité du Comité National.

Malgré les difficultés soulevées par les Allemands, le Comité National de Secours et d'Alimentation a rendu à notre pays d'inappréciables services, dont seuls peuvent se rendre compte ceux qui ont parcouru nos villes et nos campagnes dévastées, et ont vu à l'œuvre les Comités locaux.

Nous empruntons au rapport du Comité Exécutif pour le mois

de janvier 1915 (1) (publié à Bruxelles le 15 février 1915) quelques renseignements numériques au sujet des distributions de secours pendant le mois de janvier (voir p. suivante).

Mais le Comité National étend son action bienfaisante sur beaucoup de domaines qui ne sont pas renseignés dans ce tableau.

Voici d'après le même rapport l'énumération de ces domaines :

I. Département de l'Alimentation.
II. Section agricole du Comité National.
III. Département des Secours.
   1. Subsides aux Comités provinciaux.
   2. Constructions d'abris. (100.000 francs pour le Luxembourg.)
   3. Œuvres patronnées.
      A. Comité central des Réfugiés.
      B. Aide et protection aux familles d'officiers et de sous-officiers, privées de leur soutien par suite de la guerre. (Première subvention de 50.000 francs.)
      C. Aide et protection aux médecins et pharmaciens belges sinistrés. (Premier subside de 10.000 francs.)
      D. Aide et protection aux artistes. (Premier subside de 10.000 francs.)
      E. Aide et protection aux œuvres de l'enfance.
      F. Aide et protection aux sinistrés.
      G. Aide et protection aux sans-logis. (Section des logements.)
      H. Aide et protection aux églises sinistrées. (Deux subventions de 5.000 francs chacune.)
      I. Aide et protection aux chômeurs.
      J. Aide et protection aux dentellières. (Subside de 129.749 fr. 85.)
      K. Union des villes et communes belges.
      L. Agence belge de renseignements pour les prisonniers de guerre et les internés. (Subvention mensuelle de 3.000 francs.)
   4. Société coopérative d'avances et de prêts.
   5. Avances aux provinces et aux communes.
   6. Vêtements.

(1) Le rapport de janvier 1915 est le dernier dont les Allemands aient permis la publication. Les suivants ne sont pas revenus de la censure. Le Gouvernement allemand estime sans doute que ces rapports, dans la sécheresse de leurs chiffres, sont la plus cinglante condamnation imaginable de la paternelle administration qui régit la Belgique.

Répartition des aliments, des vêtements et des subsides en argent, dans les provinces

Remis ou expédié à :	NATURE DES MARCHANDISES (Quantités en tonnes)									Vêtements (Valeur en fr.)	Subsides aux Comités provinciaux (en francs)
	Froment	Farine	Riz	Pois et haricots	Sel	Pommes de terre	Lard	Maïs	Divers		
Province d'Anvers......	3.525	1.247	—	126	—	2	—	713	—	100.880,75	300.000
Bruxelles (aggl. bruxell.)	3.371	1.329	13	247	6	—	—	90	82	379.058,40	300.000
Brabant...............	2.962	1.496	—	31	116	4	24	548	57	101.916,55	—
Flandre Occidentale....	542	519	59	48	20	—	—	—	23	41.059,65	170.000
Flandre Orientale	4.410	1.982	37	46	4	—	3	1.120	14	—	300.000
Hainaut...............	5.602	3.739	238	350	—	74	—	181	293	81.493,70	550.000
Liège.................	3.356	1.242	—	5	—	—	—	200	80	4.860,00	280.000
Limbourg.............	1.539	1.466	11	—	—	22	—	200	35	41.477,20	160.000
Luxembourg..........	709	853	1	58	—	—	—	—	—	16.656,10	160.000
Namur................	1.011	346	—	60	—	—	—	150	89	95.307,25	203.000
Stock général, Bruxelles.	440	119	—	8	2.268	38	—	—	239	—	—
Œuvres diverses.......	—	—	—	—	—	—	—	—	—	9.687,40	—
Totaux............	27.476	14.338	359	979	2.414	140	27	3.202	912	822.397,00	2.423.000

On voit que l'action du Comité National est large et féconde. Mais il faut de plus en plus d'argent, à mesure que l'épargne s'épuise et que les caisses publiques sont vidées par les Allemands.

En janvier, le Souverain Pontife a renoncé à la contribution belge au Denier de Saint-Pierre. Depuis qu'on paie 40 millions par mois aux Allemands, la misère augmente rapidement. Le nombre des Belges dénués de toute ressource et obligés de vivre entièrement de charité, s'élevait en février à 1.500.000. On estimait alors qu'en juin 1915 il serait de 2.500.000, soit plus de 1/3 de la population totale. En février il fallait déjà 10 millions par mois pour nourrir cette foule affamée ; bientôt il en faudra 12 ou 13. Dans ces conjonctures, M. Hoover, Président de la Commission Américaine, alla crier famine au Gouvernement anglais. Celui-ci promit 2.500.000 francs par mois, à condition que l'Allemagne renoncerait à réquisitionner en Flandre et à percevoir l'impôt de 40 millions. L'Allemagne a refusé. Comment cela finira-t-il ?

La gratitude des Belges envers les États-Unis.

La Belgique sait que c'est aux États-Unis qu'elle doit d'être ravitaillée. Sans la charité américaine notre patrie sombrait dans la détresse où l'avaient plongée les exactions allemandes. Nul ici ne l'oubliera jamais et c'est au nom de la nation entière que le Roi Albert a remercié l'Amérique.

C'est à titre d'hommage, et aussi de reconnaissance, que le 22 février 1915, jour anniversaire de l'Indépendance américaine, les Belges portaient à la boutonnière la médaille avec le drapeau étoilé, et que des milliers de Bruxellois sont allés porter leur carte à l'hôtel de Son Excellence M. Brand Whitlock. M. le baron von Bissing appelle cela de l'enfantillage ; à Liége, les officiers ont même arraché les insignes américains à des femmes et à des jeunes filles. Le massacre et l'incendie sont plus familiers à l'Allemagne moderne que la reconnaissance.

CHAPITRE III

LA MENTALITÉ ALLEMANDE PEINTE PAR ELLE-MÊME

Dans les chapitres où nous avons exposé les violations des traités internationaux et celles de la Convention de La Haye, nous avons été fréquemment amenés à noter la manière de penser de ceux qui ont commis ces crimes. Mais jusqu'ici nous ne nous sommes occupés de la mentalité allemande que d'une façon incidente ; il sera sans doute intéressant de lui consacrer un chapitre spécial.

Nous utiliserons de préférence des documents d'origine allemande. Dans les cas où ceux-ci font défaut, par exemple pour les actes de cruauté, nous aurons recours à des observations recueillies par nous-mêmes.

Au lieu de passer en revue toutes les particularités de l'esprit allemand actuel, ce qui serait trop long, nous nous limiterons à celles dont la Belgique a souffert le plus cruellement ; encore ne parlerons-nous pas — ce serait superflu — de l'immonde esprit de viol, de la rapacité et de l'ivrognerie. Les éléments psychologiques auxquels nous nous attacherons sont l'orgueil, la fausseté et la méchanceté.

A. L'orgueil.

Quelques manifestations de l'orgueil et de la vantardise.

« La nation allemande est le peuple élu, et Dieu est avec nous » ; voilà l'idée directrice des allocutions et des proclamations de Guillaume II. Dans son discours du trône, le 4 août 1914, il disait notamment : « Ce n'est pas l'esprit de conquête qui nous pousse ; mais nous sommes animés de l'inflexible volonté de garder la position où Dieu nous a placés, pour nous et pour toutes les générations à venir ».

Dans son orgueil l'Allemagne est unanime. Il n'est pas permis à un Allemand de douter de l'incontestable supériorité de sa nation sur toutes les autres. Dès qu'il apprend à balbutier ses premiers mots, on lui imprègne le cerveau de la conviction qu'aucun peuple n'est comparable au sien, même de loin.

Ce besoin d'élever son propre pays ne va pas sans un désir correspondant d'abaisser les autres. A peine une découverte quelconque est-elle faite dans un pays voisin, qu'un Allemand se l'approprie pour lui donner une nouvelle estampille.

En 1888 un Français, M. Émile Maupas, publia un travail, devenu tout de suite classique, sur la multiplication des Infusoires ; il y faisait connaître des observations dont l'importance est primordiale pour la biologie générale. Dès l'année suivante un zoologiste allemand, et non des moindres, M. Richard Hertwig, reprit l'étude de la question et confirma les résultats de M. Maupas. A partir de ce moment, la découverte, qui portait naturellement le nom de son auteur, ne fut plus connue dans les livres allemands que sous les noms combinés de Maupas-Hertwig. Plus tard, une interversion survint : Hertwig-Maupas ; à présent le nom de M. Maupas (même en second rang) est supprimé en Allemagne, et tout l'honneur de la découverte est attribué à celui qui n'a guère eu que la peine de la démarquer.

Autre exemple de déni de justice, inspiré par l'orgueil. Le monde entier sait que Louis Pasteur est le fondateur de la bactériologie, science dont les conséquences pour l'hygiène et pour la médecine sont incalculables. L'Allemagne ignore Pasteur, pour ne connaître que Robert Koch. Un Belge, qui avait assisté à Berlin aux fêtes en l'honneur de Koch, en revint écœuré de ce que le nom de Pasteur avait été systématiquement passé sous silence, pendant toute la cérémonie. Dans une notice nécrologique consacrée à Robert Koch, un bactériologiste belge, M. Jules Bordet, a pu dire fort justement en parlant des biographes allemands du savant récemment disparu :

Ils font de Koch le créateur véritable de la médecine moderne ; toute autre gloire pâlit à côté de la sienne, il est le fondateur de la bactériologie. Leurs articles nécrologiques, émanant pour la plupart de disciples du maître et que l'on sent tout imprégnés de pieuse reconnaissance et peut-être aussi, dans une certaine mesure, d'un patriotisme un peu exclusiviste, lui attribuent l'honneur d'avoir montré l'origine animée des maladies contagieuses. « Ce serait, dit R. Pfeiffer, le distingué bactériologiste de Breslau, un acte de véritable justice, si la postérité scindait l'histoire de la médecine en deux périodes, l'une avant Koch, l'autre après lui. » Il semble presque, à la lecture de ces notices, que Pasteur n'a pas vécu.

Nous nous permettons de trouver que M. Bordet montre trop d'indulgence envers les biographes allemands lorsqu'il dit dans sa conclusion :

Et l'on ne saurait en vouloir aux disciples si, dans leur sollicitude filiale, ils déposent sur la tombe de leur Maître quelques-uns des lauriers de Pasteur.

Encore un exemple de vantardise, intéressant surtout par la façon charlatanesque dont il est présenté. Chacun connaît la lampe Cooper-Hewitt, aux vapeurs de mercure, et son étrange lueur bleue-violette, riche en rayons ultra-violets. Le moindre traité de physique explique aussi que le quartz laisse passer les rayons ultra-violets, et que la lampe Cooper-Hewitt en quartz est d'un emploi courant dans les laboratoires. Lisez maintenant le communiqué que les Allemands ont imposé à *L'Ami de l'Ordre* du 27 décembre 1914 ; vous y verrez que ce sont les Allemands qui ont tout inventé.

A l'Hôpital militaire.

CURIEUSE INVENTION

Dans l'hôpital militaire de Namur, une nouvelle invention allemande est employée maintenant avec un succès éclatant : c'est la lampe mercure-quartz avec le prénom « le soleil artificiel ». Il s'agit d'un tube de quartz, dans lequel se trouve du mercure qui, par le courant électrique, est rendu chaud et a une force de lumière de 1500 bougies.

En ce moment, 57 Allemands, Français et Anglais se trouvent en traitement par ce procédé dans le service du médecin Dr Hufnagel.

L'influence de ces rayons de lumière ultra-violette approche de la merveille. Les blessures se ferment comme sous une magie. L'état général des grièvement blessés s'améliore très vite ; la décadence des forces s'arrête et de grands accroissements de poids se font remarquer. Ainsi par exemple, un blessé a augmenté son poids, après 5 irradiations, de 3 kilos ; un Français, après 8 irradiations, de 4, 4 kilos.

« Les Allemands ont inventé une lampe miraculeuse, disait un soldat marocain, qui est ici à l'hôpital. Ils ont mis le soleil dans une caisse brillante, et avec lui ils guérissent toutes les blessures. »

Dans le traitement, aucune différence dans les nations n'est faite par les médecins. Tout blessé, dont l'état de santé l'exige, est traité de cette façon.

L'Ami de l'Ordre, du 27 décembre 1914.

Si vous voulez être initié aux perfections de l'Allemand, M. Momme Nissen (*Der Krieg und die deutsche Kunst*, p. 26) vous en fera l'énumération.

Les qualités de l'Allemand, dit-il, la droiture et la vaillance, la profondeur d'esprit et la fidélité, la clairvoyance et le sens de l'intimité (Innerlichkeit), la modestie (Züchtigkeit) et la piété, font aussi l'ornement de notre art.

Les Allemands se comparant à leurs alliés.

Les Allemands ne se considèrent pas seulement comme supérieurs à leurs adversaires ; ils ont la même modestie vis-à-vis de leurs alliés. Dans leur esprit et dans leurs écrits, la guerre actuelle est « la guerre allemande ». Le recueil chronologique le plus complet qui ait paru jusqu'à ce jour s'appelle *Chronik des Deutschen Krieges*. Les publications officielles elles-mêmes dédaignent délibérément les Autrichiens, les Hongrois, les Tchèques, les Croates, les Turcs, etc. Le premier fascicule des brochures de propagande répandues par l'Allemagne (*Journal de la Guerre*) débute ainsi :

Le nom que cette guerre portera un jour dans l'histoire est fixé dès maintenant ; il ne peut être que « la guerre allemande » (der Deutsche

Krieg), car c'est une guerre destinée à établir la position de la nation allemande sur la terre.

M. Paul Rohrbach lui-même, qui est généralement plus mesuré dans ses expressions, a écrit une brochure : *Warum es der Deutsche Krieg ist* (Pourquoi c'est la guerre allemande).

Il serait oiseux d'insister davantage sur les aspects généraux de la question. Voyons seulement quelques conséquences immédiates de cet esprit d'orgueil : le militarisme, le mépris des autres, le cynisme, l'abdication de l'esprit critique.

1. LE MILITARISME

La force prime le droit.

Bismarck a donné une formule précise du culte de la force brutale : « La force prime le droit ». Nietzsche a encore renchéri : « La force crée le droit ». Voici ses paroles : « Vous dites que c'est la bonne cause qui sanctifie même la guerre ? Je vous dis : c'est la bonne guerre qui sanctifie toute cause » (*Ainsi parlait Zarathoustra,* traduit par H. Albert, p. 65. Paris, *Mercure de France,* 1911).

M. Maximilien Harden, le polémiste universellement connu, soutient la même idée dans une conférence faite à Duisbourg :

Haine et Espoir.

... Je souhaiterais qu'aucune personnalité autorisée ne perde une minute dans la tentative de s'expliquer ou de démontrer que nous avons le droit pour nous. Nous n'avons pas besoin de cela... Toutes les tentatives pour démontrer soit notre innocence, soit autre chose, sont d'après les enseignements de l'histoire et de l'expérience, d'autant plus superflues qu'il importe moins de savoir qui a commencé la guerre que de savoir qui l'a gagnée... J'espère que lorsque, au printemps prochain, nous fêterons le 100ᵉ anniversaire de la naissance de Bismarck, le monde ne doutera pas un instant qui a gagné. Nous pouvons donc en user avec les jugements qui sont portés sur notre morale, sur notre culpabilité ou notre innocence, comme on en use avec tant d'autres vieux chiffons, d'après la force du papier...

K. Z., 8 décembre 1914.

C'est par conséquent vers l'armée que convergent les aspirations essentielles de la nation allemande : tout doit céder devant l'intérêt militaire ; dès que celui-ci est en jeu, il n'y a plus place pour la morale, dit M. le professeur Rein, de l'Université de Iéna, ni pour l'humanité, dit M. Erzberger, ni même pour le droit des gens, assure M. le professeur Beer, de l'Université de Leipzig. Dans les autres pays, on était resté assez naïf pour croire que c'est précisément en temps de guerre que les prescriptions du droit international doivent être respectées le plus strictement ; n'en croyez rien, déclarent les Allemands : dès que la guerre éclate, la justice ordinaire n'a plus qu'à s'effacer. A la moindre accusation, au moindre prétexte, ou même sans prétexte, on fusille et on incendie. Si ceux qu'on passe par les armes sont par mégarde des innocents, ou si on n'avait en somme rien à reprocher aux habitants des maisons réduites en cendres, c'est évidemment regrettable ; mais des considérations aussi bourgeoises n'empêcheront pas l'armée allemande d'infliger au prochain village une punition tout aussi exemplaire. « Es ist Krieg » ; en ce mot se résume toute la psychologie du soldat allemand en campagne. « Pensez-vous donc, disait un Allemand à Louvain, que nous ayons le temps de faire des enquêtes ? » (*N. R. C.*, 9 septembre 1914, matin). « Vous comprenez bien, déclarait un officier à Francorchamps, que nous ne pouvons pas arrêter l'armée allemande pour rechercher si cet homme avait réellement tiré sur nous ; il était accusé de l'avoir fait : cela ne suffit-il pas pour qu'il soit fusillé ? »

De pareilles affirmations ne doivent pas nous étonner de la part d'officiers subalternes, lorsque les grands chefs eux-mêmes déclarent qu'il vaut mieux faire la guerre la plus cruelle possible. Et qu'on ne s'y trompe pas : notre Gouverneur général fait ensuite afficher à Bruxelles que l'armée allemande est, malgré cela, l'armée la plus idéale :

Nouvelles publiées par le Gouvernement allemand.

Vienne, 20 novembre. — Le correspondant berlinois de la *Neue Freie Presse*, M. Paul Goldmann, raconte sa visite chez le général-colonel von Hindenburg.

..... A la question de savoir quelles expériences il a faites de la coopération des armées allemande et austro-hongroise, le général répondit : « Plus la guerre est cruellement menée, moins elle le sera en réalité, parce que d'autant plus tôt elle sera finie. La guerre avec la Russie est, pour le moment, avant tout une question de nerfs : si l'Allemagne et l'Autriche-Hongrie ont les nerfs plus forts et se maintiennent — et ils les ont plus forts et se maintiendront — ils vaincront.

Le Gouvernement militaire allemand.

Francfort s/M., 15 janvier. — De Berlin on écrit au *Journal de Francfort* : ..... Les événements réels de cette guerre prouvent qu'aucune armée au monde ne fait preuve d'un esprit si idéalement militaire, d'une si haute culture et d'une discipline aussi sévère que notre armée ; que nulle part les lois de la guerre, qui interdisent le vol, le meurtre, le pillage et l'enlèvement du bien d'autrui, ne sont respectées avec autant de sincérité et autant de rigueur que dans l'armée allemande.

Le Gouvernement général en Belgique.

Toute la littérature moderne de l'Allemagne respire le culte de la brutalité, et de son expression suprême, la guerre. Depuis le début d'août, ce sentiment s'est exacerbé, et les journaux allemands ne cessent de citer ce que les penseurs les plus réputés ont écrit sur ce sujet. Qu'il nous suffise de renvoyer à un articulet paru dans le supplément hebdomadaire illustré de *Hamburger Fremdenblatt* (7 février 1915) : il est intitulé : « La guerre jugée par les grands esprits », et donne des pensées de Moltke, Hegel, Treitschke, Max Jähns, et même de Henri Heine, qu'on ne s'attendait pas à trouver en pareille compagnie. Pourquoi n'y a-t-il pas aussi des extraits de Nietzsche et de v. Bernhardi ? Peut-être parce que ceux-ci sont trop connus et n'ont pas besoin d'être rappelés ; à moins que les Allemands ne commencent à les trouver trop compromettants. A diverses reprises depuis le début de la guerre, leurs journaux ont protesté contre l'idée que l'Allemagne intellectuelle se serait laissée guider par Nietzsche et par v. Bernhardi. Et voici que l'officieuse agence Wolff emboîte le pas. *N. R. C.* du 14 avril (matin) publie un communiqué Wolff qui débute ainsi : « Berlin, 13 avril. Le général Bernhardi, dont les écrits ont plus de retentissement à l'étranger qu'en Allemagne, a déclaré à un journaliste américain, Wiegand..... »

Pour en finir avec le militarisme, citons un fait minuscule, mais qui révèle clairement l'importance que l'idée militaire a prise dans les conceptions du peuple allemand. D'après *N. R. C.* du 6 février 1915 (soir), *Vorwaerts* a protesté contre ceci : la femme allemande dont le mari est sous les armes ne peut pas être expulsée de son habitation, pour non-paiement du loyer ; mais que son mari soit tué à la guerre, et tout aussitôt le propriétaire a le droit de la mettre dehors.

2. LE MÉPRIS DES AUTRES

Nous avons vu que les Allemands cherchent par tous les moyens à accentuer leur supériorité vis-à-vis de leurs voisins. Un procédé élémentaire pour augmenter la distance verticale entre eux et leurs rivaux consiste à déprécier ceux-ci. L'Allemagne a si souvent proclamé sur tous les tons l'irrémédiable infériorité de tous les autres peuples habitant notre planète, qu'elle a fini par y croire elle-même, et qu'elle s'est mise à agir conformément à cette conviction.

Quelques inepties affichées en Belgique.

Ainsi, pour ne parler que de notre propre expérience, ils sous-estimaient certainement notre honnêteté nationale, quand ils nous croyaient capables de devenir leurs complices dans la violation d'un traité international. Ils avaient aussi évalué trop bas la force de résistance de notre armée, sinon ils se seraient bien gardés de venir perdre une quinzaine de jours en Belgique, ce qui a fait rater leur fameuse attaque brusquée contre la France. Enfin ils nous montrent tous les jours par leurs affiches qu'ils ne font pas grand cas de notre intelligence. Car elles sont impayables, certaines de ces « Nouvelles publiées par le Gouvernement Général allemand ».

Imaginez nos rires quand les autorités que nous devons subir affichent officiellement qu'une escadre allemande a capturé quinze bateaux de pêche (8 septembre 1914), — ou que les Serbes ont pris Semlin parce qu'ils n'avaient plus à manger chez eux (1)

(1) Il nous est impossible de donner le texte précis de l'affiche. Celle-ci a été supprimée par la censure allemande dans les diverses collections qui

(13 septembre 1914), — ou que l'étoile de Paschitsch pâlit (29 septembre 1914), — ou que les Autrichiens ont évacué Lemberg pour des raisons stratégiques et humanitaires (6 septembre 1914), — ou que l'armée anglaise est si mal équipée que les soldats manquent de papier à lettre et de lacets de souliers (6 octobre 1914), — ou que le fleuve des « Dons de l'Amour » continue à couler (23 janvier 1915), — ou que le général Joffre, en un français qui ne peut être sorti que d'une plume allemande, annonce à ses troupes que « le moment est venu, pour profiter de la faiblesse qui s'offre à nous, après que nous nous sommes renforcés en hommes et en matériel » (21 et 22 décembre 1914). — Dans les derniers jours de septembre, quand un Bruxellois rencontrait un camarade blond, il s'empressait de le mesurer, pour s'assurer qu'il n'était pas Charles-Alice Yate, « ayant environ 1 m. 73 de grandeur » (22 septembre 1914). — Une des affiches qui suscitèrent le plus d'hilarité est de la fin mars 1915, après la chute de Przemysl. Elle prétendait donner une longue liste des forteresses et des places fortifiées qui étaient tombées au pouvoir des Allemands, alors que les Alliés n'avaient pris que Przemysl ; à ce dernier nom des plaisants avaient tout de suite ajouté Tsing-Tau. La liste des forteresses prises par les Allemands est vraiment réjouissante. D'abord ils oublient que, d'après leur propre affiche du 15 octobre 1914, Lille s'est déclarée ville ouverte. Puis les milliers de Bruxellois qui ont passé par la Salle des Milices de l'hôtel de ville, pour y demander un passeport, ont eu tout le temps, pendant qu'ils se morfondaient dans l'attente de leur papier, d'examiner une carte du Nord de la France et de la Belgique, dressée en Allemagne, et indiquant toutes les villes fortifiées et les forteresses : or ni Montmédy, ni Longwy, n'y figurent comme villes fortifiées.

Nouvelles publiées par le Gouvernement Général allemand.

Berlin, 6 septembre 1914. — L'ambassade d'Autriche-Hongrie publie la dépêche suivante qui lui a été transmise par le Ministre des Affaires étrangères de Vienne :

ont été publiées à Bruxelles (v. p. 12). Mais le résumé que nous en donnons est absolument fidèle. Nous savons d'ailleurs où est caché, à Bruxelles, un exemplaire de l'affiche originale. Après la guerre nous en publierons la photographie.

« L'information russe au sujet de la bataille de Lemberg et de la prise triomphale de cette ville est un mensonge. La ville ouverte de Lemberg a été abandonnée par nous, sans combat, pour des raisons stratégiques et humanitaires ».

Le Gouvernement militaire allemand.

Londres, 8 septembre 1914 (*agence Reuter*). — Une escadre allemande, composée de deux croiseurs et quatre torpilleurs, a capturé quinze barques de pêcheurs anglaises, dans la mer du Nord, et conduit de nombreux prisonniers à Wilhelmshafen.

Le Gouvernement militaire allemand.

Berlin, 22 septembre 1914. — Dans la nuit du 19 au 20 septembre, le major Charles-Alice Yate, du régiment de la Yorkshire Light Infantry, s'est évadé de Torgau où il était prisonnier de guerre. Yate est cet officier supérieur anglais au sujet de qui il fut l'autre jour annoncé qu'il ne contesta pas, sur une demande, que les troupes anglaises ont été munies de balles dum-dum ; au cours de cet interrogatoire, il déclara que le soldat doit évidemment se servir des munitions qui lui sont fournies par le gouvernement.

Le fugitif a environ 1 m. 73 de grandeur ; il est élancé, blond, et parle bien l'allemand.

Le Gouvernement militaire allemand.

Vienne, 29 septembre 1914. — La *Reichspost* annonce de Sofia : Le correspondant de la *Volja*, organe de Ghenadjew, écrit de Nisch : L'offensive autrichienne a des suites graves pour la Serbie ; la révolte gronde dans le pays et dans l'armée, et chaque jour peut faire éclater la révolution. Ces jours-ci, plusieurs régiments d'artillerie se sont encore révoltés. Un certain nombre de canons ont été démolis...

Le roi Pierre est rentré ; il est complètement apathique et le prince héritier Alexandre ne sait que faire. L'étoile de Paschitsch pâlit et l'on craint qu'il n'y ait bientôt des victimes dans son entourage.

Le Gouvernement militaire allemand.

Londres, 6 octobre 1914. — Le *Daily Chronicle* annonce qu'à Aldershot, en chiffres ronds, 135.000 miliciens appartenant à toutes les armées seraient préparés à partir pour l'armée dès qu'ils seraient prêts. Cependant la préparation, en dépit des plus brillants efforts, ne donnerait pas de résultats satisfaisants, les troupes étant insuffisamment équipées. Le journal fait appel au concours du public et fait remarquer que, par exemple, aucun officier de la première armée de lord Kitchener ne possède de jumelles de campagne. Il manque, en outre, des chaussettes, des mouchoirs, des lacets de souliers, du papier et de quoi écrire, des tambours et des fifres pour les régiments écossais.

Le Gouvernement militaire allemand.

Berlin, 21 décembre 1914 (*communication officielle d'aujourd'hui*). — La grande activité des Français devant tout notre front s'explique par l'ordre du jour suivant à l'armée, qui fut trouvé sur le corps d'un officier français tombé ; l'ordre du jour est du général Joffre et daté du 17 décembre !

Ordre du jour, 17 décembre 1914.

Depuis deux mois, les violentes et innombrables attaques n'ont pas abouti à nous percer. Partout nous leur avons résisté victorieusement. Le moment est venu, pour profiter de la faiblesse qui s'offre à nous, après que nous nous sommes renforcés en hommes et en matériel. L'heure de l'attaque a sonné. Après que nous avons tenu les forces allemandes en échec, il s'agit de les percer et de délivrer définitivement notre pays de l'envahisseur. Soldats, plus que jamais la France compte sur votre courage, votre énergie et votre volonté afin de vaincre à tout prix. Vous avez déjà vaincu sur la Marne, sur l'Yser, en Lorraine et dans les Vosges. Vous saurez vaincre jusqu'au triomphe final.

JOFFRE.

Le Gouvernement général en Belgique.

Berlin, 22 décembre 1914 (*communication officielle d'aujourd'hui midi*). — A notre regret, nous avons constaté seulement après la publication que l'ordre du jour à l'armée du général Joffre du 17 décembre contenait ce post-scriptum : « L'ordre sera porté à la connaissance de toutes les troupes ce soir, et des mesures sont à prendre pour qu'il ne parvienne pas à la presse ».

Le Gouvernement général en Belgique.

Zürich, 23 janvier 1915. — Le colonel Müller décrit dans la *Neue Züricher Zeitung* les mesures hygiéniques prises avec la plus grande circonspection et les plus grands soins au front de l'armée allemande. La question du drainage des eaux prend la première place lors de l'établissement de tranchées ; brillant est le système de l'alimentation abondante et saine des troupes et leur équipement avec des sous-vêtements chauds, ce qui est essentiel pour le maintien d'un bon état sanitaire. Les hommes ont, pour la plupart, la mine florissante. De chez eux coule sans cesse le fleuve des « Dons de l'Amour ». Un rationnel changement du service entre les marches, des exercices d'armes et le travail de génie contribue à conserver aux hommes la bonne santé et la bonne humeur. A un point de vue qu'on ne croirait pas possible en pleine guerre, la possibilité de prendre des bains a été réalisée...

Le Gouvernement général en Belgique.

Les forteresses et places fortifiées tombées depuis le commencement de la guerre.

Du côté des Alliés :
    Liége,
    Namur,
    Givet,
    Montmédy,
    Longwy,
    Manonviller,
    Maubeuge,
    Anvers,
    Lille,
    Laon,
    La Fère.

Du côté des Allemands et Autrichiens :
    Przemysl.

Le Gouvernement général en Belgique.

Les intrigues avec la Roumanie sont également fort amusantes à suivre. Il y a là-dedans des perles, par exemple les paroles « catégoriques et textuelles » que le roi Ferdinand « aurait » prononcées.

Nouvelles publiées par le Gouvernement Général allemand.

Berlin, 3 octobre 1914. — D'après une communication du *Berliner Lokal-Anzeiger*, de Bucarest, le prince royal de Roumanie s'est débarrassé des russophiles qui essayent d'amener le roi Charles à abdiquer et de faire passer, avec l'aide du prince royal, la Roumanie du côté de la Triple Entente. Il leur déclara en termes non équivoques qu'il ne monterait jamais sur le trône de Roumanie, au cas où les intrigues des russophiles amèneraient le roi à abdiquer. Ceci détruit la fable accréditée par les agents russes, à savoir que l'héritier de la couronne se trouverait avec ses opinions publiques en contradiction avec le roi, au sujet des véritables intérêts de la Roumanie, et que les russophiles auraient le moindre motif de fonder sur lui des espoirs quelconques.

Le Gouvernement militaire allemand.

Berlin, 21 octobre 1914. — La *Berliner Zeitung am Mittag* publie cette note datée de Copenhague. D'après des informations venant du Retsch, de Saint-Pétersbourg, le roi Carol de Roumanie aurait recommandé, peu de temps avant sa mort, à son successeur de maintenir sa neutralité. Ses dernières paroles furent : « Épargne ta patrie ! Ne répands pas de sang ! » Le roi Ferdinand aurait dit au ministre-président M. Bratianu en termes catégoriques et textuels : « Je ne trahirai pas le testament de mon prédécesseur ».

Le Gouvernement militaire allemand.

L'indignation des Allemands devant notre incrédulité.

Ce qui est encore plus étrange que leur insistance à nous offrir leurs nouvelles frelatées, c'est leur vertueuse indignation quand ils constatent que nous ne sommes pas réceptifs pour ce genre de vérité. Ainsi la population liégeoise, qui n'avait pas voulu croire aux affiches allemandes et leur avait préféré les journaux clandestins, fut avertie par M. le lieutenant général von Kolewe qu'elle s'exposait à « être ridiculisée aux yeux du monde intelligent ».

A la population de Liége et de ses environs.

Vu les succès croissants des troupes allemandes, on ne comprend pas que le peuple de Liége soit toujours assez crédule pour croire les nouvelles frivoles et absurdes répandues par les fabriques de mensonges installées à Liége. Ceux qui s'occupent de propager de telles nouvelles s'exposent à être rigoureusement punis. Ils jouent un jeu dangereux en abusant de la crédulité de leurs concitoyens et en les engageant à des actes irréfléchis. La population raisonnable de Liége s'opposera d'elle-même à toutes les tentatives de la sorte.

Autrement elle s'expose non seulement aux désillusions les plus graves, mais encore à être ridiculisée aux yeux du monde intelligent.

von KOLEWE,
Lieutenant général et
gouverneur allemand de la place
de Liége.

Défense d'arracher ce placard ou de coller un autre dessus.

Mensonges relatifs à la situation en Belgique.

Devant d'autres affiches nos haussements d'épaule faisaient place au dégoût. Que M. le baron von der Goltz aille se vanter à Sofia d'avoir rendu « la situation en Belgique entièrement normale » (p. 364), soit. Nous étions tellement contents d'être débarrassés de lui que nous étions prêts à lui passer tous les mensonges. Mais que son successeur, M. le baron von Bissing, après nous avoir frappés d'une contribution de 480.000.000, ait eu encore l'audace de déclarer qu'il espérait « faire beaucoup pour la situation économique », et qu'il s'occuperait spécialement « de tout faire pour aider les faibles en Belgique, et pour les encourager », cela dépasse décidément les bornes du cynisme (p. 365).

Cependant deux mois plus tard, *N. R. C.*, 18 février 1915), lorsqu'il nous a déjà dépouillés de 120 millions, il trouve moyen d'aller plus loin en affirmant sa « sollicitude pour le bien-être et la prospérité de la population ».

Mensonges relatifs aux « francs-tireurs ».

Que dire aussi des accusations contre les civils belges ! Dès le 28 août, lors de la première sortie de nos troupes d'Anvers, les Allemands affichèrent à Bruxelles que « la population belge prenait presque partout de nouveau part au combat ». Or certains de ces combats avaient été livrés à une dizaine de kilomètres seulement de Bruxelles ; des paysans venaient d'être fusillés à Houtem (un hameau de Vilvorde), et à Eppeghem, c'est-à-dire dans des villages d'où chaque matin les gens viennent en ville avec des légumes, du lait, etc. ; les habitants de la capitale étaient donc parfaitement renseignés sur la conduite des troupes allemandes à l'égard des civils belges ; ils savaient ainsi que ces prétendues attaques de « francs-tireurs » étaient opérées par des détachements de l'armée belge (voir E. Waxweiler, *la Belgique neutre et loyale*, p. 219). L'indignation très vive contre les menteurs allemands s'accrût encore lorsque, trois semaines plus tard, le Kaiser réitéra ces calomnies (p. 249). Le fait d'afficher des accusations manifestement fausses, sur les murs de Bruxelles, montre une fois de plus en quelle piètre estime les Allemands tiennent les facultés mentales de leurs victimes.

Tout aussi typiques sont à cet égard les racontars de M. Ambrosini : il aurait « vainement cherché des témoins oculaires des méfaits prétendûment commis par les soldats allemands ». « Prétendûment » est délicieux ; en se rendant de Bruxelles à Liége, il n'avait donc pas vu Louvain ! Ou bien n'en avait-il pas cru ses yeux ?

Nouvelles publiées par le Gouvernement Général allemand.

Francfort, 2 octobre 1914. — Sous le titre « La neutralité de la Belgique », la *Gazette de Francfort* publie un article du journaliste italien Vittorio Ambrosini, où il relate ses impressions à l'occasion d'un voyage à travers la Belgique. On y lit entre autres choses : « Ma première impression à mon arrivée à Bruxelles le 20 septembre fut de l'étonnement, car tout avait l'air si pacifique qu'on eût pu penser que les soldats allemands se trouvaient en visite ici, comme invités ; ce sont tous des gens calmes et bien élevés qui paient partout au comptant ce qu'ils achètent. Tout le monde certifie qu'aucun soldat allemand ne fait aucun mal à personne. Les cafés publics sont remplis d'un monde élégant, les boulevards sont animés...

« On laisse peut-être trop de liberté aux Belges ; chacun peut faire ici ce qu'il lui plaît, tant que cela ne nuit pas aux Allemands. J'ai fait le voyage à Liége dans un train militaire où tout le monde manifestait son enthousiasme et sa confiance en l'issue de la guerre.

« J'ai vainement cherché des témoins oculaires des méfaits prétendûment commis par des soldats allemands. »

Le Gouvernement militaire allemand.

Les prétendus mensonges répandus par l'armée belge.

Pendant les combats qui eurent lieu sur l'Yser et autour d'Ypres en octobre et novembre 1914, on voyait passer journellement trente à quarante longs trains ramenant les blessés de la Flandre vers l'Allemagne. Les autorités choisirent ce moment pour nous annoncer que l'armée allemande ne subissait pour ainsi dire pas de pertes (30 octobre 1914). D'ailleurs ne nous avaient-elles pas assuré, le 5 octobre, alors qu'on entendait gronder sans interruption le canon, que le siège d'Anvers continuait sans combat ! Et le plus joli, est que le surlendemain les Allemands, froissés dans leur profond respect pour la sincérité, assuraient que c'étaient les soldats belges qui étaient chargés de répandre les fausses nouvelles (7 octobre 1914).

Nouvelles publiées par le Gouvernement Général allemand.

Berlin, 5 octobre (*communication officielle d'hier soir*). — Les opérations devant Anvers et sur le théâtre de la guerre de l'Est se sont poursuivies encore aujourd'hui conformément aux plans et sans combat.

Le Gouvernement militaire allemand.

Bruxelles, 7 octobre 1914. — Au chef d'une troupe de cyclistes a été enlevé, près de Hennuyères, une instruction écrite destinée aux chefs de détachements dits « de destruction » où il est dit entre autres choses : « Répandre de fausses nouvelles : débarquement des Anglais à Anvers, des Russes à Calais ».

Le Gouvernement militaire allemand.

Berlin, 30 octobre 1914. — Le correspondant spécial du *Berliner Lokal-Anzeiger*, à Roosendaal, écrit à ce journal :

Des soldats belges, désarmés, qui ont pris part aux combats d'entre Dixmude et Nieuport, font le récit de la marche indomptable en avant des soldats allemands. Lorsque je demandai à un de ces garçons, à l'air totalement miséreux par suite des souffrances endurées, si les pertes des troupes, lors de leur passage sur l'Yser, avaient été grandes, il me répondit carrément : « Ces gaillards nous repoussent avec leurs canons si terriblement qu'ils n'ont que très peu d'hommes à sacrifier. Chez nous, c'est, hélas, le contraire : on nous jette aveuglément dans la bataille. Bien de mes camarades ont dit : Nos officiers ne savent rien ; si nous étions conduits par des Allemands, nous ferions notre affaire aussi bien que les soldats allemands ». Comme dans les combats antérieurs, les Belges ont surtout souffert des attaques irrésistibles nocturnes. « Nous ne comprenons pas, s'écrie un autre Belge désarmé, comment les Allemands parviennent à s'approcher de nous jusqu'à de très courtes distances, sans que nous les apercevions. Leur manière de tirer profit des localités est admirée par nos officiers. Ni les Français, ni les Anglais n'y parviennent. Les bataillons allemands ont le pas d'airain ; lorsqu'on les entend arriver, on croirait qu'ils sont le double de leur nombre. » Parmi les Belges réfugiés, l'opinion est unanime : « Les Allemands vaincront ».

Le Gouvernement militaire allemand.

Mensonges au sujet de la bataille de la Marne.

Que les Allemands essayent de tromper leurs compatriotes sur la situation, passe encore ; puisqu'ils se contentent, eux, des nouvelles officielles. Mais en Belgique nous continuons, malgré toutes les entraves, à recevoir les journaux étrangers qui nous renseignent sur les opérations militaires. Pourquoi ont-ils essayé, par exemple, de nous imposer la version allemande de la bataille de la Marne, alors que rien ne nous était plus facile que d'apprendre la vérité, dans *The Times* et dans les journaux français.

Nouvelles publiées par le Gouvernement Général allemand.

Bruxelles, le 28 août 1914. — Le 26 août, notre armée a remporté une victoire décisive aux environs de Solesmes.

Les Anglais se voient couper la retraite vers l'ouest.

Notre corps de cavalerie n'a plus que deux jours de marche jusqu'à Paris.

Berlin, 3 septembre 1914. — L'attaque contre Reims est préparée. L'armée de cavalerie du colonel général von Kluck pousse ses marches jusque devant Paris.

Le Gouvernement militaire allemand.

Berlin, 10 septembre 1914. — Les corps d'armée avancés au cours des poursuites sur et au delà de la Marne ont été attaqués par des forces supérieures venant de Paris, entre Meaux et Montmirail. Dans de grands combats durant deux jours, ils ont arrêté l'ennemi et ont fait eux-mêmes des progrès.

Lorsque la marche en avant de nouvelles forces ennemies assez fortes fut annoncée, notre aile s'est repliée. L'ennemi n'a suivi nulle part. Jusqu'ici on annonce, comme butin : 50 canons et plusieurs milliers de prisonniers.

Les corps d'armée combattant à l'ouest de Verdun se trouvent en progrès.

Le Gouvernement militaire allemand.

Berlin, 14 septembre 1914 (*officiel*). — Sur le théâtre de la guerre de l'Ouest (France) ont eu lieu des opérations, dont les détails ne peuvent pas encore être publiés, et qui ont conduit à une bataille qui est favorable pour nous. Toutes les nouvelles répandues à ce sujet, par tous les moyens, par l'ennemi, et qui présentent la situation comme défavorable pour nous, sont fausses.

Le Gouvernement militaire allemand.

Berlin, 15 septembre 1914 (*communication officielle*). — Dans l'Ouest (France), sur l'aile droite de l'armée, se passent des combats considérables, mais indécis jusqu'ici. Une tentative de passer à travers nos lignes entreprise par les Français a été victorieusement repoussée. Nulle part, aucune action décisive n'a eu lieu.

Le Gouvernement militaire allemand.

Berlin, 16 septembre 1914 (*officiel*). — Le combat qui dure depuis deux jours sur l'aile droite de l'armée de l'Ouest s'est étendu hier aussi aux armées qui se trouvent à l'est jusqu'à Verdun. En certains endroits du vaste champ de bataille, des succès partiels de l'armée allemande sont à signaler. La bataille continue d'ailleurs.

Le Gouvernement militaire allemand.

Mensonges au sujet de la bataille d'Ypres et de l'Yser.

Un cas plus curieux encore est celui de la bataille d'Ypres. Pendant une vingtaine de jours, les affiches officielles apprenaient chaque matin aux Belges les derniers succès allemands..... et au bout de trois semaines l'armée était toujours aussi éloignée d'Ypres.

Nouvelles publiées par le Gouvernement Général allemand.

23 octobre. — Nos troupes ont avancé avec succès dans la direction d'Ypres...

25 octobre. — A l'est d'Ypres, nos troupes ont avancé au milieu de violents combats...

26 octobre. — A l'est-nord-est d'Ypres, l'ennemi reçut des renforts, ce qui n'empêcha pas nos troupes d'avancer en plusieurs endroits...

26 octobre. — Près d'Ypres, le combat est indécis. Au sud-ouest d'Ypres nos troupes ont fait de bons progrès...

28 octobre. — Près d'Ypres, les troupes allemandes ont fait encore hier des progrès...

29 octobre. — Près d'Ypres, la situation est restée la même que le 27 octobre...

30 octobre. — Près d'Ypres, la bataille est indécise, tout en continuant...

1er novembre. — L'attaque contre Ypres avance également...
2 novembre. — Près d'Ypres nos troupes continuent à marcher en avant...
3 novembre. — Au cours de l'attaque contre Ypres, nous avons encore gagné du terrain...
4 novembre. — Nos attaques contre Ypres avancent toujours...
5 novembre. — Près d'Ypres nos attaques ont progressé...
5 novembre. — Nos attaques contre Ypres ont été poursuivies lentement, mais avec succès...
7 novembre. — Notre offensive au nord-ouest et au sud-ouest d'Ypres fait de bons progrès...
9 novembre. — Nos attaques près d'Ypres ont été continuées hier...
10 novembre. — Malgré la plus vive résistance nos attaques contre Ypres ont progressé lentement, mais sans interruptions...
11 novembre. — Nos attaques près d'Ypres ont progressé encore lentement...
13 novembre. — Dans la région à l'est d'Ypres, nos troupes ont avancé...
14 novembre. — Au cours des attaques, fort bien réussies, près d'Ypres, encore 1.000 ennemis furent pris...
15 novembre. — Au sud d'Ypres, 700 Français ont été faits prisonniers (1).

Toute cette campagne de l'Yser est d'ailleurs intéressante au point de vue de la mentalité allemande. Dès le début, ils se sont appliqués à établir une confusion entre l'Yser canalisé et l'Yperlée canalisé, c'est-à-dire le canal d'Ypres à l'Yser. Ce qu'ils appellent « le canal de l'Yser » dans leur affiche du 22 octobre, est l'Yser canalisé entre Dixmude et Nieuport. Dans l'affiche du 4 novembre, ils parlent du « canal de l'Yser à Ypres, près de Nieuport », dénomination tout à fait fantaisiste ; enfin le 4 avril, lorsqu'ils disent avoir traversé le « le canal de l'Yser » pour occuper Driegrachten, il s'agit de l'Yperlée et nullement de l'Yser. C'est, comme on le voit, le pendant du quiproquo intentionnel qu'ils avaient fait entre la ville de Liége et ses forts (p. 50, 62). De telles confusions peuvent induire en erreur des Allemands, mais elles font naturellement

---

(1) Cette liste de nouvelles officielles, copiées des affiches, a paru clandestinement à Bruxelles le 15 novembre 1914. Les Allemands en eurent sans doute connaissance, car à partir de ce jour il n'est plus guère question d'Ypres dans les communiqués affichés à Bruxelles.

sourire les Belges, familiarisés avec la géographie de leur pays.

Citons encore un point relatif à cette étonnante campagne de l'Yser. Ils annoncent le 2 novembre que les opérations sont rendues difficiles par l'inondation. Le surlendemain, après avoir exprimé leur pitié pour les Belges dont « les champs sont dévastés pour longtemps », ils ajoutent que l'eau dépasse en partie la hauteur d'homme, mais qu'ils n'ont perdu ni un homme, ni un cheval, ni un canon. Comment osent-ils servir de pareilles billevesées à des gens qui connaissent les polders littoraux avec leurs innombrables canaux et fossés, et qui savent qu'une inondation y rend toute retraite impossible !

Berlin, 4 novembre 1914 (*communication officielle*). — En Belgique, les opérations sont rendues difficiles par suite d'inondations qui sont causées par la destruction des écluses sur le canal de l'Yser à Ypres, près de Nieuport.

Le Gouvernement militaire allemand.

Berlin, 4 novembre 1914 (*communication officielle d'hier midi*). — Les inondations au sud de Nieuport rendent toute opération dans cette région impossible. Les champs y sont dévastés pour longtemps. L'eau dépasse, en partie, la hauteur d'homme. Nos troupes ont pu quitter le territoire inondé sans subir aucune perte d'homme ou de cheval, ou de canon ou de véhicule.

Le Gouvernement militaire allemand.

3. Le cynisme

Il faut une belle dose d'effronterie pour étaler devant nous des affirmations telles que celles de Guillaume II dont la fausseté est évidente d'emblée. Ils ne peuvent pourtant pas ignorer que ces impostures seront dévoilées à l'instant même. Cette considération ne les arrête pas, car la supériorité allemande leur paraît si indiscutable qu'ils n'ont pas à s'inquiéter de l'avis d'autrui : s'ils indiquent parfois les raisons de leurs agissements, c'est pour raffermir leur propre conscience, non pour se justifier vis-à-vis de leurs victimes. Ils sont en somme dans la situation de chasseur qui abat tout le gibier passant à portée de son fusil, sans avoir de compte à rendre aux lapins ou aux perdrix. Dans l'esprit du chasseur, il n'y a aucun cynisme à agir ainsi. Du chasseur au gibier la distance est en effet trop grande dans l'échelle des êtres pour qu'une telle justification apparaisse nécessaire. De même, les Allemands occupent dans l'échelle de la Kultur une position tellement élevée par rapport aux Belges, qu'ils croient de bonne foi que tout leur est permis vis-à-vis de cette peuplade, et qu'ils n'ont pas à légitimer leurs actes. Il agissent envers nous comme les Conquistadors envers les Aztèques.

Mépris de la Convention de La Haye.

Bien plus, ils affichent publiquement leur mépris des règles de la justice.

Nous avons déjà signalé leur affiche de Gand (p. 139) où ils se mettent en conflit direct avec la Convention de La Haye, qui est en partie leur œuvre. Ils se sont encore surpassés dans ce sens. Que dire, par exemple, de l'affiche placardée à Menin, en juillet 1915, sur l'ordre de M. le commandant Schmidt, par laquelle ils ordonnent de laisser mourir de faim les familles de ceux « qui ne travaillent pas régulièrement à des travaux militaires » ?

Ordre.

A partir d'aujourd'hui la ville ne peut plus accorder de secours, — quel qu'il soit, même pour les familles, femmes et enfants — qu'aux seuls ouvriers qui travaillent régulièrement à des travaux militaires et aux autres ouvrages imposés.

Tous les autres ouvriers et leurs familles ne pourront plus désormais être secourus en aucune façon.

Eh bien ! ce n'est pas leur plus belle trouvaille. A Roubaix et aux environs (dans la Flandre française, tout contre la frontière belge), ils ont affiché leur décision d'empêcher toute vente de comestibles si le travail n'était pas repris le 7 juillet ; et ils menaçaient même de supprimer complètement la circulation, ce qui aurait entraîné la mort lente de la population tout entière.

Si le travail n'est pas repris le 7 dans toutes les fabriques, de nouvelles mesures seront mises en vigueur pour les communes de Roubaix, Watrelos, Hem, Launoy, Lys et Toufflers.

Les habitants devront rester chez eux de 6 heures du soir jusqu'à

6 heures du matin (heure allemande). Les magasins devront être fermés le même temps, sauf autorisation spéciale.

Les estaminets, cafés, restaurants seront fermés toute la journée et toute la nuit. Toute vente de comestibles et de boissons sera interdite dans ces établissements. Toutes personnes qui menacent ou tourmentent des ouvriers occupés par l'autorité allemande, ou les forcent à cesser le travail ou les empêchent de le reprendre, seront prises, transportées en Allemagne et punies selon les lois.

Les ouvriers qui refusent de faire le travail qui leur est commandé seront punis jusqu'à trois mois de prison et emmenés en Allemagne.

D'autres déportations de notables de la ville sont en projet. Si toutes ces mesures ne suffisent pas, d'autres plus graves, très préjudiciables au bien-être de la population, seront prises, par exemple : la suppression de toute circulation.

Et ceci n'est pas encore le comble. Dans une localité voisine, à Halluin, M. le commandant Schranck a fait lire aux notables assemblés une déclaration disant qu'il leur déniait le droit d'invoquer la Convention de La Haye, puisque l'autorité militaire allemande était décidée à faire valoir toutes ses exigences, « même si une ville de 15.000 habitants en devrait périr ».

Lu à Halluin, le 30 juin 1915, à 23 h. 1/2, au conseil municipal et aux notables de la ville de Halluin.

Messieurs,

Les événements qui se passent sont connus de tous ces Messieurs. C'est la conception et l'interprétation de l'article 52 de la Convention de La Haye, qui a créé les différends entre vous et l'autorité militaire allemande. De quel côté est le droit ? Ce n'est pas à nous de le discuter, parce que nous ne sommes pas compétents et nous n'arriverons jamais à nous entendre sur ce point-là. Ce sera l'affaire des diplomates et des représentants des différents États après la guerre.

Aujourd'hui, c'est exclusivement l'interprétation de l'autorité militaire allemande qui est valable, et en raison de cela, nous entendons que tout ce que nous aurons besoin pour l'entretien de nos troupes soit fabriqué par les ouvriers du territoire occupé. Je puis vous assurer que l'autorité allemande ne se départira sous aucune condition de ses demandes à ses droits, même si une ville de 15.000 habitants en devrait périr. Les mesures introduites jusqu'à présent ne sont qu'un commencement et chaque jour il y aura des mesures sévères jusqu'à ce que notre but soit atteint.

C'est le dernier mot et le bon conseil que je vous donne ce soir. Revenez à la raison et faites en sorte que tous les ouvriers reprennent le travail sans délai ; autrement vous exposez votre ville, vos familles et votre personne même aux plus grands malheurs.

Aujourd'hui et peut-être encore pour longtemps, il n'existe pour Halluin, ni préfecture, ni gouvernement français ; il n'y aura qu'une seule volonté, c'est la volonté de l'autorité allemande.

Le commandant de place,
(s) Schranck.

Ne pensez-vous pas qu'un cynisme aussi éhonté est un indice d'affolement et un aveu d'impuissance ? Ils se savent acculés aux pires expédients !

On pourrait citer une foule de faits du même genre, mais ce seraient des redites inutiles. Examinons plutôt quelques exemples de cynisme graphique.

Photographies et cartes illustrées.

Ils publient dans leurs journaux illustrés des photographies représentant la population d'un village, surtout des femmes, emmenée prisonnière (*Berl. Ill. Zeit.*, n° 36, 6 septembre 1914) ; — un poste d'observation militaire établi par eux sur la tour de la cathédrale de Malines pendant le siège d'Anvers (*Berl. Ill. Zeit.*, n° 44, 1ᵉʳ novembre 1914) ; — des médecins retenus prisonniers en Allemagne, contrairement à la Convention de Genève (*Berl. Ill. Zeit.*, n° 15, 11 avril 1915) ; — des soldats prisonniers qu'ils obligent, malgré l'article 6 de la Convention de La Haye, à travailler contre leur patrie (*Die Wochenschau*, n° 44 de 1914).

Même effronterie en ce qui concerne les incendies allumés par leurs troupes : la maison Schaar und Dathe, de Trèves, a édité et mis en vente, en Belgique même, une cinquantaine de cartes illustrées représentant des localités incendiées par l'armée allemande. Citons : Malines (*fig.* 12), Dinant, Namur, Louvain, Aerschot (*fig.* 13), Termonde, — et dans le Luxembourg belge : Barranzy, Étalle, Èthe (*fig.* 11), Izel, Jamoigne, Musson, Rossignol, Tintigny (*fig.* 14). Ajoutons que sur beaucoup de ces photographies figurent des soldats et des officiers posant en triomphateurs sur les ruines. Dans cet esprit, la carte la plus instructive que nous connaissions est celle qui représente M. le général Beeger, sur les ruines de Dinant (*fig.* 15) ; pour comprendre tout l'à-propos de cette pose, il faut savoir que c'est ce même officier qui a ordonné à Dinant l'incendie de 1.200 maisons et le massacre de 700 habitants. On peut s'étonner de ce qu'il n'ait pas fait disposer autour de lui, au moment de la photographie, quelques cadavres de « francs-tireurs », choisis de préférence parmi les vieillards, les femmes et les nourrissons.

Après le torpillage du *Lusitania* ils ont vendu en Belgique une série de cartes *Kriegs-Erinnerungs-Karte*, éditées par le docteur Trenkler et C°, à Leipzig, relatives aux opérations des sous-marins. La carte n° 2 de la série XXXIII représente, très inexactement d'ailleurs, un sous-marin allemand arrêtant le *Lusitania* (*fig.* 16). Il est bon de se rappeler que dans ce naufrage ont péri plus de 1500 non-combattants, parmi lesquels Mme Antoine Depage, la femme du chirurgien belge bien connu.

Rien ne doit surprendre du reste de la part de ceux qui trouvent que tout procédé est bon pourvu qu'il soit efficace. Voici ce que nous dit un journal hautement considéré en Allemagne, *Hamburger Fremdenblatt*, dans son supplément hebdomadaire illustré du 16 mai 1915 : « Dans la situation de l'Allemagne, attaquée de trois côtés à la fois avec tous les moyens que peuvent inventer la cruauté et la perfidie, il ne faut pas se demander si un moyen de défense est permis ou prohibé, mais s'il est efficace. Tout ce qui facilite la défense doit être employé ; or cela est vrai surtout pour la guerre sous-marine, et par conséquent pour la destruction du *Lusitania* ».

A.-W. Heymel : La Journée de Charleroi.

Nous avons déjà parlé des articles de M. Heymel et de M. W. Bloem. Le premier dit ingénument sa satisfaction de voir un prêtre belge pendu, et il avoue aussi avoir employé des gens de Charleroi comme boucliers vivants contre ses adversaires. Donnons quelques passages de son article.

La Journée de Charleroi.

par *Alfred Wolter Heymel.*

Notre régiment de cavalerie fut débarqué près de la frontière ennemie. Pendant un petit temps il s'arrêta sur une plaine de manœuvres où se rassemblait la division à laquelle nous devions être rattachés comme éclaireurs.

Déjà beaucoup d'entre nous s'impatientaient d'avoir à attendre plus longtemps pour marcher au front ; nous entendions gronder le tonnerre des obusiers du grand fort près de la frontière, autour duquel on s'était rudement battu ces jours-là ; on nous parlait de cruautés à faire dresser les cheveux sur la tête, commises dans sa rage par un peuple surexcité depuis des années : cruautés contre nos compatriotes, soldats, civils, femmes et enfants, à cause de notre violation d'une neutralité qu'il avait lui-même mille fois violée à l'avance. De notre côté nous bouillions intérieurement de venger ces infamies ; quelques vers de mon journal de guerre indiqueront peut-être le mieux notre état d'esprit d'alors.

> Nous poussons tous en avant,
> Nous n'avons de crainte qu'à l'arrière,
> Nous sommes pleins de fureur et de courroux
> Jusqu'à ce que notre sabre ait chanté.
> Jusqu'à ce qu'il ait chanté la destruction
> De ce pays insensé ;
> Il faut que toute la Belgique tombe en morceaux,
> Assassinée et incendiée par sa faute.

Nous n'avons respiré plus librement que lorsque, dans notre marche par delà la frontière, nous avons vu les premières maisons incendiées par représailles ; un curé qui s'était révolté, pendu à un arbre d'un bosquet voisin et se balançant au gré du vent (*fig.* 22) ; quand, enfin, le bruit du combat devint plus net...

(Ils arrivent près de Charleroi.)

La tête du régiment, conduite par mon ami le lieutenant S.. se remit à trotter en avant et empoigna comme otages ce qu'elle pouvait attraper de civils : environ douze à seize individus, vieux, jeunes, gros et maigres, durent marcher devant ou entre les lanciers ; de plus, cette partie du régiment avait reçu, des camarades, l'ordre de ne pas chevaucher par trop en avant.

Quelque chose qui m'effraya tout spécialement et me fit pressentir un malheur, fut le fait que des femmes et des civils éclatèrent en pleurs farouches : une rousse, frénétique, se jeta sur le pavé et poussa des hurlements sauvages ; d'autres derrière nous, les bras décharnés étendus en l'air, nous menaçaient, bien qu'à plusieurs reprises, on leur eut assuré à toutes que, tant qu'on ne nous ferait rien, il n'arriverait rien non plus à leurs soutiens, leurs fils, leurs amis et leurs amoureux. Toutes ces scènes significatives se jouaient dans les rues latérales.

Ainsi, nous avançâmes encore dix minutes environ ; la rue était tout à fait déserte, les maisons étaient fortement barricadées, des poutres gisaient devant les portes, les volets étaient tous baissés : on n'entendait rien. L'adjudant arriva de l'arrière et apporta un message quelconque. A cet instant, je me dis : « Maintenant ce n'est plus qu'une question de minutes, que les gredineries commencent ».

C'était précisément au moment où mon ami, à la tête, apercevant à quelque distance un trait sombre en travers de la rue, demanda à un civil : « Une barricade ? » — « Oh non ! le chemin de fer ! » fut la réponse ; et au même instant, une salve d'infanterie en règle éclatait déjà de la barricade vers nous, par la rue étroite.

Je vis se renverser deux ou trois cavaliers de la tête, et avec eux les otages roulèrent sur le sol ; mon ami était debout près de son cheval. Puis un violent feu à tir rapide, alternant avec des salves ; nous ne pouvions nulle part nous échapper sur les côtés ; naturellement nous fîmes tout de suite demi-tour ; et on s'en retourna dans la direction d'où on était venu : une poursuite enragée, sur le pavé inégal, avec les balles sifflant dans le dos. Les chevaux tombaient les uns après les autres.

Mais c'est alors seulement que le vrai enfer commence ; le feu devient plus fort, les balles n'arrivent pas uniquement des maisons, mais aussi de droite et de gauche, des soupiraux de caves, des fenêtres, des toits, et déjà trente à quarante chevaux et beaucoup de cavaliers gisent entremêlés. Ces coquins essayaient de lancer aussi, de droite et de gauche, leurs hameçons vers notre vie palpitante, pendant que de dos, ils s'efforçaient sans répit de renverser, par une pluie de balles, notre colonne qui se débattait pour avancer...

Ainsi, d'avant-garde nous étions donc devenus arrière-garde ; il s'agissait de voir comment nous allions nous réunir au gros de la troupe. Tout d'abord on fit des otages, et parmi eux des curés ; la cavalerie et l'artillerie ne marchèrent plus seules et sans protection, mais flanquée d'infanterie et de pionniers ; on apprend vite, quand on a été une fois attrapé.

A grand'peine nous traversâmes encore tout juste les rues dans la fumée et la chaleur, au milieu des flammes que nous avions nous-mêmes allumées : on entendait continuellement le crépitement des cartouches, — éclatant maintenant sans nuire — empilées dans les maisons, et qui trahissaient d'ailleurs l'intention amicale des ex-habitants ; ainsi nous arrivâmes à un grand terrain à bâtir dans un autre faubourg et trouvâmes là notre 3ᵉ escadron, avec toutes sortes d'autres troupes et nos chevaux de remplacement...

On a su plus tard, quand nous avons trouvé les uniformes, que deux bataillons de la meilleure infanterie française étaient distribués partout, afin d'organiser et de discipliner le feu de la garde-civique belge et des francs-tireurs.....

Je commandai aux fusiliers de marcher à côté des chevaux et fis enfoncer le portail extérieur d'une des grandes fabriques au bord de la rivière, pour être sûrs au retour de ne pas être abattus là par des forces supérieures. Mais nous ne trouvâmes plus personne, excepté deux ingénieurs gémissant indiciblement et pitoyablement lâches, qui nous dévoilèrent tout de suite que, jusque dans l'après-midi, la fabrique avait été occupée par des tireurs, qui s'étaient répandus maintenant sur les hauteurs avoisinantes. Ce bruit se répandit. Je crus m'apercevoir — cela me glaça le cœur, et j'espère toujours m'être trompé — que mes cavaliers, sans cela si braves, n'avaient pas vraiment envie d'avancer ; leur allure devint de plus en plus lente ; ils mettaient toujours plus de minutie et de temps à s'emparer des civils ; bref, je me vis dans la nécessité d'intervenir au besoin contre mes propres troupes, la chose la plus déchirante qui puisse vous arriver à la guerre. En tous cas, je me préparai, d'un cœur endolori, à envisager même l'abîme de cette perspective.....

Kunst und Künstler, janvier 1915. (Année XIII, fascicule 4.)

W. Bloem : *La campagne des atrocités*.

M. le capitaine Walter Bloem est un écrivain fort estimé en Allemagne, dont les romans figurent en ce moment aux étalages des librairies volantes, installées dans nos gares. Pour savourer pleinement le cynisme de l'article qu'il a donné à la *Gazette de Cologne*, il faut se rappeler d'abord qu'il est adjudant de M. le baron von Bissing et qu'il se trouve donc en situation de se renseigner exactement, et aussi que son article a paru le 10 février 1915, c'est-à-dire à une époque où la vérité était connue de tous ceux qui tenaient à la savoir. L'article est assez intéressant pour que nous le traduisions en entier.

La campagne des atrocités.

par Walter Bloem.

Depuis six mois la moitié du monde se précipite avec une frénésie toujours renouvelée, contre le mur solide fait d'hommes, de chevaux et d'armes avec lequel nous avons préservé notre patrie de l'envahissement, — et contre maints larges morceaux de pays étrangers qui nous sont échus aux premiers jours de notre fier élan.

Nous savons tous ce qu'il adviendrait de nous si nos ennemis réussissaient à briser ce mur. Des atrocités telles fondraient sur l'Allemagne que même les plus graves que nous aurions infligées aux Belges, d'après les imputations calomnieuses de nos ennemis, paraîtraient d'inoffensifs jeux d'enfants. Les mêmes ennemis qui, de toutes leurs fibres, désirent ardemment transformer l'Allemagne en un monceau de ruines, s'évertuent maintenant à faire soupçonner notre armée nationale d'être une horde de bandits et de Huns, parce que nos troupes ont appliqué, dans les premières semaines de la campagne en Belgique, les mesures de représailles que justifie la loi martiale. En grand secret, naturellement, un ensemble de preuves matérielles est rassemblé systématiquement contre nous dans les pays que nous occupons et que nous administrons. Des agents parcourent les villes et les villages belges, s'érigent en juges d'instruction, rassemblent des récits de témoins oculaires, et la matière, très sujette à caution, ainsi réunie est transformée en rapports sensationnels à donner le frisson. On en remplit, suivant en cela un plan déterminé, les colonnes des journaux qui sont en guerre avec nous. Malheureusement, dans les pays neutres aussi, une certaine presse se trouve prête à prendre part à cette campagne d'excitation contre nous.

Nous nous sommes attiré ces attaques par nos victoires. Si nous n'avions pas réussi à maintenir la guerre loin de nos frontières, nos ennemis auraient commis en Allemagne des actes au regard desquels les suites de la guerre des francs-tireurs belges auraient paru de simples farces de garçons mal élevés. Qu'on cherche à se représenter ce que feraient les cosaques à Berlin, les noirs guerriers gourkhas à Dusseldorf et à Munich. Mais ils n'y sont pas entrés jusqu'à présent, et ils n'y entreront pas aussi longtemps que nos centaines de corps d'armée ne seront pas abattus jusqu'au dernier homme. Et pendant que nous ne songeons qu'à la lutte, nos ennemis de l'ouest peuvent du moins se permettre de nous accuser d'atrocités sans devoir craindre qu'on leur en demande compte. Ce que le cosaque a pu commettre là-bas, bien loin, dans l'inconnue et lointaine Prusse orientale, où l'on ne voyage guère, n'a pas d'importance, cela peut rester dans la demi-obscurité qui enveloppe les choses d'Orient. Mais ce qui s'est passé à Liége, Louvain, Dinant, doit être exposé à la lumière crue que les peuples occidentaux projettent sur toutes les affaires publiques.

Cette campagne contre nos prétendues atrocités a un double but.

La moitié du monde, disais-je, est en guerre contre nous ; l'autre moitié, en dehors du monde allemand, regarde et attend. C'est à elle que cette campagne s'adresse en premier lieu : les neutres doivent être mobilisés contre nous. Tout d'abord, il fallait maintenir l'idée que nous avions violé la neutralité belge. Nos découvertes à Bruxelles ont détruit cette légende. Le silence s'est fait là-dessus. Le gouvernement belge au Havre — ce même gouvernement qui s'est sauvé à notre approche, s'en remettant au Gouverneur général allemand du soin de rétablir l'ordre et la possibilité de vivre pour les millions d'habitants laissés à l'abandon, — doit avoir une occupation quelconque, puisqu'il nous a cédé le devoir de gouverner et d'administrer son pays. Il rassemble un dossier contre l'armée allemande, c'est-à-dire contre le peuple allemand, pour rendre suspecte notre façon de faire la guerre, et souiller l'honneur de nos armes.

Il se pourrait très bien que le gouvernement belge réussisse dans un grand nombre de cas à éveiller l'impression que nos troupes, au commencement de la campagne, auraient dépassé les très fluides limites entre ce qui est droit de légitime défense et de représailles selon la loi martiale, et ce qui est violation du droit des gens.

Celui qui connaît si peu que ce soit notre peuple et notre armée est prêt à admettre d'emblée que, si ces bornes ont été franchies, il s'agit du cas unique où notre code pénal , et certainement le code pénal de tous les peuples, laisse impuni le fait d'outrepasser le droit de légitime défense : quand l'attaqué est affolé par l'effroi et la peur.

Celui-là seul qui a vécu ces temps avec nous, qui a combattu et souffert avec nous, peut exactement comprendre l'état d'âme de notre armée en commençant sa marche en Belgique.

Nous étions à peine remis de l'immense et horrible étonnement dans lequel l'incroyable brutalité de l'attaque nous avait jetés. Au commandement de nos chefs, nous franchîmes la frontière belge dans la pleine conviction qu'il en devait être ainsi, que c'était le seul moyen d'affronter le complot sournois de nos ennemis. Vaguement déjà, chacun de nous pressentait que la Belgique était de ce complot. Cependant nous pouvions encore espérer que le sens commun amènerait le peuple belge à livrer passage à nos armées, en protestant solennellement, mais en laissant les fusils en faisceaux. Mais nous étions résignés à avoir l'armée belge — sur la tenue militaire de laquelle nous ne pouvions avoir aucune opinion — se dresser devant nous. Nous l'aurions compris si cela était arrivé. Nos premiers corps d'armée auraient vaincu cette minorité en combat chevaleresque et l'auraient contrainte à une reddition honorable parce que arrachée à une vaillante résistance.

Il en fut autrement. L'armée belge se trouvait dans les forteresses, mais à la frontière nous attendait patiemment, non pas l'armée en loyale position de combat, mais le peuple belge, la population civile qui nous guettait, fusils chargés. Traîtreusement elle abattait nos cavaliers de tête et nos patrouilles, tirait de sûres cachettes dans les forêts, de lucarnes, de soupiraux, avec une rage insensée sur nos troupes. Le gouvernement belge est responsable de ces atrocités. Si la population de tous les endroits prit les armes contre nous, c'est parce qu'il a introduit dans la guerre la garde civique. Jouer au soldat est bien innocent en temps de paix, mais amène en temps de guerre de monstrueuses confusions.

Cette hideuse espèce de guerre était la seule chose à laquelle notre magnifique armée n'était pas préparée. L'instruction et l'éducation très soignées données à nos officiers et à nos hommes les préparaient à toutes les vicissitudes de la guerre que l'on pouvait prévoir, mais ce cas-ci n'avait pas été prévu.

Aucun de nous n'avait réfléchi à ce qui est le droit et le devoir du soldat en cette occasion ; aucun principe solide pour la conduite des chefs n'avait été formulé ni développé. Finalement, la question fut résolue par l'instinct de chaque chef, de chaque troupe, même de chaque homme.

Mais il est un principe que nous faisions tous nôtre : la faute de chacun doit être expiée par la communauté à laquelle il appartient. Le village dans lequel la population civile tire sur nos troupes est incendié. Si le coupable n'est pas pris, on saisira dans la population quelques représentants qui seront fusillés. On ne touchera ni aux femmes, ni aux enfants, sauf si on les prend les armes à la main.

Ce principe peut sembler dur et cruel : il s'est développé par l'usage, dans l'histoire de la guerre moderne comme dans l'ancienne, et — pour autant qu'on puisse le dire — est reconnu. De plus, il trouve son excuse dans la théorie de la terrorisation : on est obligé de s'en servir comme moyen d'effrayer. Les innocents doivent expier avec les coupables et, si ceux-ci ne peuvent pas être atteints, en place des coupables, non parce qu'on a commis un délit, mais pour qu'on ne récidive pas. Incendier des villages, fusiller des otages, décimer la population d'une localité dont les habitants sont pris les armes à la main, tout cela est moins un acte de vengeance qu'un signal d'alarme pour la partie du pays non encore occupée. Il ne peut être mis en doute que les incendies de Battice, de Herve, de Louvain, de Dinant n'aient en effet agi dans ce sens. Les incendies, le sang répandu dans les premiers jours de la guerre, ont sauvé les grandes villes belges de la tentation d'attaquer les faibles garnisons d'occupation que nous pouvions y laisser. Peut-on s'imaginer que la capitale de la Belgique aurait toléré que nous agissions et gouvernions dans ses murs comme si nous étions chez nous, si elle n'avait pas tremblé devant notre vengeance et si elle ne tremblait pas encore aujourd'hui ?

La guerre n'est pas un jeu de société. La guerre est un feu de l'enfer ; celui qui inconsidérément y met le doigt se brûle la main, l'âme, la vie. Le pauvre peuple belge aveuglé et trompé a été victime de ce sort.

Certainement on exagère beaucoup à l'étranger et nous savons pourquoi. L'histoire de la neutralité violée est usée ; au tour de la légende des Huns !

Mais celui qui ment invente rarement de toutes pièces. Nos ennemis pourront trouver quelques cas où nos troupes ont outrepassé le droit de légitime défense. Le droit et le devoir de terroriser en sont cause.

Celui qui veut rendre justice à nos armées ne peut pas considérer uniquement les faits. Il doit tenir compte de l'état d'âme dans lequel nous nous trouvions en entrant en Belgique. Nous ne venions pas en ennemis dans ce pays que beaucoup d'entre nous, et même la plupart de nos chefs, aimaient comme une belle contrée hospitalière et accueillante, à laquelle beaucoup se sentaient liés par d'agréables et lumineux souvenirs. Et on nous traita comme un troupeau d'animaux sauvages et dangereux... nous qui tremblions encore d'émotion à la pensée de l'attaque sournoise qui nous menaçait de toutes parts.

Celui qui veut nous rendre justice cherchera avant tout à se mettre dans notre situation, à se rendre compte de ce que nous éprouvions. Et alors il nous comprendra et reconnaîtra que le bouclier d'honneur de notre armée est resté pur de toute souillure.

Celui qui veut nous rendre justice !... Mais c'est là précisément ce que ne veulent pas ceux qui ont entrepris « la campagne des horreurs ». Ils ne veulent que calomnier et toujours calomnier, pour exciter contre nous, d'abord les peuples que l'on regrette de voir rester étrangers à l'attaque générale contre l'Allemagne, et surtout un autre peuple auprès duquel la calomnie est malheureusement plus certaine d'atteindre son but.

Le peuple belge commence à respirer, à se tranquilliser, à reprendre son travail et ses habitudes. Une main sûre, qui sans oppresser est cependant d'une fermeté de fer, dirige les destinées du peuple orphelin et se fait partout sentir d'une façon bienfaisante. Cela ne doit naturellement pas être toléré. On ne peut laisser s'endormir dans l'âme du peuple belge les sentiments si désirables de rebellion, de révolte contenue, de haine couvant dans l'ombre. C'est là que « la campagne des atrocités » porte, et c'est peut-être la seule raison d'être de cette campagne.

Pendant des mois le silence s'était fait sur les atrocités en Belgique. La cathédrale de Reims était l'unique matière qui servait à entretenir la légende des Barbares. Tout à coup on se souvient des quinze premiers jours de la guerre. On ne les avait pas encore suffisamment exploités contre les Allemands ; on pourrait encore en tirer bien des choses. Et on trouve tout à coup un allié inattendu. Un haut dignitaire ecclésiastique dont la fonction eût été, — et il l'avait solennellement promis, — d'aider à ramener la paix dans la malheureuse Belgique et à créer la possibilité de se livrer en commun à un travail fécond, place l'autorité de son nom en tête de cette haineuse campagne. Le Gouverneur général n'a pas perdu sa tranquillité. Il a accordé le tribut de son admiration à la lettre pastorale si brillamment écrite où le prince de l'Église prodigue les trésors de son cœur. Mais il l'a considérée à sa juste valeur, c'est-à-dire comme étant produite par l'exagération de sentiments louables : accorder sa compassion à ceux qui souffrent, remplir le devoir de consoler et de nourrir l'espérance. Cette modération si distinguée a porté ses fruits. Le pasteur suprême de la chrétienté catholique a reconnu dans sa haute sagesse que tout ce que les soldats allemands ont fait en Belgique ne peut être considéré comme une offense à la religion, que les autorités allemandes s'efforcent de témoigner à tous les ecclésiastiques belges déférence et respect, qu'au surplus le litige à propos du Cardinal était terminé.

Mais « la campagne des atrocités » n'est pas endormie. Elle fouille, bouleverse et exerce ses ravages en secret, tiraillant sans cesse les nerfs et le cœur des Belges pour qu'ils n'envisagent pas sans préventions et sans haineuse hostilité, les bénédictions de l'administration allemande. Pour atteindre ce but, on ne pourrait faire naître de suspicions assez ineptes ni assez horribles. Et on l'atteindra certainement, si pas auprès des intellectuels et des personnes capables de jugement, du moins auprès de la masse qui est éminemment réceptive pour les sensations les plus brutales.

Mais en voilà assez et plus qu'assez.

Les chefs de l'armée allemande, les administrateurs allemands en Belgique continueront leurs fonctions dans un tranquille dédain de ces misérables manigances. Ils repousseront du pied le dossier que nos ennemis ont amassé dans l'ombre contre nos armées ; cette boue ne peut les atteindre. Les soldats allemands contre lesquels cette campagne de calomnies est dirigée sont aujourd'hui dispersés à tous les vents. Un grand nombre d'entre eux dorment dans la froide terre ennemie. D'autres sont dans les hôpitaux allemands ou comme prisonniers de guerre quelque part dans un camp de concentration. Et une partie — encore considérable, Dieu soit loué ! — combat dans les premières lignes, soutient de son expérience les jeunes compagnons d'armes nouvellement appelés sous les drapeaux, et vit en bonne amitié avec les habitants des pays occupés, — les habitants dont une grande partie est nourrie de son pain et de sa soupe.

Mais la patrie, dont ces héros ont jusqu'ici éloigné les horreurs de la guerre par le sacrifice de leur vie, cette patrie reconnaissante à son armée, orgueilleuse d'elle, ne se laissera pas ébranler par une persécution systématique dont le but n'est que trop transparent : continuer à nous aliéner le cœur des peuples neutres comme celui du peuple belge placé sous l'autorité allemande.

Car la logique des faits triomphera finalement. La rude volonté de vaincre de nos soldats et de notre peuple réduira la résistance armée des alliés comme la calomnie rampant dans l'ombre.

Une nation qui, dans une camaraderie solide comme fer, avance à travers un océan de sang et d'horreurs, n'a pas à s'effrayer des polémiques des journaux ni des dossiers que des mains empressées s'efforcent d'amonceler au bord de cet océan.

Kölnische Zeitung, 10 février 1915, 1re édition du matin.

Assassinat d'un otage.

Dans le genre cynique, l'articulet déjà cité, racontant incidemment la fusillade d'un otage français, est aussi fort typique. On voit que la mort de cet homme, fusillé parce que l'armée française ne consent pas à cesser le bombardement, n'émeut nullement le journaliste, qui trouve toute naturelle la conduite des Allemands.

Tableaux de guerre.

... Un château se dresse le long de la grand'rue, au fond d'une cour d'honneur protégée par la barrière française en fers de lance. Il est intact et abrite l'état-major d'un régiment d'infanterie. En face est la façade en ruines d'un bâtiment invraisemblablement prétentieux, sur le fronton duquel s'étale en lettres d'or l'enseigne « Banque ». A côté sont un commerce de céréales en gros et un commerce de vins en gros. Tout cela appartenait à un seul homme ; il fallut le fusiller comme otage, parce que les Français continuaient, malgré tous les avertissements, à lancer des obus sur la localité. Dans le magasin de vins on trouva des réserves d'une importance imprévue. D'après les estimations il y a plus qu'un demi-million de litres de vins rouge et blanc, de fort bonne qualité ; on pompa le vin en grande partie hors des citernes, et il fut reçu comme une vieille connaissance par les camarades proches et lointains.

Le « richard » de ce quartier-ci de la ville avait un pendant plus heureux, qui chercha en temps voulu son salut dans la fuite.

K. Z., 21 février 1915 (*Literatur und Unterhaltungsblatt*).

Impudence dans le pillage.

Nous avons aussi mentionné (p. 159), à propos du pillage systématique opéré par l'armée allemande, le fait que les expéditions du « butin de guerre » se faisaient ouvertement. Dans cet ordre d'idées on n'a poussé nulle part plus loin l'effronterie et l'impudence que dans la vallée de la Meuse. Toutes les villas ont été naturellement vidées par les officiers ; quand elles étaient situées sur les bords immédiats du fleuve, les meubles étaient transportés sur un petit vapeur, un de ces bateaux de touristes qui font en été le service entre Namur et Dinant ; le bateau s'arrêtait devant chaque villa, et sans qu'on prît la moindre précaution pour cacher la nature des opérations, les pianos, les beaux meubles, les pendules, les tableaux..... s'entassaient sur le pont du bateau. Pour citer un cas parmi des centaines d'autres, disons que c'est ainsi qu'a été dévalisée la villa de Mme Wodon, à Dave.

Les gaz suffocants.

Souvent le cynisme et l'outrecuidance se prêtent un mutuel appui. Rappelons par exemple l'affaire des gaz asphyxiants. L'article 23 alinéa *a*, de la Convention de La Haye, défend l'emploi de poisons. Déjà lors du siège de Liége, nos ennemis firent usage de bombes dégageant au moment de l'explosion des gaz toxiques ; ceux-ci faillirent même empoisonner le général Leman.

On pouvait pourtant supposer que la production de ces gaz était une conséquence inévitable de la déflagration des explosifs dont les obus étaient chargés. Mais en avril 1915, les Allemands se mettent tout à coup à accuser leurs adversaires d'employer des bombes asphyxiantes (voir les communiqués officiels allemands des 9 avril, 12 avril, 14 avril, 21 avril). En même temps ils font savoir que leurs chimistes, beaucoup plus forts que les chimistes anglais et français, allaient combiner des substances dont la détonation mettrait en liberté des produits encore bien plus nocifs que ceux des bombes ennemies. Et de fait, le 22 avril ils se faisaient précéder dans l'attaque des tranchées au nord d'Ypres, par un nuage jaune verdâtre qui étourdissait et asphyxiait les Français et les Canadiens (*N. R. C.*, 29 avril 1914, matin, — et p. 322). Or la fausseté des orgueilleuses allégations allemandes saute aux yeux. Ils ne feront accroire à personne qu'entre le 9 et le 21 avril ils aient eu le temps d'inventer les substances capables de dégager efficacement des vapeurs toxiques, de les confectionner en quantités suffisantes, et enfin d'amener les cylindres sur le terrain du combat.

Ajoutons d'ailleurs que nous savions depuis la fin de mars, donc avant les accusations contre les Français, que les Allemands faisaient des expériences en grand dans le camp d'aviation de Kiewit, près de Hasselt. Ils y asphyxiaient des chiens.

On peut supposer qu'ils se rendirent bientôt compte qu'ils étaient allés un peu trop loin dans le cynisme, puisque dans son numéro du 3 mai 1915, *Die Wochenschau*, commentant l'affaire du 22 avril, dit que cette poussée fut « habilement secondée par des moyens techniques ».

Punition de civils pour des opérations militaires conduites par l'armée.

Toutefois la palme dans le cynisme ne peut pas être disputée aux autorités supérieures. Que dites-vous de M. le baron von der Goltz dont les affiches disent qu'il punira indistinctement les innocents et les coupables (p. 165). Dans l'affiche suivante on voit percer aussi la mentalité de l'Allemand, bouffi d'orgueil, qui se croit tout permis vis-à-vis d'un peuple aussi arriéré que les Belges.

Avis.

Dans la soirée du 25 septembre, la ligne du chemin de fer et le télégraphe ont été détruits sur la ligne Lovenjoul-Vertrÿck. A la suite de cela, les deux localités citées ont eu, le 30 septembre, au matin, à en rendre compte et ont dû livrer des otages.

A l'avenir, les localités les plus rapprochées de l'endroit où de pareils faits se sont passés — peu importe qu'elles en soient complices ou non — seront punies sans miséricorde. A cette fin, des otages ont été emmenés de toutes les localités voisines des voies ferrées menacées par de pareilles attaques, et à la première tentative de détruire des voies de chemins de fer, des lignes du télégraphe ou du téléphone, ils seront immédiatement fusillés.

En outre, toutes les troupes chargées de la protection des voies ferrées ont reçu l'ordre de fusiller toute personne s'approchant de façon suspecte des voies de chemin de fer ou des lignes télégraphiques ou téléphoniques.

Bruxelles, le 1er octobre 1914.

Le Gouverneur général en Belgique,

Baron von der GOLTZ,
Général-feldmaréchal.

Cette déclaration est d'autant plus cynique que M. le baron von der Goltz n'ignorait pas que les destructions de ponts et de chemins de fer étaient l'œuvre non de civils, mais de patrouilles belges. Pendant le siège d'Anvers des groupes de carabiniers cyclistes pénétraient chaque jour dans le pays occupé pour y harceler l'armée allemande et couper ses communications. De l'aveu du Gouverneur général lui-même (voir l'affiche du 7 octobre, p. 220), une de ces patrouilles poussa jusqu'à Hennuyères, à plus de 60 kilomètres au sud d'Anvers. Au fond, le Gouverneur général, dans son impuissance à lutter contre les petits détachements de soldats belges, cherchait simplement à refréner leur audace en rendant la pauvre population civile responsable de leur activité.

Deux poids et deux mesures.

Eh bien ! quelque invraisemblable que cela paraisse, ils se sont encore surpassés dans ce genre. Le même fait, suivant qu'il est accompli contre eux ou par eux, est dénoncé comme un crime ou approuvé hautement. Nous l'avons déjà vu à propos du bombardement par les avions et les dirigeables (p. 145).

Comment qualifier l'acte de ce cavalier allemand qui, surpris par des forces supérieures, déclare se rendre ; mais au moment de remettre ses armes il se ravise, casse la tête à un de ses adversaires, et s'enfuit. Si un Belge ou un Français se rendait coupable d'une pareille perfidie, les Allemands n'auraient pas assez d'injures à lui lancer à la tête ; mais quand c'est un des leurs qui est en cause, cela devient *ein kühnes Reiterstückchen* (un hardi exploit de cavalier). Bien plus. Ce trait est raconté dans le premier fascicule de la brochure de propagande, *Journal de la Guerre*, répandue par les soins des autorités allemandes. Non seulement ils n'ont rien à reprocher au soldat qui commet une action aussi vile, mais ils sont fiers de lui, et ils prennent soin de célébrer sa gloire dans les pays neutres.

Voici deux autres exemples touchant à des matières beaucoup plus importantes. Le 4 août 1914, le jour même où ils violaient la neutralité belge, et où ils commençaient à nous châtier, dans Visé, pour avoir osé leur résister, ils expriment leur satisfaction de ce que la Suisse garde scrupuleusement sa neutralité (voir *Waxweiler, La Belgique neutre et loyale*, p. 114).

Alors que chez nous ils brûlent les maisons et torturent les civils, sous prétexte que ceux-ci ont tiré des coups de feu contre eux, ils félicitent les paysans hongrois qui ont pris les armes pour défendre leur pays contre l'envahisseur russe. L'antithèse est si évidente qu'elle a même frappé un Allemand, M. Maximilien Harden. Dans l'article *Le Chauvinisme, maladie de l'esprit*, publié en septembre 1914 dans *Vorwaerts*, il reproche à ses compatriotes d'avoir deux poids et deux mesures.

Ils poussent l'effronterie jusqu'à photographier leurs propres francs-tireurs, afin qu'aucun doute ne puisse subsister dans notre esprit. *Berl. Ill. Zeit.* du 16 mars 1915 (p. 264) donne une photographie du théâtre de la guerre dans les Carpathes. — « Paysan ruthène employé dans l'armée austro-hongroise comme garde des routes et des télégraphes. » Le paysan, sans uniforme, est armé d'un fusil.

La pédanterie dans le cynisme.

Enfin citons un cas où le cynisme est allié à la pédanterie. Sur les murs calcinés de l'Hôtel de ville de Dinant, brûlé le 23 et le 24 août 1914, se trouve un chronogramme. Les lettres sont taillées dans une plaque de marbre encastrée dans la façade qui regarde la Meuse. L'incendie avait rendu l'inscription illisible. Mais le commandant de place, en mars 1915, a fait repeindre en noir la plaque de marbre et a fait redorer les lettres. Or voici l'inscription :

> paX et saLVs
> neVtraLItateM
> serVantIbVs DetVr

(Que la paix et le salut soient donnés à ceux qui gardent la neutralité). — (1637).

Sans commentaires.

M. Otto-Eduard Schmidt, revenant du front français par Dinant, fut frappé par cette inscription. « Je ne pus pas savoir d'une façon certaine, dit-il, en interrogeant les passants (appartenant au Landsturm), si l'inscription venait d'être placée ou si elle avait seulement été redorée. Mais dans l'un et dans l'autre cas, j'y verrais une injure à l'autorité allemande, et je m'étonne que cette insulte soit tolérée » (O.-E. Schmidt, *Eine Fahrt zu den Sachsen an die Front*, p. 131). Que dirait M. Schmidt s'il savait que ce sont ses propres compatriotes qui, dans une crise de cynisme éhontée, ont fait remettre à neuf cette inscription ?

4. L'ABDICATION DE L'ESPRIT CRITIQUE

Refus d'examiner impartialement les accusations de cruauté.

Douloureusement ému des horreurs commises en Belgique, M. Charles Magnette, le Grand-Maître National de la Franc-Maçonnerie belge, s'adressa le 27 septembre à 9 loges allemandes, pour leur demander d'instituer de commun accord une enquête sur ces faits. Puisque les Allemands niaient les cruautés reprochées à leurs soldats, et qu'ils incriminaient au contraire les Belges d'avoir maltraité les blessés, une semblable enquête ne pouvait avoir que des résultats heureux.

27 septembre 1914.

Le F. Charles Magnette, Grand-Maître du Grand-Orient de Belgique aux Grandes Loges d'Allemagne.

Très Chers et Illustres Frères,

.... Mais ce sur quoi tous les Francs-Maçons sans distinction doivent être et seront d'accord, c'est qu'il importe, pour l'honneur de l'humanité tout entière, d'éviter le retour des horreurs que déplorent tous les hommes civilisés, et ensuite, qu'il serait de la plus haute utilité de rechercher les circonstances dans lesquelles elles ont été commises.

Pour atteindre ce double but, nulle institution n'est mieux qualifiée que la Franc-Maçonnerie.

J'ai donc l'honneur de vous proposer d'abord d'adresser, tant aux populations civiles des pays belligérants qu'aux armées en campagne, un appel pressant et une invitation solennelle à ne jamais se départir des règles de l'humanité, de celles du droit des gens et du code de la guerre.

Je vous demanderai ensuite de bien vouloir constituer, d'accord avec moi, une commission d'enquête qui parcourra les régions où s'est déroulée et où se poursuit la guerre, et qui, en s'entourant de tous les renseignements utiles, dressera un rapport de ses constatations. Cette commission se composerait de délégués des Grandes Loges appartenant à des pays neutres, par exemple un Frère hollandais, un Suisse et un Italien, et naturellement il s'y trouverait un Maçon allemand et un Maçon belge...

Deux loges seulement répondirent. « L'appel est superflu : cette enquête serait une injure à notre armée. », répond la loge de Darmstadt. — « Nos troupes ne se sont pas mal conduites ; même, il serait dangereux de leur recommander la sensibilité et la bonté de cœur », répond la loge de Bayreuth.

Cette argumentation peut se résumer comme ceci : « Nous savons, nous Allemands, que nous possédons la vérité ; inutile par conséquent d'aller la rechercher à l'aide d'une commission impartiale ». Dans une nouvelle lettre, M. Magnette commente ces échappatoires, aussi contraires à la fraternité qu'à l'esprit scientifique.

Qu'on ne se figure pas que le refus d'examiner objectivement et impartialement les accusations allemandes et les accusations belges soit spécial à la franc-maçonnerie. Le 24 janvier 1915, le cardinal Mercier demanda aux autorités allemandes de Belgique de créer une commission comprenant à la fois des Allemands et des Belges, sous la présidence d'un représentant d'un pays neutre. Sa requête resta sans réponse.

Les socialistes belges proposèrent à MM. Koester et Noske, visitant la Maison du Peuple de Bruxelles, d'ouvrir une enquête impartiale. — Pas accepté !

Ainsi donc, les Allemands refusent de laisser faire la lumière sur leurs agissements et sur ceux de leurs adversaires. Pourquoi cette résistance à la recherche loyale de la vérité. Craignent-ils peut-être que celle-ci ne leur soit défavorable. C'est là sans doute une de leurs raisons, mais nous ne pensons pas que ce soit la seule; et le principal motif de leur abstention est sans doute l'aveuglement volontaire auquel l'Allemagne s'est astreinte en bloc depuis le début de la guerre.

La soumission des Allemands à la censure.

Ils ont pris le parti, dirait-on, d'accepter sans aucune discussion ce que décrète l'autorité, investie de la vérité absolue ; chacun reçoit avec recueillement la part de vérité que le gouvernement croit devoir dispenser à ses fidèles, sans que personne se juge autorisé à en demander davantage. *Magister dixit* : l'état-major l'a dit.

Depuis le mois d'août, une censure sévère est exercée sur les journaux. *Vorwaerts* et d'autres feuilles socialistes ont été suspendues. *Kölnische Volkszeitung* a été suspendu, le 11 septembre 1914, pour avoir publié des articles démentant en partie les soi-disant atrocités belges (p 132). Aussi se l'est-il tenu pour dit, et plus tard il a renchéri sur les accusations de cruautés contre les Belges :

Où se trouve la vraie barbarie ?

... Des atrocités et des cruautés inouïes furent infligées à des hommes, des femmes et des enfants allemands par la population belge, avec d'assentiment, et même avec les encouragements des autorités belges. Ajoutons que les victimes vivaient tranquillement depuis des dizaines d'années en Belgique, et que par leur activité, elles avaient collaboré à la prospérité de ce pays...

K. Vz., 15 juin 1915. Édition de guerre.

Vössische Zeitung lui-même, tout officieux qu'il est, a vu saisir son numéro du soir du 1er décembre 1914 pour un article au sujet d'une commission au Reichstag (*N. R. C.*, 3 décembre 1914, soir).

En même temps le gouvernement a soin d'arrêter tous les journaux et tous les livres étrangers. L'interdiction est à ce point sévère qu'on empêche les ouvriers hollandais, allant travailler en Allemagne, d'envelopper leurs tartines dans des journaux (*N. R. C.*, 10 décembre 1914, soir).

En Allemagne même on commence à trouver la censure par trop sévère. A la Commission du budget du Reichstag, M. Scheidemann, député socialiste, s'est plaint de ce que dans le district de Rüstringen, on va jusqu'à interdire certains communiqués *officiels* allemands. Les journaux ne peuvent pas laisser en blanc les vides opérés par la censure, afin que celle-ci n'apparaisse pas. A Strasbourg la censure a défendu la publication d'articles sur le renchérissement du lait. A Dortmund la feuille socialiste est soumise à la censure préventive pour avoir inséré un article du sociologue Lujo Brentano, l'un des 93, professeur à l'université de Munich (*N. R. C.*, 16 mai 1915, matin).

Le public allemand, sachant que ses journaux ne publient que des articles inspirés par l'autorité, ou tout au moins contrôlés par elle, accepte-t-il bénévolement cette pâture intellectuelle frelatée ? Ou bien fait-il un effort pour se procurer des publications étrangères ? Il faut croire que non ; car dans ce cas les intellectuels allemands n'auraient pas accepté aveuglément les déclarations officielles.

« Mais, dira-t-on peut-être, puisque le gouvernement défend l'introduction des publications étrangères, il est radicalement impossible de se les procurer. » Nous ignorons de quelle manière les Allemands pourraient obtenir des brochures et des journaux ; mais nous savons parfaitement qu'en Belgique nous lisons journellement de la littérature prohibée, française, anglaise, et néerlandaise. Celui qui ne veut pas se résigner à vivre dans une oubliette, réussit malgré tout à l'entr'ouvrir pour laisser entrer la lumière ; et cette lumière, dès que nous l'avons reçue, nous nous empressons de la propager. Il nous est défendu sous les peines les plus sévères, y compris la peine de mort, d'introduire des journaux ; il nous est défendu, sous les mêmes peines, de publier et de répandre « les fausses nouvelles », comme disent nos maîtres p. 321 . Peu nous importe : il ne paraît pas à l'étranger un article important sans qu'il nous parvienne, et deux jours après il est répandu clandestinement à des milliers d'exemplaires. Il y aura un curieux livre à faire sur les moyens ingénieux et étranges qui ont été employés par les Belges, prisonniers dans leur propre pays à partir du mois d'août 1914, pour recevoir et propager les publications prohibées.

Il n'est donc pas douteux que si les Allemands le voulaient fermement, ils se documenteraient sans grande peine. Mais ils ne le désirent pas, eux naguère si orgueilleux de leur esprit critique, eux qui se faisaient une règle, prétendaient-ils, — et une gloire, pensions-nous, — de n'accepter que ce que leur raison leur commandait de croire ! Ils ont abdiqué leur faculté de critique ; ils l'ont sacrifiée au Moloch militariste. Et aujourd'hui ils admettent les yeux fermés tout ce que leur présente le gouvernement et sa presse reptilienne.

L'abolition de la libre discussion en Allemagne.

Que dis-je ! Non seulement ils sont prêts à avaler toutes les bourdes qu'on veut bien leur offrir, mais, même entre eux, ils ont aboli la liberté de parole. Un exemple frappant de ce fait a été donné par *N. R. C.*, 28 novembre 1914, matin. L'un des trois rédacteurs d'un périodique allemand, la *Revue de Droit des Gens*, a quitté la rédaction du journal parce qu'on refusait d'insérer un article où il déclarait que l'attitude de l'Allemagne envers la Belgique était peut-être discutable. Il serait difficile de pousser plus loin l'intolérance vis-à-vis de la critique.

On peut rappeler, dans le même ordre d'idées, les séances du Reichstag du 4 août 1914, du 2 décembre 1914 et du 20 mars 1915. A la première séance, pas une voix ne s'élève contre la guerre. A la seconde, un député socialiste, M. Karl Liebknecht, demande à présenter quelques objections, fort timides à la vérité ; il est aussitôt désavoué par la totalité de son parti. Le 20 mars, M. le député Ledebour se permet de critiquer la proclamation de M. le maréchal von Hindenburg, prescrivant que pour chaque village allemand brûlé par les Russes, il faut incendier trois villages russes, et (avec M. Liebknecht) il exprime l'avis qu'il est inique de punir des innocents à la place des coupables. Immédiatement toute l'assemblée, socialistes compris, injurie copieusement les deux orateurs (*K. Z.*, 20 mars 1915, soir). Faisons remarquer que ce n'est pas une mesure stratégique que M. Ledebour discutait, mais simplement une prescription anti-humanitaire.

Ces quelques exemples suffisent à montrer que les socialistes se sont prêtés à la domestication militariste avec la même veulerie que les partis « bourgeois », Quant à la fraction catholique du Reichstag, sa platitude dépasse même celle des socialistes.

Bref, tous les partis politiques sans exception ont abdiqué leur liberté de penser, pour accepter obséquieusement, et sans la moindre tentative de discussion, les opinions toutes faites que leur fournit le pouvoir. Telle est en Allemagne la puissance de la discipline que tout le monde s'est soumis sans protester, on dirait presque de gaîté de cœur, à l'amputation volontaire de l'esprit critique, à l'autonomie mentale, dirait un biologiste. Mais les suites fatales de cette servilité n'ont pas tardé à se manifester : ayant renoncé à l'usage de la raison, les Allemands acceptent à présent les racontars les plus extravagants.

La crédulité allemande.

Nous avons dit qu'on écrira un livre curieux quand on relatera les expédients employés par les Belges pour obtenir des nouvelles de l'étranger et pour les répandre à travers le pays. Tout aussi intéressant, — mais combien décourageant quant à l'évolution progressive de l'esprit humain, — sera le livre dans lequel on réunira des exemples de l'ahurissante crédulité des Allemands pendant cette guerre. Et nous ne parlons pas ici de faits de guerre proprement dits : sur ce point, tous les belligérants s'entendent également à dénaturer et à tronquer les renseignements, dans le but, peut-être louable, de soutenir le moral des citoyens.

Plus haut, à propos des accusations allemandes contre les Belges, nous avons cité le cas des trous d'hourdage (p. 97), et aussi celui des fusils, remisés dans les hôtels de ville, qu'on montrait aux soldats allemands comme une preuve irréfutable de la préméditation officielle de la guerre des francs-tireurs (p. 97). Ce n'est pas seulement sur l'esprit des soldats qu'on agissait ainsi. Un romancier bien connu, M. Fedor von Zobeltitz, visitant à Anvers un musée d'armes (1) dont les collections comprennent même des objets du Moyen Age, s'écrie : « Voilà comment la Belgique avait préparé la guerre ! »

A l'Arsenal est encore conservée une collection d'armes, mise à la disposition de la Ville par les citoyens : une collection formée par des pièces prises dans d'autres collections, et qui contenait à peu près tout ce qui a été inventé, au cours des siècles, en fait d'instruments meurtriers. Il y avait là depuis le cimeterre oriental et le goedendag, depuis les épées de l'époque bourguignonne, avec leurs riches poignées, et les poignards damasquinés — jusqu'aux fusils de chasse modernes, les casse-tête et les matraques. C'était donc une sorte de musée, caractéristique pour la façon belge de faire la guerre ; ces armes étaient destinées à la guerre des « francs-tireurs » et devaient servir à une attaque par surprise contre les Allemands, dès que ceux-ci avaient fait leur entrée.

Fedor von Zobeltitz.
Kriegsfahrten eines Johanniters (p. 154).

L'aveuglement volontaire des dirigeants.

Est-il tout à fait sincère ? C'est difficile à dire, car les artistes se laissent souvent entraîner par leur impressionnabilité. On peut en dire autant pour l'Empereur, qui, lui aussi, assure que la Belgique avait préparé de longue date la guerre des francs-tireurs.

Nouvelles publiées par le Gouvernement allemand.

Berlin, 10 septembre. — La *Norddeutsche Allgemeine Zeitung* publie le télégramme suivant adressé par l'Empereur au président des États-Unis, Wilson :

(1) L'auteur appelle ce musée « l'arsenal ». Il s'agit probablement de la collection d'armes déposée au Vleeschhuis (Maison des Bouchers), dans la rue des Bouchers.

« Je considère comme mon devoir, Monsieur le Président, de vous informer, en votre qualité de représentant le plus distingué des principes humanitaires, de ce fait que mes troupes ont trouvé, après la prise de la forteresse française de Longwy, dans cette place, des milliers de balles dum-dum travaillées par des ateliers spéciaux du gouvernement. Des balles de la même espèce ont été trouvées sur des soldats morts, ou blessés ou prisonniers, de nationalité anglaise. Vous savez quelles horribles blessures et souffrances sont causées par ces balles et que l'emploi en est interdit par les principes reconnus du droit international. J'élève donc une protestation solennelle contre pareil mode de faire la guerre, qui est devenue, grâce aux méthodes de nos adversaires, une des plus barbares de l'histoire.

« Non seulement ils ont eux-mêmes employé cette arme cruelle, mais le Gouvernement belge a encouragé ouvertement la population civile à prendre part à cette guerre qu'il avait préparée soigneusement depuis longtemps. Les cruautés commises, au cours de cette guérilla, par des femmes et même par des prêtres contre des soldats blessés, des médecins et des infirmières (des médecins ont été tués et des lazarets attaqués à coups de feu) ont été telles que mes généraux se sont finalement vu obligés de recourir aux moyens les plus rigoureux pour châtier les coupables, et pour empêcher la population sanguinaire de continuer ces abominables actes criminels et odieux. Plusieurs villages, et même la ville de Louvain, ont dû être démolis (sauf le très bel Hôtel de Ville) dans l'intérêt de notre défense et de la protection de mes troupes. Mon cœur saigne quand je vois que pareilles mesures ont été rendues inévitables et quand je songe aux innombrables innocents qui ont perdu leur toit et leurs biens par suite des faits des criminels en question ».

Wilhelm I. R.

Le Gouvernement militaire allemand.

M. von Bethmann-Hollweg, parle également, dans son manifeste aux journaux américains, des yeux crevés et d'autres atrocités, dont il aurait pu très facilement vérifier la fausseté.

Déclaration du Chancelier de l'Empire von Bethmann-Hollweg à l' « Associated and United Press », New-York.

Grand Quartier général, septembre 1914.

... C'est ainsi que l'Angleterre racontera à vos compatriotes que les troupes allemandes ont brûlé et saccagé des villages et des villes belges, mais elle leur cachera bien que les jeunes filles belges ont crevé les yeux à des blessés étendus sans défense sur le champ de bataille, que des fonctionnaires de villes belges ont invité nos officiers à dîner et les ont lâchement tués à table d'un coup de feu. Contrairement au droit international, toute la population civile de la Belgique a été appelée aux armes et s'est levée lâchement contre nos troupes avec des armes cachées et une perfidie incroyable après avoir d'abord feint un aimable accueil. Des femmes belges ont coupé la gorge aux soldats allemands en quartier chez elles pendant leur repos...

Journal de la guerre (publication allemande de propagande), n° 2.

Nous supposerons provisoirement, pour être très généreux envers Guillaume II et envers le Chancelier, qu'ils ont accepté bénévolement les accusations de cruauté à la charge des Belges, et qu'ils se sont soigneusement gardés de les contrôler, afin de n'avoir pas à en reconnaître l'inanité.

Les horreurs imputées aux Belges, principalement celles dont furent victimes, disent nos ennemis, des femmes et de braves commerçants, à Bruxelles, à Anvers et ailleurs, ont été fortement exploitées pour exciter les troupes allemandes contre nous au début de la campagne (voir p. 229). Il a été amplement démontré depuis lors que ces accusations sont, ou tout à fait fausses, ou exagérées d'une façon exorbitante. Mais comme les justifications n'ont jamais été reproduites par les feuilles allemandes (1), nos ennemis continuent à croire à la férocité des Belges. Le pis est qu'ils ne se gênent pas pour broder sur ce thème et qu'ils ne songent jamais, même quand ils en ont l'occasion, à vérifier l'authenticité des récits. Voyez par exemple le manifeste « Aux Américains » dans *Hamburger Fremdenblatt*, n° 222, signé L. Niessen-Deiter. A la question posée par l'auteur : « N'avons-nous pas d'yeux, n'avons-nous pas d'oreilles » ? il n'y a qu'une réponse possible : Non, ils n'ont ni yeux, ni oreilles ; ou plutôt ils ne connaissent plus la manière de s'en servir ; car autrement ils auraient constaté que jamais il n'y eut en Belgique d'Allemands « maltraités, couverts de sang, et des enfants en partie mourants » ; que jamais une demeure d'Allemand ne fut « pillée *avant* qu'un de leurs

---

(1) Dans les rares occasions où un journal a osé défendre les Belges, il en a été puni (p. 132, 133).

soldats ait touché à une ville belge » ; que personne n'a vu « ces malheureux blessés, sans défense, aux yeux crevés par la populace belge, atrocement martyrisés ». Relisez aussi la lettre ouverte de M. Max Bewer, un littérateur connu (dans *Düss. Gen.-Anz.*, sept. 1914), en réponse à l'article de M. Maurice Maeterlinck, intitulé : *Le Roi Albert*. Elle répète tous les lieux communs publiés par les pouvoirs publics sur la déloyauté de la Belgique, sur le manque d'esprit politique du Roi, sur la cruauté des Belges, etc. Nulle part la lettre ne laisse entrevoir que l'auteur a eu connaissance des réfutations opposées par la Belgique à ces reproches. On peut en dire autant de M. Gerhard Hauptmann (1) dans sa réponse à M. Romain Roland. Il fait siennes les affirmations de l'Empereur et du Chancelier sans se demander s'il n'y aurait pas lieu de s'assurer d'abord de leur véracité. De la part d'un littérateur aussi indépendant d'esprit et d'allures, cet acte de docilité est vraiment surprenant : jadis il nous avait maintes fois prouvé par ses écrits qu'il s'attachait à séparer le bon grain de l'ivraie ; à présent lui aussi s'est soumis à la discipline allemande ; lui aussi s'est laissé imposer les œillères officielles.

L'aveuglement volontaire des intellectuels.

Peut-être nous objectera-t-on que les exemples cités jusqu'ici émanent pour la plupart d'hommes politiques et de littérateurs, qui n'ont pas l'habitude d'exercer leur jugement. Mais voici des manifestes du corps professoral, c'est-à-dire de ceux dont la mission essentielle consiste à passer les faits et les idées au crible de la critique pour isoler le vrai du faux, et même pour extraire de l'erreur la parcelle de vérité qui pourrait s'y être glissée. Qu'est en effet l'enseignement, à quelque degré que ce soit, sinon l'incessante tension de l'esprit critique, s'appliquant en toutes choses et à tout instant, à dégager ce qui est vrai et doit par conséquent être communiqué aux disciples, du fatras de choses fausses et inutiles qui peuvent impunément être abandonnées à l'oubli. Et quand

(1) Pendant très longtemps nous avions cru, par respect pour M. G. Hauptmann, que la traduction de sa lettre telle que nous la connaissions, était apocryphe. Mais nous avons eu l'occasion, en mai 1915, de lire le supplément hebdomadaire de *Frankfurter Zeitung* du 14 septembre 1914. Eh bien ! la lettre de M. Hauptmann s'y étale tout au long.

l'homme d'enseignement se double d'un chercheur, n'a-t-il pas de nouveau à exercer sans répit son esprit critique, pour reconnaître dans la foule des notions qui se présentent à lui celles qui peuvent le conduire au but poursuivi, — puis celui-ci atteint celles dont il doit se servir comme pierre de touche pour contrôler expérimentalement le bien fondé de ses déductions ? Bref pour le professeur et pour le travailleur scientifique, il n'y a pas de faculté intellectuelle plus indispensable que l'esprit critique.

Or parmi ceux qui se sont lancés dans la lice pour soutenir par leur plume le bon droit de l'Allemagne, et pour écraser les adversaires, il faut mentionner tout spécialement les professeurs et les instituteurs.

Le manifeste des instituteurs.

Commençons par ces derniers. Le « manifeste des instituteurs allemands aux associations des instituteurs des pays neutres et ennemis » a été reproduit dans *La Guerre* (n° 5, du 10 mars 1915), un journal allemand de propagande destiné aux prisonniers de guerre internés en Allemagne.

Leur principal argument, pour nier la conduite barbare reprochée à leurs soldats, est qu'elle serait incompatible avec l'état florissant des institutions scolaires allemandes. Comme si l'enseignement élémentaire était capable d'effacer dans l'homme les empreintes profondes de la mentalité intime ! L'instruction peut les cacher sous un vernis superficiel ; mais les faire disparaître, jamais. Gœthe était beaucoup plus près de la vérité, quand il disait, dans ses *Entretiens avec Eckermann* : « Nous autres Allemands, nous sommes d'hier ; il est vrai que, depuis un siècle, nous avons cultivé solidement notre esprit, mais il se peut bien qu'il se passe encore quelques siècles avant que nos compatriotes se pénètrent d'assez d'esprit et de culture supérieure, pour que l'on puisse dire d'eux *qu'il y a très longtemps qu'ils ont été des barbares*. (Frédéric Nietzsche, *Considérations inactuelles*, traduit par Henri Albert. Deuxième édition, p. 15. Paris, *Mercure de France*, 1907.)

Les Allemands, après Sadowa et après la guerre de 1870-71, assuraient que tout l'honneur de leurs victoires remontait à l'enseignement primaire : « la campagne de France est le triomphe de l'instituteur allemand ». Ceux qui ont vu en Belgique les villages incendiés, les tombes des civils fusillés, et surtout les maisons pillées, avec les meubles et la vaisselle cassés en menus fragments et les lits souillés, emportent l'impression que « la campagne de Belgique est la faillite de l'instituteur allemand ».

Le manifeste des 93 intellectuels.

Le fameux manifeste des 93 intellectuels au monde civilisé est trop connu, et a déjà été trop universellement conspué pour qu'il soit nécessaire d'en parler longuement. La lecture de ce monument, digne d'être conservé avec soin pour l'édification des générations futures, ferait presque douter du bon sens des signataires. Comment ont-ils pu s'imaginer que « le monde civilisé » accepterait leurs affirmations et leurs dénégations, toutes également dénuées de preuves. Pour ne citer qu'une seule proposition, que faut-il penser de cette stupéfiante déclaration que pas un seul citoyen belge n'a été lésé dans ses biens ou dans sa vie sans la plus amère nécessité? Ils n'ont donc jamais vu arriver en Allemagne les trains de « butin de guerre » ? Il serait certes intéressant de les entendre expliquer quelle est l'amère nécessité sous l'empire de laquelle des pianos et des tableaux doivent être enlevés aux Belges, ou celle qui les oblige à fracturer les coffres-forts dans les églises, ou celle qui a fait fusiller le R. P. Dupierreux, parce qu'il avait inscrit dans son carnet des impressions défavorables aux Allemands (*N. R. C.*, 12 septembre 1914, soir).

Insister serait cruel ; car les 93 ont déjà recueilli, comme premier châtiment de leur mauvaise action, le dégoût du monde entier. Disséquer davantage leur libelle nous conduirait fatalement à la conclusion que les signataires ont fait preuve, soit d'inintelligence, soit de servilité ; et que leur seule excuse plausible est qu'ils se sont laissés emporter par l'orgueil allemand, le plus incommensurable, le plus intolérant et le plus insupportable que le monde ait jamais connu. Renvoyons simplement aux principales réponses qui ont été faites au manifeste des 93 : ceux de M. Seippel (*Journal de Genève*, 10 octobre 1914), de M. Church, de l'Académie des Sciences du Portugal, de l'Académie des Inscriptions et Belles-Lettres de Paris, de l'Académie de Médecine de Paris, des Universités Françaises, de la Société Zoologique de

France, des Intellectuels anglais, de M. Ruyssen, de M. Émile Vandervelde et de Simplicissimus.

Il reste un point à mentionner accessoirement. La déclaration des intellectuels allemands nous fut connue d'abord par un article de *Kriegs-Echo* du 16 octobre 1914, intitulé « Es ist nicht wahr », et donnant tout le manifeste, sauf les signatures et l'alinéa relatif à Louvain. Eh bien ! lorsque nous avons lu ce tissu de contre-vérités flagrantes, nous l'avons attribué à quelque journaliste qui n'osait même pas signer ses élucubrations ? Et quand, plus tard, on nous a dit que les auteurs, — ou plus exactement les signataires, — comprenaient quelques-uns des noms les plus célèbres de l'Allemagne, nous avons cru à une mystification. Mais il fallut tout de même se rendre à l'évidence. Et ce fut pour beaucoup d'entre nous un moment fort pénible que celui où s'envolèrent nos illusions sur la fermeté de la science en Allemagne.

Le manifeste des 3.125 professeurs.

Le Gouvernement estimait-il que les représentants de la Science et de l'Art ne s'étaient pas encore assez fâcheusement compromis, et qu'ils n'avaient pas suffisamment lié le sort des Universités à celui du militarisme ? Toujours est-il que peu de jours après la publication du manifeste des 93, parut une nouvelle déclaration, consacrée uniquement à solidariser l'enseignement supérieur avec l'armée et signée de 3.125 noms, soit à peu près ceux de tous les professeurs allemands.

Déclaration des Professeurs de l'Enseignement supérieur de l'Empire allemand.

Nous, professeurs aux Universités et aux Écoles supérieures de l'Allemagne, servons la science et poursuivons une œuvre de paix. Mais nous sommes remplis d'indignation de ce que les ennemis de l'Allemagne, l'Angleterre à leur tête, s'efforcent, soi-disant en notre faveur, de faire une distinction entre l'esprit de la science allemande et celui de ce qu'ils appellent le « militarisme prussien ». Dans l'armée allemande ne règne pas un autre esprit que dans le peuple allemand, car l'armée et le peuple ne font qu'un, et nous lui appartenons également. Notre armée aussi cultive la science, et elle lui doit une part importante de ses succès. Le service militaire rend notre jeunesse apte à toutes les œuvres de paix et au travail scientifique, car il lui enseigne le devoir envers les autres, la conscience de soi-même et le sentiment de l'honneur de l'homme vraiment libre qui se subordonne volontairement à la collectivité. Cet esprit-là ne vit pas seulement en Prusse ; il est le même dans tous les pays de l'Empire allemand : il est semblable à lui-même dans la guerre et dans la paix. C'est pour la liberté de l'Allemagne que notre armée lutte aujourd'hui sur le champ de bataille, pour les bienfaits de la paix et pour la haute morale du monde entier. Nous avons la conviction que le salut de toute la culture européenne dépend du triomphe que vont remporter le « militarisme » allemand, la discipline, la fidélité, l'esprit de sacrifice du peuple allemand, libre et uni.

Berlin, le 16 octobre 1914.

Ont signé : 3.125 membres du personnel enseignant des écoles suivantes :

École supérieure technique d'Aix-la-Chapelle.	48	signataires
Université de Berlin.	357	—
École supérieure technique de Charlottenburg-Berlin.	110	—
École des Mines de Berlin.	26	—
École supérieure d'Agriculture de Berlin.	12	—
École supérieure vétérinaire de Berlin.	8	—
École supérieure de Commerce de Berlin.	8	—
Université de Bonn.	124	—
Académie de Braunsberg.	12	—
École supérieure technique de Brunswick.	44	—
Université de Breslau.	124	—
École supérieure technique de Breslau.	16	—
École des Mines de Clausthal.	15	—
École supérieure de Commerce de Cologne.	16	—
École supérieure technique de Dantzig-Langfuhr.	34	—
École supérieure technique de Darmstadt.	33	—
École supérieure technique de Dresde.	56	—
École supérieure vétérinaire de Dresde.	18	—
Académie forestière d'Eberswalde.	13	—
Université d'Erlangen.	69	—
Université de Francfort-sur-le-Mein.	55	—
École des Mines de Freiberg.	23	—
Université de Fribourg-en-Brisgau.	113	—
Université de Giessen.	70	—

Université de Gœttingue.	115	—
Université de Halle.	105	—
Université de Greifswald.	63	—
Institut colonial et Œuvres de conférences de Hambourg.	20	—
École supérieure technique de Hanovre.	45	—
École supérieure vétérinaire de Hanovre.	11	—
Université de Heidelberg.	106	—
École supérieure d'Agriculture de Hohenheim.	6	—
Université d'Iéna.	90	—
École supérieure technique de Carlsruhe.	45	—
Université de Kiel.	90	—
Université de Kœnigsberg.	81	—
Université de Leipzig.	167	—
École supérieure de Commerce de Leipzig.	5	—
École supérieure de Commerce de Mannheim.	5	—
Université de Marbourg.	82	—
Université de Munich.	174	—
École supérieure technique de Munich.	49	—
École supérieure de Commerce de Munich.	9	—
Académie forestière de Münder.	6	—
Université de Münster.	75	—
Académie de Posen.	15	—
Université de Rostock.	59	—
Université de Strasbourg.	97	—
École supérieure technique de Stuttgart.	49	—
Académie forestière de Tharandt.	10	—
Université de Tubingue.	72	—
Académie agricole de Weihenstephan.	13	—
Université de Wurzbourg.	64	—
Total.	3.125	signataires.

La mentalité des maîtres déteint sur les disciples. Le correspondant bruxellois de *N. R. C.* raconte (11 novembre 1914, matin) que des innombrables soldats allemands qu'il a vu passer, les seuls dont l'attitude ait été insolente étaient de jeunes universitaires berlinois. D'ailleurs les socialistes allemands, qui ont visité notre Maison du Peuple, n'ont-ils pas avoué que les troupes qui ont incendié Louvain étaient surtout composées d'intellectuels ?

A côté des intellectuels de l'enseignement et de l'art, — ces barbares savants, comme les appelle M. Émile Boutroux, — il en est une autre catégorie, qui a été aussi mobilisée pour défendre l'esprit militariste et la dynastie des Hohenzollern ; c'est le clergé : pasteurs protestants, prêtres catholiques, rabbins israélites, tous indistinctement ont été touchés par la grâce militariste et sont entrés en campagne pour la bonne cause.

Les pasteurs protestants.

A tout seigneur tout honneur. M. O. Dryander, premier prédicateur de la Cour de Berlin, a publié une lettre collective, rédigée par lui-même, par M. Lahusen et par M. Axenfeld, en réponse à l'appel de M. Babut, en vue d'une déclaration des Chrétiens des pays belligérants, demandant que la guerre soit conduite conformément aux principes chrétiens et aux lois de l'humanité.

La réponse a paru dans le supplément de *Tägliche Rundschau* du 24 septembre 1914 (n° 224), et dans le supplément hebdomadaire illustré de *Hamburger Fremdenblatt* du 3 octobre 1914 (n° 3.)

M. Dryander et ses acolytes refusent d'envisager l'idée qu'une « démarche de cette nature soit nécessaire en Allemagne pour que la guerre soit conduite dans le sens des notions chrétiennes et des exigences de la plus élémentaire humanité ». Sans enquête contradictoire, sans aucune discussion, ils adoptent les accusations contre les armées des Alliés et ils nient les actes reprochés aux Allemands. C'est, comme on le voit, le même système que celui des francs-maçons allemands, dans un cas analogue (p. 243). Ensuite ils chantent naturellement le petit couplet de rigueur : « La guerre a été imposée à l'Allemagne » (ils ne disent pas si c'est par la Belgique). Bref il est inutile que la lumière se fasse, puisqu'elle est déjà faite dans leur esprit, et que l'esprit allemand est évidemment le seul dont il faille tenir compte.

Le même théologien a publié plusieurs fascicules de sermons : *Evangelische Reden in schwerer Zeit*. Le thème général reste le même. « Nous avons été contraints d'accepter la guerre » (fascicule 1, p. 5). « Nous luttons pour notre Kultur contre l'absence de Kultur, — pour la moralité allemande contre la barbarie, — pour la libre personnalité allemande, attachée à Dieu, contre les instincts de masses désordonnées » (fasc. 1, p. 7). « Si Dieu est avec nous, qui sera contre nous ? (1) Or, s'il y eut jamais une cause juste, c'est certes la nôtre » (fasc. 1, p. 9). « La guerre n'est un devoir que lorsqu'elle est entreprise pour la légitime défense.... Remercions Dieu de ce que dans la guerre actuelle notre état de légitime défense soit si certain et si évident, et de ce qu'il soit presque chaque jour étayé par de nouvelles preuves ; aussi avons-nous une confiance inébranlable dans notre bon droit et dans la pureté de notre conscience » (fasc. 2, p. 38-39).

C'est toujours le même refrain. M. Dryander, dans ses *Pensées de Noël*, se félicite de nouveau de ce que « l'histoire a déjà eu soin d'amener au jour les documents qui prouvent notre bonne conscience » (p. 8).

On combat, disait M. Költzsch le 7 août 1914, notre situation de grande puissance et notre rôle de dirigeants ; on combat la Kultur allemande et l'existence allemande. C'est de notre liberté et de notre honneur qu'il s'agit. Indigne serait la nation qui ne lutterait pas tout entière pour son honneur. La guerre nous fut imposée de force. Notre écusson est sans tache, notre conscience est pure, notre cause est bonne..... »

(Költzsch : *Ist Gott für Uns, wer mag wider Uns sein*, p. 5.)

Nous avons déjà cité la brochure de M. Bettex, *Der Krieg*, (p. 28, 64). Voici le passage auquel nous faisions allusion :

Ne parlons pas plus longuement des causes et des débuts de la guerre. Il serait inutile aussi de discuter davantage avec les petits esprits qui continuent à s'indigner au sujet d'une prétendue violation de la neutralité belge. *Cette neutralité n'a jamais existé*, car depuis nombre d'années, la Belgique se préparait à la guerre ; elle avait même organisé les « francs-tireurs » qui, d'après des évaluations ultérieures, ont immolé de cinq à six mille Allemands, et elle avait établi des dépôts secrets et souterrains d'armes, pour s'unir à la France contre l'Allemagne. De plus on sait maintenant que déjà en 1906 elle avait conclu un accord secret avec l'Angleterre en vue du débarquement d'une armée anglaise dans la Belgique « neutre ». La panthère était tapie dans les buissons avant de prendre son élan. Nous aurions été des sots si nous n'avions pas aussitôt, et par des moyens énergiques, paralysé cet élan !

(1) Épître aux Romains, VIII, 30.

Je conteste de la façon la plus absolue que l'entrée des Allemands en Belgique ait été une injustice, après que nous lui avions garanti l'indépendance, que nous lui avions assuré une indemnité de 4 millions, et que deux fois de suite nous lui avions offert la paix ; je considère plutôt que la traversée de la Belgique est une opération militaire déjà recommandée par le vieux Moltke dans l'éventualité d'une guerre à deux fronts. Ce que je comprends moins c'est qu'un chrétien pieux puisse encore conseiller de « supporter l'injustice plutôt que de la faire », et invoquer l'Agneau de Dieu, qui souffrait en silence ; car s'il est logique il doit ajouter : « Toute guerre est une injustice ». Mathieu (5, 38, 41) ne dit-il pas : « Nous devons pardonner à ceux qui nous offensent et rendre le bien pour le mal... » ?

Donnons aussi un passage du chapitre où il examine *ce que la guerre apportera à l'Allemagne*. Il ne doute pas que ce soit la victoire finale : ce sera une Allemagne plus unie, à idéal plus élevé, moralement plus grande,

mais mise à l'abri de nouvelles agressions par l'annexion de la Belgique, de Belfort, et peut-être d'une bande de territoire du nord de la France jusqu'à Calais. Si avec cela, la Hollande, toujours sous le coup des menaces anglaises, se décidait à se tourner vers l'Allemagne, tout en conservant, à la manière de la Bavière, son autonomie et ses droits d'État, elle serait protégée ; et nous aurions, nous Allemands, une base solide pour le développement d'une puissante marine contre l'Angleterre (p. 22).

Comme on le voit, à force de manquer de critique, M. Bettex finit par oublier la promesse solennelle faite par l'Allemagne, le 4 août 1914, de ne rien annexer du territoire belge (p. 324).

Voici un sermon d'un genre un peu particulier (Busch, *Liebet eure Feinde*). M. Busch, après avoir exposé que l'Allemagne est comme un promeneur paisible qui se sent tout à coup assailli par deux assassins, puis encore par un troisième (p. 5), déclare que malgré tout les soldats allemands aiment leurs ennemis :

Dieu merci, nous avons déjà lu dans les journaux des exemples bien touchants. Un sergent-major allemand, qui avait été obligé de faire fusiller en Belgique, après un conseil de guerre, un homme et une femme, adopta leur enfant unique, une fillette de deux ou trois ans, car il était lui-même sans enfants ; comme son régiment partait bientôt après pour la Prusse orientale et qu'il passait par sa ville, il emmena l'enfant pour le remettre à sa femme (p. 9).

Plaise à Dieu, — ajouterions-nous, — nous qui n'avons qu'une civilisation belge, — qu'il n'y ait pas trop d'hommes mariés sans enfants, parmi les soldats de l'Empereur, car ils vous ont une façon de faire des orphelins pour les adopter ensuite, qui coûterait cher à notre pays.

M. Correvon, pasteur de l'église réformée de langue française, de Francfort-sur-le-Mein (1), a prononcé un prêche le 9 août 1914, sur ce texte : « Si Dieu est avec nous, qui sera contre nous ? » (Correvon, *Dieu avec nous!*). Son argumentation revient à ceci : l'Allemagne ayant le bon droit de son côté, Dieu sera avec elle. Il parle naturellement de « l'admirable et ferme discours du chancelier de Bethmann-Hollweg, un homme que je ne puis comparer qu'avec un Duplessis-Mornay, le ministre d'Henri IV » (p. 11). Puis après avoir résumé le discours de l'Empereur, M. Correvon s'écrie :

Pour résoudre cet effrayant problème des questions sociales... il a suffi du geste puissant par lequel le Dieu qui est toujours la « feste Burg » de l'Allemagne, le Dieu de Luther, de Paul Gerhard et de Sébastien Bach a prononcé le mot terrible et peut-être libérateur : Vous voulez la guerre, vous l'aurez !

On le voit, dès les tout premiers jours de la guerre, avant que personne eût pu contrôler les dires du Chancelier, les pasteurs protestants d'Allemagne, même quand ils sont d'origine étrangère, acceptaient sans hésiter les affirmations officielles. Est-ce en pasteurs qu'ils se conduisent, en rigides défenseurs des droits de la vérité ? N'est-ce pas plutôt en plats courtisans, nous dirions presque en moutons de Panurge ?

(1) Il y avait encore en Allemagne 5 ou 6 « églises du Refuge », datant de la Réformation du xvie siècle. Les cultes continuaient à y être faits en langue française, au moins une fois par quinzaine, et elles étaient desservies par des pasteurs suisses. Ces postes ont été supprimés en 1915. (Nous ne savons pas si l'église de Francfort-sur-le-Mein, où était M. Correvon, Suisse naturalisé allemand, a également été fermée.) Les inscriptions faisant connaître aux fidèles que les locaux sont affectés au culte en français, ont été enlevées.

Les prêtres catholiques et les rabbins.

Les prêtres catholiques ont fait preuve d'une égale docilité. Mgr le Cardinal Félix von Hartmann, archevêque de Cologne, dit dans *La Divine Providence*, lettre pastorale lue le 25 janvier 1915 :

> Nos guerriers sont partis à la bataille sanglante, avec Dieu, pour le Roi et pour la Patrie ! Avec Dieu dans le combat auquel on nous a forcés, dans le combat pour le salut et la liberté de notre chère Patrie allemande ; avec Dieu dans la guerre pour les biens sacrés du christianisme et sa civilisation bienfaisante. — Et quels exploits nos guerriers n'ont-ils pas accompli avec la protection de Dieu, sous la conduite de leurs chefs merveilleux, l'Empereur et les princes allemands, exploits dont l'éclat resplendira dans les temps à venir ! Bien plus, quels trésors précieux de dévouement, d'amour du prochain et de noblesse, cette guerre n'a-t-elle pas révélés dans la patrie comme sur le champ de bataille !

M. le curé Auguste Ritzl tombe plutôt dans le péché d'orgueil (Ritzl, *Der Kriegsruf, ein Königsruf, ein Gottesruf*).

> La Kultur a pris en Allemagne un élan inouï ; l'esprit humain a asservi les forces les plus diverses de la nature... Un regard jeté à la carte nous montre l'empire allemand comme le centre de l'Europe. De tous côtés, de près et de loin, des ennemis se sont acharnés à la ruine de notre patrie. A l'est nous menace l'empire géant de Russie ; — à l'ouest, la France violente, forte encore malgré sa déchéance morale ; — alliées à la perfidie anglaise et à la cruauté belge ; — le Japon, la Serbie et l'Égypte nous ont aussi déclaré la guerre (pp. 26-27).

Voyons, Monsieur le curé, avant de proclamer la cruauté des Belges, avant d'affirmer du haut de la chaire de vérité que la Serbie et l'Égypte ont déclaré la guerre à l'Allemagne, un peu de circonspection et de sens critique auraient été de mise.

Citons encore le sermon prononcé, le 9 août, dans la synagogue de Schwerin, par M. le Dr S. Silberstein, rabbin du grand-duché de Mecklembourg-Schwerin (Silberstein, *Der Herr ist mein Licht*) : « On nous a forcés à mettre la main à l'épée, nous exécrons la perfidie avec laquelle nos ennemis nous combattent, nous voulons parer en combat honorable le malheur qui nous menace ». Ainsi donc, les rabbins juifs savent aussi, déjà le 9 août, que c'est l'Allemagne qui a été attaquée, et que les faussaires sont les autres.

Inutile d'allonger la série. Nous ne pourrions que nous répéter, car tous les prédicateurs, à quelque confession qu'ils appartiennent, récitent la même leçon, à peu près dans les mêmes termes : « La guerre qui nous a été imposée..... nos perfides ennemis..... nos loyaux alliés..... les Belges cruels..... nos excellents soldats, alliant la bonté à la bravoure..... nos chefs héroïques ».

B. La fausseté.

Décrire franchement et complètement l'attitude des Allemands en Belgique pendant la présente guerre, sans parler de leur duplicité, eût été une tâche impossible ; il ne faut donc pas s'étonner si à chaque page de notre exposé nous avons épinglé au moins un mensonge. N'oublions pas, en effet, que l'Allemagne moderne prend exemple sur Bismarck, et que celui-ci a proclamé lui-même qu'il avait fait éclater la guerre de 1870 par une habile falsification d'une dépêche d'État. Lors du centenaire de la naissance du Chancelier de Fer, le 1er avril 1915, les journaux d'outre-Rhin ont donné libre cours à leur lyrisme ; aucun des innombrables dithyrambes consacrés à la glorification du Grand Homme ne contient un seul mot de blâme, ni pour la tromperie en elle-même, si abominable qu'elle soit, ni pour l'ostentation et l'impudence avec laquelle son auteur la fit connaître.

Quelle honnêteté peut-on attendre d'un peuple qui porte aux nues un faussaire, *parce que* faussaire, et faussaire fier de son habileté !

Mais les dirigeants actuels de l'Allemagne, moins adroits que leur modèle, n'ont pu dissimuler longtemps leurs fourberies. Rappelons seulement, pour n'y plus revenir, les multiples altérations qu'ils ont fait subir aux prétendues « Conventions anglo-belges » (p. 38, ss.). Pour ce qui est de leurs interprétations malhonnêtes des pièces diplomatiques relatives à l'origine de la guerre, nous renvoyons nos lecteurs à l'exposé magistral qui en a été fait par MM. Dürckheim et Denis, par M. Weiss, par l'auteur de *J'accuse* et par M. Waxweiler. Nous ne reparlerons pas non plus de tous les mensonges déjà rencontrés dans le cours de cette étude. Il sera plus intéressant de citer quelques exemples nouveaux d'altérations de la vérité, choisies parmi celles qui sont tellement évidentes que leur qualification s'impose d'emblée, et tellement incontestables que nos ennemis ne songeront même pas à les mettre en doute. Puis nous examinerons de quelle manière les Allemands ont organisé la propagande du mensonge. Ensuite viendront, comme autres exemples de duplicité, la violation des engagements librement pris par eux-mêmes, les tentatives frauduleuses d'exciter les Belges les uns contre les autres, contre le Roi et le gouvernement, et contre leurs Alliés ; enfin l'esprit de fourberie qu'ils ont apporté dans l'administration de notre pays depuis le mois d'août 1914.

1. Quelques mensonges

Les Allemands sur la côte de la Manche.

Le numéro 50 de 1914 de *Die Wochenschau* (p. 1.588) renferme une photographie où l'on voit des matelots chargeant un canon installé sur les dunes (*fig.* 19). Voici la légende (traduite de l'allemand) : « Canon belge capturé, et servi par des matelots allemands, sur la côte de la Manche ». La Manche ! mais les Allemands n'y ont jamais été ; ils étaient partis pleins d'entrain pour Calais, puis pour les côtes de la Manche, et pour Londres..... mais dans cette direction ils n'ont jamais dépassé Lombartzyde, sur la rive droite de l'Yser. Seulement ils aiment mieux laisser croire qu'ils dominent la Manche : c'est donc ce littoral-là qu'ils ont choisi pour établir leurs canons, sur le papier. — Puis, ce « canon belge » a une forme bien insolite pour un canon belge ; nos canons ont un bouclier rectangulaire, tandis que les canons allemands ont un bouclier arrondi, exactement comme celui qui est photographié. — Enfin il est permis de se demander ce que les canonniers peuvent bien viser du côté de la mer, avec leur petit canon. A coup sûr ce n'est pas un des navires anglais bombardant la côte belge, car ceux-là se tiennent trop loin ; est-ce que, par hasard, les Allemands s'amuseraient à lancer des obus sur les pêcheurs de crevettes, pour réitérer leur mémorable exploit du 8 septembre 1914 (p. 214) ? Comptons : cela fait trois mensonges flagrants en une seule photographie.

Le canon de 42.

Combien n'ont-ils pas vanté leur canon de 42 ! Qu'on se rappelle le fort de Loncin, détruit par le canon de 42 ; celui de Waelhem aussi, et ceux de Maubeuge, toujours le canon de 42. Plusieurs de leurs illustrés (par exemple *Der Weltspiegel*, n° 84, 18 octobre 1914), reproduisent la photographie d'une villa dont les deux façades sont enlevées par un obus, « un obus allemand de 42 », disent nos véridiques ennemis. Seulement, cette villa, tous ceux qui ont visité les champs de bataille du Brabant la connaissent : c'est la maison du docteur d'Elewijt ; et nous savons aussi qu'elle a été défoncée le 12 septembre 1914, par une bombe du fort de Waelhem ; elle était occupée par des officiers allemands ; ceux-ci furent tous tués, sauf un seul qui s'était prudemment retiré dans la cave.

Les uhlans devant Paris.

Pour soutenir le moral de leurs troupes au début de la guerre, il fallait absolument leur faire croire que la campagne allait se terminer par une victoire foudroyante.

C'est à cela que servait la carte en couleurs *Les uhlans devant Paris*. On y voit, en effet, des groupes de cavaliers allemands en contemplation devant Paris et la tour Eiffel. La carte est éditée par la maison R. et K., et porte le n° 500 *(fig. 18)*.

La même maison a fabriqué d'autres cartes remarquables relatives aux opérations militaires en Belgique. Le n° 507 représente le bombardement d'Anvers. On voit la ville en flammes, vue de la Tête de Flandre, et aussi des canons installés au même endroit. Or, les Allemands n'ont jamais eu de canons sur la rive gauche de l'Escaut. — Le n° 502 montre le bombardement de Namur par des canons placés à Jambes, ce qui est également faux. — Il est bon de dire que ces cartes se vendaient encore en juin 1915, c'est-à-dire à une époque où tout le monde devait savoir qu'elles sont falsifiées.

L'occupation du Palais de Justice de Bruxelles.

Le n° 15 de 1914 de *Die Wochenschau*, donne à la page 463 une vue de l'intérieur du Palais de Justice de Bruxelles. Voici la légende, d'après la traduction française annexée au fascicule :

« *Militaires allemands dans la salle de la Cour d'assises du Palais de Justice à Bruxelles.* — Bruxelles, devenu le siège du gouvernement général allemand pour la Belgique, a naturellement une forte garnison et une vie militaire très animée. Le célèbre Palais de Justice sur la place Poelaert, loge également un grand nombre de soldats. Rien n'est plus singulier que le tableau que présente ce bâtiment imposant et luxueux avec ses nouveaux hôtes en « gris de campagne » qui s'y sont installés. Mille précautions sont prises pour que rien ne soit détérioré ; et tandis que partout là où l'ennemi a foulé la terre allemande, il faudra travailler longtemps à la reconstruction des bâtiments détruits par lui, personne ne s'apercevra, en voyant les superbes salles du Palais de Justice à Bruxelles, que les soldats allemands y avaient pris leur quartier ».

Pour comprendre toute la finesse de cette plaisanterie, il suffit de regarder la figure : on y voit le linge que les soldats font sécher sur des cordes tendues en travers de la luxueuse salle ; c'est là apparemment une des « mille précautions » qui sont prises pour que rien ne soit détérioré. (La photographie est reproduite dans *Belg. All.*, p. 112.)

Les marins anglais en France.

Il était avantageux de montrer que les Anglais sont déjà obligés d'envoyer en France leurs soldats de marine. Le n° 47 de *Ill. Kriegs-Kurier*, journal officieux et subsidié, représente donc « Le Président Poincaré visitant les forces militaires anglaises en France. On le voit ici passer en revue l'artillerie de la marine royale anglaise ». Le Président passe, en effet, devant deux rangs de soldats anglais, coiffés d'un casque et armés de fusils. Mais est-ce bien en France, pendant la guerre actuelle, que cette revue a lieu ? Consultez le numéro de juillet 1913 du périodique illustré français *Lectures pour tous*. Vous y trouverez à la page 1.245 une photographie intitulée : « La consécration de l'Entente Cordiale. M. Poincaré, accompagné du prince de Galles, passe en revue la garde d'honneur, à son arrivée à Portsmouth (24 juin 1913) ». Or, les mêmes autorités et les mêmes soldats figurent sur les deux photographies, dans le même entourage. La seule différence est que la photographie de *Lectures pour tous* a été prise un instant après celle de *Kriegs-Kurier*. Les journaux français ont encore indiqué d'autres falsifications de la même espèce. Mais nous n'avons pas pu les contrôler.

Ce truquage ne serait pas, paraît-il, une spécialité allemande. Nos voisins de l'Est reprochent aux Russes et aux Anglais d'en faire également usage. Mais un genre de mensonges, dont l'Allemagne peut hardiment revendiquer la paternité et l'usage exclusif, est celui qui consiste à nier, ou tout au moins à réduire considérablement, l'étendue de leurs actes de vandalisme.

Le respect des Allemands pour les monuments de Louvain.

Nous avons vu (p. 146), qu'après avoir annoncé froidement le bombardement de la cathédrale de Reims comme un fait-divers banal, les Allemands, devant l'indignation universelle, crurent devoir s'apitoyer sur le sort du monument. Le même phénomène s'est remarqué à propos de la destruction de Louvain. Le sac et l'incendie de cette ville sont suffisamment connus et il serait superflu de les raconter à nouveau. Occupons-nous seulement des monuments.

Dans les jours qui suivirent le sac, les journaux allemands eurent une attitude tellement scandaleuse que *N. R. C.*, pourtant très germanophile, ne put s'empêcher de montrer quelque indignation.

Berlin, 28 août (*Wolff*). — Voici ce que dit le correspondant militaire de *Vossische Zeitung* avec l'approbation du gouvernement :

« D'après les nouvelles allemandes, Louvain n'a été détruit que parce que les civils y avaient tiré sur les troupes allemandes...

Et maintenant cette vieille ville, si riche en trésors d'art, n'existe plus.....

Il est à espérer que les Belges auront maintenant perdu toute envie de continuer la guerre de « francs-tireurs ».

N. R. C., 30 août, soir.

Une partie de la presse allemande accueille avec joie et satisfaction la destruction de Louvain. Le journal agrarien *Deutsche Tageszeitung* et le journal conservateur *Die Kreuzzeitung* applaudissent aux événements de Louvain en des termes que nous ne pouvons reproduire ici.

Le *Vorwärts* dit à ce propos : « L'autorité militaire doit avoir jugé nécessaire de détruire Louvain malgré les considérations humanitaires et politiques dont on peut tenir compte ».

On a peine à croire que des journaux aient accueilli avec joie et satisfaction la destruction de la ville.

N. R. C., 1ᵉʳ sept., matin.

Ainsi donc, au début, pas un mot de regrets pour la destruction de Louvain, destruction qu'on dit totale : Louvain avait mérité son sort, et on espérait que cet exemple ferait réfléchir les Belges.

Mais peu à peu, la réprobation générale leur donne à eux-mêmes à réfléchir : et les voilà qui cherchent à atténuer les dégâts. Ce fut d'abord M. Helfferich, alors directeur de la « Deutsche Bank », devenu depuis lors ministre des finances de l'Empire. On voit apparaître ici la fameuse légende des soldats allemands sauvant l'hôtel de ville sous les balles des « francs-tireurs (1) ».

Berlin, 7 septembre (*Wolff*). — La *Norddeutsche Allgemeine Zeitung* écrit : « Nous avons eu l'occasion de parler à M. Helfferich, le directeur de la « Deutsche Bank » qui rentre de Belgique. Il est allé à Louvain et dit qu'on ne peut parler d'une destruction complète de la ville. N'ont été brûlées et bombardées que les rues dans lesquelles les Allemands ont été traîtreusement attaqués par les civils. Ce sont les rues qui vont de la Station à la ville même et les rues qui vont dans la direction de Tirlemont.

« L'hôtel de ville, le joyau de Louvain, est intact. Les troupes allemandes l'ont sauvé. Des officiers qui prirent part au combat livré dans les rues de Louvain disent que les soldats l'ont protégé au péril de leurs jours. Ils aspergèrent d'eau les maisons voisines qui flambaient pendant que les civils tiraient sur eux ! On n'a malheureusement pas pu sauver la bibliothèque de l'Université.

« La tour de la cathédrale s'est effondrée. Le chœur de l'église n'est pas détruit. »

N. R. C., 8 septembre, matin.

Peu après, un artiste, M. von Falke, directeur du musée d'Art appliqué de Berlin, fut envoyé à Louvain en tournée d'inspection.

(1) Ils finiront par nous convaincre que leur passage à travers la Belgique a été la sauvegarde de nos monuments.

« A part la bibliothèque, dit-il, rien de sérieux n'a été détruit... dans ce malheureux incendie provoqué par la révolte des habitants. » Pour lui, il s'agit donc d'un malheur (*Brandunglück*).

Berlin, 5 octobre 1914 (*Wolff*).

Norddeutsche Allgemeine Zeitung écrit :

M. von Falke, geheimer Regierungsrat, a visité à fond le 17 septembre, avec le bourgmestre, les monuments de Louvain ; il a fait un rapport officiel sur leur état actuel. Voici le résumé de ses déclarations :

« L'ancienne Halle aux Draps, servant de bibliothèque universitaire, est complètement détruite, sauf les deux façades : la principale est gothique avec des additions Renaissance ; la façade postérieure est en Renaissance de la dernière période ; en même temps a été malheureusement perdue la bibliothèque avec son important trésor de manuscrits. A part cette perte importante, il n'y a pas à déplorer de destruction quelque peu sérieuse. L'hôtel de ville gothique est resté intact ; sa conservation est due aux ordres du commandant, le major von Manteuffel, qui fit abattre les maisons longeant le côté droit et qui réussit ainsi à circonscrire le malheureux incendie (*das Brandunglück*). Par contre, l'église Saint-Pierre, dont le toit fut atteint par des flammèches, a été sérieusement endommagée : toutefois elle pourra être restaurée et remise dans l'état primitif.

« Les tableaux des chapelles, des toiles de Dierik Bouts et du Maître de Flémalle, qui sont parmi les œuvres les plus précieuses de Louvain, ont été sauvés et portés à l'hôtel de ville, avec les autres meubles artistiques de l'église Saint-Pierre ; ce transport fut opéré par M. Thelemann, lieutenant de réserve, et conseiller du ministre des chemins de fer. Ces objets sont maintenant placés sous la protection du bourgmestre. Des anciennes œuvres d'art de l'église Saint-Pierre il n'y a de détruit qu'un tambour. L'édifice lui-même est conservé. On devait y mettre une toiture provisoire en carton bitumé, jusqu'à la reconstruction. Ce malheureux incendie, provoqué par la révolte des habitants, et propagé par la tempête, a atteint principalement les rangées des maisons près de la gare, dans la rue de la Station et à l'intérieur de la ville. Un sixième environ de la ville a été brûlé. Les autres églises n'ont pas été touchées ; ainsi, sont restées complètement intactes les églises Saint-Michel, Saint-Jacques et Sainte-Gertrude avec leurs œuvres d'art, en partie très remarquables ; le Collège du Saint-Esprit avec sa bibliothèque est également indemne.

On voit que M. von Falke ne se prononce pas sur la façon dont le malheur a commencé. Il dit seulement que l'église Saint-Pierre fut atteinte par des flammèches transportées par la tempête.

Jusqu'à quel point cette assertion est-elle justifiée ? Si M. von Falke a visité l'église Saint-Pierre, il doit avoir remarqué que chaque chapelle a été allumée séparément, et qu'on peut compter 24 foyers distincts d'incendie, tous à l'intérieur du monument. Singulière tempête, qui apporte exactement une flammèche sur chaque autel à consumer.

Et puis, y avait-il vraiment une tempête dans la nuit du 25 au 26 août 1914 ? Voici des renseignements précis sur la direction et la vitesse du vent.

Heures :	25 août 18 h.	20 h.	22 h.	Minuit	2 h.	4 h.	6 h.	8 h.
Direction :	sw	wsw	sw	sw	wsw	wsw	wsw	sw
Vitesse en m. par seconde.	2,8	2,8	3,0	4,3	3,1	2,4	2,6	2,3

Une vitesse de 2,3 à 4,3 m. par seconde correspond à un vent faible. Nous sommes donc loin de la tempête.

Les Allemands ne se bornent pas à dire que le dommage causé à Louvain est faible. Ils le prouvent. Et voici comment : dans le numéro d'octobre de la brochure officielle de propagande *Journal de la Guerre*, ils donnent un plan de Louvain où sont figurées par des hachures les parties détruites. Or ce plan est falsifié de deux façons. D'abord il ne fait aucune distinction entre la surface bâtie et celle qui est occupée par des cultures maraîchères, et qui est considérable : le rapport de la partie détruite à la partie intacte est donc abusivement rapetissée. En second lieu, la partie détruite est diminuée d'une façon absolue ; beaucoup de quartiers brûlés y figurent comme indemnes ; pour ne citer qu'un exemple, le Vieux Marché, où ne sont restés debout que le Collège des Joséphites et quelques maisons voisines (*fig.* 20), est marqué comme non atteint par l'incendie.

Il faut croire que les Allemands se sont rendus compte de l'inanité de leurs allégations d'après lesquelles l'incendie de Louvain serait dû à un « malheur », car à partir de la fin de septembre 1914, ils ont commencé à donner une autre explication : Louvain aurait été bombardé. C'est ce qu'ils ont raconté à M. Sven Hedin, et ils ont même eu soin de lui faire admirer l'incomparable justesse de leur tir. On lui a fait croire aussi que les « francs-tireurs » ont canardé l'armée allemande au moment de son entrée dans la ville : il est probable en effet que jamais le géographe suédois n'aurait voulu croire à une attaque se produisant après 6 jours d'occupation, lorsque des centaines de milliers de soldats avaient traversé la ville et y avaient semé la terreur.

... 18 kilomètres jusqu'à Louvain. A l'intérieur de la ville, on roule un bon bout avant d'arriver aux premières ruines. Tout Louvain n'est nullement détruit par le bombardement, comme on se le figurait. A peine un cinquième de la ville est détruit. Il est vrai que dans ce cinquième se trouvent comprises plusieurs constructions précieuses et non remplaçables ; particulièrement regrettable est la perte de la bibliothèque. Au milieu de ces ruines s'élève cependant, comme un roc dans la mer, l'hôtel de ville, le fier bijou de l'époque de 1450 avec ses 6 tourelles élancées et à jour. J'ai fait le tour de l'hôtel de ville et n'ai pu, avec la meilleure volonté, découvrir d'éraflures sur ces murs ornés avec une prodigalité de richesses. Peut-être se trouve-t-il quelque part une égratignure d'éclat d'obus qui a échappé à mon attention. Grâce à l'excellence de l'artillerie allemande, pas même une seule moulure des six tours n'a été endommagée. La raison du bombardement de Louvain est connue. La population civile a tiré des fenêtres sur les troupes allemandes lors de leur entrée dans la ville, et comme ce crime ne pouvait être puni autrement, les maisons furent incendiées par bombardement. Lorsqu'ensuite les soldats allemands cherchèrent à éteindre le feu dans les maisons voisines de l'hôtel de ville, les francs-tireurs les guettaient de nouveau avec leurs carabines. *Toute autre armée de la terre aurait agi de même* et les Allemands ont regretté eux-mêmes profondément d'avoir été forcés, contre leur volonté, de recourir à de tels moyens.

Sven Hedin, *Ein Volk in Waffen*, p. 142.

Ils se préoccupent aussi de démontrer par la photographie le bombardement de Louvain. Le numéro 3 du journal officiel *Illustrierter Kriegs-Kurier* donne deux photographies représentant l'hôtel de ville de Louvain « *avant et après le bombardement* ».

Voilà donc établie de façon précise et exacte la manière dont Louvain a été châtié. Le cœur des Allemands n'a-t-il pas saigné à la vue de ces ruines, et n'ont-ils pas immédiatement pris des mesures pour sauver ce qui pouvait encore être arraché à la destruction. Ce serait mal connaître ces esthètes éclairés (p. 149) que d'en douter. Voici un passage d'un article qui a paru dans plusieurs journaux « belges », soumis à la censure.

La restauration des monuments d'art belges.

Le président de la Commission des Monuments en Prusse Rhénane, le conseiller intime Dr Clemen, a fait le rapport suivant sur la restauration des monuments historiques de Belgique qui ont eu à souffrir de la guerre :

« J'ai pu constater, lors de ma dernière visite en Belgique, que toutes les administrations communales ont eu à cœur de mettre provisoirement à l'abri les monuments endommagés par les faits de guerre, et que les indications, que M. le conseiller intime von Falke et moi avons pu leur donner, ont été suivies.

« A Louvain, le toit solide destiné à protéger toute l'église est achevé et on commence à boucher provisoirement les vitraux qui ont éclaté des côtés sud et ouest lors de l'incendie de l'église. L'intérieur est presque entièrement déblayé. Sous peu on pourra de nouveau se servir de cette collégiale... »

Le Bien public, 28 janvier 1915.

A en croire M. Clemen, ce sont M. von Falke et lui qui ont eu l'idée d'assurer la protection des monuments endommagés « par les faits de guerre », comme il dit. (Lui aussi fait semblant d'ignorer que Louvain a été incendié intentionnellement.) Qu'y a-t-il de vrai dans sa prétention d'avoir indiqué les mesures à prendre pour la préservation de l'église Saint-Pierre ? Rien. Longtemps avant le passage de M. von Falke et M. Clemen, un toit provisoire avait été placé par les soins et aux frais de M. le chanoine A. Thiéry, et l'intervention des esthètes allemands n'avait donc plus aucune raison d'être.

*
**

Résumons les versions successives données par les Allemands au sujet de l'incendie de Louvain.

1ʳᵉ version : Tout Louvain est brûlé. Et c'est bien fait.

2ᵉ version : Un sixième seulement de la ville a été détruit. C'est un malheur. Nos troupes ont sauvé l'hôtel de ville malgré les Louvanistes.

3ᵉ version : La ville a souffert d'un bombardement. Mais les Allemands avaient eu soin de ne pas viser l'hôtel de ville.

4ᵉ version : Nous prenons des mesures de conservation pour les monuments qui ont été endommagés par le malheureux incendie.

Et voilà comment les Allemands écrivent l'histoire.

Le respect des monuments à Huy, Dinant, Termonde et Malines.

Qu'on ne s'imagine pas que ce genre d' « erreurs » soit un cas isolé ; il fait partie d'un système complet de falsification. Ainsi, M. von Falke, dans son rapport sur un voyage d'inspection en Belgique, prétend que Huy est intact (Supplément hebdomadaire illustré de *Hamburger Fremdenblatt*, n° 4, 11 octobre 1914) ; en réalité les Allemands y ont brûlé une trentaine de maisons. Il assure aussi que la Collégiale de Dinant a été bombardée par les Français, alors qu'eux-mêmes y ont mis le feu, en trois endroits au moins, dont l'un est à l'intérieur du transept gauche et ne peut donc être atteint du dehors.

MM. Koester et Noske (*Kriegsfahrten*), s'appliquent aussi à faire croire que Termonde a été détruit par le bombardement. En réalité, on pouvait encore, en mars 1915, y voir de quelle manière l'armée allemande avait organisé l'incendie de la ville (p. 95). Voici ce que disent MM. Koester et Noske :

> Termonde, c'est-à-dire l'embouchure de la Dendre dans l'Escaut, offre le plus terrible tableau que nous ayons vu jusqu'à présent dans cette guerre. Alors qu'à Louvain quatre cinquièmes des maisons sont restés intacts et qu'un cinquième seulement a été détruit, on peut largement prendre la proportion inverse pour Termonde.
>
> Naturellement le feu n'a pas été mis à la ville. Ce qui a dû être brûlé par nos soldats n'est qu'une infime partie. La ville fut bombardée et, comme il n'y avait là personne pour éteindre les incendies, elle est devenue la proie des flammes.

Mais l'exemple le plus instructif de tous est celui de Malines. Racontons-le brièvement.

Nous avons déjà dit que les Allemands accusent les Belges d'avoir bombardé Malines (p. 151). En réalité, pas une bombe belge n'a touché Malines même, mais quelques-unes sont tombées dans les faubourgs, par exemple dans la rue Dodonée, près de la chaussée de Hombeek. Malines fut bombardée une dernière fois, et d'une façon terrible, le 27 septembre 1914, par les batteries allemandes établies à Hofstade. Le jour même et le lendemain matin, les habitants s'enfuirent. Le 28 septembre, la Place des Bailles de Fer était encore indemne, sauf quelques toits troués par les obus et facilement réparables. Mais depuis le 28 septembre jusqu'au 10 octobre, les Allemands pillèrent à fond toutes les maisons. Les Malinois assurent qu'environ 500 pianos ont été expédiés d'ici en Allemagne. En même temps les Allemands mirent le feu à plusieurs quartiers : Place des Bailles (*fig.* 12), rue Léopold, et l'Hôtel Busleyden avec ses environs. Pendant qu'ils incendiaient, ils se donnèrent le malin plaisir d'appeler les pompiers de Bruxelles. Ceux-ci arrivèrent à toute vitesse, mais ils renoncèrent bien vite à lancer de l'eau sur les maisons en flammes, quand ils virent que les troupes allumaient de nouvelles maisons à mesure qu'eux-mêmes arrosaient les premières. Après avoir tenté de faire disparaître par le feu les traces de leur pillage, ils éditèrent des photographies de la Place des Bailles, avec cette légende : « Partie de la ville de Malines bombardée par les Belges ». Ces photographies ont paru dans le supplément hebdomadaire illustré de *Hamburger Fremdenblatt*, n° 5, 18 octobre 1914, et dans *Zeit im Bild*, n° 43 de 1914, p. 1.889.

Les projets de reconstruction de nos villes par les Allemands.

On ne voit pas tout d'abord pourquoi les Allemands se donnent tant de peine pour faire croire que la destruction de nos villes ne peut pas être imputée à leur barbarie, mais est simplement un « fait de guerre ». La raison ne serait-elle pas simplement qu'ils ont l'intention d'offrir leurs services pour la restauration des monuments et la reconstruction des villes. Le résumé suivant, d'un article de M. Wilhelm von Bode, Excellenz, Professeur, Directeur des Musées royaux de Berlin, et l'un des 93 intellectuels, tendrait à le faire supposer.

Dans le dernier numéro du journal hebdomadaire *Wieland*, paraissant à Berlin, Wilhelm von Bode donne son opinion au sujet des dévastations en Belgique.

« En Prusse orientale, dit-il, la réédification des localités détruites par les Russes se poursuit méthodiquement, d'après des principes pratiques et artistiques. De même, le gouvernement allemand a élaboré des plans pour la reconstruction des villes dans lesquelles des bâtiments ou des rues entières ont été anéantis par le bombardement. Ces projets tiennent compte à la fois du caractère ancien de ces villes et de l'amélioration que le nouveau tracé des rues doit apporter aux conditions hygiéniques. Ceci s'applique surtout à Louvain, Termonde, Visé et Dinant.

« Cette initiative des autorités allemandes, dit Bode, est d'autant plus louable que le manque d'argent, tant chez les particuliers que dans les caisses publiques des communes intéressées, rendrait très difficile la reconstruction, même si on avait l'intention de se mettre tout de suite à l'œuvre.

« Le gouvernement a fait faire une enquête détaillée sur l'étendue des dommages et des destructions. Cet examen a montré que les évaluations des dégâts étaient fortement exagérées. Dans l'ensemble des provinces, à l'exception de la Flandre occidentale où les combats continuent, la proportion des demeures endommagées est d'environ 2 0/0. Dans la plupart des provinces, elle n'est que de 1/2 à 1/3 0/0. C'est seulement dans les provinces de Namur et d'Anvers qu'elle atteint 4 à 5 0/0. Dans la Belgique entière, il y a environ 26.000 maisons détruites ou endommagées, abritant 150.000 habitants. La plupart de ces habitations ne sont pas fortement atteintes, et elles peuvent être facilement rendues de nouveau habitables. Il n'y a que la moitié de ces personnes qui soient réellement sans abri, mais comme il y a encore 300.000 Belges réfugiés à l'étranger, les 80.000 personnes sans toit ont depuis longtemps trouvé à se loger. »

N. R. C., 27 juillet 1915, soir.

Quelques remarques s'imposent.

Il est faux que Louvain, Termonde, Visé et Dinant aient été bombardées. C'est par la torche, non par le canon, que ces villes ont été détruites. — M. W. von Bode, Exc., cherche lui aussi à faire croire que les dommages subis par la Belgique (26.000 maisons !) sont peu considérables. — Il suffit de visiter Louvain, Termonde, Visé et Dinant, pour constater que les maisons sont totalement irréparables. Il n'en serait pas de même si elles avaient été bombardées ; mais des bâtiments incendiés avec accompagnement de benzine et de fulmi-coton sont si foncièrement détruits qu'il n'y a plus qu'à jeter bas les quelques pans de murs encore debout.

L'opinion de M. W. von Bode, Exc., peut se résumer comme ceci : les architectes allemands se proposent de faire les plans pour la reconstruction des villes que les soldats allemands ont brûlées en Belgique.

Ajoutons qu'ils ont déjà offert leurs projets aux autorités communales de Louvain et de Malines.

L'entrée des marins allemands à « Anvers ».

Il y a certains mensonges allemands qui sont tout à fait inexcusables ; nous voulons dire par là qu'on ne voit pas en quoi ils peuvent être utiles à nos ennemis. On peut ranger dans cette catégorie les trois photos représentant « L'entrée de la division de marins allemands, à Anvers », publiées par *Illustrierter Kriegs-Kurier*, n° 3. Tout Bruxellois reconnaît aussitôt que ces photos n'ont pas été prises à Anvers, mais à Bruxelles, au coin de la rue de la Loi et de la rue Royale.

La générosité allemande.

Il est encore un autre mensonge graphique qui est spécial aux Allemands. Ils s'ingénient à étaler une sentimentalité de commande, qui jure fort, soit dit en passant, avec leur cruauté incontestable. Ainsi, ils ont publié à diverses reprises des photographies représentant des soldats allemands partageant leur pain ou leur soupe avec des enfants ou avec des femmes belges et françaises. On est tout disposé à se laisser émouvoir par la bonté de cœur des guerriers allemands qui, après avoir été si traîtreusement attaqués par les affreux francs-tireurs, s'enlèvent maintenant le pain de la bouche pour nourrir les populations affamées… Ce que valent ces démonstrations publiques de la générosité et de la magnanimité allemandes, la photographie donnée par le n° 16 de *Ill. Kriegs-Kurier* permet de s'en faire une idée. (Il est intéressant de constater que c'est toujours à *Ill. Kriegs-Kurier*, journal officieux et subsidié, que revient la palme pour la sincérité.) La figure montre que « Des soldats du Landsturm allemand partagent leur pain avec des enfants français ». Or, la petite scène, d'ailleurs pas fort concluante, ne se passe pas en France, mais en Belgique, dans la gare de Buysinghen, près de Hal. Elle est entièrement truquée.

La sympathie des Belges pour les Allemands.

Ce cas n'est pas le seul où les Allemands ont composé de toutes pièces des scènes destinées à être photographiées ou cinématographiées. En voici un autre. Le 20 octobre 1914 une musique militaire vient prendre place sur la terrasse du Jardin Botanique de Bruxelles, et des officiers déambulent autour des musiciens. En même temps un appareil cinématographique s'installe rue Royale. On espérait évidemment qu'un nombreux public allait s'assembler près de la musique et qu'on pourrait prendre un joli film montrant la population bruxelloise qui assiste en foule au concert militaire et qui fraternise avec les officiers allemands. Hélas! on avait compté sans la répulsion des Bruxellois pour tout ce qui touche à nos oppresseurs. Dès les premiers coups de grosse caisse les promeneurs s'éclipsent rapidement, et les officiers morfondus restent seuls. C'était raté. On recommença le 26 octobre, au boulevard Anspach, près de la Bourse, c'est-à-dire au point le plus animé de Bruxelles : là le nombre des passants est toujours si grand qu'on peut facilement donner l'impression d'une foule. Pourtant ceux qui auront l'occasion d'assister au déroulement de ce film constateront que pas mal de gens tournent ostensiblement le dos à la musique. Telle est d'ailleurs l'attitude favorite des Bruxellois, chaque matin vers 11 heures, quand la musique militaire, — une vraie musique de sauvages, — passe par la rue Royale, le long du Parc.

Quelques autres mensonges graphiques.

Nous venons de signaler (p. 275) comment *Ill. Kriegs-Kurier* sophistique les photographies de marins allemands « à Anvers ».

Le n° 31 du même journal (il doit décidément justifier la subvention gouvernementale) montre « La musique des soldats de marine allemande qui joue tous les dimanches à Zeebrugge ». Or une rue comme celle qui est représentée par la photographie, avec de hautes maisons contiguës et de grands magasins, n'existe pas à Zeebrugge.

Voici un dernier exemple de mensonge photographique. Dans la matinée du 12 septembre 1914, les Allemands détruisirent l'énorme pont-transbordeur de l'usine située contre le canal entre Vilvorde et Pont-Brûlé. Dans son n° 21 (janvier 1915), le journal *1914-1915 Illustré* donne une photographie de ce pont-transbordeur, avec la légende : « A Vilvorde. Le pont-transbordeur détruit par les Belges ». L'erreur était évidente, et le journal ne pouvait l'ignorer. Mais la censure allemande l'a obligé à mentir.

Nos véridiques ennemis ne se privent naturellement pas de falsifier les cartes géographiques. En janvier 1915 ils vendaient en Belgique une carte *Kriegsoperationskarte als Feldpostbrief*, éditée chez Forkel à Stuttgart, d'après laquelle ils occupaient en Flandre une région considérable à l'Ouest de l'Yser : leur front atteignait Oost-Dunkerque et Poperinghe. Une constatation analogue pour les environs de Verdun ; la fausseté est ici plus flagrante encore.

Comment ils excitent leurs troupes contre les Belges.

Passons maintenant aux mensonges écrits.

On se rappelle les innombrables mensonges colportés par la presse d'outre-Rhin sur l'attitude de la population belge envers les résidents allemands dans nos villes (p. 126), envers les blessés allemands (p. 445, 116, 249), et envers les troupes traversant les villages ou y séjournant (p. 61, 249). Nous n'y reviendrons pas, sinon pour montrer d'autres inventions par lesquelles les Allemands excitaient leurs troupes contre nous.

Non contents de nous charger des plus innombrables méfaits contre leur armée, les Allemands ont été jusqu'à nous accuser de crimes odieux contre nos propres compatriotes ; ils cherchaient ainsi à dégager le caractère bestialement féroce des Belges.

Dans la brochure de propagande intitulée *Sturmnacht in Loewen* (Une nuit d'alarme à Louvain), M. Robert Heymann, après avoir rappelé les cruautés dont les Belges se rendirent coupables à Bruxelles, à Anvers, etc., ajoute que ces actes de sauvagerie ne doivent nullement étonner de la part d'un peuple qui ne respecte même pas ses concitoyens ; puis il raconte les « Cruautés contre un couvent ».

Cruautés contre un couvent.

Écoutons un des intéressés lui-même qui raconta ses tribulations. L'histoire constitue un important document pour la haute situation de l'Allemagne au point de vue de la morale et de la Kultur, de l'Allemagne qui dans cette guerre a mieux à faire qu'à poursuivre une œuvre sanguinaire.

Il est échu à l'Allemagne une grande mission, et le jour n'est plus éloigné où toutes les nations neutres en auront conscience.

Voici « l'histoire des Frères du Silence » :

« Le couvent des Jésuites est situé tout près de Liége, sur une colline, éloigné du fort méridional d'environ 600 mètres. J'étais frère dans le couvent depuis deux ans. Nous autres frères, nous ne lisons pas de journaux, et par suite de notre vœu de silence, nous ne parlons pas non plus, en sorte que nous ignorions tout de la guerre.

Le jeudi 6 août, j'avais, en même temps que sept autres frères, la garde de midi à minuit. Dans la nuit, à 11 heures 1/4, j'entendis tout à coup un bruit complètement inconnu. Je sortis dans la cour d'où, sur le côté, je pouvais voir Liége et ses forts. Je vis à quelque distance, dans le ciel, une petite lumière ; cela m'indiqua que la chose se trouvait dans l'air. Je voulus poursuivre ma ronde, mais le ronflement qui se rapprochait, encore que la vie du monde ne m'intéressât point, me fit m'arrêter. La lumière se rapprochait de plus en plus, le bruit avait cessé. Il me vint à l'idée que ce pouvait être un dirigeable, mais non, tout à coup, une clarté aveuglante illumina la terre. C'est l'Étoile des Mages qui annonce quelque chose, pensais-je, je vais la suivre des yeux. Dans la clarté; là-bas, je voyais tout nettement des parties de la forteresse, et d'autres choses. Alors, éclairé par la réverbération de la terre éclairée, je vis qu'il y avait réellement un puissant dirigeable ! Je voulais crier de joie, je n'avais pas encore vu de dirigeable ! La clarté ne dura que quelques secondes qui me parurent fort longues ! Mes yeux ne s'étaient pas encore habitués à l'obscurité de la nuit, que j'en-

tendis un fracas. Je regardai vers le ciel. Je vis rien, la petite lumière s'éloignait paisiblement. Mais en b... n vis assez ! du feu de
la fumée ! Dans la clarté je pouvais fa... nt tout voir. Je pe... us
aussi l'écho. Je n'avais pas eu le temps d... remettre de mon g...t
effroi, qu'une deuxième lueur apparut ... rre, et assez près. C...
fois je pus constater plus nettement enc... c'était un dirigeable. L...
me sembla qu'au bout d'un long câble ... pendue fort bas un...
celle de métal, dans laquelle se tenait u... . Je le vis distincte...
jeter des deux mains un objet dans la ... lairée. Immédiate...t
après, la lueur disparut sur la terre. J... ai cependant à reg...
ce même endroit. Une puissante gerbe ... illit tandis que de...
blocs étaient projetés en l'air de tou... l épouvantable fr...
Mon tympan semblait brisé, j'étais ass... terre tremblait s...
sous mes pieds que je chancelai. T... egardai encore le ...
endroit. L'aveuglante gerbe s'était t... eu une épaisse ma...
fumée qui s'élevait lentement dans ... petit elle devena...
plus en plus claire comme une vape... nfin l'endroit s'a...
comme en un incendie. J'essayai d... mpte si le feu s...
pageait, quand je fus saisi par un ... s. Ce terrible sp...
se répétait constamment, mais e... de plus en plu...
11 heures 1/4 à minuit, 12 bom... ées sur les fort...
l'intervalle des explosions, on ent... les moteurs. Ap...
dernière explosion, le dirigeable s'... t et disparut. Je...
les yeux fixés dans la même direct... du couvent son...
nuit.

Les sept frères qui avaient fait ... , nous restâm...
la cour avec ceux qui venaient n... e fallait pas, s...
dormir. Les autres frères et les pè... 500) restèren...
térieur, regardant par les fenêtres... sse.

Comme je n'étais plus de garde... une échelle...
ladai, pour mieux voir, un mur... contre bas,...
3 mètres environ. Je restai là jusq... s 2 heures...
cèrent en bas dans la ville des cou... et des q...
tôt devinrent de plus en plus fort...

Un bruit infernal parvint et ... s, et ...
incendies s'allumèrent dans la ... ...
vent.

A 4 heures, la cloche nous ap... ...
malgré l'émotion, nous restions ... ...
fallait se taire ! Mais cela devint ... ...
durèrent deux grandes heures.

Par le choc des explosions, les beaux vitraux étaient ployés vers l'intérieur, comme des voiles gonflées par le vent. Les murs de pierre, épais de 80 centimètres, entourant la cour, avaient de profondes et longues crevasses. Quand à 6 heures nous quittâmes l'église, les coups de feu et les cris étaient plus terribles encore, et les incendies plus nombreux et plus loin vers l'intérieur de la ville.

Comme de coutume, le portier ouvrit la porte à 6 heures. Quel effroi ! Des centaines de Belges du voisinage se précipitèrent dans la cour. Comme nous craignions le pillage du couvent, le portier chercha tout d'abord à les repousser. Un frère cria : « Allez ! vous recevrez tout ce que vous voudrez ». La populace égarée saisit immédiatement des couteaux et tua vingt de nos frères, et un père. Moi-même, je me précipitai sur la cloche dans la cour et je sonnai l'alarme. Armés de fourches à foin et à fumier et de pelles, les frères s'élancèrent dans la cour, et chassèrent les hordes. Deux frères qui, pendant le combat, furent entraînés avec la foule, sans que nous ne nous en aperçûmes, furent retrouvés hachés en morceaux, déchiquetés comme par des bêtes fauves. Les cadavres étaient affreux à voir. Un frère belge, entendant l'alarme, avait saisi une fourche et ainsi armé s'était précipité vers la porte, pensant combattre des soldats allemands. Quand il vit que les assaillants étaient ses compatriotes, il tourna les armes contre nous, ses frères, criant comme un fou : « Vous êtes fous, vous êtes fous » (*en français dans le texte*). Après une courte lutte, la fourche lui fut arrachée. Des mains le saisirent et le jetèrent par-dessus le mur : il avait tourné ses armes contre ses frères, mais surtout il avait rompu son vœu de silence.

Le combat avait duré à peine un quart d'heure. Après que la porte fut fermée, à 6 h 1/4 (notre heure de repas habituelle), nous nous réunîmes au réfectoire pour le déjeuner.

Malgré les événements extraordinaires, j'avais fort faim. Nous nous sentions maintenant en sûreté. Mais quand, après les vingt minutes que dura le repas, nous retournâmes dans la cour, nous vîmes que les brutes belges avaient mis en deux endroits le feu au couvent. Ils avaient traîné sous le hangar à bois notre blé et notre foin qui se trouvaient non loin du couvent ; ils avaient aussi poussé près des hangars et des bâtiments des chariots chargés de blé, et avaient allumé le tout. Les flammes atteignaient déjà le pignon. Il ne fallait pas songer à sauver quoi que ce fût, car tous les bâtiments étaient attenants les uns aux autres. Cette épreuve était dure. Mais elle ne pouvait rompre notre vœu de silence, et doublement muets, nous regardions les flammes. Notre douleur s'exhala en des larmes quand nous vîmes notre Supérieur éclater en sanglots. Il vint au milieu de nous ; comme tous les pères peuvent parler, il dit à haute voix : « Allez et sauvez ce que vous pouvez » ! et nous accomplîmes ses ordres.

Rapidement nous téléphonâmes aux autorités de Liége pour obtenir aide et protection. Mais à notre grand effroi, apparurent à ce moment des *militaires allemands*. Comme l'Allemagne ne nous tolère pas chez elle, nous autres Jésuites, nous nous faisions de grands soucis. A cause de la présence des soldats allemands, nous voulions vite rapporter dans le couvent les précieux trésors déjà amenés dans la cour ; mais le chef des troupes allemandes expliqua à notre Supérieur que cette partie-ci de Liége était déjà entre les mains des Allemands. Nous nous mîmes donc sous la protection allemande. Nous n'eûmes pas à le regretter. Les troupes de protection allemandes vinrent avec huit automobiles qui emmenèrent en Allemagne nos inestimables trésors : peintures qui dans notre hâte furent coupées de leur cadre et roulées comme du papier, nos vases sacrés d'or et nos pères. En grande hâte, nous avons creusé une immense fosse dans laquelle, sans aucune cérémonie religieuse et sans paroles, nous enterrâmes nos vingt frères assassinés, ainsi que le père. Pendant que continuait l'incendie, les centaines de frères restants couraient çà et là dans un désordre incroyable pour chercher leurs vêtements et leurs souliers. J'avais des sabots et je ne trouvais pas de chaussures à ma convenance ; je vis pourtant à ma grande stupéfaction quatre paires de souliers dans mon coffre. Tout fut enfoncé dans les coffres, avec les pieds, en toute hâte.

Ainsi, le samedi, à l'aube, 350 frères quittèrent le couvent encore fumant pour passer la frontière allemande. Pendant 3 heures chacun traîna péniblement les modestes choses sauvées de son bien. Un seul vieux frère de 80 ans resta en arrière ; abandonné, il déclara : « Je veux mourir ici ». Quoique les soldats allemands nous protégeassent dans cette marche, la populace belge nous attaquait encore souvent. Je reçus de forts coups de pieds et des coups dans les jambes et sur tout le corps. Pendant deux nuits aucun de nous ne dormit, et par-dessus cela, cette grande émotion et ces maux terribles !

Quand après des fatigues inouïes nous nous fûmes traînés au delà de la frontière, nous nous laissâmes tomber exténués dans une prairie, où nous nous endormîmes d'un sommeil de plomb, protégés et gardés par les Allemands, depuis le matin jusqu'au coucher du soleil.

Robert Heymann, *Sturmnacht in Loewen* (p. 8-13).

C'est, comme on le voit, une histoire à faire frémir. Toutefois elle nous semble passible de quelques petites objections.

a) Il n'y a pas de couvent de Jésuites près de Liége, à environ 600 mètres d'un des forts méridionaux (forts de Boncelles, d'Embourg et de Chaudfontaine).

b) Les frères Jésuites ne sont nullement astreints au silence. L'auteur a sans doute choisi l'ordre des Jésuites, parce que ceux-ci étant exclus de l'Allemagne, il suppose ses compatriotes moins renseignés sur la règle de ces communautés.

c) Comment ces frères qui ne lisent pas de journaux, et qui ne parlent pas, pouvaient-ils soupçonner l'existence de dirigeables ?

D'ailleurs le fait lui-même est faux, car à aucun moment un dirigeable n'a survolé la ville de Liége pendant le siège. En réalité les Liégeois ont vu pour la première fois un dirigeable allemand le 1er septembre 1914 à 22 heures ; le lendemain, 2 septembre, ils en ont encore vu un, à 18 heures.

d) Des incendies n'ont donc pas pu être allumés par les bombes de ce dirigeable.

e) Où a-t-on jamais vu des vitraux se courber comme des voiles, sous le choc d'explosions capables de crevasser des murs de 0 m. 80 d'épaisseur ?

f) Il ne s'était rien passé jusqu'à présent qui pût faire craindre le pillage du couvent.

g) Depuis quand les couvents des Jésuites ont-ils des exploitations agricoles, où se trouvent des fourches à foin et à fumier, des charrettes de blé, etc. ?

h) Heureusement que le massacre de vingt de ses confrères, dont les cadavres déchiquetés gisent dans la cour, n'a pas coupé l'appétit au narrateur. Cela lui a permis de conserver ses forces et de nous donner la suite de son palpitant récit.

i) Il est assez piquant que dans l'énumération des choses précieuses, les Pères Jésuites n'occupent que la toute dernière place, après les tableaux et les vases. Mais l'impertinence est plus apparente que réelle ; en effet le narrateur vient de dire que les 150 Pères Jésuites trouvent tous place, avec les peintures et les vases sacrés, dans huit automobiles seulement. C'est assurément leur exiguïté qui les sauva : l'auteur nous a en effet rappelé que les Jésuites (de taille moyenne) ne sont pas admis en Allemagne ; mais ceux-ci passèrent heureusement inaperçus.

Voici un récit pris dans une autre brochure de propagande : *Belgische Kriegsgreuel.*

Le bourgmestre de Visé.

J'ai eu l'occasion de parler à certains prisonniers belges et français dans la forteresse de Wesel.

C'était au milieu du mois d'août, et le nombre des prisonniers était moins élevé qu'aujourd'hui.

Dans l'une des casemates je remarquai de suite un vieillard de 70 ans environ en vêtements civils ; son visage aux traits fins était encadré d'une barbe et de cheveux blancs ; il se distinguait des autres autant par son âge vénérable que par l'éclat d'une sereine bonhomie.

Mon étonnement fut grand de voir un pareil vieillard parmi les soldats et les francs-tireurs prisonniers, et je lui adressai la parole. Je lui demandai comment il se faisait qu'il était ici, et il me répondit qu'il était bourgmestre de Visé. J'en savais presque assez, Visé étant un des villages les plus mal famés sur la route d'Aix-la-Chapelle à Liége ; c'est là qu'hommes et femmes saluèrent sournoisement nos troupes par des coups de feu. Le vieillard avait les larmes aux yeux en me racontant l'histoire détaillée de ses souffrances. « L'affreuse guerre ! » gémissait-il. Par la guerre, toute sa fortune en argent et en biens était en jeu ; mais ce qui lui semblait pire c'est qu'on le rendait responsable des atrocités commises à Visé. Il m'assura qu'il en était innocent ; qu'il avait ordonné à ses concitoyens de lui remettre tous les couteaux, armes à feu et autres instruments homicides. Répondant à sa sommation, les gens étaient venus tout lui livrer et malgré cela on avait tiré des maisons, des lucarnes, des toits, des soupiraux. Je lui demandai comment il avait pu s'assurer que toutes les armes avaient été livrées ; il me répondit qu'il avait fait perquisitionner dans toutes les maisons par les gendarmes. Je lui demandai alors comment il s'expliquait ce fait étrange ; il me déclara que ce ne pouvaient être que les laitiers venant du dehors qui avaient caché les armes et les cartouches dans leurs charrettes à chiens et les avaient remis aux habitants. J'eus l'impression qu'il voulait inculper les localités hollandaises proches, voisines de Visé.

Il s'interrompait constamment pour sangloter, accusant le destin d'avoir fait peser sur lui de terribles soupçons.

Il me raconta ensuite qu'il n'habitait pas Visé même, mais un château des environs de ce village.

Il possédait 800 têtes de bétail et les avait perdues ainsi que d'autres richesses. Il avait même des intérêts en Allemagne où il possédait une chasse avec d'autres. Au souvenir de cette chasse ses yeux brillèrent, et il me déclara qu'il se réjouissait pendant toute l'année de passer quelque temps en Allemagne avec ses compagnons de chasse.

Quand je songe aux horreurs de la guerre, l'image de ce vieillard m'apparaît, terminant une longue vie laborieuse dans les casemates sans air de Wesel et y attendant la mort. Vit-il encore aujourd'hui? ou bien, d'après la rigueur impitoyable de la loi militaire, son cœur a-t-il déjà été déchiré par les balles ? Je n'en sais rien. Mais s'il a été tué, c'est une victime de la folie de ses concitoyens. A mon très grand regret, j'ai appris plus tard que les habitants de Visé se sont encore une fois révoltés, qu'il y a eu de nouvelles attaques de leur part. C'est à la suite de ces faits que l'ordre fut donné de détruire la localité de fond en comble.

La guerre ne se soucie pas du sort d'un individu ; la vie individuelle, que nous considérions jadis comme le plus grand des biens, n'a plus que peu de valeur quand dans la guerre c'est l'existence des peuples qui se joue.

Ce récit a pour objet de faire voir que les Belges qui ont conservé des sentiments humains, notamment celui de la justice et de la vérité, avouent les crimes des « francs-tireurs » et n'ont garde de protester contre la sévérité de la répression ; le soi-disant narrateur est le bourgmestre de Visé, un vieillard vénérable, riche, grand propriétaire terrien, possédant 800 bêtes à cornes ; il est déporté en Allemagne. Or, le bourgmestre de Visé est M. Léon Meurice, professeur de physique mathématique et de mécanique analytique à l'Université de Liège, un homme d'une quarantaine d'années, qui ne possède pas le moindre bétail et qui n'a jamais été expédié en Allemagne. Les personnes de Visé que nous avons consultées déclarent ne connaître aucun habitant auquel le portrait pourrait s'appliquer, même de loin. Bref ce récit est un fruit de l'imagination.

C'est par de pareilles inventions, — présentées comme relations de témoins oculaires, et non comme romans-feuilletons, — que les Allemands excitèrent contre nous à la fois les soldats et les populations restées au pays. Le procédé a d'ailleurs donné d'excellents résultats ; rien ne prouve mieux son efficacité que le premier alinéa du récit : *La journée de Charleroi* (p. 229), et le fait que beaucoup de wagons passant à travers notre pays, au début d'août, avaient une inscription :

> *Gegen Frankreich mit Mut,*
> *Gegen Belgiën mit Wut.*
> (Contre la France avec courage,
> Contre la Belgique avec rage.)

On voit à quel degré de fureur on avait monté contre nous l'esprit des troupes allemandes.

« *Un dirigeable français capturé par les Allemands* ».

Voici un autre cas où une inscription de wagons ne manque pas d'intérêt au point de vue de la sincérité.

Le 5 mars 1915, nous apprenions par des témoins oculaires qu'un dirigeable allemand s'était perdu, la veille, à Overhespen, près de Tirlemont. *La Belgique* du 6 mars apportait quelques détails officiels, — disait le journal soumis à la censure :

> *Bruxelles*, 5 mars (*Officiel*). — Le dirigeable Zeppelin *L. 8*, revenant hier d'un vol d'exploration fructueux, a atterri dans l'obscurité près de Tirlemont, et, pendant l'atterrissage, s'est heurté à des arbres. Il a subi des dommages assez graves, de sorte qu'il a paru préférable de le démonter. L'opération a été faite très rapidement par les soldats du commandement d'aviation de Bruxelles, mandés sur les lieux. Les parties démontées seront transportées en Allemagne pour y être réparées.
>
> *La Belgique*, 6 mars 1915.

En réalité « dommages assez graves » signifiait que le ballon était complètement détruit et que des 28 occupants des nacelles, 20 étaient tués. Jusqu'ici nous ne traiterions pas ce récit de mensonge, puisqu'il ne dépasse pas les limites habituelles des communiqués officiels de nos ennemis. Mais voici qui est plus fort : ils répandirent à Tirlemont le bruit qu'il s'agissait d'un dirigeable français, habilement capturé par les troupes allemandes ; puis sur les wagons dans lesquels les restes métalliques du ballon furent transportés en Allemagne, ils écrivirent en grandes lettres *Eroberstes französisches Luftschiff* (Aéronef français capturé), ce qui n'est plus une vérité fardée, mais un plat mensonge.

Les transports de cadavres.

Citons encore une fraude du même genre. Lorsque le nombre de leurs morts est trop considérable pour qu'on puisse les enterrer sur le champ de bataille, ils évacuent le surplus vers d'autres régions. Le transport se fait d'habitude dans des wagons fermés. Mais parfois ceux-ci font défaut, et on doit alors entasser les cadavres dans des wagons à marchandises. Rien n'indique extérieurement le contenu de ces véhicules ; on conçoit, en effet, que les autorités ne désirent pas publier l'étendue de leurs pertes (p. 321). Pour cette raison les cadavres sont toujours cachés sous autre chose ; on croit voir passer, par exemple, un train d'innocentes betteraves à sucre ; en réalité ce sont des cadavres de soldats qu'on véhicule. Intéressant cas de mimétisme, dirait un biologiste.

Un mensonge par procuration.

Parfois ils mentent par procuration, témoin le cas du bourgmestre de Saint-Vaast qu'ils obligèrent à démentir, en wallon, une nouvelle parfaitement exacte. L'histoire est celle-ci. Un vol ayant été commis à Saint-Vaast, au début de janvier 1915, on s'adressa à la Kommandantur voisine qui envoya quelques hommes chargés de patrouiller. Les soldats passèrent la nuit dans un petit café louche en compagnie des deux jeunes filles du tenancier. Le lendemain, grand scandale au village : le bourgmestre prit un arrêté ordonnant la fermeture du dit café. Le soir d'autres soldats vinrent... patrouiller. Probablement renseignés par leurs camarades, ils s'informèrent du logis des deux belles, mais n'y purent entrer. Une altercation s'ensuivit et tout le monde fut invité à s'expliquer à la Kommandantur. Le bourgmestre fut forcé de signer une attestation mensongère ; ordre lui fut donné d'afficher pendant trente jours la déclaration, à la fois en allemand et en wallon local, afin que tous ses administrés pussent nettement en saisir les termes.

Quelques affiches mensongères.

Ils ne craignent du reste pas d'afficher eux-mêmes de fausses nouvelles. Ainsi on put lire pendant plusieurs semaines, sur les murs de l'hôtel de ville de Vilvorde, l'affiche suivante :

Avis.

Anvers s'est rendu aujourd'hui avec son armée.

Le commandant de place,
(signature illisible).

Vilvorde, le 9 octobre 1914.

Avec son armée ! alors que les Allemands étaient tout penauds d'avoir mis la main sur un nid vide.

Ceci n'est que grotesque, mais voici trois affiches qui rentrent dans le système d'intimidation à outrance.

Nous avons dit plus haut (p. 169) que des affiches apposées à Louvain disaient que la ville de Mons avait été frappée d'une amende parce qu'un civil avait tiré contre l'armée allemande. Or le fait était complètement inventé : jamais un civil de Mons n'avait tiré sur les Allemands ; jamais ceux-ci n'avaient accusé quelqu'un de l'avoir fait ; jamais donc ils n'avaient eu l'occasion d'imposer de ce chef une contribution à la ville. Tout est faux dans cette affaire, du premier mot au dernier. En même temps qu'ils placardaient à Louvain l'affiche relative à Mons, ils faisaient coller à Mons une affiche d'après laquelle un habitant de Soignies avait tiré un coup de fusil contre eux. Dans ce cas aussi il y a pur mensonge : aucun acte de ce genre n'était imputé à un habitant de Soignies. Nous connaissons encore un troisième fait. A Charleroi ils affichèrent qu'ils avaient frappé Anderlues pour un crime analogue. Encore une fois l'accusation était inventée de toutes pièces.

Voici une autre affiche tout aussi mensongère (*fig.* 8). Elle a été placardée à Cugnon (Luxembourg), au début d'octobre 1914, entre la chute des premiers forts d'Anvers et la prise de la ville. Elle annonce la destruction de la ligne des forts entre Verdun et Toul ainsi que la marche sur Paris (un mois après la bataille de la Marne ! curieux produit de l'imagination allemande !) Toutefois son principal intérêt réside dans la signature du bourgmestre. Celui-ci n'a connu l'affiche que lorsqu'elle fut collée ; l'autorité militaire avait tout simplement abusé de son nom. Mais tout ceci n'a pas empêché les Allemands d'exiger que la commune de Cugnon payât l'impression de ce faux.

Le démenti de M. Max.

Le cas le plus intéressant de mensonges par affiches est sans contredit celui qu'a révélé le bourgmestre de Bruxelles. Le 30 août 1914 on put lire sur les murs de la capitale un avis par lequel M. Max démentait une affiche apposée à Liége ; cet avis disait : « Le bourgmestre de Bruxelles a fait savoir au commandant allemand que le gouvernement français a déclaré au gouvernement belge l'impossibilité de l'assister offensivement en aucune manière, vu qu'il se voit lui-même forcé à la défensive. J'oppose à cette affirmation le démenti le plus formel » *(fig.* 2) (1). Puisque leur bourgmestre déclarait que l'affirmation était fausse, aucun doute ne pouvait subsister dans l'esprit des Bruxellois. Mais, chose singulière, à côté de l'affiche de M. Max, était restée en place une affiche allemande, collée l'avant-veille, et disant : « Le 25 courant, des journaux officiels français ont publié un communiqué du gouvernement français disant que les armées françaises, étant poussées dans la défensive, ne seraient plus en état d'appuyer la Belgique dans le sens d'une offensive militaire ».

La seule différence sérieuse entre les deux textes était qu'à Liége le bourgmestre de Bruxelles semblait se porter garant de l'exactitude du communiqué. On avait donc l'impression que c'était M. von Kolewe, gouverneur de Liége, qui avait imaginé de mêler le nom de M. Max à cette déclaration saugrenue, pour essayer de lui donner quelque poids. Eh bien ! on se trompait. M. von Kolewe était innocent de cette fausseté-là : elle est le fait de

(1) Les afficheurs de Bruxelles se sont fait un malin plaisir de ne rien placarder sur le démenti du bourgmestre ; en juillet 1915, soit 11 mois après l'affichage, on peut encore lire l'affiche en plusieurs endroits.

l'État-Major Général allemand et fut répandue par l'agence Wolff, ainsi que nous l'avons appris plus tard. En effet, le communiqué de Liége est exactement le communiqué officiel allemand, qui a été reproduit par *Les Nouvelles* « publié avec l'autorisation de l'Autorité Militaire Allemande » à Spa, (du 30 août 1914), par *N. R. C.* du 28 août 1914, soir, par *K. Z.* (voir *Kriegs-Depeschen*, p. 41), par *Frankfurter Zeitung* (voir *Der Grosse Krieg*, p. 172).

Mais alors que représente la première dépêche affichée à Bruxelles, celle du 25 août, dans laquelle il n'est pas fait mention du bourgmestre ? Simplement ceci : Le gouvernement allemand faisait annoncer au monde entier une nouvelle dont l'invraisemblance avait besoin d'être contrebalancée par la parole d'un honnête homme, comme l'est manifestement le bourgmestre de Bruxelles. Toutefois un mensonge aussi gros et aussi flagrant pouvait bien être affiché à Liége, mais non à Bruxelles même. Malheureusement pour eux, les Allemands n'avaient pas réussi à couper les communications entre Liége et Bruxelles ; dès le lendemain, l'affiche de Liége était apportée à M. Max, et celui-ci pouvait lancer son retentissant démenti. L'effet fut énorme. A partir de ce moment, les Bruxellois ne crurent plus aucune « nouvelle officielle ». Les Allemands essayèrent-ils au moins de relever le démenti ? Nullement, à l'impossible nul n'est tenu. Mais ils interdirent, avec leur lourdeur habituelle, la publication d'affiches, même celles de la municipalité. Traduite en langage vulgaire, cette mesure signifie : « Quand nous mentons, nous autres Allemands, nous défendons qu'on le fasse remarquer ».

.·.

Mensonges des officiers vis-à-vis des soldats.

Jusqu'ici nous n'avons envisagé que les mensonges des Allemands vis-à-vis des Belges. Mais il y a mieux : ils mentent aussi à leurs propres soldats. Au début de l'invasion de la Belgique, les soldats étaient entretenus dans l'idée qu'ils étaient déjà arrivés en France, tout près de Paris. Encore en octobre et novembre 1914, des Allemands cantonnés près de Roulers, en Flandre, se croyaient à une quinzaine de kilomètres seulement de Paris, et ils demandaient au correspondant de *N. R. C.* de leur montrer « un endroit d'où l'on pouvait bien voir la tour Eiffel » (*N. R. C.*, 6 novembre, soir). Cela prouve, dira-t-on peut-être, qu'il y a des soldats peu intelligents dans toutes les armées, même dans l'armée allemande. Non, cela prouve que dans cette dernière, les officiers mentent avec méthode. Qu'on en juge. Les soldats soignés dans l'ambulance du Palais de Justice, à Bruxelles, dataient leurs lettres : *Paris*..... et c'était sur l'ordre des supérieurs qu'ils trompaient ainsi leur famille. Le journal officiel *Deutsche Soldatenpost* donne, dans son numéro du 16 octobre 1914, une petite poésie intitulée « Hindenburg » dont la troisième strophe commence ainsi :

> *Vor Paris aber steht das deutsche Heer.....*
> (Mais l'armée allemande se trouve devant Paris.)

Remarquons bien que ceci est dit le 16 octobre 1914, soit plus d'un mois après la bataille de la Marne ! Vers la même époque, un soldat d'Anvers avait appris, de ses officiers, que si les Allemands n'étaient pas entrés dans Paris, c'était pour éviter la peste qui y régnait :

On nous mande de Roosendaal :

... Devant la porte, était de faction un homme du Landsturm... Nous parlâmes ensuite des combats sur l'Aisne. Oh ! ce n'était qu'un stratagème de l'armée allemande pour maintenir là les Alliés pendant si longtemps. Sur l'ordre du Kaiser, les troupes allemandes n'avaient pas pu pénétrer dans Paris parce que la peste y règne. C'étaient les officiers eux-mêmes qui le lui avaient dit. Mais en même temps les troupes allemandes marchaient, par Ostende, sur Calais, afin, murmura-t-il d'un ton mystérieux et comme s'il dévoilait un grand secret, de bombarder Londres par delà le détroit avec leur artillerie lourde.

C'était un homme sérieux et instruit, comptable dans une grande fabrique. Il racontait toutes ces énormités, d'un ton péremptoire, avec une confiance tranquille, inébranlable comme le roc. Les officiers le lui avaient dit ainsi...

N. R. C., 20 octobre 1914, matin.

Peut-on douter après cela que le mensonge systématique fasse partie des devoirs de l'officier envers ses hommes ?

2. La persévérance dans le mensonge

La continuité dans les accusations de cruauté contre les Belges.

Rien n'est laissé au hasard dans la campagne des mensonges, pas plus que dans la campagne militaire proprement dite. Le Grand Quartier Général organise tout avec le même soin : les attaques de « francs-tireurs », — les pompes à benzine et les pastilles de fulmi-coton servant à l'allumage rapide et pratique des incendies, — tout comme les manœuvres de presse destinées à orienter l'esprit des soldats vers la répression impitoyable. Articles de journaux sur les atrocités dont auraient été victimes les commerçants allemands, accusations barbares d'inhumanité contre les soldats blessés, récits dramatiques d'attaques par les civils... rien n'a été négligé pour provoquer dans l'armée la surexcitation et la nervosité. Il s'agissait ensuite de maintenir, comme une sorte de dogme, la croyance à la férocité des Belges ; pour cela il faut une propagande de tous les instants, tenant en éveil la susceptibilité nationale et extirpant les derniers scrupules qui auraient pu se glisser dans les esprits. Périodiquement de nouvelles publications viennent raviver la conviction que des représailles implacables sont le seul moyen qu'une nation consciente de sa Kultur peut opposer aux agissements barbares d'un peuple occupant un échelon inférieur de l'humanité. Tous les procédés sont successivement employés. Images représentant le paysan belge sous les dehors les plus bestiaux, — récits d'après lesquels le Belge ne respecte pas même ses concitoyens et qu'il sacrifie, sans aucun motif plausible, des prêtres et des religieux (p. 278), — brochures destinées à être envoyées aux soldats dans les tranchées, afin de leur conserver entière l'animosité contre l'ennemi, — articles de journaux reproduisant sans cesse les mêmes accusations. Ils vont jusqu'à publier des brochures juridiques, comme celle de M. Meurer, « prouvant » que les incendies et les massacres de Louvain n'ont été qu'un juste châtiment des forfaits commis par les habitants. Les Allemands se rendent parfaitement compte que les affirmations toutes nues finissent par ne plus porter ; c'est pourquoi ils font appel à des arguments juridiques. Parfois ces arguments n'existent que dans le titre. Ainsi on supposerait que la brochure *Völkerrecht und Kriegsgreuel* de M. Robert Heymann s'appuie sur le droit des gens ; en réalité elle n'apporte pas la moindre tentative de justification et ne contient que des récits horrifiques de monstruosités commises par les Belges.

Ils se préoccupent même de faire l'éducation (ce qui signifie : fausser l'esprit) des prisonniers de guerre enfermés dans les camps de concentration. Ainsi le n° 5 de *La Guerre*, journal destiné aux prisonniers de guerre, publié le 10 mars 1915, reproduit un passage du livre *Mémoires de Guerre* de M. Houston Stewart Chamberlain. En voici un extrait :

« Enfin qu'on veuille bien lire les notices sur l'attitude détestable de la population civile belge des deux sexes dans la guerre actuelle, notices officiellement confirmées et attestées par écrit de la part de divers prêtres, d'après lesquelles cette populace, se conduisant de manière cent fois pire que des bêtes féroces, a crevé les yeux et mutilé horriblement de pauvres blessés allemands pour les étouffer ensuite lentement en leur versant de la sciure de bois dans la bouche et le nez ».

On nous objectera peut-être que ceux qui écrivent de pareilles choses sont aveuglés par l'esprit militariste, qu'ils ont, comme tout le monde en Allemagne, aboli en eux la faculté de critique, et qu'ils ne songent même pas à discuter les déclarations des journaux officieux ; bref, qu'ils ne mentent pas à proprement parler, puisqu'ils sont sincères. Peuvent-ils l'être réellement ? Peuvent-ils prétendre que le 10 mars 1915 ils croient encore que les Belges crèvent les yeux aux blessés pour les étouffer ensuite, alors que *Vorwärts* a réussi à savoir la vérité et proteste depuis le mois de février contre ces mensonges (*N. R. C.*, 12 février 1915, matin, et 19 février 1915, matin) ? Du reste les Allemands connaissent les feuilles reptiliennes, et ils doivent se dire qu'en temps de guerre, moins que jamais, leurs journaux méritent créance.

Mais même si on disculpe ces narrateurs du crime de mensonge pour ne retenir que leur inconcevable crédulité, on ne peut sous aucun prétexte faire bénéficier de la même indulgence ceux qui sont incontestablement en mesure de savoir la vérité. Pour ne citer qu'un exemple, n'est-il pas honteux que M. le baron von Bissing fils, publié *en avril 1915* dans *Süddeutsche Monatshefte*, un article sur la Belgique (p. 412) où il réédite les accusations contre les « francs-tireurs » et contre les Belges mutilant les blessés ? Que dire aussi de la réponse faite par le ministre allemand de la guerre à Mlle Leman (p. 121), et du rapport (1) d'après lequel les troupes allemandes n'auraient jamais infligé de mauvais traitements à des prêtres ni touché à des biens d'église ? Une visite à Bueken (près de Louvain) donne la réponse à cette double affirmation. Encore en mai 1915, on pouvait voir dans la sacristie le coffre-fort qui avait contenu les vases sacrés : il a été fracturé par les Allemands à l'aide d'un battant de cloche. Quant au curé, M. De Clerck, on connaît son supplice : il fut fusillé après avoir eu le nez et les oreilles coupés. En même temps que le curé on tua son adjoint, le R. P. Vincentius Sombroek, un conventuel né à Zaandam, en Hollande (2).

Les cartes postales illustrées n'ont naturellement pas été négligées. Nous connaissons notamment une carte, sans nom d'éditeur, portant deux inscriptions ; une allemande « Strassenkämpfe in Löwen », et une en hongrois (?). Elle représente une rue, qui n'est certainement pas une rue de Louvain, où l'on voit des habitants tirant de toutes parts sur les soldats qui passent ; elle se vendait en décembre 1914. A Namur des cartes falsifiées étaient également mises en vente. *L'Ami de l'Ordre* du 16 septembre 1914 a publié une protestation.

La conduite des Allemands à l'égard de Mgr Mercier.

Citons enfin un cas d'un tout autre genre : voici la longue suite de mensonges dirigés contre une personnalité unique,

(1) Il s'agit du rapport (*N. R. C.*, 23 janvier 1915, soir) auquel a répondu Mgr Heylen, évêque de Namur.

(2) La torture subie par le curé de Bueken n'a été connue que lorsque, à la demande du gouvernement hollandais, on procéda, à la fin de septembre 1914, à l'exhumation du R. P. Vincentius Sombroek (*N. R. C.*, 1er oct., soir). Le cadavre de M. De Clerck fut trouvé en même temps, et on remarqua alors les mutilations. Celles-ci étaient d'ailleurs connues de ses paroissiens, mais ils n'avaient jamais osé parler. Quelles autres horreurs apprendrons-nous lorsque les langues pourront se délier !

Mgr Mercier, Cardinal-Archevêque de Malines, Primat de Belgique.

Les faits sont trop connus pour qu'il faille les commenter longuement.

1. Mgr Mercier se rendit à Rome pour le conclave. Nous apprîmes en Belgique, par une affiche datée du 8 septembre, que le Cardinal rentrait dans son pays « avec un sauf-conduit, en traversant les troupes allemandes ».

Mensonge. — Le cardinal n'eût jamais de sauf-conduit allemand. Il revint en Belgique par Lyon, Paris, le Havre (où il prononça un discours qui fut publié en cachette en Belgique), Londres et la Hollande.

2. Pendant son séjour à Rome, le Cardinal fit des déclarations peu favorables sur les Allemands. Une affiche du 12 septembre 1914 assure qu'il protesta contre l'interview du *Corriere della Sera*.

Mensonge. — Le *Corriere della Sera* est un journal neutre (dans le genre du journal belge *Le Soir*), et les Allemands voudraient faire croire que c'est avec un correspondant de ce journal que le Cardinal avait eu une conversation. Or il s'était entretenu avec un rédacteur du journal catholique *Corriere d'Italia*. Ceci n'est qu'une seule des « erreurs » de la rectification du cardinal von Hartmann. Tout est à l'avenant, mais ce serait trop long à reprendre en détail.

3. M. le baron von der Goltz, au moment de quitter la Belgique où il avait été Gouverneur général, crut devoir affirmer qu'il s'était mis d'accord avec Mgr Mercier pour la réouverture des cours de l'Université de Louvain (*Le Réveil*, 1er décembre 1914).

Mensonge. — Il n'a jamais été question de reprendre les cours.

4. Le Cardinal publia une lettre pastorale qui fut envoyée à toutes les églises de son diocèse pour être lue en chaire (voir des extraits dans *La Violation du Droit des Gens en Belgique*, avec préface de M. Van den Heuvel). Il y rappelait les douleurs présentes de la Patrie et conjurait les Belges à rester fidèles à leur Roi et à leurs lois.

Aussitôt que les Allemands, prévenus par les espions, surent l'existence de la lettre pastorale, ils retirèrent au Cardinal l'autorisation de se rendre en automobile auprès des autres évêques (voir p. 322). En même temps ils défendaient aux curés de donner connaissance de la lettre à leurs ouailles ; ils allèrent même saisir les brochures dans les presbytères. Naturellement les prêtres refusèrent d'obéir aux injonctions allemandes, et le début du mandement fut lu en chaire le dimanche 3 janvier 1915. Colère des Allemands, qui défendirent aux curés de continuer la lecture de la lettre ; et, pour obtenir plus facilement leur soumission, on leur montrait une déclaration, signée von Bissing, que voici en original et en traduction.

An die Geistlichen der Diocese Mecheln.

Brüssel, den 7. Januar 1915.

Der Cardinal Mercier in Mecheln hat auf meine Vorhaltungen über die die Bevölkerung aufreizende und beunruhigende Wirkung seines Hirtenbriefes mir schriftlich und mündlich erklärt, dass er eine solche Absicht keineswegs gehabt und eine solche Wirkung nicht erwartet habe. Er habe das Hauptgewicht gerade darauf gelegt, die Bevölkerung auf die Notwendigkeit des Gehorsams gegen die okkupierende Macht hinzuweisen, selbst wenn sich ein belgischer Patriot innerlich in Opposition gegen die deutsche Verwaltung fühle. Falls ich jedoch eine aufreizende Wirkung befürchten sollte, würde der Cardinal nicht darauf bestehen, von seinem Clerus die im Schlusswort des Hirtenbriefes vorgesehene wiederholte Verlesung an den nächsten Sonntagen und Weiterverbreitung des Hirtenbriefes zu verlangen.

Diese Voraussetzung trifft zu.

Ich erneuere deshalb mein Verbot vom 2. Januar d. J. betreffend die Verlesung und Verbreitung des Hirtenbriefes. Ich weise die Geistlichen darauf hin, dass sie sich nunmehr auch in Widerspruch zu der mir gegenüber schriftlich geäusserten Willensmeinung ihres Cardinals sezten würden, falls sie diesem meinen Verbot zuwider handeln sollten.

Freiherr von Bissing.

Generaloberst.

Generalgouverneur in Belgien.

Traduction.

Au clergé du diocèse de Malines.

Bruxelles, le 7 janvier 1915.

A la suite de mes observations, le Cardinal Mercier de Malines m'a déclaré par écrit et verbalement qu'il n'avait pas eu l'intention d'exciter ou d'inquiéter la population par sa lettre pastorale, et qu'il n'en avait pas attendu un tel effet. Qu'il avait insisté particulièrement sur la nécessité d'obéissance de la part de la population envers l'occupant, même si le patriote se sent intérieurement en état d'opposition.

Dans le cas où je craindrais tout de même une excitation, le Cardinal n'insistait pas pour exiger de son clergé la lecture répétée les dimanches suivants et prévue dans la conclusion de la lettre pastorale, non plus que pour la diffusion de celle-ci.

Cette hypothèse se réalise pour moi.

Je renouvelle donc ma défense du 2 janvier de cette année, concernant la lecture et la diffusion de la lettre pastorale. J'attire l'attention du clergé sur ce point qu'il se trouverait même en contradiction avec la déclaration écrite de son Cardinal, en agissant à l'encontre de ma défense.

Baron von Bissing,

Général colonel.

Gouverneur général en Belgique.

Mensonge. — Cette déclaration est un faux. Mgr Evrard, doyen de Sainte-Gudule à Bruxelles, alla voir Mgr Mercier à Malines, et eut la preuve du mensonge. Il mit aussitôt tous les curés de Bruxelles et des environs au courant de la manœuvre, et le dimanche 10 janvier la lecture de la lettre pastorale fut reprise.

Voici la lettre de Mgr Evrard.

Bruxelles, le 9 janvier 1915.

Monsieur le Curé,

Je rentre de Malines.

Malgré l'écrit de défense reçu hier, Son Éminence le Cardinal veut qu'on fasse lecture de sa lettre. — Cet écrit de défense est habile et faux.

« Ni verbalement, ni par écrit, je n'ai rien retiré et ne retire rien de mes instructions antérieures, et je proteste contre la violence qui est faite à la liberté de mon ministère pastoral. »

Voilà ce que le Cardinal m'a dicté.

Il a ajouté : « On a tout fait pour me faire signer des atténuations à ma lettre ; je n'ai pas signé. — Maintenant on cherche à séparer mon clergé de moi en l'empêchant de lire le mandement.

« J'ai fait mon devoir : mon clergé doit savoir s'il va faire le sien. »

Agréez, Monsieur le Curé, l'hommage de tous mes respects.

(signé) E. Evrard, doyen.

5. M. le baron von Bissing a fait publier dans les journaux un communiqué disant qu'aucune entrave n'avait été apportée à l'exercice de la charge pastorale du cardinal-archevêque (*L'Ami de l'Ordre*, 10 janvier 1915).

Mensonge. — Le cardinal a démenti cette affirmation dans une lettre latine adressée à son clergé. Son emprisonnement fut porté à la connaissance du Pape par une lettre du Roi Albert.

Voici l'original et la traduction de la lettre du Cardinal.

Mechliniae, Dominica infra Octavam Epiphaniae.
Reverendi admodum Domini et Cooperatores dilectissimi,

Habuistis, ut puto, prae oculis nuntium a Gubernio Generali Bruxellensi publicis ephemeridibus propalatum, quo declarabatur « Cardinalem Archiepiscopum Mechliniensem a munere suo ecclesiastico libere adimplendo nullatenus fuisse impeditum ». Quod quam a veritate alienum sit, e factis elucet.

Milites enim, vespere diei primae Januarii necnon per totam noctem insequentem, domus presbyterales invaserunt, et arripuerunt litteras vel arripere conati sunt frustra, easque ne populo fideli praelegeratis, etiam sub poenis gravissimis, vobis metipsis aut parochiae vestrae infligendis, auctoritate episcopali despecta, prohibuerunt.

Nec dignitati nostrae pepercere, die namque secunda Januarii orto nondum sole, hora scilicet sexta, jusserunt me, die eadem matutina, coram Gubernatore Generali, epistolae meae ad clerum et populum rationem reddere ; die autem postero, Laudibus Vespertinis in Ecclesia cathedrali Antverpiensi praeesse me vetuerunt ; tandem, ne, alios Belgii episcopos libere adeam, prohibent.

Jura vestra, Cooperatores dilectissimi, et mea, violata fuisse, civis, animarum pastor et Sacri Cardinalium Collegii sodalis, protestor.

Quidquid praedixerint alii, experientia nunc compertum est nullum ex epistola illa pastorali enatum esse seditionis periculum, sed eam potius animarum paci et publicae tranquillitati haud parum adjumento fuisse.

Vobis de officio fortiter et suaviter impleto gratulor, cui animo virili et pacifico ; fideles estote memores verborum illorum quibus mentem meam plane et integre jam expressi : « Soyez à la fois et les meilleurs gardiens du patriotisme et les soutiens de l'ordre public ».

Caeterum, « Spiritu sitis ferventes, Domino servientes, spe gaudentes, in tribulatione patientes, orationi instantes, necessitatibus sanctorum communicantes » (1).

Ne mei, quaeso, obliviscamini in obsecrationibus vestris, nec vestrum obliviscar : arcto fraternitatis vinculo conjuncti unanimes Antistitem, clerum et populum fidelem commendemus Domino, « ut et quæ agenda sunt videant, et ad implenda quæ viderint, convalescant » (2).

Vobis in Christo addictissimus.
D. J. Card. Mercier, Archiepisc. Mechl.

Expostulatur à R^{do} admodum D. Decano relatio de iis quæ in parochiis decanatus evenerunt.

N. B. — Non desunt in dioecesi clerici qui vestibus laïcis ad tempus usi sunt. Jam nunc habitum clericalem resumant omnes.

(s) D. J.

Traduction.

Malines, le dimanche dans l'Octave de l'Épiphanie.

Très révérends Messieurs et bien-aimés coopérateurs,

Vous avez eu, je pense, sous les yeux, le message du Gouvernement Général de Bruxelles publié par les journaux, dans lequel il est déclaré que « le Cardinal-Archevêque de Malines n'a aucunement été empêché de remplir librement son office ecclésiastique ».

Il ressort des faits que cette affirmation est contraire à la vérité.

En effet, le soir du 1er janvier et pendant toute la nuit qui suivit, des soldats pénétrèrent dans les presbytères et enlevèrent des mains des prêtres ou s'efforcèrent vainement de leur enlever la lettre pastorale et, au mépris de l'autorité épiscopale, vous en interdirent la lecture à l'assemblée des fidèles sous la menace de châtiments très sévères qui seraient infligés à vous-mêmes ou à votre paroisse.

Même notre dignité ne fut pas respectée. En effet, le 2 janvier, avant même le lever du soleil, c'est-à-dire à 6 heures, on m'ordonna de me rendre le matin de ce même jour devant le Gouverneur Général pour lui rendre raison de ma lettre au clergé et au peuple ; le lendemain on me défendit de présider le Salut dans la cathédrale d'Anvers ; enfin on m'interdit de me rendre librement auprès des autres évêques belges.

(1) Rom. XII, 12-13.
(2) Oratio in Dominica infra octavam Epiphaniae.

Comme citoyen, pasteur des âmes et membre du Sacré Collège des Cardinaux, je proteste que vos droits, bien-aimés frères, et les miens, ont été violés.

Quoi qu'on ait prétendu, l'expérience a maintenant prouvé qu'aucun danger de sédition n'est résulté de cette lettre pastorale, mais que plutôt elle contribua beaucoup à l'apaisement des esprits et à la tranquillité publique.

Je vous félicite d'avoir accompli votre devoir avec fermeté et douceur. Restez-y attachés d'un cœur viril et paisible, vous souvenant de ces paroles par lesquelles je vous ai déjà exposé pleinement et entièrement ma pensée : « Soyez, à la fois et les meilleurs gardiens du patriotisme et les soutiens de l'ordre public. »

Au reste : « Soyez fervents d'esprit, servez le Seigneur, soyez joyeux dans l'espérance, patients dans les tribulations, persévérants dans l'oraison, prenez part aux nécessités des saints (1) ».

Ne m'oubliez pas, je vous en prie, dans vos supplications; moi non plus, je ne vous oublie pas. Tous ensemble, unis étroitement par le lien fraternel, recommandons au Seigneur, l'évêque, le clergé et le peuple fidèle « afin qu'ils voient leur devoir et qu'ils aient la force de l'accomplir (2) ».

Votre très dévoué en Jésus-Christ.

D. J. Cardinal Mercier.

Archevêque de Malines.

Les T. R. Mess. les Doyens sont priés de faire le rapport sur ce qui s'est passé dans les paroisses de leur doyenné.

N. B. — Des membres du clergé ont porté pour un temps le costume civil. Que tous reprennent dès maintenant l'habit ecclésiastique.

6. Le dimanche 3 janvier 1915 le Cardinal ne s'était pas rendu à Anvers, comme il en avait l'intention. Les Allemands firent annoncer par les journaux, par exemple par *L'Avenir* (d'Anvers), que l'absence du Cardinal était volontaire (*L'Avenir*, 6 janvier 1915).

Mensonge. — Ils avaient défendu à Mgr Mercier de quitter Malines (voir plus haut).

(1) Ép. aux Romains, 12 13.
(2) Oraison du dimanche dans l'Octave de l'Épiphanie.

Nous avons dit que pendant que ceci se passait, le clergé continuait à donner connaissance de la lettre pastorale dans toutes les églises, sauf dans celles où les Allemands avaient réussi à subtiliser les exemplaires. Mais même là, la lecture put être reprise peu après, lorsque de nouvelles éditions eurent répandu le mandement du Cardinal à travers tout le pays. Cette propagande était naturellement clandestine ; un communiqué officiel fait à Namur, le 12 janvier 1915, et publié par *L'Ami de l'Ordre*, ne laisse aucun doute sur ce point. Pour donner une idée de l'activité avec laquelle la lettre pastorale a été colportée en Belgique, disons que nous en connaissons 12 éditions différentes en français et deux en flamand ; il y a eu en outre au moins deux éditions dactylographiées. C'est par milliers que se comptent les exemplaires de chaque tirage ; d'une seule des éditions les Allemands ont saisi 35.000 exemplaires. Ajoutons pour être complet qu'il en a paru aussi une traduction allemande ; mais celle-là est *ad usum Germanorum* ; le lecteur a déjà compris que les passages intéressants sont supprimés.

La lettre pastorale eut une répercussion à Rome. La colonie belge y organisa une messe pour les 43 prêtres, mis à mort en Belgique, dont le Cardinal donne la liste. Le journal du Vatican, *Osservatore Romano*, traduisit « mis à mort » par « caduti » (tombés) ; ce terme vague pouvait laisser supposer que les prêtres étaient tombés sur le champ de bataille, et non qu'ils avaient été assassinés par les troupes allemandes. Aussitôt les journaux allemands jubilèrent. *Kölnische Volkszeitung*, l'un des principaux journaux catholiques allemands, dirigé par M. Julius Bachem, publia un article pour montrer que le Saint-Siège n'était pas dupe des menées belges et qu'il refusait de croire à la légende des prêtres mis à mort par les Allemands (voir *Het Vaderland*, 31 mars 1915, 2ᵉ feuille du soir). *Düss. Gen.-Anz.*, du 29 janvier 1915, a donné aussi un long article alambiqué sur le même sujet.

3. L'ORGANISATION DE LA PROPAGANDE

Avec l'esprit de méthode qu'ils se vantent de posséder, les Allemands ont créé dès le début de la guerre des bureaux pour répandre l' « idée allemande » à travers le monde. Certains de ces organismes de propagande ont pour domaine les pays neutres, parmi lesquels en premier lieu les États-Unis, les Pays Scandinaves, l'Italie, la Néerlande et la Suisse. D'autres agissent sur les pays occupés, ou même sur les adversaires, par l'intermédiaire des prisonniers de guerre et des prisonniers civils. Il en est enfin qui s'adressent aux Allemands et à leurs alliés. Si l'on ajoute aux bureaux de propagande établis en Allemagne et rayonnant de là, ceux qui fonctionnent dans les divers pays étrangers, on comprendra, quelle puissance d'expansion et de pénétration à la fois possèdent de pareils instruments, entre les mains de gens sans scrupules.

Encore ne faut-il pas compter seulement avec la propagande officielle ou officieuse, sans esprit de lucre, ayant pour unique objet le triomphe de l'Allemagne ; de nombreuses entreprises de librairie agissent dans le même sens.

A côté de la propagande imprimée, l'Allemagne utilise d'autres moyens, en apparence accessoires et occasionnels, mais dont les effets peuvent devenir très appréciables : visites de ses savants et de ses politiciens, surtout des socialistes ; — lettres écrites par les Allemands à des parents ou à des amis résidant à l'étranger ; — questionnaires envoyés aux savants des pays neutres ; — promesses à des personnes en vue, pour obtenir leur collaboration...

Un mot, avant d'examiner le fonctionnement de ces organismes : est-ce bien sous le titre « fausseté » qu'on doit les ranger ? Après ce que nous avons dit des procédés de la presse d'outre-Rhin et de la mentalité des dirigeants, personne n'hésitera plus, pensons-nous, sur la place qu'il faut attribuer à la propagande. Du reste pour ne laisser aucun doute dans l'esprit du lecteur, nous extrairons des feuilles de propagande quelques passages relatifs à la Belgique.

a) *Bureaux de propagande fonctionnant en Allemagne.*

Journal de la Guerre.

La plus importante des brochures gratuites de propagande paraissant en Allemagne est mensuelle ; elle s'appelle en français *Journal de la Guerre*. Nous la connaissons aussi en allemand et en hollandais ; elle est traduite sans doute en d'autres langues. Chaque fascicule compte de 40 à 72 pages et renferme des renseignements généraux, une chronique de la guerre, des photographies et des dessins, des récits de combats... bref tout ce qui peut influencer l'opinion publique des Neutres. Il y a presque chaque fois un article tendant à montrer que l'Allemagne a été obligée, pour sa défense personnelle, d'envahir la Belgique ; que celle-ci avait d'ailleurs violé d'avance sa neutralité ; que les Belges méritèrent amplement leur sort par les mauvais traitements qu'ils infligèrent aux blessés (yeux crevés, etc.). Nous avons déjà eu l'occasion de citer quelques mensonges publiés par *Journal de la Guerre* (p. 241, 269). Voici le début d'un article de M. Helfferich (n° 2, p. 12).

Les premiers jours de septembre en Belgique.

Le directeur de la *Deutsche Bank*, M. Helfferich, qui a voyagé à travers la Belgique dans les premiers jours de septembre, publie dans la *Norddeutsche Allgemeine Zeitung* ses impressions comme suit :

Quelques localités sont entièrement détruites, parfois par suite de combats violents qui y ont eu lieu, parfois aussi en punition d'attaques perfides après capitulation. Ainsi la petite ville de Battice a été incendiée parce que son bourgmestre, après avoir d'abord souhaité la bienvenue au commandant d'un détachement allemand, fit feu sur lui en même temps que de toutes les fenêtres on ouvrait une violente fusillade sur la colonne allemande dans la rue.

Pour apprécier la véracité de M. Helfferich, il faut savoir que le bourgmestre de Battice est M. Rosette, qui est en fonctions depuis de longues années, et qui n'a été à aucun moment inquiété par les Allemands lors de l'incendie de Battice et du massacre des habitants. Tout le rapport de M. Helfferich, — devenu depuis lors ministre des finances de l'Empire, — est à l'avenant ; mais il serait trop long de le citer en entier.

La Guerre.

Une autre publication, *La Guerre*, « journal périodique paraissant durant la guerre de 1914-15 », s'adresse aux prisonniers de guerre. Nous en avons donné un extrait à la page 292. En voici quelques autres.

La meilleure façon d'impressionner les prisonniers est assurément de leur montrer que dans leur pays d'origine on commence déjà à se rendre compte de l'incontestable supériorité de l'Allemagne. Aussi *La Guerre* publie-t-elle souvent des articles repris à *La Gazette des Ardennes* ; elle néglige seulement de dire que *La Gazette des Ardennes* est un journal créé, rédigé, et imprimé exclusivement par les Allemands, depuis l'occupation. — Veut-on un autre exemple de fausseté ? Les Belges accordent naturellement un grands poids à ce que disent leurs prêtres. Le n° 14 de *La Guerre* reproduit un passage d'un article (dont il a été question p. 152) publié par « le prêtre Domela Niewenhuys, de Gand ». C'est un mensonge : M. Domela Niewenhuys n'est pas prêtre ; il est pasteur protestant à Gand. Dans l'extrait, M. Domela Niewenhuys dit : « Si nous avions été, nous autres Flamands, renseignés... (*La Guerre*, n° 14, p. 217). « Nous autres Flamands », aurait écrit M. Domela, qui est hollandais. C'est étrange. Comparons avec le texte original dans *De Tijdspiegel*, p. 316, 1er avril 1915 : Il porte « Indien wij hier in Vlaanderen... zouden zijn voorgelicht... » (Si nous, ici en Flandre, avions été renseignés...) Les faussaires allemands ont été à l'œuvre, et par un petit tripotage de texte, ils font passer un pasteur hollandais pour un prêtre flamand. A quoi ils en sont réduits !

Quelques autres organismes de propagande.

La brochure *Die Wahrheit über den Krieg* parle, à la page 93, d'un organisme international de propagande établi à Berlin : *Commission pour la publication à l'étranger de nouvelles impartiales* (nous traduisons d'après l'exemplaire néerlandais).

Cette commission publie *La correspondance des neutres*, qui s'occupe uniquement de « répandre des nouvelles positives sur le fonctionnement des institutions sociales, juridiques, économiques, morales et de culture générale en Allemagne ». Ses articles sont surtout destinés à la presse. Elle paraît deux ou trois fois par semaine, en dix langues différentes, pendant toute la durée de la guerre. Elle assure que les frais sont couverts uniquement par des souscriptions particulières.

A l'École Supérieure Technique de Stuttgart, est établi *Süddeutsche Nachrichtenstelle für die Neutralen* (Bureau sud-allemand de nouvelles pour les Neutres). Il publie des feuilles de propagande sans suite définie et de formats divers, destinées à fournir la « vérité contrôlable au sujet de l'origine, du cours et des résultats de la guerre ». Citons quelques numéros relatifs à la Belgique.

Dans une « lettre du conseiller intime de la cour, professeur Dr Herman Haupt, directeur de la bibliothèque universitaire de Giessen, à un ami piémontais », nous lisons ceci :

> Un médecin militaire qui me tient de près a vu de ses yeux comment, en Belgique, des fillettes (halberwachsene Mädchen) postées en embuscade, tiraient des coups de feu sur nos soldats, nos médecins et nos brancardiers, — comment on offrit à nos soldats astucieusement et hypocritement de l'eau empoisonnée, — comment sur les champs de bataille on mutila les blessés et comment on leur creva les yeux. Des victimes de ces scélératesses bestiales ont été soignées dans les hôpitaux de Giessen. A Louvain les bourgeois ont d'abord flatté nos troupes, consistant surtout en vieux soldats de la Landwehr et en pères de famille, afin d'endormir leur méfiance ; puis au milieu d'une tranquillité trompeuse, ils les ont, à un signal donné, couvert d'une grêle de balles de fusil et de mitrailleuse, tirées de toutes les fenêtres et de tous les toits. Malgré tous les avertissements ces bandits sans uniforme ont continué leurs viles agressions jusqu'à ce que notre artillerie eut ouvert un chemin à nos troupes. Mais même alors nos soldats sauvèrent au péril de leur vie l'hôtel de ville gothique, menacé par l'incendie, — et nos soldats transportèrent en lieu sûr, sous une pluie de balles, les célèbres peintures du Moyen Age conservées dans la cathédrale.

Les Allemands se rendent compte que l'incendie de Louvain, — et surtout la destruction de la précieuse bibliothèque universitaire, ont jeté sur leur nom un opprobre éternel ; aussi font-ils des efforts désespérés pour se débarrasser de cette flétrissure. Ainsi, tout un numéro de *Südd. Nachricht.* est consacré à Louvain ; son titre « Le bombardement de Louvain » révèle clairement sa fausseté, puisqu'on sait que la ville n'a pas été bombardée, mais mise en feu à l'aide de pompes à incendier et de pastilles de fulmi-coton.

Les professeurs de l'Université de Leipzig envoyèrent à l'étranger un numéro spécial de *Leipziger Neueste Nachrichten*, daté du 25 août 1914, donnant dans l'ordre chronologique « la vérité sur les causes de la guerre et sur les succès allemands ». « Il importe, dit l'introduction, de démentir par les communiqués officiels allemands les mensonges publiés par l'agence Reuter et par l'agence Havas. » En ce qui concerne la Belgique, on ne dit pas un mot de l'ultimatum, ni de la réponse du gouvernement belge, ni de la déclaration de guerre. Il n'est question de combats en Belgique que le 6 août, pour décrire le raid d'un dirigeable allemand sur Liége (raid qui n'a jamais eu lieu, voir p. 282), puis le 7 août, pour annoncer la prise de Liége (p. 59). Le 10 août, après avoir rappelé l'occupation de Liége (p. 60), on raconte les exploits des hyènes belges qui ont assassiné des femmes et des enfants dans les rues d'Anvers (p. 126). Le 11 août, communiqué de M. von Stein (p. 61). Le 15 août, communiqué officiel allemand au gouvernement belge au sujet des francs-tireurs et des mutilations de blessés. Le 18 août, nouveau communiqué de M. von Stein. Le 18 août également, deuxième proposition à la Belgique, et refus de celle-ci. Le 21 août on annonce l'entrée des Allemands à Bruxelles la veille. Sauf ces derniers points, tout le reste est, soit falsifié, soit complètement mensonger ; en outre tout ce qui ne pouvait pas être facilement altéré est soigneusement supprimé. Signalons que dans la lettre d'envoi à leurs collègues étrangers, les professeurs de Leipzig insistent sur ce que les documents envoyés ont une valeur « absolument objective », et que « l'examen de ces documents permettra aux destinataires de se faire une opinion positive sur la vérité ». Les destinataires furent-ils convaincus ? C'est peu probable, à en juger par la lettre de M. le professeur Albert Malsch qui a été publiée par les journaux en septembre 1914.

A Dusseldorf fonctionne le « *Büro zur Verbreitung deutscher Nachrichten im Auslande* (Bureau allemand pour la publication de nouvelles authentiques à l'étranger) ». Remarquons en passant que *deutsche Nachrichten* est traduit par *nouvelles authentiques*, ce qui ne laissera pas de surprendre le lecteur. Ce Bureau a publié pour l'anniversaire de l'Empereur, le 27 janvier 1915, un numéro spécial de *Düsseldorfer Tageblatt*, répandu gratuitement à 120.000 exemplaires. C'est ce même bureau qui éditait *Le Réveil*, le remarquable journal vendu en Belgique et dans la partie occupée de la France ; l'article par lequel la feuille se présente aux lecteurs, et celui par lequel il prend congé d'eux, expliquent quel fut son rôle.

Un mot.

Le Réveil fait aujourd'hui son entrée au monde. Notre journal se donne pour mission d'aider à répandre partout la vérité sur l'Allemagne, cette vérité qui a été et est encore, de tant de côtés, obscurcie, dénaturée, supprimée même... Nous n'apporterons aux lecteurs que des faits et nouvelles authentiques et nullement des opinions préconçues ; et c'est de cette façon seule que nous désirons opérer sur l'esprit du peuple belge. Certes, depuis des années, les journaux français et anglais ont su accaparer sa confiance ; mais le peuple belge, en lisant régulièrement notre journal, finira par se convaincre que les nouvelles que nous lui présentons sont véridiques, authentiques et dignes de foi...

Dr Stocky.

Le Réveil, 24 octobre 1914 (n° 1).

Notre journal *Le Réveil*, ainsi que nous l'avons expliqué dans l'introduction de notre premier numéro, s'était donné la mission d'éclairer la Belgique et la population belge sur les événements du jour par des nouvelles vraies et authentiques.

L'apparition du *Réveil* fut d'autant mieux reçue que la presse belge avait dû, à la suite des événements de guerre, cesser de paraître. Aujourd'hui le calme et l'ordre étant rétablis en Belgique grâce à l'activité perspicace de l'administration allemande, la presse belge a retrouvé la possibilité de paraître de nouveau.

La Rédaction du journal *Le Réveil*.

Le Réveil, 17 décembre 1914 (n° 49).

Le *Deutscher Ueberseedienst* (Service allemand d'outre-mer) s'occupe spécialement de fausser l'opinion à l'étranger ; ses publications sont en général répandues gratuitement.

Aux Américains résidant en Europe, l'Allemagne fournit *The Continental Times, Special War Edition, A Journal for Americans in Europe*, édité à l'Hôtel Adlon à Berlin. Pour juger de la véracité de ce journal, il suffit de lire, dans le numéro du 8 février, l'article consacré par M. J.-E. Noeggerath à son voyage à travers la Belgique. On y apprend que « Malines a été bombardée à la fois par les Belges et par les Allemands ; la cathédrale, assez fortement endommagée, est en train d'être réparée par les Allemands ». Saint-Rombaut réparé par les Allemands, ceci dépasse les limites habituelles. Ils ont de la chance, les Américains en Europe, d'être renseignés d'une façon aussi positive.

La *Ligue de savants et d'artistes allemands pour la défense de la civilisation* (oui, pour la défense de la civilisation, tout simplement) est installée au Palais de l'Académie des Sciences de Berlin, Unter den Linden, 38. Elle édite des brochures, par exemple celle de M. Riesser, sur *le succès de l'emprunt de guerre allemand*. A notre connaissance elle n'a pas produit de brochures relatives à la Belgique.

La propagande par feuillets détachés.

Un très intéressant mode de propagande est celui qui consiste à joindre aux lettres d'affaires des feuillets imprimés sur papier léger et donnant des nouvelles « authentiques » dans la langue du destinataire. *Hamburger Fremdenblatt* en a publié de très variés, à 10 pf. les 10 exemplaires. Ils comprennent notamment des Appels aux chrétiens : Appel des missions protestantes, en allemand, en anglais et en portugais ; Appel des missions catholiques, en allemand, en anglais, en italien, en espagnol, en français et en portugais.

Une autre série de feuillets à insérer dans les lettres est éditée par le *Bureau des deutschen Handelstages, Berlin* (Bureau de la conférence commerciale allemande à Berlin). Il en a paru neuf différents. Il y est souvent question de la Belgique, et particulièrement de Louvain.

A partir du numéro 10 l'origine est différente : les feuillets sont maintenant édités par *Kriegs-Ausschuss der deutschen Industrie, Berlin* (commission militaire de l'industrie allemande, à Berlin).

Nous avons reproduit une déclaration de M. le docteur Schroedter, menaçant les Belges de leur enlever tout leur cuivre, « jusqu'au dernier loquet de porte » (p. 182).

On publie aussi en Allemagne des feuillets de propagande sans indication d'origine. Celui qui est intitulé *Quelle est la cause de la dureté de la guerre ?* est curieux à plus d'un titre.

Quelle est la cause de la dureté de la guerre ?

...Lorsque les Allemands entrèrent en Belgique les commandements annoncèrent aux habitants que tout ce dont les troupes avaient besoin serait payé, que personne ne devait avoir peur de sa vie et propriété ; même, que les habitants des villes et des villages pouvaient s'occuper de leurs affaires comme en temps de paix. Naturellement la condition en était que la population civile ne participât à aucune action qui n'était permise qu'à l'ennemi armé. Dans les villes, où on a observé ce conseil, comme par exemple à Bruxelles, rien n'est arrivé aux habitants. Et même aux endroits qui devaient être punis parce que la population tira contre les troupes allemandes, les soldats allemands ont attaché à diverses maisons des tables de carton, portant l'inscription: « Les habitants de cette maison étaient tranquilles » ou « Ici un vieil homme inoffensif habite », et ainsi de suite, afin que ces habitants fussent bien traités par les troupes passant plus tard. De ces exemples on voit déjà que le traitement de la population civile dépendit seulement de leur propre conduite. Or, si l'on coupe aux soldats allemands blessés leur tête, si le bourgmestre d'un lieu invite à table un officier allemand pour le tuer à coups de pistolet en dédaignant le droit de l'hospitalité, si les femmes égorgent des soldats en dormant, si l'on fait aux troupes cadeau de cigarettes remplies de poudre, pour qu'en fumant ils perdent les yeux, si les femmes comme à Liége versent de l'huile bouillante sur les soldats combattants ; alors il s'entend de soi-même que les troupes prennent une vengeance sanglante.

Sûrement c'est une honte pour le xxe siècle de l'éclaircissement et de l'humanité, que la guerre devait être faite d'une telle manière. Si la France, la Belgique et les autres ennemis de l'Allemagne et de l'Autriche-Hongrie désiraient que les malheurs de la guerre soient réduits à un minimum, alors ils doivent absolument maîtriser et retenir la population civile, au lieu de la faire enrager par les autorités belges. Seul le bourgmestre de Bruxelles était raisonnable...

b) *Entreprises de librairie.*

Brochures populaires à bon marché.

Il y a d'abord les nombreuses brochures à bon marché qui portent la bonne parole aux soldats dans les tranchées, et qui éclairent la population restée au pays. Le plus volumineux et le plus perfide de ces livres est celui de M. le major Viktor von Strantz : *Die Eroberung Belgiëns.*

Plusieurs maisons d'édition publient aussi des brochures en séries sous un titre général :

Dans la collection *Krieg und Sieg 1914*, « nach Berichten der Zeitgenossen » (Guerre et Victoire de 1914, d'après des récits de témoins), à 20 pf. la brochure, il y en a trois qui intéressent la Belgique: *Lüttich* (p. 118, 129), *Die drei Kronprinzen, Antwerpen.*

Des deutschen Volkes Kriegstagebuch (Journal de guerre du peuple allemand) est hebdomadaire. Chaque fascicule, à 20 pf., donne une chronique de la semaine écoulée, des articles d'actualité, des poèmes, des images, etc.

Der Weltkrieg 1914 (La guerre mondiale de 1914), volumes à 20 pf. Nous y trouvons, comme brochure nous concernant : Aurel von Jüchen, *Belgische Kriegsgreuel, Verirrungen Menschlicher Scheusale* (Atrocités de la guerre en Belgique. Aberrations de monstres humains) (p. 115, 283) et R. Heymann, *Sturmnacht in Loewen* (Une nuit d'alarme à Louvain (p. 278).

Ces collections de brochures donnent prétendûment des nouvelles authentiques (voir p. 284) d'après des témoins oculaires. D'autres publient de petits romans guerriers. Mentionnons la série *Das eiserne Kreuz* (La Croix de fer), à 10 pf. ; elle contient W. Belka, *Schloss Arbaville* « Eine Episode aus den Kaempfen in Belgien », — et W. Belka, *Das Kohlenbergwerk von Bysor*, « Ein Abenteuer an der belgischen Grenze ».

Krieg und Liebe, « Erzaehlungen aus grosser Zeit » (Guerre et Amour, Narrations d'une grande époque). Brochures à 10 pf., parmi lesquels O. Haunstein : *Die Schwester des Franktireurs.*

Langens Kriegsbücher, volumes à 1 mark. Intéressent la Belgique : Arnold Zweig, *Die Bestie*, — et Adolf Koester, *Der Tod in Flandren*.

La direction de *Lustige Blaetter* publie une collection de brochures humoristiques, notamment deux volumes intitulés *Tornister-Humor*.

Il convient de mentionner à part les chants guerriers, dont il a paru beaucoup de recueils, et des centaines d'allocutions religieuses (p. 257). A cette dernière catégorie on peut ajouter la collection *Kreuz und Schwert*, qui publie des fascicules de 8 pages, à 1,20 mark le cent.

Ouvrages pour intellectuels.

A côté de ces ouvrages qui s'adressent plutôt à la masse, il faut citer les séries destinées à un public plus intellectuel.

Reden aus der Kriegszeit, avec, par exemple, le discours bien connu de M. Ulrich von Wilamowitz-Moellendorff.

Deutsche Vortraege Hamburgischer Professoren, où se trouve une conférence de M. Borchling.

Zwischen Krieg und Frieden. Cette collection contient : Dryander, *Weihnachtsbetrachtungen* ; Lamprecht, *Krieg und Kultur* ; Losch, *Der Mitteleuropäische Kirtschaftsblock und der Schicksal Belgiëns* (p. 325).

Der deutsche Krieg, « politische Flugschrifte herausgegeben von E. Jäckh, qui contient : P. Rohrbach, *Warum es der Deutsche Krieg ist* (p. 209) !

Kriegsberichte aus dem grossen Hauptquartier (Deutches Verlags-Anstalt, Stuttgart). Le seul fascicule intéressant quelque peu la Belgique s'occupe du siège de Maubeuge.

On peut ajouter à ces séries de brochures des ouvrages paraissant en fascicules isolés, à bon marché, et publiant plus spécialement des documents diplomatiques.

Deutschand in der Notwehr (Carl Schünemann, Bremen).

F. M. Kircheisen, *Das Völkerringen 1914* (H.-R. Sauerländer et C° Aarau, Suisse).

Dokumente zur Geschichte des Krieges 1914 (Universal Bibliothek, Leipzig).

Der Grosse Krieg. Eine Chronik van Tag zu Tag. Urkunden, Depeschen und Berichte der Frankfurter Zeitung (Frankfurt 1914-1915).

Suppléments aux journaux.

Pour avoir une idée d'ensemble de la littérature guerrière allemande, il ne suffit pas de connaître les brochures et les livres qui ont été écrits spécialement pour la guerre et qui sont énumérés dans les catalogues de la maison J.-C. Hinrichs, de Leipzig (*Die deutsche Kriegsliteratur*) ; il faut encore se rappeler que la plupart des journaux et des revues existants s'appliquent à répandre des nouvelles « authentiques » de la guerre, et que depuis le début d'août 1914 les suppléments illustrés des journaux et les éditions hebdomadaires illustrées sont exclusivement consacrées à la guerre. Nous avons déjà cité (p. 152, 228, 275, etc.) le supplément de *Hamburger Fremdenblatt*. Signalons, au même point de vue, le supplément hebdomadaire « pour l'étranger et les pays d'outre-mer » de *Tägliche Rundschau*. Dans le numéro du 2 septembre 1914, l'article intitulé « Die Stadt Löwen dem Erdboden gleich » (La ville de Louvain entièrement rasée), affirme l'entière satisfaction pour le châtiment exemplaire appliqué à Louvain. Mais devant le dégoût du monde entier, le journal s'assagit quelque peu, et le 9 septembre 1914 l'article sur Louvain est intitulé « Löwen ist nicht ganz verwüstet » (Louvain n'est pas entièrement dévasté).

Album de la Grande Guerre.

N'oublions pas non plus que de nombreuses publications nouvelles, surtout illustrées, sont éditées par les organismes de propagande. Parmi ces dernières il faut signaler *Album de la Grande Guerre*, édité par « Deutscher Ueberseedienst », avec des explications en allemand, anglais, espagnol, français, italien et portugais. Ce recueil donne pas mal de figures relatives à la Belgique, par exemple dans le n° 2 (p. 25) un « zeppelin bombardant Liége » (ce qui n'a jamais eu lieu, voir p. 282) et dans le n° 3 (p. 8) une vue de la place des Bailles à Malines, « un quartier de maisons détruites par l'artillerie belge » (on sait que l'artillerie belge n'a rien détruit à Malines, et que la place des Bailles a été, non bombardée, mais incendiée, voir p. 273).

c) Bureaux de propagande fonctionnant à l'étranger.

Non contents d'inonder les Neutres de la littérature fabriquée en Allemagne même, à tel point qu'on se plaint de son importunité (*N. R. C.*, 6 novembre 1914, matin), les Allemands ont encore créé des bureaux de propagande dans tous les pays. Le plus important est sans aucun doute celui qui a fonctionné aux États-Unis, sous l'impulsion de M. Bernhard Dernburg, ancien ministre de l'Empire. M. Dernburg ne négligeait aucun moyen d'action et il ne craignait pas de monter lui-même sur la brèche pour faire triompher sa cause. Voir, par exemple la controverse entre lui et M. le professeur Charles W. Elliot, de la Harvard University (*K. Z.*, 26 novembre 1914, 2ᵉ édition du matin).

Affiches et circulaires.

En Belgique, la propagande fut multiple. Tout d'abord on eut soin de nous renseigner journellement, par voie d'affiches, sur les résultats « réels » des opérations militaires, et de distribuer par dizaines de milliers les circulaires relatives aux « Conventions anglo-belges (p. 40), au rapport de M. le baron Greindl (p. 35), à la résiliation de la Triple Alliance par l'Italie, etc. Comme cela aurait pu ne pas suffire à nous éclairer, l'autorité allemande prit en main la presse : elle fit répandre des journaux tels que *Le Réveil* et *Deutsche Soldatenpost* ; puis elle censura, de façons diverses, les journaux belges.

Obligation de paraître imposée aux journaux.

1. Les Allemands voulurent forcer de nombreuses feuilles à paraître sous leur contrôle. Toutes celles de la capitale refusèrent (p. 5), mais en province, certains journaux, tels que *L'Ami de l'Ordre* (de Namur) et *Le Bien public* (de Gand) acceptèrent les condi-

tions allemandes. C'est bien réellement contraint et forcé que *L'Ami de l'Ordre* parut ; lui-même en convient, à mots couverts, dans ses numéros du 26 et 27 août 1914, et d'une façon explicite, dans ceux du 7 octobre et du 6 novembre.

Les choses au point.

Nous puisons nos informations à deux genres de sources différents :
1. Les communiqués officiels des états-majors belge, français, anglais, allemand, tels que la presse les publie et à mesure qu'ils nous parviennent.
2. Les nouvelles relatées par les seuls journaux qui arrivent régulièrement à Namur, les journaux allemands, nouvelles sur lesquelles nous n'avons évidemment aucun moyen de contrôle...
... Il est une troisième catégorie de censeurs. Ceux-là déclarent : « A votre place, nous ne paraîtrions pas ».
C'est facile à dire, mais nous devons paraître.
Nous le devons parce que l'obligation nous en a été faite et que, restant ici le seul journal existant, nous n'avions aucun refus valable à opposer...
C'est pour tout cela que, indépendamment de la réquisition dont nous étions l'objet, nous n'avons jamais voulu, à aucun moment, abandonner notre poste.

L'Ami de l'Ordre, 7 octobre 1914.

La tâche de la presse.

Sous ce titre, *Le Bien public* expose la manière dont la presse peut remplir sa tâche dans les circonstances actuelles.
Ce que dit notre excellent confrère s'applique à notre situation, sauf en un point essentiel : les conditions dans lesquelles se fait la publication des journaux gantois. Ceux-ci ont continué à paraître pendant les premiers jours de l'occupation allemande ; ensuite ils ont été supprimés, puis ils ont été autorisés à reparaître sous la censure.
Nos lecteurs savent que *L'Ami de l'Ordre*, qui avait cessé de paraître depuis le dimanche 23 août, a reparu par ordre et sous la censure, dès le mercredi 26 août, c'est-à-dire, après une éclipse de trois jours seulement.

L'Ami de l'Ordre, 6 novembre 1914.

Articles imposés aux journaux.

2. L'autorité imposait à ces journaux, et à d'autres qui ont été fondés depuis, l'obligation, sous peine de punition (p. 51), de publier des articles tendancieux. Ainsi, *L'Ami de l'Ordre* (que l'on avait même proposé d'appeler *L'Ami de par ordre*) a publié des histoires de francs-tireurs qu'il savait manifestement fausses : après l'incendie de la grand'place de Namur, au sujet duquel il savait fort bien à quoi s'en tenir, il donna en grandes lettres, le 28 août 1914, une protestation contre les francs-tireurs. Le 1er septembre, article racontant le châtiment de Louvain à la suite d'attaques par les civils. Le lendemain, on revient sur les crimes des « menœurs » qui attirent de si terribles représailles sur leurs concitoyens. Afin de faire passer ces mensonges flagrants, le journal est obligé de répéter de temps en temps qu'il ne dit que la vérité, par exemple le 7 septembre 1914.

Incontestablement imposés sont aussi les articles de basse flatterie à l'adresse des Allemands, notamment les excuses après sa suspension, le 7-8 décembre, et ses remerciements au gouvernement militaire de Namur lorsque celui-ci renonça à prendre des otages, le 29 septembre. Dans ce dernier numéro il y a un article tout aussi caractéristique au sujet de la cathédrale de Reims : le Gouvernement allemand prétend n'avoir pas « invoqué la présence d'un poste d'observation sur la cathédrale » ; or il suffit de relire les communiqués officiels allemands (p. 148), pour constater qu'on a forcé *L'Ami de l'Ordre* à servir un mensonge à ses lecteurs.

Bien entendu, les Allemands nient qu'ils exigent l'insertion d'articles, sinon les lecteurs cesseraient définitivement d'accorder la moindre créance aux journaux « belges » :

La tâche de la presse.

... Il n'est pas superflu d'ajouter que l'autorité allemande n'a imposé ni proposé, ni à notre journal, ni aux autres journaux gantois, nulle insertion d'aucune sorte. Elle se borne à exiger communication des épreuves avant tirage, et exerce un droit de censure sur les articles relatifs à la guerre qui ne sont pas des communiqués officiels. Elle ne les corrige, ni ne les altère ; elle les biffe ou les laisse passer. Voilà tout...

Le Bien public, 1ᵉʳ novembre 1914.

Suppression d'articles, de passages, de mots et de lettres.

3. La principale mission de la censure consiste à supprimer tout ce qui lui déplaît, et tout ce qui lui semble compromettant. Ainsi, pendant deux mois, *L'Ami de l'Ordre* n'a pas donné un seul communiqué des armées alliées, quoiqu'il prétende le contraire dans son numéro du 7 octobre. C'est seulement le 26 octobre qu'il commence à en publier ; encore les emprunte-t-il aux journaux allemands, ce qui n'est peut-être pas une garantie d'exactitude. A la même époque, *Le Bruxellois* assure qu'il n'y a presque plus de communiqués français. Quant au *Bien public*, il a été suspendu pendant tout le mois de mai 1915, parce que la censure ne lui permettait plus de reproduire les comptes rendus des Alliés.

La censure s'était engagée envers les journaux dont elle permettait, — ou dont elle exigeait, — la publication, à ne pas tronquer les articles, mais à supprimer des articles en entier (voir plus haut). Naturellement elle ne tint pas sa promesse, car quel est l'engagement que nos ennemis aient jamais tenu ? Pour savoir de quelle manière la censure mutile, élague et falsifie, il suffit de comparer les communiqués officiels que nous apportent les journaux français, avec ceux qui nous sont octroyés par les feuilles châtrées. Voici quelques exemples entre mille, où l'on voit que la censure supprime non seulement des phrases et des membres de phrases, mais des mots isolés, et même des parties de mots (p. 317, 1ʳᵉ ligne) ; avouons que ce dernier procédé est totalement imprévu, même de la part de l'Allemagne, dont les savants ont pourtant pris l'habitude de fendre les cheveux en quatre. — Les mots en italique dans les textes sont ceux qui sont supprimés par la censure.

La Belgique, mardi 26 janvier 1915. *Pétrograde*, 23 janvier (*Communiqué officiel du grand état-major général*). — Des tentatives allemandes pour passer à l'offensive en différents endroits ont été *facilement* enrayées *par notre artillerie*..... Le 21 janvier des troupes ennemies, fortes à peu près d'une division d'infanterie et appuyées par de l'artillerie, ont attaqué notre front dans la région de Kirlibaba, *mais elles ont été repoussées*. Jusqu'au matin du 21 janvier nos troupes se sont maintenues dans leurs positions. *Nous avons fait 200 prisonniers.*

La Belgique, lundi 1er février 1915. *Paris*, 29 janvier (*Officiel de 15 heures*). — En Belgique, dans le secteur de Nieuport notre infanterie a pris pied sur la grande dune dont il a été question le 27. *Un avion allemand a été abattu par nos canons*. Dans les secteurs d'Ypres et de Lens, ainsi que dans le secteur d'Arras, il y a eu, par intermittence, d'assez violents duels d'artillerie, et quelques attaques *d'infanterie ont été esquissées, mais refoulées aussitôt par notre feu*. Rien de nouveau à signaler dans les régions de Soissons, de Craonne et de Reims. *Il est confirmé que l'attaque repoussée par nous à Fontaine-Madame dans la nuit du 27 au 28, a coûté cher aux Allemands*.....

Paris, 29 janvier (*Officiel de 23 heures*). — *Ce matin, 29, un avion allemand a dû atterrir à l'est de Gerbeviller. Ses passagers, un officier et un sous-officier, sont prisonniers.*

La Belgique, jeudi, 4 février 1915. *Paris*, 1er février (*Communiqué officiel de 15 heures*). — Au sud-est d'Ypres, les Allemands ont entrepris une attaque sur nos tranchées au nord du canal, attaque qui a été arrêtée *immédiatement* par le feu de notre artillerie..... Dans l'Argonne, *où les Allemands paraissent avoir beaucoup souffert des récents combats, la journée a été relativement calme*.....

Paris, 1er février (*Communiqué officiel de 23 heures*). — Dans la matinée du 1er février, l'ennemi a attaqué violemment nos tranchées au nord de Béthune-La Bassée. Il en a été rejeté *et a laissé de nombreux morts sur le terrain*. A Beaumont-Hamel, au nord d'Arras, l'infanterie allemande a essayé d'enlever par surprise une de nos tranchées, mais elle a été forcée à la retraite, *en abandonnant sur place les explosifs dont elle était munie*.....

La Belgique, vendredi, 12 février 1915. *Paris*, 9 février (*Officiel de 15 heures*). — Le long de la route de Béthune à La Bassée, nous avons réoccupé un moulin dans lequel l'ennemi avait réussi à s'établir. Soissons a été bombardé *avec des projectiles incendiaires*.

La Belgique, samedi, 13 février 1915. *Paris*, 10 février (*Communiqué officiel de 23 heures*). — En Lorraine, nos avant-postes ont *facilement* repoussé une attaque allemande à la lisière est et au nord de la forêt de Paroy.

La Patrie (de Bruxelles). *Copenhague*, 2 mars. — D'après une information des *Berlingske Tidende*, de Londres, le peintre suédois Johnson, qui était arrêté comme espion, parce qu'il faisait de prétendus signaux lumineux aux navires de guerre allemands, *aurait* été acquitté faute de preuves.

Pour apprécier à sa pleine valeur la trituration des communiqués officiels par la censure allemande il faut se rappeler : 1° qu'elle s'était engagée à ne pas toucher aux communiqués officiels (p. 315) ; 2° que la presse à tout faire continue à les appeler « communiqués officiels ».

Les journaux esclaves et mercenaires.

On comprend sans peine que le public belge ne croit pas un mot de ce que racontent les journaux bâillonnés, d'autant plus que de temps en temps, ceux-ci, dans un moment d'oubli, avouent leur esclavage ; ainsi dans son article de fond du 9 avril 1915, *La Belgique* dit : « Au surplus, il serait aussi prématuré de s'inquiéter dès à présent de la signification réelle des progrès annoncés par les Français, que de..... ». Peut-on plus platement reconnaître sa dépendance vis-à-vis de l'Allemagne ?

D'ailleurs, pour comprendre le rôle de nos journaux actuels, on peut simplement prendre le contre-pied de ce que disent à leur sujet les Allemands. Dans l'édition de midi de *Kölnische Volkszeitung* du 1er mars 1915, M. Hermann Ritter décrit l'état de la presse et de l'opinion publique en Belgique :

« En fait de journaux paraissant à Bruxelles sous la censure allemande, il faut nommer *La Belgique*, la feuille la mieux faite et la plus lue, *Le Quotidien*, qui a beaucoup d'annonces, *Le Bruxellois*, souvent mal imprimé, mais qui publie des articles germanophiles très bien écrits, *L'Écho de la Presse*, qui renonce aux articles originaux, et enfin *Le Messager de Bruxelles*. Une catégorie toute spéciale, et importante, est constituée par la revue hebdomadaire *L'Information*, dirigée par le publiciste bien connu André Norz (1). Avant la guerre, ce journal s'occupait de voyages et de tourisme ; il est devenu à présent un organe neutre qui s'occupe avec un succès considérable, surprenant même, de mettre sous les yeux des Belges les faits de l'heure présente et de les concilier avec les nécessités de la situation. »

(1) Ce « publiciste bien connu » est en réalité un avocat qui s'appelle Norden (Note de J. M.).

L'éloge va *crescendo*, jusqu'au passage où M. Ritter assure que la rédaction comprend des députés et des sénateurs belges (qu'il ne nomme pas, et pour cause), et qu'un professeur de l'Université de Bruxelles, membre du Congrès de la Paix de La Haye, y collabore également. Il est parfaitement vrai que ce dégoûtant journal découpe dans le livre classique de M. Nijs sur le Droit International, des paragraphes relatifs aux lois de la guerre, mais il faut une singulière impudence pour appeler cela une collaboration, car à ce compte-là, l'*Information* pourrait aussi, sans grands frais, compter parmi ses collaborateurs Moïse et saint François de Sales. La vérité est que *La Belgique*, *Le Quotidien*, etc., sont des esclaves honteux, tandis que *L'Information*, en vrai mercenaire, étale sa servitude et tente de faire prendre sa chaîne pour une couronne. Qu'on parcoure l'article intitulé : « Responsabilité et Neutralité », paru le 4 avril 1915 et on sera édifié sur l'abjection de cette feuille de choucroute.

Plus dangereuses que les feuilles ouvertement allemandes, comme *Le Bruxellois* et *L'Information*, sont celles qui se disent belges, mais sont, au vu et au su de tous, rédigées par des Allemands ou par leurs comparses. Les journaux les plus infâmes dans cet ordre d'idées sont : *Het Vlaamsche Nieuws* (d'Anvers), *De Vlaamsche Post* (de Gand), et *De Vlaamsche Gazet van Brussel*. Un correspondant hollandais de *N. R. C.* (30 juillet 1915, matin), donne des détails édifiants sur *De Vlaamsche Pest*. Celui-ci est rédigé notamment par un officier allemand et par M. Domela Niewenhuys Nyegaard, pasteur hollandais de l'église protestante de Gand ; ce pasteur, salarié comme tel par l'État belge, faisait dire au début de la guerre des prières pour le succès des armes allemandes, et il occupe à présent une situation importante à la censure gantoise. On entrevoit quelle peut être la politique d'un journal dirigé par de pareils hommes. Existe-t-il, en dehors des faux-frères qui trônent dans son bureau de rédaction, des Flamands qui se laisseront duper par les protestations intéressées de *De Vlaamsche Pest* ? On peut hardiment affirmer que non.

Nous pouvons ajouter que, par un jugement rendu le 25 juin 1915, le tribunal de première instance de Bruxelles a déclaré que les journaux, paraissant actuellement en Belgique sous la censure allemande, ne peuvent pas émettre la prétention d'être appelés des journaux belges.

La sincérité des journaux censurés.

Revenons un instant à la censure classique, celle qui a pour armes une paire de ciseaux. Au début, elle permettait au journal de laisser un blanc à la place des articles, des phrases ou des mots supprimés. Mais le procédé était trop franc et le lecteur s'en apercevait. Aussi l'autorité allemande prit-elle le parti d'obliger les journaux à remplir les blancs ; pour leur faciliter la tâche, elle fait publier à la machine à écrire un journal spécial, paraissant en une édition française et une édition flamande, *Le Courrier belge*, dont « tous les articles ont passé par la censure ». Les rédacteurs n'ont donc qu'à y cueillir un article de la dimension voulue pour boucher le trou laissé par les ciseaux officiels.

On imagine aisément ce que les journaux censurés sont devenus sous ce joli régime. Une historiette qui circule en Belgique en donnera peut-être la meilleure idée. L'âme d'un soldat se présente à la porte du Paradis. « Qui êtes-vous, demande saint Pierre ? » Après une longue hésitation (personne n'aime à faire un aveu aussi pénible), l'interpellée répond : « Je suis l'âme d'un soldat allemand ». « Vous mentez effrontément, dit saint Pierre. Je lis avec soin les journaux belges : ils n'ont pas encore annoncé la mort d'un seul Allemand. »

Le 7 juin 1915, les Allemands ont eu une occasion unique de montrer que les journaux allemands d'expression belge, tels que *L'Ami de l'Ordre, Le Bien public, La Belgique, Le Bruxellois...* sont restés capables de dire éventuellement la vérité. Eh bien ! cette occasion, ils l'ont laissée échapper. Voici les faits :

Dans la nuit du dimanche 6 au lundi 7 juin, vers 2 h. 1/2, nous étions réveillés par une furieuse canonnade et par l'explosion de bombes : des aviateurs alliés bombardaient le hangar du dirigeable à Evere et y mettaient le feu, ainsi qu'au dirigeable lui-même. Le même jour nous apprenions qu'un second dirigeable allemand venait d'être démoli à Mont-Saint-Amand, près de

Gand, par un aviateur anglais. Nous attendions avec curiosité les journaux du lendemain. Allaient-ils raconter l'affaire, en l'atténuant le plus possible, ou allaient-ils se taire ? Ils dirent seulement que dans la nuit du 6 au 7, la flotte aérienne allemande était allée jeter des bombes sur la côte anglaise ; mais de ce qui était survenu au retour, pas un mot. Dans *K. Z.* non plus, rien au sujet des affaires d'Evere et de Mont-Saint-Amand. Ainsi donc, la presse muselée d'Allemagne et de Belgique peut parler des succès allemands (nous supposons, bien entendu, que le bombardement de villes ouvertes soit un succès), mais elle est muette sur leurs insuccès. Quant à *N. R. C.*, il ne put évidemment pas entrer en Belgique pendant plusieurs jours. — Voilà deux faits qui sont connus de centaines de milliers de personnes et qu'il est donc radicalement impossible de cacher. Faire le silence, ne peut par conséquent avoir qu'un seul résultat : prouver clairement à tous que les communiqués allemands sont falsifiés, que les journaux « belges » sont bâillonnés, bref, que tout ce qui vient d'Allemagne est adultéré. Si nos oppresseurs avaient laissé publier un entrefilet anodin sur ces deux « accidents », quelques-uns des plus crédules parmi les Belges auraient pu continuer à supposer que le terme « allemand » peut encore parfois se rencontrer avec le terme « sincérité ». Mais dans leur balourdise incomparable, les chefs de la censure (qui sont sans doute des diplomates sans emploi), n'ont pas compris qu'en faisant le silence sur les raids des aviateurs anglais, ils démonétisaient pour toujours leurs journaux. Ils nous ont rendu à cette occasion le même service que le jour où ils ont défendu à M. Max d'afficher qu'ils sont des menteurs (p. 289). Nous savions bien que l'Allemand est mauvais psychologue, mais pas à ce point-là, pourtant. C'est, comme on le voit, le contre-pied de l'histoire du zeppelin de Liége, dans la nuit du 6 au 7 août 1914 ; cette attaque-là, ils la décrivent (p. 278), et ils la figurent (p. 312), bien qu'elle n'ait jamais eu lieu.

Ils ont encore aggravé leur cas quelques jours plus tard. Dans la nuit du 16 au 17 juin, les Bruxellois entendirent de nouveau une canonnade, partant cette fois de Berchem, mais personne ne vit d'aéroplane. Dès le lendemain, les journaux donnaient un articulet disant qu'une attaque d'avions ennemis avait été repoussée. Le raid a-t-il eu lieu réellement ? Peu importe. L'essentiel est que cette fois-ci les journaux pouvaient parler.

M. le Gouverneur général en Belgique, qui a un vif sentiment de l'opportunité, a choisi ce moment pour nous faire savoir qu'une mauvaise presse circulait en Belgique (*La Belgique*, 14 juin 1915). Rien n'est plus exact, comme on vient de le voir.

La chasse aux journaux non censurés.

Naturellement, le désir d'obtenir des nouvelles non censurées croissait à mesure que la fausseté des feuilles censurées apparaissait davantage. Mais la chasse aux journaux étrangers est devenue de plus en plus vive. Aux menaces publiées par les Allemands contre ceux qui colportent de « fausses nouvelles » (p. 6, 7), ajoutons un communiqué officiel, reproduit par *L'Ami de l'Ordre* du 17-18 octobre 1914 :

« Tout individu qui répandra semblables faux rapports ou en fera la distribution, sera fusillé sans pardon ».

La censure appliquée à « Nieuwe Rotterdamsche Courant ».

Nieuwe Rotterdamsche Courant, le seul journal étranger qui pénètre en Belgique depuis le début de l'occupation, subit une double censure : 1° Les Allemands arrêtent chaque mois une dizaine de numéros « indésirables » ; 2° de temps en temps ils rendent illisibles des articles dans des numéros dont la distribution en Belgique est permise.

Résumons brièvement ces articles passés au caviar, afin de montrer quel genre de nouvelles nous est interdit (Le lecteur se demandera peut-être comment nous avons pu les lire : tout simplement dans les numéros achetés en Hollande et non censurés).

2 avril 1915, matin. 2ᵉ colonne. Télégramme Reuter, de Londres, 1ᵉʳ avril. Un aviateur anglais a jeté des bombes sur l'atelier des sous-marins à Hoboken, près d'Anvers. Un autre a fait de même à Zeebrugge.

5ᵉ colonne. Un voyageur revenant de Bruxelles dit que, hier, beaucoup de blessés allemands ont été amenés à Bruxelles.

5 avril 1915, matin. Télégramme Havas de Paris, 4 avril. K. Z. a prétendu que si Mgr Mercier a été empêché de circuler en Belgique, c'est qu'il avait laissé périmer son permis de circulation. *La Croix* dit que Mgr Mercier a reçu, le 3 janvier 1915, une lettre du général von Bissing, lui retirant l'autorisation de circuler, et que c'est seulement sur les remontrances du Vatican au Gouvernement allemand, que le permis lui a été rendu, le 27 janvier 1915.

6 avril 1915, matin. Partie d'un télégramme Havas de Paris, 5 avril, donnent des détails sur la destruction par un aviateur du hangar à dirigeable de Berchem (près de Bruxelles) et des ateliers des sous-marins à Hoboken, où 40 travailleurs ont été tués et 62 blessés.

10 mai 1915, matin. Télégramme Reuter, de Londres, du 9 mai. Détails sur l'emploi des gaz asphyxiants par les Allemands, lors des combats près d'Ypres. Un officier allemand fait prisonnier, voyant deux soldats anglais qui agonisaient à la suite de l'inspiration de gaz suffocants, s'approche d'eux et leur adresse des quolibets, en éclatant de rire.

d) Propagandes variées.

Enfin, rappelons encore, — sans y insister puisqu'ils sont suffisamment connus, — des procédés de propagande qui sont personnels et en apparence improvisés, mais dont les Allemands attendent beaucoup de résultats heureux.

Tous les Belges qui ont, soit des parents, soit des amis, en Allemagne, et tous ceux qui sont eux-mêmes d'origine allemande, reçoivent sans cesse, depuis que la correspondance entre les deux pays est permise, des lettres dans lesquelles on leur dit que l'Allemagne est sûre de la victoire, que les Belges ont été trompés par l'Angleterre et par leur Roi, que les Allemands ne font de mal à personne, etc. Ces affirmations se répètent avec tant de régularité et de monotonie qu'elles font l'effet d'une leçon apprise ; aussi, pour combattre cette fâcheuse impression, les correspondants ont-ils soin de déclarer qu'ils n'expriment que leur opinion personnelle.

Signalons ensuite les visites faites à l'étranger par les savants, par exemple celle de M. Ostwald (l'un des 93) en Suède, et celle de M. Lamprecht (un autre des 93) en Belgique. Les conférences de M. Ostwald ont eu un grand retentissement, mais qui ne concordait peut-être pas tout à fait avec ce que l'Allemagne en avait espéré ; toujours est-il que l'Université de Leipzig déclara qu'elle n'était pas solidaire des idées de son ancien professeur. L'action de M. Lamprecht a été plus discrète ; elle avait été précédée d'une tentative faite par écrit ; mais lettre et visite eurent le même résultat négatif.

Plus insidieuses étaient les visites faites en Belgique par des socialistes allemands en vue : MM. Wendel, Liebknecht, Noske, Koester, etc. Eux aussi espéraient nous convaincre facilement du bon droit, et surtout de la supériorité, de l'Allemagne. Ils sont repartis bredouille : on peut même affirmer qu'ils ont été quelque peu ébranlés, puisque M. Liebknecht s'est plaint, dans une conversation avec un rédacteur de *Social-Demokraten*, un organe norvégien, du rôle qu'on fait jouer aux missionnaires socialistes (*N. R. C.*, 28 décembre 1914, soir).

Vossische Zeitung a trouvé un autre moyen de propagande. Ce journal envoie un questionnaire à des savants néerlandais et scandinaves, leur demandant ce que leur science doit à l'Allemagne. Malice cousue de fil gris : chaque nation compte naturellement des hommes de marque à qui la science doit de la reconnaissance (*N. R. C.*, 2 janvier 1915, matin).

4. La violation des engagements

La guerre a débuté par la violation d'un traité solennel, souscrit en 1839. Toute la conduite de la guerre a été, de la part de l'Allemagne, une longue suite de violations de la Convention de La Haye, datant de 1907. L'Allemagne allègue pour sa défense que les circonstances se sont modifiées depuis l'époque où ces pactes ont été signés, qu'elle a dû prendre les devants contre la France, que dans le cas de nécessité absolue où elle se trouve, elle a le droit d'utiliser tous les moyens de nuire, permis ou non (p. 228), et que, par exemple, le torpillage du *Lusitania*, l'emploi de boucliers vivants (p. 141), et de gaz toxiques (p. 238), la terrorisation par la fusillade et l'incendie (p. 87), s'étant montrés efficaces, elle a intérêt à ne pas les négliger par simple humanité ou par un respect puéril et naïf de sa propre signature.

Ne discutons pas ; ce serait peine perdue, l'Allemagne ayant décidé de se laisser conduire d'après ses impulsions du moment, sans s'embarrasser d'aucune promesse antérieure. Elle combat pour son existence, ne cessent de répéter ses hommes d'état et ses publicistes, et elle peut faire litière de tous ses engagements. *Not kennt kein Gebot*, affirmait le Chancelier le 4 août, et cette maxime commode n'a rien perdu de sa vogue.

Mais il est d'autres engagements, pris par l'Allemagne envers les Belges depuis le début de la guerre, et qu'elle a violés avec la même désinvolture : promesse de restituer son indépendance à la Belgique, promesse de respecter notre patriotisme, promesse de payer comptant toutes les réquisitions depuis l'imposition de 480.000.000, etc. Pour ces forfaitures-ci nos ennemis ne peuvent pas invoquer de circonstances atténuantes, puisque aucun changement n'est survenu entre la date où ils ont pris l'engagement et celle où ils l'ont violé.

∴

Le maintien de l'indépendance de la Belgique.

Le 4 août 1914, le jour même où il faisait envahir notre pays, le Gouvernement impérial tenta un effort *in extremis* pour extorquer à l'Angleterre une promesse de neutralité. Il assurait que même en cas de conflit armé avec la Belgique, l'Allemagne n'annexerait son territoire sous aucun prétexte (*Livre Bleu*, n° 74). Ce même jour l'Empereur et le Chancelier prononçaient des déclarations analogues : « Nous ne faisons pas une guerre de conquête », disait Guillaume II (1). « Nous réparerons l'injustice que nous commettons envers la Belgique », assurait le Chancelier. Dès qu'ils eurent en Belgique un journal à leur disposition, nos envahisseurs lui firent publier un article notifiant aux Belges leur respect des engagements pris :

L'autonomie de la Belgique.

Notre autonomie est-elle menacée ?

Après avoir supporté le premier et le plus formidable choc d'une guerre que nous n'avons pas voulue, aurons-nous à faire le sacrifice

(1) L'Empereur eut soin de répéter son affirmation dans le manifeste impérial *Au peuple allemand*, affiché le 1ᵉʳ août 1915 à Bruxelles.

d'une indépendance que nous avons si chèrement conquise, si vaillamment maintenue dans le travail et la paix ?

Nous ne le pensons pas, et ce nous est un réconfortant puissant en ces heures douloureuses.

Nous en avons pour garant les paroles de l'Empereur et du Chancelier en la séance du Reichstag d'Empire le mardi 4 août...

... A ces affirmations solennelles, faites devant tous les élus de l'Empire, nous n'avons pas le droit de ne pas accorder entière confiance. Nous avons le devoir de les tenir pour sincères et vraies et c'est ainsi que nous les considérons.

Plaçons nos espérances sous la garde de Dieu et ayons foi dans l'avenir.

L'Ami de l'Ordre, 29 et 30 août 1914.

Autant en emporte le vent !

A peine les Allemands purent-ils, dans leur jactance, se dire les vainqueurs, qu'ils s'empressèrent de fouler aux pieds leurs promesses. Les engagements du gouvernement de Berlin sont-ils autre chose que des chiffons de papier, que l'on peut impunément tenir pour nuls et non avenus ! Aussi des hommes tels que MM. Erzberger, Losch, Dernburg, Maximilien Harden, etc., tous mêlés à la vie publique de leur pays, n'eurent-ils rien de plus pressé que de dédaigner ce qu'avaient bien pu dire, dans des circonstances pourtant solennelles, l'Empereur et le Chancelier, et de faire des projets d'avenir dans lesquels la Belgique restait en tout ou en partie annexée.

Une conséquence naturelle de l'annexion de la Belgique, c'est qu'il faudra faciliter les échanges commerciaux entre l'Allemagne et son appendice occidental, la Belgique (*Deutsch Belgiën*, comme l'écrivent déjà nombre de pangermanistes sur les adresses de lettres destinées à la Belgique). On s'est donc préoccupé en haut lieu de l'établissement de nouveaux moyens de communication. Dans *K. Z.* du 27 mars (édition de 4 heures), un ingénieur de Cologne, M. J. Rosemeyer, reprit un projet, déjà ancien, de creusement d'un canal unissant le Rhin à l'Escaut et à la mer du Nord, par Anvers et Zeebrugge.

Ceci n'est qu'un projet à l'examen ; mais pour une autre voie le stade d'étude est déjà dépassé : depuis plusieurs mois les Allemands travaillent d'arrache-pied à la construction d'un chemin de fer stratégique, à double voie, entre Tongres, Visé et Aubel (1). Mais, dira-t-on, l'établissement d'un chemin de fer, à travers une région aussi mouvementée que le pays du Geer, la vallée de la Meuse et le plateau de Herve, ne se décide pas en un tour de main. Sans doute. Mais tout fait supposer que les Allemands avaient projeté depuis longtemps la construction de ce chemin de fer, et que le gouvernement de Berlin, lorsqu'il déclarait le 4 août que sous aucun prétexte il n'annexerait notre territoire, savait parfaitement que ses ingénieurs allaient immédiatement violer cette parole.

Enfin, il faut compter encore parmi ceux qui vendent la peau de l'ours, les membres du Reichstag, qui, dans la séance du 28 mai 1915, ont approuvé presque à l'unanimité le vœu de voir annexer à l'Empire allemand « tous les territoires nécessaires pour sa défense ». Voilà donc le Parlement, qui a acclamé le 4 août 1914 le Chancelier déclarant que les torts causés à la Belgique seront réparés, et qui adopte avec enthousiasme, moins de dix mois après, un projet d'annexion.

* *

La promesse de respecter le patriotisme des Belges.

« Je ne demande à personne de renier ses sentiments patriotiques », disait M. le baron von der Goltz, dans la première des peu ordinaires déclarations dont il nous gratifia pendant son séjour parmi nous, en qualité de Gouverneur général.

Proclamation.

Sa Majesté l'Empereur d'Allemagne, après l'occupation de la plus grande partie du territoire belge, a daigné me nommer Gouverneur général en Belgique...

...Les armées allemandes s'avancent victorieusement en France. Ma tâche sera de conserver la tranquillité et l'ordre public en territoire belge.

Tout acte hostile des habitants contre les militaires allemands, toute tentative de troubler leurs communications avec l'Allemagne, de gêner

(1) *N.R.C.* du 1ᵉʳ juillet 1915 (soir) donne des détails précis sur l'avancement des travaux de ce chemin de fer.

ou de couper les services des chemins de fer, du télégraphe et du téléphone, seront punis très sévèrement. Toute résistance ou révolte contre l'administration allemande sera réprimée sans pardon.

C'est la dure nécessité de la guerre que les punitions d'actes hostiles frappent, en dehors des coupables, aussi des innocents. Le devoir s'impose d'autant plus à tous les citoyens raisonnables d'exercer une pression sur les éléments turbulents en vue de les retenir de toute action dirigée contre l'ordre public.

Les citoyens belges désirant vaquer paisiblement à leurs occupations n'ont rien à craindre de la part des troupes ou des autorités allemandes. Autant que faire se pourra, le commerce devra être repris, les usines devront recommencer à travailler, les moissons être rentrées.

Citoyens Belges,

Je ne demande à personne de renier ses sentiments patriotiques, mais j'attends de vous tous une soumission raisonnable et une obéissance absolue vis-à-vis des ordres du gouvernement général. Je vous invite à lui montrer de la confiance et à lui prêter votre concours. J'adresse cette invitation spécialement aux fonctionnaires de l'État et des communes qui sont restés à leurs postes. Plus vous donnerez suite à cet appel, plus vous servirez votre patrie.

Fait à Bruxelles, le 2 septembre 1914.

Le Gouverneur général,

Baron von der Goltz,

Feldmaréchal.

Le retrait forcé des drapeaux.

Tout le monde se demandait avec anxiété quelle pouvait bien être la pensée de derrière la tête de M. le baron von der Goltz; car nous connaissions déjà suffisamment les Allemands pour savoir qu'une phrase aussi mielleuse cachait un danger. Mais lequel? Deux semaines après, l'énigme était dévoilée; cela signifiait que le drapeau national belge était « considéré comme une provocation par les troupes allemandes ».

Avis.

La population de Bruxelles, comprenant bien ses propres intérêts, a observé en général dès l'entrée des troupes allemandes jusqu'à présent l'ordre et le calme. Pour cette raison, je n'ai pas encore pris des mesures pour défendre le pavoisement de drapeaux belges, considéré comme provocation par les troupes allemandes qui sont de séjour ou de passage à Bruxelles. C'est précisément pour éviter que nos troupes ne soient amenées à agir de leur propre gré que j'engage maintenant les propriétaires des maisons de faire rentrer les drapeaux belges.

Le Gouvernement militaire n'a aucunement l'intention de froisser, par cette mesure, les sentiments et la dignité des habitants. Il a le seul but de préserver les citoyens de tout dommage.

Bruxelles, le 16 septembre 1914.

Baron von Lüttwitz,
Général et Gouverneur.

Provocation contre quoi? Contre leur sentiment national? Eh bien ! et le nôtre, que le Gouverneur général ne nous demandait pas de renier ! Il est bien vrai que d'après l'affiche, M. le Gouverneur militaire n'a « aucunement l'intention de froisser par cette mesure les sentiments et la dignité des habitants ; il a le seul but de préserver les citoyens de tout dommage ». Bref, c'était pour notre bien qu'on nous obligeait à rentrer les drapeaux. Que fallait-il faire ? Résister, c'était donner aux soudards qui nous oppressent l'occasion d'exercer contre Bruxelles leurs talents d'incendiaires et de meurtriers. Par une affiche très digne et très mesurée, M. le bourgmestre Max conseilla à ses concitoyens de céder (*Belg. All.*, p. 29). Cette affiche, non soumise à la censure, malgré l'ordre donné par les Allemands (p. 289), leur déplut au point qu'ils la firent aussitôt recouvrir de papier blanc. Mais ceux-ci furent arrachés par les Bruxellois, ou bien on les rendit transparents au moyen de pétrole : en un mot chacun put lire la protestation du bourgmestre. Toutefois, comme on supposait, avec beaucoup de raison, que les Allemands ne tarderaient pas à la faire disparaître complètement, beaucoup de gens copièrent l'affiche, ou même la photographièrent ; et pendant longtemps de nombreux Bruxellois portèrent sur eux, comme une relique précieuse, une copie ou une photo de la célèbre affiche de M. Max.

L'interdiction des couleurs belges en province.

En même temps qu'on exige le retrait des drapeaux, on fait en province la chasse aux couleurs belges décorant les étalages. Les policiers allemands entrent dans les magasins et exigent l'enlèvement immédiat de tous les rubans tricolores ornant les vitrines. Beaucoup de dames garnissent leurs chapeaux de nœuds noir-jaune-rouge. Elles sont arrêtées par la même « Polizei » et invitées à les enlever sans retard. A Namur des condamnations ont été prononcées.

Jules Godelot, commerçant à Namur, rue Bas de la Place, 2, a été puni d'une amende de 5 marks ou d'une journée d'internement subsidiaire, pour avoir exposé dans sa vitrine des casquettes aux couleurs anglaises, françaises et belges (*Communiqué*).

L'Ami de l'Ordre, 28 et 29 mai 1915.

Mlle Defrenne, de Salzinnes, rue Henri Lemaître, 10, a été punie d'une amende de 10 marks ou de deux jours de prison subsidiaire, par le tribunal de la Kommandantur de Namur, parce qu'elle a porté un nœud tricolore (couleurs belges), dans la rue de l'Ange, le 22 mai, à 7 heures du soir, contrairement à l'arrêté du Gouverneur de la position fortifiée et de la province de Namur, daté du 22 avril (*Communiqué*).

L'Ami de l'Ordre, 30 mai 1915.

Pendant longtemps ils ne prirent pas de mesures, dans le Brabant, contre les cocardes tricolores que tant de personnes portent à la boutonnière. Dans les villes, il y a au moins deux passants sur trois qui arborent nos couleurs. Toutefois cette insistance des Belges à manifester publiquement leurs sentiments patriotiques ennuie beaucoup les Allemands. Nous n'en voulons pour preuve que la correspondance de Bruxelles, datée du 11 avril, publiée par le supplément hebdomadaire illustré de *Hamburger Fremdenblatt* du 18 avril 1915 : « On ne voit pas un écolier, pas une écolière, pas une dame, pas un monsieur, qui ne porte d'une façon apparente la cocarde belge ». Dans certaines villes, par exemple à Lessines, à Gand, à Dinant, ce genre de manifestation est interdit. A Namur l'amende peut monter à 500 francs ; l'affiche qui comine cette peine est conçue dans le style embrouillé et nauséeux qu'on retrouve chaque fois que les Allemands ont une hypocrisie particulièrement dégoûtante à faire passer. Il y est dit notamment qu'il est défendu de « mettre en vue *publiquement* les couleurs belges ». Il est sans doute permis de les faire flotter dans sa poche, ou d'en orner chez soi l'intérieur des tiroirs. Voilà comment les tartufes allemands « ne demandent à personne de renier ses sentiments patriotiques ».

Communiqués du Gouvernement.

On peut observer, en ces derniers temps, chez une grande partie de la population de la ville, aussi chez les jeunes écoliers, la tendance à manifester leurs sentiments patriotiques en portant, d'une manière ouverte, les couleurs belges sous différentes formes.

Je suis bien loin de vouloir offenser ces sentiments ; au contraire, je les estime et les respecte.

Mais, par contre, je ne peux m'empêcher de voir, dans la forme, comment on voudrait en attester *publiquement* une démonstration contre l'état actuel des choses et contre l'autorité allemande, ce que je défends expressément.

J'ordonne par conséquent :

Il est strictement défendu de mettre en vue publiquement les couleurs belges soit sur soi-même, soit sur les objets quelconques, en n'importe quelle circonstance.

Les contrevenants seront punis d'une amende pouvant s'élever à 500 francs, à moins que, selon la gravité du cas, la contravention ne doive être punie d'une peine de prison.

Cette disposition, toutefois, n'empêche pas le port de décorations officielles par ceux qui en ont le droit.

Le lieutenant général,

Baron von Hirschberg,

Gouverneur militaire de la position fortifiée de Namur.

L'Ami de l'Ordre, 15 novembre 1914.

L'interdiction des couleurs belges à Bruxelles.

Brusquement, sans aucun prétexte, la vue des petites décorations tricolores portées par les Bruxellois leur fit mal, et les insignes nationaux furent interdits à partir du 1ᵉʳ juillet 1915. L'affiche, qui ne fut collée que le 30 juin, faisait une distinction entre les insignes belges dont le port était toléré, à condition de n'être pas provocateur, — et les insignes de nos alliés, dont l'exposition, même non provocatrice, était totalement prohibée.

Comment nos lourdauds allemands allaient-ils faire cette distinction par trop subtile entre la provocation et la non-provocation? C'était évidemment la porte ouverte à tous les arbitraires. Aussi les Bruxellois jugèrent-ils sage de renoncer entièrement aux insignes. Mais quelques-uns remplacèrent la cocarde par une feuille de lierre, emblème de la fidélité dans le langage des fleurs. L'idée fit fortune et au bout de deux jours, plus un enfant ne se rendait en classe sans arborer fièrement sur la poitrine le nouvel insigne. Qu'allaient faire les Allemands? Peut-être interdire la feuille de lierre, puisque déjà le 5 juillet ils empêchaient la confection et la vente de feuilles de lierre artificielles, en étoffe ou en papier (1). Mais ils ne persistèrent pas dans cette voie. Pour la première fois depuis que nous les subissons, ils ont eu un geste spirituel. Ils ont arboré eux-mêmes la feuille de lierre ; à partir de ce moment cet emblème ne pouvait plus être porté décemment par nous. Il serait intéressant de savoir qui leur a inspiré cette idée ingénieuse.

Le « Te Deum » pour la fête patronale du Roi.

Remarquons la date de *L'Ami de l'Ordre* qui nous apportait l'affiche de M. le baron von Hirschberg : 15 novembre, jour de la fête patronale du Roi. Le même numéro du journal reproduisait un article de *Düss. Gen.-Anz.*, ayant sans doute échappé à la censure, qui rendait hommage à la vaillance du Roi et de la Reine. Le lendemain, *L'Ami de l'Ordre* devait annoncer que le *Te Deum* habituel n'aurait pas lieu. Pourquoi la cérémonie fut-elle supprimée? le journal ne le disait pas ; mais on le comprend sans peine : l'autorité supérieure allemande en avait décidé ainsi.

A Bruxelles également, le *Te Deum* du 15 novembre 1914 fut défendu par eux. On décida de le remplacer par une messe chantée qui aurait lieu à 11 heures à l'église Sainte-Gudule. Dès 10 heures 1/2 l'église regorgeait de monde ; mais vers 11 heures un prêtre passa doucement entre les rangs des fidèles et annonça que la messe chantée avait été interdite par les Allemands et qu'elle

(1) Dans un groupe de Bruxellois on s'était mis d'accord pour porter, en cas d'interdiction de la feuille de lierre, une feuille de vigne, afin de voir si les Allemands défendraient aussi l'usage de celle-là.

serait remplacée par une messe basse. Après celle-ci des centaines de personnes se rendirent au Palais royal, à la grille de la rue Bréderode ; elles supposaient qu'un livre y était déposé, comme d'ordinaire, pour recevoir les signatures. Le registre y avait été, en effet, mais l'autorité allemande l'avait fait supprimer. Les assistants prirent alors le parti de remettre simplement leur carte ; mais un employé du Palais vint leur dire que les Allemands, après avoir fait enlever le registre, avaient aussi défendu les rassemblements près du Palais et avaient même déjà opéré quelques arrestations ; il engageait donc le public à se disperser. Respect des sentiments patriotiques !

Les portraits de la famille royale.

Depuis lors il est défendu de vendre les portraits de la famille royale, publiés après le début de la guerre. Sont interdites notamment les cartes postales représentant le Roi en simple soldat, le Roi et son état-major, le Roi dans les tranchées, le Roi dans les dunes, le Roi et le général Joffre, le Roi à Furnes, le Roi et M. Max (*fig.* 5), la Reine en ambulancière (*fig.* 4), le Prince Léopold en troupier.

Ces prohibitions sont appliquées avec une incohérence qui jure avec l'esprit d'organisation, le fameux esprit d'organisation, de nos persécuteurs. Dans certains quartiers de Bruxelles, les vendeurs n'ont jamais été inquiétés ; dans d'autres, on peut vendre les cartes à l'intérieur, mais non les exposer à l'étalage ; ailleurs encore c'est déjà un crime de les posséder dans ses tiroirs. Bref tout est livré à l'arbitraire des policiers. Ceux-ci font le tour des papeteries et saisissent toutes les cartes prohibées, en y ajoutant souvent de leur propre chef d'autres cartes qu'ils saisissent pour leur compte personnel. A un papetier qui nous vendait en cachette des cartes interdites nous demandions si les policiers passaient souvent chez lui pour enlever ce qui leur déplaisait. — « Ce qui leur déplaît, nous répondit-il ; non, non, ils s'emparent surtout de ce qui leur plaît. » A un autre marchand qui avait été convoqué au bureau de police allemande de la rue de l'Hôtel des Monnaies à Bruxelles, le commissaire assura que les policiers avaient le droit de prendre « tout ce qui peut exciter le patriotisme des Belges ». Ce fonctionnaire a une façon à lui d'interpréter les arrêtés de M. le baron von der Goltz sur le respect du patriotisme.

Tout près de là, à Saint-Gilles, le dimanche 14 février 1915, un sous-officier arrachait brutalement le drapeau national couvrant le cercueil d'un soldat belge. Celui-là aussi avait des idées personnelles sur le respect du patriotisme et de la piété.

Alors qu'à Bruxelles ils n'interdisent que la vente des portraits royaux les plus récents, à Gand, le commandant de l'étape, pour faire du zèle, défendit en février 1915, la vente de tous les portraits de la famille royale quels qu'ils soient.

Les avis officiels allemands.

Défense d'exposer les portraits de la Famille royale.

M. le Bourgmestre de Gand a reçu la lettre ci-dessous, dont l'administration communale nous communique la traduction :

2. mob. Etappen Kommandantur.
Répertoire n° 1095.

Gand, le 4 février 1915.

A Monsieur le Bourgmestre, en ville.

Je vous prie d'attirer encore l'attention de tous les libraires, commerçants en papeteries, etc., par affiche ou par voie des journaux, qu'il leur est défendu en toutes circonstances d'exposer les portraits de la Famille Royale de Belgique, aussi bien aux étalages qu'à l'intérieur même des magasins.

Ceux qui agiront autrement seront sévèrement punis.

Le commandant de l'Étape,
P. O.
(signé) Henz.

(*Communiqué*).

Le Bien public, 13 février 1915.

L'anniversaire du Roi.

Les vexations allemandes reprirent avec une nouvelle vigueur à l'approche du 8 avril, jour anniversaire du Roi. A Namur, les Allemands eurent soin d'interdire d'avance tout ce qui aurait pu passer pour une manifestation royaliste (*L'Ami de l'Ordre*, 6-7 avril 1915). Dans le Brabant, ils eurent tout à coup l'intuition que les administrations communales allaient sans doute donner congé aux écoles officielles en l'honneur du Roi. Aussitôt, circulaire, en allemand, défendant de fermer les écoles ce jour-là.

Bruxelles, le 5 avril 1915.

Sur l'ordre de M. le Gouverneur général en Belgique, il ne pourra pas y avoir de congé scolaire à l'occasion de l'anniversaire de S. M. le Roi des Belges ; l'enseignement ne peut pas non plus être interrompu. Les autorités militaires sont chargées de surveiller l'exécution de cette défense.

Je vous prie donc instamment de veiller à ce qu'aucun congé ne soit donné dans l'école placée sous votre direction.

Le Président de
l'Administration civile allemande
pour la province de Brabant.
(s) von FRIEDBERG.
Vu et approuvé
KRAEMER.

Les ineffables gaffeurs n'avaient oublié qu'un point, c'est que le 8 avril 1915 tombait en pleines vacances de Pâques et que toutes les écoles étaient fermées. Certaines communes se donnèrent le malin plaisir de demander aux Allemands s'ils désiraient que les élèves fussent rappelés en classe pour le 8 avril. Eux ne saisirent naturellement pas l'ironie, et répondirent qu'il ne fallait pas reprendre les cours. Cette seconde lettre renferme une phrase particulièrement savoureuse : « ma volonté est seulement que l'enseignement ne soit pas interrompu spécialement en l'honneur de l'anniversaire de S. M. le Roi des Belges ». Comme on y remarque, n'est-ce pas, le désir inébranlable de respecter le patriotisme des Belges.

L'obligation d'employer la langue allemande.

Ces lettres sont écrites en allemand. C'est d'ailleurs devenu une règle chez nos ennemis de n'écrire que dans leur langue, et souvent même dans leurs caractères, fort peu lisibles. Mieux que cela. Ils exigent à Liége et à Namur (*L'Ami de l'Ordre*, 31 août 1914) que les Belges leur écrivent aussi en allemand. Nouvelle façon de ne pas froisser notre patriotisme.

Proclamation.

A partir d'aujourd'hui 22 août 1914, le gouvernement et le comman--dant de Liége n'accepteront que les demandes et sollicitations écrites en langue allemande.

Toutes les demandes écrites en français seront négligées et resteront sans réponse.

Le Gouverneur,
Lieutenant-général v. Kolewe.

Le 22 août 1914.

L'armée belge est « l'ennemi » des Belges.

On dirait même que, loin de faire un effort pour respecter nos sentiments, ils mettent un point d'honneur (d'honneur allemand), à blesser notre loyalisme. Ainsi, quand ils condamnent quelqu'un pour service rendu aux Belges, au lieu de dire la chose simplement comme nous venons de le faire, ils annoncent que le Belge est condamné pour avoir été en rapport avec « l'ennemi ». Si encore ils parlaient de « leurs » ennemis. Mais « l'ennemi » implique que le gouvernement belge ou l'armée belge est l'ennemi des Belges.

Avis.

Par jugement en date du 5 juin 1915 du Tribunal de campagne de Liége, les personnes suivantes ont été condamnées à mort pour espion--nage :

Louise Frenay, née Derache, de Liége, marchande ;
Jean-Victor Bourseaux, de Liége, commerçant ;
Jules Descheutter, de Liers, commerçant ;
Peter Pfeiffer, de Haut-Pré, ouvrier ;
Oscar Lelarge, de Statte (Huy), employé de chemin de fer ;
Justin Lenders, de Liége, installateur ;
François Barthélémy, de Grivegnée, commerçant ;
Charles Simon, de Namur, dessinateur.

Ces personnes, de nationalité belge, sauf Simon qui était sujet anglais, ont été fusillées.

Il a été prouvé qu'elles ont agi comme membres d'une organisation qui transmettait à l'ennemi des renseignements concernant les transports des troupes allemandes sur les chemins de fer exploités militairement.

Bruxelles, le 8 juin 1915.

Der General Gouverneur in Belgiën,
Freiherr von Bissing,
Generaloberst.

Mieux encore. Ils nous informent par affiches qu'aider l'armée belge est une « trahison ». Le Belge devenant un traître parce qu'il rend service à son propre pays ! Singulière conception du patriotisme !

Avis.

Les tribunaux militaires ont eu à condamner, ces derniers temps, aux travaux forcés pour tentative de trahison, un grand nombre de Belges, qui avaient aidé leurs compatriotes soumis au service militaire, dans leur essai de rejoindre l'armée ennemie.

Je mets de nouveau en garde contre de semblables crimes à l'égard des troupes allemandes, étant données les peines rigoureuses qu'ils font encourir.

Bruxelles, le 3 mars 1915.

Le Gouverneur général en Belgique,
Baron von Bissing,
Colonel-général.

L'interdiction de la Brabançonne.

A Namur, la Brabançonne fut déclarée séditieuse a la fin de mars 1915 (*L'Ami de l'Ordre*, 23 et 24 mars 1915). Mais un mois plus tard, on permit l'exécution des quatre premiers couplets (*L'Ami de l'Ordre*, 22 et 23 avril 1915). Les quatre premiers couplets ! Qu'est-ce que les Allemands entendent par là ? Rappelons qu'aucune des versions connues de notre chant national (les deux versions de Jenneval et celle de Rogier) n'a compté plus de quatre couplets. Quels sont alors ceux que nos persécuteurs interdisent. Décidément, dans leur rage de prohibitions, ils en arrivent à sévir contre des choses inexistantes. A moins qu'il ne s'agisse du couplet qui a été inventé de toutes pièces par *La Libre Belgique*, et publié dans son n° 10. Ce serait piquant si l'autorité allemande était tombée dans le piège tendu par *La Libre Belgique*, sa bête noire.

Voilà donc la Brabançonne tolérée à Namur. Mais il ne faut pourtant pas qu'on abuse de la permission. Qu'est-ce qui constitue l'abus? L'affiche que voici nous l'apprend : il y a abus dès que le public peut entendre la Brabançonne. Bref, l'hymne national peut être chanté à condition que personne ne l'écoute.

L'hymne national dans les écoles.

Une école moyenne de Namur a profité de l'annulation de la défense de chanter et de jouer l'hymne belge, en faisant chanter la *Brabançonne* pendant les leçons ; elle l'a fait chanter par les écoliers à fenêtres ouvertes, remarquablement souvent.

Par ce fait, le public fut rendu attentif dans la rue ; il y eut des assemblées surtout de personnes belges et des applaudissements. On reconnaît dans cette manière d'agir un abus regrettable de cette permission si loyalement accordée par M. le Gouverneur général, et de la part de l'école et de la part du public, qui a participé à ces démonstrations.

Elles ont donné lieu au commandant de la position fortifiée de Namur de faire observer, que, par cette manière de chanter la *Brabançonne*, des inconvénients produits dans la rue pourront à l'avenir attirer des punitions aux auteurs.

L'Ami de l'Ordre, 8-9 juin 1915.

A Bruxelles, les Allemands n'avaient pas osé interdire ouvertement la Brabançonne, comme ils l'ont fait pour un autre chant national qui avait pour ainsi dire droit de cité chez nous, la Marseillaise (affiche du 27 mars 1915). Jamais on n'entendit autant la Marseillaise que depuis que les Allemands défendirent de « la chanter et de la jouer » ; seulement, on la sifflait ; ainsi qu'il fallait s'y attendre, ceci fut aussi constitué en délit. Quant à la Brabançonne, ils la prohibent sournoisement tout comme à Namur. On la chantait tous les jours dans une école de Bruxelles ; mais deux soldats du Landsturm qui gardaient un chemin de fer voisin l'entendirent et se sentirent froissés. D'où une lettre aux autorités communales demandant que le chant national fut exécuté avec plus de discrétion. Bref, on ne la joue plus guère que dans les églises : à la grand'messe du dimanche et aux services funèbres pour les soldats.

..

L'anniversaire national du 21 juillet.

En juillet 1915 les Bruxellois ont imaginé une nouvelle façon de fêter l'anniversaire national du 21 juillet. Puisque nos tyrans nous défendraient évidemment de mettre notre drapeau en berne, comme emblème du deuil passager de notre patrie, beaucoup de commerçants annoncent d'avance par une petite affiche imprimée que « le magasin sera fermé le mercredi 21 juillet » (*fig*. 3). Les Allemands sont mécontents. Aussi viennent-ils de prendre un arrêté interdisant toutes les manifestations et ont-ils fait annoncer par des journaux à leur solde, *Le Bruxellois* et *La Belgique*, que « la fermeture des magasins pourrait être considérée comme une manifestation ».

Le 21 juillet.

Arrêté du gouverneur de Bruxelles en date du 18 juillet 1915.
Je préviens le public que, le 21 juillet 1915, les démonstrations de tout genre sont expressément et rigoureusement interdites.
Les réunions, les cortèges et le pavoisement des édifices publics et particuliers tombent aussi sous l'application de l'interdiction ci-dessus.
Les contrevenants seront passibles d'une peine d'emprisonnement de 3 mois au plus et d'une amende pouvant aller jusqu'à 10.000 marks ou d'une de ces deux peines à l'exclusion de l'autre.
La Belgique, 19 juillet 1915.

Nous nous attendions à cet arrêté, et depuis plusieurs jours nous faisions circuler le petit avis suivant :

Cher concitoyens,

Par arrêté en date du 26 juin, quiconque porte, montre ou expose en public, *d'une façon provocatrice*, des insignes belges, ou des insignes d'autres pays en guerre avec l'Allemagne ou ses alliés est passible d'une amende de 600 marks ou de 6 semaines de prison.

Sous peu, un autre arrêté paraîtra, décrétant l'interdiction complète. Il n'y a pas à discuter, le mieux est de nous soumettre. Mais nous pouvons nous montrer Belges d'une autre façon. Dès ce jour prenons l'engagement formel *de ne plus acheter aucun des journaux* paraissant dans notre pays, et qui sont censurés et rédigés par l'autorité allemande.

Le 21 juillet, jour de notre fête nationale,
Chômage général

Faisons quand même notre anniversaire et arborons, non pas nos couleurs nationales, puisque cela ne nous est plus permis, mais nos plus belles toilettes.

Un Belge.

Prière à tout Belge recevant cet avis, de le copier 9 fois, en n'oubliant pas de répéter cette finale et de distribuer l'avis à 9 personnes, belges également, qui, à leur tour, continueront la boule de neige.

Le matin du 21 juillet tous les magasins, tous les cafés restèrent fermés ; dans les maisons particulières les volets ne furent pas levés. Il n'y eut d'ouvert dans tout Bruxelles que les quelques tavernes fréquentées par les Allemands et où jamais un Belge ne se compromet. C'était un spectacle à la fois impressionnant et réconfortant de voir pendant toute la journée une foule endimanchée circulant, grave et émue, sans un éclat de voix, dans les rues aux maisons toutes closes. Jamais, jamais, on n'avait rien vu de semblable : une multitude extraordinaire de promeneurs silencieux, dans une ville à aspect insolite, un aspect que nous ne lui connaissons que lorsque nous prenons en été un train à 5 heures du matin.

Personne n'avait osé espérer une pareille unanimité de sentiment, après onze mois d'occupation. Les Allemands rageaient. Ils amenèrent des troupes qui occupèrent baïonnette au canon les principales places publiques ; ils firent passer à toute allure à travers les rues les plus fréquentées une auto-mitrailleuse ; ils promenèrent des canons sur les avenues entourant Bruxelles. Mais ils ne réussirent pas à fomenter le plus petit trouble : le public bruxellois était trop fermement décidé à conserver sa dignité et son calme.

Dans toutes les églises le *Te Deum* fut remplacé par une grand'messe, suivie de l'exécution de la *Brabançonne* ; celle-ci était reprise en chœur par les assistants, émus jusqu'aux larmes.

Voici un petit récit d'un témoin oculaire.

Le 21 juillet 1915, fête nationale.

J'ai vécu le 21 juillet 1915 une journée d'émotions poignantes.

Je m'étais promis de passer ce jour anniversaire de notre indépendance dans le recueillement, dans la solitude favorable aux méditations amères, bien résolu à ne pas m'aventurer au dehors, et à éviter la rencontre du soldat prussien.....

Telle était ma ferme détermination dans la soirée du 20 juillet, mais elle se dissipa rapidement le lendemain matin au spectacle que présentaient les maisons de mon entourage. Loin de m'inciter à la retraite, l'aspect lugubre de la rue où tout restait obstinément clos me tenailla le cœur et me donna bientôt l'ardent désir de voir la ville, toute la ville, sous des dehors que jamais plus, sans doute, nous ne reverrons.

Le temps de revêtir ma redingote, de me coiffer de mon haut de forme garni de crêpe, et je dévale les pentes de mon faubourg montagneux, piquant droit vers le centre de Bruxelles.

La chaussée d'Ixelles, toujours très animée malgré les entraves de l'occupation, présente ce matin un singulier aspect. Elle n'est pas déserte, loin de là, mais la circulation, comme si elle obéissait à un mot d'ordre, se porte tout entière dans la direction de la place Royale. Partout, la vie commerciale est suspendue. Tous les établissements sont fermés. Les magasins de cigares, d'épicerie et de mercerie, les boutiques de fleurs, de chaussures, d'objets de toilette, tout est clos, de la plus modeste à la plus opulente vitrine ; les cafés eux-mêmes restent obstinément fermés. L'unanimité de la manifestation lui donne un caractère imposant de grandeur, elle réconforte les âmes maintenant habituées à la peine, elle communique aux plus éprouvées un sentiment de fierté et d'orgueil patriotique. Cependant, c'est bien l'opposé d'une manifestation que ces persiennes baissées, ces volets fermés, ces portes verrouillées. C'est bien la négation de toute vie, de toute action. Et néanmoins, on se sent fortement remué et ému, tant l'ensemble du geste est beau et touchant. Que serait-ce donc si on avait pu arborer les couleurs nationales, pavoiser les maisons, chanter la *Brabançonne ?*.....

Les *Te Deum* sont interdits. On n'en a chanté nulle part. Qu'importe, puisqu'on a fait mieux ! A la fin de la messe votive chantée pour nos enfants que les hordes ont massacrés, oh ! noble gouverneur, nous avons pu, à l'abri du lieu saint et sous l'égide du grand Archevêque que tu n'as pu abattre, nous avons pu, dis-je, exalter notre patriotisme débordant d'allégresse, et connaître enfin ce qu'a dû avoir d'ardeur et de puissance *La Muette de Portici* entonnée par nos grands-pères, il y a 85 ans, dans des journées assurément moins sombres que celles que tu nous fais connaître aujourd'hui. Tu nous as rendu témoins du plus poignant spectacle qu'on puisse imaginer. Tu nous as fait voir, dans l'église Sainte-Gudule, des femmes et des enfants en pleurs, des vieillards en un geste de malédiction, des hommes le bras menaçant, des prêtres donnant libre cours à leur enthousiasme patriotique. Grâces te soient rendues, gouverneur : tu as bien mérité de Bruxelles...

Réconforté par tant d'enthousiasme, je partis allègrement vers la place des Martyrs. Déjà, la physionomie de la ville me paraissait tout autre. Il se dégageait des maisons fermées comme une harmonie qui chantait l'allégresse dans un décor funèbre. Et le chant, à mesure que j'approchais du mausolée élevé aux braves de 1830, prenait plus d'ampleur, semblait tinter en notes sonores de victoire. La place des Martyrs était imprégnée d'une atmosphère de bonheur et de gloire. Sans doute, la *Brabançonne* en était proscrite, mais la tyrannie est restée sans action sur la pensée de la foule qui toute la journée a défilé devant le monument historique, et l'on sentait que cette pensée était une dans ses vœux, inébranlable dans sa foi, inflexible dans sa résolution. Elle s'est d'ailleurs exprimée en un geste d'une beauté touchante. Les charrettes des marchandes de fleurs, groupées aux abords de la place, lui fournirent l'occasion de manifester ses sentiments. C'est par milliers que les bouquets de roses, de bleuets, de coquelicots tombèrent en avalanche, recouvrant les tombeaux de ceux qui nous ont conquis l'indépendance. Les monuments élevés au comte de Mérode et à Jenneval avaient reçu leurs gerbes de fleurs et, perdus sous leur chatoyant décor, les deux héros transfigurés semblaient sourire à notre résistance, encourager nos énergies, fortifier nos espoirs...

Aucun des journaux qui s'éditent actuellement à Bruxelles et qui sont aux ordres, si pas à la solde des Allemands, n'en a donné de relation. Tant mieux. Nous y voyons, oh ! von Bissing, l'aveu de ton impuissance et de ton dépit. Tant mieux encore, car ils n'ont pas ainsi souillé le souvenir de notre belle journée, souvenir qui restera dans toute sa beauté, dans toute sa pureté, à jamais gravé dans notre mémoire.

La note comique fut donnée par les Allemands. Tout à coup, dans l'après-midi, des autos vinrent bousculer la foule recueillie ;

elles apportaient des affiches rouges, aussitôt placardées, qui annonçaient que les cafés, cinémas, etc., devaient être fermés à 8 heures du soir (heure allemande). Or, aucun établissement ne s'était ouvert. Faut-il qu'on ait perdu son sang-froid pour se livrer à une démonstration aussi grotesque !

Avis.

Les hôtels-restaurants, brasseries, estaminets, cafés et cinémas doivent être fermés aujourd'hui, le 21 juillet, à partir de 8 heures (heure allemande) du soir, dans l'agglomération bruxelloise.

Bruxelles, le 21 juillet 1915.

Der Kommandant,
Frhr von STRACHWITZ,
Oberst.

En guise de représailles, l'autorité suspendit les deux seuls journaux qui s'étaient abstenus de paraître le 21 juillet : *Le Quotidien* et *L'Écho de la Presse*. Aussitôt *La Belgique*, qui avait paru, elle, se suspendit elle-même, pour faire croire qu'elle n'est pas allemande. Quant au *Bruxellois*, il ne souffla mot de la touchante manifestation muette du 21 juillet.

Dans toutes les autres villes de Belgique les magasins restèrent également fermés. A Anvers on a vu plus fort : le bureau des passeports allemands, à la Place Verte, annonçait par deux affiches manuscrites, en allemand et en flamand, qu'il était fermé le 21 juillet. Les Allemands essayaient donc de nous refaire le coup de la feuille de lierre (p. 331). Vainement d'ailleurs, puisque le 21 juillet ne devait pas avoir de lendemain.

A Gand ils avaient interdit la fermeture des magasins. Aussi ceux-ci étaient-ils tous ouverts. Mais à la place de l'étalage, on y voyait un groupe composé d'un seau d'eau, d'une brosse et d'une peau de chamois, avec l'inscription « *On nettoie aujourd'hui* ».

L'anniversaire du 4 août.

Il faut croire que l'unanimité de la fermeture des maisons à Bruxelles les a piqués au vif, puisqu'ils défendaient qu'on répétât cette manifestation le 4 août 1915, anniversaire de leur entrée en Belgique.

Avis.

Je préviens la population de l'agglomération bruxelloise que, le 4 août, toute démonstration, y compris le pavoisement des maisons et le port d'insignes en vue de manifester, est strictement défendue.

Tous les rassemblements seront dispersés sans ménagement par la force armée.

En outre, j'ordonne que, le 4 août, tous les magasins, ainsi que les cafés, restaurants, tavernes, théâtres, cinémas et autres établissements du même genre soient fermés à partir de 8 heures du soir (heure allemande). Après 9 heures du soir (heure allemande), seules les personnes ayant une autorisation spéciale et écrite émanant d'une autorité allemande pourront séjourner et circuler dans la rue.

Les contrevenants seront punis soit d'une peine d'emprisonnement de cinq ans au plus et d'une amende pouvant aller jusqu'à 10.000 marks, soit d'une de ces deux peines à l'exclusion de l'autre.

Les magasins et établissements précités qui, démonstrativement, fermeront pendant la journée du 4 août, resteront fermés pendant une période de temps assez longue.

Le 1er août 1915.

Le gouvernement militaire,

von KRAEWEL.

L'affiche qui annonce l'interdiction défend aussi de pavoiser. Pavoiser, grands dieux ! qui donc songerait à faire flotter un drapeau pour commémorer la rupture d'un pacte international ! Tout au plus les Bruxellois avaient-ils l'intention de mettre à la boutonnière, le 4 août, un petit « chiffon de papier ». Mais cela aussi était prohibé.

Ce que les Allemands n'avaient pas songé à défendre, ce fut la petite manifestation de sympathie qu'on leur fit le soir du 4 août. Conformément à l'ordonnance, toutes les portes se fermèrent à 19 heures (8 h. allemande). Mais dans plusieurs quartiers populaires de Bruxelles, à peine les habitants furent-ils retirés chez eux que les fenêtres des étages s'ouvrirent, et qu'il en sortit un assourdissant concert où dominaient les phonographes, les réveille-matin e. les couvercles de casserole. Les patrouilles exigèrent la fermeture des fenêtres ; mais les gens grimpèrent sur les toits pour y continuer le charivari. Le commandant militaire se fâcha. Il ne lui fallut que 5 jours pour édicter une punition appropriée :

Une communication officielle.

M. Maurice Lemonnier, ff. de bourgmestre de la ville de Bruxelles, vient de faire afficher la communication suivante :
« Aux habitants de la rue de l'Escalier et de la rue du Dam :
Je vous communique la traduction d'un extrait d'une lettre que je viens de recevoir de l'autorité allemande.
J'attire votre attention sur les sanctions annoncées contre ceux qui contreviendraient aux mesures ordonnées par le gouvernement militaire allemand ».

Bruxelles, le 9 août 1915.

Au Collège échevinal de Bruxelles :

... Si même je veux reconnaître que l'administration de la Ville s'est efforcée à faire appliquer, le 4 de ce mois, par ses organes, les mesures prescrites, il reste cependant subsister le fait que, dans deux rues, des individus isolés ont tenu d'une manière démonstrative une grossière inconduite à l'égard des patrouilles allemandes.

Il est à regretter que les coupables individuellement n'aient pu être découverts ; par suite, il ne me reste qu'à prendre des mesures contre les rues dont il s'agit dans lesquelles des écarts ont été commis.

En conséquence, j'arrête ce qui suit en ce qui concerne les deux rues de l'Escalier et du Dam :

A partir du lundi 9 de ce mois et pour la durée de quatorze jours, c'est-à-dire jusqu'au 23 de ce mois inclusivement :

A. Toutes les maisons de commerce et tous les cafés seront fermés à partir de 7 heures du soir (heure allemande).

B. A partir de 9 heures du soir (heure allemande) personne ne pourra se trouver hors de sa maison sur la rue. Depuis cette heure toutes les fenêtres donnant sur la rue devront être fermées.

Il incombe à la Ville de communiquer ce qui précède aux habitants de ces rues, d'appliquer les mesures précitées et d'exercer, pour l'observance de celles-ci, une sévère surveillance.

Aussi je vous prie de faire en sorte que ces rues soient suffisamment éclairées, jusqu'à 11 heures du soir (heure allemande).

En outre, je ferai inspecter ces rues par des patrouilles allemandes. S'il se produisait, à cette occasion, de nouveaux écarts contre les patrouilles allemandes, ces dernières feraient usage de leurs armes.

Avec haute considération distinguée.

(Signé) von Kraewel,
Gouverneur de Bruxelles.

Nos tyrans craignent beaucoup les démonstrations populaires. Les Liégeois avaient projeté d'honorer le 6 août 1915, au cimetière, les soldats morts pour la patrie pendant la défense de la ville en août 1914. Aussitôt, les Allemands firent afficher des mesures restrictives.

Ville de Liége.

À LA POPULATION

Le Colonel von Soden, commandant de la place de Liége, vient de m'adresser la lettre suivante (en traduction) :

« Au cours de la matinée du vendredi 6 août, des cérémonies commémoratives auront lieu aux tombes des soldats morts en combattant.

« Je vous prie de porter ce qui précède à la connaissance de la population.

« J'insiste particulièrement sur ce que, dans la visite aux tombes, ou en cas de participation aux cérémonies militaires, aucune manifestation démonstrative ne peut se produire. »

Liége, le 2 août 1915.

Le Bourgmestre,
G. Kleyer.

Les Liégeois ripostèrent en mettant en deuil les magasins : et le 5 août c'était un spectacle impressionnant de voir dans tout le centre de Liége les étalages garnis de violet foncé.

L'inspection scolaire par les Allemands.

Dans les écoles de Bruxelles les enfants ont pu jusqu'ici chanter la Brabançonne, en sourdine. Mais cela va changer. L'autorité allemande a pris en effet un arrêté contre les manifestations germanophobes dans les écoles.

Arrêté.

Article premier

Les membres du personnel enseignant, directeurs et inspecteurs d'école qui, pendant la durée de l'occupation, tolèrent, favorisent, provoquent ou organisent des menées ou manifestations germanophobes seront punis d'une peine d'emprisonnement d'un an au plus.

Article deuxième

Les autorités allemandes ont le droit de pénétrer dans toutes les classes et chambres de toutes écoles existant en Belgique et de surveiller l'enseignement et toutes les manifestations de la vie scolaire en vue d'empêcher les menées et intrigues dirigées contre l'Allemagne.

Article troisième

Quiconque cherche à contrecarrer ou empêcher les constatations et recherches se rapportant aux infractions mentionnées à l'article 1er ou les mesures de surveillance ordonnées par l'article 2 est passible d'une amende de 10 à 1.500 marks ou d'une peine d'emprisonnement de 6 mois.

Article quatrième

Les infractions prévues par les articles 1er et 3e seront jugées par les tribunaux militaires.

Bruxelles, le 26 juin 1915.

Der General Gouverneur in Belgien.

Freiherr von Bissing,
Generaloberst.

Nos enfants devront désapprendre le chant national qui, dans les circonstances présentes, est évidemment « une menée ou une intrigue contre l'Allemagne ». Il faudra aussi que les professeurs d'histoire surveillent leurs paroles. A la leçon de français on ne récitera plus *Le meunier de Sans-Souci* d'Andrieux. Même, il y aura lieu de faire des coupures aux classiques latins ; car voyez-vous les tribunaux militaires obligés de sévir contre Tacite, parce que déjà de son temps « *Gallos certare pro libertate, Batavos pro gloria, Germanos ad prædam* (les Gaulois combattent pour la liberté, les Bataves pour la gloire, les Germains pour le pillage) ». Un autre auteur latin qui serait certainement proscrit est Velleius Paterculus ; il dit dans son histoire romaine : « *At illi (Germani), quod nisi expertus vix credat, in summa feritate versutissimi natumque mendacio genus* (Les Germains allient une extrême férocité à la plus grande fourberie ; c'est une race née pour le mensonge ; et il faut les avoir fréquentés pour le croire) ». Velleius Paterculus était un bon observateur.

*
* *

Refus de passeports pour la Hollande.

On pourrait allonger indéfiniment la liste des ruptures d'engagements. Citons encore celles-ci.

En octobre, quand plus d'un million de Belges avaient trouvé un abri en Néerlande, des réfugiés revenaient en Belgique pour voir si leur maison était encore debout et s'ils pourraient retrouver un gagne-pain. Ils comptaient, si l'examen était favorable, retourner en Hollande pour chercher leur famille ; quant à ceux qui constataient que tout était détruit chez eux, ils voulaient naturellement repartir aussi. Or, aux uns comme aux autres, les Allemands défendaient de repasser la frontière. Dès qu'on sut en Hollande que ceux qui entraient en Belgique y étaient retenus, plus personne, naturellement, n'osa se mettre en route. Comme le Gouvernement occupant tenait beaucoup à la rentrée des réfugiés, il fit annoncer par voie d'affiche qu'il prenait l'engagement de laisser repartir en toute liberté ceux qui viendraient en Belgique pour se rendre compte de la situation. Mais dès qu'une grande partie de la population fut rentrée, on décréta brusquement qu'on ne délivrait plus de passeports pour la Hollande (*N. R. C.*, 5 novembre 1914, matin).

Le payement des réquisitions en bloc et l'impôt sur les absents.

Lorsque l'autorité allemande imposa à la Belgique l'écrasante contribution de 480.000.000 (p. 162), elle prit divers engagements, notamment de ne pas renouveler cette contribution, et de payer le plus tôt possible les marchandises réquisitionnées en bloc.

Avis.

A la condition que les contributions imposées aux neuf provinces pour la durée d'un an, suivant ordre du 10 décembre 1914 publié au Recueil des Lois et Arrêtés pour le territoire belge occupé (n° 27 du 4 janvier 1915) et s'élevant au total à 40 millions de francs par mois, soient payées ponctuellement, les stipulations suivantes ont été arrêtées par l'autorité militaire supérieure pour ce qui a trait au territoire belge d'opérations et d'étapes placé sous sa juridiction et par moi pour le territoire belge occupé, placé sous ma juridiction :

1° Il ne sera plus imposé d'autres contributions au pays, aux provinces ou aux communes que celles constituant des amendes et que rendraient nécessaires des agissements répréhensibles contre l'armée allemande ou l'administration allemande. Les termes des contributions imposées antérieurement et qui devaient être réglés après le 15 décembre 1914 sont abandonnés ;

2° Toutes les réquisitions pour l'armée d'occupation seront réglées au comptant à dater du jour du règlement de la 1re mensualité, c'est-à-dire à dater du 15 janvier 1915. Il ne sera pas accordé de rétribution pour le logement sans entretien. Toute convention contraire conclue antérieurement reste valable.

3° Pour les troupes d'étape et pour les armées combattant en Belgique, les réquisitions, c'est-à-dire les prestations obligatoires pour les soins et l'entretien, seront payées le plus tôt possible, et tout au moins partiellement, au comptant. Le paiement du solde aura lieu sur production des bons de réquisition dûment vérifiés et aussitôt après règlement de la prochaine mensualité de la contribution ;

4° L'indemnité pour les marchandises réquisitionnées ou à réquisitionner, en bloc, sera réglée le plus tôt possible au comptant, en effets de commerce de premier ordre ou en avoirs dans les banques allemandes.

Bruxelles, le 9 janvier 1915.

Le Gouverneur général en Belgique,

Baron von Bissing,

Colonel-Général.

Pour ce qui est du renouvellement de l'imposition en décembre 1915, attendons. Quant au payement des réquisitions en bloc, lisez le rapport de la Chambre de Commerce d'Anvers à la Commission Intercommunale et vous saurez comment les Allemands ont violé cet engagement.

La déclaration du 9 janvier stipulait aussi qu'« il ne sera plus imposé d'autres contributions aux pays, aux provinces ou aux communes. Sept jours après, le 16 janvier, les Allemands frappaient les absents d'une imposition égale au décuple de la contribution personnelle (voir plus loin, p. 366, et *2° Livre Gris*, n° 120).

. .

Tirons la moralité — ou l'immoralité — de cette longue suite de manquements à la parole, qui aurait pu s'allonger bien davantage. Nous dirons que plus personne ne peut avoir confiance dans l'Allemagne. Et pourtant celle-ci continue à faire des promesses, et elle se froisse même quand on doute de sa parole. Ainsi, dans son discours à la séance du Reichstag du 28 mai 1915, sur les négociations avec l'Italie, le Chancelier dit : « L'Allemagne avait donné sa parole que les concessions offertes (par l'Allemagne) seraient effectivement accordées (par l'Autriche) (1) ; par conséquent il ne pouvait persister aucun motif de méfiance ». L'Italie, forte de l'expérience acquise par la Belgique, estimait au contraire que la méfiance s'imposait du moment où l'Allemagne engageait sa parole, et elle rompit les négociations pour déclarer la guerre.

5. Les excitations a la désunion

« Diviser pour régner » est une maxime que les Allemands appliqueraient volontiers aux Belges. Aussi mettent-ils tout en œuvre pour essayer de séparer la nation de son Roi, pour exciter les Belges les uns contre les autres, et enfin pour allumer la discorde entre nos Alliés et nous.

Nous venons de voir par quels procédés inqualifiables, après avoir promis de respecter notre patriotisme, ils ont ensuite contre-

(1) Les mots entre parenthèse sont de nous, non du Chancelier.

carré systématiquement (comme ils font toutes choses) nos sentiments de fidélité à notre Roi et à notre nationalité. Non contents de s'opposer, tantôt hypocritement, tantôt ouvertement, à toutes nos manifestations loyalistes, ils essayent de nous irriter contre nos Souverains.

Excitations contre le Roi et la Reine.

Tout d'abord, en même temps qu'ils accusent la nation belge de s'être vendue à la Triple Entente, ils tiennent le Roi pour personnellement responsable de cette « conspiration ». Devenu le valet ou l'esclave de l'Angleterre, le Roi prisonnier et « sans terre » (p. 410), ne put pas accepter la main amicalement tendue deux fois de suite par le Kaiser, le 2 et le 9 août 1914 (*Düss. Gen.-Anz.*, 10 octobre 1914).

A Anvers les Allemands savent qu'il promet de mourir dans la ville avec les derniers soldats (*Düss. Gen.-Anz.*, 10 octobre 1914). (Les Allemands sont les seuls à avoir entendu cette déclaration saugrenue.) Puis il trahit son armée et, au milieu des malédictions de ses sujets, il prend la fuite vers ses séducteurs, le Roi damné, instigateur des crimes de Herve, de Battice, de Dinant et de Louvain (*Ibidem*).

Le voici à l'Yser, le triste Roi « abandonné de Dieu » ; il ne demanderait pas mieux que de conclure enfin la paix. Mais l'Angleterre le tient dans ses rets et l'empêche de donner suite à ce sage projet. C'est *Le Réveil*, le tant véridique journal de Dusseldorf, qui nous révèle ce sinistre exploit d'Albion, dans son numéro du 25 octobre.

Le roi Albert voulut faire la paix.

Vienne, 24 octobre. — Un correspondant de la *N. F. P.* annonce que le Roi Albert de Belgique avait eu l'intention de signer une paix particulière avec l'Allemagne et l'Autriche-Hongrie, mais que l'Angleterre l'avait empêché d'exécuter son projet.

Le Réveil, 25 octobre 1914.

Hamburger Nachrichten a reçu, de Bruxelles, la même nouvelle (*Vossische Zeitung*, 15 novembre 1914).

La brochure de propagande *Lüttich* est moins sévère pour notre souverain, puisqu'elle invoque comme circonstance atténuante son « aveuglement qui frise la bêtise ». Voici quelques extraits de l'article de *Lüttich* :

L'aveuglement du Roi Albert.

... La position du Roi était telle que, s'il avait laissé passer l'armée allemande sans combattre, il s'exposait à être détrôné par les Wallons qui eussent immédiatement décidé l'alliance avec la république française et appelé à l'aide les culottes rouges...

... La déclaration apaisante que fit l'attaché allemand peu de jours avant l'ultimatum : « Ne craignez rien de nous. Vous verrez peut-être brûler la maison de votre voisin, mais la vôtre restera intacte », — c'est ainsi du moins que le rapportèrent *Le Soir*, *L'Étoile Belge*, etc. — cette déclaration endormit les Belges dans la sécurité, jusqu'au moment de la marche en avant (1). On ne crut pas à l'assurance officielle que l'intégrité de la Belgique serait respectée, que nous voulions simplement le libre passage, pour attaquer les Français ; et la guerre contre les Allemands commença, accompagnée des attentats de cannibales contre nos compatriotes expulsés.

Une fois encore, le Roi eut la possibilité d'en sortir sain et sauf : ce fut lorsqu'une nouvelle offre lui fut faite après la chute de Liége.

A ce moment, il avait déjà fait la triste expérience d'avoir été abandonné par ses « amis » les Français et les Anglais, et laissé seul avec sa petite armée, en face des Allemands victorieux et beaucoup plus puissants.

Le fait que même lorsqu'il vit sa confiance trompée, et qu'il ne put plus compter sur un *Deus ex machina*, il refusa la main tendue de l'Allemagne, témoigne d'un aveuglement qui frise la bêtise, et le livre à la merci de son adversaire...

Frankfurter Zeitung, d'après la brochure *Lüttich*.

Incommensurable orgueil ou imbécillité, voilà donc la caractéristique du Roi Albert.

Ces palladins du tact et de la délicatesse respecteront-ils au moins notre Souveraine ! N'en doutez pas.

(1) Cet aveu de duplicité est bon à retenir. Le fait est d'ailleurs absolument exact (Note de J. M.).

Un article sur le Roi Albert et la Triple Entente, dans *Deutsche Soldatenpost* du 10 octobre 1914, journal destiné à la fois aux soldats allemands et au public belge, dit ceci :

« Dès le début, la Reine était initiée aux projets du Roi. Elle n'a pas eu un seul mot de reproche pour les horribles brutalités dont furent victimes principalement d'innocentes jeunes filles allemandes à Bruxelles et à Anvers ».

Eh bien ! qu'on le sache. Aucune de ces « preuves » n'a ébranlé notre fidélité : malgré toutes les prohibitions, et malgré toutes les amendes, on continue à vendre par milliers chaque jour les portraits du Roi au milieu de ses troupes, et les portraits de la Reine, de notre chère petite Reine, soignant les blessés (*fig. 4*). Les Belges sont décidément d'un patriotisme incurable !

Excitations des Wallons contre les Flamands.

Aussi chercha-t-on autre chose. Puisqu'on ne parvenait pas à désunir le peuple et ses souverains, on essaya de semer la zizanie entre les citoyens, en envenimant la question des langues, et en ravivant les rancunes politiques.

Tout d'abord ils exploitent de la manière la plus virulente le conflit flamand-wallon. De même que dans tous les pays où l'on parle plusieurs langues, il y a naturellement en Belgique lutte entre les Flamands, de langue germanique, qui occupent la moitié nord du pays, et les Wallons, parlant une langue latine, qui occupent la partie sud. Mais cette lutte, si ardente qu'elle fut, n'a jamais entamé le fond de notre conscience nationale, et nous nous sommes toujours sentis Belges avant tout.

Au début, avoue M. Kurd von Strantz, les Allemands n'avaient pas compris tout le parti qu'on pouvait tirer de l'antagonisme des races en Belgique, antagonisme qu'ils croyaient profond, alors qu'il est à fleur de peau. Mais depuis le mois d'août ils tentent de rattraper le temps perdu ; ils ne ratent plus une occasion d'exciter les Flamands contre les Wallons, et surtout de faire croire à ces derniers que les Flamands se sentent déjà de la sympathie envers leurs bourreaux.

Ce n'est que deux mois environ après l'occupation de la capitale, que les Allemands, organisant leur conquête, se sont efforcés de gagner les Flamands en feignant d'épouser leurs griefs et en exploitant la parenté de race, pour les séparer de leurs concitoyens wallons. Brusquement, dans les communiqués, le flamand prit la place occupée jusqu'alors par le français, et les journaux allemands se découvrirent des sympathies touchantes pour les « frères flamands », pour leur pays, pour leur art. Il n'est pas même besoin de la pièce publiée par *N. R. C.*, du 11 décembre 1914, soir, — et qu'a vue M. Paul Hymans, — pour deviner, à l'origine de ces manifestations subites et simultanées, le mot d'ordre venu d'un milieu officiel allemand.

Car il n'en avait pas été ainsi dans les premières semaines de l'occupation : la correspondance ne pouvait se faire alors qu'en allemand ou en français ; le flamand n'était pas toléré. Les avis officiels n'étaient rédigés qu'en allemand et en français. Puis, le 25 août, les affiches du gouvernement parurent en allemand, en français et en flamand. Enfin, le 1er octobre 1914 le flamand eut le pas sur le français. Si au point de vue de la loi belge la dernière mesure est légale dans l'agglomération bruxelloise, il n'en est plus de même de celle qui ordonne aux cinémas la publication du programme en flamand aussi bien qu'en français, alors que souvent le flamand est ignoré de l'entrepreneur, et est orthographié d'une façon fantaisiste ; absolument illégal aussi est l'arrêté qui oblige les commerçants de Bruges et d'Ostende à remplacer leurs enseignes françaises par des enseignes allemandes. Plus blessant encore est certain jugement rendu à Tongres : des jeunes gens, Wallons et Flamands, accusés d'un même délit, étaient inscrits, selon leur origine, sur des listes séparées. Les Wallons furent condamnés à des peines plus sévères que les Flamands. On voit le double but : Ménager les Flamands et susciter contre eux la méfiance des Wallons. A rapprocher du fait que les prisonniers civils flamands ont été en grande partie rapatriés, tandis que la plupart des Wallons sont encore en Allemagne.

Cependant, la besogne quotidienne de persuasion insinuante est fournie par la presse allemande. Elle fait tout d'abord ressortir entre Allemands et Flamands une grande affinité de caractère, de passé historique, d'origine et de langue (*Düss. Gen.-Anz.*, 4 décembre 1914). Il faut que les Allemands ménagent les Flamands, et se rapprochent d'eux. Une des raisons pour lesquelles il ne faut pas traiter la Belgique plus durement (ainsi qu'on l'avait demandé), (p. 365) c'est qu'il y a parenté de race d'une partie de la population avec les Allemands. — Il n'y a pas de peuple belge (*Voss. Zeit.*, 1ᵉʳ mars 1915). — On fait état d'échos lointains de la lutte linguistique (*Voss. Zeit.*, 1ᵉʳ mars 1915 ; *K. Z.*, 25 et 29 janvier 1915 ; *K. Z.*, 13 novembre 1914 ; *K. Z.*, 18 mars 1915 ; *Frankf. Zeit.*, 24 mars 1915 ; Osswald, *Zur Belgischen Frage*). — On veut monter le sentiment du peuple flamand contre le gouvernement belge « purement wallon » (*Frankf. Zeit.*, 24 mars 1915) et contre la presse belge de langue française, l'un et l'autre depuis longtemps acquis à la France et à la haine de l'Allemagne (*K. Z.*, 13 novembre 1914). — La *Croix Rouge* est publiée dans les trois langues, le flamand précédant même l'allemand, et le français n'occupant que l'extrême droite ; chaque numéro a pour unique feuilleton une nouvelle en flamand. — Un petit *Vlamischer Sprachführer* (Manuel de conversation flamande) est publié à Dusseldorf, à l'usage des Allemands, et surtout des soldats. — Afin de compromettre les Flamands, on prétend que des Flamands notoires travaillent déjà aux côtés de l'administration allemande. — On croit pouvoir affirmer qu'il existe un groupe de jeunes flamands pro-allemands (*K. Z.*, 18 mars 1915). — Dans les traductions de vers, on rend le « dietsch » ou « duitsch » des poètes flamands, par « allemand », alors que ces mots désignent simplement la langue flamande ou néerlandaise (*Lüttich*, p. 12 ; *Köln. Volksz.*, 2 janvier 1915). — Karl Lamprecht, l'historien bien connu, qui sait pourtant que sa traduction est fausse, traduit aussi « dietsch » par « allemand » (*Die Woche*, n° 12 de 1915). Mieux encore, dans ce même article, M. Lamprecht feint de supposer que par l'expression « Noord en Zuid », Emmanuel Hiel a voulu désigner les Allemands et les Flamands alors qu'il s'agit sans confusion possible des Hollandais (Noord-Nederlanders) et des Flamands (Zuid-Nederlanders).

Une nouvelle de M. Maurice Sabbe est publiée dans *Berliner Tageblatt* du 25 décembre 1914, avec une introduction singulièrement compromettante pour les sentiments patriotiques de l'auteur ; on lira la réplique, très nette, de celui-ci.

Comment les Allemands essayent d'attiser le conflit flamand-wallon.

Berliner Tageblatt, n° 655, 25 décembre 1914, 2° supplément, publie une nouvelle : « Comment fut enterrée Fräulein Dünchen (Reproduction interdite), par Maurice Sabbe, professeur de langues germaniques à l'Athénée de Malines ».

La nouvelle était précédée d'une petite introduction que voici :

« L'esquisse que nous publions ici mérite une attention particulière. Maurice Sabbe est un savant et un écrivain flamand réputé, qui, pendant le bombardement de Malines, s'enfuit en Hollande. Sabbe connaît l'Allemagne par un long séjour qu'il fit à Weimar, et les événements militaires n'ont pu ébranler ses sentiments, exempts de préjugés, pour l'Allemagne et le germanisme (Deutschtum). Il exprime son opinion avec sympathie en des conférences qu'il fait en Hollande et, dans le même esprit, il a fait adresser par son traducteur, à un journal allemand, *Berliner Tageblatt*, cette nouvelle malinoise, qui décrit un épisode de la guerre : *la première contribution qui, venant de Belgique et écrite par un Belge pendant la guerre, ait été destinée à être publiée en Allemagne.*

« La Rédaction. »

(Puis vient le conte traduit en allemand).

La lettre suivante permet d'apprécier la sincérité allemande. Elle a paru dans l'*Écho Belge*, journal des réfugiés belges à Amsterdam, 28 décembre 1914.

Bussum, le 28 décembre 1914.

Monsieur le Rédacteur,

Je vous demande l'hospitalité pour les lignes suivantes.

Dans le numéro de novembre 1914, de la revue *Onze Eeuw*, je fis paraître le récit littéraire d'un épisode du bombardement de Malines. Un Hollandais, M. E. Meier, me demanda l'autorisation d'en faire publier une traduction dans un journal allemand. Je la lui accordai sans hésitation et avec une certaine joie même. Mon récit mettait en lumière la bonté et la magnanimité de mes compatriotes vis-à-vis de leurs ennemis et, à un moment où la presse allemande accusait chaque

Belge d'être un franc-tireur, je m'estimais heureux de pouvoir mettre sous les yeux du public allemand un exemple du contraire.

Je laissai à mon traducteur le choix du journal, et la traduction parut dans le numéro de Noël du *Berliner Tageblatt*.

Mais voici où l'histoire se corse. A mon insu la rédaction du *Berliner Tageblatt* a fait précéder ma nouvelle d'une notice fort compromettante pour moi. Elle y affirme, en effet, que j'ai des sympathies allemandes que la guerre n'est pas parvenue à ébranler, que je fais en Hollande des conférences pour exprimer ces sentiments et que j'ai écrit ma nouvelle, spécialement pour être publiée en Allemagne !

La dernière affirmation est déjà démentie par le fait que le récit en question est la traduction du texte paru dans une revue hollandaise il y a deux mois. Quant à mes sentiments, ils sont ce qu'ils ont toujours été, ceux d'un Belge inébranlablement attaché à sa malheureuse patrie et à son noble Roi. Ce sont ces sentiments-là et pas d'autres, que j'ai exprimés dans mes conférences en Hollande. Mes nombreux auditeurs peuvent en témoigner.

Vous me feriez un sensible plaisir, Monsieur le Rédacteur, en insérant cette lettre afin de m'aider à éviter tout malentendu.

Agréez, etc.

Maurice SABBE.

Ce n'est évidemment qu'un détail dans la lutte que nous soutenons contre l'Allemagne envahissante, mais il est fort instructif, parce qu'il montre bien qu'avant d'admettre une assertion quelconque de la part de nos oppresseurs, il faut toujours se demander à quel degré elle est mensongère. La même question se pose à propos de la lettre écrite par un Flamand habitant Liége et parlant « au nom de la population flamande de Liége », qui aspire à vivre sous la domination allemande. Par les singularités de sa syntaxe et de son orthographe, ce Flamand de Liége ne peut être que d'origine rhénane (*Düss. Gen.-Anz.*, 11 février 1915).

Voici la conclusion d'un article sur « la nouvelle répartition de la Belgique en districts », qui résume fidèlement la mentalité allemande au sujet des Flamands et des Wallons.

Les Flamands, qui forment la grande majorité de la population de la Belgique, sont pourtant la chair de notre chair ; ils ne forment avec nous qu'une seule race ; leur pays était un élément précieux du vieil empire allemand et leur langue est comprise et parlée facilement et sans effort par la grande masse de notre population dans la province rhénane, à Dusseldorf, à Cologne, à Aix-la-Chapelle, etc. La politique de faiblesse du vieil empire allemand a lâché les rênes de ce beau pays, et le fransquillonnisme envahissant a semé la haine entre les frères. Au point que nous, qui aurions dû être salués par les Flamands comme des libérateurs qui mettaient fin à l'oppression d'une mince couche superficielle de Wallons, nous avons dû nous frayer un passage à travers les coupegorges de Louvain, Dinant et Namur. Cela est fini, nous avons chassé les hommes d'état qui se sont associés avec l'Angleterre et la France pour l'anéantissement de l'Empire allemand, nous avons sauvé les Flamands des malfaiteurs wallons qui opéraient à Bruxelles pour le malheur de la Belgique. Nous possédons des indications qui montrent que, d'une manière générale, les esprits se retournent dans la région flamande, et que celle-ci, quel que puisse être le sort de la Belgique, comprend une chose : c'est que jamais plus la politique de ce pays ne peut être dirigée contre l'empire allemand, que *ce n'est qu'aux côtés du peuple allemand que fleurira l'avenir de nos frères flamands*. Nourrir et entretenir cet esprit-là, telle sera la belle tâche des personnalités à qui l'Empereur a confié l'administration de la Belgique pendant la guerre.

Düss. Gen.-Anz., 4 décembre 1914.

Excitations contre le Gouvernement belge.

D'autre part, ils aspirent à détacher le peuple belge de son gouvernement. C'est surtout en septembre-octobre 1914 qu'ils ont accumulé les tentatives de ce genre. Ils avaient alors un intérêt majeur à amener le plus de troupes possibles sur le front occidental, déclare M. le lieutenant général Imhoff (dans l'introduction de J. Delbrück, *Der deutsche Krieg in Feldpostbriefen*, p. 11 à 13). Or des centaines de milliers de leurs hommes étaient retenus en Belgique pour le siège d'Anvers. Il fallait coûte que coûte les libérer pour allonger vers le nord-ouest le front de combat, jusqu'à la mer. Ils n'hésitèrent pas à faire une troisième fois, vers la mi-septembre, des propositions de paix au Gouvernement belge, propositions qui furent repoussées avec dédain comme les précédentes. Devant le nouvel insuccès de leur diplomatie, ils essayèrent de la fourberie, une spécialité où ils brillent davantage : ne parvenant pas à influencer directement les dirigeants de la politique belge, ils tentèrent d'agir sur eux par l'entremise de la population. On fonda alors un journal, *L'Écho de Bruxelles*, « pour le bien-être général », où écrivait un certain Aristide. Celui-ci, qui se présentait comme un correspondant occasionnel du journal, alors que ses articles en constituaient l'unique raison d'être, publia dans le premier numéro une lettre haineuse où il sommait le Gouvernement belge de faire à tout prix la paix avec l'Allemagne. C'était tellement malpropre que *N. B. C.* lui-même, tout en reproduisant la lettre, ne put s'empêcher de la qualifier durement.

Monsieur le Rédacteur,

Je lis en tête de votre journal la devise, « pour le bien-être général », et je me permets d'indiquer celui-ci par le seul mot qui me semble le résumer pour le moment : P-a-i-x.

Quand j'ai appris que notre état-major a fait évacuer les villages environnants de Malines pour abattre toutes les maisons qui sont dans la ligne de tir, je me suis dit : mais ces démolitions qu'on fait au nom de la stratégie d'un côté, celles qu'on fait pour le même motif ou par mesure de répression d'un autre côté, cela s'appelle toujours pour moi « destruction-appauvrissement ».

Et alors je me suis demandé s'il ne serait pas temps de cesser cette manie de la résistance à outrance qui finira par faire de notre beau pays un véritable désert et accablera les générations futures de charges épouvantables.

J'ai ici sous la main une apostrophe de l'écrivain français Romain Rolland à l'écrivain Gerhardt Hauptmann où il est dit : « Réservez ces violences à nous, Français, vos vrais ennemis ».

Et en effet n'avons-nous pas assez souffert pour une cause qui au fond n'est pas la nôtre? La France, l'Angleterre, la Russie, le Japon ne pouvaient-ils dire enfin à la Belgique ou plutôt à la ville d'Anvers qui concentre en ce moment les forces vives de la patrie :

« Assez lutté avec vos faibles forces. Concluez une paix honorable avec le colosse contre lequel dorénavant nous allons opposer nous seuls nos forces considérables ».

Ou quel homme courageux des partis politiques, qui ont le pacifisme dans leur programme, osera s'adresser au nom de Bruxelles à la ville sœur pour mettre fin aux désastres présents et éviter ceux qui la menacent encore ?

Qui veut, dans la haute société, dans les cercles dirigeants, dans la classe ouvrière, se couvrir de gloire en se chargeant de cette mission hautement humaine ?

J'espère que ma voix sera entendue et que le parti qui a voulu faire déposer les armes après la chute de Liége et plus tard encore, recevra de Bruxelles, qui a préféré également déposer les armes que de se battre à mort, l'appoint nécessaire pour faire prévaloir le véritable bien-être général : La Paix.

ARISTIDE.

L'Écho de Bruxelles, d'après *N. R. C.*, 15 octobre, soir.

Dans le numéro 4, paru le 6 octobre 1914, et qui est entièrement consacré à jeter le trouble dans l'esprit des Bruxellois, i accuse de lèse-patriotisme « celui qui ne s'est pas levé pour aller crier aux Anversois de cesser cette lutte sanguinaire, désastreuse et inutile pour une cause qui n'est pas la nôtre ». Le même reproche atteint les généraux circonscriptionnaires que « les lauriers du général Leman empêchent de dormir ». « Les lauriers du général Leman, grand Dieu ! » ajoute-t-il ; et le voilà qui s'évertue à démontrer l'insuffisance notoire du vaillant défenseur de Liége. Non, dit-il,

« les seuls et véritables héros de cette triste guerre en Belgique, ce sont ceux qui... ont proposé de traiter avec l'Allemagne. — Ceux-là, généraux et ministres, ont fait preuve de courage et de sagesse, s'exposant aux vindictes de la foule surexcitée par un système de tromperies et de mensonges... Et le public chassera à coups de pied les journalistes français et les colporteurs de journaux français qui pendant des années ont soufflé la haine du voisin contre l'autre voisin, celui-ci le meilleur client de la Belgique ».

Nous n'avons cité de cet article que les passages indignes en supprimant les passages ignobles.

En même temps que M. Aristide s'efforçait d'influencer la population civile, on distribuait par aéroplane, aux troupes belges d'Anvers, des circulaires, en français et en une autre langue qui a des analogies avec le flamand. Ces étranges propectus disent que les soldats belges sont trompés par leurs officiers et par les autorités, que l'armée belge combat pour les Russes et pour les Anglais, etc.

Proclamation.

Bruxelles, le 1er octobre 1914.

Soldats belges,

Votre sang et votre salut entier, vous ne les donnez pas du tout à votre patrie aimée ; au contraire, vous servez seulement l'intérêt de la Russie, pays qui ne désire qu'augmenter sa puissance déjà énorme, et, avant tout, l'intérêt de l'Angleterre, dont l'avarice perfide a fait naître cette guerre cruelle et inouïe. Dès le commencement, vos journaux payés de sources françaises et anglaises n'ont jamais cessé de vous tromper, de ne vous dire que des mensonges sur les causes de la guerre et sur les combats qui ont suivi, et cela se fait encore journellement. Voyez un de vos ordres d'armée qui en fait preuve à nouveau. Voici ce qu'il contient : « On vous a dit qu'on force vos camarades prisonniers en Allemagne à marcher contre la Russie à côté de nos soldats ». Il faut cependant que votre bon sens vous dise que cela serait une mesure tout à fait impossible à exécuter. Le jour venu où vos camarades prisonniers, revenus de notre pays, vous raconteront avec combien de bienveillance on les a traités, leurs paroles vous feront rougir de ce que vos journaux, comme vos officiers, ont osé dire pour vous tromper d'une manière si incroyable. Chaque jour de résistance vous fait essuyer des pertes irréparables, tandis que, par la capitulation d'Anvers, vous serez libres de toute peine. Soldats belges, vous avez combattu assez pour les intérêts des princes de la Russie, pour ceux des capitalistes de l'Albion perfide. Votre situation est à désespérer. L'Allemagne, qui ne lutte que pour son existence, a détruit deux armées russes. Aujourd'hui aucun Russe ne se trouve dans notre pays. En France, nos troupes se mettent à vaincre les dernières résistances. Si vous voulez rejoindre vos femmes et vos enfants, si vous désirez retourner à votre travail, en un mot si vous voulez la paix, faites cesser cette lutte inutile et qui n'aboutit qu'à votre ruine. Puis vous aurez bientôt tous les bienfaits d'une paix heureuse et parfaite.

von Beseler,
Commandant en chef de l'armée assiégeante.

Lorsque des exemplaires de la circulaire nous furent apportés dans le Brabant, nous avons cru d'abord à une mystification. Mais il fallut se rendre à l'évidence : c'était vraiment les Allemands qui en avaient conçu et mis à exécution l'idée.

Après la chute d'Anvers la campagne continua. Ne fallait-il pas empêcher maintenant les Belges d'aller se joindre aux Alliés du côté de la Flandre. Pour cela on tenta de jeter la suspicion sur la conduite des autorités militaires belges lors de la prise d'Anvers. C'est encore L'*Écho de Bruxelles* qui fut chargé de lancer les premières fausses nouvelles. Peu après avoir accompli cette jolie besogne, L'*Écho de Bruxelles* disparut pour toujours..... par suppression d'emploi, sans doute.

Quant aux libelles diffamatoires qui furent répandus en novembre et décembre, pour incriminer la conduite des autorités civiles d'Anvers, on ne sait pas encore par qui ils furent instigués, rédigés et distribués ; mais nous avons la conviction raisonnée que les Allemands n'y furent pas étrangers. En tous cas ils ont fait ce qu'ils ont pu pour profiter de cette ébauche de dissentiment, et pour essayer, — vainement d'ailleurs, — de le raviver, lorsque d'un commun accord les Belges eurent aplani ce différend (p. 414).

Mais les Allemands ne renonçaient pas encore à fomenter des conflits entre nous. Dans un article intitulé *Belgische Umstimmigkeiten* (Changements de dispositions en Belgique), *K. Z.*, du 2 novembre 1914 (2° édition du matin), rapporte un télégramme de Berlin disant que des nouvelles venant de Breda (d'après *Berliner Lokal-Anzeiger*) assurent que 7 officiers belges déserteurs y ont été internés. Etant donné les détours que ce communiqué a faits, sa vérification devient fort difficile, d'autant plus qu'en novembre 1914 aucune relation postale ou télégraphique n'était permise entre la Belgique et la Hollande. La suite de l'article nous apprend que le 5 octobre, donc deux semaines avant leur désertion, ces officiers avaient reçu du Roi Albert la croix de l'Ordre de Léopold : ils avaient attendu pour déserter, à 7, d'avoir été l'objet, à 7, d'une distinction spéciale, ce qui est pour le moins singulier. Et puis, partis de l'Yser, ils ont traversé les lignes allemandes pour se faire interner à Bréda, dans le Brabant septentrional. Étrange ! Étrange ! Et tout cela pour nous informer que ces officiers, écœurés par l'attitude traîtresse et servile du Roi, refusent d'envoyer encore leurs hommes au combat, pour les beaux yeux des Anglais.

Excitations contre les Alliés.

On remarquera que les Anglais reçoivent presque toujours une bonne part de la bave venimeuse, comme dit M. Spitteler (p. 44), que les Allemands crachent sur le Roi, sur le Gouvernement et sur les autorités. « L'Angleterre, voilà l'ennemi », dit le *Hassgesang gegen England* (Le chant de haine contre l'Angleterre) de M. Ernst Lissauer. « Nous sommes unis dans l'amour, nous sommes unis dans la haine. Nous n'avons tous qu'un seul ennemi, l'Angleterre. »

Il serait oiseux de citer les innombrables articles destinés à soulever notre haine contre les Alliés. Contentons-nous de renvoyer à l'avis de M. Hedin, reproduit par l'affiche du 9 novembre 1914, à la proclamation du prince Ruprecht de Bavière, insérée pour notre édification dans *Le Réveil* du 29 octobre, ainsi qu'à la déclaration imputée au « poète » flamand Cyriel Buysse.

Nouvelles publiées par le Gouvernement Général allemand.

Berlin, 12 décembre. — Le poète flamand Cyriel Buysse qui, contrairement à son ami de jeunesse Maurice Maeterlinck, ne sert pas la cause de la France, a adressé la lettre suivante à la feuille amsterdamoise *Telegraaf* : La Belgique a fait son devoir, même plus que son devoir. Quoique tout à fait innocente, elle fut terrassée par ses adversaires et abandonnée par ses amis. La Belgique a été itérativement trompée et meurt de la mort d'un héros en résistant jusqu'à la mort aux ennemis et en s'assurant une gloire éternelle.

(A cela ajoute le journal *Politiken* : Buysse est un homme de sentiments nationaux passionnés ; ce que dit le poète au sujet des alliés de la Belgique est actuellement l'avis de beaucoup de Belges clairvoyants. Cela ressort clairement de nombreuses lettres adressées de Belgique à des journaux hollandais.)

Le Gouvernement Général en Belgique.

Toutefois ces amants de la vérité ont négligé d'afficher, quelques jours après, que M. Buysse s'inscrivait en faux contre leur déclaration ; simple oubli, probablement ; à moins que le trajet Amsterdam-Copenhague-Berlin-Bruxelles, accompli par la soi-disant déclaration, ne fût devenu subitement trop long.

6. Quelques points de l'administration de la Belgique

Le chapitre précédent (p. 153 à 204) nous a appris de quelle manière les Allemands se conduisent envers les habitants du territoire occupé conformément, — ou plutôt contrairement, — aux articles 42 à 56 de la Convention de La Haye : la perfidie et le mensonge sont les principaux leviers qu'emploient nos ennemis. Inutile d'y revenir. Nous désirons seulement rencontrer ici quelques points de détail relatifs à l'administration. Points de détail, disons-nous ; en effet nous ne nous occuperons ni de l'administration financière du pays, ni de son administration judiciaire, ni de son administration politique, ni d'aucun des autres grands rouages qui sont essentiels pour la vie d'une nation. Nous nous en tiendrons à des faits très simples, que le premier venu peut remarquer et comprendre.

a) *La prospérité actuelle en Belgique.*

Il n'est rien dont les Allemands soient plus fiers que de leur talent — réel ou illusoire — d'organisateurs. Aussi ont-ils émis la prétention de rétablir en Belgique la situation normale, malgré la guerre ; et ils ne cessent d'annoncer au monde que toutes choses ont repris leur cours régulier dans notre pays.

Les assertions des Autorités allemandes.

Déjà dans son affiche inaugurale, M. le baron von der Goltz s'était donné la peine de nous avertir que le travail devait être repris (p. 327). Toutefois il avait mis de telles entraves aux relations interurbaines que toute activité était radicalement suspendue. En octobre 1914 il accorda « des facilités de communication », comme dit l'affiche du 15 octobre, ce qui signifie que la circulation n'était plus absolument interdite, et que celui qui avait les moyens de se payer un passeport et qui pouvait employer un jour ou deux à se le procurer, aurait dorénavant l'autorisation d'aller de Louvain à Malines ou de Namur à Liége. Comme ces mesures, pourtant si pleines de sollicitude pour le bien-être général, ne produisaient pas tous les résultats qu'on était en droit d'en attendre, on conseilla aux administrations communales de refuser des secours aux chômeurs (affiche du 6 novembre 1914). Rien n'y fit !

Aux nombreux obstacles signalés plus haut (p. 193), il faut encore ajouter le fait que les ouvriers des chemins de fer et ceux de beaucoup d'établissements métallurgiques (p. 369) se rendaient parfaitement compte que leur travail profiterait surtout à l'armée allemande, et que dès lors ils feraient œuvre anti-patriotique en retournant à l'atelier. Pour essayer de vaincre cette résistance passive, les Allemands multiplièrent leurs proclamations dans les centres industriels. Peine perdue !

Entre temps le Gouverneur général, dans le vain espoir de galvaniser les associations ouvrières, avait mandé d'Allemagne des socialistes connus qui, sous prétexte d'aller causer avec les chefs de nos syndicats, avaient pour tâche de leur inculquer l'idée qu'ils avaient le devoir de pousser à la reprise du travail. Les visites des socialistes allemands ont été racontées par M. Dewinne, un militant bruxellois, dans le journal de Paris, *L'Humanité*.

Quelque infatués d'eux-mêmes que soient les Allemands, ils ne pouvaient tout de même se faire d'illusions sur l'insuccès de leurs tentatives de subornation. Ce qui n'empêcha pas M. le baron von der Goltz et M. le baron von Bissing de nous faire des déclarations, vraiment touchantes dans leur sincérité, sur notre brillante situation économique.

Nouvelles publiées par le Gouvernement Général allemand.

Vienne, 14 décembre. — Le correspondant à Sofia de la *Neue Freie Presse* a eu un entretien avec le feldmaréchal von der Goltz qui lui déclara : « La situation en Belgique est entièrement normale. La population belge gagne la conviction que les Allemands ne sont rien moins que cruels.... »

Le Gouvernement Général en Belgique.

Berlin, 15 décembre. — Au correspondant du *Hamburger Korrespondent*, le nouveau Gouverneur Général en Belgique, général baron von Bissing, a fait les déclarations suivantes : « Je veux maintenir l'ordre et la tranquillité dans ce pays, qui est devenu la base des opérations de nos troupes. Il faut que notre armée sache que l'ordre règne derrière elle, afin qu'elle puisse toujours librement diriger son regard uniquement en avant. J'espère aussi pouvoir, la main dans la main avec l'administration civile, faire beaucoup pour la situation économique. Lorsque l'Empereur me nomma Gouverneur Général, il me chargea, avec une insistance particulière, de tout faire pour aider les faibles en Belgique et pour les encourager ».

Le Gouvernement Général en Belgique.

Il y avait, hélas ! une ombre au tableau enchanteur que nous dépeignaient les communiqués officiels. *Le Réveil*, dans son dernier numéro, celui du 17 décembre, reproduisant d'une façon plus complète la déclaration de M. le baron von Bissing, divulguait des passages que le même baron von Bissing n'avait pas cru devoir afficher ; celui-ci avait en effet censuré, à l'usage des Belges, ses propres paroles. Une des phrases omises disait : « J'espère y parvenir par la douceur ; mais si elle ne suffit pas, j'emploierai les moyens énergiques ». Nous voilà prévenus.

L'aveu de l'exploitation parasitaire de la Belgique par l'Allemagne.

Mais, dira-t-on, l'Allemagne avait-elle, en dehors des raisons militaires, un autre intérêt à ranimer la vie économique de notre pays ? Un article officieux de *Norddeutsche Allgemeine Zeitung*, qui fut porté à notre connaissance par *Düss. Gen.-Anz.* du 30 décembre 1914, nous renseigne sur ce point. L'article émane des sphères gouvernementales de Bruxelles, probablement de l'entourage immédiat du Gouverneur général. Il a pour objet de répondre à des plaintes formulées en Allemagne, d'après lesquelles les autorités traitent les Belges avec trop de douceur ; au lieu de chercher à relever l'industrie belge, mieux vaudrait, disent les critiques, l'écraser complètement pour supprimer la concurrence future ; d'autre part, avait-on prétendu, la contribution de 480.000.000 était insuffisante pour nous réduire à l'impuissance, et on aurait dû nous pressurer davantage. Le Gouvernement allemand en Belgique se défend vivement contre le reproche de sentimentalité ; il affirme qu'il ne s'est jamais laissé guider par une mansuétude exagérée (et nous sommes prêts à déclarer que sur ce point-ci, enfin, on peut croire ses affirmations). Il serait certes peu intelligent, dit-il, d'étrangler d'un seul coup la Belgique, déjà si malmenée ; n'est-il pas préférable de l'exploiter d'une façon savante, pour lui faire rendre le plus possible ? L'argumentation revient à ceci : ne tuons pas la poule aux œufs d'or ; toutefois il va de soi, sans qu'il faille le dire explicitement, que le jour où elle ne sera plus en état de pondre, nous n'hésiterons pas à la saigner.

Telle est aussi l'opinion exprimée par M. le docteur von Behr Pinnow dans *K. Z.* du 26 mai 1915, soir. Il était parfaitement légitime, dit-il, de laisser revivre l'industrie belge « pour autant qu'elle ne fît pas concurrence à l'industrie allemande ». L'auteur, qui est sans doute attaché à l'administration allemande en Belgique, termine son article en disant que celui qui aime la Kultur et la fière attitude allemande, approuvera pleinement la façon d'agir du Gouverneur général.

La taxe décuple sur les absents.

Beaucoup de Belges ont quitté le pays. Cela se comprend. Ceux qui assistèrent aux carnages de Visé, de Louvain, de Dinant, de Termonde..., se sont empressés, dans leur épouvante, d'abandonner ces lieux d'horreur. Ceux qui vivaient dans les villes restées intactes, telles que Bruxelles et Gand, mais qui voyaient passer les longs cortèges de réfugiés des villes saccagées, n'avaient plus qu'une idée : s'enfuir avant l'arrivée des Allemands. Même, des Belges qui n'étaient pas partis au début, ont été excédés à la longue des insupportables vexations auxquelles nous soumet l'autorité. D'autres ont quitté le pays parce qu'ils se savaient menacés de la prison. En somme, beaucoup de ceux qui ont quelque fortune se sont prudemment retirés à l'étranger, d'où grande fureur des Allemands ; pas moyen d'atteindre ces « mauvais patriotes » comme dit, paraît-il, un journal allemand de Suisse (*K. Z.*, 11 février 1915, première édition du matin), et de leur faire payer des contributions ;

de plus ce sont ces émigrés qui devraient faire revivre les industries de luxe ; enfin, ils complotent là-bas à l'étranger et rendent service au Gouvernement belge du Havre. Si on pouvait les forcer à rentrer. Nos ennemis acceptèrent d'enthousiasme une malencontreuse proposition, — faite par certaines administrations communales et immédiatement retirée par elles-mêmes, — qui consistait à frapper les absents d'une taxe spéciale, égale au décuple de la contribution personnelle. Les conseils communaux qui avaient eu l'idée de cette imposition se rendirent immédiatement compte de son illégalité, mais M. le baron von Bissing saisit l'occasion qui lui était offerte de vexer les émigrés. Il fit publier, à la date du 16 janvier, un arrêté au sujet de l' « impôt additionnel extraordinaire à charge des absents » (voir 2° Livre Gris, p. 129). Remarque importante : la taxe n'atteint que ceux qui ont une certaine aisance.

L'éloge du Gouverneur général par lui-même.

Un mois plus tard, M. le baron von Bissing fit une déclaration officieuse à un correspondant de *Nordd. Allg. Zeit.*, au sujet de l'administration de la Belgique (*N. R. C.*, 20 février 1915). Il commence par se féliciter des heureux résultats de son attitude, à la fois paternelle et ferme, la seule qui convienne à des « enfants mal élevés » comme le sont les Belges. « Je n'ai pas voulu me laisser influencer, dit le doux homme, par mes rancunes envers cette population qui a tant fait souffrir nos troupes. » (M. le baron von Bissing aurait pu rappeler ici sa fameuse proclamation du mois d'août 1914, voir p. 74.) Il énumère ensuite complaisamment toutes les mesures qu'il a édictées en faveur du pays : il a permis la rentrée des prisonniers civils dont l'innocence était reconnue (on se demande vraiment sous quel prétexte on les aurait internés plus longtemps) ; il a favorisé l'agriculture, spécialement la culture des pommes de terre hâtives (parce qu'il désire en expédier en Allemagne, ajoute-t-il) (1) ; il va instituer une législation sociale,

---

(1) Effectivement. Un communiqué allemand, publié par *Le Quotidien* du 20 juin 1915, dit que les premières pommes de terre belges ont paru à Berlin.

— qui manque complètement en Belgique, assure-t-il, — en réglementant le travail des femmes et des enfants (il a « oublié » en ce moment, qu'en décembre 1914 il a promulgué, — promulgué, non pas rédigé, — une modification de la loi sur le travail des femmes et des enfants du 26 mai 1889, modification que les Chambres belges avaient voté en mai 1914, et qu'on n'avait pas eu le temps d'appliquer ; mais rendons-lui cette justice, la mémoire lui est revenue quelques jours plus tard). Il a aussi un mot aimable pour les journaux : leur conduite politique et leur jugement sur les événements sont en général devenus très sages (naturellement, puisque les articles sont inspirés par la censure allemande, qui supprime ceux des rédacteurs belges).

..

Voici deux faits qui montrent combien la vie est normale en Belgique au printemps de 1915, et combien les ouvriers belges sont heureux de pouvoir se mettre au service de l'Allemagne.

Le mouvement des trains en Belgique.

a) Un article de *Düss. Gen.-Anz.* du 19 avril 1915 (matin) assure que la circulation des chemins de fer en Belgique commence à se ranimer : en effet, dit-il, il y a 38 trains qui quittent journellement la gare du nord à Bruxelles. Il exagère un peu. Un mois et demi plus tard, lorsque la circulation était devenue plus active, un tableau en date du 30 mai 1915 du journal « belge » *L'Information*, qui n'est pourtant pas suspect de sincérité, donne le mouvement des trains en gare de Bruxelles-nord et de Bruxelles-midi pour le mois de juin ; or on n'y voit renseignés que 34 départs en tout pour les deux gares. 34 trains en juin 1915. En juin 1914 il y en avait 292. Comparez.

Ajoutons que la plupart des trains ne comportent qu'une ou deux voitures pour civils, les autres étant réservées aux militaires, et qu'on ne peut utiliser le train que pour autant qu'il y ait place dans les wagons pour civils. D'ailleurs, sur les petites lignes, le billet de chemin de fer le dit en toutes lettres : « Coupon valable pour voyage simple en train local militaire ». Au verso, les prescriptions portent : « Le public n'a aucun droit au transport. Aucune responsabilité n'est assumée pour la sécurité personnelle, pour l'arrivée à destination, etc. Le voyage ne peut être interrompu » (1).

Les sévices contre les mécaniciens de Luttre.

b) L'insuffisance du nombre des trains est en réalité l'une des choses qui gêne le plus les autorités allemandes (voir *Frankf. Zeit.*, 16 janvier 1915, première feuille du matin). Il y a auprès des ateliers des chemins de fer, par exemple sur les voies d'évitement de la gare de Luttre, des centaines de locomotives hors d'usage qui attendent d'être réparées. Mais les ouvriers de ces ateliers n'entendent pas travailler pour les Allemands. Ceux-ci ont beau garantir que les machines remises à neuf par les Belges ne serviront qu'au trafic belge, quelle certitude a-t-on que les locomotives ne serviront pas à transporter des troupes allemandes ou des munitions destinées à tuer nos frères ? N'est-il pas de notoriété publique qu'un contrat est un chiffon de papier ?

Pour permettre aux travailleurs de résister aux sollicitations allemandes on leur distribue les secours nécessaires pour soutenir leur famille. Les Allemands savent fort bien que c'est cet argent qui les empêche de réduire les ouvriers à merci. Aussi sévissent-ils avec la dernière rigueur contre les personnalités qui se chargent de répartir les secours. Au début d'avril 1915 ils mirent en prison une trentaine de notables de Luttre, de Nivelles et des environs, accusés d'être venus en aide au personnel des ateliers de Luttre. Un fonctionnaire allemand déclara que les prisonniers n'avaient été arrêtés ni par l'autorité civile, ni par l'autorité militaire, et qu'ils ne passeraient pas en jugement. Voici sa lettre.

Le prince-héritier de Ratibor a pu seulement m'apprendre et me dire que l'arrestation a été faite par la police politique. Ce n'est ni le pouvoir civil ni le pouvoir militaire qui sont intervenus.

Aujourd'hui après-midi (samedi 17 avril) j'ai été chez le chef de la susdite police. Là on m'a dit qu'il s'agit seulement d'une arrestation de

---

(1) Ces indications figurent aussi dans le *Guide pratique des voies de communication et de transport en Belgique*.

sécurité. Par cette arrestation on veut empêcher certaines influences que ces Messieurs exerçaient et qui ne paraissaient pas désirables.

Cette arrestation n'a donc eu pour cause aucune accusation. Il ne s'en suivra non plus aucun jugement. La chose est en réalité désagréable pour les intéressés, mais n'est pas dangereuse.

(Signé) Trimborn (1).

En même temps on obligeait les administrations des communes voisines de Luttre d'afficher une proclamation engageant les ouvriers à reprendre le travail.

Commune de Pont a Celles

Avis.

Par ordre de l'autorité militaire allemande, le conseil communal de Pont à Celles porte à la connaissance des ouvriers des ateliers de l'État les conditions générales de travail offertes par l'autorité allemande :

1° Les travaux effectués à l'atelier serviront uniquement à la réparation du matériel destiné au transport des voyageurs et marchandises belges.

2° L'administration communale tiendra note des noms des ouvriers et couvrira leur responsabilité vis-à-vis de l'État belge en certifiant qu'ils ont cédé à la force, comme il l'est constaté dès maintenant.

3° En général, les salaires payés selon les capacités des ouvriers seront plus élevés qu'anciennement afin de permettre aux ouvriers de s'assurer à leurs frais contre les maladies. Toutefois l'administration allemande prend à sa charge les dépenses médicales et pharmaceutiques en cas d'accidents et, en cas d'incapacité de travail, elle admet le principe du paiement d'indemnité comme il est d'usage en Allemagne.

4° Si ces conditions sont acceptées par les ouvriers, les prisonniers seront immédiatement libérés, les habitants seront exempts de donner le logement, le feu et la lumière à 300 nouveaux ouvriers allemands et d'héberger 140 uhlans et leurs chevaux.

5° Le paiement des secours aux ouvriers de l'État qui ne seront pas requis sera assuré par l'autorité allemande.

(1) M. Trimborn est un juriste attaché au Gouvernement allemand en Belgique (Note de J. M.).

Le conseil communal.

Présents : MM. Francotte, bourgmestre ; Goovaerts et Loir, échevins ; Lacroix, Delannoy, Terasse, Hanon, Rousseau, membres.

Parmi les promesses faites aux ouvriers qui consentiraient à travailler contre leur patrie, figure celle de la libération des prisonniers. Voilà donc une trentaine de notables qu'on garde en prison pour forcer des ouvriers à faire une besogne profitable à l'Allemagne.

Lorsqu'on constata que les mécaniciens persistaient à ne pas retourner à l'atelier, on condamna les prisonniers à des peines allant jusqu'à trois mois de prison ; puis on envoya en Allemagne, « par mesure administrative », l'un d'eux, le bourgmestre de Nivelles.

Quant aux ouvriers, on les enferma dans des wagons exposés au plein soleil dans la gare de Luttre et on maltraita leur famille.

Le 15 mai, nouvelle affiche :

Manage, le 15 mai 1915.

Les officiers allemands ont affirmé aux anciens ouvriers de l'arsenal de Luttre, qu'ils ne seront nullement obligés de travailler pour l'armée allemande et que leurs travaux serviront uniquement pour faciliter à la population belge le transport des voyageurs et des marchandises. Quiconque mettra en doute la sincérité d'une proclamation officielle allemande sera poursuivi, et ceux qui s'obstinent à ne pas exécuter, sous la direction allemande, les travaux jugés nécessaires dans l'intérêt du peuple belge, risquent d'être emprisonnés jusqu'à la fin de la guerre et peut-être même au delà.

(S.) Baron von Hammerstein-Loxten,
Capitaine, chef de bataillon.

On essayait donc de faire croire à des Belges qu'ils peuvent avoir confiance dans la parole d'un Allemand. — Peine perdue, naturellement.

Que firent alors les Allemands ? Ils expédièrent les ouvriers en Allemagne, au camp de Senne. Là, à force de privations et de mauvais traitements méthodiquement appliqués, on réussit à les rendre malades et à briser leur résistance.

Tous ces faits sont exposés dans des brochures, imprimées en cachette à Bruxelles en juin et juillet 1915. Depuis lors, ils ont été repris dans les 18ᵉ et 19ᵉ Rapports de la Commission d'Enquête belge.

Le lecteur qui serait tenté de mettre en doute la réalité des mesures, vraiment inhumaines, prises contre les ouvriers de Luttre, est prié de relire les proclamations allemandes affichées en Flandre, pour contraindre au travail les ouvriers qui invoquaient l'article 52 de la Convention de La Haye (voir p. 139, 226). Les sévices contre les mécaniciens de Luttre ne sont que la mise à exécution des menaces affichées par l'autorité allemande.

La suppression du roulage à Malines.

A l'arsenal de construction de Malines le procédé fut autre. Là aussi on avait besoin d'ouvriers pour réparer le matériel de chemins de fer. On en demanda 500. Comme ils ne se présentaient pas, on se procura leurs adresses, et un beau matin les soldats se présentèrent chez eux pour les conduire *manu militari* à l'atelier. Là, les ouvriers se croisèrent les bras et s'obstinèrent à ne rien faire. Force fut de les laisser partir. Comment obtenir leur soumission ? On supprima tout trafic dans Malines :

A Malines.

Le Gouverneur général a fait publier, le 30 mai à Malines, un avis disant que, si mercredi 2 juin, à 10 heures du matin, 500 ouvriers expérimentés, anciennement occupés aux arsenaux, ne s'étaient pas présentés au travail, il se verrait forcé de punir la ville de Malines et les environs par la suspension de tout trafic économique, aussi longtemps que les ouvriers en nombre suffisant n'auraient pas repris le travail.

Tel n'a pas été le cas. Il s'agit visiblement dans ce refus de travailler d'un accord collectif. Il y a lieu de considérer que par l'avis publié par le kreischef de Malines, tout citoyen raisonnable de la ville a pu se rendre compte que le travail exigé n'est pas à faire au profit de l'armée allemande, mais simplement à exécuter dans l'intérêt du trafic économique de la population belge.

Ces agissements inexcusables des ouvriers de l'arsenal de Malines ont rendu nécessaire l'application de mesures coërcitives, qui ont déjà été portées à la connaissance de tous par l'affichage, et qui entreront en vigueur le 3 juin, à 6 heures du matin.

Si la population de Malines est coupée du monde jusqu'au moment où une modification se produira dans la situation inadmissible actuelle, elle le doit à la grève des ouvriers. Par pareille machination, dont l'origine peut être facilement retrouvée, les intentions de S. Exc. M. le Gouverneur général de faire renaître la vie économique en Belgique sont remises en question de la façon la plus criminelle, au détriment de la population belge tout entière.

La Belgique, 3 juin 1915.

En quoi consiste exactement l'interdiction du trafic. Un communiqué publié par *La Belgique* nous l'apprend :

A l'arsenal de Malines.

a) Les autorités des chemins de fer empêcheront tout trafic de personnes et de voyageurs partant en gares situées sur les parcours suivants, ou y aboutissant :

Malines-Weerde ;
Malines-Boortmeerbeek ;
Malines-Wavre Sainte Catherine :
Malines-Capelle au Bois.

y compris les gares-terminus.

Il sera défendu à tout civil, sous peine d'être puni, de pénétrer dans les gares en question.

b) Toute circulation de véhicules (transport de personnes et de fardeaux), de vélos, d'autos, de vicinaux et de bateaux, même en transit (à l'exception du transit des bateaux) est interdite dans la région comprise entre le pont de la chaussée de Duffel, la Nèthe et le Rupel en aval jusqu'au confluent du canal de Bruxelles, la rive est du canal vers le sud jusqu'à Pont-Brûlé, puis les chemins d'Eppeghem, Elewyt, Wippendries, Berdsheide, Campelaar, Boortmeerbeek, Rymenam, Wurgnes, Peulis, Hoogstraat, Wavre-Notre-Dame, Buckheuvel, Berkhoef, jusqu'au pont de la chaussée de Duffel.

Les rails de vicinaux seront enlevés aux limites de la région délimitée ci-dessus.

c) Il ne sera fait d'exception à l'alinéa *b* que pour les transports du Comité national destinés à l'alimentation du district interdit.

d) Le bureau des passeports sera fermé.

Si la vie économique de Malines et des environs, que je me suis efforcé spécialement de favoriser, souffrait gravement des mesures susmentionnées, la faute et la responsabilité en seraient au manque de prévoyance des ouvriers de l'arsenal se laissant influencer par des meneurs.

La Belgique, 1ᵉʳ juin 1915.

Les mesures furent appliquées avec une telle sévérité que les brasseurs durent rouler leurs tonneaux de bière à travers les rues de la ville, sans pouvoir se servir d'une charrette, et que le cardinal Mercier, devant se rendre à Bruxelles, dut faire à pied le trajet de Malines à Sempst.

Le cardinal Mercier a été mêlé jeudi, aux portes de Malines, à une manifestation populaire qui conduisit à une légère discussion avec la garde allemande. Le cardinal voulait se rendre à Bruxelles. Il arriva à pied, suivi de plusieurs centaines de personnes, au poste allemand. Conformément aux instructions on lui demanda ses papiers ; de plus la sentinelle ne pouvait, sans ordres spéciaux, laisser passer une foule pareille. Un des ecclésiastiques accompagnant le Cardinal, protesta contre l'intervention, toute légale, du soldat, et contre les mesures prises envers la foule. Le Cardinal et un petit nombre de ses suivants purent passer. Hors de la ville, il monta dans un équipage qui était venu à sa rencontre de Bruxelles et continua son chemin. L'origine de cette manifestation en pleine rue était le fait qu'à cause de la grève des ouvriers des chemins de fer, Malines se trouvait encore dans la zone d'interdiction du roulage.

Köln. Volkszeitung, 15 juin 1915, édition de guerre.

Quelle singulière façon de punir des chômeurs qui refusent de trahir leur patrie ! D'accord avec leur principe juridique « que les innocents doivent pâtir avec les coupables » (p. 74, 165), nos ennemis frappèrent les maraîchers des environs de Malines et les empêchèrent d'envoyer au marché leurs choux-fleurs, leurs rhubarbes, leurs petits pois et leurs bottes d'asperges.

Au bout de quelques jours le Gouverneur général leva l'interdit. Mais ne voulant pas avoir l'air d'être revenu sur sa décision, si déraisonnable fût-elle, il afficha, pour se donner une contenance, qu'un nombre suffisant d'ouvriers avaient repris le travail.

Avis.

Un nombre suffisant d'ouvriers s'étant présentés aux ateliers des chemins de fer de Malines, les mesures de rigueur décrétées par mon avis du 30 mai dernier seront mises hors de vigueur à partir de la nuit du 11 au 12 juin à minuit.

Je me réserve la faculté de remettre immédiatement ces mesures en vigueur, si le nombre des ouvriers diminuait de façon à empêcher dans les ateliers les travaux nécessaires au maintien du trafic des chemins de fer belges.

Bruxelles, le 10 juin 1915.

Der General Gouverneur in Belgien,
Freiherr von Bissing,
General-Oberst.

(Affiché à Bruxelles).

Pourtant M. le baron von Bissing ne pouvait ignorer qu'aucun des chômeurs de l'arsenal n'était retourné à sa besogne : les seuls ouvriers que les Allemands avaient pû embaucher étaient des sans-travail de Lierre, de Boom et de Duffel, qui jamais auparavant n'avaient mis les pieds dans l'atelier. Comme on ne pouvait pas les employer à la réparation du matériel, on leur faisait creuser des tranchées du côté de Wavre Sainte-Catherine et de Duffel.

Les ouvriers que les soldats conduisirent de force aux ateliers, racontent que les soldats leur demandaient en grâce de ne pas reprendre le travail, parce que, disaient-ils, eux devraient alors quitter Malines pour aller à l'Yser, perspective qui leur inspirait une vive terreur.

La lettre ouverte du Gouverneur général.

C'est sans doute à la suite des affaires de Sweveghem (p. 140), Luttre et Malines que M. le Gouverneur général écrivit la lettre ouverte qui eut un si grand succès d'hilarité. En voici quelques passages :

Quelle que soit la destinée que l'avenir réserve à la Belgique, celle-ci est placée à présent sous l'administration allemande, sous mon administration, en vertu du droit des gens. Tout Belge qui obéit à cette administration ou seconde ses efforts ne sert pas le pouvoir occupant, mais sa propre patrie. Tout Belge qui résiste à l'administration établie de fait ne nuit pas à l'Empire Allemand, mais à son pays, à la Belgique même et une telle manière d'agir n'est ni courageuse ni patriotique. Jamais celui qui sans réserve coopérera au bien-être public, avec le pouvoir occupant, ne pourra, équitablement, être accusé de soumission à l'étranger ni de trahison envers sa patrie.

Je ne demande à personne de renoncer à ses idéals ou de désavouer hypocritement ses convictions.

Bruxelles, le 18 juillet 1915.

Le Gouverneur Général en Belgique.

Freiherr von Bissing,
Generaloberst.

Le Bruxellois, 26 juillet 1915.

b) *Le talent d'organisation des Allemands.*

« La prospérité industrielle et commerciale », dont la Belgique jouit actuellement, est due à l'incontestable esprit d'organisation des Allemands. « Ce sentiment de la discipline et de l'ordre que l'étranger traite de militarisme » (*Voss. Zeit.*, 12 février 1915, matin) a permis aux officiers de réserve d'accomplir des choses tellement merveilleuses que M. Oswald F. Schuette, correspondant de *Chicago Daily News* (voir *K. Z.*, 6 mai 1915, première édition du matin) trouve à peine les paroles qu'il faut pour les décrire ; « on comprend, ajoute le même journaliste, que le gouvernement résidant au Havre ne voit pas d'un bon œil le succès avec lequel l'administration allemande a rendu de nouveau en Belgique la vie digne d'être vécue ».

La concussion.

Ils sont effectivement dignes d'admiration, les officiers qui administrent notre pays. En voulez-vous une preuve ? Les fonctionnaires belges des Ponts et Chaussées refusant d'obéir aux Allemands, ceux-ci font diriger la réfection des routes par leurs officiers du génie. Mais ce sont naturellement les entrepreneurs belges qui exécutent les travaux. Sur les routes macadamisées, le concassage des pierrailles, qui coûtait jadis de 0 fr. 18 à 0 fr. 22 le mètre carré, se paie à présent 0 fr. 60 à 0 fr. 65. Bonne affaire, direz-vous, pour les entrepreneurs et leur personnel. Erreur ! la différence va dans la poche des officiers.

Conflits entre les pouvoirs.

Ces façons de procéder conduisent nécessairement à des conflits entre les diverses administrations. Nous avons dit plus haut p. 179) que la ville de Bruxelles a été condamnée à une amende d'un demi-million parce que les civils et les militaires étaient en désaccord. Nous avons aussi cité un autre fait (p. 369), relatif aux prisonniers de Nivelles : ce n'est ni l'autorité militaire, ni l'autorité civile qui avait opéré leur arrestation ; il existe donc un troisième pouvoir, l'autorité policière. — Mais ces arrestations, que l'autorité militaire n'a pas faites, elle peut les défaire, d'après l'affiche de Pont à Celles (p. 370). Les prisonniers furent finalement condamnés par l'autorité militaire de Mons (p. 371), contrairement à ce qu'avait assuré M. Trimborn, appartenant à l'administration civile de Bruxelles (p. 370). Lorsque les condamnés revinrent à Nivelles, l'administration n'avait pas reçu d'ordres et elle fit des difficultés pour les réintégrer à la prison. Ces incohérences témoignent de tout autre chose que du brillant talent d'organisation, qu'on veut nous imposer comme le dernier cri de l'administration.

La suppression du bureau gratuit d'expertises.

Pour donner l'impression qu'eux seuls sont capables de remettre en mouvement la machine économique belge, les Allemands commencent pas disloquer ce qui existe. Ainsi, un groupe d'avocats et de géomètres avait créé un bureau chargé d'expertiser gratuitement les dégâts causés aux immeubles par la guerre. Ce groupement fonctionnait à la satisfaction générale quand tout à coup, en mars 1915, les Allemands décidèrent de se substituer à lui.

Bruxelles, le 6 mars 1915.

En vue d'activer la reconstruction des bâtiments qui par suite des événements de la guerre ont été détruits ou gravement endommagés, il est arrêté :

A la demande des intéressés, les dégâts importants de toute nature occasionnés aux bâtiments par suite des événements de la guerre, peuvent être constatés par une commission.

Cette commission est composée comme suit :

Président : Le commissaire civil compétent près le kreischef.

Membres : Deux experts en architecture.

Ces deux membres seront désignés, pour le ressort de chaque kreischef, par la députation permanente.

L'enquête à laquelle procédera la commission devra être limitée à la fixation de l'étendue des dégâts, avec indication des bases nécessaires pour permettre d'évaluer, éventuellement, plus tard, le montant des dégâts.

Les frais qu'entrainera le fonctionnement de la commission seront à charge du demandeur. Celui-ci aura à verser une provision dont le montant sera fixé par le président de la commission. Dans le cas où le montant des frais serait inférieur au montant de la provision, la différence sera restituée au demandeur après l'accomplissement [des formalités d'évaluation.

M. le Chef d'administration civile près le Gouverneur général est autorisé à prendre, avec mon approbation, les mesures nécessaires à l'exécution du présent arrêté.

Le Gouverneur Général en Belgique.

IV a, Nos 538/3. — I

(S) Baron von BISSING,
Colonel-Général.

Voyez comment ils s'y prennent : celui qui désire faire estimer les dommages causés à son immeuble, doit commencer par verser une provision ; puis les frais d'expertise seront à sa charge. Ce qui signifie que les Allemands, après avoir brûlé une maison et réduit à la misère son propriétaire, exigent ensuite que celui-ci paye d'avance l'évaluation des dégâts.

La révocation du Comité directeur belge de la Croix Rouge.

Autre exemple de suppression d'un organisme fonctionnant d'une façon normale. Dès qu'ils occupèrent Bruxelles, les Allemands s'immiscèrent dans les fonctions du Comité directeur de la Croix Rouge et y nommèrent un délégué. Ils voulurent ensuite obliger la Croix Rouge à sortir de ses attributions, qui sont nettement spécifiées par la Convention internationale, appelée *Convention pour l'amélioration du sort des blessés et malades dans les armées en campagne*. Or, ni dans le texte du 22 août 1864, ni dans celui du 6 juillet 1906, il n'est question d'autre chose que de militaires blessés pendant la guerre. Sans doute il est loisible à la Croix Rouge de chaque pays d'étendre son action à des besoins existant aussi en temps de paix ; en Belgique, par exemple, la Croix Rouge a organisé des ambulances dans les expositions internationales. Mais il n'en reste pas moins vrai que sa mission essentielle, la seule qui soit réglementée par la Convention internationale, consiste à améliorer le sort des soldats, victimes de la guerre. Il était donc abusif de lui imposer d'autres objets, de l'obliger par exemple à organiser « l'aide et la protection aux femmes par le travail ». La Croix Rouge de Belgique jugea, avec infiniment de raison, que ce n'était pas en temps de guerre qu'elle pouvait assumer des fonctions nouvelles, ni surtout y consacrer les sommes, provenant en grande partie de souscriptions particulières, qui lui avaient été confiées pour le soulagement des blessés ; elle refusa donc de se laisser prendre dans cet engrenage ; après de longs pourparlers, le Gouverneur général suspendit de ses fonctions le Comité directeur belge, et il saisit l'encaisse, s'élevant à 259.030 fr. 63 (1).

Bruxelles, 18 avril (*Officiel*). — Le Gouverneur général s'est vu obligé de relever de ses fonctions le Comité directeur de la Croix Rouge de Belgique, et de confier l'administration de cette organisation au comte de Hatzfeld-Trachenberg.

Le motif de cette décision est le refus du Comité de coopérer méthodiquement, selon les instructions du Gouverneur général, aux œuvres de bienfaisance d'un caractère urgent.

Toute personne qui éprouve une sincère compassion pour les malheureux doit comprendre que, dans les circonstances présentes, la Croix Rouge ne doit pas s'occuper exclusivement des blessés, des invalides de guerre et de quelques autres œuvres d'une action plus ou moins restreinte. La Croix Rouge étant, en t mps de guerre, l'organisation centrale de bienfaisance de tout le pays, doit considérer comme son devoir d'aider à soulager toutes les misères dont le peuple entier souffre.

(1) C'est l'encaisse déclarée par les autorités allemandes. (Voir le n° 15 de *L'Hollando-Belge*, journal édité par les Allemands.)

par suite de la guerre. Le Gouverneur général désirait arriver à ce but d'après un plan méthodiquement conçu, et avait chargé plusieurs personnalités compétentes d'utiliser, en faveur du pays belge, les résultats pratiques des Conférences internationales de la Croix Rouge, spécialement des Conférences de Vienne, Saint-Pétersbourg et Londres.

La nouvelle administration centrale de la Croix Rouge s'efforcera, avec la coopération des organisations provinciales de bienfaisance, de réaliser cette noble idée.

La Belgique, 19 avril 1915.

Disons tout de suite que l'Administration centrale de la Croix Rouge, siégeant à Genève, donna raison au Comité de Bruxelles :

Lettre-Circulaire adressée par l'Administration de la Croix Rouge de Genève à tous les Comités centraux du monde entier.

A MM. les Présidents et les Membres des Comités centraux de la Croix Rouge.

Genève, le 8 mai 1915.

Messieurs,

Par décision du 14 avril 1915, le baron von Bissing, Gouverneur général de Belgique, a prononcé la dissolution du Comité central de la Croix Rouge de Belgique. Cette dissolution a été signifiée au Comité Directeur de Bruxelles, réuni le 16 avril dans ses locaux, 93, rue Royale, à Bruxelles. Toute la fortune et les archives de la Croix Rouge sont remises entre les mains du délégué du Gouverneur, le comte C. Hatzfeld, chargé de les administrer. Cet arrêté est exécutoire par la force publique.

En fait, il a été immédiatement exécuté.

Le motif de cette mesure serait, au dire de la Croix Rouge de Belgique, son refus de coopérer à une œuvre que le Gouvernement allemand institue en Belgique sous le nom d'« Aide et Protection aux femmes par le travail », œuvre sortant des limites tracées par ses statuts.....

En déclinant de s'associer à cette œuvre d'aide et de protection aux femmes, si intéressante qu'elle soit, le Comité central de Bruxelles ne faisait que se conformer strictement aux statuts. En notre qualité d'organe central et de gardien des traditions et des principes qui ont fait l'unité et la force de la Croix Rouge, nous ne pouvons que l'approuver.

Aussi en cette même qualité, élevons-nous une ferme et vive protestation contre la dissolution du Comité Directeur de Bruxelles.

Pour le Comité international de la Croix Rouge.
Le Président,
Gustave Ador.

Pour essayer de justifier son attitude illégale, l'autorité allemande a fondé un journal spécial, *La Croix Rouge*, « Bulletin officiel de la Croix Rouge de Belgique », en flamand, allemand et français. Ce journal continue à prétendre que le comité belge a été légalement dissous, puisqu'il ne voulait pas « aider le peuple dans la triste situation actuelle ».

C'est en vain que les Allemands cherchent à donner le change sur leurs intentions. Ils savent parfaitement que le Comité National de Secours et d'Alimentation patronne et subsidie indistinctement toutes les œuvres de bienfaisance qui s'adressent à lui (voir p. 202). Le vrai but de nos ennemis est de supplanter le Comité National de Secours et d'Alimentation ; ce Comité est une institution privée, où ils n'ont rien à dire, ce qui les ennuie beaucoup ; tout au plus peuvent-ils essayer de faire croire que c'est avec leur aide que s'opère le ravitaillement (affiche du 9 décembre 1914). Cela, on le conçoit, ne leur suffit pas. Aussi leur vrai but, leur but inavoué, est-il de s'emparer entièrement du Comité National pour exercer, là aussi, leur talent d'organisateurs. Les 40.000.000 par mois ne suffisent pas à leur appétit. Quelles perspectives indéfinies de concussions s'ils parvenaient à mettre la main sur le ravitaillement de la Belgique !

Toute cette affaire de la Croix Rouge a été conduite avec une duplicité étonnante, — étonnante même pour nous qui commençons pourtant à nous habituer à leur politique de mensonges. Pendant des mois il y eut des négociations entre le Comité directeur belge et l'autorité allemande représentée par M. le comte von Hatzfeld-Trachenberg. A chaque séance celui-ci apportait de nouvelles exigences de la part du Gouverneur général, mais il ajoutait régulièrement qu'il n'agissait qu'à son corps défendant, et qu'à son avis les demandes étaient injustifiées ; seulement, n'est-ce pas, il devait obéir. (C'est d'ailleurs le procédé classique : chaque fois qu'un Allemand commet une saleté, il se retranche derrière la discipline.)

Ces discussions boiteuses durèrent jusqu'au 16 avril 1915 ; sur un dernier refus du Comité directeur belge de sortir de ses attributions, M. le comte von Hatzfeld-Trachenberg fit lire le décret de dissolution.

Comble d'impudence, le Gouverneur général, après avoir supprimé le Comité belge parce que celui-ci ne voulait pas assumer d'autres tâches que celles qui lui sont assignées par les statuts, proteste après coup contre le reproche d'avoir exigé que les fonds fussent utilisés à d'autres œuvres !

Le n° 196 de *L'Écho Belge*, du 1ᵉʳ mai 1915, commente l'ordre donné par M. le Gouverneur général de dissoudre le Comité Directeur de la Croix Rouge de Belgique et de saisir son encaisse s'élevant à 200.000 francs. L'administration allemande estime qu'il serait sous sa dignité de protester contre l'affirmation calomnieuse de ce journal, prétendant que les fonds saisis seraient utilisés à d'autres œuvres qu'aux œuvres de bienfaisance se rapportant à la Croix Rouge, mais elle juge nécessaire de faire observer que la dissolution du Comité Directeur est due non seulement à son refus de continuer à coopérer aux œuvres humanitaires, mais surtout à de sérieux indices permettant de croire que les membres du Comité exerçaient une certaine action politique.

L'Écho de la Presse Internationale, 6 juin 1915.

Pour brocher sur le tout, vient immédiatement une nouvelle accusation : celle que « les membres du Comité Directeur exerçaient une certaine action politique ». C'est vague, comme on le voit, mais d'autant plus dangereux.

Vraiment, la main-mise sur la Croix Rouge dépasse l'incohérence habituelle de l'esprit d'organisation allemand, de ce qu'on a appelé « la désorganisation organisée ».

c) *L'attitude des Belges envers les Allemands.*

Nos ennemis répandent le bruit que les rapports entre occupants et occupés s'améliorent beaucoup, que les Belges ont renoncé à l'attitude provocatrice qui était si déplaisante au début. Ils assurent aussi que déjà, à la fin d'octobre, les Anversois ne leur manifestaient plus d'antipathie (*Köln. Volksz.*, 30 octobre 1914, matin) (1). En vérité, ils se vantent quand ils disent qu'on leur jette

(1) Pourtant d'autres, peut-être plus sincères, admettent encore à la fin

des regards de haine. Des regards de haine! Oh! non, simplement des regards de mépris, quand par hasard on ne peut faire autrement que de les regarder ; mais habituellement on détourne d'eux le regard, comme on tourne le dos à leur musique (p. 276).

A Liége, à Bruxelles, à Anvers et à Malines, quand un officier adresse la parole à un Belge, celui-ci fait semblant de ne pas l'entendre, ou bien il lui dit qu'il n'a pas le temps de s'entretenir avec lui, ou bien il lui répond en flamand, ou bien après avoir affecté de l'écouter avec les marques de la plus exquise politesse, il le plante là sans lui répondre un mot. Voici un petit trait typique, observé par un Hollandais :

On nous mande de Roosendaal :

... Quelques instants après, nous faisons une curieuse rencontre (à Anvers). Nous devions, à la prière d'une famille de fugitifs, aller nous assurer si leur maison n'était pas endommagée, quelque part dans une rue que nous ne connaissions pas. L'Avenue des Arts était déserte. Un homme pourtant s'approchait, à qui je criai, tandis que le chauffeur serrait ses freins : « Monsieur, Monsieur, ne pouvez-vous pas nous... » Mais le passant fit la sourde oreille et s'en fut en accélérant le pas. Nous le rejoignîmes et le questionnâmes de nouveau. Il haussa les épaules, se contentant de nous répondre : « Comprends pas ».

Alors je saisis et lui criai : « Nous sommes Hollandais ». Aussitôt il s'arrêta, salua, vint au-devant de nous et nous dit avec une véhémence contenue : « Aux Allemands je ne réponds jamais. Si l'un d'eux me parle, il reçoit un dédaigneux : Comprends pas ». Entretemps, il avait pris place à côté du pilote pour nous montrer le chemin...

N. R. C., 20 octobre 1914, matin.

Les dames, elles, répondent le plus souvent, mais c'est pour prier les Allemands de ne pas leur adresser la parole. L'officier qui demande son chemin est à peu près sûr d'être envoyé dans une direction contraire ; celui qui monte sur une plate-forme de tram voit aussitôt tous les voyageurs lui tourner le dos, et cette rota-

de mai 1915 que l'attitude des Anversois est restée tout aussi hostile. (Voir l'article de M. le Dr Julius Burghold, dans *K. Z.* du 29 mai 1915, édition d'une heure.)

tion s'exécute avec la précision et la régularité d'un mouvement réflexe. L'Allemand qui prie un passant de lui prêter son cigare pour y prendre du feu, voit son interlocuteur rejeter ensuite avec dégoût le cigare qui a été touché par un ennemi. L'enfant qu'un officier se permet de caresser, repousse sa main d'un air indigné et lui fait la grimace la plus laide qu'il connaisse. Bref, ils jouissent de la sympathie universelle.

Peut-être dira-t-on que ces attitudes sont propres aux villes qui ont été peu ou point atteintes par la guerre. Eh bien, non ! Dans les localités en grande partie incendiées, telles que Dinant, Aerschot, Eppeghem et Louvain, la population se conduit d'une façon encore plus caractéristique. A Dinant, les enfants chantent à tue-tête une Marseillaise avec des paroles nouvelles, expressément anti-allemandes, dans lesquelles il est beaucoup question de cochons. A Louvain, des officiers qui faisaient répéter par un phonographe le chant *Gloria, Viktoria*, ont dû y renoncer en juin 1915, parce que les passants accompagnaient le refrain avec d'autres paroles : *Gloria, Italia*. A Eppeghem et à Aerschot, les enfants jouent au soldat, coiffés de bonnets de police belges et en clamant la Brabançonne. On dirait que la vue des ruines calcinées, loin d'intimider les Belges, comme nos bourreaux l'avaient espéré, aiguillonne au contraire leur esprit frondeur, et que la certitude du succès final a complètement effacé dans l'âme du peuple le souvenir de la terreur éprouvée au moment des incendies et des fusillades.

Non seulement la population belge est loin de fraterniser avec eux comme ils aspirent à le faire croire, mais elle ne néglige aucune occasion de leur montrer ses sentiments. Il ne faut pas se dissimuler que lorsque nous portons ostensiblement une décoration aux couleurs belges ou américaines, nous poursuivons un double but : afficher notre attachement à notre patrie ou notre gratitude envers l'Amérique, et en même temps faire rager l'Allemand. C'est à cette même fin que servent les petits portraits en celluloïde du Roi et de la Reine qu'on met à la boutonnière. Après que les Allemands eurent emprisonné M. Max en Allemagne, beaucoup de Bruxellois arborèrent son portrait. Cela était fort désagréable à nos ennemis (*Köln. Volksz.*, 30 septembre 1914, matin), mais précisément à cause de cela on persista à porter la petite médaille jusqu'au jour où les policiers allemands exigèrent de force son enlèvement.

Il y a encore des Allemands qui feignent de ne pas comprendre le sens de ces protestations, par exemple, MM. von Bissing, père et fils (p. 415), et M. Walter Nissen, correspondant bruxellois de *Düss. Gen.-Anz.* Voici un passage de sa correspondance datée du 14 juillet, publiée dans le numéro du 23 juillet 1915 :

« L'opinion en Belgique devient, de jour en jour, plus conciliante. La Belgique est, pour le moment, à comparer à une femme qui commence à aimer malgré elle, et qui, par fierté et dépit, dit le plus haut possible « non ! » de crainte qu'on ne voie ce qui se passe en elle. Mais on le remarque, malgré les rubans aux couleurs nationales, et précisément à cause de cela ».

Est-ce aveuglement irrémédiable, est-ce indéracinable esprit de mensonge ? M. W. Nissen doute-t-il réellement de la sincérité de nos manifestations anti-allemandes ? Depuis les quelques mois qu'il vit au milieu de nous, il doit pourtant avoir constaté que nous faisons systématiquement tout ce qui déplaît aux Allemands, jusqu'à ce qu'ils publient des arrêtés d'interdiction.

Voici un dernier trait qui ne peut laisser aucun doute sur les sentiments des Belges. En mars 1915, l'autorité allemande organisa un concert au théâtre de la Monnaie, à Bruxelles. Il n'y eut que trois Belges connus qui y assistèrent, parmi lesquels un professeur de l'Université de Bruxelles. Aussitôt celle-ci lui adressa un blâme ; il est au ban de la société.

d) *Les procédés de l'administration allemande.*

Les pages qui précèdent ont déjà appris au lecteur que les Allemands ne nous ont pas habitués à beaucoup de douceur ni de sincérité. Jusqu'ici nous n'avons pas insisté sur leurs procédés administratifs, qui méritent pourtant qu'on s'y arrête quelque peu.

La fermeté morale des Belges.

Mais avant cela représentons-nous l'état d'esprit des Belges depuis le mois d'août ou septembre 1914. Coupés de toute relation intellectuelle avec l'étranger, nous ne recevons qu'en cachette, au péril de notre liberté ou même de notre vie, les journaux indépendants ; chaque jour au contraire des feuilles triturées par la censure, et ne relatant que les informations — souvent fausses — qui sont favorables à l'Allemagne, viennent instiller dans notre cerveau leur lent poison. N'importe ; nos populations continuent à repousser les tentatives de désunion et de démoralisation ; elles aiment mieux se serrer un peu la ceinture que d'aller travailler pour l'ennemi ; elles ont continué jusqu'à la dernière limite à arborer nos couleurs ; bref, elles ont gardé, inébranlée et inébranlable, la confiance dans le bon droit et dans la victoire finale.

Les journaux d'outre-Rhin sont pleins d'articles admiratifs sur la fermeté d'esprit du peuple allemand, qui, lui aussi, consent à certaines privations pour assurer le succès de ses armes. La belle affaire ! Là-bas, ils sont soutenus sans relâche par leurs gazettes, par leurs pasteurs et leurs prêtres, par leurs instituteurs, par des conférenciers, par d'innombrables brochures ; on leur cache soigneusement tout ce qui pourrait amener un fléchissement dans leur résolution. Ils sont d'ailleurs habitués à n'avoir d'autre opinion que celle que leur fournit l'autorité. La défaillance, dans ces conditions, serait quasi incompréhensible. Chez nous, au contraire tout est mis en œuvre pour nous énerver et nous abattre. Le moindre succès des armées allemandes devient un « écrasement définitif » de l'adversaire ; les exécutions de Belges qui ont aidé leur pays sont aussitôt affichées partout ; bien plus, on nous empêche, par tous les moyens imaginables, de répandre de bonnes nouvelles et de prêcher la confiance. Que malgré cela, le Belge garde sa tranquillité d'esprit, et même sa bonne humeur, cela est presque incroyable, mais cela est.

Voici donc une population à qui on refuse méthodiquement la moindre information réconfortante, à qui on prodigue au contraire tout ce qui est de nature à la démoraliser, qui, pour ne pas sombrer dans le désespoir, doit faire un effort de tous les instants ; un pays où il est sévèrement défendu de rien entreprendre pour remonter ceux qui subissent une dépression passagère, ni pour soutenir et rassurer ceux qui se sentent menacés. N'est-il pas évident que d'aussi piètres psychologues que les Allemands vont avoir recours à l'intimidation pour réduire cette population à leur merci ?

Tout est érigé en délit, et contre tous ces délits on commine les peines les plus sévères : on va jusqu'à menacer de mort celui qui a répandu des « fausses nouvelles » (p. 321), c'est-à-dire qui a communiqué à ses concitoyens des nouvelles qui déplaisent aux Allemands.

A côté des juridictions prononçant des condamnations rendues publiques, fonctionnent des tribunaux secrets (p. 369, 370). Ces jugements-ci sont, moins encore que les autres, entourés des garanties habituelles de la justice. Ce sont ces cours de « justice » qui ont fait déporter en Allemagne, « par mesure administrative »,. les bourgmestres de Bruxelles, de Nivelles, de Moerbeke, et tant d'autres Belges auxquels nos tyrans reprochent la fermeté de leur attitude. Les habitants des environs de la prison de Saint-Gilles entendaient souvent, en juin, juillet et août 1915, des salves tirées de grand matin dans la cour de la prison : c'étaient des gens qu'on fusillait.

L'appel à la délation.

Les affiches déjà citées suffisent amplement à montrer la diversité des contraventions et la sévérité des peines. Il importe toutefois de signaler celles qui obligent les habitants, le plus souvent sous peine de mort, de faire connaître ceux qui possèdent des armes, de la benzine, du caoutchouc, etc., des cartouches ; à dénoncer ceux qu'on croit étrangers à la commune, ceux qu'on soupçonne d'agir contre les ordres des Allemands.

Ceux qu'on *croit* étrangers, ceux qu'on *soupçonne* d'agir contre les ordres... c'est le régime de la suspicion organisée, le régime de la Terreur ; c'est la délation érigée en procédé de gouvernement.

Voici trois documents caractéristiques :

Avis important.

Il est venu à ma connaissance que les habitants du pays cachent encore chez eux des armes et de la munition.

Celui qui a encore en sa possession des armes (soit armes à feu, arcs, arbalètes, arquebuses et armes blanches de tout genre), ne sera pas puni d'aucune façon, si les armes et la munition seront déposées jusqu'au 15 décembre à midi précis (heure allemande) chez le bourgmestre de sa commune, pour être remises au commandant militaire...

Sera frappé de la peine de mort, celui qui apprend l'existence d'armes ou de munitions sans en avertir le bourgmestre de sa commune, qui doit prévenir le commandant militaire.,.

Thielt, 5 décembre 1914.

Le Commandant en chef.

Le Bien public, 11 décembre 1914.

Par ordre de l'autorité militaire.

Il est formellement défendu aux habitants de Dieghem de se rassembler en groupe. De plus les habitants sont obligés d'amener au secrétariat, Chaussée d'Haecht, 48, les personnes qu'ils croient étrangères à la commune, pour contrôler leur identité.

Le Bourgmestre,
G. De Coninck.

(Affiché à Dieghem, en octobre 1914).

Sur l'ordre de l'autorité militaire allemande.

Le Commissaire de l'Arrondissement de Verviers donne connaissance aux Administrations communales et aux habitants de son ressort, des dispositions suivantes :

Les peines les plus sévères seront infligées aux contrevenants ; quiconque détériorera les rues, téléphones et télégraphes sera **pendu**. Même peine sera infligée à toute personne chez qui on trouvera des armes, munitions et explosifs. La maison dans laquelle ces objets seront découverts sera détruite par les flammes et tous les hommes rencontrés dans ces immeubles seront **pendus**.

Des peines rigoureuses seront appliquées envers les localités dans lesquelles rues, téléphones et télégraphes seront détériorés.

Pour leur propre sûreté les habitants des communes sont invités à faire connaître aux commandants d'étapes les personnes soupçonnées d'agir contre le présent ordre ou qui s'opposent aux mesures prises.

Par contre, les communes qui se tiennent tranquilles et dans lesquelles cet ordre sera suivi strictement jouiront de la pleine protection du Gouvernement allemand.

Verviers, le 22 août 1914.

(Signé) von ROSENBERG,
Colonel-commandant la 29e brigade.

La dénonciation obligatoire des enfants par les parents.

Ce qu'ils ont inventé de plus abominable, dans ce genre, c'est de faire dénoncer les miliciens par leur père, leur mère, leur femme, leur sœur..... (affiche du 4 avril 1915). Il est un principe admis par toutes les nations civilisées, — y compris sans doute aussi l'Allemagne, — d'après lequel les tribunaux s'abstiennent catégoriquement de mettre en conflit le devoir envers la justice, et les sentiments paternels ou maternels. On considère qu'il serait d'une inhumanité révoltante d'obliger un père ou une mère à témoigner contre son enfant. Déjà Sophocle, dans *Antigone*, range ce sentiment dans « les lois immuables, non écrites, qui existent de toute éternité ». Or en Belgique, quand un jeune homme quitte sa famille pour aller rejoindre l'armée belge, l'autorité allemande enjoint aux parents, au frère, à la sœur, de dénoncer l'absent ; en d'autres termes le père ou la mère, — la mère, vous avez bien lu, la mère, — doit livrer son fils parce que celui-ci accomplit son devoir envers la patrie. Et qu'on ne croie pas qu'ils se contentent de menaces (p. 173) : si les Allemands oublient leurs promesses, ils tiennent scrupuleusement leurs menaces.

A Namur, ils ont condamné une foule de parents qui avaient donné asile à leurs fils, après la prise de la ville.

Et non contents d'infliger ces peines infamantes — infamantes pour ceux qui les appliquent, — ils ont forcé *L'Ami de l'Ordre* à leur donner de la publicité. Voir *L'Ami de l'Ordre* du 7 et 8 juin (condamnation d'un père et d'une mère), du 9 et 10 juin (condamnation d'un père, de deux mères et de trois frères), du 8 et 9 juillet (condamnation d'un père et d'une mère). A titre d'exemple, voici une de ces condamnations :

Tribunal militaire.

Les soldats belges, Jules Hambursin et Émile Thibaut, qui avaient perdu la garnison de Namur, s'étaient rendus, après la prise de Namur, à Auvelais, dans leur maison paternelle, où ils étaient restés cachés par leurs parents, à l'exception de quelque temps qu'ils prétendent avoir passé en voyage pour tâcher de rejoindre l'armée belge.

Pour y avoir prêté la main, ont été condamnés, par suite de la proclamation du 19 septembre 1914, en partie par le jugement ratifié du tribunal de camp (21 mai 1915), en partie par ordre du gouvernement (2 mai 1915) : François Hambursin, père de Jules Hambursin, à 3 mois de prison ; Marie Lorand, épouse de Jules Hambursin, à 2 mois de prison ; Barbe Cabossart, mère d'Ém. Thibaut, à 4 mois de prison ; Oliv. et Félic. Thibaut, frères d'Émile, à 4 et 2 mois de prison respectivement, et Modeste Hambursin, frère de Jules Hambursin et beau-frère d'Émile Thibaut, à 3 mois de prison. (*Communiqué*).

L'Ami de l'Ordre, 9 et 10 juin 1915.

Donnons aussi le libellé d'une autre condamnation, frappant la femme, le frère et la belle-sœur d'un soldat, qui avaient commis le crime de ne pas dénoncer celui-ci.

D'après le § 18, 2 de l'ordonnance impériale relative au procédé de droit de guerre contre étrangers du 28, 12, 99, les sujets belges sous-nommés furent punis par le tribunal du gouvernement de Namur, le 15 mai dernier, d'une peine de détention de 2 mois : 1. la femme Joseph Salingros, née Angèle Anciaux, à Auvelais ; 2. le mineur Justin Salingros, et 3. sa femme Rosalie, née Allars, les deux à Araimont.

Cette peine leur a été infligée parce qu'ils n'avaient pas dénoncé le séjour du soldat belge Joseph Salingros qu'ils connaissaient, et par là contrevenu à la proclamation du 10 septembre 1914.

L'Ami de l'Ordre, 19 et 20 mai 1915.

Décidément le mot *humanité* est pour les Allemands vide de sens, et ils l'ont remplacé par *germanité*. Sans doute considèrent-ils que l'amour maternel chez les Belges est naturellement d'une essence trop inférieure pour qu'ils aient à en tenir compte. Toujours est-il que pour ne pas froisser leurs propres soldats, ni les Flamands, leurs « frères de race », ils ont omis de parler des mères dans le texte allemand et dans le texte flamand de l'affiche du 4 avril. Nous l'avons vu plus haut (p. 224) : ils n'ont pas à garder envers les sentiments des Belges, — surtout des Wallons, semble-t-il, — les mêmes ménagements qu'envers ceux des Germains.

L'espionnage allemand.

La délation ne va pas sans l'espionnage. Or on sait que les Allemands sont passés maîtres dans cet art. Chacune de nos villes a reçu une nuée de mouchards, mâles et femelles (*fig.* 26). Dans les rues, dans les promenades, dans les cafés, dans les trams (1), on se sent partout sous la surveillance occulte d'agents secrets. Malheur à qui exprime à haute voix une opinion désavantageuse pour l'Allemagne, pour une affiche par trop étrange, pour l'armée allemande, pour un officier qui passe, ou pour un être quelconque ayant des attaches avec l'Allemagne ; aussitôt un monsieur ou une dame hèle un soldat allemand et fait conduire le délinquant à la Kommandantur. Or, la Kommandantur, on ne sait jamais quand on en sort ; on y attend parfois pendant plusieurs jours son tour d'être interrogé ; et après cela, la prison est certaine. Non pas, bien entendu, qu'on soit toujours condamné ; il arrive parfois que le délit n'est pas établi ; mais même alors on est sûr de son affaire : car pendant que le « coupable » se morfondait là-bas, une perquisition a été opérée à son domicile ; et quelle est la maison dans laquelle on ne découvre quelque lettre reçue d'un fils ou d'un frère qui est soldat ? Correspondance prohibée. Condamnation (Voir p. 448).

Les agents provocateurs.

Un étroit espionnage enveloppe ceux qui s'occupent du transport des lettres ou de l'introduction de journaux. On agit surtout par le moyen d'agents provocateurs. Un espion se présente auprès de celui qui est soupçonné de faire le service des correspondances ; il prétexte une lettre à expédier ou à recevoir ; si on l'écoute, un piquet de soldats et de policiers vient, dès le lendemain, opérer la perquisition. D'autres s'adressent dans la rue à un marchand de journaux, et essayent d'obtenir une feuille anglaise ou fran-

---

(1) Au 15 juillet 1915, les Tramways Bruxellois avaient fourni 1052 permis de circulation gratuite aux espions allemands.

çaise ; à peine le vendeur a-t-il tiré de sa poche le journal défendu, qu'on lui met la main au collet.

C'est aussi par des agents provocateurs qu'on surprend ceux qui font passer nos miliciens à l'étranger. Un jeune homme, en âge de milice, va trouver la personne suspecte et à l'aide de faux papiers se fait passer pour un patriote désireux d'aller prendre sa place au front. Les arrangements pris, on se met en route ; une souricière habilement établie permettra de saisir tout un petit groupe de jeunes gens. Peu importe, car pour quelques-uns qu'on parvient à arrêter, il y en a des centaines qui passent chaque semaine en Hollande. De nombreux Belges se dévouent en effet à cette besogne patriotique, quoiqu'ils sachent fort bien qu'en cas d'insuccès, c'est l'emprisonnement en Allemagne ou la fusillade. Il faut dire que leurs auxiliaires les plus actifs sont les soldats du Landsturm, gardiens des frontières, qui, suivant un tarif établi, en espèces ou en alcool, ferment les yeux lors du passage de nos miliciens.

Voici un autre exemple de provocation :

On nous écrit de Roosendaal :

Le directeur et des membres du personnel de la « Fonderie Anversoise » à Esschen ont été arrêtés et conduits à Anvers, parce que des membres du personnel avaient promis à des personnes de leur faire traverser la clôture électrique à la frontière. Ces personnes travaillèrent d'abord quelques jours à la fabrique, mais c'étaient des espions allemands.

(*N. R. C.*, 10 août 1915, matin.)

Un pas de plus dans la voie de la délation, de l'espionnage et de la provocation, et on arrive à des moyens dont l'ignominie est telle que même les Allemands sont obligés d'admettre leur malhonnêteté.

Ainsi, à Liége, la plupart des boîtes aux lettres des maisons sont clouées. Pourquoi ? A la fin de l'année 1914 beaucoup de Liégeois recevaient *Le Courrier de la Meuse*, un journal rédigé et imprimé à Maestricht par des réfugiés belges. La distribution se faisait sans grand mystère : on se contentait de glisser le numéro dans la boîte aux lettres. Mais les agents allemands épièrent les vendeurs, puis allèrent perquisitionner dans les maisons qui recevaient le journal. Naturellement l'abonné était condamné à une amende. Une partie de celle-ci revenait-elle à l'espion? C'est probable ; toujours est-il que bientôt les mouchards importèrent eux-mêmes *Le Courrier de la Meuse*, pour le déposer dans la boîte aux lettres des maisons cossues. Aussitôt après, une perquisition faisait découvrir le corps du délit, et malgré les dénégations indignées des victimes, on appliquait l'amende.

A Forrières, près de Jemelle, on a fait pis que cela. Un prêtre allemand prétendait faire répéter par le curé de Forrières, devant un témoin, une conversation privée tenue quelques heures auparavant. En outre, il voulait la falsifier. L'acte de cet abbé est à ce point répugnant, que M. le baron von Bissing, — lui-même, — en a été quelque peu troublé, et qu'il a supprimé la condamnation du curé belge.

Lettre du cardinal Mercier au baron von Bissing, Gouverneur général de Belgique.

Archevêché de Malines, 9 février 1915.

Monsieur le Gouverneur général,

Un fait vient de se produire dans la province du Luxembourg, à Forrières, sur lequel j'appelle avec confiance votre bienveillante attention. D'accord avec mon vénéré collègue Mgr Heylen, évêque de Namur, je voudrais, en m'adressant à votre Excellence, prévenir un pénible conflit.

Donc à Forrières, le jeudi 7 janvier, M. le curé Taymon a eu, è la sacristie, avec M. l'aumônier d'Arlon, un entretien qui peut à peu près se résumer ainsi :

« Il y a eu, dans le diocèse de Namur, de nombreux prêtres innocents fusillés.

« Pardon, répliqua l'aumônier, notre État-Major possède les preuves que beaucoup de civils étaient des francs-tireurs et que le clergé les excitait à tirer sur les troupes allemandes.

« N'ajoutez pas foi à ces assertions ; si nous croyions tout ce qui se dit, je devrais croire aussi que les Allemands ont commis des attentats sur les religieuses. »

Le même jour l'aumônier militaire s'est représenté avec un médecin militaire allemand, au presbytère, à l'effet d'amener M. le Curé à répéter le propos qu'il avait tenu, le matin, à la sacristie. M. le Curé reconnut que le propos avait été matériellement exprimé, mais sous forme indéterminée : « on dit que », « le bruit court que », et conditionnelle : « des Allemands auraient abusé de religieuses ».

Néanmoins, M. l'Aumônier formula contre M. le Curé une accusation catégorique et précise, qui eut pour résultat l'emprisonnement de M. le Curé et sa condamnation à cent jours de prison ou à mille francs d'amende.

M. le notaire Misson, accusé d'avoir tenu dans l'intimité le même propos à son ami M. Taymon, a été condamné à la même peine.

J'ai la conviction, Monsieur le Gouverneur général, que M. le curé Taymon n'a pas formulé contre l'armée allemande l'accusation infamante que lui prête M. l'Aumônier. Mais mon intention n'est pas de m'arrêter à l'objet de cette accusation.

C'est le procédé de M. l'Aumônier que je trouve odieux.

Une conversation tenue dans l'intimité entre deux confrères dans le sacerdoce ne peut faire l'objet d'une dénonciation en justice. La préméditation de l'accusateur qui cherche à surprendre la bonne foi de son confrère, accepte de fumer gaîment un cigare en sa société, s'assied à sa table hospitalière, afin de lui extorquer une confidence dont il puisse ensuite faire état contre lui, cette préméditation aggrave la culpabilité de l'accusateur et le caractère de son accusation.

Le Tribunal militaire d'Arlon a dû être mal renseigné sur la cause, pour accepter une pareille dénonciation et pour ne pas sévir contre le dénonciateur plutôt que contre l'accusé.

Nous estimons, Mgr l'évêque de Namur et moi, que le respect de la dignité sacerdotale et le souci de la bonne confraternité qui doit régner entre les prêtres, à quelque nationalité qu'ils appartiennent, ne nous permettent pas de laisser sans sanction la conduite incorrecte du Recteur de Couvent de Dusseldorf. Nous nous proposons donc de déférer le cas au Révérend Père Général de l'Ordre des Dominicains et du Saint-Siège à Rome. Toutefois, si M. l'Aumônier consentait à retirer son accusation et si votre Excellence daignait lever la peine infligée à M. le Curé Taymon et à son paroissien M. Misson, nous nous réjouirions de pouvoir considérer l'incident comme clos.

Agréez, Monsieur le Gouverneur général, l'assurance de ma très haute considération.

(s) D.-J. Card. Mercier, Arch. Malines.

Je me joins à Son Éminence pour prier Monsieur le Gouverneur de prendre en mains la cause de mes diocésains.

(s) Th.-Louis Heylen, Évêque de Namur.

L'enquête sur les « francs-tireurs ».

En même temps que les espions et les agents provocateurs, y compris les abbés provocateurs, avaient pour mission de faire condamner le plus de Belges possibles, d'autres agents à la solde de l'Allemagne avaient commencé une vaste enquête pour tenter de prouver, contre l'évidence même, les crimes des « francs-tireurs ». Eh bien! malgré toutes les menées des enquêteurs, des espions et des provocateurs, malgré les rancunes personnelles qui ont poussé quelques rares Belges à se faire les complices des Allemands et à dénoncer, par esprit de vengeance, certains de leurs concitoyens, jamais les Allemands n'ont réussi à citer un nom, un seul nom, de civil belge accusé d'avoir tiré contre les troupes allemandes. Nous disons expressément « accusé », et non pas « convaincu », pour bien montrer que nulle part, dans aucun bourg de province ou dans aucun village, quoique les petites rivalités y soient si aiguës, et bien que la délation, même anonyme, eût été accueillie avec joie par les Allemands, nulle part on n'a vu quelqu'un essayer de laisser croire qu'un civil ait tiré un coup de fusil contre les Allemands. Non, cela est si invraisemblable, si manifestement faux, que même le dernier des misérables ne songerait pas à formuler une pareille calomnie.

L'hypocrisie allemande.

Les Allemands voudraient nous faire croire que les lettres anonymes pleuvent, mais qu'eux, en administrateurs épris de sincérité, refusent de donner suite à ces dénonciations :

Les dénonciations anonymes.

Le nombre de dénonciations anonymes déposées chez moi et auprès des autorités allemandes en Belgique continue à augmenter. Je refuse de donner la moindre suite à ces dénonciations et préviens le public que j'ai donné à toutes les autorités dépendantes de moi des ordres dans le même sens.

Les demandes de la population qui me sont soumises par écrit, avec indication exacte du nom et de l'adresse de l'expéditeur, seront, comme auparavant, examinées avec bienveillance et réponse sera donnée.

Bruxelles, le 4 mai 1915.

Le Gouverneur Général en Belgique,
Baron von BISSING,
Colonel-Général.

Mensonge, évidemment. Nous les savons capables de fabriquer eux-mêmes des dénonciations anonymes, simplement pour jeter le trouble dans l'esprit des Belges, et pour y faire naître la suspicion. C'est encore une tentative pour nous désunir.

Comment, d'ailleurs, pourrions-nous croire à leur sincérité quand ils prétendent ne pas tenir compte d'écrits anonymes, alors que nous les voyons en toutes circonstances faire appel à la délation. Aux exemples cités plus haut (p. 387 à 390) ajoutons celui-ci : Un avis du 13 juin 1915 (p. 448) dit que toute personne dénoncée pour avoir expédié des lettres par intermédiaire sera frappée. Non pas, remarquez-le, toute personne convaincue de l'avoir fait, mais toute personne dénoncée pour l'avoir fait.

**

On n'en finirait pas si on voulait citer toutes les faussetés qui font partie de leurs procédés d'administration. Bornons-nous à en signaler encore une ou deux.

Extorsion de signatures.

D'après la Convention de La Haye, les fonctionnaires du pays occupé qui restent à leur poste doivent déclarer qu' « ils n'entreprendront rien, et qu'ils omettront tout ce qui est contraire aux intérêts des occupants ». Remarquons deux points essentiels : ce sont les *fonctionnaires* seuls qui doivent signer cette pièce, et ils s'engagent à *omettre* ce qui peut nuire aux occupants.

Or en janvier 1915 l'administration allemande de Namur voulut forcer *toute* la population mâle du canton d'Éghezée, entre 18 et 40 ans, à signer une déclaration dont voici la copie textuelle :

« Je soussigné promets, conformément à la Convention de La Haye du 18 octobre 1907, de continuer scrupuleusement et loyalement accomplissant de mes fonctions, de ne rien entreprendre contre les intérêts de l'Empire d'Allemagne et promets d'empêcher tout ce qui puisse lui nuire ».

Dans certaines communes, les habitants, mal renseignés sur leurs droits et devoirs, signèrent bénévolement cette déclaration, qui est abusive, puisqu'elle était exigée de tous les habitants et pas seulement des fonctionnaires, et qu'elle faisait promettre d'*empêcher* ce qui nuirait aux Allemands et non d'*omettre* ce qui leur nuirait. On obligeait donc tous les habitants à se mettre jusqu'à un certain point au service de l'autorité allemande. Certains bourgmestres refusèrent de laisser signer la pièce telle qu'elle était proposée. Ils y ajoutèrent de leur propre autorité la phrase que voici :

« Sous réserve de pouvoir répondre librement à l'appel du gouvernement belge, si celui-ci vient à reprendre possession du pays actuellement occupé par les armées allemandes ».

Les Allemands n'acceptèrent pas cette addition ; ils proposèrent alors une nouvelle rédaction :

« Je soussigné promets, conformément aux dispositions de La Haye du 18 octobre 1907, de continuer scrupuleusement et loyalement accomplissant de mes fonctions, de ne rien entreprendre contre les intérêts de l'Empire allemand, d'omettre tout ce qui pourrait lui nuire ».

Dans plusieurs villages on refusa de nouveau de signer. En effet, les hommes de 18 à 40 ans n'ont pas à promettre de continuer des fonctions qu'ils n'ont jamais remplies. Que fit alors l'autorité allemande ? Elle obligea tous les habitants mâles des communes récalcitrantes à se présenter chaque jour à Éghezée, chef-lieu du canton. Mais elle finit pourtant par comprendre qu'il était inique de faire perdre à ces hommes une demi-journée chaque jour, simplement parce qu'eux, Allemands, exigeaient une chose absolument illégale. Et l'appel journalier à Éghezée fut supprimé.

L'administration allemande invoquait faussement la Convention de La Haye vis-à-vis de paysans qui ignoraient sans doute jusqu'au nom de cette Convention, et elle tenta, à deux reprises, de surprendre leur bonne foi. Rien d'étonnant à ce que les habitants de la province de Namur soient devenus méfiants, et qu'ils ne mettent pas volontiers leur nom sur un papier qui leur est présenté par les Allemands. En mai, des jeunes gens de Rhisnes et d'Émines ne signèrent qu'après beaucoup de pourparlers et de menaces leur carte de contrôle, qui d'après nos oppresseurs « n'impose aucun engagement au signataire ». Nous n'avons pas vu par nous-mêmes le libellé de cette carte et nous ne pouvons donc pas apprécier sa teneur ; mais il est étrange que les Allemands tiennent tant à faire signer une pièce qui aurait si peu d'importance.

Lundi, 3 mai, dans la matinée, 69 miliciens belges des communes de Rhisnes et d'Émines furent arrêtés parce qu'ils refusaient de signer leurs cartes de contrôle, qui ne contenaient rien d'autre que les renseignements sur leurs personnes, nécessaires pour établir une telle pièce. Ils furent conduits à la prison de la forteresse. Le 6 mai, ils furent interrogés une deuxième fois et, après avoir signé tous sans exception, ils furent relâchés immédiatement.

Mardi, 4 mai, 107 membres de la garde civique de Rhisnes furent arrêtés parce qu'ils refusaient de signer la déclaration de ne pas porter les armes contre l'Allemagne et ses alliés pendant la durée de cette guerre. Dans le courant de la même journée, 49 ont signé la déclaration et furent relâchés. Les autres 58 maintinrent leur refus et furent transportés mardi dans la soirée comme prisonniers de guerre en Allemagne.

Mercredi, 5 mai, 80 membres de la garde civique d'Émines et de Warisoulx furent arrêtés pour la même raison, dont 40 signèrent la déclaration et furent relâchés. Le reste fut transporté, le 6 mai au soir, comme prisonniers de guerre en Allemagne.

De même, le 5 mai, dans l'après-midi, 170 hommes, en partie membres de la garde civique, en partie miliciens des communes de Taviers, Dhuy, Saint-Germain, Hemptinne, Villers-lez-Heest, Bovesse, furent arrêtés, parce qu'ils refusaient de signer les cartes de contrôle. Le gouvernement espère que ces hommes réfléchiront et entendront raison et qu'ils se soumettront spontanément à cette mesure, qui ne sert qu'au contrôle, afin qu'ils puissent être relâchés.

On ajoute expressément que la signature des cartes de contrôle n'impose aucun engagement au signataire : ces cartes ne contiennent que les renseignements sur leur identité, et, sur ce point, tous les miliciens belges ainsi que les membres de la garde civique ont été instruits à plusieurs reprises. (*Communiqué*).

L'Ami de l'Ordre, 7 et 8 mai 1915.

On voit qu'ils ont voulu aussi imposer à la garde civique de Rhisnes et d'Émines l'engagement de ne pas porter les armes contre l'Allemagne. Plus de la moitié des hommes refusèrent et ont été envoyés comme prisonniers de guerre en Allemagne. Examinons ce cas.

D'abord il n'y a jamais eu de garde civique à Rhisnes ni à Emines, et il est donc absolument frauduleux de donner ce titre à tous les habitants mâles adultes. De plus puisqu'ils n'ont pas été gardes civiques, ils n'ont jamais porté les armes contre l'Allemagne et ne peuvent donc pas s'engager à ne plus le faire. Ici apparaît de nouveau la duplicité allemande dans toute sa beauté. Les hommes de Rhisnes et d'Émines assurent que le papier disait « ne plus porter les armes ». Les Allemands ont imposé à *L'Ami de l'Ordre* un communiqué donnant une autre version : « ne pas porter les armes » (voir plus haut). Mais dans le communiqué fourni par l'autorité allemande à *La Belgique* et publié le 5 juin, nos ennemis reconnaissent que la pièce disait « ne plus porter les armes ».

Gardes civiques récalcitrants.

Dernièrement, 58 membres de la garde civique de Rhisnes et 40 membres de la garde civique d'Émines (province de Namur) ont refusé de signer l'engagement de ne plus prendre les armes contre l'Allemagne et de ne commettre aucune action hostile à la cause allemande pendant la durée de la présente guerre. Par leur refus, ils ont montré qu'ils se considéraient comme appartenant à l'armée belge. Par conséquent, conformément aux stipulations de la Convention de La Haye, ils ont été internés comme prisonniers de guerre en Allemagne.

La Belgique, 5 juin 1915.

Mais un communiqué allemand n'est jamais entièrement vrai ; celui-ci ne fait pas exception à la règle ; conforme à la vérité sur ce point-ci, il s'en écarte sur un autre. Il dit en effet que les gens de Rhisnes et d'Émines « se considéraient comme appartenant encore à l'armée belge ». Quelle dérision ! ils ont refusé de signer précisément parce qu'on voulait abusivement leur faire dire qu'ils avaient appartenu à l'armée belge.

En août et septembre 1914, les Allemands envoyaient les Belges en Allemagne comme prisonniers civils ; en mai 1915 ils les y envoient comme prisonniers de guerre. La différence est importante, puisque la Convention de La Haye dit que les frais d'entretien des prisonniers de guerre sont à la charge de leur pays d'origine, mais qu'elle ne parle pas des prisonniers civils. C'est pourquoi les civils de Rhisnes et d'Émines allèrent en Allemagne comme prisonniers de guerre, ainsi d'ailleurs que le curé et le vicaire de Cortemarck (p. 174).

* *

Autre exemple intéressant d'abus prémédité d'une signature. En octobre 1914, l'autorité allemande de Mont-Saint-Guibert (entre Ottignies et Gembloux) faisait placarder une affiche comminant des peines, même la fusillade, contre ceux qui ne se présenteraient pas tel jour à la gare ; de plus les familles sont naturellement rendues responsables. Jusqu'ici, rien que de banal. Rien à dire non plus du grade du chef militaire qui dispose ainsi de la vie des citoyens : il est sergent ; mais nous savons que le moindre militaire allemand possède tous les droits. Ce qui dépasse un peu le niveau habituel de leurs procédés administratifs, c'est que le bourgmestre, dont le nom figure au bas de l'affiche, ne connut celle-ci qu'après qu'elle fut placardée : M. le sergent s'était servi du nom du bourgmestre sans daigner le consulter. Ce cas est à rapprocher de celui de Cugnon (p. 287, *fig.* 8).

Avis.

1° Tous les hommes habitant la commune, âgés de 18 à 45 ans, riches ou pauvres, doivent se présenter demain mardi 6 octobre à 7 heures du matin (heure belge) au contrôle à la gare.

2° Ces habitants ne peuvent plus changer de résidence ; leurs noms sont remis à l'autorité militaire.

Ceux qui ne donneraient pas suite à cet ordre, qui chercheraient à s'enfuir, seront faits prisonniers et s'exposeraient à être fusillés. Les familles des contrevenants seront prises comme prisonnières et leurs biens anéantis.

3° Les Anglais, Français ou Russes qui se trouvent dans la localité doivent être remis à l'autorité militaire allemande. Il en est de même des Belges ayant appartenu à l'armée, qui sont déserteurs ou ont été prisonniers. Les contrevenants seront punis de la mort.

4° Les armes à feu de toute espèce, qui se trouvent encore en possession des habitants, doivent être remises immédiatement au commandant de la gare. Ceux qui seront encore trouvés possesseurs de ces armes, après la publication de cet avis, seront fusillés.

5° Les réunions pour le contrôle auront lieu de temps en temps. L'heure et le jour en seront donnés d'avance.

6° Les parapluies et les bâtons sont interdits au contrôle. Les hommes ne pourront se présenter en état d'ivresse.

Mont Saint-Guibert, le 5 octobre 1914.

Le commandant de la gare
HAMICH, sergent.

Le Bourgmestre,
E. WAUTIER.

L'administration d'Andenne pendant les dix jours qui suivirent le massacre.

Pour donner une idée complète des méthodes administratives mises en œuvre par l'Allemand contre notre pays, il sera bon de décrire rapidement comment il se comporte dans une localité tout de suite après y avoir sévi contre les « francs-tireurs » ; jusqu'à présent, en effet, nous ne nous sommes occupés que de localités où il n'avait pas eu à exercer de « représailles ». Nous choisirons Andenne, à cause du caractère particulièrement sauvage de la répression qui a mis cette pauvre cité à feu et à sang. Voici les faits dans leur tragique succession.

La patrouille allemande qui pénètre dans la ville le 19 août 1914 se rend directement chez le receveur communal et s'empare de l'encaisse : 2.232 francs.

Le lendemain arrive le gros de la troupe. Le même soir entre 18 et 21 heures éclate une fusillade très vive. Aussitôt on accuse les civils d'avoir tiré et on se met à fusiller les habitants et à brûler les maisons.

Le lendemain matin, 21 août, tous les habitants non encore fusillés sont amenés sur la place des Tilleuls. On parque les hommes d'un côté, les femmes de l'autre. De temps en temps, M. le major

Scheunemann, qui commande les opérations, fait fusiller quelques hommes, tantôt devant toute la population, tantôt un peu à l'écart. Pendant la matinée, les soldats traînent jusque sur la place le cadavre du bourgmestre, le docteur Camus. Dès que M. Scheunemann apprend la mort du premier magistrat, il nomme bourgmestre M. de Jaer, faisant partie du groupe des personnes qui attendent leur tour d'être fusillées. A partir de ce moment l'ordre est donné de ne plus tuer : on se contente de saccager et de piller. Il y avait alors 300 maisons brûlées à Andenne et à Seilles et 300 habitants fusillés (*11e Rapport*).

Bornons-nous pour les événements qui suivirent l'incendie et le massacre à réimprimer les affiches placardées à Andenne pendant les dix premiers jours de l'occupation.

Habitants d'Andenne.

Par ordre de l'autorité militaire allemande occupant la ville d'Andenne.

Tous les hommes sont retenus comme otages.

Par coup de feu tiré sur les troupes allemandes, il y aura *au moins deux otages fusillés*.

Les otages seront nourris par les femmes, qui leur porteront le nécessaire près du pont à 6 heures du soir et à 8 heures du matin.

Il est strictement défendu aux femmes de converser avec les otages.

Toutes les rues et places publiques seront immédiatement nettoyées par toutes les femmes de la ville, sous peine d'arrestation.

Il est formellement défendu de circuler dans la ville après 7 heures du soir et avant 7 heures du matin, sous peine de répression sévère.

Les morts seront immédiatement ensevelis sans aucune formalité.

Les jeunes gens à partir de 14 ans et les femmes devront prêter leur concours à toute réquisition.

Il est strictement défendu de se montrer aux fenêtres.

Andenne, le 21 août 1914.

Par l'ordre de l'autorité militaire allemande :

L'Adjoint du bourgmestre,   Le Bourgmestre désigné,
    Dr LEDOYEN.   E. DE JAER.

            Le Secrétaire,
            MONRIQUE.

Tous les hommes encore vivants sont donc considérés comme otages ; les femmes doivent les nourrir ; elles doivent aussi nettoyer la ville, ce qui signifie qu'elles doivent laver le sang et enlever les cadavres amassés pendant les tueries de la nuit et de la matinée.

Proclamation.

Le 20 août de cette année on a tiré de nombreuses maisons de la ville d'Andenne sur les troupes allemandes qui passaient par la ville, on a jeté aussi des bombes. Il est sûr que la première attaque de feu eut lieu selon un certain plan tout en même temps dans plusieurs rues : dans la rue Brun, rue de l'Hôtel de Ville, à la place des Tilleuls et plusieurs autres rues. Un nombre de personnes militaires sont tuées ou blessées et le matériel de guerre est endommagé.

Après avoir refusé les premières attaques, on a tiré de nouveau de beaucoup de maisons plusieurs heures ; et encore le 21 août, l'après-midi à deux heures, un sous-officier fut tué par un coup, d'une des maisons de la rue de l'Hôtel de Ville.

Les habitants coupables, qu'on a trouvés jusqu'à maintenant, sont fusillés par le Conseil de guerre, sans qu'il fut possible de trouver les personnes qui ont arrangé le complot.

On appelle cependant à l'honneur de la ville d'Andenne, laquelle est considérée dans les yeux du monde civilisé comme un nid de meurtriers et de bandits.

Peut-être il est possible de rétablir l'honneur de cette ville ; c'est pourquoi on invite les habitants dans leur propre intérêt de communiquer à l'autorité militaire tout ce qui peut servir le progrès de révéler le complot et ses auteurs.

Celui qui livre des preuves capables, reçoit selon leur valeur une prime de 500-1000 francs.

Les mesures qui ont été prises seront ou pourraient être plus tôt adoucies dès que l'enquête aura fait des progrès pour faire connaître les coupables.

Andenne, le 22 août 1914.
Le Commandant de la Ville.

L'autorité militaire fait savoir, dès le 22 août, qu'Andenne, où les « attaques de francs-tireurs » ont été réprimées dans la nuit du 20 au 21 et dans la matinée du 21, passe déjà dans le monde civilisé pour « un nid de meurtriers et de bandits ». Elle promet une récompense de 500 à 1000 francs à qui dénoncera les auteurs du complot. Elle promet aussi, pour exciter le zèle des délateurs, que les mesures de rigueur seront adoucies dès que les meneurs seront connus. (Personne n'a été dénoncé.)

Avis officiel.

Andenne, dimanche, le 23 août 1914.

Entre Saarburg et Metz il s'est trouvé une grande bataille. Les troupes allemandes ont fait 21.000 prisonniers français.

Vive Sa Majesté l'Empereur d'Allemagne, Roi de Prusse et Markgave de Brandebourg !

Scheunemann.

Major et chef de détachement.

On annonce la grande victoire entre Sarrebourg et Metz : 21.000 prisonniers français. (On cherche à démoraliser la population.) Remarquons que l'agence Wolff ne signalait que 10.000 prisonniers français ; d'où l'inventif major Scheunemann tire-t-il les 11.000 autres ?

Avis officiel.

Le ravitaillement de la population sera fait par les soins de l'administration militaire secourue par l'administration civile d'Andenne constituée par le gouvernement allemand, autant que possible :

1° A ce sujet, la vente de denrées et de vivres est formellement interdite.

2° Les propriétaires sont avisés de signaler tout de suite la quantité de leurs vivres. Les denrées seront prises sur l'argent comptant ou sur bon remboursable.

3° Il serait dans l'intérêt de la population d'annoncer exactement les quantités de leurs vivres.

4° Les vivres ne dépassant pas deux jours pour la famille n'ont pas besoin d'être signalés.

5° Toutes les forces disponibles de la commune restent au soin de l'Administration pour la récolte. Les propriétés abandonnées seront récoltées de même.

Andenne, le 23 août 1914.
Le Commandant de la ville.

En réalité, les Andennais mouraient de faim.

Proclamation.

J'ai confiance en l'Administration et en la population que maintenant chacun prend la peine d'obéir le plus sévèrement aux ordres de la Kommandantur pour adoucir autant que possible le malheur amené par les faits criminels de quelques habitants.

C'est pourquoi je fais procéder à tout ce qui empêche la libre circulation des habitants. Je voudrais que personne des habitants d'Andenne et de Seilles ne fasse usage de cette liberté sinon pour la prospérité de la commune.

Les Administrations d'Andenne et de Seilles travaillent avec moi pendant le jour et la nuit pour amener des états réglés.

Il faut adresser toutes les demandes de ravitaillement et de prospérité directement aux Administrations d'Andenne et de Seilles, qui ont aussi la procuration d'engager chacun à travailler.

L'armée allemande montre la plus grande sévérité et énergie si elle est attaquée perfidement par les habitants ; mais elle souhaite sincèrement la justice et l'humanité envers le peuple si la conduite des habitants le permet.

Andenne, le 25 août 1914.
Der Kommandant,
Schultze,
Hauptmann.

L'administration allemande est sévère, mais juste. (Les Andennais s'en sont aperçus.)

Aux habitants d'Andenne.

Nous donnons connaissance à la population de la proclamation que vient de nous remettre, en partant, le Commandant militaire :

Je quitte cette ville dans l'attente qu'elle mettra en œuvre comme dans les derniers jours ainsi que pour l'avenir tout ce qui peut servir aux bonnes règles de conduite envers l'armée allemande.

Je transmets le nouveau pont à la ville pour son usage et l'oblige de procurer pour sa sûreté et de le tenir en bon état.

Le prochain temps il restera ici une petite garnison, laquelle sera nourrie et logée par la ville.

Si toutes les forces restent attelées à la prospérité de la ville d'Andenne et de Seilles, ces localités seront bientôt guéries des graves blessures qui a valu la guerre à ces communes de leur propre faute.

Andenne, le 28 août 1914.

Schultze,
Hauptmann.

***

Nous profitons de cette occasion pour féliciter et remercier les habitants d'Andenne pour la façon admirable dont ils se sont comportés pendant ces derniers jours, et nous les engageons vivement à aider l'Administration Communale à réparer, autant que possible, les grands malheurs dont nous avons été éprouvés.

L'Adjoint du Bourgmestre,　　Le Bourgmestre délégué par
Dr Ledoyen.　　　　　　　　l'autorité militaire,
　　　　　　　　　　　　　　　　E. de Jaer.

Le Secrétaire,
Monrique.

Andenne, le 28 août 1914.

On engage de nouveau les habitants à rester calmes et on les félicite de leur bonne conduite. (Le bourgmestre est forcé de contresigner cette proclamation. L'avait-il vue d'abord ?)

Proclamation (1).

1. A partir *du samedi 29 août 1914 midi*, toutes les horloges devront être mises à l'heure allemande (une heure plus tôt).

2. Les rassemblements de plus de 3 personnes sont strictement défendus *sous peine d'amendes*.

(1) Les *passages en italique* étaient au crayon sur l'affiche placardée à Andenne (Note de J. M.).

3. Pour circuler après 8 heures du soir, il faut l'autorisation de M. le Commandant.

4. Les armes devront être remises au garde *du Casino, jusque midi 29 courant.*

Lorsqu'on trouvera encore des armes dans les maisons, après l'heure fixée, le propriétaire sera pendu.

5. Les soldats allemands demandant la tranquillité absolue, les ouvriers peuvent retourner travailler de suite. La moindre révolte de la part des habitants aura pour conséquence l'incendie complète de la ville, et les hommes seront pendus.

Simons,

Obtl. et Commandant en chef.

Becker, Capitaine et Commandant en chef.

L'heure allemande est obligatoire. On défend les rassemblements de plus de trois personnes. Si des armes sont trouvées dans une maison, leur propriétaire sera pendu ; à la moindre émeute, incendie complet de la ville et pendaison des hommes, sans autre formalité.

Aux habitants d'Andenne.

Chers Concitoyens,

Nous sommes heureux de vous annoncer que l'autorité militaire montrera la plus grande bienveillance à notre égard si, comme nous n'en doutons, la bonne population d'Andenne continue à rester bien tranquille, à travailler avec courage et à obéir docilement à l'autorité, *comme elle l'a fait* jusqu'à présent, ce dont nous la remercions.

Dans une fête militaire, à laquelle l'autorité militaire a bien voulu nous prier de prendre part, en notre présence et devant plusieurs notables d'Andenne, notamment M. le doyen Cartiaux, toutes les troupes, y compris les officiers, ont à plusieurs reprises crié des *hurra* pour Andenne.

Au nom de vous tous, nous leur avons adressé nos remerciements émus.

Chers amis, ayez confiance en nous, nous travaillons de toute notre âme au salut d'Andenne.

Nous avons assuré l'autorité militaire que les soldats pouvaient être parfaitement tranquilles au milieu de nous, qu'aucun de nous ne voudrait commettre la moindre agression, qu'au contraire, tous nous traiterons l'armée allemande avec une *entière loyauté*.

Nous avons répondu de vous. En échange, nous ne vous demandons qu'une chose, c'est de continuer à faire ce que vous avez fait jusqu'aujourd'hui ; et si, par impossible, il pouvait se trouver parmi nous un mauvais sujet qui serait capable de compromettre les honnêtes gens, indiquez-le-nous, il ne faut pas que nos braves concitoyens soient responsables des crimes d'un scélérat.

Que l'armée allemande sache bien que l'administration communale mettra le plus grand empressement à lui livrer le coupable d'un acte de mauvais gré, quel qu'il soit.

Chers concitoyens, patience et courage, pour supporter les privations. Soyez tranquilles, nous sommes avec vous.

L'adjoint du Bourgmestre,   Le Bourgmestre délégué par l'autorité
   Dr LEDOYEN   militaire,
Le Secrétaire,   E. DE JAER.
   MONRIQUE.   Le Conseiller,
                                        LAHAYE.

Andenne, le 30 août 1914.

On annonce que les troupes allemandes, après avoir pillé Andenne et en avoir fusillé les habitants, acclament maintenant la ville. Puis, nouvel appel à la délation.

Proclamation.

J'ai l'impression que la plus grande partie des habitants désirent la tranquillité, aussi je les invite à ne pas quitter la ville.

Avant d'employer les moyens violents, je ferai une enquête sévère pour découvrir les coupables au cas où une révolte éclaterait.

J'attends donc de la population d'Andenne qu'elle mettra tout en œuvre pour qu'aucun soldat allemand ne soit molesté, sinon je serai forcé d'agir d'après les mesures de ma première proclamation.

                                             BECKER,
                                   Capitaine L. I. R. 29
                                   et Commandant en chef.

L'autorité allemande promet maintenant de faire une enquête s'il y a une révolte. (Cette enquête serait une nouveauté.)

e) *Un monument.*

Nous ne pourrions mieux terminer le paragraphe relatif à l'administration allemande en Belgique qu'en reproduisant des extraits d'un article publié par M. le baron Friedrich Wilhelm von Bissing, fils du Gouverneur général, dans le fascicule d'avril 1915 de *Süddeutsche Monatshefte*, fascicule consacré en grande partie à la Belgique. Il est intitulé *Belgïen unter deutscher Verwaltung* (La Belgique sous l'administration allemande). Afin de ne pas allonger notre exposé, nous nous bornerons à commenter la manière de voir de l'auteur sur les points que nous avons touchés antérieurement. — Toutes les notes au bas des pages sont de J. M.

La Belgique sous l'administration allemande,

par Frédéric-Guillaume, baron von Bissing.

(Je dois de la reconnaissance à ces messieurs du Gouvernement général et spécialement à mon père, S. Exc. le Gouverneur général, à M. le Commandant Dr Dirr et à M. le Commandant von Strampel, ainsi qu'au directeur de l'École allemande de Bruxelles, le Dr Lohmeier, pour leur collaboration. Cependant, il n'est peut-être pas inutile d'ajouter que je porte seul la responsabilité de mon exposé.)

Nous, Allemands, nous tenons en notre possession la plus grande partie de la Belgique et nous l'administrons. C'est le fait sur lequel chaque considération sur la Belgique d'aujourd'hui doit se baser.

« Possession vaut titre » (1), dit un vieux proverbe, et lord Cromer ajoute, à l'occasion de la discussion relative à l'occupation par l'Angleterre du Soudan Égyptien : « Le droit du conquérant est le meilleur et est reconnu par les meilleures autorités. Il est tout à fait indiscutable et devant lui disparaissent les revendications fantomatiques basées sur des écrits ».

(1) L'article commence par une affirmation de principe : « Possession vaut titre ». On ne pourrait pas déclarer plus brutalement que la conquête militaire de la Belgique prépare son incorporation définitive à l'empire allemand, malgré les promesses officielles (p. 324). Ajoutons qu'au point de vue juridique cette déclaration est inexacte, car le principe « possession vaut titre » s'applique aux meubles, non aux immeubles.

Les Alliés de la Belgique ne peuvent au moins rien retrouver à redire si nous, Allemands, nous prenons cet axiome juridique comme base ; peu importe ce que pourra être le sort réservé par l'avenir à la Belgique. Nous tenons la Belgique et nous portons, de ce fait, la responsabilité morale de sa prospérité et de la continuation de la vie de sa population. Cette responsabilité nous incombe de par l'article 43 de la Convention de La Haye qui dit que le conquérant doit être, aussitôt que possible, en mesure d'assurer l'administration méthodique du territoire ennemi occupé par lui. Sans doute, nous ne sommes pas seuls à porter cette responsabilité : elle trouve ses limites dans les mesures prises par nos adversaires, les Alliés de la Belgique, lesquels ont mis sous eau, ont soustrait à la culture et ont détruit au moyen de canons et de bombes, une partie du territoire belge (1).

Sont responsables des dégâts causés au pays et à ses habitants par le bombardement des villes côtières, par les batailles livrées autour d'Ypres et de Dixmude, non seulement le Gouvernement belge exilé et le Roi Albert sans terre (2) qui, déjà depuis longtemps, n'est plus libre de ses décisions, mais aussi l'Angleterre d'abord et la France ensuite.

La ténacité avec laquelle les Alliés de la Belgique se sont forgés de son territoire et de son avoir une cuirasse (3) est aussi la cause de la situation désavantageuse du pays, par laquelle les Flandres occidentale et orientale et une partie du Hainaut ont été soustraites au gouvernement général et sont considérées comme territoire d'étape, justement un territoire à population flamande dense et renfermant la seconde université de l'État : Gand.

Ce fait ne semble pas toujours être suffisamment connu en Allemagne, pas plus que le fait suivant : La place forte de Maubeuge, qui jadis était française, et une pointe près de Givet sont annexées au Gouvernement général de Bruxelles.

Mais dans la responsabilité de la prospérité de la communauté belge, interviennent, à côté de l'administration allemande, les « amis », apparemment pas tout à fait désintéressés, de la Belgique et le peuple belge lui-même.

(1) Tout de suite excitation des Belges contre leur gouvernement et contre leurs Alliés (p. 362) qui ont commis le crime de défendre le dernier lopin de terre resté belge.

(2) Le Roi Albert « sans terre » porte aussi sa part de responsabilité dans les destructions en Belgique (p. 350).

(3) Nouvelles excitations contre les Alliés, qui se sont servis de la Belgique comme bouclier. Ne serait-ce pas plutôt l'Allemagne qui s'est servie des Belges (p. 141) ?

Que beaucoup de Belges, malgré les préparations de guerre faites en cachette (1) par leur gouvernement, aient été surpris par les événements et aient perdu leur sang-froid, c'est aussi peu étonnant que le fait qu'ici aussi les besoins créés par la guerre ont fusionné ensemble des éléments aspirant à être séparés ; en présence de l'ennemi le cri de « Bons Flamands par ici, Wallons par là » cessa provisoirement. Et nous n'étions pas seulement des ennemis parce qu'armés nous avions franchi la frontière, parce que nous avions forcé la fière place de Liége, nous l'étions surtout parce que depuis des années le Gouvernement belge avait toléré que dans la presse et dans la littérature quotidienne, que par des gravures ou au théâtre, que dans les estaminets et les cafés-chantants, l'Allemand fut raillé et calomnié, et traité avec moins d'égards que les Anglais et les Français (2).

La semence vénéneuse, entretenue sans doute par l'Angleterre et la France (3) — qu'on pense aux explosions de haine contre l'Allemand qui spontanément se produisirent à Nancy et sur d'autres points de la frontière française — produisit une révolte terrible les premiers jours de guerre et firent déborder la juste colère du soldat allemand qui fut amené à défendre sa vie avec une fureur guerrière. Ceci a donné à toute la guerre ce caractère terrible dont le Gouvernement belge et les Alliés auront à répondre (4). Des Belges pensant avec sang-froid m'ont concédé que l'institution toute archaïque de la garde civique, qui tenait le milieu entre un corps régulier et un corps de francs-tireurs (5), était pour une grande part la cause du mal, et que tous les Belges intelligents étaient convaincus qu'après la guerre, quelle que soit son issue, la garde civique devra être supprimée. L'un d'eux a employé un mot pas tout à fait inexact : après les terribles premières expériences, une « panique du vainqueur » s'est emparée des Allemands. On s'étonne

(1) Nouvelles excitations contre le gouvernement. — Quels seraient ces préparatifs militaires faits en cachette ? Les « francs-tireurs ? (p. 249).

(2) Il est absolument faux que le gouvernement belge ait jamais favorisé, ou même toléré, des attaques contre l'Allemagne (p. 33, 34).

(3) Il n'y a donc pas eu de « semence vénéneuse », et avant l'invasion les Belges n'avaient aucune animosité contre les Allemands. C'est « la juste colère du soldat allemand » qui avait été soigneusement semée d'avance et cultivée (p. 68, 2?7).

(4) Ce ne seront certes pas les Belges qui auront à répondre des atrocités commises par les armées allemandes. Aussi la Belgique appelle-t-elle de tous ses vœux la constitution d'une Commission internationale qui examinera librement les faits ; mais l'Allemagne refuse la lumière (p. 243, 244).

(5) La garde civique est une institution parfaitement légale et régulière, et nullement un organisme hybride (Voir Waxweiler, p. 209).

presque avec tout cela que si souvent au moment voulu une main modératrice (1) soit intervenue pour épargner ici une église, là un monument d'art, ou encore une maison habitée par de braves gens. Sans doute, maints innocents ont pâti pour les coupables ; mais en sont-ils responsables les officiers et soldats allemands tombés dans les embûches et ceux qui ont été assassinés ou blessés dans les lazarets (2), et les femmes et les enfants allemands qui sont tombés victimes de la colère du peuple (3) ? Et d'autre part j'ai entendu dire à plusieurs reprises à Bruxelles : « L'incendie de Louvain nous a épargnés un malheur semblable qui aurait eu des suites plus terribles encore » (4). De pareilles réflexions montrent que petit à petit, quelques-uns parmi la population mal conseillée reviennent au bon sens et voient qu'il y a des choses plus puissantes que la volonté individuelle. Ils reconnaissent que c'est seulement en reprenant le travail pour le bien-être de la masse et en cessant d'opposer la force d'inertie, qu'ils remplissent leur devoir et que, dans le cas contraire, ils commettent une faute (5). Ils comprennent que pour le moment c'est seulement sous la protection et avec l'aide de l'administration allemande qu'ils peuvent travailler, et qu'agir ainsi ne signifie pas encore abandonner la partie. Il ne faut pas, en effet, qu'ils émettent une lettre de change sur l'avenir, mais ils doivent aider à relever les forces du pays qui chôment, et à ramener du sang frais dans les veines endormies de l'industrie, des voies de communication et du commerce.

(1) Cette « main modératrice » montre précisément que les carnages et les incendies sont systématiquement organisés et font partie d'une méthode de gouvernement (p. 89).

(2) L'auteur ne peut pas ignorer que ces accusations sont controuvées (p. 120).

(3) Il sait évidemment aussi, par les procès qui se plaident en Belgique devant les tribunaux d'exception créés par son père, le Gouverneur général, que pas une seule femme allemande, nium est « tombé victime de la colère du peuple » (p. 129, 130). MM. Koester et Noske avouaient déjà, en octobre 1914, que ces imputations sont inexactes (p. 133). Comment appelle-t-on en allemand celui qui affirme une chose qu'il sait fausse ?

(4) Ceci est un aveu précieux. M. von Bissing fils reprend pour son compte une idée de M. le capitaine Walter Bloem, adjudant de son père (p. 87).

(5) Quelle relation y a-t-il entre les massacres commandés par les officiers allemands et la reprise du travail ? Il y a là un de ces raisonnements à l'allemande, impénétrables pour ceux qui ne sont pas en possession de la mentalité d'outre-Rhin.

Le premier soin de l'administration allemande doit être de remettre en mouvement les rouages de l'État belge, qui sont arrêtés, et cela par des Belges placés sous la surveillance et sous la responsabilité allemande. Lorsque viendra la paix, il faut que la Belgique, pour autant que ce soit possible, ne soit pas comme un drap tordu, mais soit pleine de vie et de force (1)...

L'Angleterre a emporté à Londres, d'Anvers où on les avait réfugiés au commencement de la guerre, l'encaisse métallique de la Banque Nationale de Belgique, ainsi que ses billets de banque et les matrices servant à imprimer ceux-ci, et cela malgré que le gouvernement allemand, déjà en août (et maintes fois depuis) ait solennellement garanti l'inviolabilité de la propriété privée de la Banque (2)...

..... Ce serait une grave erreur de croire que la classe moyenne belge spécialement, pourra, ou seulement voudra, s'accommoder de si tôt du cours des événements. Encore de tous les côtés on voit dans la campagne des maisons détruites, beaucoup de tranchées n'ont pas encore été comblées et les promeneurs rencontrent à chaque pas des souvenirs de la fureur de la guerre. On oublie trop facilement à ce sujet combien les Belges eux-mêmes sont responsables de cet état de choses. Par exemple, à Malines lors du siège d'Anvers et avant que les habitants eussent réintégré leurs demeures, la populace venant de Bruxelles et d'Anvers s'est mise à piller et à emporter tout ce qu'elle pouvait (3); elle mit à profit le désordre inévitable dans lequel nos troupes ont dû laisser leurs quartiers et les bâtiments fouillés. Si pour loger 30 à 40 hommes, on est obligé d'aller dans quatre ou cinq petites maisons belges chercher les lits bien mérités et les descendre par des escaliers à peine assez larges, tout ne peut naturellement se passer comme pour un déménagement bien ordonné. Il est logique qu'on ne puisse dans ce cas faire aucun reproche aux habitants de Malines d'avoir fui. Les obus allant vers Anvers et en venant obligèrent la plupart des habitants à quitter leurs maisons (4); là où ils restèrent, tout le mobilier a été conservé intact et on lit encore ces mots, écrits à la craie : « Cette maison est habitée » (5). Mais ceux qui avaient fui trouvèrent, lorsqu'ils

(1) C'est pour que la Belgique reste « pleine de vie et de force » qu'on lui extorque 40.000.000 par mois (p. 162).

(2) Ceci est l'un des passages les plus remarquables : inutile d'insister sur la valeur des engagements souscrits par l'Allemagne (p. 323).

(3) Il est faux que la populace d'Anvers et de Bruxelles soit allée piller à Malines. L'armée allemande n'aurait pas supporté leur concurrence (p. 273).

(4) Aucun obus belge n'est tombé dans la ville de Malines (p. 273).

(5) Il est vrai qu'il y a de nombreuses maisons avec une inscription

rentrèrent, tout vide et désert. Nos troupes durent aider les plus pauvres, dans la mesure de leurs moyens, et elles durent fournir à la population civile de la viande et du pain. En collaboration avec les autorités municipales et ecclésiastiques, elles s'efforcèrent sans tarder de réparer les dégâts les plus graves (1). Les églises reçurent de nouvelles fenêtres et des toits provisoires ; les pignons furent consolidés, les maisons détruites furent déblayées. Plus les habitants revenaient et saisissaient l'occasion qui leur était offerte de travailler, plus on faisait de besogne. Et celui qui, à la fin de février, marchait dans les rues aux côtés du commandant de la ville, auquel sa langue maternelle a rendu facile la connaissance de la langue flamande, pouvait se convaincre combien la vie bourgeoise fleurissait de nouveau et avec quels yeux pleins de reconnaissance de nombreux groupes de la population regardaient « Onze Kommandant » (2).

Malines possède une population parlant pour ainsi dire exclusivement le flamand. Ce fait facilite les relations, notamment avec les Allemands de la Basse-Allemagne et amène une confiance relative en nos soldats. Les attaques haineuses que les Wallons ont adressées aux « Flamands » d'Anvers (3), attaques par lesquelles ils leur reprochent la reddition prématurée de la ville et les appellent traîtres à leur patrie, seront bientôt jugées par les tribunaux : elles rendront plus facile à l'administration allemande son devoir d'amener à elle et de fortifier l'élément qui parle le flamand et qui lui est apparenté (4). Dans ces milieux on commence de nouveau à penser à la façon dont les « fransquillons » avant la guerre ont usé de tyrannie avec ces mots « Toute civilisation est française », et à la façon dont des écrivains de sang flamand, qui se sont rapidement transformés en haïsseurs de l'Allemagne, — pensez à Maeterlinck —, ont renié leur langue maternelle (4) ; on se

Dies Haus ist bewohnt (Cette maison est habitée). M. von Bissing doit avoir remarqué qu'il y en a d'autres, surtout autour de Malines, sur lesquelles les soldats allemands, pour épargner une perte de temps à leurs successeurs, ont écrit à la craie Schon ausgeplündert (Déjà pillée).

(1) Les Allemands n'ont rien fait, absolument rien, pour réparer les dégâts causés aux églises : toutes les réfections ont été ordonnées et payées par la population civile, tout comme à Louvain (p. 27.).

(2) L'exemple de Malines est malheureux. Si les Malinois aimaient tant les Allemands, il est probable que les ouvriers de l'atelier de chemin de fer n'auraient pas résisté avec une telle âpreté aux injonctions allemandes (p. 372).

(3) Les Allemands essayent donc de profiter de ce conflit (p. 361).

(4) Diverses tentatives d'excitation des Flamands contre les Wallons. (p. 352).

remémore le « paysan flamand et lourdaud » devant céder le pas au « fin Français ». On se rappelle les luttes chaudes qui ont finalement abouti à une loi de séparation administrative, loi qui, faite principalement par des Wallons, ne tenait pas compte de façon équitable de la signification réelle de l'élément flamand, par exemple à Bruxelles et dans le Brabant. Déjà les regards de maints bons Flamands se tournent vers l'administration allemande dans l'espoir qu'elle aidera à faire mieux valoir la seule langue du terroir.....

Déjà actuellement, le voyageur circulant dans le pays voit de nouveau, de tous côtés, des panaches de fumée couronner les cheminées des usines (1).

L'Angleterre, par son brutal désir d'affamer, a apporté à la Belgique la crainte de la famine (2). Ce désir prouve, plus clairement que tout autre chose, le manque de sentiments moraux et encore plus celui de sentiments chrétiens, chez les dirigeants du peuple insulaire, de ce peuple qui menace de devenir la honte de l'Europe....

Si les Belges ne manquent pas d'abuser du pavillon des Américains, qui les aident de façon si efficace, en l'employant pour des démonstrations, le mieux qu'on puisse faire est de tolérer ces étourderies, aussi longtemps que par leur inconvenance elles n'indisposent par les autorités américaines. On expose aux vitrines des drapeaux américains remplaçant les linges ou les meubles qui s'y trouvaient habituellement. De grands et petits enfants belges, qui pour la plupart ne connaissent pas un mot d'anglais, portent sur eux les couleurs de la bannière étoilée (3). Les gens ont dans le sang de faire des démonstrations en portant des couleurs. Maint « patriote » qui jusque-là n'avait jamais pensé à sa patrie, décore sa poitrine en portant ou des rosettes, ou des fleurs, ou des rubans aux couleurs noire-jaune-rouge. La vente dans les rues de tels insignes est interdite (4), même si elle se fait à la porte des

---

(1) En effet, nous avons déjà vu combien l'industrie est florissante (p. 193).

(2) Ce n'est pas l'Allemagne qui affame la Belgique, — c'est l'Angleterre, « qui menace de devenir la honte de l'Europe » !

(3) Les Belges sont de grands enfants. M. le Gouverneur général nous avait déjà fait le même compliment (p. 204, 367).

(4) Rappelons-nous la proclamation patriotique de M. le baron von der Goltz (p. 326).

Le père et le fils affectent de ne pas comprendre la signification du ruban tricolore que les Belges portaient à la boutonnière. Elle est pourtant très claire. La voici : les Allemands prétendent : 1° que leurs armées sont victorieuses et qu'elles le resteront ; 2° qu'ils pourront dicter leurs con-

églises. Il est peut-être difficilement admissible que, d'une façon permanente, dans beaucoup d'églises du pays, on expose les couleurs belges à droite et à gauche de saint Joseph, patron protecteur du pays...

... Pour préserver le pays du danger de la faim, un moyen plus efficace que les envois américains est la mise en culture, en temps opportun, des champs et l'application des nombreuses prescriptions introduites suivant le modèle allemand, pour la protection du bétail. Une grande partie de la Belgique, 42,6 0/0, consiste en terres de culture ; elles sont habitées par une population de petits paysans, pour la plupart Flamands. Sans doute, en temps de paix, la récolte ne suffisait pas ; mais maintenant elle pourrait suffire aux besoins de la population fortement diminuée (1)...

En ce qui concerne les attelages, il n'en manque pas, car il a été pris pour la guerre moins de chevaux qu'on ne l'avait cru... (2)

On s'occupe également d'une réglementation de l'élevage du bétail et d'un juste échange avec l'Allemagne. Par des foires aux poulains (3) tenues régulièrement, l'élevage du cheval est entretenu. Les poulains vendus à l'Allemagne sont répartis par les chambres agricoles. La défense de réquisitionner les vaches à lait protège le stock de bétail et l'industrie laitière. Des mesures ont été prises en faveur de l'élevage du porc et pour la mise en conserve de la viande fraîche. Comme chez nous, le manque de nourriture pour le bétail s'est fait sentir. Déjà à la mi-février, on pouvait voir le bétail belge mis au pâturage alors que les prairies étaient encore bien maigres. Mais le climat doux fera bientôt

ditions et qu'ils annexeront la Belgique ; 3° que ce sera d'ailleurs facile, puisque les Belges renoncent déjà à leur attitude provocante et commencent à fraterniser avec leurs persécuteurs. Il nous est impossible en ce moment de répondre publiquement en Belgique aux mensonges 1 et 2 ; quant au n° 3, tout Belge qui arborait une petite cocarde proclamait tacitement, — et sans se compromettre, aussi longtemps que les couleurs nationales ne furent pas délictueuses, — qu'il entendait n'être pas pris pour un lâche, et que ses sentiments anti-allemands n'avaient rien perdu de leur vivacité.

(1) Il est regrettable que l'auteur ne donne pas un aperçu des moyens qui ont permis à l'Allemagne de faire diminuer la population : massacres, incendies, déportations en Allemagne, expulsions en masse, etc.

(2) On se demande vraiment comment les Allemands auraient encore pris des chevaux dans certaines régions. Dans le nord du Brabant, par exemple à Werchter et à Herck la-Ville, « The Commission for Relief in Belgium » a dû donner des chevaux de labour aux cultivateurs.

(3) Nous savons comment fonctionnent ces foires aux poulains (p. 184).

son office et l'herbe poussera très tôt. 27% 0/0 de tout le pays sont des prairies et des pâturages. Il y a sans doute encore beaucoup à faire pour le développement de l'agriculture : le beurre et le fromage sont actuellement importés de Hollande ; en Belgique on n'en produit la plupart du temps que de qualité inférieure....

Si, à l'avenir, il y a assez de main-d'œuvre dans le pays, on pourra également s'occuper du défrichement du sol encore improductif. La proportion de celui-ci s'élève en Belgique à 11 1/2 0/0 contre 9,3 0/0 en Allemagne. Il faudra probablement un très long travail pour de nouveau convertir en bonne terre les marais des environs d'Ypres, car les conditions de drainage sont si peu favorables que, près de Tournai, à la fin de février, alors qu'il n'y avait pas eu de fortes pluies, on voyait partout de l'eau sur les pâturages. On peut aussi voir des terrains marécageux à proximité immédiate de Bruxelles (1)....

On a l'intention de confier à la Croix Rouge de Belgique, si elle se montre prête à travailler consciencieusement et en collaboration avec le gouvernement allemand, le soin de nombreuses nécessités pour lesquelles existent en partie jusqu'à présent des organismes qui devraient être incorporés à la Croix Rouge (2). Le soin des estropiés, le soin des tuberculeux, la lutte contre la maladie des nourrissons, le relèvement de la moralité doivent, cela va sans dire, se confondre et se traduire souvent en un souci de la famille du malade et travailler la main dans la main avec les œuvres s'occupant de la protection des pauvres en général. De très importants devoirs sociaux doivent être confiés à la Croix Rouge et, si elle-même refuse, à une institution nouvelle à fonder. Statutairement, la Croix Rouge de Belgique est placée sous la surveillance d'un représentant du Gouvernement, soit en l'occurence du Gouverneur général allemand.

Le chômage et l'oisiveté sont les racines de beaucoup de maux et de beaucoup de mécontentements. C'est pourquoi l'administration générale s'est efforcée de trouver des occasions de travail et a constitué une direction du bâtiment organisée militairement. Celle-ci s'occupe de la réparation des routes qui ont été fortement endommagées (3). Les ou-

(1) Le paysan belge, renommé au monde entier pour son activité sans pareille, est traité de fainéant arriéré —. Où sont les terrains marécageux aux environs immédiats de Bruxelles.

(2) La destitution du Comité Directeur belge de la Croix Rouge est une faute contre les statuts de cette institution (p. 380). La Croix Rouge de Belgique n'a pas à s'occuper des tuberculeux, des nourrissons, de la moralité, etc.

(3) La réparation des routes sert à procurer des gains illicites aux officiers allemands (p. 376).

vriers du chemin de fer belge trouvent également du travail auprès de l'administration du chemin de fer (1) (administration allemande des chemins de fer en Belgique ayant son siège à Bruxelles et travaillant sous les ordres du chef militaire des chemins de fer). Il y a même quelques chemins de fer secondaires qui travaillent sous l'administration belge, naturellement surveillée par les Allemands....

Pour exécuter des réformes, il manque actuellement à l'administration allemande des forces enseignantes suffisantes. Le gouvernement s'est sérieusement efforcé de ramener au pays ceux qui ont fui et ceux qui ont été emmenés en Allemagne comme prisonniers civils (2), surtout les professeurs et les prêtres, bien qu'il ne méconnut pas qu'il y avait en cela certain danger.

Le Gouverneur général s'est vivement efforcé de ramener en Belgique les gens qui, lors de la prise en possession des villes belges, avaient été déportés en Allemagne comme otages, principalement ceux qui avaient une importance au point de vue administratif sans lesquels, suivant ses paroles, on ne peut gouverner (3)...

On devra bientôt prendre au sérieux l'ordonnance belge stipulant l'enseignement de l'allemand, qui n'est obligatoire actuellement que dans les écoles moyennes. Principalement dans les parties flamandes, l'allemand pourra remplacer dans l'école populaire, conformément au but visé, le français. La connaissance de cette langue est peu avantageuse pour les parties exclusivement wallonnes du pays, qui ne sont pour ainsi dire pas habitées (naturellement on conservera aux Wallons leur langage du terroir). L'écolier flamand apprendra plus facilement l'allemand que le français et de cette façon l'éducation uniforme, désirable au point de vue pédagogique, sera obtenue dans les écoles populaires, dans la plus grande partie de la Belgique (4)....

La Belgique possède quatre universités, dont deux libres. Une des premières, la flamande de Gand (5), se trouve en dehors du gouverne-

(1) Il est calomnieux de prétendre que les ouvriers des chemins de fer belges se soient mis au service de l'ennemi (p. 369, 372).

(2) M. le Gouverneur général a fait rentrer en Belgique les déportés qui, de son propre aveu, n'avaient commis aucun délit (p. 109).

(3) Ce n'est donc pas parce qu'ils étaient innocents qu'on rapatriait les prisonniers civils, mais parce qu'ils pouvaient rendre service au gouvernement. Quelle singulière conception de la justice !

(4) Ceci est une menace curieuse ; il serait intéressant de la voir mettre à exécution. Remplacer le français par l'allemand en Flandre, et supprimer le français en Wallonie, sont des idées de pangermaniste pointu.

(5) Il est faux que l'université de Gand soit flamande.

ment général actuel ; l'autre, celle de Liége, était fréquentée moins par des Belges que par des étrangers ; elle ne jouit pas du reste d'une grande réputation scientifique (1). La plus importante des universités était sans contredit l'université cléricale de Louvain. Elle a eu, comme on le sait, spécialement à souffrir de la guerre, quoique quelques-uns de ses professeurs se soient efforcés, au moment décisif, d'empêcher la population de commettre des étourderies (2)...

... Il existe actuellement dans la population belge un vif désir que les examens annuels, supprimés en octobre dernier, puissent recommencer bientôt et que les étudiants restés au pays et ceux sortant des écoles puissent continuer leur formation (3).....

Le Gouverneur général allemand n'intervient pas dans l'administration intérieure des musées et des bibliothèques, à moins que les fonctionnaires, dont la plupart sont restés à leur poste, ne fassent appel à son intervention dans le but de protéger des œuvres d'art ou des édifices, ou pour obtenir les ressources nécessaires, par exemple pour recouvrir de linoléum de riches pavements de marbre ou bien pour le chauffage des salles de collections ; également pour que les traitements soient payés. Ici et là il devient nécessaire de soigner le nettoyage des fenêtres (4), et l'éclairage, ou enfin de remonter les œuvres d'art qui ont été descendues dans les caves où elles risquent d'être endommagées. Il n'y a actuellement aucun risque pour les objets exposés. Un contrôle de ce qui existe dans les musées serait cependant très désirable, parce que beaucoup d'œuvres d'art connues sont devenues introuvables depuis la guerre et, suivant les uns, ont été emportées en Angleterre, suivant d'autres, ont été cachées par les Belges. Le directeur de la section artistique du Musée du Cinquantenaire me tenait ce langage : « Si j'avais été magicien, au moment de l'entrée des Allemands, j'aurais transporté tout mon musée en Espagne ». De telles opinions rendent la prudence nécessaire ; elles proviennent en partie de la crainte tout à fait injustifiée qu'il existerait

(1) Il est réjouissant de voir M. le baron von Bissing, professeur à l'université de Munich, contester la valeur scientifique de l'université de Liége, qui a compté parmi ses professeurs, pour ne citer que les morts : Delbœuf, Dwelshauwers-Déry, W. Spring, Édouard Van Beneden...

(2) Calomnie pure : jamais la population de Louvain n'a dû être ramenée au calme par les professeurs de l'université.

(3) Autre calomnie : les Belges ont des sentiments patriotiques trop élevés pour désirer que les quelques rares étudiants qui ne se sont pas engagés à l'armée soient favorisés dans leurs études.

(4) M. le Gouverneur général s'occupant de placer du linoléum ou de faire nettoyer les fenêtres des musées !

du côté allemand l'intention d'emporter en Allemagne les œuvres d'art ayant une valeur particulière ou appartenant à l'école allemande (1). Jusqu'à présent pas une seule œuvre d'art n'a été enlevée de Belgique et la même chose se passera dans l'avenir. Sans doute, si les tableaux disparus de Rubens, de Van Dyck et d'autres, ne reparaissent pas dans quelque temps, il faudrait peut-être emporter un certain nombre d'œuvres d'art renommées, en Allemagne, à titre de gage, jusqu'à ce que les tableaux disparus aient repris leur ancienne place. Nous prendrions alors comme ligne de conduite les paroles du directeur, mentionné plus haut, qui disait : « Lorsqu'il s'agit de dommages causés par la guerre, un Rubens ne se paie pas avec de l'argent, mais avec un Rubens, un Watteau avec un Watteau »......

Des bruits très exagérés ont été répandus sur la destruction des archives et des bibliothèques ; en réalité, il est prouvé que, abstraction faite du regrettable incendie de la bibliothèque de Louvain (2) et des dommages subis par quelques archives locales, comme celles de Dinant, qui avaient certainement une grande valeur, des pertes importantes ne sont pas à signaler ; les archives épiscopales de Malines ont été mises en sûreté par les autorités ecclésiastiques......

La section politique de l'administration civile allemande a sous sa juridiction le « comité flamand » et le « comité de la presse » (3). Le Gouverneur général actuel accorde une attention toute spéciale à ce qui concerne la presse. A ce comité (avec l'appui du « comité flamand ») incombe la lecture des journaux allemands et étrangers et le travail de coopération à la presse indigène (4). Plusieurs journaux belges : *La Belgique, Le Quotidien, Le Bruxellois, L'Écho de la presse De Vlaamsche Gazet, Het Vlaamsche Nieuws, Het Handelsblad*, pa-

---

(1) L'auteur n'est pas d'accord avec M. le professeur Schäffer (dans *Kunst und Künstler*, Jahrg. XIII, Heft I, 1er octobre 1914), qui est d'avis que les Allemands doivent nous enlever toutes les œuvres d'art qui seraient utiles aux musées d'outre-Rhin. M. le baron F.-W. von Bissing se borne à étendre aux œuvres d'art la notion de la prise d'otages.

(2) « Le regrettable incendie de la bibliothèque de Louvain » est tout bonnement délicieux ! On oublie de citer parmi les archives détruites, celles de Termonde, de Herve, de Visé, de Battice, d'Aerschot..... qui ont été brûlées, et celles de Lierre qui ont été pillées, et pillées par des connaisseurs.

(3) C'est donc directement le Gouvernement général qui s'occupe de souffler la haine entre Flamands et Wallons.

(4) « Coopération à la presse » ; nous savons ce que ces mots représentent (p.   ).

raissent quotidiennement ; ils ont jusqu'à trois mille abonnés (sans compter la vente très importante qui se fait dans la rue) et jouissent de toutes les libertés compatibles avec les circonstances actuelles. On pourra bientôt, petit à petit, être plus tolérant en ce qui concerne l'introduction des journaux étrangers neutres.....

Le département de la justice se trouve en majorité, comme avant la guerre, entre les mains des Belges ; les magistrats rendent leurs jugements au nom du Roi et du Gouverneur (1).....

On peut voir qu'actuellement les fonctionnaires militaires et civils forment un réseau qui s'étend sur tout le pays, et dans les mailles duquel les administrations belges peuvent et doivent continuer à travailler. Peut-être doit-on regretter que les fonctionnaires civils allemands qui, comme officiers de réserve, portent pour la plupart l'uniforme, donnent par là, plus qu'il n'est nécessaire, l'impression que l'administration actuelle en Belgique est purement militaire, ou pour mieux dire, qu'elle fait partie de la guerre.

Mais il faut encore, et personne ne peut dire pour combien de temps, que les militaires en Belgique aient le dernier mot, et pas seulement dans les territoires d'étape. Car c'est de nos troupes d'occupation que dépendent à la fois la sûreté du pays, et celle de nos communications d'arrière avec les troupes qui se trouvent en France et aux frontières des Flandres.

Sans gloriole, on peut dire que notre administration gère le pays, non comme un fermier insouciant qui en tire tout ce qu'il peut, mais comme un bon père de famille (2) qui pense à la prospérité et à l'avenir du fief qu'on lui a confié.....

Les premiers pas ont été faits pour faire renaître la vie artistique : un théâtre flamand joue à Bruxelles, et toutes sortes de séances musicales plus ou moins bonnes ont lieu. Un grand événement artistique fut le concert Gurzenich donné au théâtre royal de la Monnaie le 13 mars. Au programme figuraient Mozart, Brahms, des scènes des Maîtres Chanteurs et d'autres pièces ; la Chorale de Cologne y avait pris part et Hermau Abendroth dirigeait l'orchestre. Déjà plusieurs jours avant le concert tous les billets avaient été entièrement vendus et même on avait retenu plusieurs centaines de places pour une répétition éventuelle, d'où l'on

(1) Il est faux que les jugements soient rendus au nom du Gouverneur général.

(2) Les Allemands administrant « en bons pères de famille » ! Voir ce qu'ils ont fait du Palais de Justice de Bruxelles (p. 265). Voir aussi ce qu'ils disent eux-mêmes de la façon méthodique dont ils grugent notre pays (p. 365).

déduit que les Belges avaient pris une part importante à ce succès (1)...

On peut certainement dire qu'il y a déjà actuellement plutôt trop que trop peu d'Allemands qui voudraient aller en Belgique. Celui qui désire aller prendre du travail là-bas doit montrer toutes ses capacités et doit avoir la volonté de s'adapter, lui et ses capacités, aux circonstances, de s'attaquer avec force à tout ce qu'il y a d'important et de laisser de côté tout ce qui est secondaire ; ainsi que le font les fonctionnaires anglais dans l'Inde et en Égypte. « Ce qu'il y a de mieux est à peine assez bon pour remplir les devoirs qui se posent en Belgique » (2). Si cette devise du Gouverneur général est appliquée partout, nous pouvons attendre fermement et tranquillement l'avenir et le développement futur du pays dans lequel est né Charles-Quint, dans lequel Egmont et Horn ont combattu et où Rubens a composé ses œuvres immortelles. Puisse ce développement lui apporter, non plus les ravages de la guerre, mais la *Paix* et la *Tranquillité*.

* *

Ainsi donc, du haut en bas de l'échelle sociale, les Allemands mentent. Simples soldats, sergents, officiers, écrivains, administrateurs (même « ce qu'il y a de mieux »), tous indistinctement inventent et colportent des faussetés. Conformément à la règle allemande qui veut que chacun mente selon son grade, M. le Gouverneur général dit des énormités, et son fils, professeur d'université, les publie pour l'édification de l'Allemagne. Mais que diront les Allemands, lorsque, après la guerre, disparaîtra leur volontaire aveuglement actuel ?!

C. La méchanceté.

Nous pourrons être bref, car le caractère cruel du militarisme allemand est si évident et ressort si clairement des affiches et des actes, qu'il serait oiseux d'insister.

Préméditation de la brutalité.

Rappelons seulement, pour justifier, s'il le fallait, notre aver-

(1) Toute « la part prise par les Belges à ce succès » se réduisait à trois places occupées par eux (p. 385).

(2) Si nous avons comme fonctionnaires en Belgique ce qu'il y a de meilleur en Allemagne, comment est alors le rebut laissé là-bas ?

sion, que leurs atrocités sont systématiquement préméditées. *Les Lois de la Guerre d'après le Grand État-Major allemand*, ne disent-elles pas que l'observation de ces lois n'est garantie par aucune sanction autre que la crainte des représailles », et que l'officier, fils de son temps, et entraîné par les courants moraux qui agitent son pays, doit se défendre « contre les idées humanitaires exagérées » et se rendre compte que « la seule véritable humanité réside souvent dans l'emploi dépourvu de ménagements de ces sévérités » ? Puisque de pareils principes sont professés par les premières autorités, le militaire allemand ne reculera devant aucune violence ; car outre l'amusement que la méchanceté lui procure, elle concourt encore au but final de la guerre.

Afin que l'officier ne risque pas d'oublier quel esprit doit présider à ses relations avec la population ennemie, il emporte quelque aide-mémoire dans le genre du *Tornister-Wörterbuch* (p. 154). Doit-il rédiger des proclamations ou des lettres, il recourra à l'*Interprète militaire*, de M. le capitaine von Scharfenort, professeur et bibliothécaire à l'Académie de guerre de Berlin. M. Waxweiler (p. 265) et *Belg. All.* (p. 85), ont déjà attiré l'attention sur le caractère cruel et odieux de ce *vade-mecum*. Aussi n'y insisterons-nous pas ; bornons-nous à reproduire une affiche placardée en Belgique en août 1914 : elle ne donne aucune précision quant aux « lugubres cruautés », elle s'applique à la fois aux villes et aux villages, elle parle du « maire » et non du bourgmestre, elle n'est ni datée ni signée ; bref elle présente tous les caractères d'une affiche *en cas*, ourdie d'avance.

Proclamation.

Nous ne faisons pas la guerre contre les citoyens, mais seulement contre l'armée ennemie.

Malgré cela, les troupes allemandes ont été attaquées en grand nombre par des personnes qui n'appartiennent pas à l'armée. On a commis des *actes de la plus lugubre cruauté*, non seulement contre les combattants, mais aussi contre nos blessés et nos médecins qui se trouvent à l'abri de la Croix Rouge. Pour empêcher ces brutalités, j'ordonne ce qui suit :

1. Toute personne qui n'appartienne pas à l'armée et qui soit trou-

vée les armes entre les mains, sera fusillée à l'instant. Elle sera considérée comme hors du droit des gens.

2. Toutes les armes, fusils, pistolets, brownings, sabres, poignards, etc., et toute matière explosible, doivent être délivrées par les maires de tout village ou ville aussitôt au commandant des troupes allemandes ; en cas qu'une seule arme soit trouvée dans n'importe quelle maison, ou que quelque acte ait été commis contre nos troupes, nos transports, nos lignes télégraphiques, nos chemins de fer, etc., ou qu'on donne asile aux francs-tireurs, les coupables et les otages qui seront pris dans chaque village seront fusillés sans pitié. Hors cela, les habitants des villages, etc., en question seront chassés. Les villages et les villes mêmes seront démolis et brûlés. Si cela arrive sur la route de communication entre deux villages ou entre deux villes, on agira de la même manière envers les habitants des deux villages.

J'attends que les maires et les populations sauront par leur prudente surveillance et conduite assurer la sûreté de nos troupes ainsi que la leur.

Dans le cas contraire les mesures indiquées ci-dessus entreront en vigueur.

Signé : Le général commandant en chef.
(pas de nom.)

L'appel à la brutalité vient de haut. Le monde entier a frémi en 1900, devant les conseils que Guillaume II donnait au corps expéditionnaire partant pour la Chine. « Suivez l'exemple des Huns », disait Guillaume II. Pourquoi alors les Allemands affectent-ils aujourd'hui de se fâcher lorsqu'on les compare aux soldats d'Attila, et qu'on orthographie leur devise « Gott mit Huns ». Combien plus sincère est le militaire allemand qui, après avoir assisté à l'incendie d'Ottignies, compare lui-même ses compagnons d'armes aux Huns et aux lansquenets du Moyen Age. Voici la traduction littérale de ce qu'il avait écrit dans son carnet (1) :

20 août 1914.

Dans le dernier village où nous sommes passés, à Ottignies, le pre-

(1) Le carnet n'est pas signé et l'auteur ne donne pas les numéros de son régiment ni de sa compagnie. Mais il appartenait probablement au 91e régiment. C'est en effet celui-là qui a sévi à Monceau-sur-Sambre. (Dans une autre partie de son carnet, l'auteur raconte ce massacre.)

Grâce aux noms de ses compagnons, dont il donne la liste, il sera possible d'établir plus tard l'identité du propriétaire du carnet.

mier lieutenant de réserve D. R. von Hagden a été tué avec quatre uhlans par les civils : on leur a tiré dans le dos. Aujourd'hui a lieu le terrible châtiment. De plus on avait coupé le doigt de l'officier pour lui voler son alliance ; de telles profanations se sont déjà produites précédemment. Les habitants étaient sur la place, sous la garde de soldats. Plusieurs hommes furent condamnés à mort par le conseil de guerre et aussitôt passés par les armes. Les femmes vêtues de noir, comme à une procession solennelle, s'en vont ensuite. Parmi ceux qui viennent de tomber, que d'innocents frappés par les balles ! Le village a été littéralement pillé : la brute blonde s'est montrée telle qu'elle est. Les Huns et les lansquenets du Moyen Age n'auraient pu faire mieux. Les maisons brûlent maintenant, et là où l'action du feu n'est pas suffisante, nous rasons ce qui reste debout.

Nous bivouaquons de nouveau. Je me sens passablement d'aplomb. Nous logeons dans une magnifique villa à Court Saint-Étienne, au delà de Wavre.

Une sentinelle se tient devant la cave à vin (1).

Les généraux suivent fidèlement l'exemple du grand chef. Il suffit de renvoyer aux deux proclamations du général von Bissig reproduites dans *Belg. All.*, p. 99.

Très suggestive également est l'affiche par laquelle le même général von Bissig nous fait savoir que, d'après un journaliste américain, les Allemands n'ont pas commis de « cruauté inutile ». Il y a donc des cruautés utiles ! Vraiment M. le Gouverneur général, qui a l'air de s'y connaître, devrait bien publier un tableau différenciel, précisant ces notions.

Nouvelles publiées par le Gouvernement allemand.

Berlin, 26 avril. — Le journaliste américain Edward Fox, qui a visité l'Allemagne et séjourné sur les fronts de bataille de l'est et de l'ouest, a relaté ses impressions dans plusieurs journaux américains. Il écrit qu'il n'a pu constater un seul acte de cruauté inutile commis par

---

(1) Cette dernière phrase est écrite dans une autre partie du carnet, celle qui contient, non les impressions de l'auteur, mais les ordres reçus et exécutés.

Il est intéressant de constater que les Allemands n'ont pas publié un seul des carnets enlevés aux « centaines de milliers » de prisonniers belges, français, anglais et russes.

les Allemands. Quoi qu'on en dise, il s'agit toujours du récit d'un ami ou de l'ami d'un ami ; jamais (c'est le journaliste qui parle), je n'ai pu, en dépit de mes sérieuses recherches, découvrir une seule personne qui me déclarât : J'ai vu, de mes propres yeux, les Allemands commettre telle ou telle cruauté...
Le Gouvernement Général en Belgique.

Les Allemands connaissent d'ailleurs le tempérament de leurs soldats. Nous n'en voulons pour preuve que la petite brochure (8 pages) : *Ein Frauenwort an unsere Truppen im Kriege!* (Druck von P. Eichhorn, Frankfurt a. M.), due à la plume de Gulda Diehl, rappelant en quelques alinéas aux soldats ce que les femmes allemandes attendent de leurs fils, maris, fiancés ou frères.

Quatre des paragraphes de cet appel, rempli de hautes et nobles pensées, portent les titres suivants :

— Brüder, wir rechnen nicht nur auf eure Tapferkeit, sondern auch auf eure Selbstsucht » (Frères, nous ne comptons pas seulement sur votre bravoure, mais aussi sur votre discipline personnelle).

— Brüder, entehrt keine Frauen und Mädchen » (Frères, ne déshonorez ni femmes ni jeunes filles).

— Brüder, verübt keine Grausamkeiten » (Frères, n'exercez pas de cruautés).

— Brüder, schonet Frauen und Kinder » (Frèrès, respectez les femmes et les enfants).

* *

Si quelqu'un doutait encore de la férocité du militaire allemand, il lui suffirait, pour éclairer sa religion, de relire les affiches destinées à nos populations, par exemple celles qui sont reproduites dans le 6ᵉ rapport de la Commission d'enquête, et dans *Belg. All.*, p. 82 à 89. Nous en avons déjà citées plusieurs (p. 171, 210, 226, 371, 388).

* *

Mais ce qui a tout de même lieu de nous surprendre, c'est que le virus de la cruauté ait aussi contaminé des civils, — que dis-je, des membres catholiques du Reichstag. M. Erzberger, celui-là même qui a assuré, et qui assure peut-être encore, que les Belges avaient envahi l'Allemagne le 2 août, a écrit « *Surtout, pas de sentimentalité* », qui est bien la chose la plus froidement féroce qui se puisse imaginer (*N. R. C.*, 6 février 1915, matin).

Les conseils portèrent leurs fruits, ainsi que nous allons le montrer en examinant successivement les tortures physiques et les tortures morales auxquelles se complaisent nos bourreaux. Mais auparavant, citons quelques exemples de vexations. Nous entendons par là des méchancetés ne mettant pas en danger la vie ou la raison des victimes, mais dans lesquelles apparaît, peut-être plus nettement encore, le besoin de tourmenter.

A. Quelques vexations

Une remarque générale s'impose tout de suite ; c'est que les Allemands ont manqué leur but. Car au lieu de nous agacer au point de nous faire commettre quelqu'imprudence, qu'ils auraient été dans l'obligation de réprimer, ils se sont simplement assuré notre profond mépris. A vrai dire, chaque nouvelle persécution nous met en colère pendant un jour ; mais bientôt le sens de l'ironie reprend le dessus, et nous n'avons plus alors qu'un seul souci : ridiculiser par tous les moyens leur dernière tracasserie.

L'heure allemande.

Rien ne montre mieux le contraste entre la mentalité allemande et la mentalité belge que la façon dont nous avons observé les décrets sur l'heure allemande.

Après huit jours d'occupation, les habitants d'Andenne étaient déjà obligés de mettre leur pendule à l'heure allemande (p. 406). A Namur celle-ci fut exigée dès le 31 août. Ailleurs l'heure allemande ne fut imposée que plus tard, et seulement pour les horloges publiques et celles des cafés. Beaucoup de cabaretiers arrêtèrent simplement leur pendule ; d'autres lui mirent une seconde petite aiguille, en retard d'une heure sur la première ; certains écrivirent en dessous de la pendule « heure allemande », ou bien « cette pendule avance d'une heure ». A la vitrine d'une horlogerie de Bruxelles, au milieu de nombreuses pendules indiquant plus ou moins l'heure allemande, il y en a une qui est marquée spécialement « heure exacte »... et celle-là donne l'heure belge. Bref chacun fait son possible pour éviter que les clients considèrent l'heure allemande comme l'heure véritable. Et en réalité, si on accepte, comme en Allemagne et en Belgique, le système des fuseaux horaires, il est évident que la Belgique doit faire partie du fuseau de l'Europe occidentale, et non de celui de l'Europe centrale. C'est donc uniquement par esprit de vexation que l'Allemagne nous impose son heure ; d'ailleurs elle en a pleinement conscience, puisque ses affiches ont toujours soin de nous attribuer « l'heure allemande », et non pas « l'heure de l'Europe centrale » (par ex. p. 18, 19, 108, 161, 226, 342, 344, 388, 406).

Traitement infligé aux femmes.

Que pensez-vous de la souffrance supplémentaire imposée à des dames, condamnées à quelques semaines de prison pour avoir transmis des lettres de soldats belges aux parents de ces soldats, parce qu'elles ont prononcé un mot un peu vif devant un officier, ou qu'elles ont commis quelqu'autre crime du même genre? Quelle délicatesse de les enfermer en commun avec une dizaine d'autres prisonnières, dans une salle où elles n'ont à leur disposition qu'un seau muni d'un couvercle ; heureuses sont-elles encore quand la société ne compte pas quelques éléments douteux.

N'insistons pas. Ce sont là des vexations, peu graves au fond, dont le caractère irritant ne peut être pleinement apprécié que lorsqu'on les subit journellement, ou qu'on les entend raconter par des proches et des amis qui viennent d'en être les victimes.

Après ces exemples de malfaisance collective, impersonnelle, édictée par quelque haut fonctionnaire désireux de justifier le bon renom de l'Allemagne, signalons aussi des cas où la personnalité de l'auteur se montre nettement, et disons-le tout de suite, où cette personnalité soulève aussitôt le dégoût et l'indignation de tout homme simplement civilisé.

Amusements orduriers.

Quand on nous racontait en août et septembre 1914 que

les Allemands s'amusaient à déposer des ordures dans leur lit, nous refusions de croire à cette perversion. Mais une promenade à Eppeghem, à Sempst et à Weerde suffit à renverser nos illusions. Non seulement ils avaient vidé toutes les maisons, riches ou pauvres ; non seulement ils s'étaient donné la jouissance de casser en tout petits morceaux la vaisselle et les verres qu'ils ne pouvaient pas emporter ; non seulement, dans les magasins d'épicerie, ils s'étaient délectés à incorporer du tabac à priser dans les mottes de beurre, et à mêler des petits clous aux corinthes ou du poivre à la farine.., mais toutes les literies portaient les traces malodorantes de leur passage.

Qu'on n'imagine pas que cette manie de malpropreté soit spéciale aux soldats. Les officiers qui ont passé la nuit du 19 au 20 août 1914 à Cortenberg, entre Louvain et Bruxelles, étaient atteints de la même Kultur. Dans une maison, ils ont mis soigneusement le couvert dans la salle à manger, sans oublier les serviettes, puis ils ont déposé un souvenir dans chaque assiette. Dans une autre maison de Cortenberg, ils avaient choisi comme récipient le chapeau haut de forme du propriétaire. Dans le château de Malderen (Brabant), après avoir pris tout ce qui leur convenait et avoir cassé le reste en menus fragments, ils ouvrirent une table de jeu, y firent leurs ordures, et la refermèrent avec soin (1).

Autre manifestation de manie scatologique. Plusieurs centaines de chirurgiens militaires allemands se réunirent en congrès à Bruxelles, pendant les fêtes de Pâques 1915. Le dernier jour du congrès, le mercredi 7 avril, eut lieu un banquet servi dans les locaux du Palais de Justice. Le lendemain matin on constata que les chirurgiens avaient laissé des souvenirs : ils avaient évacué le surplus de la boisson et de la nourriture par les trois orifices naturels ; et ils avaient choisi pour cela les plus belles salles du Palais. Franchement, nous ne nous serions pas attendus à cela de la part de médecins : il est vrai que ce sont des médecins militaires allemands.

Quelques autres divertissements.

On s'amuse comme on peut — ou pour mieux dire, on s'amuse

(1) Nous citerons les noms plus tard.

selon sa mentalité. Au fond, les habitudes ordurières, pour dégoûtantes qu'elles soient, ne sont pas celles dont les suites sont le plus désagréables. Que dire par exemple de l'officier qui, logeant chez un curé de la province d'Anvers, trouva spirituel d'arracher des feuillets aux livres constituant la bibliothèque de son hôte, et d'en coller des pages afin que le propriétaire lui-même les déchirât en essayant de les séparer. Et remarquez que ce n'était pas un rustre qui se livrait à cet aimable passe-temps, car il prit soin de choisir dans des livres latins les feuillets portant des passages importants (1).

Il en est d'autres qui recherchent les contrastes violents. Ainsi, à Houtem-sous-Vilvorde, pendant que brûlait l'église, le 13 septembre 1914, la musique militaire exécutait ses morceaux les plus entraînants, à quelques pas de là. — A Monceau-sur-Sambre, le 22 août 1914, des officiers jouaient du piano dans le château des demoiselles Bourriez, sur la route de Trazegnies, alors que les soldats avaient déjà allumé les étages supérieurs. — A Louvain, le 25 août 1914, dans un café de la place de la Station, ils avaient mis le feu à l'étage sans rien dire au propriétaire, et ils restaient en bas, où ils faisaient tourner un piano mécanique. Ils purent ainsi jouir de la mine désespérée des habitants, quand ceux-ci constatèrent qu'ils ne pouvaient plus songer à sauver quoi que ce fut.

Les Allemands arrivèrent à Capelle-au-Bois le 30 août 1914. Mais ils furent repoussés dès le lendemain par les troupes belges. Le 4 septembre ils revinrent en force et refoulèrent les Belges. Avec les troupes belges qui se retiraient, partirent tous les habitants du village, ne laissant derrière eux que quelques vieillards impotents. Dans ce village quasi vide, où plus personne ne pouvait même songer à leur opposer la moindre résistance, les Allemands s'empressèrent de tuer plusieurs habitants, — quatre, pense-t-on. Puis sous la direction de M. le capitaine von Puttkamer, les coffres-forts furent fracturés, les objets de valeur emballés et expédiés en Allemagne, les vins transportés au bord du canal et dans les maisons occupées par les officiers. Le soir du 4 septembre, on mit le feu au village. Grâce aux pompes à benzine et aux pastilles incendiaires, l'incendie se propagea rapidement : 235 maisons

(1) Nous citerons les noms plus tard.

furent brûlées sur les 300 que comptait le cœur du village. Jusqu'ici rien que d'habituel, mais voici le trait caractéristique. Pour bien jouir du spectacle, les troupes allèrent passer la soirée au bord du canal, où elles organisèrent une petite orgie : on y a retrouvé plus de 500 bouteilles vides.

A la même époque, les Allemands établis à quelques kilomètres vers l'ouest, à Londerzeel, pillèrent, puis brûlèrent l'habitation de M. le notaire Van Hove. Ils avaient essayé vainement d'ouvrir le coffre-fort ; furieux de leur insuccès, ils lancèrent de la benzine à l'intérieur, et l'allumèrent, se donnant au moins la satisfaction (1) de réduire en cendres tous les papiers qu'il contenait (*fig.* 9 et 10).

B. Les tortures physiques

Une proposition du « Journal des Officiers allemands ».

Nous ne reprendrons pas ici les innombrables exemples de tortures qui sont cités dans les Rapports de la Commission d'enquête, ni ceux qui sont relatés dans P. Nothomb, *La Belgique Martyre*. Nous nous en tiendrons aux faits dont nous avons eu personnellement connaissance. Les Allemands s'efforceront évidemment de les démentir. Aussi est-il bon de débuter par une déclaration faite par eux-mêmes. *Vorwärts* du 23 août 1914 (le jour même où se commettaient les principales atrocités dans la région de Dinant) a protesté contre la proposition faite par un officier allemand de ne pas tuer sur le coup les francs-tireurs, mais de les blesser mortellement et de les laisser ensuite agoniser longuement en défendant qu'on leur porte secours. Ce qui à notre sens est encore plus grave que la proposition même, c'est que le *Journal des Officiers allemands* l'ait accueillie comme une chose toute naturelle.

Il est clair que là où elles sont constatées, les cruautés commises par nos ennemis doivent être dénoncées, et que tout doit être mis en œuvre pour en empêcher le renouvellement. Pourtant il ne faut pas que le récit de ces cruautés nous fasse aller à une sorte de politique de com-

---

(1) *Schadenfreude*, dit-on en allemand (c'est-à-dire le plaisir d'avoir commis une mauvaise action). Ce mot est intraduisible en français : il n'y a dans chaque langue que les mots correspondant aux idées de ceux qui parlent cette langue.

pensation, et nous amène à laver dans le sang d'innocents ce que d'autres ont fait.

Que dire lorsqu'on voit un organe tel que *Deutsches Offizierblatt* exprimer sa sympathie vis-à-vis de la proposition que voici : On ne fusillerait pas sur le coup les « brutes » saisies comme francs-tireurs, mais on tirerait dessus, pour ensuite les abandonner à leur sort, en empêchant tout secours ? Que dire encore lorsqu'il est ajouté que la destruction à titre de représailles même de localités entières ne représente pas « une vengeance suffisante pour les os d'un seul grenadier poméranien assassiné » ? Ce sont là fantaisies de fanatiques sanguinaires, et l'on est honteux de voir qu'il existe dans notre peuple des gens capables de parler ainsi. Semblables propositions, même si elles ne sont pas mises en action, sont vraiment de nature à mettre devant le monde entier notre lutte sous un jour défavorable.

Vorwärts, 23 août 1914.

Le supplice de la famille Valckenaers.

L'une des tragédies les plus épouvantables de cette guerre a été le massacre de la famille Valckenaers, à Thildonck, le 26 août 1914, pendant que brûlait Louvain. Pour n'avoir pu empêcher les soldats belges d'utiliser leurs fermes comme points d'appui, les membres des deux ménages Valckenaers furent fusillés de sang-froid : de ces 14 malheureux, 3 ont été blessés grièvement et 7 tués. Pour s'amuser davantage, les Allemands obligèrent l'aînée des jeunes filles à agiter un semblant de drapeau.

Dans la matinée du mardi 25 août 1914, les Belges firent une sortie du côté de Haecht et Rotselaer. Ils refoulèrent les troupes allemandes sur une étendue de plusieurs kilomètres, jusqu'à Campenhout et Thildonck. Le même jour, dans leur dépit, les Allemands mirent le feu aux localités vers lesquelles ils durent reculer : Bueken commença à brûler à 16 heures, Herent entre 18 et 19 heures, Louvain à 20 heures.

Le lendemain matin, mercredi 26 août, très tôt, un détachement belge vint occuper la ferme du sieur Isidore Valckenaers, maraîcher notable et aisé, occupant une culture de sept hectares aux confins des communes de Thildonck, Werchter et Rotselaer, à un kilomètre de la rive droite du canal, ainsi que la ferme contiguë, appartenant à son frère, François-Édouard Valckenaers.

Les officiers belges furent reçus de façon très hospitalière. Du grenier des habitations et des autres bâtiments, les troupes ouvrirent le feu sur les Allemands qui se tenaient dissimulés dans un petit bois près de la voie ferrée. Un ordre de retraite étant survenu, les Belges se retirèrent.

Au moins une centaine d'hommes avaient fait le coup de feu contre des Allemands. Ceux-ci ne pouvaient donc pas raisonnablement supposer que c'étaient des civils qui avaient tiré.

Une heure après, un détachement d'une cinquantaine de soldats allemands commandés par un officier, court, gros, à cheveux roux et portant lunettes, fit irruption dans la ferme d'Isidore.

Le fermier et deux jeunes gens, ses neveux, fils de François-Édouard, furent pris immédiatement, malgré les supplications de Louise, sa fille aînée, qui s'attachait au corps de son père, suppliant les soldats d'épargner sa vie. On la repoussa avec brutalité et les trois hommes furent fusillés séance tenante, à 8 heures du matin.

Les deux neveux (François-Joseph et Julien) moururent sur le coup. Quant à Isidore, il survécut. Il portait une horrible blessure sous la clavicule droite. Il se laissa tomber, puis, après la deuxième fusillade dont nous allons parler, il se traîna sous un bûcher, d'où il fut retiré, presque exsangue, le lendemain, 27 août. Il vit encore actuellement (mai 1915) et est en traitement dans une clinique de l'agglomération bruxelloise.

La famille terrifiée s'était sauvée dans le jardin, formant un groupe lamentable de 11 personnes : la fermière, femme d'Isidore, avec huit de ses enfants ; puis sa belle-sœur (femme de François-Édouard et mère des deux jeunes gens qui venaient de périr) et son petit garçon âgé de 14 ans. Ce groupe ne se composait donc que de femmes et d'enfants (l'aîné des hommes avait 14 ans).

Le carnage continua après un singulier préparatif. Les Allemands placèrent dans les mains de Louise Valckenaers une sorte de fanion fait d'un échalas arraché à la haie, auquel était lié un linge blanc. Puis, de différentes directions, ils ouvrirent le feu.

Sept victimes tombèrent. Cinq étaient mortellement atteintes : Louise, âgée de 18 ans 1/2, qui mourut seulement plusieurs heures plus tard, sans avoir pu recevoir le moindre soin. Mélanie, âgée de 16 ans 1/2, Jeanne, âgée de 6 ans 1/2, et Victorine, âgée de 2 ans 1/2, — et le petit Joseph-Charles, âgé de 14 ans. Les quatre premières sont des filles d'Isidore ; le dernier est le fils de François-Édouard.

Au moment de l'exécution, Mme Isidore Valckenaers portait sur les bras la petite Victorine qui, frappée de terreur, serrait son visage contre celui de sa mère et enlaçait son cou de ses petits bras. Une balle vint briser le bras du bébé et lui ravagea la tête, déchirant du même coup la lèvre supérieure de la mère et lui crevant l'œil gauche (*fig.* 27).

Sa belle-sœur tenait par la main son petit garçon Joseph-Charles. La balle qui fracassa la tête de l'enfant projeta sur les vêtements de sa mère du sang et des débris de cervelle.

La blessure qui causa la mort de la petite Jeanne était effrayante ; elle intéressait la partie supérieure de la cuisse, et avait 20 centimètres de longueur, 5 centimètres de profondeur et 7 centimètres de largeur.

La septième victime était un garçon de 14 ans, fils d'Isidore. Il fut atteint d'une balle dans la région dorsale, non encore extraite. La blessure est guérie.

Est-il nécessaire d'ajouter qu'après avoir procédé à ce massacre, les soldats allemands incendièrent les fermes des deux frères Valckenaers avec tout ce qu'elles contenaient : meubles, bestiaux, récoltes, — et qu'ils ne s'inquiétèrent aucunement de porter secours aux blessés ?

*
* *

Dressons le bilan : Des 14 membres des deux familles Valckenaers qui ont été fusillés, sans aucune enquête préalable, sans aucun jugement, et contrairement à toute évidence, quatre seulement s'en sont tirés indemne ou avec des blessures légères.

Trois ont reçu des blessures graves : Isidore, sa femme, et son fils âgé de 14 ans.

Sept sont morts :

François-Joseph, 20 ans } fils de François-Édouard.
Julien, 17 ans }

tués à la première exécution (vers 8 heures du matin).

Louise, 18 ans }
Mélanie-Constance, 16 ans 1/2 } filles d'Isidore.
Jeanne-Joséphine, 6 ans 1/2 }
Louise-Victorine, 2 ans 1/2 }

Joseph-Charles, 14 ans, fils de François-Édouard.

tués à la seconde exécution (vers 8 h. 1/2 du matin).

Les 7 actes de décès, qui n'ont pu être dressés que le 11 novembre 1914, sont déposés à la maison communale de Thildonck. Nous donnons la copie de l'acte de décès de Louise Valckenaers.

Mais, auparavant, faisons encore remarquer que ce carnage a été exécuté sans aucune excuse. Les Allemands ne pouvaient pas logiquement accuser la famille Valckenaers d'avoir tiré sur eux, et même s'ils s'obstinaient à faire croire que les milliers de coups de feu provenaient es habitants des deux fermes, dans lesquelles d'ailleurs ils n'ont pas trouvé une seule arme, quelle excuse avaient-ils d'assassiner les femmes, les jeunes filles et les enfants constituant le deuxième groupe ? Et comment expliquer, autrement que par un raffinement de cruauté, le drapeau improvisé que l'aînée des jeunes filles dut agiter pendant qu'on tirait sur elle et sur les siens ?

Kopij.

AKTE VAN OVERLIJDEN, N° 24

Ten jare duizend negenhonderd veertien, den elfsten november, om een en half ure namiddag, zijn voor ons Julianus Persoons, Burgemeester, Ambtenaar van den Burgerlijken stand der gemeente Thildonck, Arrondissement Leuven, Provincie Brabant, verschenen Ludovicus Isidorius Valckenaers, oud vijf en veertig jaren, beroep landbouwer, wonende te Thildonck, vader van de overledene, en Joannes Baptista Engelborghs, oud vijf en veertig jaren, beroep landbouwer, wonende te Thildonck, geen familie van de overledene, dewelke ons verklaard hebben dat op zes en twintigsten Augustus negentien honderd veertien, om acht en half 's morgens te Thildonck overleden is : *Ludovica Valckenaers*, landbouwster, oud achtien jaren, geboren te Herent, wonende te Thildonck, dochter van den eersten komparant en van Maria-Josephina Cuveliers, huishoudster, wonende alhier.

Na voorlezing dezer akte, opgesteld in dubbel, ontvangen te hebben, heeft de tweede komparant met ons geteekend ; de eerste heeft verklaard dit niet te kunnen bij gebrekkelijken arm.

(*Geteekend*) J. ENGELBORGHS, J. PERSOONS.

Autres actes de sauvagerie.

Pendant la nuit précédente (25 au 26 août) ils s'étaient acharnés à Louvain à déchiqueter le cadavre d'une jeune femme.

L'après-midi du 25 août, toujours dans le voisinage immédiat, à Bueken, ils s'étaient emparés du curé et lui avaient coupé le nez et les oreilles avant de lui donner le coup de grâce (voir p. 293). En même temps commençait le martyre du curé de Pont-Brûlé, qui ne se termina que le 26.

A Elewijt, le 27 août, ils se firent un jeu de désarticuler les mains de quatre jeunes gens : les trois frères Van der Aa et François Salu.

Un peu plus loin vers l'Est, les premières troupes allemandes qui passèrent à Schaffen, près de Diest, le 13 ou le 14 août, torturèrent le forgeron Broeders. Pendant toute la journée il avait travaillé à ferrer les chevaux des cavaliers ennemis. Au début de la soirée il se rendit dans l'église, avec le sacristain, en vue de sauver quelques objets précieux qu'on avait oublié de mettre en lieu sûr. Il fut surpris par la soldatesque, et empoigné. Successivement on lui brisa les poignets, les bras et les jambes ; peut-être subit-il encore d'autres tortures. Lorsqu'il fut pour ainsi dire inerte, les soldats lui demandèrent si, pour l'avenir, il se sentait encore capable de se livrer à un travail quelconque. Sur sa réponse négative, dite d'une voix presque éteinte, ils déclarèrent que dans ce cas il ne devait pas continuer à vivre. Tout aussitôt ils le jetèrent, la tête la première, dans une fosse creusée à son intention ; puis on combla la fosse en laissant dépasser les pieds.

Dans les autres parties du pays, on appliquait aussi les tortures les plus raffinées. A Spontin, près de Dinant, le 23 août, ils lardèrent le curé et le bourgmestre de coups de baïonnette jusqu'à ce que mort s'ensuivit ; mais auparavant, ils avaient entouré chacun de ces hommes d'une forte corde serrée violemment autour du ventre par les efforts combinés de deux soldats. L'officier qui sévissait à Spontin avait sans doute un goût tout spécial pour les cordes, car après qu'il eut pris vivants environ 120 habitants de la localité (les autres avaient été tués à coups de fusil pendant qu'ils cherchaient à fuir), il les fit lier tous ensemble par les poignets, et il les conduisit ainsi vers Dorinne ; mais beaucoup furent fusillés avant d'arriver à ce village.

Le même jour, dans la prison de Dinant, un soldat étranglait un bébé dans les bras de sa mère, parce qu'il criait trop fort.

A Sorinnes, toujours dans la région de Dinant et le même jour, Jules et Albert Houzieaux furent brûlés vifs.

A Aiseau, le 21 août, les Allemands enfermèrent deux hommes dans une maison à laquelle ils mirent le feu. Mais l'arrivée inopinée d'un obus français les empêcha de jouir des souffrances de leurs victimes.

A Hofstade, la chance les favorisa davantage : ils lancèrent Victor Decoster, qu'ils venaient de dévaliser, dans le brasier constitué par sa propre maison ; son domestique partagea son sort.

Il faut croire que les soldats allemands prennent grand plaisir aux contorsions des pendus. M. Heymel a dû se contenter d'admirer un cadavre de prêtre se balançant à un arbre, et son ami, M. Klemm a eu soin de conserver le souvenir de cette réconfortante vision, par un dessin publié dans *Kunst und Künstler* de janvier 1915 (*fig.* 22). M. Heymel exprime toute sa satisfaction devant ce spectacle ; mais quel plaisir il aurait eu s'il avait pu assister à la pendaison des hommes que les Allemands se vantent d'avoir branchés dans le pays de Herve ; ou s'il avait pu aider à pendre l'habitant d'Évelette que les troupes supplicièrent à Andenne, le 20 août, ou le cabaretier qui fut hissé à une lanterne, devant la gare de Louvain, dans la nuit du 26 au 27 août ; mais où ce lettré délicat aurait goûté la jouissance la plus vive, c'est à Arlon, lors du supplice du vieillard qui resta pendu de longues heures avec ses pieds effleurant le sol (p. 439).

Les sévices allemands à Arlon du 12 au 26 août 1914.

Les faits qui se sont passés à Arlon, pendant le mois d'août 1914, sont assez intéressants pour que nous en donnions un résumé, d'après le récit qui nous a été fait par un étudiant en médecine.

Au commencement d'août, je quittais Y..., où vivent mes parents, pour aller au village de X..., situé au nord de ma ville natale.

Deux jours après les Français arrivaient, se dirigeant eux-mêmes vers le nord du Luxembourg. Il y eut des mouvements de troupes dans les différents sens et bientôt on put prévoir que des engagements auraient lieu dans le voisinage.

Je crus que je pouvais me rendre utile en ouvrant une petite ambulance, ce que je fis.

Je logeais chez une de mes tantes qui a un fils de mon âge.

Un jour un engagement eut lieu entre les troupes françaises et les troupes allemandes, et on amena dans ma petite ambulance un soldat allemand blessé qui s'appelait Kohn.

Je lui donnai les premiers soins ; je m'excusai de ne pouvoir faire davantage et je lui dis que vers le soir on pourrait le transporter à Arlon où il recevrait tous les soins nécessaires.

Je retournai chez ma tante que je trouvai toute en pleurs : on venait de lui enlever son fils, mon cousin Jules, sous prétexte qu'il avait tiré. C'était une sottise, car il n'y avait dans toute la famille qu'un seul revolver..... et je le portais sur moi. Je l'avais eu pendant tout le temps que j'étais à l'ambulance. Je m'empressai de le cacher sous une caisse et je me décidai à aller réclamer mon cousin aux Allemands. Je parle un peu leur langue et j'étais si bien convaincu de l'innocence de mon cousin, que je m'imaginais que quelques mots d'explication me le feraient rendre.

Je le trouvai bientôt attaché à un arbre, à côté d'autres prisonniers. Je me mis à parlementer avec un officier allemand.

Celui-ci me répondit qu'il n'y avait rien à faire pour le moment, que les prisonniers allaient être dirigés sur Arlon, mais qu'il était convaincu que si je les suivais, je parviendrais à Arlon à faire rendre justice à mon cousin.

Nous nous mîmes en route vers Arlon ; j'étais à côté des prisonniers.

Au village de Z..., on nous remit entre les mains d'autres soldats. Je fus très étonné, à un moment donné, de voir que j'étais devenu prisonnier moi-même ; je n'accompagnais plus mon cousin pour le sauver, je partageais son sort.

Nous arrivâmes à Arlon. On nous rangea contre un mur. Il y avait avec nous notamment une femme avec deux petits enfants de 9 et 10 ans, un vieillard du village avec son fils, d'autres personnes encore que je ne connaissais pas.

Un officier à cheval s'approcha de nous. C'était, paraît-il, un juge. Il se tourna vers les soldats et demanda en désignant chacun de nous : « Celui-ci a-t-il tiré » ? Et les soldats répondaient toujours affirmativement.

Or, il faut remarquer que ces soldats n'avaient rien vu, et ne pouvaient avoir rien vu, puisque ce n'étaient pas eux qui avaient fait les prisonniers dans le village où ceux-ci avaient été arrêtés. La coiffure des soldats était tout à fait différente : les uns avaient des casques et les autres des bonnets.

Quand l'officier eut fini ses gestes, on nous annonça que nous étions tous condamnés à mort.

On empoigna un vieillard, on m'empoigna moi-même et on nous repoussa de côté pour nous fusiller.

Le fils du vieillard se précipita vers son père et essaya de l'arracher aux soldats. Le résultat fut qu'on empoigna aussi le fils pour le fusiller avec son père, et qu'on me lâcha.

Voici comment les choses se passèrent :

On les mit tous deux contre le mur. Un peloton de soldats commandés par un officier vint se poster devant eux. L'officier commanda tous les mouvements avec une lenteur calculée pour redoubler la torture des victimes.

— Chargez...! » puis une pause. « En joue...! » puis une pause « Feu... ! »

Les deux malheureux s'écroulèrent à terre en gémissant.

L'officier s'approcha d'eux, reconnut qu'ils n'étaient pas morts et recommanda le feu avec la même lenteur et la même méthode. Cette fois, le père cessa de bouger ; il fallut une troisième salve pour achever le fils.

On nous amena alors tous dans un corps de garde.

Nous y sommes restés trois jours. On ne nous donna rien à manger. Nous étions à jeun depuis le matin et ce n'est que le lendemain ou le surlendemain que nous reçûmes un peu d'eau.

Dans cette salle nous avons été littéralement torturés.

On nous força à nous tenir debout ; un vieillard gémissait ; il avait soif à ce point que sa langue passait et que les mouches venaient s'y poser. Comme il ne parvenait pas à se tenir debout, les Allemands lui passèrent une corde au cou et l'attachèrent à un crampon dans le mur de telle sorte qu'il ne reposât que sur le bout des pieds. La corde se détendait et le malheureux penchait tantôt à droite, tantôt à gauche. Les soldats le remettaient debout à coups de crosse dans la figure (1).

A un moment donné son pantalon tomba et nous vîmes qu'il était blessé de coups de baïonnettes à la cuisse. Plus tard, il devint fou. Dans son délire il s'écriait : « Préparez à manger pour les vaches ». C'était une scène épouvantable.

A un moment donné on fit sortir de notre bande la femme avec ses deux petits garçons et on les fusilla tous les trois contre le mur du Palais de Justice d'Arlon. Les soldats affirmaient qu'on avait trouvé chez cette femme une bourse d'un soldat allemand.

Le temps passa dans les angoisses morales et les souffrances physiques les plus atroces. Nous avions perdu toute notion du temps. Les soldats nous injuriaient, crachaient sur nous, faisaient signe qu'on allait nous couper la gorge, qu'on allait nous fusiller, prenaient plaisir à boire devant nous qui étouffions de soif.

A un moment donné un officier supérieur entra dans la salle. Il vint près de moi et dit : « Pourquoi êtes-vous ici ? »

Je répondis : « On nous accuse d'avoir tiré sur vos soldats ». Il me tourna le dos immédiatement, mais je criai avec énergie : « Oui, et loin d'avoir tiré sur vos soldats, je les ai soignés. Si vous voulez en avoir la preuve, adressez-vous au soldat Kohn qui doit être ici à l'hôpital d'Arlon ».

(1) On m'a raconté plus tard, à Arlon, que ce vieillard était un marchand de sable de Châtillon, atteint de démence sénile, bien connu des Arlonnais.

Je lui racontai alors l'histoire de Kohn. Il se rendit à l'hôpital et revint quelque temps après : il avait trouvé le soldat Kohn qui confirmait mon récit.

L'officier à cheval, qui passait pour un juge, vint jusqu'à la porte du corps de garde ; on nous fit sortir, mon cousin et moi, et sans même nous interroger, il nous dit : « Vous êtes acquittés ». Je protestai en disant : « Il y a encore là cinq ou six personnes de mon village qui ne sont pas plus coupables que nous ». On les fit sortir et le juge leur déclara comme à moi, sans d'ailleurs les interroger davantage : « Vous êtes acquittés ».

Quant au malheureux vieillard, je vous dirai après la guerre comment il s'est échappé. Il est rentré à son village ; il est estropié.

**

Je suis resté à Arlon jusqu'à la fin d'août, chez un de mes parents que ses fonctions mettent journellement en rapport avec les autorités belges et aussi avec l'armée allemande. J'ai donc pu obtenir beaucoup de renseignements précis.

**

Les Allemands sont entrés à Arlon le 12 août ; ils venaient de Mersch, dans le Grand-Duché. Depuis plusieurs jours toutes les armes que possédaient les habitants avaient été remises à l'Hôtel de Ville. Les Arlonnais savaient par les journaux quelles atrocités les Allemands avaient commises à Visé, à Herve, à Battice, à Warsage, etc., et ils n'avaient garde de bouger.

Dès leur entrée dans la ville, les uhlans se mirent à enfoncer les portes à coups de crosse de fusil. Devant le café Turc, un cabaret borgne de la route de Mersch, un soldat tua d'un coup de lance une vieille pensionnaire, nommée Paula, qu'il accusait d'avoir tiré sur lui.

Le lendemain, le commandant von der Esch, commandant de la place, faisait afficher une proclamation que j'ai copiée :

Proclamation.

On a fait cette nuit des signaux lumineux entre Freylange et le bas de la ville ; on a attaqué une de nos patrouilles ; on a coupé de nos fils téléphoniques. Pour punir les populations coupables de ces actes de mauvais gré, j'ordonne pour aujourd'hui à 3 heures de l'après-midi l'incendie du village de Freylange et le sac de 100 maisons à l'ouest d'Arlon.

Je condamne en outre la ville à une contribution de guerre de 100.000 francs qui doit m'être remise avant 6 heures du soir, faute de quoi je fais fusiller les otages.

von der Esch.

*
* *

Pendant que l'administration communale d'Arlon délibérait au sujet de la contribution de guerre, l'incendie de Freylange et le sac de 100 maisons d'Arlon s'accomplissaient conformément au programme.

Après que les 100.000 francs leur eussent été payés, ils convoquèrent au quartier général, établi à l'Hôtel du Nord, un agent de police, nommé Lempreur (1) et le chargèrent d'aller arrêter ceux qui avaient tiré sur les troupes allemandes. Il revint leur dire qu'il n'avait trouvé personne : « Ah ! lui dit-on, vous y mettez de la mauvaise volonté. C'est bon ; vous payerez pour les autres ». Et sans écouter ses supplications, sans lui permettre de revoir sa femme et ses enfants, — il en a 9 — on l'adossa à une porte, et un peloton d'exécution l'abattit.

J'ai vu à l'Hôtel du Nord la porte toute trouée de balles.

*
* *

Quelques jours plus tard, une autre division d'armée remplace la première. Immédiatement condamnation à une nouvelle contribution de guerre : Un million de francs.

La ville ne put réunir que 238.000 francs. On la tint quitte du reste.

*
* *

A partir du jour où je fus remis en liberté, nous entendions presque journellement des fusillades dans Arlon ; c'étaient des prisonniers, amenés tout comme nous des villages voisins, notamment de Rossignol et de Tintigny, qu'on fusillait par petits groupes.

Une de ces exécutions se fit dans la cour de l'église Saint-Donat. M. le doyen réussit à obtenir la grâce de deux des condamnés.

La plus importante est celle des 123 (d'autres disent 118, ou 127)

---

(1) Pourquoi est-ce un agent de police qu'ils ont chargé de trouver les « francs tireurs » et non pas le chef de la police ? Probablement parce qu'ils avaient une vengeance à assouvir contre Lempreur : c'est lui en effet qui a dévoilé, il y a quelques années, les agissements de l'espion Theysen à la solde de l'Allemagne (Note de J. M.).

habitants de Rossignol et de ses environs immédiats, qui furent fusillés le 26 août. On les mena près du viaduc qui passe au-dessus de la gare d'Arlon (vers la gare du vicinal). On les tuait par petits groupes de dix à douze. Ceux qui n'étaient pas morts étaient achevés à la baïonnette. Chaque groupe devait monter sur les cadavres des précédents. On garda pour la fin une dame de Rossignol, Mme Hurieaux, qui vit tuer devant elle son mari et la plus grande partie de son village. Elle mourut en criant : « Vive la Belgique ! Vive la France ! »

Voici encore un petit détail que j'ai pu vérifier. Quand le receveur et le vérificateur des douanes d'Arlon apprirent l'arrivée prochaine des Allemands, ils enlevèrent tout l'argent du coffre-fort, en n'y laissant que du billon d'une valeur totale d'environ un franc. Les Allemands s'appliquèrent aussitôt à fracturer le coffre-fort, mais ils n'y réussirent qu'au bout de deux jours. Furieux de leur déconvenue ils firent du coffre-fort un W.-C.

On voit que les faits qui se sont passés à Arlon entre le 12 et le 26 août 1914 constituent une intéressante carte d'échantillons des procédés allemands : exécutions et incendies sans enquête préalable, — extorsion de contributions sans rime ni raison, — pillages systématiquement organisés et affichés d'avance, — condamnations et acquittements laissés à la fantaisie du « juge », — vengeances préméditées — tortures physiques et morales appliquées avec tous les raffinements imaginables.

Tortures de soldats belges.

Les Allemands diront peut-être, — en supposant qu'ils croient devoir s'excuser, — que ces exécutions ont été effectuées à la suite d'attaques de « francs-tireurs »; ou après les mutilations de blessés par les civils belges. Mais il leur sera impossible d'alléguer ces mensonges comme circonstance atténuante pour les traitements inhumains qu'ils infligèrent à des soldats belges, dès leur premier coup de main contre les forts de Liège, dans la nuit du 4 au 5 août, c'est-à-dire peu d'heures après le début des hostilités. Non seulement ils maltraitèrent de toutes façons les prisonniers belges, mais certains soldats allemands poussèrent la Kultur jusqu'à refuser de l'eau à de pauvres blessés râlant de soif ; bien plus, ils se donnèrent l'atroce plaisir de répandre par terre l'eau contenue dans la propre gourde de ces blessés (1), et cela devant eux.

(1) Nous connaissons personnellement un de ces blessés belges.

C. Les tortures morales

Les supplices physiques que les Allemands nous ont appliqués ne peuvent pas rivaliser avec leurs procédés de torture morale. Ils y ont atteint des raffinement dignes du génie inventif d'Edgar Poë.

Tortures diverses précédant l'exécution.

Obliger ceux qu'ils vont fusiller à creuser leur propre fosse, comme ils le firent à Tavigny (1), est chose absolument banale. Dans les Fonds de Leffe, le 23 août 1914, ils perfectionnèrent le mode opératoire. Ils avaient convoqué huit Dinantais pour enterrer les morts à mesure qu'eux-mêmes fusillaient (il y avait tant de besogne qu'on devait la confier à des mains expérimentées) ; le soir, chacun des huit fossoyeurs creusa sa tombe ; quatre furent fusillés et enterrés par leurs collègues ; au moment où ceux-ci allaient subir le même sort, un officier leur fit grâce, non par humanité (ce serait trop beau), mais simplement parce qu'on aurait encore à recourir à leur office les jours suivants.

Pendant les journées sanglantes du 23 et du 24 août à Dinant, ils inventèrent encore bien d'autres tortures morales. Le matin du 23 ils fusillèrent dans une prairie des Fonds de Leffe un groupe de 13 hommes. Mais au lieu de les amener en une fois devant le peloton d'exécution, ils graduèrent savamment le plaisir : les 13 infortunés furent attachés successivement au même arbre, et abattus l'un après l'autre.

Toute la journée du 23 fut consacrée dans les Fonds de Leffe à tuer les hommes par petits paquets d'une demi-douzaine d'individus ; ceux-ci étaient fusillés, soit devant leur femme et leurs enfants, soit un peu à l'écart, mais pourtant à portée de la voix, afin que la famille ne perdît rien des gémissements des suppliciés.

Lorsque plus tard les femmes et les enfants furent enfermés dans un moulin, après avoir été promenés devant les cadavres, les Allemands s'accordèrent la distraction d'allumer de temps en temps du feu devant les fenêtres, pour faire croire aux femmes qu'on

(1) Ils se vantent tout au moins de l'avoir fait (voir p. 117, 119).

allait les brûler vives avec leurs enfants et pour s'amuser de leurs angoisses.

En même temps qu'on fusillait dans les Fonds de Leffe, d'horribles massacres se poursuivaient à Leffe et à Dinant, à quelques minutes de là. Ici aussi on fusillait les hommes devant leur famille, par exemple Victor Poncelet et Charles Naus ; et on faisait circuler les survivants au milieu des cadavres. Mais les officiers imaginèrent des divertissements plus compliqués, notamment de laisser un groupe de femmes et de tout petits enfants s'échapper dans la montagne pour les canarder ensuite de loin.

Une autre torture morale communément employée est celle qui consiste à faire croire à des gens qu'on va les tuer. Tous les habitants de Sorinnes furent placés devant des mitrailleuses, et un aumônier allemand, parlant français, vint cérémonieusement serrer la main à tous les hommes. A Dinant on aligna deux ou trois cents personnes, face à un mur ; puis un pasteur récita les prières des morts (c'était peut-être celui de Sorinnes, qui voulait savourer une nouvelle fois sa plaisanterie) et on fit manœuvrer à vide une mitrailleuse. Un officier riait à gorge déployée pendant qu'il menaçait de son revolver une quinzaine de femmes enfermées au couvent des Prémontrés à Leffe.

. .

Ce n'est pas seulement dans le pays de Dinant que les Allemands eurent recours aux tortures morales. Signalons quelques exemples typiques dans d'autres régions.

D'abord le système de la loterie : on range les hommes en une longue file et on fusille chaque fois le troisième (à Aerschot), ou le cinquième (à Louvain).

Ensuite les fusillades simulées et les menaces d'exécution. A Wépion, près de Namur, le 23 août 1914 (le jour de Dinant), les Allemands entassèrent des femmes dans des barques et leur enjoignirent de ramer jusqu'au milieu de la Meuse. Ils les mirent en joue à plusieurs reprises. Enfin, après qu'ils se furent suffisamment amusés de leurs mines effrayées, ils leur permirent de revenir à la rive.

Le 28 septembre 1914 des prisonniers civils du nord du Brabant s'en allaient vers la gare d'où ils partaient pour l'Allemagne. Le cortège était précédé d'une musique militaire qui jouait des marches funèbres; aussi étaient-ils convaincus qu'on les menait au supplice (p. 101).

Deux promeneurs bruxellois qui s'étaient aventurés le dimanche 30 août 1914 jusqu'à Koningsloo, dans la banlieue de Bruxelles, furent appréhendés par des sentinelles allemandes, et enfermés au poste. De temps en temps un sous-officier s'approchait d'eux, leur mettait son revolver sous le nez et leur disait en grimaçant : « Ah! ah! fini, promenate! » L'un des Bruxellois demanda au gardien s'ils allaient réellement être fusillés, auquel cas il désirait prendre quelques dispositions. Mais le soldat le rassura : « Ne craignez rien, dit-il, ce n'est qu'une plaisanterie de notre chef; il la fait chaque jour pour se distraire ». Effectivement, vers le soir, les deux promeneurs furent relâchés sans autre forme de procès.

Enfin la fusillade fractionnée, par petits groupes, sous les yeux de ceux qui attendent leur tour, a été appliquée sur une grande échelle à Arlon (p. 442) et à Andenne (p. 402).

Tortures infligées à des non-accusés.

Mais quelles que soient les souffrances morales infligées aux fusillés, cent fois plus atroces sont celles que les Allemands ont appliquées à des gens contre lesquels aucune accusation n'était formulée. Qu'on songe au martyre de Mme Cambier, de Nimy, qu'ils obligèrent à marcher dans la cervelle de son fils (le 23 août), et qui en perdit la raison ; à celui des innombrables hommes et femmes dont ils se faisaient un bouclier vivant, à Anseremme (p. 142), à Mons, à Tournai, à Charleroi. Dans ce dernier endroit, détail non relaté par M. Heymel (p. 229), les prisonniers recueillis à Jumet et à Lodelinsart étaient liés deux à deux par les poignets, pour les empêcher de s'enfuir lorsque les Français tireraient sur eux. De plus ils devaient marcher les mains levées. Quand par fatigue ils baissaient les bras, les soldats les frappaient à coups de crosse. Nous connaissons un homme qui fut ainsi placé devant les troupes allemandes et qui vit tuer à côté de lui un de ses parents et deux des fils de celui-ci. Lui-même reçut trois balles, l'une dans le poignet droit, une autre dans le bras gauche, la troisième sous le menton. Il en a réchappé, mais est estropié pour la vie.

Imaginez aussi le supplice que subirent les prisonniers civils, envoyés en Allemagne contre toute justice (p. 109) : la faim, la soif, les menaces, les injures, l'entassement dans des wagons à bestiaux où ils n'avaient pas la place de s'étendre ni même de s'asseoir, et par-dessus tout, l'absence de nouvelles de leur famille. Le 4 septembre 1914, environ 300 habitants de Lebbeke, près de Termonde, furent placés en guise d'écran devant les troupes allemandes qui marchaient contre Termonde. Le soir, ceux qui n'avaient pas été abattus furent joints à d'autres qu'on venait de capturer, et tous ensemble furent expédiés en Allemagne (p. 141). Au moment où les malheureux quittaient Lebbeke, les Allemands mirent le feu à quelques maisons et prévinrent charitablement les prisonniers que tout le village allait y passer; de plus, leur disait-on, les femmes et les enfants seraient en partie tués, en partie chassés du côté de Termonde et de Gand. Imaginez, si vous le pouvez, les souffrances qu'endurèrent ces malheureux pendant les deux mois où ils restèrent sans nouvelles de chez eux, dans la conviction que leur famille était massacrée ou qu'elle errait misérablement à travers le pays dévasté. En même temps que par des mensonges atroces, et dont l'horreur était systématiquement calculée, ils versaient le désespoir à ceux qui partaient, les soldats s'amusaient aussi à déchirer le cœur des pauvres femmes, mères, sœurs, enfants, restées au village. Car celles-là aussi furent, pendant de longues semaines, privées de communication avec les prisonniers ; et la façon abominable dont l'armée allemande, ivre de carnage, avait assassiné, le jour même (*9ᵉ Rapport*), une vingtaine de leurs concitoyens, leur permettait les suppositions les plus affreuses.

Qu'on ne s'y trompe pas. L'exemple de Lebbeke est loin d'être exceptionnel. Tous les prisonniers civils ont été traités avec la même barbarie, une barbarie pleinement injustifiée, puisque de l'avis de M. le baron von Bissing, aucun grief n'avait été formulé contre ceux qui ont été renvoyés dans leurs foyers. Mais tous ne sont pas rentrés. En juin 1915, la plupart de ceux de Visé, par exemple, sont encore en Allemagne. Quant à ceux qui furent emmenés de Rossignol et de tant d'autres localités du Luxembourg, ils ne reviendront plus, hélas ! Ils ont été fusillés sans aucun prétexte (p. 442).

Tortures à distance.

Impossible, se dira-t-on, d'inventer des tortures plus diaboliques que celles qu'on a fait subir aux prisonniers civils et à leurs familles. Erreur ! Quand il s'agit de faire le mal, le militarisme allemand se surpasse.

Représentez-vous la mentalité de celui qui envoya à M. Brostens, d'Anvers, la médaille militaire de son fils fait prisonnier, et la jouissance intime de l'expéditeur, quand il se délectait du désespoir des parents à la réception de la médaille :

Cruauté raffinée.

Lorsqu'ils ont fait des prisonniers, il leur arrive de détacher le numéro matricule des hommes et de le renvoyer purement et simplement aux parents, pour leur faire croire que leur fils est mort.

C'est ce qui vient d'arriver à M. Brostens, lieutenant des douanes à Anvers. Ayant reçu il y a quelques jours le numéro matricule de son fils, il avait pris le deuil. Or, hier matin, quelle ne fut pas sa stupeur en voyant rentrer son garçon qui, après avoir été fait prisonnier au début de la guerre, était parvenu à s'échapper.

Le Matin (d'Anvers), 14 septembre 1914.

Celui-là était peut-être un soldat peu cultivé. Mais que faut-il penser de la mentalité de M. le baron von der Goltz, lorsqu'il nous informe par affiche (*Belg. All.*, p. 87), qu'on tient note dans un registre de toutes les aggressions contre l'armée allemande, et que les localités où de pareilles attaques ont eu lieu peuvent s'attendre à recevoir leur châtiment. Quand on sait sur quels indices ultra-légers les troupes allemandes concluent à la culpabilité des habitants, on peut se dire que pas une commune n'échappera à la répression. C'est évidemment cette terreur généralisée que le gouverneur désirait inspirer. Lui aussi voulait avoir le plaisir d'infliger des tortures morales.

Torture des parents des soldats par la suppression de la correspondance.

Une autre torture épouvantable, inventée par les autorités supérieures, consiste dans la suppression des communications entre les soldats belges et leurs parents. Depuis la mi-octobre 1914, toute relation est coupée entre l'armée belge qui combat sur l'Yser et les Belges restés au pays. A partir du printemps 1915 la poste fonctionne entre la Belgique et la Hollande ; les rares privilégiés qui ont un correspondant en Hollande pourraient donc obtenir indirectement des nouvelles, si les Allemands autorisaient la correspondance par intermédiaire ; mais celle-ci est formellement interdite :

Avis.

Les cas augmentent où l'on expédie des lettres à des soldats belges au front par intermédiaires.

Je rappelle au public que c'est rigoureusement défendu. Toute personne dénoncée aux autorités allemandes pour pareil cas sera frappée d'une peine sévère.

Le Gouvernement de la position fortifiée
et de la Province de Namur.

Baron von Hirschberg,
Lieutenant-Général.

L'Ami de l'Ordre, 13 juin 1915.

Pour qu'ils appliquent une sévère punition, il ne faut même pas que l'envoi de lettres soit prouvé ; une simple dénonciation suffit. Il serait intéressant de savoir sur quelles preuves J.-A. de Cuypere a été condamné :

Contre Jules-Arthur de Cuypere, garçon demeurant en dernier lieu à Liége, une privation de liberté de 5 mois a été prononcée, parce qu'il s'est chargé — contrairement aux ordonnances données — pendant plusieurs voyages à la frontière hollandaise et en Hollande, d'un grand nombre de lettres de soldats belges en France et d'internés belges en Hollande ; et il a fait parvenir ces lettres destinées à différents membres de familles de Namur et dans les environs à leurs adresses en les emportant. En même temps, il s'est rendu coupable en franchissant la frontière.

L'Ami de l'Ordre, 5 et 6 juillet 1915.

Il serait si facile d'organiser un service permettant aux soldats d'écrire à leurs parents : « Je vais bien... Je suis blessé... », et permettant aux parents de répondre de même ; les angoisses seraient ainsi supprimées. Tandis que maintenant les nouvelles arrivent par des moyens aléatoires et s'égarent souvent. Mais ce que veulent nos ennemis, c'est faire souffrir le plus possible les pauvres parents. Nous ne pensons pas que jamais dans aucune guerre, un pareil supplice ait été infligé à toute une population.

Il est inexact, paraît-il, que Bismarck ait prononcé les paroles qu'on lui attribue : « Dans les contrées occupées par nos troupes victorieuses, il ne faut laisser aux habitants que les yeux pour pleurer ». Mais il est des légendes qui sont plus vraies que la réalité.

Qu'il nous soit permis, pour faire sentir le contraste entre la mentalité de nos bourreaux et la nôtre, entre leur Kultur et notre civilisation, de copier la lettre par laquelle une jeune fille de Gand demande aux femmes belges d'aller dans les ambulances pour aider les blessés, aussi bien les Allemands que les autres, à écrire à leur famille.

La pitié belge.

M. Paul Fredericq, professeur de l'université de Gand, écrit au *Soir* :

« Une jeune fille gantoise a eu une inspiration touchante.

« Elle voudrait que les femmes belges sachant écrire l'anglais et l'allemand, oublient les haines internationales, et n'écoutant que la voix de la miséricorde, se rendent dans les hôpitaux et les ambulances pour se mettre à la disposition des blessés étrangers sans distinction, et pour rédiger sous leur dictée les lettres destinées à tranquilliser leurs proches.

« Cette œuvre de charité vraiment chrétienne mettrait fin aux angoisses de tant de mères, qui savent leurs fils engagés sur les champs de bataille belges.

« Je suis sûr que cet appel au bon cœur de nos femmes et de nos filles n'aura pas été fait en vain. »

Tandis que les Allemands égorgent nos fils et nos femmes, voilà à quoi pensent les cœurs belges.

Ah ! les braves gens !

Le Peuple, 11 août 1914.

Des comités de ce genre ont été immédiatement constitués, notamment à Bruxelles.

Un exemple numérique de la méchanceté allemande.

Enfin, pour terminer, voici un exemple numérique qui mieux qu'aucun raisonnement fera saisir sur le vif la méchanceté de l'armée allemande :

Le dimanche matin, 23 août 1914, la population des Fonds de Leffe (un faubourg de Dinant) comprenait 251 hommes et garçons, en y comprenant une quinzaine d'habitants des communes voisines que les Allemands traînaient avec eux. Le lendemain soir, 243 avaient été passés par les armes : aucun de ceux qu'on a pris n'a été épargné ; les huit qui ont échappé au massacre avaient réussi à s'enfuir. « Heureusement, — nous disait une femme dont le père, le mari et quatre beaux-frères ont été massacrés, — heureusement que beaucoup d'hommes sont partis pour l'armée et combattent sur l'Yser. Singulière guerre, où les soldats sont moins exposés que les enfants, les vieillards et les infirmes, laissés à la maison. »

INDEX ALPHABÉTIQUE

A

Abdication de l'esprit critique, 242 à 262, 292.
Abris provisoires, 195.
Absents (Taxe sur les), 349, 366.
Académies. Du Portugal et de Paris, répondant au manifeste des 93, 253.
Accusations allemandes contre le Gouvernement belge. Violation de la neutralité, 32 à 49. — Organisation des francs-tireurs, 96, 114. — Inertie lors des massacres allemands, 132.
Actualité (L') illustrée. Publication permise, 9.
Ador, 381.
Aerschot. Les massacres, 73, 193. — Inscriptions protectrices, 90. — Prisonniers civils, 106. — Pillage, 156. — Bourgmestre nommé par les Allemands, 164. — Cartes postales allemandes, 217, fig 13. — Attitude des enfants envers les Allemands, 384. — Destruction des archives, 420.
Affiches allemandes. Réimpressions en brochures, 12.
Affiches aux couleurs allemandes, 165, 166.
Agents provocateurs, 391 à 396.
Ainsi parlait Zarathoustra. 209
Aiseau, 336.
Aix-la-Chapelle. Trains, 21. — Visite de Guillaume II, 26. — Les victimes des Belges, 116, 117, 118.
Albert Ier (voir Roi des Belges).
Album de la Grande Guerre, 311.
Aldershot, 214.
Algemeen Handelsblad. Autorisé en Belgique, 11. — Poste d'observation sur le beffroi de Bruges, 152.
Allemagne. Préméditation du passage de ses armées en Belgique, 25, 35.
Allemande (Langue). Villages sauvés par quelqu'un qui parle allemand, 78. — Obligation de l'Allemand en Belgique, 334, 335, 418.
Als Adjutant, voir Gottberg.
Ambrosini, 219.
Amendes. A Liége pour agression de francs-tireurs, 81. — A Bruxelles pour coups à un espion allemand, 166, 168, 178. — A Charleroi, 167. — A Grembergen, 168 — A Mons, 167, 168. — A des communes de la Flandre, 168. — Pour agressions de « francs-tireurs » à Bilsen et à Mons, 169 — A Seraing, 169e. — A Edeghem, 170. — A Roulers, 135. — A Cortemarck, 174. — A Bruxelles, 179. — A Courtrai, 180. — A des particuliers, 180. — Aux caisses publiques. 194 — A Arlon, 441.
Amérique. Gratitude de la Belgique, 1, 2, 199, 304, 384
Ami (L') de l'Ordre. Paraissant de force, 4, 312, 313. Suspension, 8. — Extraits : Condamnation de J et C. Pousseur, 7, 8. — Interdiction de N.R.C., 11 — Condamnation de Roulers, 135. — Responsabilité mutuelle des otages, 172. — Lampe aux vapeurs de mercure, 207, 208. — La liberté de Mgr Mercier, 207. — L'Ami de par Ordre, 314. — Articles imposés, 314. — Articles supprimés, 315, 319. — Punition aux propagateurs de fausses nouvelles, 321. — L'autonomie de la Belgique, 324, 325. — Interdiction des couleurs belges, 329, 330, 331. — Le *Te Deum*, 331 — Anniversaire du Roi, 333. — L'Allemand obligatoire, 334. — La Brabançonne, 336, 337. — Condamnations de parents qui n'ont pas dénoncé leur fils, 389, 390, et de femme qui n'a pas dénoncé son mari, 390. — Condamnation de miliciens et de gardes civiques 398, 399 — Interdiction de la correspondance par correspondance, 448. — Condamnation pour être allé en Hollande, 448, 449.

Ami (L') du Peuple. Autorisé en Belgique, 9.
Amsterdammer (De), 43.
Andenne. Les massacres, 73, 191, 401. — Leur justification, 74. — Bourgmestre nommé par les Allemands, 164, 402. — Administration après les massacres, 402 à 408.
Anderlecht. M. Frankenberg, 131. — Utilisation militaire des Belges, 136.
Anderlues, 287.
An der Spitze meiner Kompagnie, voir Höcker.
André Fr. Au conseil provincial du Hainaut, 163.
Andrieux, 346.
Angleterre. Prétendues violations de la neutralité belge, 32, 35 à 43. — Rôle protecteur vis-à-vis de la Belgique, 35. — Excitations contre l'Angleterre, 64, 350, 360, 361, 362, 415.
Annales parlementaires belges. Déclarations allemandes, 26.
Annexion de la Belgique à l'Allemagne, 259, 324 à 326, 409.
Anniversaire du Roi, 333, 334.
Anniversaire national du 21 juillet, fig. 3, 338 à 342.
Anniversaire d'août, 342 à 345.
Anseremme. Femmes servant de boucliers vivants, 142, 445, fig. 28. — Prisonniers civils, 142.
Antwerpen, 309.
Antwerpsche Tijdingen, 169.
Anvers Vente de *N.R.C.*, 11. — Interdiction de la photographie, 17. — Visites corporelles, 20. — Trains, 21. — Rapport Greindl, 37. — Propositions de paix à la Belgique, 50. — Siège provisoire du gouvernement belge, 71. — Siège d'Anvers, 71, 160, 152, 218, **219**. — Francs-tireurs, 71, 72. — Massacres d'Allemands, 126, 129, 352. — Fausseté de ces récits, 130. — Poste d'observation sur la tour de N.-D., 151. — Timbres-poste volés, 158. — Chansons subversives, 167. — Contribution de 40 millions, 177. — Réquisition de cravates, 185. — Sorties faites par les Belges, 190, 191. — Patrouilles belges, 240. — Prétendus dépôts d'armes, 248. — Bombardé de la Tête de Flandres, 264. — Entrée des marins allemands, 275. — Prise d'Anvers : Affiches à Vilvorde et à Cugnon, 287. — L'entrée des Allemands à Paris, 270. — L'absence de Mgr Mercier au salut du 3 janvier 1915, 299. — La 1re pastorale de Mgr Mercier, 300. — Canal du Rhin à l'Escaut, 325. — Anniversaire du 21 juillet, 342. — Payement des réquisitions, 349. — Prétendue déclaration du Roi, 351. — Excitations allemandes contre le gouvernement belge pendant et après le siège d'Anvers, 357 à 361, 414. — Attitude des Anversois envers les Allemands, 383. — Médaille militaire renvoyé aux parents pour les tortures, 447.
Arcs. Transport de lettres, 24.
Argentine (République). Gratitude de la Belgique, 199.
Aristide, 358, 359.
Arlon. Meurtre d'une femme, 67. — L'aumônier, agent provocateur, 393, 394. — Massacres divers, 437 à 442.
Armée anglaise. Manque de lacets de bottines, 212, **214**.
Armuriers. Destruction de leur atelier, 84.
Arras, 150.
Asquith, 53.
Assche. Prisonniers civils, 108.
Associated and United Press, 249.
Astor. Affiches relatives aux journaux, 6.
Ateliers de construction. A Luttre, 369 à 372. — A Malines, 372 à 375.
Ath. Marché de poulains, 185.
Atrocités belges, p. 110 à 134, 244, 250, 291, 292, 304, 352, 412.
Attila, 143, 424.
Attitude des Belges envers les Allemands, 382.
Atuatuca, 100.
Aubel, 326.
Aumônier. Agent provocateur, 394. — Torturant des Belges, 444.
Australie. Gratitude de la Belgique, 199.
Automobiles. Interdiction, 20, 21, 195.
Autonomie de la Belgique, 324 à 326.
Auvelais. Pillage de la Maison du Peuple, 157.
Avenir (L'), publication permise, 8. — Article au sujet de Mgr Mercier, 299.
Aveuglement volontaire en Allemagne, 248.
Aviateurs alliés, 319 à 322.
Axenfeld, 251.
Aywaille, 171.

B

Babut, 257.
Bachem. Le problème religieux en Belgique, 76.
Bagimont Belges forcés de travailler pour l'armée allemande, 137.
Bailleu, A. Affiches, 12.
Banque nationale. Saisie des fonds, 188.
Baronon. Chute du fort, 50.
Barnardiston. Rapport Greindl, 36. — Rapport Ducarne, 38, 40.
Barra, 174.
Barranzy, 227.
Barthélémy, 335.

Bitaves, 347.
Bateaux de pêche capturés par une escadre allemande, 212, **214**, 263.
Battice. Incendie, 88, 95, 440. — Rapport de M. Helfferich, 302. — Destruction des archives, 420.
Bauwelt (Die), 153.
Bayer, 23.
Bayreuth, 243.
Becker, 407, 408.
Beckers, 140.
Becquaerts, H. Affiches, 12.
Bédier, 86.
Beeger, 228.
Beer, 87, 210.
Behr (von), 82.
Behr (von) Pinnow, 366.
Bekaert, 140.
Belge (Le). Publication permise, 8. — Suspension, 51.
Belgiens Volkscharakter. Voir Bredt.
Belgien unter deutscher Verwaltung. Voir Bissing (von) fils.
Belgique (La) et l'Allemagne, par H. Davignon. Traité de Londres, 25. — Déclarations au Reichstag, 26. — Proclamation de M. von Bissing, 74, 87, 425. — Impôt de 480 millions, 162. — Réquisition de machines et de matières premières, 181. — Réquisition de vins, 187. — Utilisation abusive du Palais de Justice de Bruxelles, 189, 65. — Retrait des drapeaux, 328. — L'Interprète militaire, 423. — Affiches allemandes, 426. — Menaces de destruction de villages, 477.
Belgique (La) de Bruxelles. Publication permise, 8. — Appréciation allemande, 317, 318, 420. — *Extraits* : Les passeports, 13. — 3ᵉ Proposition de l'Allemagne à la Belgique, 51. — Bombardement de Reims, 149. — Marchés de poulains, 185. — Dirigeable détruit, 285 — Altérations des communiqués officiels, 315, 316. — Aveu de son esclavage, 317. — Mutisme à propos des attaques des aviateurs alliés, 319, 320. — Déclaration de M. von Bissing sur la presse belge, 321. — L'anniversaire du 21 juillet, **338**, 342. — Suppression du roulage à Malines, 372 à 374. — Condamnations de miliciens et de gardes civiques, 399.
Belgique (La) de Rotterdam, 13.
Belgique (La) martyre, 431.
Belgique (La) neutre et loyale. Voir Waxweiler.
Belgische Greueltaten. Atrocités, belges, 113. — Massacres d'Allemands 126, 127, 130.
Belgische Kriegsgreuel Atrocités belges, 114. — Le bourgmestre de Visé, 283. — Son importance pour la propagande, 309.
Belka, 309.
Berchem. Prisonniers civils, 108. — Attaqué par les aviateurs, 320.
Berghausen, 90.
Berlin. Troubles, 132. — Propagande, 307.
Berliner Nachrichten, autorisé en Belgique, 5.
Berliner Illustrierte Zeitung, autorisé en Belgique, 9. — *Extraits* : Poste d'observation sur la cathédrale de Malines, 152. — Photographies cyniques, 227. — Photographies de francs-tireurs, 241.
Berliner Lokal-Anzeiger. Intrigues roumaines, 216. — Racontars de soldats belges, 301.
Berliner Tageblatt, autorisé en Belgique, 9. — Francs-tireurs à Tavigny, 117. — Narcotiques à Liége, 118. — Excitations au désordre, 132. — Mensonges relatifs à M. Sabbe, 354, 355, 356.
Berliner Zeitung am Mittag, autorisé en Belgique, 9. — Paroles du Roi de Roumanie, 217.
Bernhardi (von). Opinion sur la guerre, 211.
Beseler (von) 360.
Bestie (Die), 310.
Bethmann-Hollweg (von). Chiffon de papier, 29. — Discours au Reichstag, 29, 31, 43, 55, 66, 70, 324. — Bombardement de Reims, 148, 149. — Manifeste aux journaux américains, **249**, 250.
Bettex (auteur de *Der Krieg*). Promesses allemandes à la Belgique, 28. — Extraits de *Der Krieg*, **258, 259**.
Bewer (Max), 129, 251.
Beyghem. Eglise brûlée, 76. — Pillage du coffre-fort, 157.
Bibliothèques belges, 419.
Bicyclette. Réglementation, 21, 22, 23, 24, 180.
Bien (Le) public, paraissant de force, 4, 312, **313**. — Publication précaire, 8. — Suspension, 8. — Introduit en fraude, 12. — Suppression des communiqués officiels des Alliés, 315. — *Extraits* : Chiffon de papier, 29. — Soldats ivres, 86. — Belges contraints au travail pour les Allemands, 140. — Condamnation de Cortemarck, 174. — Il nie que des articles soient imposés, 314. — Mutisme à propos des attaques des aviateurs alliés, 319. — Les portraits de la famille royale, 333. — Dénonciation obligatoire des armes, 387, 388.
Bifteck volé à Mons, 167, 181.
Bilsen. Amende par agression de « francs-tireurs », 169.

Binche. Marché de poulains, 185.
Bismarck. Comme faussaire, 29, 262. — La force prime le droit, 299. — Cruauté envers les vaincus, 449.
Bissing (von), Gouverneur général. Interdiction de la poste privée, 17, 18. — Règlements sur la bicyclette, 23. — Excitations à la cruauté, 74, 87, 425. — Opinion sur le clergé belge, 76. — Aveu de l'innocence des prisonniers civils, 109. 446 — Sentiment esthétique des Allemands, 149. — Impôt de 480 millions, 161 à 164. — Convocation des conseils provinciaux, 164. — Machines-outils, 181. — Marchés aux poulains, 184, 185. — Les Belges traités de grands enfants, 204, 415. — Cruauté nécessaire de la guerre, 210, 211. — La sollicitude pour la Belgique, 218. — Mensonges au clergé, 295. — Mensonges aux journaux, à propos de Mgr Mercier, 297. — Déclaration sur la presse prohibée, 321. — Condamnations de Belges pour espionnage et trahison, 336. — Inspection scolaire, 346. — La prospérité en Belgique, 364, **365**. — Interview de *N. A. Z.*, 367. — Taxe sur les absents, 367. — Suppression du roulage à Malines, 372 à 375. — Lettre ouverte sur l'attitude des Belges, 375, 376. — Expertise des dégâts causés par la guerre, 370. — Révocation du Comité de la Croix-Rouge, 378 à 382. — L'attitude des Belges, 385. — Les dénonciations anonymes, 395, 396. — Collaborateur de son fils, 409. — Les cruautés inutiles, 425.
Bissing (von) fils, professeur à Munich. Persécution contre les Allemands 34, 293. — L'attitude des Belges, 385. — La Belgique sous l'administration allemande, 409 à 422.
Blancke, 174.
Blessés allemands, témoignant en faveur des Belges, 122, 124.
Bloem (Walter), auteur de *La campagne des Atrocités*, 87, 191, 231, **232**, 412.
Blume (von), 30.
Bode (von), 273, **274**, 275.
Bombardement de villes ouvertes, 145. — De monuments, 145 à 153 — De Louvain, 270. — De Termonde, 272.
Bombes à incendier, 95.
Bons de réquisitions, sans valeur, 181, 186, 187.
Bons communaux, 196.
Boom, 375.
Boortmeerbeek. Église brûlée, 96.
Borchling, 310.
Bordet, 206, 207.
Bouchat, 78.

Boucliers vivants, 141 à 145, 325, 445, 446, *fig.* 28.
Bouillon, 79.
Bourgmestres. De Tirlemont et de Mons, 142. — Nommés par les Allemands, 164, 401. — Punis à la place de miliciens, 173. — De Spontin, 436. — De Visé, 284. — De Saint-Vaast, 286. — De Bruxelles, 288, 309. — De Battice, 302. — De Nivelles, 371. — Déportés en Allemagne, 387.
Bourriez, 430.
Bourseaux, 335.
Bovesse, 398.
Brabançonne, 336, 338, 340, 341.
Brabant. Prêtres torturés, 75. — Eglises détruites, 76. — Eglises pillées, 157. — Contribution de 480 millions, 177. — Congé aux écoles, 333, **334**.
Brand Whitlock, voir Whitlock.
Bratianu, 217.
Breda, 361.
Bredt, auteur de *Belgiëns Volkscharakter. Belgiëns Kunst*. Les francs-tireurs, 72, 73.
Bree. Menace d'incendie, 79.
Breitfuss, 93.
Brentano, 245.
Brésil. Gratitude de la Belgique, 199.
Bressoux, 115.
Brian Hill. Publications prohibées, 9. — Affiches, 12.
Bribosia, 107.
Bridges. Rapport Jungbluth, 42.
Broeders, 436.
Brostens, 446.
Bruges. Prisonniers allemands, **55**, 123. — Mitrailleuses sur le beffroi, 152.
Bruxelles. Journaux autorisés, 5. — Vente de *N. R. C*, 11. — Journaux clandestins, 15. — Trains, 21. — Circulation, 22, 23. — Attitude provocante des habitants, 71. — Menaces de von Bülow, 74. — Soldats ivres, 86. — Terrorisation, 87, 88. — Inscription protectrice, 92. — Maisons marquées sur un plan, 94. — Retour des prisonniers civils, 105, 108, 109. — Massacres d'Allemands, 216, **128**, 352. — Prisonniers de guerre, 135. — Belges forcés de creuser des tranchées, 137. — Belges enfermés dans les greniers de la Kommandantur, 144. — Poste d'observation, 152. — Pillage, 156. — Amende de 5 millions, 166, **178**. — Punition pour bris de télégraphe, 166, 168. — Otages, 171. — Contribution de 45 millions, **177**, 179, 377. — Route de Malines, 179. — Utilisation abusive du Palais de Justice, 189. — Abus d'autres monuments, 190. — Entrée des marins allemands, 275. — Entrée

INDEX ALPHABÉTIQUE

de l'armée allemande, 305. — Démenti du bourgmestre, 288. — Tranquillité de la ville, 308. — Interdiction des couleurs belges, 330. — La feuille de lierre, 331 — Le Te Deum, 331. — Le drapeau belge, 327, 328. La Brabançonne, 337. — Anniversaire du 21 juillet, 338 à 342. — Anniversaire du 4 août, 342 à 345. — Mouvement des trains, 368. — Attitude des Bruxellois envers les Allemands, 383. — Représentation allemande au théâtre de la Monnaie, 385, 421. — Déportation du bourgmestre, 387.
Bruxellois (Le) Publication permise, 8. — Liste de prisonniers civils, 106. — Communiqués officiels français, 315. — Appréciations allemandes, 317, 318, 420. — Mutisme sur les attaques des aviateurs alliés, 319. — Anniversaire du 21 juillet, 338, 342. — Lettre ouverte de M. von Bissing, 376.
Budel, 80.
Bueken, Supplice des prêtres, 293, 435. — Incendie du village, 432.
Bureau des deutschen Handelstages, 307.
Bureaux des Ministères, 190.
Büro zur Verbreitung deutscher Nachrichten im Auslande, 305.
Buisseret-Steenbecque (C. de) de Blarenghien, 47.
Bulletin Officiel des Lois et Arrêtés pour le territoire belge occupé, 161, 162.
Bülow (von). Menaces à Bruxelles, 74. — Justification des massacres d'Andennes, 74.
Busch, 259.
Buysinghen, 276.
Buysse, 362.

C

Cadavres allemands, transportés en chemin de fer 286.
Caisses communales, saisie, 188, 189, 401.
Cajot, 19
Calais. Rapport Greindl, 36. — Non atteint par les Allemands, 263.
Callot, 73.
Cambier, 445.
Cambyse, 143.
Campenhout, 432.
Campine anversoise. Fuite des habitants, 192.
Campine limbourgeoise. Réquisition de vin, 186.
Camus, 402.
Canada. Gratitude de la Belgique, 199.
Canadiens. Gaz asphyxiants, 239.
Canne. Assassinats par soldats ivres, 85.

Canon belge capturé, 263.
Canon de 42, 264.
Capelle-au Bois. Eglise brûlée, 76. — Orgie pendant l'incendie, 430, 431.
Carnets militaires allemands, 425.
Carpathes, 242.
Cartes géographiques falsifiées, 277.
Cartes postales illustrées, 227, 228.
Carte de ménage, 197.
Cartiaux, 407.
Carton de Wiart, Ministre, 65.
Carton de Wiart (Madame), 133.
Cassel, 106, 108.
Caulill. Fabrications d'explosifs, 138.
Celle, 106.
Censure allemande en Belgique. Affiches la concernant, 4, 6. — Censure appliquée au Comité National, 202. — Censure des journaux, 312 à 322, 368, 420. — Obligation de remplir blancs laissés par la censure, 319.
Censure en Allemagne, 244, 245.
César. Opinion sur les Belges, 72. — Belges vendus à l'encan, 100.
Chamberlain, 292.
Chancelier de l'Empire, voir Bethmann.
Charleroi. Photographies prohibées, 9. — Trains, 21. — Francs-tireurs, 72, 77. — Incendie, 25. — Boucliers vivants, 141, 220, 230, 445. — Pillage du vin, 158. — Amende, 166, 167. — Valeur du mark, 175. — Prétendue agression de civils, 287. — Heymel : La journée de Charleroi, 229 à 231.
Châtelineau, 161.
Chatillon, 439.
Chemins de fer. Réglementation, 20, 21, 368. — Arrêt du trafic, 194, 368, 369. — Chômage du personnel, 194, 364, 369 à 375, 418. — Suppression des trains ouvriers, 194. — Voie stratégie de Tongres à Aubel, 326. — Mouvement des trains, 368. — Arrêt du trafic à Malines, 372 à 374.
Chemnitz, 103.
Chevaux reproducteurs, réquisitionnés, 183
Chicago Daily News, 376.
Chiens asphyxiés, 239.
Chiffon de papier, 29, 343, 369.
Chômage, 196.
Chronik des deutschen Krieges, ne mentionne pas la déclaration de guerre, 51. — La prise de Liége, 58 à 62. — Son titre, 208.
Chronogramme à Dinant, 242.
Chronologie des massacres, 88, 95.
Church, Réponse aux 93 intellectuels, 45, 67, 253.
Cigares, réquisitionnés, 185.
Civils. Nombre des civils tués, 156. — Internés comme prisonniers de guerre,

174 à 399. — Condamnés pour des opérations de l'armée, 239.
Clemen. Restauration de Louvain, 270.
Clergé allemand Sa crédulité, 256 à 262.
Clergé belge. Ses tortures, 73. — Son innocence reconnue par les Allemands, 76.
Coblence, 181.
Cockerill. Espionnage allemand dans les usines, 55.
Coffres-forts. Fracturés, 157, 191, 293. Brûlés. 431, *fig*. 9 et 10
Collectives (Peines), 164 à 174.
Cologne, 261.
Comblain-au-Pont, 69.
Comité national de Secours et d'Alimentation, 197 à 204, 381.
Commission (The) for Relief in Belgium, 199 à 204.
Commission pour la publication à l'étranger de nouvelles impartiales, 303
Communiqués officiels des Alliés. Supprimés, 315. — Altérés, 315 à 317.
Concussions, 376, 381, 417.
Conseils provinciaux. Impôt de 480 millions, 161 à 164
Continental (The) Times, 307.
Contrainte au travail militaire, 136 à 140, 369 à 375.
Contributions. De 480 millions, 161, **162**, 163, 347, **348**, 365. 381, 413. — A Anvers, Bruxelles, Liège, 177. — Au Brabant, 450 millions, 177.
Conventions anglo-belges, 48, 312.
Convention de Genève, 176, 227, 379.
Convention de La Haye. Responsabilité de l'État, 81. — Comparaison avec *Les Lois de la Guerre allemandes*, 86. — Les violations par l'Allemagne, 134 à 204. — Violation consciente, **140**, **225**. — Signature des fonctionnaires, 326 à 400.
Conversation, changé en Convention, 48, 49.
Cooper-Hewitt, 207
Correspondance (La) des Neutres, 303
Correspondance des soldats. Sa suppression par les Allemands, 448. — Efforts des femmes belges pour la faciliter, 449.
Correvon, 260.
Corriere della Sera. Déclaration de Mgr Mercier, 294.
Corriere d'Italia. Déclaration de Mgr Mercier, 294.
Cortemarck. Prêtres déportés, 75, **174**.
Cortenberg. Allemands ivres, 77, **78**, 85. — Amusements ordurier des Allemands, 429.
Couleurs belges, 328 à 330, 384, **385**, 386, 415, 416.

Courcelles, 151.
Courrier (Le) Belge, paraissant à Derby, 13.
Courrier (Le) Belge, édité à Bruxelles par les Allemands, 319.
Courrier (Le) de la Meuse. Paraît à Maestricht, 13. — Dénonciation à Liège, 392, 393.
Courtrai. Trains, 21. — Emprisonnement d'ouvriers, 140. — Amende de 10 millions, 180.
Court-Saint-Étienne, 425.
Couvent de Jésuites, à Liège, 278, **282**.
Cravates, réquisitionnées. 185.
Crédulité allemande, 97, 247.
Croix (La). Article supprimé dans *N. R. C*, 322.
Croix Rouge. Violée par les Belges, 61, 112, 116, 117, 423. — Remerciements allemands. 125 — Révocation du Comité directeur belge, 378 à 382, 417.
Croix (La) Rouge. Journal édité à Bruxelles, 354, 381.
Cromer, 409.
Cruauté allemande, 423 à 450. — Les « cruautés inutiles », 425.
Cruauté nécessaire de la guerre. D'après *Les Lois de la Guerre allemandes*. 86. — D'après von Bissing et von Hindenburg, 87.
Cruautés contre un couvent, 278.
Cugnon. Affiche mensongère, 287, 400, *fig*. 8.
Cuivre, réquisitionné, **182**, 308.
Cumptich, 142.
Cyclistes, civils, 22, 23. — Militaires, 220.
Cynisme, 224 à 242.

D

Daily Chronicle, 214.
Damest, 163.
Darmstadt, 243.
Dave, 238.
Davignon, ministre, 45.
Davignon (H), voir *Belgique et Allemagne*.
Dechêne, 66.
Déclaration de guerre de l'Allemagne à la Belgique, 51.
De Clerck, 293.
De Coninck, 388.
Decoster, brûlé vif, 436.
De Cuypere, 449.
Defoin, 108.
De Franquen, 19.
Defrenne, 329.
Dehn, 32.
De Jaer, bourgmestre d'Andenne désigné par les Allemands, 402 à 408.
Delannoy, 371.
Délation, 387, 396, 403, 408.

INDEX ALPHABÉTIQUE 457

Delbœuf, 419.
Delbrück, voir *Deutsche (Der) Krieg in Feldpostbriefen*.
Dementis. Sévices contre les blessés allemands, 117. — Fausseté de ces accusations, 119.
Denier de Saint-Pierre, 204.
Dénonciations anonymes, 395.
Dénonciation obligatoire, 387 à 390.
Depage (Mme Ant.), 228.
Derache, 335.
De Rechter, 124.
Dernburg. Propagande en Amérique, 312 — L'annexion de la Belgique, 325.
Dernières Nouvelles, autorisé à paraître, 6, 8.
Descheutter, 335.
Destelbergen, 168.
Destrée, 50.
Deutsche Bank. Protégée par les autorités, 132. — Rend l'argent aux prisonniers civils, 103.
Deutsch België, 325.
Deutsche (Der) Krieg, orgueil de ce titre, 208. 209. — Brochures portant ce titre, 310.
Deutsche (der) Krieg in Feldpostbriefen. Les francs-tireurs, 68 à 70. — Nécessité de hâter la prise d'Anvers, 357.
Deutsch-französischer Soldaten-Sprachführer, 155
Deutscher Ueberseedienst, 306, 311.
Deutscher Verein, 132.
Deutschen (Des) Volkes Kriegstag buch, 309.
Deutsche Soldatenpost, autorisé en Belgique, 10, 312. — Excitations contre la Reine, 352
Deutsche Tageszeitung, 266.
Deutsche Vortraege Hamburgischer Professoren, 310.
Deutschland in der Notwehr, 310.
Devries, 183.
Dewinne, 364.
Dewit, 90.
Deynze. Bombardement, 145.
Dhuy, 328.
Dieghem. Punition en cas de destruction du télégraphe, 165. — Dénonciation des étrangers, 386.
Diehl, 426.
Die sch. traduit par « allemand », 354.
Dilbeek. Belges forcés de creuser des tranchées pour les Allemands, 135, 136, 137
Dinant. Photographies prohibées, 9. — Les massacres, 73, 110, 191, 193, 366. — Incendie, 88, 145. 165. — Inscriptions protectrices, 23. — Prisonniers civils, 100 à 108, 110. — Boucliers vivants, 142. — Incendie de l'église, 151, **272**. — Cartes postales illustrées, 227, 228, *fig.* 15. — Chronogramme, 242. — Reconstruction, **274**, 275. — Interdiction des couleurs belges, 329. — Francs-tireurs, 357. — Attitude des enfants envers les Allemands, 384. — Destruction des archives, 420. — Tortures subies par les habitants de la région, 436, 443, 444.
Dirigeable allemand, à Liége, 278, **282**. — Détruit, 285, 319, 320. — Hangars détruits, 319. 322.
Dirigeable français capturé, 285, 286.
Dirr, 409.
Discours du Trône du 4 août 1914, au Reichstag, 204.
Discussion. Son abolition en Allemagne, 246.
Dixmude. Sa destruction, 150, 153. — Combats, 220, 223, 410.
Dokumente zur Geschichte des Krieges 1914. Discours du Chancelier, 30. — Brochure de propagande, 311.
Domela Nieuwenhuys Nyegaard. Mitrailleuses sur le beffroi de Bruges, 152. — Mensonges sur sa personnalité, 303. — Rédacteur de *De Vlaamsche Post*, 318.
Donny, 146.
Dons de l'Amour, 213, 216.
Drapeau belge, 327, **328**.
Drechsler, 32
Drei (Die) Kronprinzen, 309.
Driegrachten, 223.
Dryander. Abdication de l'esprit critique, 257. — *Evangelische Reden in schwerer Zeit*, 257. — Pensées de Noël, 258, 310.
Ducarne. Falsification de son rapport, 38, 47, 63. — Réponses du Gouvernement belge, 38, 47.
Dubois, 44.
Duffel, 375.
Duisbourg, 209.
Dum-dum, 25.
Dunkerque, 36.
Dürckheim et Denis, 49, 262.
Dusseldorf. Bureau de propagande, 305. — Dominicains, 394.
Düsseldorfer General-Anzeiger, autorisé en Belgique, 5, 9 — *Extraits :* Les passeports, 13 — Chiffon de papier, 29. — Le Roi Albert, valet de l'Angleterre, 30. — Les Luxembourgeois, 65. — Article de M. Bewer, 251. — L'action allemande à Rome, 300. — La vaillance du Roi et de la Reine des Belges, 331. — Excitations contre le Roi, 350. — Avances aux Flamands, 353, 356, 357. — Un Flamand de Liége, 356. — Parasitisme allemand en Belgique, 365. — L'attitude des Belges envers les Allemands, 385.

Düsseldorfer Tageblatt, autorisé en Belgique, 9. — Bombardement de Deynze, 145. — Numéro jubilaire, 306.
Düsseldorfer Zeitung. Bombardement de Deynze, 145. — Valeur du mark. 175.
Dwelshauwers-Déry, 419.

E

Écho (L') Belge. Paraît à Amsterdam, 13. — Lettre de M. Sabbe, 355. — Révocation du Comité de la Croix-Rouge, 382.
Écho ( ) d'Anvers. Paraît à Bergen-op-Zoom, 13.
Écho (L') de Bruxelles. Publication permise, 8. — Excitations contre le gouvernement belge. 358, 359, 361.
Écho de la Presse internationale. Prisonniers civils, 109. — Appréciation allemande, 317, **420**. — Anniversaire du 21 juillet, 342. — Révocation du Comité de la Croix Rouge, 382.
Écoles belges. Interdiction du congé, 334. — La Brabançonne, 337. — Inspection allemande, 345, **346**
Eelen. Jeune fille menacée d'être fusillée, 86
Éghezée. Marché de poulains, 184. — Extorsions de signatures, 320, 327.
Église du Refuge, 260.
Égypte. déclare la guerre à l'Allemagne, 261.
Eichstaedt, 82.
Eischen, 67.
Eiserne (Das) Kreuz, 309.
Électrique (Clôture) à la frontière, 14. 392.
Elewijt. Eglise brûlée, 76. — Maison bombardée, 264. — Supplice de jeunes gens, 435.
Elliot, 312.
Émines, 398, 399.
Emmich (von). Déclarations tranquillisantes à l'égard de la Belgique, en 1913, 26. — Proclamation du 4 août 1914, 52, 55. — Décoration, 59.
Empereur d'Allemagne, voir Guillaume II.
Engelborghs, 435.
Enghien. Marché de poulains, 185
Ennemi. L'armée belge considérée comme notre ennemie, 174, 335.
Enquête précédant les massacres. Son insuffisance voulue, 79.
Enquête impartiale, refusée par les Allemands, **243, 244**, 257, 411.
Eppeghem. Francs-tireurs, 71. — Eglise brûlée, 76. — Belges creusant des tranchées pour les Allemands, 136. — Amende pour un coup de fusil, 170 — Habitants fusillés, 218. — Attitude des enfants envers les Allemands, 384. — Amusements orduriers des Allemands, 428.
Eroberung (Die) Belgiens. Francs-tireurs, 71. — Atrocités belges, 113. — Son importance, 309.
Erps-Querbs. Soldats ivres, 78.
Erzberger. Déclarations tranquillisantes à l'égard de la Belgique, 26. — Rédacteur du *Die Wahrheit*, 32. — Culte de la force, 210. — Annexion de la Belgique, 325. — Belges envahissant l'Allemagne, 427. — Appel à la cruauté, 427.
Escaille (de l'). Falsification de sa lettre, 45, 46, 47.
Escaut. Fortifications, 36, 37. — Préparatifs allemands pour un pont, 54.
Esch (von der). 440, 441.
Espagne. Gratitude de la Belgique, 2, 198.
Espagnols fusillés à Liège, 80.
Espionnage allemand en Belgique. Avant la guerre, 54, 55, *fig. 25*. — Depuis l'occupation, 391 à 396, *fig. 26*.
Espions belges, exécutés, 335, 336.
Esschen, 392.
Essen, 170.
Étalle, 227.
Étape (Territoire d') 200.
États-Unis. Gratitude de la Belgique, 1, 2, 199, 204, 384.
Éthe. Incendie et profanation de l'église, 191, *fig. 11*. — Cartes postales illustrées, 227.
Eupen, 114.
Evangelische Reden in schwerer Zeit, voir Dryander.
Évegnée. Chute du fort, 50.
Évelette, 437.
Événement (L') illustré, 196.
Évêques, retenus comme otages, 171.
Evere, 319, 320.
Eversem, 100.
Evrard, 296.
Exactions d'un sous-officier, 180.
Examens universitaires, 419.
Excitation des soldats allemands contre les Belges, 110 à 134, 250, 277 à 285, 291 à 293.
Excitations à la désunion entre Belges, 349 à 361, 396, 410, 411.
Excitations contre les Alliés, 360, 362, 410.
Exode, 94.
Expertise des dégâts causés par la guerre, 377, 378.
Exploitation communale collective, 196.
Exposition de Liège. Espionnage allemand, 55.
Extorsions de signatures, 396 à 401.

F

Faber, 36.

Fabrique nationale d'armes de guerre, 781.
Falke (von). L'incendie de Louvain, 267, **268**, 269. — Protection des monuments, 271. — Huy, Dinant, 272.
Falsification de documents. Rapport Greindl, 35, 36, 37. — Rapport Ducarne, 38, 39, 40, 41. — Rapport Jugbluth, 42, 43. — Plan de Louvain, 209. — Cartes géographiques, 277. — Cartes illustrées, 293. — Communiqués officiels, 315, 316.
Famine en Belgique, 191 à 204.
Fausses nouvelles, répandues par les soldats belges, 220. — Punition des colporteurs de fausses nouvelles, 6 à 8, 321.
Fausseté allemande, 262 à 422.
Femmes belges. Leur attitude, vis à vis des Allemands, 383. — Comment les Allemands les traitent, 428. — Faisant la correspondance des soldats, 445.
Fermeté morale des Belges, 385.
Feuille de lierre, 331.
Flamande (Langue), 353.
Flamands et Wallons. Excitations allemandes des uns contre les autres, 351, 352 à 357, 390, 411, 414, 415. — Le comité allemand qui s'occupe des Flamands, 420.
Flandre. Prisonniers civils, 110.
Flandre française, 225.
Flandre occidentale. Coup de feu tiré dans un village, 80. — Édifices détruits, 153.
Flandres. Territoire d'étape, 200, 201, 204.
Flandre (La) Libérale. Introduite en fraude, 12.
Fleurus. Marché de poulains, 185.
Flèches. Transport de lettres, 24.
Fléron. Chute du fort, 50.
Flessingue, 36.
Fonctionnaires. Déclaration conforme à la Convention de la Haye, 397.
Fonderie de canons, 181.
Fonds de Leffe, 443, 450.
Forest, 171.
Forrières, 393.
Forster, 26.
Forts de Liège. Leur résistance, 50.
Fosteau, 183.
Fox. Les cruautés inutiles, 425.
Français. Prétendue imminence de l'entrée des Français en Belgique, 31, 66, 70. — Prétendues violations de la neutralité belge, 33. —
Francfort-sur-le-Mein, 260.
Francke, 32.
Franc-maçonnerie, 242, 243.
Franco-Belge (Le). Paraît à Folkestone, 13.
François, 172.

Francorchamps. Massacres, 78. — Pillage, 156. — Pas d'enquête, 210.
Francotte, 361.
Francs-tireurs. Accusations de M. von Stein, 61. — Y en a-t-il eu ? 67. — Obsession du franc-tireur, 68 à 73. — Insuffisance voulue de l'enquête, 77 à 81, 210. — Une enquête pour la réclame, 81, 82, 192. — Leur payement officiel, 96, **114**. — Préparation par le gouvernement belge, 53, 77, 96, 97, **248**, **249**, 411. — Leur punition, 99. — Capturés vivants, 110. — Instituteurs, 113. — Mensonges affichés, 218. — Félicités par les Allemands, 241. — Photographiés, 242. — Affiches relatant des attaques inventées, 287. — Accusations de M. von Bissing, 293, 411. — Articles imposés aux journaux, 314. — Enquête allemande, 395. — Proposition de ne pas les tuer sur le coup, mais de les laisser agoniser, **432**.
Frankenberg. Massacre, 128. — Fausseté de ce récit, 130.
Frankfurter Zeitung, autorisés en Belgique, 9. — Rapport Ducarne, 39, 40, 41, 42. — Esprit militaire et humanité de l'armée allemande, 211. — Ambrosini, 219. — Hauptmann, 251. — Déclaration de M. Max, 289. — Der Grosse Krieg, 311. — L'aveuglement du Roi Albert, 351. — Avances aux Flamands, 354. — Insuffisance des trains en Belgique, 309.
Frauenwort (Ein) an unsere Truppen im Kriege, 426.
Frédéric-Auguste d'Oldenburg, 125.
Fredericq, 449.
Frenay, 335.
Freylange, 440, 441.
Friedberg (von), 334.
Frontières. Leur passage, 13, 14.
Fürsen, 124.
Fuseaux horaires, 428.
Fusillade fractionnée, 402, 442, 443.

G

Gand. Vente de *N. R. C.*, 10. — Règlements sur le logement, 20. — Soldats ivres, 85. — Travail des Belges pour l'armée allemande, **139**, 225. — M. Domela Nieuwenhuys, 152, 303. — Amende pour bris de télégraphe, 168. — Otages, 171. — Réquisition d'objets de toilette, 185. — Réquisitions exagérées, 186. — Saisie de la caisse communale, 189. — Interdiction des couleurs belges, 329. — Les portraits de la famille royale, 333. — Anniversaire du 21 juillet, 342. — Université flamande, 418.

Gants, réquisitionnés, 185.
Gardes civiques. Instruits par des Français, 77. 231. — A Tervueren, 104. — Déportés en Allemagne pour refus de signature, 398, 399. — Accusés d'être des soldats irréguliers 234, 411.
Garternich, 181.
Gaulois, 72, 347.
Gazette (La) des Ardennes, 303.
Gaz suffocants, 238. Article supprimé dans *N. R. C*, 322, 323.
Geer, 326.
Gelrode. Prisonniers civils, 165.
Gembloux. Marché de poulains, 184, 185.
Gemmechenne, 107.
Gemmenich. Atrocités belges, 117. — Leur fausseté, 119.
Gendarmes belges. Sont des militaires, 79, 80.
Générosité des Allemands envers les Belges, 276.
Gengis-Kahn, 143.
Georges V. Portrait prohibé, 9.
Gerard, 134.
Germains. Prétendue opinion de Tacite, 172. — Opinion de Tacite, 347.
Germanité, 390.
Gesetz und Verordnungsblatt, 161, 162.
Ghenadiëff, 214.
Gielen, 169.
Giessen, 304.
Giran, 120.
Givet, 410.
Glatz, 178.
Gloria, Viktoria, 384.
Godelot, 329.
Goder, Ph., 44.
Goethe, 252.
Goldmann, 210.
Goltz (von der). Interdiction de la photographie, 17. — Punition des innocents aussi bien que des coupables. 74, **165**, 239, **240**. — Travail des Belges pour l'armée allemande, 138. — Mise en liberté des otages d'Eppeghem, 170. — Valeur du mark, 176. — Comité national de Secours et d'Alimentation, 200 — Situation normale en Belgique, 218. — L'Université de Louvain, 294. — Respect du patriotisme des Belges, 326. — La reprise du travail, 363. — La prospérité en Belgique, 218, **364**. — Menaces de destruction de villages, 447.
Goovaerts, 371.
Gottberg (Otto von), auteur de *Als Adjutant durch Frankreich und Belgien*. Ne voit pas de francs tireurs, 71, 72.
Gott mit Huns, 424.
Greindl. Falsification de son rapport, 35, 312.

Grembergen, 168.
Grosse (der) Krieg. Espions fusillés, 131. — Brochure de propagande, 311.
Guerre (La). Article de M. H.-S. Chamberlain, 212. — Importance de ce journal, 303. — *La Gazette des Ardennes*, 303. — M. Domela Nieuwenhuys, 303.
Guerre de Trente Ans, 192.
Guides. Sévérités contre eux, 153, 154.
Guide pratique des voies de communication et des transports en Belgique, 369.
Guillaume II. Déclaration tranquillisante à l'égard de la Belgique, 25, **26**. — Propositions à la Belgique, 50, 51. — Déclaration de guerre à la Belgique, 51. — Télégramme au Président des Etats-Unis, 53, 77, 96. 109, 218, 224, **248**, 250. — Accusations contre le clergé belge, 77. — Orgueil, 205, 306. — Déclaration relative à l'autonomie de la Belgique, 324, 325. — Manifeste au peuple allemand, 324. — Discours aux troupes partant pour la Chine, 424.
Gutersloh, 106.

H

Haasmann, 156.
Haecht. Eglise brûlée, 76, 131. — Massacres et incendies, 190.
Haeseler (von), p. 63.
Hagden (von), 425.
Haine et Espoir, par M. Harden, 209.
Hainaut. Passage vers la France, 14. — Conseil provincial, 163.
Halluin, 227.
Hamburger Fremdenblatt. Poste d'observation sur un hôtel de ville, 152. — Opinions sur la guerre, 211. — Sur la légitimité de la destruction du *Lusitania*, 228. — Manifeste aux Américains 250. — Lettre de M. Dryander, 257. — Protection de Huy, 272. — Bombardement de Malines, 273. — Feuillets de propagande, 307. — Supplément illustré, 311. — Les couleurs belges, 329.
Hamburger Nachrichten, 27, 350.
Hambursin, 339, 390.
Hamich, 401.
Hammersten (von)-Loxten, 371.
Handelsblad (Het), 420.
Hanon, 371.
Harden (Max). Haine et Espoir, 209. — Le chauvinisme, 241. — Annexion de la Belgique, 325.
Hartmann (F. von) 267, 294.
Hasselt. Pères et mères de miliciens condamnés à leur place, 173. —

INDEX ALPHABÉTIQUE 461

Marché de poulains, 185. — Expériences sur les gaz asphyxiants, 329.
Hassgesang gegen England, 362.
Hatzfeld (von)-Trachenberg, 379, 381, 382.
Haunstein, 309.
Haupt, 304.
Hauptmann (Gerhard), 251, 358.
Havas (Agence). Défense de Liége, 59, 60 — Condamnation de Roulers, 135. — Propagande contre l'agence, 305. — Télégrammes supprimés dans *N. R. C*, 321, 322
Havre (Le). Discours de Mgr Mercier, 294.
Hedin (Sven), auteur de *Ein Volk in Waffen*. Enquête pour la réclame. 81, 192 — Le bombardement de Louvain, 81, 269. 270. — Accusation contre l'Angleterre, 362.
Hegel, 211.
Heine, 211.
Helfferich. Destruction de Louvain, 267. — Destruction de Battice. 202.
Helmolt. Die geheime Vorgeschichte, 30. — Der Weltkrieg, 30.
Hemptinne, 328.
Hem, 225.
Hennuyères. Activité des patrouilles belges. 222, 240
Henz, 338
Herbestal. Trains de pillage, 156.
Herck-la-Ville, 416.
Herent. Curé fusillé, 106. — Bons communaux, 196. — Incendie du village, 432.
Herstal, 119
Hertwig, 206.
Herve. Heures de circulation, 19. — Meurtres, 66. — Incendie. 88, 95, 440. — Plateau de Herve, 326. — Destruction des archives, 420. — Habitants pendus dans la région, 437.
Hesbaye. Résistance des Belges, 64.
Heure allemande, 18, 19, 108, 161, 226, 342, 344. 388, 406, **427**.
Heures de circulation, 18, 19, 166, 180, 194, 343, 344, 407.
Heylen (Mgr), 293
Heymann, auteur de *Sturmnacht in Loewen*, 278 — Auteur de *Völkerrecht und Kriegsgreuel*, 292.
Heymel, auteur de *La journée de Charleroi*, **229**. — Francs-tireurs, 77. — Animosité contre les Belges, 112, 285. — Pendaison d'un curé, 437, fig. 22 — Boucliers vivants, 141, **229**, 230, 445.
Hiel, 354.
Hindenburg (von). Opinion sur la cruauté de la guerre, 87, **210**. — Represailles en Russie, 247.
Hinrichs, 311.

Hirschberg (von). Interdiction des couleurs belges, 330. — Interdiction de la correspondance par intermédiaire, 448.
Histoire de la Guerre de 1914. Suppression du « Chiffon de papier », 29.
Hoboken, 321, 322.
Hochedin (L). Affiches, 12.
Höcker (P.·O.), auteur de *An der Spitze meiner Kompagnie*, 83, 84.
Hoffmann, 125.
Hofstade. Église brûlée, 76. — Bombardement de Malines, 273. — Habitants brûlés vifs, 436.
Hollande. Gratitude de la Belgique, 1, 2, 193, 198 — Traversée de la frontière, 13, 14. — Réfugiés belges, 2, 192. — Correspondance par intermédiaire de la Hollande, 4, 48.
Hollando Belge (L'), 379.
Hoover (H.), 129, 204.
Houzieaux, 436.
Houtem-sous-Vilvorde. — Église brûlée, 76. — Habitants fusillés, 218. — Musique militaire pendant l'incendie de l'église, 430.
Huene (von) Interdiction de la photographie, 17.
Hufnagel, 208.
Huile bouillante, jetée sur les Allemands, 111, 119, **120**.
Humanité (L'.), 364.
Humbeek. Église brûlée, 76.
Huns. Allemands se comparant aux Huns, 424, 425.
Hurieaux, 442
Huy. Balles allemandes dans les soldats tués, 79. — Marché de poulains, 184, 185. — Protection des monuments, 272.
Hyènes du champ de bataille, 115, 118.
Hymans, 353.

I

Illustrierter Kriegs-Kurier, autorisé en Belgique, 10. — *Extraits* : Poste militaire sur N. D. d'Anvers, 151. — Marins anglais en France, 265. — Bombardement de Louvain, 270. — Entrée des marins allemands à Anvers. 275, 276. — Générosité allemande, 276. — Musique allemande à Zeebrugge, 277.
Imhoff, 357.
Impde, 100.
Impositions illégales, 160 à 164.
Incendiaire (Matériel), 94.
Indépendance (L') Belge introduite en fraude, 12. — Imprimée à Londres, 13. — Réponse à l'Allemagne, au sujet du rapport Ducarne, 38, 49.

Indicateur officiel des chemins de fer, 20.
Inspection scolaire, 345, **346**.
Inepties affichées à Bruxelles, 212 à 224.
Information (L'). Son attitude, 317, 318. — Le mouvement des trains, 368.
Infusoires, 206
Innocence des prisonniers civils, reconnue par les Allemands, 104.
Innocents condamnés avec les coupables ou à leur place, 74, **88**, **165**, 172, **173**, **174**, 237, **240**, 249, **327**.
Inscriptions protectrices, 89 à 94, 308, *fig.* 23 et 24.
Instituteurs allemands. Leur manifeste, 252.
Instituteurs, francs-tireurs, 112, **113**.
Instruments de musique, réquisitionnés, 185.
Interprète (L') militaire, 423.
Invraisemblance des attaques des civils, 88.
Italie. Gratitude de la Belgique, 2, 198. — Déclaration de guerre à l'Autriche, 349.
Ivrognerie chez les Allemands, 57, 77, 78, 84, 158.
Izel, 227.

J

J'accuse. Les causes de la guerre, 49, 262. — Échec de l'attaque brusquée, 63.
Jäckh, 32, 310.
Jähns, 218.
Jagow (von). Ultimatum, 28 — Justification de l'entrée des Allemands en Belgique, 32.
Jambes, 364.
Jamoigne, 227.
Japon, 261.
Jardins (Aux) de Valence. Magasin espagnol incendié à Liège, 80.
Jemelle, 393.
Jenneval, 336.
Jésuites tués à Liège, 278.
Joffre, 213, **215**, 332.
Jouets d'enfant, réquisitionnés, 186, *fig.* 17.
Journal de Gand, 167.
Journal de la Guerre. Son orgueil, 208
 — Un hardi exploit de cavalier, 241. — Destruction de Louvain, 269. — Son importance pour la propagande, 302. — La destruction de Battice, 302.
Journal des officiers allemands, 431.
Journaux autorisés, 6, 8, 9, 10, 11.
Journaux clandestins, 7, **15**.
Journaux fraudés, 6, 8, **12**, **13**, 245, 391.

Jüchem (A. von), voir *Belgische Kriegsgreuel*.
Juliers, 114.
Juments, réquisitionnées, 183.
Jumet. Pillage, 159. — Boucliers vivants, 445.
Jung, 85.
Jungbluth. Falsification de son rapport, 42.
Jungbusch, 83.

K

Kaiser (voir Guillaume II).
Keppel, 55.
Kiewit. Expériences sur les gaz asphyxiants, 239
Klemm, 437.
Kleyer. Circulation à Liège, 19. — Anniversaire du 6 août, 345.
Kluck (von), 221.
Koch, 206, 207.
Kölnische Volkszeitung, autorisé en Belgique, 5, 9. — Dirigé par M. J. Bachem, 76. — *Extraits* : Persécutions contre les Allemands, 33. — Yeux crevés, 120. — Article favorable aux Belges, et suspension, 132, 133, **244**. — Les atrocités belges, 244. — Messe pour les prêtres belges exécutés, 300. — Appréciation des journaux belges, 317. — Avances aux Flamands, 354. — Suppression du roulage à Malines, 374. — Attitude des Belges envers les Allemands, 382. — Le portrait de M. Max, 384.
Kölnische Zeitung, autorisé en Belgique, 5, 9 — *Extraits* : Rapport Greindl, 37. — Rapport Ducarne, 38, 39, 40, 41, 42. — Conférence de M. Spittler, 44 — Article sur Flamands et Wallons, 53 — Blessés allemands maltraités, 120. — Allemands menacés à Bruxelles, 128 ; et à Anvers, 129. — Cathédrale de Reims, 146. — Cathédrale de Malines, 151. — Punition d'un otage, 172. — Répartition des chevaux reproducteurs volés en Belgique, 185. — Réquisitions en Belgique, 201. — Haine et Espoir, par M. Harden, 209. — La campagne des atrocités de M. W. Bloem, 87, **232**. — Assassinat d'un otage, 237. — Déclaration de M. Max, 289. — Controverse Dernburg-Elliot, 312. — Article supprimé dans *N.R.C.*, 322. — Canal du Rhin à l'Escaut, 325. — Avances aux Flamands, 354. — Changements de dispositions en Belgique, 361. — L'exploitation allemande de la Belgique, 366 — Les mauvais patriotes belges, 366. — Le talent d'organisation des Allemands, 376. — Attitude des Belges envers les Allemands, 363.

Költzsch, 258.
Kœnigsberg, 179.
Koester. Der Tod in Flandern, 310. — Propagande en Belgique, 323. — Refuse l'enquête impartiale, 244.
Koester et No-ke, auteurs de *Kriegsfahrten durch Belgien und Nordfrankreich*, 1914. — Usines Cockerile, 55. — Francs-tireurs, 70. — A Lebbeke, 72. — Contestent les massacres allemands, 133, 412. — Trains de pillage, 156. — Utilisation du Palais de Justice à Liège, 189. — Incendie de Termonde, 272.
Kohlenbergwerk (Das) von Bysor, 309.
Kohn, 437, 439, 440.
Kolewe (von). Crédulité des Liégeois, 217. — Démenti de M. Max, 288, *fig.* 2. — L'allemand obligatoire, 335.
Koningsloo, 445.
Korrespondenz Bureau, 251.
Kraemer, 334.
Kraewel (von).Règlement sur la bicyclette, 24. — Anniversaire du 4 août, 343, 345.
Kreuz und Schwert, 310.
Kreuzzeitung, 266.
Kriegausbruch 1914 (Der), 30.
Kriegs-Auschuss der deutschen Industrie, 182, 308.
Kriegsberichte aus den grossen Hauptquartier, 310.
Kriegsbilder, autorisé en Belgique, 10.
Kriegs-Depeschen der Kölnische Zeitung. Prise de Liége. 58 à 62.
Kriegs-Echo, autorisé en Belgique, 9. — Es ist nicht wahr, 254.
Kriegs-Erinnerungs-Karte, 338.
Kriegsfahrten eines Johanniters, voir Zobeltitz.
Kriegsfahrten 1914, voir Koester et Noske.
Kriegs-Operationskarte als Feldpost-Brief, 377.
Kriegstaschenbücher. 80.
Krieg (der) und die deutsche kunst, voir Nissen.
Krieg und Kultur, 310.
Krieg und Liebe, 309.
Krieg und Sieg 1914. 309.
Kunst und Künstler. Gravure de Callot, 73. — Gravure représentant un curé pendu. 75, 437, *fig.* 22. — Article de M. Heymel, 229. — Article de M. Schaeffer, 420.

L

Laatste (Het) Nieuws (de Bruxelles), refuse la censure, 6.
Lacroix, 371.
Laeken, Palais Royal, 85, 101.
Lahaye, conseiller communal à Andenne, 408.
La Hay (Convention de). Les violations par l'Allemagne, 66 à 204.
Lahusen, 257.
Lampe aux vapeurs de mercure, 207.
Lamprecht. Krieg und Kultur, 310 — Propagande, 322, 323. — Traductions mensongères, 354.
Landrieux, 149.
Langens Kriegsbücher, 310.
Latins (Livres) déchirés par les Allemands, 430.
Launoy, 225.
Lebbeke. Passage d'une patrouille, 71. — Représailles, 72. — Prisonniers civils, 104, 446. — Boucliers vivants, 141, 446. — Tortures infligées aux familles, 446.
Lectures pour tous, 265.
Ledeberg, 168.
Ledebour, 247.
Leffe, 444.
Ledoyen, 402, 406, 408.
Législation sociale en Belgique, 367.
Leipzig, 228, 305, 322.
Leipziger Neueste Nachrichten. Massacres d'Allemands, 126. — Numéro de propagande, 305.
Leipziger Tageblatt. Allemands massacrés, 129.
Lelarge, 315.
Leman (Gen.) Portrait prohibé, 9. — Chute du fort de Loncin, 50. — Empoisonné par des obus asphyxiants, 238. — Son appréciation par Aristide, 359.
Leman (Mlle), 121, 293.
Lemberg. Son évacuation, 213.
Lemonnier, 344.
Lempreur, 441.
Lenders, 335.
Lescarts, 142.
Lessel (von). 172
Lessines. Interdiction des couleurs belges, 329.
Lettre pastorale de Mgr Mercier, 294, 297, 298, 300.
Lettres. Leur transport, 17, 18, 195, 391, 396.
Lettres envoyées en Belgique par des Allemands, 322.
Leutenberg, 114.
Libre (La) Belgique. Journal clandestin, 16, *fig.* 1. — Nouveau couplet de la Brabançonne, 337.
Liebknecht. Au Reichstag, 247. — Propagande, 323.
Liège. Photographies prohibées, 9. — Réimpression des affiches, 12. — Heures de circulation, 18 — Confusion volontaire entre les forts et la ville, 50, 62, 63, 70, 71, 223. — Men-

songes allemands au sujet de la prise des forts et de la ville 58 à 63, 305. — Croix de la Légion d'honneur, 60, 61. — Attaque des forts, 69. — Francs-tireurs, 72, 80. — Les prisonniers allemands craignent d'être fusillés, 84. — Retour des prisonniers civils, 103. — Atrocités belges, 113, 116, 308 ; leur fausseté, 119, 120. — 150 Allemands massacrés, 129. — Belges forcés de creuser des tranchées, 136. — Punition pour altération d'affiches, 166. — Otages, 171. — Valeur du mark, 175. — Contribution de 20 millions, 177. — Amendes aux retardataires, 180. — Marché de poulains, 185. — Palais de Justice, 189. — Voyage vers Bruxelles, 195. — Insignes américains arrachés, 204. — Crédulité des habitants, 217. — Obus asphyxiants, 238 — Cruautés contre un couvent de jésuites, 278. — Dirigeables allemands, 278, 282, 305, 312, 340. — Déclaration de M. Max, 289. — L'allemand obligatoire, 334, 335. — Anniversaire du 6 août, 345. — Un Flamand de Liége, 356. — Attitude des Liégeois envers les Allemands, — 383. — Agents provocateurs, 392, 393. — Université peu estimée, 419.
Lierre. Pillage des archives, 420. — Chômeurs employés à Malines, 375.
Ligue de savants et d'artistes allemands pour la défense de la civilisation, 307.
Lille. Trains, 21. — Ville ouverte, 213.
Linsmeau. Massacres, 78.
Lissauer, 362.
Littoral belge, Bombardement, 143, 144.
Livre blanc allemand. Est volontairement incomplet, 52.
Livre blanc allemand sur les atrocités belges, 119.
Livre bleu anglais. Articles du *Berliner Tageblatt*, 132 — Sévices contre l'Ambassadeur anglais, 134. — Promesse de conserver l'autonomie de la Belgique, 324.
Livre gris belge, premier. Déclarations allemandes, 27 — L'ultimatum, 27. — Discours du Chancelier, 30, 31. — Réponse à l'ultimatum, 50. — 2e proposition, 50. — Réponse à la 2e proposition, 50. — Déclaration de guerre de l'Allemagne, 51. — Déclaration de guerre de l'Autriche, 112.
Livre gris belge, second. Réponses aux falsificateurs du Rapport Ducarne, 49. — Proclamation à la population civile, 97. — Déclaration d'après laquelle la Belgique ne combat qu'avec des troupes régulières, 97. — Prisonniers civils, 109. — Yeux crevés, 120.

— Saisies illégales de fonds, 188. — Payement des réquisitions, 349.
Lod:linsart. Boucliers vivants, 445.
Logement. A Gand, 20.
Lonmeier, 409.
Loir, 371
Lois de la guerre d'après le grand Etat-major allemand. Cruauté de la guerre, 86, 423. — Utilisation militaire des habitants, 138 — Sévérités contre les guides, 154. — Interdiction du pillage, 160 — Respect des lois en vigueur, 164. — Otages, 170.
Lois du pays occupé Leur violation, 160 à 164.
Lombartzyde Bombardement, 143. — Atteint par les Allemands, 203.
Loncin. Chute du fort, 50. — Canon de 42, 264.
Londerzeel. Prisonniers civils, 104 — Coffre-fort incendié, 431.
Loudres, objectif allemand, 203.
Longwy. Rapport Greindle, 36 — forteresse, 213.
Looch, 310, 325
Loterie appliquée aux fusillés, 444.
Loudon, 80.
Louvain. Affiche sur les faux bruits, 7. — Photographies prohibées, 9. — Vente de N. R C. 11. — Affiches allemandes, 12. — Destruction, 45, 71, 88, 145, 165, 249, 432. — Francs-tireurs, 71, 72, 84, 304, 314, 357. — Les massacres, 73, 171, 366. — Mise en scène, 74. — Allemands se tuant entre eux, 75, 77. — Prêtres torturés, 75. — Prétendue cruauté des prêtres, 77. — Soldats ivres, 78, 85. — Invraisemblance de l'agression des civils, 88. — Inscriptions protectrices, 88, 94. — Prisonniers civils, 104, 105, 106, 108. — Prisonniers de guerre, 135. — Pillage, 156, 159. — Affiche sur l'agression d'un civil à Mons, 169, 287. — Otages, 171 — L'incendie est un accident malheureux, 194. — Bons communaux, 196. — Absence d'enquêtes, 210. — Cartes postales illustrées, 227. — Mensonges allemands sur la destruction des monuments, 266 à 272. — Le vent à Louvain pendant l'incendie, 269. — Falsification d'un plan de Louvain, 269. — Le bombardement, 270. — Reconstruction, 274, 275 — Cartes postales falsifiées, 293. — Reprises des cours à l'Université, 294. — Essais de justification de l'incendie, 304, 305. — Le bombardement, 270, 305. — Feuillets de propagande, 307. — Changements d'attitude des Allemands, 311 — Attitude des Belges envers les Allemands, 384 — L'incendie a servi à terroriser les Bruxellois, 412 — Université importante, 419. — Incendie de la bibliothèque, 420. — Mu-

sique pendant l'incendie. 430. — Dépeçage d'un cadavre de femme, 435. — Habitant pendu, 437.
Lovenjoul, 240
Lügenlitzug (Der) unserer Feinde. Prise de Liége, 58 à 63
Lusitania, 228, 323.
Lustige Blaetter. Nom donné aux affiches allemandes, 12 — Propagande, 310
Lüttich. Brochure de propagande, 309. *Extraits* : Ultimatum, 28 — Prise de Liége, 58 à 62. — Atrocités belges, 115. — Allemands massacrés, 129. — Excitations contre le Roi, 351. — Avances aux Flamands, 354.
Lutre Sévices contre le personnel des chemins de fer, 369 à 372.
Lüttwitz (von). Affiche sur les condamnations, 7 — Affiches sur la circulation, 22. — Affiche sur le retrait des drapeaux, 327, 328
Luxembourg (Grand-Duché de). Violation de la neutralité, 31. — Rapport Greindl. 35. — Prétendue satisfaction des Luxembourgeois, 64, 65.
Luxembourg (Province de). Massacres, 66, 73. 74.
Lys, 225.

M

Maasbode (de), autorisé en Belgique, 11.
Machines, réquisitionnées, 181.
Made in Germany, 157.
Maeterlinck, 251, 362, 414.
Magdebourg, 106.
Magnette (Charles), 242, 243, 244
Maldoren. Amusements orduriers des Allemands, 429
Malines. Heures de circulation, 19. — Francs-tireurs, 71,72. — Mise en liberté de prisonniers civils, 105. — Bombardement, 150, 273, 307, 413. — Observatoire militaire, 151. 152, 227. — Pillage. 156. — Route de Bruxelles, 179. — Cartes postales illustrées, 227, *fig.* 12.—Incendie, 273, 312, *fig.* 12. — Lettre de M. von Bissing au clergé, 295. — Réponse de Mgr Mercier, 296. — Réponse de Mgr Mercier aux mensonges de M. von Bissing, 297, 298, 229. — Réparation de la cathédrale par les Allemands. 307, 413. — Nouvelle de M. Sabbe, 355. — Suppression du roulage, 372 à 375, 413. — Attitude des Malinois envers les Allemands, 383, 413. — Pillage par la populace de Bruxelles et d'Anvers, 413. — Inscriptions protectrices, 413, 414.
Malsch, 305.
Malzahn (von), 171.
Manche (La) Objectif allemand, 263.

Managa. Marché de poulains, 185. — Déclaration allemande de sincérité. 371.
Manifestes. Du Chancelier, 249. — Aux Américains, 250. — Des instituteurs, 252. — Des 93 intellectuels, 253 — Des 3.125 professeurs, 254. — De M von Beseler, 350.
Manteuffel (von), 90.
Marins anglais en France, 265.
Marins allemands à Anvers, 275.
Mark. Sa valeur, 175, 176, *fig.* 30.
Marne, 221, 222, 288, 290.
Marseillaise, 337, 384.
Matières premières, réquisitionnées, 181.
Matin (Le), d'Anvers. Introduit en fraude, 12. — Médaille militaire renvoyée aux parents pour les torturer, 447.
Matin (Le), de Paris. Timbres-poste volés, 158.
Maubeuge. 264, 310, 410.
Maupas, 206.
Max (Ad.). Emprisonné en Allemagne, 1. — Circulaires relatives aux journaux, 3. — Portrait prohibé, 9, 332, 334, *fig.* 5. — Brochure sur son administration. 9 — Discussion avec l'autorité allemande. 177, 178. — Démenti à une affiche allemande, 287, *fig.* 2, 320. — Retrait des drapeaux, 328.
Meaux, 221.
Médaille militaire renvoyée aux parents, 447.
Meier, 355.
Mémoires de guerre, voir Chamberlain
Mendel, 183.
Menin, 225.
Mensonges allemands, 218 à 224, 263 à 300
Mepris des autres, 212 à 224.
Merchtem. 100.
Mercier (Mgr). Prêtres tués. 75. — Proposition d'enquête impartiale, 244 — Mensonges vis-à-vis de lui, 293 à 300. — Article supprimé dans *N. R. C.*. 322. — Suppression du roulage à Malines, 374. — Condamnation du curé de Forrières.
Mères de miliciens condamnées à leur place, 173.
Mères condamnées pour n'avoir pas dénoncé leur fils, 320.
Mersch, 67, 440.
Messager (Le) de Bruxelles, 317.
Métropole (La). Introduit en fraude, 12. — Imprimé à Londres, 13.
Metz, 404.
Meubles des ministères, volés, 158, 189.
Meurer, 291.
Meurice, 284.
Meuse. Pillage des villes, 238.

30

INDEX ALPHABÉTIQUE

Meysse, 100.
1914 Illustré. Publication permise, 9. Mensonge exigé par la censure, 279.
Middelkerke. Habitants retenus de force, 143, 144.
Miliciens belges, retenus en Belgique, 173. — Passant à l'étranger, 392. — Déportés en Allemagne, 398, 399.
Militarisme allemand, 209.
Ministères, dépouillés de leurs meubles, 158.
Ministre d'Allemagne à Bruxelles. Déclarations mensongères, 27, 28, 29, 351.
Ministre des États-Unis à Bruxelles, voir Whitlock.
Ministre des Affaires étrangères des Pays-Bas, 50.
Misson, 394.
Mitteleuropäische (Der) Wirtschaftsblock und der Schicksal Belgiëns, 310.
Molenbeek près Bruxelles, 101.
Moltke, 211.
Monceau-sur-Sambre. Incendie, 424. — Musique pendant l'incendie, 430.
Moniteur belge. Impression des publications allemandes falsifiées, 42.
Monrique, 402 à 408.
Mons. Affiches allemandes, 12 — Heures de circulation, 19, 20. — Boucliers vivants, 142, 445. — Argenterie emballée dans un cercueil, 157. — Amende pour vol de bifteck, 167. — Amende pour agression de « francs-tireurs », 169, 287. — Otages, 171. — Valeur du mark, 176. — Obligation de mettre un seau d'eau devant la porte, 180. — Marché de poulains, 185. — Condamnation des prisonniers de Nivelles 377.
Montmedy, 213.
Montmirail, 221.
Mont Saint-Amand, 319, 320.
Mont Saint-Guibert. Abus de signature, 400, 401.
Monuments. Destruction, 145 à 153, 190. — Utilisation abusive, 189. —
Moresnet, 83.
Müller, 215.
Münster, 166, 173.
Musées belges, 419.
Musique allemande en Belgique, 276, 277.
Musson. Prisonniers civils, 106 — Cartes postales illustrées, 227.

N

Namur. Trains, 21. — Prise des forts, 71. — Francs-tireurs, 72, 314, 357. — Églises pillées dans la province, 157. Valeur du mark, 175 — Contribution de 32 millions, 177. — Hôpital militaire, 297. — Bombardé de Jambes, 264. — Cartes postales falsifiées, 293. — Interdiction des couleurs nationales, 329, **330**. — Anniversaire du Roi, 333. — L'allemand obligatoire, 334. — La Brabançonne, 336, **337**. — Condamnations de parents qui n'ont pas dénoncé leur fils, 389, 390, et d'une femme qui n'a pas dénoncé son mari, 390. — Extorsions de signatures, 326 à 400. — Interdiction de la correspondance par intermédiaire, 448.
Narcotiques dans la poste de Liége, 112, **118**, 120.
Naumann, 32.
Neder-Over-Heembeek. Belges forcés de creuser des tranchées, 136.
Neue Freie Presse. 3e proposition de paix à la Belgique, 51 — Déclarations de v. Hindenburg, 210. — Le roi Albert voulut faire la paix, 350. — Déclaration de M. von der Goltz, 364.
Neutralité belge. Sa violation, 25 à 65.
Nevian, 78.
New-York Tribune, 151.
Nicolas II. Portrait prohibé, 9.
Niederrheinische Volkszeitung, 146.
Nietzsche. La force crée le droit, 209. — Opinion sur la guerre, 211. — Citation de Gœthe, 252.
Nieuport, 144. — Destruction, 153. — Combats, 220, 223. — Inondations, 224.
Niessen-Deiter, 250.
Nieuwe Courant (De), autorisé en Belgique, 11.
Nieuwe Rotterdamsche Courant, autorisé en Belgique, 5, **10**, **11**. — Sa prohibition, 320. — *Extraits* : Saisie des arcs et des flèches, 24 — Préméditation du passage des troupes allemandes en Belgique, 35 — Rapport Ducarne, 39, 40, 41. — Espionnage allemand, 55. — Soldat tirant un coup de feu, en Flandre, 80. — Préméditation de la guerre des francs-tireurs, 97. — Les prisonniers allemands à Bruges, 55, et à Anvers, 121, — Les yeux crevés, 120, 292. — Rapport sur les troubles d'Anvers, 130. — Troubles en Belgique, 131. — Belges retenus sur le littoral, 144. — Bombardement de la cathédrale de Reims, 146 à 148. — Observatoire militaire à Malines, 151. — Poste d'observation sur N.-D. d'Anvers, 151. — Punition à Liége, 166. — Amendes pour bris de fils télégraphiques, 168. — Punition de mères de miliciens, 173. Contribution de Bruxelles, 177. — Amende à Bruxelles, 179. — Réquisition de machines-outils, 182 — Bons de réquisition sans valeur, 185.

186, 187. — Réquisitions exagérées, 186 — Réquisitions de vins, 186. — Pas d'enquête avant la fusillade, 210. — Opinion de v. Bernhardi, 211. — La veuve du soldat, 212. — La censure sur les journaux, en Allemagne, 245. — La Revue de Droit des Gens, 246. — Assassinat du R. P. Dupierreux, 253. — Insolence des jeunes intellectuels allemands, 256 — Destruction de Louvain, 266, 267. — Reconstruction des villes belges détruites, 274. — — Déclaration de M. Max, 289. — Mensonges des officiers allemands à leurs soldats, 289, 290. — Les Allemands à Paris, 290. — Réponse de Mgr Heylen à un rapport allemand, 293. — Tortures subies par les prêtres de Bueken, 293. — Activité trop grande de la propagande allemande, 312. — De Vlaamsche Post, 318. — Articles rendus illisibles : Activité des aviateurs alliés, 321, 322. L'abondance de blessés allemands. 321. Mgr Mercier, 322. Les gaz asphyxiants, 322 — La propagande des socialistes, 323. — Le questionnaire aux savants. 323. — Chemin de fer stratégique Tongres-Aubel, 326. — Refus de passeports pour la Hollande, 347. — Avances aux Flamands, 353. — Interview de M von Bissing, 109, 218, 367.
Nijs, 318.
Nimy, 445.
Nisch, 214.
Nissen (Momme), auteur de *Der Krieg und die deutsche Kunst*, 208.
Nissen (Walter). Attitude des Belges envers les Allemands. 385.
Nivelles. Emprisonnement et condamnation de notables, 369, 371, 377.
Noeggerath, 307.
Nordceutsche Allgemeine Zeitung. Documents trouvés dans les ministères belges, 34. — Rapport Greindl, 37. — Rapport Ducarne, 38, 39, 40, 41. — Interview de M. von Bissing, 109, 367. — Destruction de Louvain, 367. — Parasitisme allemand en Belgique, 365.
Norden, norz, 317.
Noske, voir Koester et Noske. — Propagande, 323 — Refuse l'enquête impartiale, 244
Nothomb, auteur de *La Belgique martyre*, 431.
Nouvelles (Les), paraissant à Maestricht, 13.
Nouvelles (Les), paraissant à Spa. — Remerciments à la Croix Rouge, 125. — Déclaration de M. Max, 289.
Nouvelle-Zélande. Gratitude de la Belgique, 199
Noyers, réquisitionnés, 182.

O

Œuvres d'arts en Belgique, 419, 420.
Officiers allemands, mentant à leurs soldats, 289. — Proposant de ne pas tuer sur le coup les francs-tireurs, mais de les laisser agoniser, 432.
Oisquercq. Belges forcés de travailler pour l'armée allemande, 140.
Oliver, 80.
Onze Eeuw, 355.
Oost-Dunkerque, 277.
Oppersdorff (von), 32.
Or. Saisie des pièces d'or, 176.
Orduriers (Amusements), 76, 253, 428, 429.
Organisation allemande, 376 à 382.
Orgueil allemand, 205 à 262.
Osservatore Romano, 300.
Osswald, 354.
Ostende. Belges retenus de force, et bombardement, 143, 144.
Ostwald, 322.
Otages, 169 à 172. — Leur punition, 18, 70, 171, 172, **237**, 240, 424. — Inefficacité de leur prise à Seraing, 169 et à Eppeghem, 170. — Responsabilité mutuelle, 172. — Leur suppression, 314. — A Andenne, **402**, 403. — Œuvres d'art, 420.
Ottignies. Massacres et incendie, 424, **425**.
Ouest (Gare de l'), 101.
Ourthe, 69.
Overhespen, 285.

P

Pain. Transport de lettres, 24. — Réglementation. 198.
Palais des Académies, 190.
Palais de Justice de Bruxelles. Vin de l'ambulance bu par les officiers allemands, 85. — Blessés dans l'ambulance, 124, 290. — Poste d'observation, 152. — Utilisation abusive, 189, **264**, 421. — Amusements orduriers des chirurgiens allemands, 429.
Palais de Justice de Liége, 189.
Palais Royal de Laeken. Vin bu par les officiers, 85. — Prisonniers civils, 101.
Panorama. Photographies des monuments détruits. 153. — Palais de Justice de Bruxelles, 189.
Parasitisme allemand en Belgique, 365, 421.
Parc Royal de Bruxelles, 190.
Parents condamnés pour n'avoir pas dénoncé leurs enfants, 368 390.

Parents de miliciens condamnés à leur place, 173, 389.
Paris. Les uhlans devant Paris, 264. — Les Allemands se croyant près de Paris, 63, 290. — Pourquoi ils ne sont pas entrés dans Paris, 290. — Lettres datées de Paris, 290.
Paschitsch. Son étoile pâlit, 213, **214**
Passage des Allemands par la Belgique. Sa préméditation, 25, 35.
Passeports pour l'intérieur, 22, 195, 363. — Abus de passeports, 107.
Passeports pour la Hollande, 13. — Refus de passeport, 347.
Pasteur, 206, 207.
Pasteurs allemands, 256 à 260.
Patrie (La). Publication permise, 8. — Altération des communiqués officiels, 316.
Patrie (La) belge. Parait à Paris, 13.
Patriote (Le), 25.
Patriotisme des Belges. 326 à 347, 415, 416.
Patrouilles belges. Leur activité, 240.
Pax. Enquête sur le clergé belge, 76.
Pendaisons de Belges. Menaces par affiches, 74, **171**, 388, **407**. — Exécutions, 105, 113, 437, *fig.* 22.
Pervyse. Destruction, 153.
Persoons, 435.
Pertes minimes des Allemands, 220.
Petit (Le) Bleu, 267
Peuple (Le), 450.
Pfeiffer (P.), condamné à mort, 385.
Pfeiffer (R.), 207.
Photographie. Son interdiction, 16, **17**, 187. — Cynisme, 227, 228.
Pigeons. Réglementation, 22, 24. — Abattus comme transporteurs de dépêches, 83. — Amende à Grembergen, 168.
Pillage. Dépouillement des prisonniers civils, 101. — Organisation du pillage, 155 à 160. — Son cynisme, 238.
Poincaré. Portrait prohibé, 9. — Passe en revue les marins anglais, 265.
Poison dans le bureau des postes de Liége, 118.
Politiken, 362.
Pompes à incendier, 95.
Pont à Celles, 370, 377.
Pont-Brûlé. Curé torturé, 75, 435. — Église brûlée, 76. — Inscriptions protectrices, 92. — Pont transbordeur, 377.
Ponts et chaussées, 376.
Pont transbordeur, 377.
Poperinghe, 277.
Portsmouth, 265.
Portraits de la famille royale, 332, 333, 352, 384, *fig.* 4 et 5.

Pösneck, 114.
Postes. Saisie des fonds, 188.
Poulains (Marchés de), 183, 184, 410.
Pousseur (Jules et Camille). Condamnés, 7, 8.
Poux, 103.
Préméditation des massacres, 89, 95.
Prêtres torturés, fusillés et pendus, 75, 303, 435, 436, *fig.* 22. — Prisonniers civils, 109, 213.
Prince Léopold, 332.
Prix maximum, 196.
Prisonniers allemands. A Bruges, **55**, 121. — A Anvers, 121. — Ils craignent d'être fusillés, 84.
Prisonniers civils, 98 à 110, 142, 367, 418, 446. — Photographiés par les Allemands, 227. — Torturés, 444, 445, 446.
Prisonniers de guerre. Leur traitement par les Allemands, 135. — Civils traités comme prisonniers de guerre, 174, 399. — Travaillant contre leur patrie, 227. — Propagande auprès d'eux, 303.
Prisonniers par mesure administrative, 369, **370**, 371.
Propagande allemande, son intensité, 3, 301.
Propositions de Guillaume II à la Belgique, 50, 51, 60, 357.
Prost (Louis), condamné, 7.
Prusse rhénane, 183, 184.
Przemysl, 213, 216.
Putte. Fraudeurs de journaux tués, 13.
Puttkamer (von), 430.

Q

Quelle est la cause de la dureté de la guerre ? 308.
Quotidien (Le). Vente autorisée, 5, 8. — Suspension, 8. — Appréciation allemande, 317, 318, 420. — Anniversaire du 21 juillet, 342. — Pommes de terre hâtives, 367.

R

Ramscapelle. Destruction, 153.
Rapports de la Commission d'Enquête belge. Les prisonniers civils, 99. — Boucliers vivants, 142. — Bombardement de villes ouvertes, 145. — Contrainte au travail militaire, 372. — Massacres à Andenne, 402. — Affiches allemandes, 426 — Actes de cruauté, 431. — Tortures subies par des habitants de Lebbeke, 446.
Ratibor (Prince de), 369.
Reden aus der Kriegszeit, 310.
Reichspost, 214.

INDEX ALPHABÉTIQUE 469

Reichstag. séance du 4 août 1914, 29, 204, 236, 324, 326. — Séances du 2 décembre 1914. du 20 mars et du 28 mai 1915. 246, 247. 326, 349.
Reims. Destruction de la cathédrale, 146 à 149, 266 — Combats, 221. — Mensonges au sujet de la cathédrale, 314.
Rein, 210.
Reine des Belges. Fidélité des Belges envers elle, 2. — Ses protraits prohibés, 332, 333, 384, *fig.* 4. — Excitations allemandes contre la Reine, 331, **352.**
Remplacement dans l'armée belge, 84.
Renda, 65.
Représailles contre les francs-tireurs, 66 à 110
Réquisition, 175 à 188, 193, 348. — Réquisition de pain, 200.
Retsch, 217.
Reuter (Agence). Bateaux de pêche capturés, 214. — Propagande contre l'Agence Reuter, 305. — Télégrammes supprimés dans *N. R C.*, 321, 322.
Reveil (Le), autorisé en Belgique, 10, **312.** — Sa fausseté, 10. — Bombardement de Reims, 159. — Reprise des cours à l'Université de Louvain, 294. — Articles inaugural et final, 306. — Excitations contre le Roi, 350. — La prospérité en Belgique : déclaration de M. von Bissing, 365.
Reventlow (zu), 32.
Revue de Droit des gens, 246.
Rhisnes, 398, 399.
Rhode St-Brice, 100.
Riesser, 307.
Ritter, 317, 318.
Ritzl, 261.
Rogier, 336.
Rohrbach (P.). Rédacteur de *Die Wahrheit,* 32. — Réquisitions de machines-outils, 182. — Warum es der Deutsche Krieg ist. 209. 310.
Roi des Belges. Fidélité des Belges envers lui, 2 — Portraits prohibés, 9, 332, 333, 384, *fig.* 5. — Médaille militaire, 60. — Remerciements à l'Amérique, 204. — Anniversaire. 333, **334.** — Excitation contre le Roi, 349, **350, 351,** 410.
Roi de Roumanie, 216, 217.
Roi de Serbie Apathique, 214.
Roland (Romain), 251, 358.
Rome. Mensonges allemands, 75. — Prisonniers de guerre, 135. — Protestation au sujet de Reims, 148. — Séjour de Mgr Mercier, 294. — Messe pour les prêtres belges exécutés, 300.
Ronnewinkel, 104.
Roosendaal, 185, 220, 383, 391.
Rosenberg (von), 389.
Rosette, 302.

Rossignol. Prisonniers civils fusillés, 106, 441, **442,** 446. — Cartes postales illustrées, 227.
Rotselaer. Prisonniers civils, 105.
Rotterdam, 127.
Roubaix, 225.
Roulers. Condamnation de la ville, 135.
Roumanie, 216, 217.
Rousseau, 371.
Rozier, 79
Ruprecht (Prince) de Bavière, 362.
Rüstringen, 245.
Ruthènes, 242.
Ruysbroeck. Belges contraints de travailler pour les Allemands, 140.
Ruyssen. Réponse au manifeste des 93, 254.

S

Saarburg, 404.
Sabbe, 354, 355, 356.
Saint-Gérard, 78.
Saint-Germain, 398.
Saint-Gilles lez-Termonde. Boucliers vivants, 141.
Saint-Gilles-lez-Bruxelles. Enlèvement du drapeau belge, 333.
Saint-Josse-ten-Noode, 105.
Saint-Pétersbourg, 46, 47.
Saint-Pierre, 319.
Saint-Trond. Valeur du mark, 175. — Réquisitions abusives, 187.
Saint-Vaast, 286.
Salingros, 390.
Salle des Milices, à Bruxelles, 213.
Salu, 435.
Salzwedel, 106.
Sandt (von). Comité National, 200.
Sarrebourg, 404.
Scandinaves (Pays). Gratitude de la Belgique, 2, 198.
Schaar und Dathe, 227.
Schacht, 32.
Schadenfreude, 431.
Schaeffer, 420.
Schaerbeek. Retour des prisonniers civils, 103, 108
Schaffen. Supplice du forgeron, 435, 436.
Scharfenort (von), 423.
Scheidemann, 245.
Schellebelle, 168.
Scheunemann, 402 à 405.
Schijn, 167.
Schlobach, 190.
Schloss Arbaville, 309.
Schmidt, à Menin, 225.
Schmidt, à Dinant, 242.
Schranck, 226, 227.
Schroedter, 182, 308.
Schuette, 376.
Schultze, 405, 406.
Schurmann. *Die Vorgeschichte,* 29, 30.

Schwerin, 261.
Schwester (die) des Franktireurs, 309.
Sedan. L'anniversaire fêté en 1914 à Paris, 64.
Seilles, 402, 404.
Seippel. Réponse au manifeste des 93.
Semlin, 212.
Sempst. Église brûlée, 76. — Suppression du trafic à Malines, 374. — Amusements orduriers des Allemands, 429.
Senne, à Soignies. 55.
Senne. Camp de prisonniers, 106, 371.
Sépultures de soldats, violées, 107, 167.
Serbie, déclare la guerre à l'Allemagne, 261.
Serbes, chassés de chez eux par la famine, 212.
Seraing. Otages, 169.
Service allemand d'outre-mer, 306, 311.
Sibre, 79.
Signatures. Leur extorsion, 396 à 401.
Silberstein, 261.
Simon, 335.
Simons, 407.
Simplicissimus. Réponse au manifeste des 93, 254.
Simulation d'attaques de francstireurs, 74.
Social-demokraten, 323.
Socialistes allemands. Au Reichstag, 247. — Leurs visites à Bruxelles, 256, 364.
Société zoologique de France, 253.
Soden (von), 345.
Sofia. Découragement des Serbes, 214. — Déclarations de M. von der Goltz, 218, **364**.
Soignies. Plan préparé par un espion allemand, 55, *fig.* 25. — Belges forcés de creuser des tranchées, 136. — Réquisition de chevaux, 184. — Prétendue agression d'un civil, 287.
Soir (Le). Sommes-nous prêts ? 25. — Hommage de M. Brand Whitlock, 134. — Proposition aux femmes belges de faire la correspondance des blessés, 449.
Soissons. — Bombardement, 148.
Soldats belges torturés, 442.
Solesmes, 221.
Soltau, 104.
Sombroek (V.), 293.
Sophocle, 389.
Sorinnes. Habitants brûlés vifs, 436. — Tortures morales, 444.
Soudan, 409.
Sous-marins. Arrêtant le *Lusitania*, 228. — Ateliers détruits par les aviateurs, 321, 322.
Spa. Affiche relative aux journaux, 6. — Heures de circulation, 18. — Remerciements à la Croix-Rouge, 125. — Belges forcés de creuser des tranchées, 137. — Otages, 171.
Speyer. Condamnation pour transport de lettres, 17.
Spitteler, K. Conférence pro-belge, **44**, 362.
Spontin, 436.
Spring, 419.
Stein (von). Prise de Liége, 62, 63, 305.
Stem (De) uit België. Parait à Londres, 13.
Stendal, 176.
Stöcky, 306.
Strachwitz (von), 342.
Strampel (von), 409.
Strantz (V. von), voir Eroberung (die) Belgiëns.
Strantz (K. von). Excitations entre Flamands et Wallons, 352.
Strasbourg, 245.
Strombeek-Bever, 101.
Strübbe, 20.
Stübben, 153.
Stuertz, 125.
Sturmnacht in Loewen, voir Heymann.
Stuttgart, 277, 304.
Süddeutsche Monatshefte. Le problème religieux en Belgique, 76 — Article de M. von Bissing, 293, 409 à.
Süddeutsche Nachrichtenstelle für die Neutralen, 304, 305.
Suisse. Gratitude de la Belgique, 2, 199. — Déclarations de Guillaume II, 26. — Sa neutralité, 44. — Déclaration allemande au sujet de sa neutralité, 241.
Sweveghem. Belges contraints à travailler pour les Allemands, **140**, 375. — Amende pour bris de télégraphe, 108.

T

Tacite. Prétendue opinion sur les Belges, 72. — Opinion sur les Germains, 346.
Tägliche Rundschau, 257. — Supplément hebdomadaire, 311.
Tamerlan, 143.
Tamines. Les massacres, 73, 74, 191. — Amusement des officiers pendant l'enterrement des victimes, 99. — Pillages, 159.
Taviers, 398.
Tavigny. Francs-tireurs punis, **117**, 443. — Fausseté de ce récit, 119.
Taymon, 393, 394.
Taziaux, 107.

Te Deum. Interdiction, 2, **331**, 340.
Telegraaf, 362.
Télégraphe et Téléphone. Punition à la suite de leur destruction, 165, 166, 184, **240**, **388**, **424**. — Punition de Bruxelles, 166, de communes de la Flandre, 168.
Télégraphie et téléphonie. Suppression en Belgique, 194.
Temps (Le) présent. Publication permise, 9.
Terasse, 371.
Termonde. Les massacres, 73 — Églises brûlées ou profanées, 76. 191. — Inscriptions protectrices, 93. — Procédés incendiaires, 95. — Prisonniers civils, 104. — Incendie, 145, 165, **272**, 366 — Condamnation de Cortemarck, 174. — Réquisitions, 193. — Reconstruction, **274**, 275. — Destruction des archives, 420. — Cartes postales illustrées, 227.
Tervueren. — Prisonniers civils, 104, 108. — Punition en cas de destruction du télégraphe, 166.
Terrorisation des Belges, 67, 87, 191, 323.
Tête de Flandre, 264.
Thelemann, 268.
Théâtre de la Monnaie, 385, 421.
Theux. Soldat allemand entend la canonnade devant Liége, le 4 août 1914, 58.
Theysen, 441.
Thibaut, 389, 390.
Thiel (von). Affiche concernant les faux bruits, 7.
Thielt. Condamnation de Cortemarck, 174. — Condamnation du bourgmestre, 180. — Dénonciation obligatoire, 888.
Thiéry, 270.
Thildonck. Massacre de la famille Valckenaers, 432 à 435.
Thimister, 83.
Thuin. Affiches sur les cartouches, 167. — Marché de poulains, 185.
Tydspiegel (De), 152, 303.
Timbres-poste, volés par les officiers, 158.
Times (The) Pénétration en Belgique, 13, 221. — Bombardement de Reims, 148.
Tintigny. Prisonniers civils fusillés, 106, 119, 441. — Cartes postales illustrées, 227, *fig*. 14.
Tirlemont. Francs-tireurs, 71 — Boucliers vivants, 142 — Dirigeable allemand détruit, 285.
Tod Der; in Flandern, 310.
Tombe. Condamnés creusant leur tombe, 117, 443.
Tongres. Soldats ivres, 86. — Internement de parents de miliciens, 173. — Marché de poulains, 185. — Chemin de fer stratégique, 326. — Wallons condamnés plus sévèrement que les Flamands, 353.
Torgau, 214.
Tornister Humor, 310.
Tornister-Wörterbuch Sévérités contre les guides, 154, 423.
Tortures morales, 443 à 450.
Touflers, 225.
Tournai. Saisie de l'or, 176. — Boucliers vivants, 445.
Trahison de Belges, 336
Traité de Londres de 1839, 25.
Tramways Bruxellois. Espions, 391.
Tramways vicinaux, 20.
Traub, 113.
Trazegnies, 430
Treitschke, 211.
Trenker, 228
Trèves. Cartes postales, 227.
Tribunal de Bruxelles, 318.
Trimborn, 370, 377.
Trous d'hourdage, 27, 248.
Tschammer (von), 82.

U

Uhlans devant Paris, 264.
Uit mijn oorlogsdagboek, 152.
Ultimatum allemand à la Belgique, 28, 51, 52.
Universités françaises. Réponse au manifeste des 93, 253.
Universités belges, jugées par M. von Bissing fils, 418, 419.

V

Vaderland (Het), autorisé en Belgique, 11. — L'action allemande à Rome, 300.
Vagens Nyheter, 117.
Valckenaers. Supplice de la famille Valckenaers, 432 à 435, *fig*. 27.
Van Beneden, 419.
Van Best, 169.
Vandamme, 174.
Van den Heuvel, 294.
Vanderkindere, 172.
Vander Aa, 119.
Vandervelde (Emile) Visite aux prisonniers, 71, 89. — Réponse aux manifestes, 93, 123, 254.
Vandervelde (Madame Émile), 121.
Van Gehuchten, 1.
Van Hove, 431
Vatican. Protestation au Vatican au sujet de Reims, 148.
Velaines-sur-Sambre, 159.
Velleius Paterculus, 347.
Verdun, 221, 222, 277.
Vérité (La). Publication clandestine, 16
Vertryck, 240.
Verviers Pillage, 156. — Menaces de pendaison, 388.

Vêtements distribués, 197, 203.
Vexations allemandes, 427.
Vicaire général de Reims, 149.
Villalobar (Marquis de), 199, 200.
Villers-lez-Heest, 398
Vilvorde. Affiches allemandes, 12. — Églises détruites aux environs, 76. — Prisonniers civils, 108. — Belges forcés de creuser des tranchées, 136. — Otages pris à Eppeghem, 170. — Pont transbordeur détruit, 277. — La prise d'Anvers, 287.
Vin Abus de vin par les officiers, 85. — Pillage du vin, 157, 170. — Réquisition, 186, 187, 188.
XXe Siècle (Le). Imprimé au Havre, 13.
Violation (La) du droit des gens en Belgique, 294.
Violation des engagements, 323.
Visé Incendie, 84, 440 — Massacres, 241, 366. — Reconstruction, **274**, 275. Le bourgmestre, 283, 284. — Chemin de fer stratégique, 326. — Destruction des archives, 420. — Prisonniers civils, 442.
Vlaamische (De) Gazet van Brussel, Inspiré par les Allemands, 318. — Appréciation allemande, 420.
Vlaamische (De) Post, 318.
Vlamischer Sprachführer, 354.
Vlaamsche (Het) Nieuws. Inspiré par les Allemands, 318. — Appréciation allemande, 420.
Volk (Het). Belges contraints au travail pour les Allemands, 140.
Völkerrecht und Kriegsgreuel, voir Heyman.
Völkerringen (Das) 1914, 311.
Volksfreund (Der). Autorisé en Belgique, 10. — Réquisitions en Belgique, 201.
Volk (Ein) in Waffen, voir Hedin.
Vorwaerts. Yeux crevés, **120**, 292. — La veuve du soldat, 212. — Article de M. Harden, 241. — Sa suspension, 244. — Destruction de Louvain, 266. — Proposition au « Journal des officiers allemands », 431, 432.
Vossische Zeitung, autorisé en Belgique, 9. — Sa suspension, 245. — Destruction de Louvain, 266. — Un questionnaire aux savants, 323. — Excitations contre le Roi, 350. — Avances aux Flamands, 354. — Talent d'organisation des Allemands, 376
Vries (H. de), 183.

W

Wachtebeke, 168.
Waelhem, 152, 204.
Wahrheit (Die) ueber den Krieg. Discours du Chancelier, 30. — Comité de rédaction, **32**. — Déclaration de guerre de la Belgique à l'Allemagne, 52. — Prise de Liége, 58 à 62. — Les trous d'hourdage, 28. — Atrocités belges, 116, 119 ; fausseté de ces récits, **119**, 131. — Propagande allemande, 303.
Waldner, 117.
Wallons, voir Flamands.
Wallwitz (von), 26.
Waremme. Marché de poulains, 185.
Warisoulx, 398.
Warsage, 440.
Warum es der Deutsche Krieg ist, 309, 310
Wattrelos, 225.
Wavre. Escroquerie de l'or, 176. — Marché de poulains, 184.
Wavre Sainte-Catherine, 375.
Waxweiler, auteur de *La Belgique neutre et loyale*. Prétendues violations de la neutralité belge par les Français et les Anglais, 33. — Les causes de la guerre, 49. 262 — Les francs-tireurs, 78. — Article de *K. Vz*, 132. — Activité des patrouilles belges, 218. — Neutralité de la Suisse, 241. — L'interprète militaire, 423.
Weber. Massacre, 127 ; fausseté de ce récit, 130.
Weerde. Église brûlée, 76. — Amusements orduriers des Allemands, 429.
Weihnachts Betrachtungen, 310.
Weiss, 262.
Weltkrieg (Der) 1914, 309.
Weltkrieg (Der) in Dokumenten und Bildern. Prise de Liége, 58 à 62.
Weltspiegel (Der), 264.
Wendel, 323.
Wépion. Massacres, 78. — Menaces de fusillade, 444.
Werchter. Église brûlée, 76, 191. — Massacres et incendies, 191. — Absence de chevaux, 416.
Wesel, 127, 283.
Wesemael. Prisonniers civils, 105.
Westarp (von). Belges contraints à travailler pour les Allemands, 139.
Westende. Bombardement, 144.
Westphalie. Rapport Greindl, 36. — Les prisonniers civils y font la moisson, 100. — Chevaux reproducteurs volés en Belgique, 183, 184.
Whitlock (Brand). Son action bienfaisante, 2. — Il rend hommage aux Belges, 133, 134. — Président d'honneur du Comité national de Secours et d'Alimentation, 199. — Fête de l'Indépendance américaine, 204.
Wiegand, 211.
Wieland, 274.
Wilamowitz (U. von) Mœllendorf, 310.

Wilsele. Bons communaux, 196.
Wilson. Télégramme de Guillaume II, 248.
Winkel Sainte-Croix, 168.
Wochenschau (Die). Autorisé en Belgique, 9. — *Extraits* : Observatoire militaire sur les clochers de Courcelles et d'Anvers, 157. — Prisonniers forcés de travailler contre leur patrie, 227 — Les gaz asphyxiants, 239. — Canon belge capturé et installé sur La Manche, 263. — Le Palais de Justice de Bruxelles, 234.
Woche (Die). 654.
Wodon (Mme), 238.
Wolff (Agence). Prise de Liége, 58 à 62. — Récits des troubles à Bruxelles, 130. — Espions fusillés, 131. — Bombardement de la cathédrale de Reims, 146, 147, 149. — Von Bernhardi, 211. — Destruction de Louvain, 266. — La déclaration de M. Max, 289. — Bataille de Sarrebourg et Metz, 404.
Wolverthem, 100, 101.

Y

Yate, 213, **214**.
Yeux crevés aux blessés allemands, 52, **118**, **120**, 128, 240, 292, 302.
Yperlée, 223.
Ypres. Gaz suffocants, 136, **239**. — Destruction, 153. — Combats en octobre et novembre 1914, 219, **222**, **223**, 410.
Yser. Combats en octobre et novembre 1914, 219, **220**, 222, 223. — Inondations, 224. — Confusion volontaire entre l'Yser et l'Yperlée, 223. — Atteint par les Allemands, 263.

Z

Zeebrugge. Bombardement, 142, 144. — Musique militaire, 277. — Aviateurs alliés, 321. — Canal du Rhin à la mer, 325.
Zeit im Bild, autorisé en Belgique, 10. — *Extraits* : Poste d'observation sur un hôtel de ville, 152. — Bombardement de Malines, 273.
Zeppelin, voir Dirigeable allemand.
Ziehlberg (von), 92.
Zobeltitz (Fedor von), auteur de *Kriegsfahrten eines Johanniters*. Francs-tireur, 71. — Sa crédulité, 248.
Zossen, 102, 103.
Zur Belgischen Frage, 354.
Züricher Zeitung, 215.
Zweig, 310.
Zwischen Krieg und Friede, 310.

NUMÉRO 30   JUIN 1915

PRIX DU NUMÉRO — élastique, de zéro à l'infini (prière aux revendeurs de ne pas dépasser cette limite)

LA LIBRE BELGIQUE

Acceptons provisoirement les sacrifices qui nous sont imposés....
et attendons patiemment l'heure de la réparation.
Le Bourgmestre ADOLPHE MAX.

FONDÉE
LE 1ᵉʳ FÉVRIER 1915

Envers et contre ceux qui dominent par la force militaire notre pays, ayons les égards que commande l'intérêt général. Respectons les règlements qu'ils nous imposent aussi longtemps qu'ils ne portent atteinte ni à la liberté de nos consciences chrétiennes ni à notre *Dignité Patriotique.*
Mᵍʳ MERCIER.

BULLETIN DE PROPAGANDE PATRIOTIQUE — RÉGULIÈREMENT IRRÉGULIER
NE SE SOUMETTANT A AUCUNE CENSURE

ADRESSE TÉLÉGRAPHIQUE : KOMMANDANTUR - BRUXELLES	BUREAUX ET ADMINISTRATION ne pouvant être un emplacement de tout repos, ils sont installés dans une cave automobile	ANNONCES : Les affaires étant nulles sous la domination allemande, nous avons supprimé la page d'annonces et conseillons à nos clients de réserver leur argent pour des temps meilleurs.

AVIS.

On nous fait à nouveau l'honneur de s'occuper de notre modeste bulletin. Nous en sommes flattés, mais nous nous voyons forcés de répéter ce que nous avons déjà dit pour notre défense. Ce n'est certes pas nous qu'on peut accuser sans manquer à la vérité, de provoquer nos concitoyens à la révolte. Nous ne manquons pas une occasion de prêcher la patience, l'endurance, le calme et le respect des lois de la guerre. Aussi profitons-nous de cette occasion qui nous est offerte pour répéter l'avis que nous avons déjà inséré :

RESTONS CALMES!!!

Le jour viendra (lentement mais sûrement) où nos ennemis contraints de reculer devant les Alliés, devront abandonner notre capitale.

Souvenons-nous alors des avis nombreux qui ont été donnés aux civils par le Gouvernement et par notre bourgmestre

SON EXCELLENCE LE GOUVERNEUR Bᵒⁿ VON BISSING ET SON AMIE INTIME

NOTRE CHER GOUVERNEUR, ÉCŒURÉ PAR LA LECTURE DES MENSONGES DES JOURNAUX CENSURÉS, CHERCHE LA VÉRITÉ DANS LA « LIBRE BELGIQUE »

M. Max : SOYONS CALMES!!!
Faisons taire les sentiments de légitime colère qui fermentent en nos cœurs.

Soyons, comme nous l'avons été jusqu'ici, respectueux des lois de la guerre. C'est ainsi que nous continuerons à mériter l'estime et l'admiration de tous les peuples civilisés.

Ce serait une INUTILE LACHETÉ, *une lâcheté indigne des Belges que de chercher à se venger ailleurs que sur le champ de bataille. Ce serait de plus* EXPOSER DES INNOCENTS *à des représailles terribles de la part d'ennemis sans pitié et sans justice.*

Méfions-nous des agents provocateurs allemands qui, en exaltant notre patriotisme, nous pousseraient à commettre des excès.

RESTONS MAITRES DE NOUS-MÊMES ET PRÊCHONS LE CALME AUTOUR DE NOUS. C'EST LE PLUS GRAND SERVICE QUE NOUS PUISSIONS RENDRE A NOTRE CHÈRE PATRIE.

L'ORDRE SOCIAL TOUT ENTIER DÉFENDU PAR LA BELGIQUE.

Le 3 août, le Gouvernement allemand remet à la Belgique une note demandant le libre passage pour ses armées sur son territoire, moyennant quoi l'Allemagne s'engage à maintenir l'intégrité du royaume et de ses possessions. Sinon, la Belgique sera traitée en ennemie. Le roi Albert a douze heures pour répondre. Devant cet ultimatum, il n'hésite pas. Il sait que l'armée allemande est une force terrible. Il connaît l'empereur allemand. Il sait que l'orgueilleux, après une telle démarche, ne reculera plus. Son trône est en jeu, plus que son trône : les sept millions d'âmes — quelle éloquence prennent les vulgaires termes des statistiques dans certaines circonstances ! — qui lui sont confiées : il voit en esprit ce beau pays indéfendable : ces charbonnages, ces carrières, ces usines, ces filatures, ces ports, cette florissante industrie épanouie dans ces plaines ouvertes qu'il ne pourra pas préserver. Mais il s'agit d'un traité où il y a sa signature. Répondre oui à l'Allemagne, c'est trahir ses consignataires, le

PRIÈRE DE FAIRE CIRCULER CE BULLETIN

FIG. 1. — Page (réduite) d'un des journaux prohibés circulant en Belgique à des milliers d'exemplaires. (Voir p. 16).

VILLE DE BRUXELLES

Le Gouverneur Allemand de la Ville de Liége, Lieutenant-Général von Kolewe, a fait afficher hier l'avis suivant :

« *Aux habitants de la Ville de Liége.*

« Le Bourgmestre de Bruxelles a fait savoir au
« Commandant allemand que le Gouvernement
« français a déclaré au Gouvernement belge
« l'impossibilité de l'assister offensivement en
« aucune manière, vu qu'il se voit lui-même forcé
« à la défensive. »

J'oppose à cette affirmation le démenti le plus formel.

Bruxelles, le 30 août 1914.

Le Bourgmestre,
ADOLPHE MAX.

FIG. 2. — Affiche de M. Max, infligeant un démenti aux Allemands. (Voir p. 288).

AVIS

Le magasin sera fermé le Mercredi 21 juillet.

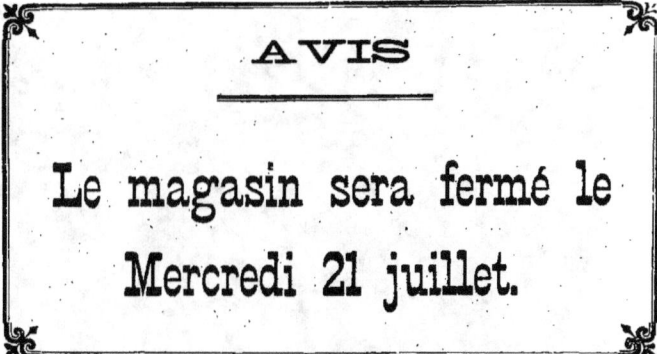

FIG. 3. — Affichette par laquelle les magasins de Bruxelles annonçaient leur participation à la Fête Nationale du 21 juillet 1915. (Voir p. 338).

Fig. 4 et 5. — Cartes postales prohibées vendues en cachette à Bruxelles.
(Voir p. 332).

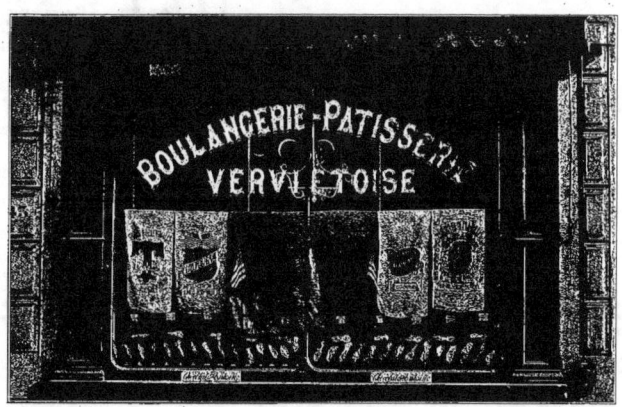

Fig. 6. — Vitrine d'une boulangerie ornée de sacs dans lesquels les Américains nous envoient de la farine. Beaucoup de ces sacs sont renvoyés aux États-Unis, après que les dames belges y ont brodé des devises et des remercîments. (Voir p. 204).

Au Peuple Belge!

C'est à mon plus grand regret que les troupes Allemandes se voient forcées de franchir la frontière de la Belgique. Elles agissent sous la contrainte d'une nécessité inévitable, la neutralité de la Belgique ayant été déjà violée par des officiers français qui sous un déguisement, sont traversé le territoire belge en automobile pour pénétrer en Allemagne.

Belges! c'est notre plus grand désir qu'il y ait encore moyen d'éviter un combat entre deux peuples qui étaient amis jusqu'à présent, jadis même alliés. Souvenez-vous du fameux jour de Waterloo où c'étaient les armes allemandes qui ont contribué à fonder et à établir l'indépendance et la prospérité de votre patrie.

Mais il nous faut le chemin libre. Des destructions de ponts, de tunnels, de voies ferrées devront être regardées comme des actions hostiles. Belges, vous avez à choisir.

J'espère donc que l'Armée allemande de la Meuse ne sera pas contrainte de vous combattre. Un chemin libre pour attaquer celui qui voulait nous attaquer, c'est tout ce que nous désirons.

Je donne des **garanties formelles** à la population belge qu'elle n'aura rien à souffrir des horreurs de la guerre; que nous **payerons en or monnayé** les vivres qu'il faudra prendre du pays; que nos soldats se montreront les meilleurs amis d'un peuple pour lequel nous éprouvons la plus haute estime, la plus grande sympathie.

C'est de votre sagesse et d'un patriotisme bien compris qu'il dépend d'éviter à votre pays les horreurs de la guerre.

Le Général Commandant en Chef l'Armée de la Meuse
von Emmich.

Fig. 7. — Proclamation affichée par l'armée allemande à son entrée en Belgique: le matin du 4 août 1914. (Voir p. 52).

L'Autorité Allemande
SIÉGEANT A CUGNON
fait savoir aux habitants ce qui suit :

Depuis quelque temps il nous a frappé que les habitants de nos environs ne sont informés de la véritable marche des armées et de l'action militaire au théâtre de guerre.

Pour prévenir des illusions il faut faire savoir aux habitants que les forts d'Anvers formant l'enceinte ont été pris par les troupes allemandes. D'après les journaux de Hollande le Roi des Belges s'est vu obligé de passer en Angleterre de même la ligne étendue des forts entre Toul et Verdun, construite pour arrêter l'invasion allemande est tombée entre les mains des Allemands et c'est déjà il y a quelques jours que les troupes allemandes ont franchie cette ligne pour se diriger vers Paris.

Par ordre et pour copie conforme.

Le Bourgmestre,
DELMUÉ.

Prière d'afficher   Florenville,imprimerie électrique Léon SAUTE

Fig. 8. — Affiche mensongère, placardée à l'insu du bourgmestre dont le nom y figure. (Voir p. 287).

Fig. 9 et 10. — Vues extérieure et intérieure d'un coffre-fort que les Allemands ne réussirent pas à fracturer. Ils firent néanmoins un trou dans la serrure et lancèrent du naphte dans le coffre-fort : ils mirent ainsi le feu aux papiers. (Voir p. 431).

Cartes éditées par la Maison Schaar und Dathe, de Trèves (Allemagne).

FIG. 11. — L'intérieur de l'église d'Éthe, incendiée par les Allemands. Ceux-ci ont décapité tous les personnages du Chemin de la Croix, qu'on voit à droite. (Voir p. 191).

FIG. 12. — La Place des Bailles de Fer, à Malines, incendiée par les Allemands, après pillage.(V. p. 273).

Cartes éditées par des maisons allemandes et vendues aux soldats allemands en Belgique

FIG. 13. — Vue d'Aerschot, incendié par l'armée allemande en août 1914.
(Voir p. 227).

FIG. 14. — Vue de Tintigny, incendié par l'armée allemande en août 1914.
(Voir p. 227).

Cartes éditées par des maisons allemandes et vendues aux soldats allemands en Belgique

FIG. 15. — Vue de Dinant, avec le portrait du général Beeger, qui a ordonné l'incendie de 1200 maisons et le massacre de 700 habitants. (Voir p. 228).

FIG. 16. — Un sous-marin allemand arrêtant le Lusitania. (Voir p. 228).

Cartes éditées par des maisons allemandes et vendues aux soldats allemands en Belgique

Fig. 17. — « Réquisition efficace. » Le soldat a « réquisitionné » des jouets d'enfants, une lampe, du chocolat, etc. (Voir p. 486).

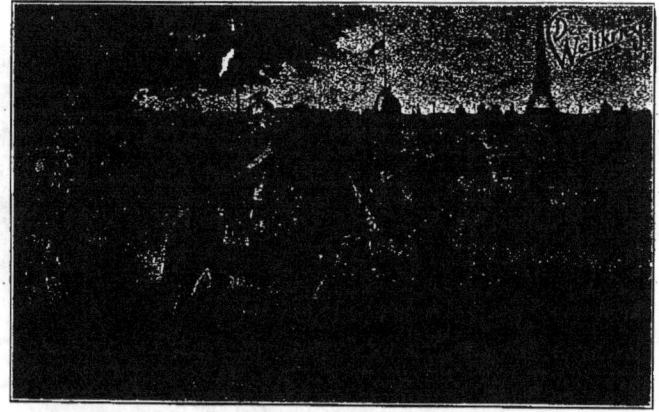

Fig. 18. — « Uhlans devant Paris », en contemplation devant la tour Eiffel ! (Voir p. 264).

Fig. 19. — Canon « belge » capturé, et mis en position sur la côte de « la Manche ». (Voir p. 263).

Fig. 20. — Vue actuelle du Vieux Marché, à Louvain. Les Allemands assurent qu'il est intact. (Voir p. 269).

J. CALLOT, KRIEGSGREUEL. BESTRAFUNG DER FRANKTIREURS

Fig. 21. — Copie d'un dessin de Callot, publié dans un journal d'art. La légende allemande dit que le dessin représente le châtiment de francs-tireurs, tandis que celle de Callot dit qu'il représente le châtiment de traîtres. (V. p. 73).

Fig. 22. — La pendaison d'un curé belge. Dessin publié par un journal d'art allemand. (Voir p. 229).

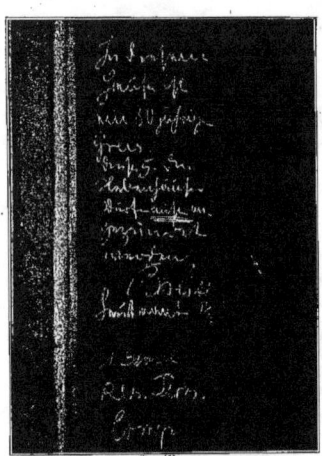

Fig. 23. — Inscription à la craie sur une maison à Termonde (rue de Malines, 82). Elle dit que la maison doit être respectée, parce qu'elle est habitée par un vieillard de 80 ans. (Voir p. 93).

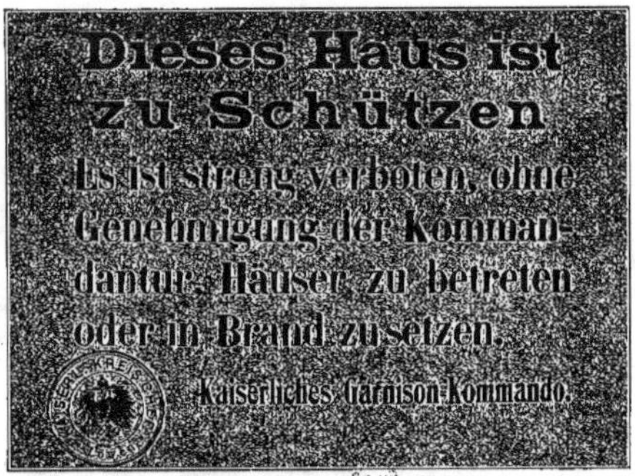

Fig. 24. — Affichette imprimée, officielle, disant qu'il est défendu d'incendier les maisons sans l'autorisation de la Kommandantur. (Voir p. 89).

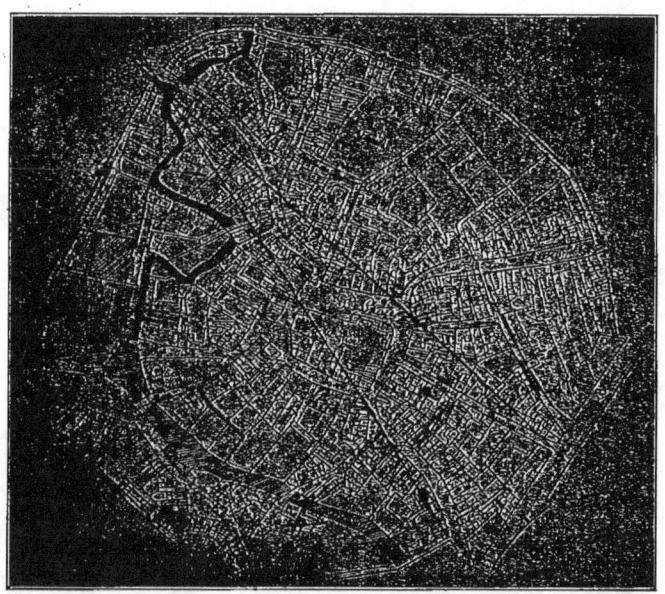

Fig. 25. — Plan de Soignies, dressé par les soins de l'espionnage allemand. (Voir p. 54).

Fig. 26. — Espions allemands, opérant à Bruxelles, qui s'étaient fait photographier en corps. Des reproductions de la photographie furent tout de suite vendues en cachette aux Bruxellois. (Voir p. 391).

FIG. 27. — Madame Wolckenaers et sa fille Gabrielle, de Thildonck, qui échappèrent au massacre du 26 août 1914, où périrent 7 membres de leur famille et où 3 furent blessés grièvement. (Voir p. 432).

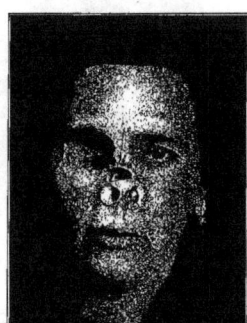

FIG. 28. — Madame ... blessée à la face à Dinant pendant le massacre du 23 août 1914, et qui dût ensuite servir de bouclier vivant pendant 4 jours, sans recevoir le moindre pansement. (Voir p. 142).

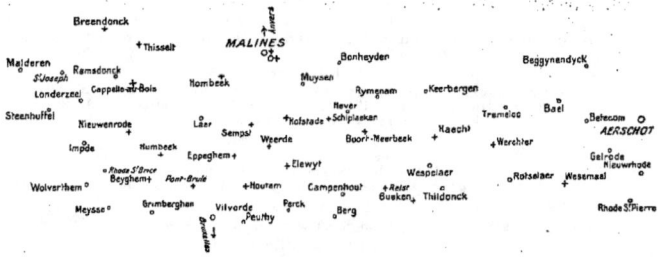

Fig. 29. — Croquis d'une partie du Brabant, montrant les églises restées intactes (un petit cercle), et les 23 églises détruites (une petite croix). [V. p. 76].

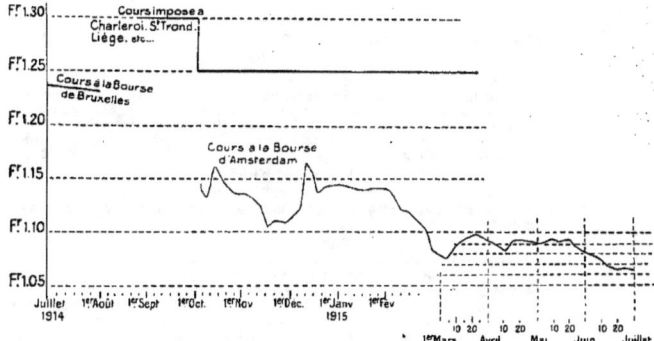

Fig. 30. — La valeur imposée du mark en Belgique, comparée à sa valeur réelle, à la bourse d'Amsterdam. Le florin est compté à fr. 2.10; comme le change français est au-dessus du pair, la dépréciation du mark, par rapport au franc, est encore un peu plus forte que ne l'indique le tableau. (V. p. 176).

Librairie PAYOT & Cie, PARIS, 106, Boul. St-Germain

J'Accuse, par un Allemand. Edition allemande, grand in-8. . . Fr. **4** »
Edition française, grand in-8 . . . . Fr. **4** »

H. FERNAN
Précisément parce que je suis Allemand. *Eclaircissements sur la question de la culpabilité des Austro-Allemands posée par le livre « J'Accuse ».* In-16 . . . . Fr. **1 50**

La plus grande Allemagne. Le rêve allemand (L'œuvre du XXe siècle). Traduction française du livre de Otto Richard Tannenberg, *Gross-Deutschland*. Préface de M. Maurice Millioud, Professeur de Sociologie à l'Université de Lausanne. Grand in-8, avec 7 cartes . . . Fr. **4** »

COLONEL F. FEYLER
Avant-propos statégiques. I. La manœuvre morale (Front d'Occident, août 1914-mai 1915). In-8. . . . . Fr. **7 50**

GABRIEL ALPHAUD
L'Action allemande aux Etats-Unis. De la mission Dernburg aux incidents Dumba. (2 août 1914-23 septembre 1915). Préface de M. Ernest Lavisse de l'Académie française. Un fort volume in-8 . . . Fr. **5** »

ÉMILE WAXWEILER
Directeur de l'Institut de Sociologie Solvay, à l'Université de Bruxelles
Membre de l'Académie royale de Belgique
La Belgique neutre et loyale. 1 volume in-8 avec un fac-similé Fr. **2 50**

MAURICE MURET
L'Orgueil allemand. Psychologie d'une crise. In-16. . . . . Fr. **3 50**

EDMOND PERRIER
de l'Institut, Directeur du Muséum d'histoire naturelle
France et Allemagne. In-16 . . . . Fr. **3 50**

G. FERRERO
La Guerre Européenne. In-16 . . . . Fr. **3 50**

Général F. von BERNHARDI
L'Allemagne et la prochaine guerre. Préface du Colonel Feyler. Traduit de l'allemand sur la VIe édition parue en 1913. Grand in-8. . . Fr. **5** »

FERNAND van LANGENHOVE
Secrétaire scientifique de l'Institut de Sociologie Solvay de Bruxelles
Collaborateur du Bureau Documentaire Belge
Comment naît un cycle de Légendes. Francs-Tireurs et Atrocités en Belgique. In-8 . . . . Fr. **3** »

J. RIESSER
Professeur à l'Université de Berlin
Président de l'Association centrale des banques et banquiers allemands
Préparation et Conduite financières de la Guerre. Traduction française d'après la deuxième édition parue en 1913. Préface de M. André-E. Sayous. Grand in-8 . . . . Fr. **5** »

HUBERT F...
La Guerre navale. 1 volume in-8 écu . . . . Fr. **3 50**

G. CLEMENCEAU
La France devant l'Allemagne. 1 vol. grand in-8 . . . Fr. **5** »

V. CAMBON
Notre Avenir. In-16 . . . . Fr. **3 50**

Les Lois de la Guerre continentale. *Publication de la Section historique du Grand Etat-Major allemand.* Suivi du règlement sur la guerre continentale annexé à la Convention de La Haye de juillet 1899. Traduction et notes de Paul Carpentier, Avocat au Barreau de Lille, ancien Bâtonnier, Lauréat de l'Institut de France. 1 vol. in-16 . . . . Fr. **2 50**

A. van GENNEP
Directeur de la Revue d'Ethnographie
Le Génie de l'Organisation. *La formule française et anglaise opposée à la formule allemande* . . . . Fr. **1 50**

IVAN OZEROFF
Membre de la Haute Chambre russe, Professeur à l'Université et à l'Institut des Hautes Sciences commerciales de Moscou
Problèmes économiques et financiers de la Russie moderne
In-12. Fr. **2 50**

www.ingramcontent.com/pod-product-compliance
Lightning Source LLC
Chambersburg PA
CBHW050555230426
43670CB00009B/1132